150 Jahre
Kohlhammer

Nicole C. Krämer
Stephan Schwan
Dagmar Unz
Monika Suckfüll (Hrsg.)

Medienpsychologie

Schlüsselbegriffe und Konzepte

2., überarbeitete und erweiterte Auflage

Verlag W. Kohlhammer

2., überarbeitete und erweiterte Auflage 2016

Gesamtherstellung: W. Kohlhammer GmbH, Stuttgart

Print:
ISBN 978-3-17-026137-2

E-Book-Formate:
pdf: ISBN 978-3-17-026138-9
epub: ISBN 978-3-17-026139-6
mobi: ISBN 978-3-17-026140-2

Inhalt

Vorwort

Das vorliegende Lehrbuch entstand vor dem Hintergrund der Idee, ein übergreifendes Werk zur Verfügung zu stellen, das möglichst nicht redundant zu anderen Lehrbüchern der Medienpsychologie sein, sondern diese ergänzen sollte. Daher wurde das Buch als Lehrbuch und Nachschlagewerk konzipiert, das zentrale Konzepte der Medienpsychologie in kurzen Texten vorstellt. Damit soll das aktuelle Wissen zu spezifischen Annahmen und Theorien gebündelt werden. Das Buch hebt sich von anderen kürzlich erschienenen Lehrbüchern zur Medienpsychologie ab, da Letztere jeweils umfangreiche Kapitel zu übergreifenden Themengebieten beinhalten (z. B. Unterhaltung, Computer- und Videospiele, Lernen mit Medien, Nachrichten). Die einzelnen Theorien, Konzepte und Annahmen der Medienpsychologie (z. B. Mood Management, Parasoziale Interaktion, Sleeper-Effekt, SIDE-Theorie etc.) werden in diesen Büchern selbstverständlich auch geschildert, aber lediglich im Rahmen der Darstellungen zu übergreifenden Themen aufgegriffen. Die Konzepte selbst können in diesem Rahmen allerdings nicht umfassend mit Bezug auf die jeweilige Methode, empirische Bewährung und Kritik geschildert werden. Dies soll das vorliegende Lehrbuch leisten, indem die einzelnen »Schlüsselbegriffe« auf wenigen Seiten ausführlich dargestellt werden. Das Lehrbuch kann insofern als Ergänzung der bisherigen Lehrbücher verstanden werden. Die einzelnen Kapitel sind nach einem einheitlichen Schema gestaltet und enthalten eine kurze Darstellung der jeweiligen Konzepte, eine detaillierte Erläuterung der zentralen Annahmen, eine Beschreibung der typischen Methodik, eine Zusammenfassung der aktuellen empirischen Ergebnisse sowie eine kritische Würdigung des Konzepts.

Die Gesamtgliederung des Buches sieht vor, dass die Schlüsselbegriffe geordnet nach den psychologischen Grundkonzepten *Motivation*, *Kognition*, *Emotion*, *Kommunikation* und *Verhalten* aufgeführt werden. Ein kurzer Text zu Beginn jedes Grundkonzeptes gibt eine Übersicht zu den darunter gefassten Schlüsselbegriffen und setzt diese miteinander in Beziehung. Aufgenommen wurden neben genuin medienpsychologischen Theorien auch Annahmen aus anderen Teildisziplinen der Psychologie, soweit diese in der Medienpsychologie eine hohe Bedeutung erlangt haben (z. B. sozial-kognitive Lerntheorie, soziale Vergleichsprozesse). Ebenso werden kommunikationswissenschaftliche Konzepte aufgegriffen, sofern diese in der Medienpsychologie genutzt werden und nachhaltigen Einfluss nehmen (Agenda Setting, Kultivierungsthese, Two-Step-Flow of Communication).

Gegenüber der 2008 erschienenen Erstausgabe konnten umfangreiche Änderungen und Aktualisierungen vorgenommen werden. Während die grundsätzliche Gliederung und das Gros der Schlüsselbegriffe erhalten blieben, wurden zahlreiche Konzepte, die in den vergangenen zehn Jahren an Bedeutung gewonnen haben, neu aufgenommen. Im Einklang mit sowohl gesellschaftlichen Entwicklungen sowie dem Fokus medienpsychologischer Forschung wurden beispielsweise verstärkt Ansätze aus dem Bereich der Internetforschung und vor allem sogenannter »social media« berücksichtigt. Während in der Ausgabe von 2008 insgesamt 58 Schlüsselbegriffe thematisiert wurden, werden nun 61 Schlüsselbegriffe beschrieben, darunter mehr als 10 neue.

Wir hoffen, dass das Buch auf Grund dieses Aufbaus sowohl als klassisches Lehrbuch genutzt werden kann als auch als Nachschlagewerk dient. Ein Buch wie das vorliegende kann selbstverständlich nur durch die engagierte Mitarbeit zahlreicher Personen entstehen. Hier möchten wir in erster Linie den Autoren für die hervorragenden Beiträge danken. Besonderer Dank gilt den Autoren darüber hinaus für die Bereitschaft, die Rückmeldungen von zahlreichen Reviewern zu berücksichtigen und die Kapitel, soweit erforderlich, entsprechend zu überarbeiten. Jeder Beitrag wurde nicht nur von mindestens einem Herausgeber kommentiert, sondern auch von einem der übrigen Autoren sowie zwei Studierenden. Letztere wurden in den Reviewprozess miteinbezogen, um die Verständlichkeit der Kapitel für die Hauptzielgruppe der Studierenden sicherzustellen. Die mitwirkenden Studierenden wurden für die Ausgabe von 2008 an den Universitäten in Köln, Tübingen und im Saarland rekrutiert. Die neuen Kapitel der zweiten Auflage wurden von Studierenden der Universität Duisburg-Essen gelesen und kommentiert, denen wir herzlich für ihr Engagement danken. Für Formatierungsarbeiten und Korrekturen danken wir Katharina Alt und Raffael Kaminski. Darüber hinaus danken wir Dr. Ruprecht Poensgen, Ulrike Albrecht, Stefanie Reutter und dem Kohlhammer-Verlag für die Unterstützung und die Möglichkeit das vorliegende Lehrbuch und Nachschlagewerk verwirklichen zu können.

Nicole Krämer, Stephan Schwan, Dagmar Unz und Monika Suckfüll
im Juni 2016

Teil I Motivation

Einführung Motivation

Dagmar Unz

Menschen nutzen Medien sehr selektiv. Sie sind selektiv in der Medienwahl, in der Aufmerksamkeit, in der Wahrnehmung und der Interpretation der Medienbotschaft. Dementsprechend sind die Entscheidungen zum Einschalten des Fernsehgerätes, die Programmauswahl, die Wahrnehmung und Verarbeitung der dargebotenen Informationen und die Entscheidung zur Beendigung des Medienkonsums komplexe psychologische Vorgänge. Die Beiträge des folgenden Buchabschnittes beschäftigen sich mit der Motivation von Rezipienten bzw. Nutzern, bestimmte Medien bzw. Programmangebote zu nutzen, sowie mit den Einflussfaktoren solcher Selektions- und Auswahlentscheidungen. So beeinflussen einerseits auf Seiten der Rezipienten beispielsweise Motive und Bedürfnisse, vorangegangene Erfahrungen und die angestrebte Stimmungslage solche Auswahlprozesse. Andererseits spielen auch mediale Faktoren, wie z. B. die Reichhaltigkeit des Mediums, die Art und Funktion der Kommunikationsaufgabe sowie soziale Faktoren, eine wichtige Rolle.

Der *Uses-and-Gratifications-Ansatz* nimmt an, dass sich Zuschauer in Erwartung der Befriedigung spezifischer Bedürfnisse für bestimmte Sendungen bzw. Medien bewusst entscheiden. TV-Nachrichten beispielsweise werden sowohl zum Zwecke des Informationsgewinns als auch aus Gründen der Unterhaltung, des Sozialkontakts und des Zeitvertreibs konsumiert. Während der Uses-and-Gratifications-Ansatz eher davon ausgeht, dass Rezipienten aktiv, zielgerichtet und bewusst Programme und Sendungen auswählen, geht der *Selective-Exposure-Ansatz* stärker von unbewussten Prozessen aus; Programmselektion erfolgt danach weniger durch gezieltes Auswählen als vielmehr nach einem Ausschluss- und Vermeidungsprinzip. Der klassische Selective-Exposure-Ansatz geht davon aus, dass Personen sich vor allem solchen Medieninhalten zuwenden, die ihren bereits bestehenden Einstellungen und Überzeugungen entsprechen. Die *Mood-Management-Theorie* greift die Überlegungen des Selective-Exposure-Ansatzes auf und fokussiert auf Stimmungen als relevante Aspekte des Auswahlprozesses. Menschen, so die Annahme, streben danach, einen positiven Gefühlszustand zu erreichen bzw. beizubehalten. Dementsprechend betreiben Medienrezipienten Stimmungsmanagement, indem sie Medienangebote so auswählen, dass sie eine positive Wirkung auf ihre Stimmung haben. Allerdings lässt sich mit diesen Annahmen nicht erklären, warum Menschen freiwillig traurige Filme oder ähnlich emotional belastende Medienangebote nutzen – und dies oft sogar als genussvoll erleben. Erklärungen für dieses sogenannte *Sad-Film-Paradoxon* greifen u. a. die Frage auf, welche Funktion das Erleben negativer Gefühle wie Trauer während der Medienrezeption für das psychische Wohlbefinden haben kann.

Versucht die herkömmliche Psychologie solche mentalen Prozesse im Rahmen akut wirksamer psychischer Mechanismen zu verstehen, fokussiert die Evolutionspsychologie auf die Phylogenese der mentalen Architektur. *Evolu-*

tionspsychologische Erklärungsansätze gehen davon aus, dass eine Vielzahl vor allem unbewusst arbeitender mentaler Mechanismen als Anpassung während der Geschichte der Menschwerdung entstanden ist und bis heute Selektion, Rezeption und Wirkeffekte der Medien prägt. Vor allem vermeintlich irrationales Rezipientenverhalten kann in einem evolutionären Erklärungsrahmen verständlich werden.

Eine zweite Gruppe von Theorien, die im folgenden Buchabschnitt behandelt werden, betrifft weniger Massenmedien, sondern eher Individualmedien. Diese Theoriengruppe beschäftigt sich mit der Wahl von Kommunikationsmedien und fragt in erster Linie danach, von welchen medialen, personalen und situativen Faktoren die Wahl von Medien zur Individualkommunikation abhängt. Das *Media-Richness-Modell* geht davon aus, dass unterschiedliche Medien für unterschiedliche Aufgaben unterschiedlich gut geeignet sind: Aufgaben mit hoher Komplexität benötigen eher reichhaltige Medien (z. B. Videokonferenz), Aufgaben mit niedriger Komplexität eher wenig reichhaltige Medien (Briefpost, E-Mail etc.). Im Gegensatz zu den eher objektiven Aufgaben- und Mediencharakteristika, um die es im Media-Richness-Ansatz geht, betont das *Modell des sozialen Einflusses* die Rolle persönlicher Erfahrungen, der individuellen Informationsverarbeitung und des sozialen Umfelds bei der Medienwahl.

Traditionelle Medien

Uses-and-Gratifications-Ansatz

Lisa Aelker

Worum geht es?

Der Uses-and-Gratifications-Ansatz versucht zu beschreiben und zu erklären, wie und warum Menschen sich bestimmten Medienangeboten zuwenden und diese für ihre Zwecke nutzen. Dabei richtet sich der Fokus auf Gratifikationen (d. h. Bedürfnisbefriedigungen), die aus Sicht der Rezipienten mit der Nutzung einzelner Angebote einhergehen und die somit als motivationstheoretische Aspekte zur Beschreibung und Erklärung von Mediennutzung und Medienwirkung herangezogen werden können.

Gratifikationsforschung wurde bereits Anfang der 1940er Jahre betrieben, insbesondere von einer Forschergruppe um Lazarsfeld (siehe zusammenfassend Lazarsfeld & Stanton, 1941, 1944, 1949), dem Leiter des 1939 gegründeten »Office of Radio Research«. Während sich ein großer Teil der damaligen Untersuchungen entsprechend mit der Nutzung von Radiosendungen beschäftigte (z. B. Herzog, 1940; Mendelsohn, 1964; Warner & Henry, 1948), wurden Bedürfnisse und Gratifikationen in den folgenden Jahren und Jahrzehnten in Bezug auf die Nutzung von Medien(-angeboten) verschiedenster Art untersucht. Bis heute hat sich die Gratifikationsforschung beständig weiterentwickelt und viele verschiedene Ansätze hervorgebracht. In den 1970er Jahren erlebte der Uses-and-Gratifications-Ansatz einen großen Aufschwung und wurde in der Massenkommunikationsforschung als Paradigmenwechsel gefeiert (vgl. Jäckel, 2005). Durch seine publikumszentrierte Perspektive (vgl. Renckstorf, 1989) wandte er sich gegen das lange Zeit vorherrschende Stimulus-Response-Paradigma und das damit einhergehende Postulat der »starken Medien«. Seine Anhänger widersprachen der Annahme, Rezipienten seien Medieneffekten unmittelbar ausgeliefert. Die Frage »What do media do to people?« wurde umgewandelt in die Frage »What do people do with the media?« (Katz, 1959, S. 2).

Darstellung der Annahmen

Katz, Blumler und Gurevitch (1974) fassten die Grundlagen des Uses-and-Gratifications-Ansatzes folgendermaßen zusammen:

- Es wird davon ausgegangen, dass der Mensch bei der Nutzung von Massenmedien als aktives, zielorientiertes Subjekt handelt, und zwar auf Grund von individuellen Bedürfnissen und Erwartungen an die einzelnen Medienangebote.
- Damit wird der Mensch zu einer Schlüsselfigur im Wirkungsprozess, da er darüber entscheidet, welchen Medien und Inhalten er sich überhaupt aussetzt. Von unmittelbaren Medieneffekten auf Einstellungen und Verhalten kann vor dem Hintergrund dieser Perspektive nicht ausgegangen werden.
- Medien sind nicht die einzige Quelle, die der Mensch in seiner Umwelt nutzen kann, um seine Bedürfnisse zu befriedigen. Sie stellen nur eine von vielen konkurrierenden Möglichkeiten dar.
- Der Mensch ist sich seiner Bedürfnisse und Ziele bewusst und daher auch in der Lage, diese zu artikulieren.
- Mediennutzung wird aus Sicht der Rezipienten und in deren eigenen Kategorien erhoben und verstanden, »also so, wie sie ihre Nutzung der Massenmedien selbst verstehen« (Schenk, 2002, S. 631).

Mediennutzungs- und -auswahlverhalten zeigt sich diesem Ansatz zufolge also auf Grund von Motiven, die wiederum aus einer bestimmten Bedürfnislage und antizipierten Erwartungen der Rezipienten resultieren. Werden die Erwartungen an ein bestimmtes Medienangebot tatsächlich erfüllt, so steigt die Wahrscheinlichkeit, dass dasselbe Auswahlverhalten bei ähnlicher Bedürfnislage erneut gezeigt wird (Rosengren, Wenner & Palmgreen, 1985). Diesen Annahmen entsprechend beschäftigt sich die Uses-and-Gratifications-Forschung mit »(1) the social and psychological origins of (2) needs, which generate (3) expectations of (4) the mass media or other sources, which lead to (5) differential patterns of media exposure (or engagement in other activities), resulting in (6) need gratifications and (7) other consequences, perhaps mostly unintended ones« (Katz et al., 1974, S. 20).

Eine wichtige Erweiterung des Ansatzes stammt von Palmgreen und Rayburn (1982, 1985; Rayburn & Palmgreen, 1984). Sie unterscheiden erstmals zwischen gesuchten Gratifikationen (gratifications sought) und erhaltenen Gratifikationen (gratifications obtained). Damit konkretisieren sie die Annahmen zur Entstehung von Mediennutzungsmotiven in der Hinsicht, dass nicht mehr nur die Suche nach Bedürfnisbefriedigung in den Blick genommen und stillschweigend vorausgesetzt wird, dass die Menschen dabei auf ein befriedigendes Angebot stoßen. Stattdessen werden nun auch die (Miss-)Erfolge der Suche, also (nicht) gefundene Gratifikationen, zur Erklärung von zukünftiger Mediennutzung hinzugezogen. Bestehende Erwartungen an ein Medienangebot werden nach Ansicht der Autoren durch eine Übereinstimmung von gesuchten und erhaltenen Gratifikationen verstärkt, was wiederum zur Folge hat, dass sich die Wahrscheinlichkeit derselben Medienwahl bei ähnlicher Bedürfnislage erhöht.

Um ihr Verständnis von gesuchten Gratifikationen zu erläutern, greifen Palmgreen und Rayburn (1982, 1985; Rayburn & Palmgreen, 1984) auf Erwartungs-Wert-Modelle, wie zum Beispiel die Theorie des geplanten Verhaltens von Fishbein und Aizen (1975; vgl. auch Atkinson, 1957; Rotter, 1954; Tolman, 1932; Vroom, 1964), zurück. In Anlehnung daran sind gesuchte Gratifikationen als eine Funktion von erwarteten Effekten eines Medienangebotes einerseits und einer affektiven Bewertung dieser Effekte andererseits zu verstehen. Die subjektive Bedeutung eines erwarteten Medieneffektes wird also in die theoretischen Überlegungen zur Mediennutzung mit einbezogen.

Während dieses »expectancy-value model of gratifications sought and gratifications obtained« (Palmgreen & Rayburn, 1985; Rayburn & Palmgreen, 1984) die Beziehung zwischen Bedürfnissen, Erwartungen und der Selektion von Medienangeboten näher beschreiben und erklären soll, gehen Palmgreen, Wenner und Rosengren (1985) einen Schritt über diesen Rahmen hinaus und integrieren es in ein »General Media Gratifications Model« (▶ Abb. 1.1), »an attempt to locate gratification processes within an overall societal perspective« (Palmgreen et al., 1985, S. 16). Neben der (sozialen) Situation werden hier auch individuelle Einstellungen und Eigenschaften sowie die jeweilige (mehr oder weniger habituelle) Art der Nutzung als weitere Einflussfaktoren betrachtet. An der Elaboriertheit dieses Modells wird deutlich, wie umfangreich Gegenstandsbereich und Erklärungsanspruch des Uses-and-Gratifications-Ansatzes zu diesem Zeitpunkt bereits sind (vgl. Vorderer, 1992).

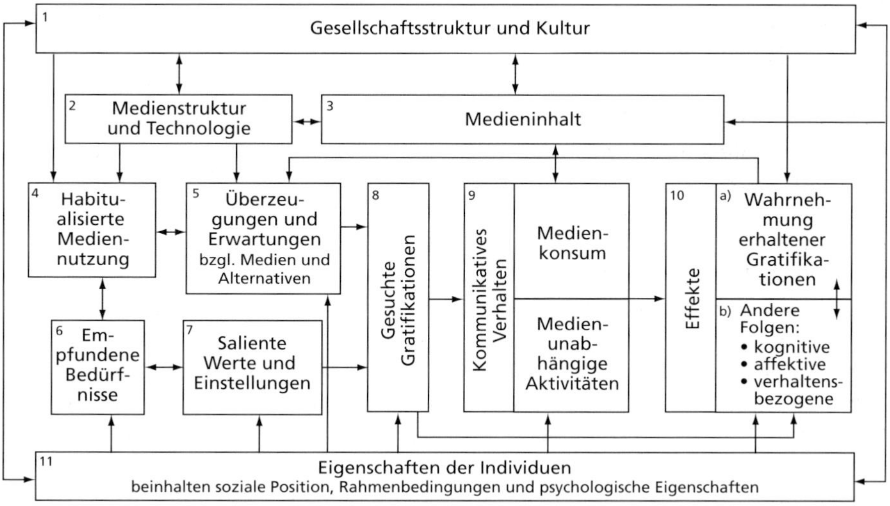

Abb. 1.1: A General Media Gratifications Model (nach Palmgreen, Wenner & Rosengren, 1985)

Typische Methodik und zentrale empirische Befunde

Entsprechend umfangreich ist auch die Forschungsarbeit, die im Rahmen des Uses-and-Gratifications-Paradigmas über Jahrzehnte hinweg geleistet wurde. Rubin (2002) fasst insgesamt sechs Forschungsbereiche zusammen:

1. die Typologisierung von Mediennutzungsmotiven,
2. den intermedialen Vergleich von Motiven,
3. die Erforschung der unterschiedlichen sozialen und psychologischen Umstände der Mediennutzung,
4. die Bestimmung und Verbesserung der Gütekriterien von Motiv-Erhebungen,
5. die Untersuchung des Zusammenhangs zwischen erwarteten und erhaltenen Gratifikationen und
6. den Zusammenhang zwischen Mediennutzung und Medienwirkungen.

Die anfängliche Gratifikationsforschung hat sich vorwiegend der Typologisierung von Mediennutzungsmotiven gewidmet und rein deskriptiv gearbeitet (vgl. Ruggiero, 2000). Es wurde versucht, Motive zu identifizieren und zu katalogisieren. Die dabei am häufigsten verwandte Methode ist der Selbstbericht (Self-Report) von Seiten der Rezipienten (vgl. Becker, 1979), was auf die Annahme zurückzuführen ist, jeder Mensch sei sich seiner Bedürfnisse jederzeit bewusst und in der Lage, diesbezüglich valide Aussagen zu machen. Mit Hilfe von offenen oder geschlossenen Fragen wurde somit in vielen Studien direkt nach den Gründen für die Mediennutzung gefragt. Folgende Motive ließen sich dabei immer wieder identifizieren (Schramm & Hasebrink, 2004):

1. das Bedürfnis nach Information (Orientierung, Ratsuche, Lernen etc.),
2. das Bedürfnis nach Unterhaltung (Eskapismus, Entspannung, sexuelle Stimulation etc.),
3. das Bedürfnis nach persönlicher Identität (Suche nach Verhaltensmodellen, Bestärkung persönlicher Werte etc.) und
4. das Bedürfnis nach Integration und sozialer Interaktion (Geselligkeitsersatz, Rollenmodell, Gesprächsstoff etc.).

Im Laufe der Zeit ging die Forschung dann aber mehr und mehr über die reine Beschreibung und Kategorisierung von Nutzungsmotiven hinaus und man machte sich stärker auf die Suche nach Erklärungen für und Effekten von Mediennutzungsverhalten. Zudem wurden die Ideen des Uses-and-Gratifications-Ansatzes von einigen Autoren mit anderen Theorien kombiniert (z. B. Joo & Sang, 2013; Shin, 2011) und so weiterentwickelt und für verschiedene Anwendungsbereiche nutzbar gemacht (für weitere Beispiele siehe auch Rubin, 2009). In den vergangenen Jahren erfuhr der Ansatz dann eine Wiederbelebung (West & Turner, 2014), indem vor allem die Gratifikationen neuer Medien in den Blick genommen wurden. So findet sich mittlerweile eine ganze Reihe an Studien zum Beispiel zu den Nutzungsmotiven von Smartphones (Joo & Sang,

2013), SMS (Grellhesl & Punyanunt-Carter, 2012), Online Games (Wu, Wang & Tsai, 2010), Ebooks (Shin, 2011) sowie von Sozialen Netzwerken (Whiting & Williams, 2013) wie Twitter (Chen, 2011), Facebook (Park, Kee & Valenzuela, 2009) und MySpace (Bonds-Raacke & Raacke, 2010).

Kritik

Palmgreen et al. (1985) liefern einen Überblick über bis dato verfügbare Forschungsergebnisse und verwenden diese als Basis für ihr General Media Gratifications Model (► Abb. 1.1). Sie merken jedoch an, dass die vorliegenden Studien immer nur einzelne Elemente des Modells in den Blick nehmen und bivariate Zusammenhänge analysieren, die Komplexität des Gegenstandes aber multivariate Verfahren erfordere. »The process may be likened to examining an elephant through a magnifying glass: One may learn much about various parts of the anatomy, but it may be difficult to discern the nature of the beast« (Palmgreen et al., 1985, S. 36).

Des Weiteren wurde an den vorhandenen Studien die vorherrschende Methode der Befragung und die dahinter stehende Charakterisierung des Auswahlverhaltens als »bewusst« kritisiert (vgl. Vorderer, 1992). Die methodischen Bedenken richten sich dabei vor allem auf eine mögliche Rationalisierung des eigenen Verhaltens durch den Probanden und eine damit einhergehende Verzerrung des Self-Reports in Richtung einer sozialen Erwünschtheit (vgl. Schenk, 2002). Palmgreen hat im Jahre 1984 vorgeschlagen »die Arbeitshypothese, wonach sich die Rezipienten ihrer »Medienmotivationen« vollständig bewusst seien, erneut zu überprüfen« (zitiert nach Vorderer, 1992, S. 22).

Nicht nur die Voraussetzung einer »bewussten Nutzung«, sondern auch die einer »aktiven Nutzung« bescherte dem Ansatz kritische Einwände (vgl. Vorderer, 1992). Neben der Tatsache, dass unter den Forschern kein einheitliches Verständnis von einem »aktiven Publikum« vorzufinden ist (vgl. Blumler, 1979), werden durch die Konzentration auf das Individuum weitere Faktoren ausgeblendet, die den Auswahlprozess beeinflussen, wie zum Beispiel gesellschaftliche oder das Angebot betreffende Aspekte (vgl. Elliott, 1974; Schenk, 2002; Sundar & Limperos, 2013). In Bezug auf die Missachtung der Medienseite gibt Schönbach (1984) zum Beispiel zu bedenken, dass die (Suche nach) Bedürfnisbefriedigung häufig viel mehr von den (verfügbaren) Stimuli abhängt als von einem mehr oder weniger aktiven Rezipienten. So geben auch Sundar und Limperos (2013) zu bedenken: »the gratifications that we derive from media need not necessarily be driven by innate needs, but could be triggered by features we experience *while* using particular media« (S. 510; Hervorhebung im Original). Neben externen Faktoren, die aus der Beschreibung und Erklärung von Auswahlprozessen ausgeklammert werden, ist es laut Vorderer (1992) zudem problematisch, nicht aktive oder nicht bewusste Auswahlprozesse, wie sie zum Beispiel vom Selective-Exposure-Ansatz (Zillmann & Bryant, 1985; vgl. Beitrag zum Selective-Exposure-Ansatz in diesem Band) postuliert werden, aus allen Überlegungen und Untersuchungen auszuschließen.

Einer der wichtigsten Angriffspunkte, der bezüglich des Uses-and-Gratifications-Ansatzes häufig diskutiert wurde, stellt dessen Theorieschwäche dar (vgl. Elliott, 1974; Swanson, 1977; Vorderer, 1992). Sie mündet in einer gewissen theoretischen Beliebigkeit, die es erlaubt, jedes Mediennutzungsverhalten mit jeder Art von Bedürfnis zu kombinieren und zu erklären. Es fehlt der Rückbezug auf eine Theorie menschlicher Bedürfnisse, welche die Zusammenhänge näher beleuchtet und konkretere Vorhersagen zulässt. Der Bedarf an präziseren Aussagen zur Auswahl einzelner Medien(-angebote) wird nicht zuletzt verstärkt durch das Auftreten immer neuer Massenkommunikationsmedien: »As new communication technologies rapidly materialize, the range of possible topics for U&G research also multiplies« (Ruggiero, 2000, S. 28). Obwohl bis dato eine ganze Reihe sogenannter neuer Medien im Lichte des Uses-and-Gratification-Ansatzes untersucht worden sind (s. o.), fehlt es nach wie vor an Konkretisierungen, das heißt an spezifischen Aussagen zur Nutzungsmotivation neuer Medien (Rubin, 2009). Dies mag unter anderem daran liegen, dass auch in neueren Studien immer wieder dieselben abgewandelten Messinstrumente eingesetzt werden und so für neue Medien dieselben Gratifikationen wie bereits für traditionelle Medien untersucht werden (Sundar & Limperos, 2013). Gleichzeitig besteht aber auch die Gefahr, dass mit jedem neuen Medium neue, exklusive Gratifikationen zum Vorschein kommen: »while it is certainly true that different media have different motivations for use, generating typologies with little attempt to integrate them at a broader level may do little to forward uses and gratifications as a meaningful approach« (Krcmar & Strizhakova, 2009, S. 56).

Trotz der vielfältigen Einwände und Desiderata darf der Verdienst des Uses-and-Gratifications-Ansatz allerdings nicht unterschätzt werden. Durch ihn wurde der Blick auf den Rezipienten gelenkt und geschärft – weg von einer stimulusfixierten Black-Box-Forschung hin zu einer umfassenderen Betrachtung der Einflussvariablen im Mediennutzungs- und -wirkungsprozess.

Literatur

Atkinson, J. W. (1957). Motivational determinants of risk-taking behavior. *Psychological Review, 64*, 359–372.

Becker, L. B. (1979). Measurement of Gratifications. *Communication Research, 6(1)*, 54–73.

Blumler, J. G. (1979). The Role of Theory in Uses and Gratifications Studies. *Communication Research, 6(1)*, 9–36.

Bonds-Raacke, J. & Raacke, J. (2010). MySpace and Facebook: Identifying dimensions of uses and gratifications for friend networking sites. *Individual Differences Research, 8 (1)*, 27–33.

Chen, G. M. (2011). Tweet this: A uses and gratifications perspective on how active twitter use gratifies a need to connect with others. *Computers In Human Behavior, 27(2)*, 755–762.

Elliott, P. (1974). Uses and Gratifications Research: A Critique and a sociological alternative. In J. G. Blumler & E. Katz (Eds.), *The Uses of Mass Communication* (pp. 249–268). Beverly Hills: Sage.

Fishbein, M. & Ajzen, I. (1975). *Belief, Attitude, Intention and Behavior: An Introduction to Theory and Research.* Reading, MA: Addison-Wesley.

Grellhesl, M. & Punyanunt-Carter, N. M. (2012). Using the uses and gratifications theory to understand gratifications sought through text messaging practices of male and female undergraduate students. *Computers In Human Behavior, 28(6)*, 2175–2181.

Herzog, H. (1940). Professor Quiz: A Gratification Study. In P. F. Lazarsfeld (Ed.), *Radio and the printed page* (pp. 64–93). New York: Duell, Sloan and Pearce.

Jäckel, M. (2005). *Medienwirkungen.* Wiesbaden: VS Verlag für Sozialwissenschaften.

Joo, J. & Sang, Y. (2013). Exploring koreans' smartphone usage: An integrated model of the technology acceptance model and uses and gratifications theory. *Computers In Human Behavior, 29(6)*, 2512–2518.

Katz, E. (1959). Mass communications research and the study of popular culture: an editorial note on a possible future for this journal. *Studies in Public Communication, 2*, 1–6.

Katz, E., Blumler, J. G. & Gurevitch, M. (1974). Utilization of Mass Communication by the individual. In J. G. Blumler & E. Katz (Eds.), *The Uses of Mass Communication* (pp. 19–32). Beverly Hills: Sage.

Krcmar, M. & Strizhakova. Y. (2009). Uses and gratifications as media choice. In T. Hartmann (Ed.), *Media choice: A theoretical and empirical overview* (pp. 53–69). New York, NY: Routledge.

Lazarsfeld, P. F. & Stanton, F. N. (1941). *Radio Research, 1941.* New York: Duell, Sloan & Pearce.

Lazarsfeld, P. F. & Stanton, F. N. (1944). *Radio Research, 1942–1943.* New York: Duell, Sloan & Pearce.

Lazarsfeld, P. F. & Stanton, F. N. (1949). *Communications Research, 1948–1949.* New York: Harper.

Mendelsohn, H. (1964). Listening to radio. In L. A. Dexter & D. M. White (Eds.), *People, Society and Mass Communications* (pp. 239–248). New York: Free Press.

Palmgreen, P. & Rayburn, J. D. (1982). Gratifications Sought and Media Exposure. An Expectancy Value Model. *Communications Research, 9(4)*, 561–580.

Palmgreen, P. & Rayburn, J. D. (1985). An Expectancy-Value Approach to Media Gratifications. In K. E. Rosengren, P. Palmgreen & L. A. Wenner (Eds.), *Media Gratifications Research. Current Perspectives* (pp. 61–72). Beverly Hills: Sage.

Palmgreen, P., Wenner, L. A. & Rosengren, K. E. (1985). Uses and gratifications research. The Past Ten Years. In K. E. Rosengren, P. Palmgreen & L. A. Wenner (Eds.), *Media Gratifications Research. Current Perspectives* (pp. 11–37). Beverly Hills: Sage.

Park, N., Kee, K. F. & Valenzuela, S. (2009). Being Immersed in Social Networking Environment: Facebook Groups, Uses and Gratifications, and Social Outcomes. *CyberPsychology & Behavior, 12(6)*, 729–733.

Rayburn, J. D. & Palmgreen, P. (1984). Merging Uses and Gratifications and Expectancy-Value Theory. *Communication Research, 11(4)*, 537–562.

Renckstorf, K. (1989). Mediennutzung als soziales Handeln. Zur Entwicklung einer handlungstheoretischen Perspektive der empirischen (Massen-)Kommunikationsforschung. In M. Kaase & W. Schulz (Hrsg.), *Massenkommunikation. Theorien, Methoden, Befunde* (S. 314–336). Opladen: Westdeutscher Verlag.

Rosengren, K. E., Wenner, L. A. & Palmgreen, P. (1985). *Media gratifications research: current perspectives.* Beverly Hills, CA: Sage.

Rotter, J. B. (1954). *Social Learning and Clinical Psychology.* New York: Prentice-Hall.

Rubin, A. M. (2002). The Uses-and-Gratifications Perspective of Media Effects. In J. Bryant & D. Zillmann (Eds.), *Media Effects. Advances in Theory and Research* (pp. 525–548). Mahwah, NJ: Lawrence Erlbaum.

Rubin, A. M. (2009). The uses-and-gratifications perspective on media effects. In J. Bryant & M. B. Oliver (Eds.), *Media effects: Advances in Theory and Research* (pp. 165–184). New York, NY: Routledge.

Ruggiero, T. E. (2000). Uses and Gratifications Theory in the 21st Century. *Mass Communication & Society, 3(1)*, 3–37.

Schenk, M. (2002). *Medienwirkungsforschung.* Tübingen: Mohr.

Shin, D. (2011). Understanding e-book users: Uses and gratification expectancy model. *New Media & Society, 13(2)*, 260–278.
Schönbach, K. (1984). Ein integratives Modell? Anmerkungen zu Palmgreen. *Rundfunk und Fernsehen, 32(1)*, 63–65.
Schramm, H. & Hasebrink, U. (2004). Fernsehnutzung und Fernsehwirkung. In R. Mangold, P. Vorderer & G. Bente (Hrsg.), *Lehrbuch der Medienpsychologie* (S. 465–492). Göttingen: Hogrefe.
Sundar, S. S. & Limperos, A. M. (2013). Uses and Grats 2.0: New Gratifications for New Media. *Journal of Broadcasting & Electronic Media, 57(4)*, 504–525.
Swanson, D. L. (1977). The Uses and Misuses of Uses and Gratifications. *Human Communication Research, 3(3)*, 214–221.
Tolman, E. C. (1932). *Purposive Behavior in Animals and Men.* New York: Appleton-Century-Crofts.
Vorderer, P. (1992). *Fernsehen als Handlung. Fernsehfilmrezeption aus motivationspsychologischer Perspektive.* Berlin: Sigma.
Vroom, V. H. (1964). *Work and Motivation.* New York: John Wiley & Sons.
Warner, W. L. & Henry, W. E. (1948). The Radio Daytime Serial: A Symbolic Analysis. *Genetic Psychology Monographs, 37*, 3–71.
West, R. & Turner, L. H. (2014). Uses and Gratifications Theory. In R. West & L. H. Turner, *Introducing Communication Theory: Analysis and Application* (pp. 404–419). New York, NY: McGraw-Hill.
Whiting, A. & Williams, D. (2013). Why people use social media: a uses and gratifications approach. *Qualitative Market Research: An International Journal, 16(4)*, 362–369.
Wu, J., Wang, S. & Tsai, H. (2010). Falling in love with online games: The uses and gratifications perspective. *Computers In Human Behavior, 26(6)*, 1862–1871.
Zillmann, D. & Bryant, J. (1985). *Selective exposure to communication.* Hillsdale, NJ: Lawrence Erlbaum.

Selective Exposure

Stephan Winter

Worum geht es?

Ob beim Blick ins Zeitschriftenregal, beim »Zapping« durch verschiedene TV-Sender oder beim Surfen im Internet: Jederzeit stehen Mediennutzer vor einer (oft unerschöpflichen) Vielzahl an Inhalten, mit denen sie sich beschäftigen könnten, so dass allein die schiere Menge dazu führt, dass eine Auswahl getroffen werden muss. Selektion ist damit Grundvoraussetzung und fester Bestandteil jeglicher Form von Mediennutzung (Eilders, 1999). Die Beschäftigung mit der Frage, welche Inhalte von Rezipienten bevorzugt ausgewählt und welche eher vermieden werden, kann somit als zentral für die Analyse von Medienwirkungen gelten, da diese nur zustande kommen können, wenn Rezipienten den entsprechenden Botschaften tatsächlich ausgesetzt sind.

Der Grundstein für die wissenschaftliche Auseinandersetzung mit medialem Selektionsverhalten wurde von Lazarsfeld, Berelson und Gaudet (1944) gelegt

(»Exposure is always selective«, S. 164): In einer Befragung zur US-Präsidentschaftswahl fanden sie heraus, dass sich Personen vor allem den Wahlkampf-Informationen der von ihnen bereits bevorzugten Partei aussetzen. Unter dem Schlagwort Selective Exposure (selektive Zuwendung) werden seitdem die Kriterien, nach denen Mediennutzer mediale Angebote zur näheren Rezeption auswählen, untersucht.

Zillmann und Bryant (1985) beschreiben Selective Exposure zunächst allgemein als Prozess der Informationsauswahl, in dem Rezipienten aus der Vielzahl an verfügbaren Reizen bestimmten Stimuli Aufmerksamkeit widmen und diese näher betrachten. Wie Donsbach (1991) erläutert, finden Selektionshandlungen auf allen Ebenen der Mediennutzung statt – sowohl in der präkommunikativen Phase vor der eigentlichen Nutzung, z. B. beim Kauf einer bestimmten Zeitschrift, als auch in der kommunikativen Phase, wenn bestimmte Artikel zum genaueren Lesen ausgewählt werden. In einem breiteren Verständnis kann auch die selektive Erinnerung an bestimmte Inhalte nach der Mediennutzung als Auswahlhandlung aufgefasst werden. In der Selective-Exposure-Forschungstradition wird vor allem die Auswahl medialer Informationen (im Gegensatz zu rein unterhaltenden Inhalten, die von Rezipienten beispielsweise ausgewählt werden, um sich in eine bessere Stimmung zu versetzen, vgl. Beitrag zu Mood Management) betrachtet.

Darstellung der Annahmen

In ihrem einflussreichen Werk »Selective Exposure to Communication« heben Zillmann und Bryant (1985) hervor, dass die Auswahl medialer Inhalte sowohl von Prädispositionen des Nutzers (z. B. Einstellungen und Persönlichkeitseigenschaften) als auch von der spezifischen Nutzungssituation (z. B. aktuelle Stimmung oder Ziele der Informationssuche) abhängen kann. Diese Faktoren (und insbesondere deren Interaktionen mit Merkmalen der verfügbaren Inhalte) sorgen in der Regel dafür, dass sich die Aufmerksamkeit der Rezipienten nicht gleichmäßig auf alle Inhalte verteilt, sondern bestimmte Muster von Publikumspräferenzen zum Tragen kommen (Sears & Freedman, 1967). Im Gegensatz zum Uses-and-Gratifications-Ansatz (vgl. Beitrag in diesem Band) wird im Rahmen des Selective-Exposure-Paradigmas davon ausgegangen, dass sich Mediennutzer ihrer Selektionsentscheidungen nicht immer vollständig bewusst sind (vgl. Knobloch-Westerwick, 2015), sondern Inhalte auch spontan und ohne größeres Nachdenken zur näheren Rezeption auswählen.

Eine zentrale Annahme der klassischen Selective-Exposure-Forschung besteht darin, dass sich Personen Medieninhalten zuwenden, die ihren bereits bestehenden Einstellungen und Überzeugungen entsprechen. Jemand, der die Todesstrafe ablehnt, würde beispielsweise häufiger Inhalte zur Rezeption auswählen, in denen Exekutionen als unmenschlich beschrieben werden, und Artikel, in denen für die Todesstrafe argumentiert wird, vermeiden. Dieses Muster des einstellungskonsistenten Selective Exposure (Confirmation Bias) wurde bereits in der Pionierstudie von Lazarsfeld et al. (1944) beschrieben und später mit der Dissonanztheorie von Festinger (1957) in Verbindung gebracht: Aus der Grundannahme, dass Menschen nach einem Gleichgewicht in ihren Kognitionen streben, wurde abgeleitet, dass Informationen, die dem eigenen Weltbild entsprechen, bevorzugt werden (z. B. um bestehende Dissonanzen zu reduzieren) und widersprechende Informationen, die Dissonanzen auslösen könnten, weitgehend vermieden werden. Folgt man dieser Annahme, wäre der Einfluss der Medien stark begrenzt (Klapper, 1960): Wenn Informationen, die der eigenen Einstellung widersprechen, nicht rezipiert werden, wäre es kaum möglich, die Meinung der Bevölkerung entscheidend zu beeinflussen – stattdessen würden Massenmedien allenfalls zu einer Verstärkung bestehender Einstellungen führen.

Ein breiteres theoretisches Modell von Atkin (1973) sagt eine Auswahlhandlung voraus, wenn der erwartete Nutzen einer Information (Informational Utility) höher ist als die erwarteten Kosten bzw. der erwartete Aufwand. Unterschieden wird hierbei zwischen der konkreten Informationssuche, bei der eine spezifische Frage im Vordergrund steht, und dem Zustand einer generellen Empfänglichkeit für neue Informationen, ohne dass ein spezifisches Ziel vorliegt. Eine Information kann laut Atkin nützlich sein, wenn sie dem Empfänger dabei hilft, das Geschehen in seiner Umwelt zu interpretieren, bestehende Unsicherheiten zu reduzieren oder seine eigenen Überzeugungen zu verteidigen. Während der letzte Punkt mit den dissonanztheoretischen Überlegungen in Verbindung steht, kann aus Atkins Modell abgeleitet werden, dass Inhalte zu Ereignissen, die mit einer gewissen Wahrscheinlichkeit eintreten und für den Rezipienten relevant werden, aufgesucht werden (Knobloch, Patzig & Hastall, 2002) – auch wenn sie möglicherweise den bisherigen Einstellungen des Rezipienten widersprechen.

Typische Methodik

Mediales Selektionsverhalten kann durch Befragungen der Rezipienten, durch Auswahlszenarien oder durch Beobachtungen der Mediennutzung erfasst werden.

In Fragebögen wird typischerweise erhoben, wie oft Personen bestimmte Medienangebote konsumieren, und anschließend ermittelt, ob diese Muster mit ihren Einstellungen oder Persönlichkeitseigenschaften in Verbindung stehen. In einer repräsentativen Befragung untersuchten Gil de Zuñiga, Correa und Valenzuela (2012) beispielsweise den Zusammenhang zwischen Parteipräferenz und der Nutzung von US-Nachrichtensendern.

In sozialpsychologischen Studien zur Selektion nach Entscheidungen (z. B. nachdem Versuchspersonen aus einer Reihe von Optionen eine vorläufige Entscheidung für ein Produkt getroffen haben) stehen in einem Auswahlszenario oft Kurzzusammenfassungen von Texten zur Verfügung: Die Teilnehmenden kreuzen dabei diejenigen Artikel an, die sie gern ausführlicher lesen würden (vgl. Hart et al., 2009). Erkenntnisse aus diesen Szenarien lassen sich nicht immer ohne Weiteres auf Mediennutzung übertragen – einige Studien mit dieser Methodik setzen hingegen auch Medienprodukte als Stimuli ein. So zeigten Jonas, Graupmann, Fischer, Greitemeyer und Frey (2003) Kurzzusammenfassungen von Zeitungsartikeln, die sich entweder positiv oder negativ zur Politik von CDU und SPD positionierten. Die Art der Information (z. B. pro vs. contra) wird typischerweise als Within-Subject-Faktor variiert (d. h. jeder Versuchsperson stehen unterschiedliche Arten von Inhalten gleichzeitig zur Verfügung), während Eigenschaften der Person (z. B. ihre Einstellung zu einem spezifischen Thema oder ihre politische Richtung) vorher erfragt (oder seltener als Between-Subject-Faktor experimentell variiert) werden.

Stärker auf realistische Szenarien der Mediennutzung bezogen, setzte Donsbach (1991) in einer Untersuchung zum Leseverhalten in Tageszeitungen sogenannte Copy-Tests ein: Dabei wurden den Lesern nach der Rezeption Kopien aus Zeitungen vorgelegt, anschließend gaben die Teilnehmenden an, welche Texte sie davon gelesen hatten.

Neuere Untersuchungsmethoden, insbesondere in computergestützten Settings, ermöglichen bereits während der Rezeption eine Aufzeichnung der konkreten Mediennutzung, etwa per automatischer Erfassung des Klickverhaltens auf Online-Nachrichtenseiten (z. B. Knobloch-Westerwick & Meng, 2009). Da diese nicht von der möglicherweise verzerrten Erinnerung an eigene zurückliegende Auswahlentscheidungen betroffen sind, bieten solche non-reaktiven Messverfahren oder Beobachtungsstudien Vorteile gegenüber reinen Befragungen.

Zentrale empirische Befunde

Nach der Pionierstudie von Lazarsfeld et al. (1944) konnte die Bevorzugung einstellungskonsistenter Inhalte in verschiedenen Studien empirisch gestützt werden, es gab jedoch auch gegenteilige Befunde, so dass Freedman und Sears (1965) in einem ersten Überblicksartikel zu einer kritischen Einschätzung der Gültigkeit der dissonanztheoretischen Hypothese zum Confirmation Bias gelangten. Neuere Meta-Analysen kommen hingegen zu dem Schluss, dass es einen schwachen, aber signifikanten Zusammenhang zwischen persönlichen Überzeugungen und der Richtung der ausgewählten Informationen gibt (z. B. Hart et al., 2009), wobei in den betrachteten Studien vielfach die Situation der Informationsauswahl nach Entscheidungen und weniger typische Mediennutzung betrachtet wurde. Studien mit konkreten Medienstimuli, etwa die oben genannte Studie zum Selektionsverhalten von Tageszeitungslesern (Donsbach, 1991), entsprechen aber ebenfalls dem Muster, dass es eine (eher geringe, aber nachweisbare) Bevorzugung von konsonanten Informationen gibt. Ähnliches zeigte sich auch bei der Selektion von Online-Nachrichten (Knobloch-Westerwick & Meng, 2009). Ebenso wurden Zusammenhänge zwischen politischen Präferenzen und der Nutzung von Fernsehsendern, die eher dem konservativen oder dem linken Spektrum entsprechen, aufgezeigt (Gil de Zuñiga et al., 2012; Stroud, 2008). Neuere Untersuchungen beschäftigen sich vor allem mit Moderatoren des Confirmation Bias: So konnte beispielsweise gezeigt werden, dass die Tendenz zur Auswahl einstellungskonsistenter Medieninhalte höher ist, wenn Versuchspersonen unter Zeitdruck stehen oder erwarten, sich anschließend zu ihrer Meinung äußern zu müssen (Smith, Fabrigar, Powell & Estrada, 2007), oder wenn das spezifische Thema besonders stark mit ihrem Weltbild verbunden ist und eine hohe Wichtigkeit besitzt (Westerwick, Kleinman & Knobloch-Westerwick, 2013).

Im Sinne des Information-Utility-Ansatzes (Atkin, 1973) wurde der Geltungsbereich der dissonanztheoretischen Hypothese insofern eingeschränkt, als Situationen entdeckt wurden, in denen auch Inhalte aufgesucht werden, die nicht mit den eigenen Überzeugungen übereinstimmen: Dies war in der Studie von Donsbach (1991) insbesondere dann der Fall, wenn ein Artikel von der journalistischen Aufmachung her als wichtig gekennzeichnet wurde. Ebenso zeigte sich, dass Wähler, die eine Niederlage ihrer bevorzugten Partei bei der nächsten Wahl erwarten, auch offen für Informationen der gegnerischen Partei sind (Knobloch-Westerwick & Kleinman, 2011) und Personen, für die eine wissenschaftliche Debatte persönlich relevant ist, häufiger ausgewogene Nachrichten (sowohl mit Pro- als auch mit Contra-Informationen) auswählen (Winter & Krämer, 2012). Diese Befunde können dahingehend interpretiert werden, dass bei hoher Nützlichkeit oder hohem Nachrichtenwert (Eilders & Wirth, 1999) die Schranken der selektiven Auswahl überwunden werden. Im Gegensatz zu Klappers Annahme der wirkungsschwachen Medien (1960) würde dies bedeuten, dass Medien durchaus stärkere Effekte auf die Meinung der Bevölkerung ausüben könnten.

Unabhängig von der Einstellungskonsistenz oder Relevanz der Informationen befassen sich neuere Studien auch mit stärker selbstbezogenen Zielen, die Personen mit selektiver Zuwendung zu Informationen verfolgen können, etwa eine Verbesserung des Selbstwertgefühls. So konnte gezeigt werden, dass jüngere Leser Nachrichten, in denen Protagonisten der eigenen Altersgruppe positiv dargestellt werden, bevorzugen und negative Nachrichten über die eigene Altersgruppe vermeiden – darüber hinaus wählen Rezipienten im Sinne eines sozialen Vergleichs häufiger Nachrichten mit Protagonisten des eigenen Geschlechts (Knobloch-Westerwick & Hastall, 2006; 2010). Mit Bezug auf gesundheitsrelevante Verhaltensänderungen fanden Knobloch-Westerwick und Sarge (2015) am Beispiel von Texten zu gesunder Ernährung heraus, dass Artikel mit Fallbeispielen (betroffenen Personen) länger als Artikel mit statistischen Informationen gelesen werden. Darüber hinaus zeigten sich Effekte auf späteres Verhalten: Wer im Experiment entsprechende Texte gelesen hatte, gab in einer späteren Befragung häufiger an, im Alltag auf seine Ernährung geachtet zu haben.

Kritik

Kritisiert werden kann, dass die Faktoren, die das Auftreten eines Confirmation Bias verstärken oder abschwächen können, bislang nicht umfassend systematisiert worden sind. Zwar gibt es mittlerweile viele Belege für die Existenz einer solchen Präferenz, doch gibt es zum Teil unklare Befunde zu Moderatoren wie persönlicher Relevanz, Zeitdruck, Art der dargestellten Informationen, aktueller Stimmung und kognitiver Belastung (vgl. Smith, Fabrigar & Norris, 2008), die sich nur schwer mit einer übergreifenden Theorie verbinden lassen. Unklar ist außerdem, ob der zugrundeliegende Mechanismus tatsächlich auf Reduzierung bzw. Vermeidung von kognitiver Dissonanz beruht. Alternativerklärungen führen beispielsweise an, dass sich Rezipienten in ihrer Glaubwürdigkeitseinschätzung von ihrer eigenen Meinung beeinflussen lassen und demnach einstellungskonsistente Inhalte als glaubwürdiger einschätzen (Flanagin & Metzger, 2014) – eine Präferenz für konsistente Inhalte könnte demnach auch auf vorläufige Glaubwürdigkeitsbeurteilungen und weniger auf Dissonanz zurückzuführen sein.

Aus methodischer Sicht ist anzumerken, dass Selective-Exposure-Experimente selten reale Medienstimuli einsetzen und vielfach in Szenarien, die von natürlichen Situationen der Mediennutzung abweichen, durchgeführt wurden. Untersuchungen mit Umfrage-Daten sind dagegen durch möglicherweise verzerrte Erinnerungen an zurückliegende Mediennutzung begrenzt. Während sich die Selective-Exposure-Forschung bislang auf die Frage, ob oder unter welchen Umständen ein Confirmation Bias zustande kommt, konzentrierte, gibt es weniger Erkenntnisse zu den Auswirkungen, die eine solche Informationsauswahl auf Rezipienten hat (z. B. eine Festigung oder Polarisierung bestehender Überzeugungen, vgl. Donsbach & Mothes, 2012), ebenso sind Erkenntnisse zu weiteren Einflussfaktoren der Selektion rar. Neuere Ansätze (z. B. Knobloch-Westerwick, 2015) heben in diesem Sinne nicht nur das Streben nach Konsistenz, sondern auch das Streben nach einer Erhöhung des Selbstwerts oder nach einer Verbesserung der eigenen Fähigkeiten als zentrale Motivationen der Selektion medialer Informationen hervor.

Literatur

Atkin, C. K. (1973). Instrumental utilities and information seeking. In P. Clarke (Ed.), *New models for mass communication research* (pp. 205–242). Beverly Hills, CA: Sage.

Donsbach, W. (1991). *Medienwirkung trotz Selektion: Einflussfaktoren auf die Zuwendung zu Zeitungsinhalten*. Köln: Böhlau.

Donsbach, W. & Mothes, C. (2012). The dissonant self: Contributions from dissonance theory to a new agenda for studying political communication. In C. T. Salmon (Ed.), *Communication Yearbook 36* (p. 3–44). London, UK: Routledge.

Eilders, C. (1999). Zum Konzept der Selektivität: Auswahlprozesse bei Medien und Publikum. In W. Schweiger & W. Wirth (Hrsg.), *Selektion im Internet. Empirische Analysen zu einem Schlüsselkonzept* (S. 13–41). Opladen: Westdeutscher Verlag.

Eilders, C. & Wirth, W. (1999). Nachrichtenwertforschung auf dem Weg zum Publikum: Eine experimentelle Überprüfung des Einflusses von Nachrichtenfaktoren bei der Rezeption. *Publizistik, 44*, 35–57.

Festinger, L. (1957). *A theory of cognitive dissonance*. Stanford, CA: Stanford University Press.

Flanagin, A. J. & Metzger, M. J. (2014). Digital media and perceptions of source credibility in political communication. In K. Kenski & K. H. Jameson (Eds.), *Oxford Handbook of Political Communication*. Oxford, UK: Oxford University Press.

Freedman, J. L. & Sears, D. O. (1965). Selective exposure. In L. Berkowitz (Ed.), *Advances in experimental social psychology* (Vol. 2, pp. 57–97). New York, NY: Academic Press.

Gil de Zúñiga, H., Correa, T. & Valenzuela, S. (2012). Selective exposure to cable news and immigration in the U.S.: The relationship between FOX News, CNN, and attitudes toward Mexican immigrants. *Journal of Broadcasting & Electronic Media, 56*, 597–615.

Hart, W., Albarracín, D., Eagly, A. H., Brechan, I., Lindberg, M. J. & Merrill, L. (2009). Feeling validated versus being correct: a meta-analysis of selective exposure to information. *Psychological Bulletin, 135*, 555–588.

Jonas, E., Graupmann, V., Fischer, P., Greitemeyer, T. & Frey, D. (2003). Schwarze Kassen, weiße Westen? *Zeitschrift für Sozialpsychologie, 34*, 47–61.

Klapper, J. T. (1960). *The effects of mass communication.* New York, NY: Free Press.

Knobloch, S., Patzig, G. & Hastall, M. (2002). »Informational Utility«: Einfluss von Nützlichkeit auf selektive Zuwendung zu negativen und positiven Online Nachrichten. *Medien und Kommunikationswissenschaft, 50*, 359–375.

Knobloch-Westerwick, S. (2015). *Choice and preference in media use: Advances in selective exposure theory and research.* New York, NY: Routledge.

Knobloch-Westerwick, S. & Hastall, M. (2006). Social comparisons with news personae: Selective exposure to news portrayals of same-sex and same-age characters. *Communication Research, 33*, 262–284.

Knobloch-Westerwick, S. & Hastall, M. R. (2010). Please your self: Selective exposure to news about in- and out-groups and its effect on self-esteem. *Journal of Communication, 60*, 515–535.

Knobloch-Westerwick, S. & Kleinman, S. B. (2011). Preelection selective exposure: Confirmation bias versus informational utility. *Communication Research, 39*, 170–193.

Knobloch-Westerwick, S. & Meng, J. (2009). Looking the other way: Selective exposure to attitude-consistent and counter-attitudinal political information. *Communication Research, 36*, 426–448.

Knobloch-Westerwick, S. & Sarge, M. (2015). Impacts of exemplification and efficacy as characteristics of an online weight loss message on selective exposure and subsequent weight loss behavior. *Communication Research, 42*, 547–568.

Lazarsfeld, P. F., Berelson, B. & Gaudet, H. (1944). *The people's choice: How the voter makes up his mind in a presidential campaign.* New York, NY: Columbia University Press.

Sears, D. O. & Freedman, J. L. (1967). Selective exposure to information: A critical review. *Public Opinion Quarterly, 31*, 194–213.

Smith, S. M., Fabrigar, L. R. & Norris, M. E. (2008). Reflecting on six decades of selective exposure research: Progress, challenges, and opportunities. *Social and Personality Psychology Compass, 2*, 464–493.

Smith, S. M., Fabrigar, L. R., Powell, D. M. & Estrada, M.-J. (2007). The role of information-procesing capacity and goals in attitude-congruent selective exposure effects. *Personality and Social Psychology Bulletin, 33*, 948–960.

Stroud, N. J. (2008). Media use and political predispositions: Revisiting the concept of selective exposure. *Political Behavior, 30*, 341–366.

Westerwick, A., Kleinman, S. B. & Knobloch-Westerwick, S. (2013). Turn a blind eye if you care: Impacts of attitude consistency, importance, and credibility on seeking of political information and implications for attitudes. *Journal of Communication, 63*, 432–453.

Winter, S. & Krämer, N. C. (2012). Selecting science information in Web 2.0: How source cues, message sidedness, and need for cognition influence users' exposure to blog posts. *Journal of Computer-Mediated Communication, 18*, 80–96.

Zillmann, D. & Bryant, J. (1985). Selective exposure phenomana. In D. Zillmann & J. Bryant (Eds.), *Selective exposure to communication* (pp. 1–10). Hillsdale, NJ: Lawrence Erlbaum Associates.

Mood Management

Lisa Aelker

Worum geht es?

Die Mood-Management-Theorie von Zillmann (1988a, 1988b) soll die Frage beantworten, welchen Medienangeboten sich Menschen aus welcher Motivation heraus zuwenden. Der Fokus richtet sich dabei auf Stimmungszustände, die in diesem Forschungskontext sowohl als Ursache als auch als Wirkung von Mediennutzung verstanden und analysiert werden. Als allgemeinere theoretische Grundlage des Mood-Management-Konzepts kann der Selective-Exposure-Ansatz von Zillmann und Bryant (1985) verstanden werden (vgl. Schramm, 2005; vgl. Beitrag zu Selective Exposure in diesem Band). So wurden die Grundannahmen der Mood-Management-Theorie zunächst in dem Buch *Selective exposure to communication* (Zillmann & Bryant, 1985) veröffentlicht. Zu diesem Zeitpunkt noch als »theory of affect-dependent stimulus arrangement« bezeichnet, wurde die Mood-Management-Theorie drei Jahre später ausführlich und unter ihrem heutigen Namen von Zillmann (1988a, 1988b) vorgestellt.

Darstellung der Annahmen

Laut Zillmann (1988a, 1988b) sind Menschen jederzeit bestrebt, positive Stimmungen zu maximieren und negative Stimmungen zu minimieren. Um dieses Ziel zu erreichen, beeinflussen und nutzen sie häufig Stimuli aus ihrer Umwelt. Medienangebote stellen Außenreize dar, die relativ leicht zugänglich und kontrollierbar sind. Sie eignen sich daher besonders gut zum Stimmungsmanagement. Medienauswahl und -nutzung sind entsprechend dieser Funktion als abhängig von der jeweiligen Verfassung des Rezipienten zu verstehen und dienen in erster Linie der Regulation von physiologischen und emotionalen Zuständen. Präferenzen bei der Auswahl von Medienangeboten entstehen dabei laut Zillmann (1988a, 1988b) durch operante Konditionierung: Zunächst werden Medienangebote zufällig ausgewählt. Stellt sich im Verlauf der Rezeption heraus, dass sie der Aufrechterhaltung oder weiteren Verbesserung von positiver Stimmung oder der Verminderung oder Beendigung von schlechter Stimmung dienen, erhöht sich damit die Wahrscheinlichkeit, dass unter ähnlichen Umständen auf dasselbe oder ein vergleichbares Medienangebot zurückgegriffen wird. Ausgangspunkt ist dabei die Überlegung, dass man sich in einer vergleichbaren Situation an die früheren Effekte eines Medienangebotes erinnert und darauf basierend bewusste oder unbewusste Auswahlentscheidungen trifft. Im Vergleich zu anderen Modellen wie zum Beispiel dem Uses-and-Gratifications-Ansatz (vgl. Beitrag zum Uses-and-Gratifications-Ansatz in diesem Band), wird nicht davon ausgegangen, dass sich die Rezipienten ihren Nutzungsmotiven in jeder Situation bewusst sind. Im Gegenteil wird betont, dass die meisten Auswahlprozesse unbewusst ablaufen (Zillmann, 1988a, 1988b).

Zillmann (1988a) formuliert konkrete Hypothesen bezüglich einer solchen stimmungsabhängigen Medienauswahl. Vier Faktoren bzw. Eigenschaften des Medienangebotes werden dabei als zentral angesehen:

1. Die hedonische Valenz
   Es wird angenommen, dass die hedonische Valenz, also in diesem Fall die Unterhaltungsqualität eines Umweltreizes, die Qualität des Affektes bestimmt. Demnach erzeugen hedonisch negative Reize negative Emotionen, wohingegen hedonisch positive Reize die Stimmung eines Menschen positiv beeinflussen. Daraus leitet Zillmann (1988a) die Hypothese ab, dass Individuen in akut aversiven Zuständen eher Medienangebote mit hedonisch positiver Valenz auswählen. In positiver Verfassung zeigt sich diese Tendenz hingegen weniger oder gar nicht.
2. Das Erregungspotenzial
   Medienangebote werden von Menschen auch ausgewählt, um ihr aktuelles Erregungsniveau zu regulieren und zu normalisieren. Grundannahme hierbei ist, dass ein mittleres Erregungsniveau als angenehm empfunden wird. Befinden sich Menschen durch zu hohe Erregung in einem unangenehmen Spannungszustand, so setzen sie sich potenziell beruhigenden Medienangeboten aus, um die Erregung auszugleichen und auf ein angenehmes Niveau zu bringen. Sind sie stattdessen unterstimuliert und befinden sich in einem Zustand der Langeweile, was ebenfalls als aversiver Spannungszustand empfunden wird, so wählen und rezipieren sie potenziell anregende Medienangebote.
3. Das Absorptionspotenzial
   Unter dem Absorptionspotenzial eines Medienangebotes ist dessen Fähigkeit zu verstehen, Kognitionen zu unterbrechen und einen Menschen somit in seinem anfänglichen Erleben zu stören. Zillmann (1988a, 1988b) vermutet, dass in akut aversiven Zuständen Medienangebote ausgewählt werden, die über ein möglichst hohes Absorptionspotenzial verfügen, um negative Emotionen abzuschwächen. Im Gegensatz dazu sind Menschen bestrebt, positive Stimmungen beizubehalten, und werden sich daher in entsprechender Verfassung eher weniger absorbierenden Programmen aussetzen. Diese Voraussagen relativieren sich jedoch im Hinblick auf das vierte Angebotsmerkmal, welches die Programmauswahl beeinflusst.
4. Die semantische Affinität
   Auch die Ähnlichkeit zwischen Medienangebot und Stimmung entscheidet mit darüber, ob der Rezipient ein Angebot nutzt oder nicht. Negative Stimmung hat zur Folge, dass ein Programm ausgewählt wird, welches möglichst wenig semantische Affinität zum aktuellen Stimmungszustand aufweist. Dagegen wird bei positiver Stimmung auf ein Angebot zurückgegriffen, welches möglichst viele Parallelen zum emotionalen Zustand aufweist, auch wenn es sich dabei um ein stark absorbierendes Programm handelt.

Typische Methodik und zentrale empirische Befunde

Zillmann und Mitarbeiter haben vor allem in experimentellen Laborstudien versucht, die Hypothesen zur stimmungsabhängigen und stimmungsregulierenden Auswahl und Nutzung von Medienangeboten zu prüfen. Entsprechend ihrer Vermutung, dass sich Menschen ihrer Bedürfnisse und Motive in vielen Situationen nicht bewusst sind, verzichteten sie dabei auf Befragungen und Selbsteinschätzungen von Seiten der Untersuchungsteilnehmer. Stattdessen induzierten sie experimentell verschiedene Stimmungen oder erschlossen den Stimmungszustand aus Situationsinformationen und erfassten den Umgang der Versuchspersonen mit verschiedenen Fernsehprogrammen, welche jeweils spezifische Attribute aufwiesen (z. B. ein besonders hohes oder niedriges Erregungs- oder Absorptionspotenzial).

Um die Aussagen der Mood-Management-Theorie in Bezug auf eine erwünschte Erregungsneutralisation durch Mediennutzung zu testen, führten Zillmann und Bryant (1984) ein Experiment durch, in dem die Versuchspersonen zunächst künstlich in unangenehme Erregungszustände versetzt wurden. Ein geringes Erregungsniveau (Langeweile) wurde bei einem Teil der Probanden durch eine sehr anspruchslose, monotone Aufgabe herbeigeführt. Ein anderer Teil der Versuchspersonen wurde durch eine Prüfungssituation und Leistungsdruck in Stress versetzt. In einer angeblichen Überbrückungspause gab man den Versuchspersonen im Anschluss die Möglichkeit fernzusehen. Das Erregungspotenzial der einzelnen Programme wurde in einem Pretest von Personen in homöostatischem Erregungszustand, also von weder gestressten noch gelangweilten Personen, eingeschätzt. Auf Grund dieser Beurteilung konnten drei aufregende und drei entspannende Programme identifiziert und für das Hauptexperiment ausgewählt werden. Erfasst wurden die Auswahl der Programme und die jeweilige Verweildauer.

Die Resultate der Untersuchung zeigten einerseits, dass die unterstimulierten Personen signifikant mehr aufregendes Material rezipierten als die hochgradig stimulierten Personen, während Letztere sich signifikant länger beruhigenden Inhalten aussetzten als die unterstimulierten Personen. Betrachtet man die einzelnen Personengruppen, so zeigt sich nur bei den unterstimulierten Personen ein hypothesenkonformes Bild: Sie wandten sich stark dem anregenden Material zu und mieden die beruhigenden Programme. Die stark erregten Personen dagegen setzten sich den beruhigenden und den erregenden Programmen in gleichem Maße aus. Dass das beruhigende Material auch von gestressten Versuchsteilnehmern in einem unerwartet geringen Umfang ausgewählt wurde, versuchten Zillmann und Bryant (1984) mit dem jungen Alter der Probanden zu erklären, in welchem derartige Programme angeblich als unattraktiv angesehen und somit generell gemieden werden.

In einer Studie von Meadowcroft und Zillmann (1987) wurde untersucht, ob Menschen Medienangebote tatsächlich abhängig von der hedonischen Valenz und ihrer aktuellen Stimmung auswählen. Letztere wurde bei ausschließlich weiblichen Versuchsteilnehmern anhand des Menstruationszyklus ermittelt. Diesem Vorgehen liegt die Annahme zugrunde, dass Frauen sich während der prämenstruellen und menstruellen Phase in einer emotional schlechteren Verfassung befinden als in der übrigen Zeit und daher ein stärkeres Bedürfnis nach Aufheiterung empfinden. Eine ganz ähnliche Vorgehensweise findet sich auch bei Helregel und Weaver (1989), die schwangere Frauen und junge Mütter untersuchten und einen bedeutsamen Zusammenhang zwischen hormonell bedingten Stimmungszuständen und der Zuwendung zu Comedy-Formaten berichteten. Tatsächlich bestätigten auch die Ergebnisse von Meadowcroft und Zillmann (1987) die Hypothese, dass vor und während der Menstruation zumeist Comedy-Formate gewählt werden. Allerdings wurde das Comedy-Genre auch schon vor der prämenstruellen Phase relativ häufig präferiert. Das wurde damit erklärt, dass Frauen sich angeblich schon in Anbetracht der Vorstellung dessen, was ihnen unmittelbar bevorsteht, quasi »präventiv« aufheiternden Programmen aussetzen.

Auch in anderen Studien zum Mood Management durch Nutzung von Comedy-Formaten offenbarten sich Unklarheiten. In einer Untersuchung von Zillmann, Hezel und Medoff (1980) konnten zum Beispiel keine stimmungsabhängigen Unterschiede in der Auswahl von Comedy-Sendungen gefunden werden. Es stellte sich jedoch heraus, dass es sich beim Inhalt des Stimulusmaterials um feindselige Comedy handelte. Somit führten die Autoren die von den Annahmen abweichenden Effekte bei negativer Stimmung auf die semantische Affinität zwischen Inhalt und Stimmung zurück. Nicht ausreichend erklärt werden konnte dagegen das Ergebnis von Medoff (1979), dass sich Männer in schlechter Stimmung nicht für Comedy-Formate interessieren (vgl. Zillmann, 1988b).

Zillmann und Mitarbeiter haben in verschiedenen Untersuchungen auch ihre Annahmen zur Medienwirkung auf Stimmungen (bzw. Erregungszustände) überprüft (z. B. Bryant & Zillmann, 1977; Zillmann, Hoyt & Day, 1974; Zillmann & Johnson, 1973; für einen ausführlichen Überblick siehe Zillmann, 1988a). Dabei haben Zillmann und Bryant (1984) zum Beispiel in einer Studie zur Erregungsregulation durch erotische Stimuli festgestellt, dass Individuen sich an erregende Angebote gewöhnen und ihr Auswahlverhalten entsprechend anpassen.

Die meisten empirischen Ergebnisse zur Überprüfung der Mood-Management-Theorie resultieren aus sehr künstlichen Laborsituationen, die der Komplexität von tatsächlichen Alltagssituationen nicht gerecht werden. In einer Reihe von Feldstudien wurde daher versucht, die Ergebnisse unter ökologisch valideren Bedingungen zu replizieren (Donsbach & Tasche, 1999; Schmitz & Lewandrowski, 1993; Schramm, 2005; Pisinger, 2003). Dazu gehören laut Schmitz und Lewandrowski zum Beispiel »die Situation zu Hause, das reale Angebot der Fernsehanstalten und die übliche Rezeptionsdauer« (1993, S. 71). Zudem kamen in diesen Untersuchungen Tagebücher und Befragungen zum Einsatz. Abgesehen von der ungeklärten Frage, ob Selbstauskünfte von Seiten der Probanden tatsächlich zu valideren Resultaten führen (vgl. Schramm, 2005), wurden die Annahmen der Mood-Management-Theorie in den meisten dieser Studien nicht oder nur teilweise bestätigt.

Kritik

Auch wenn sich durch die Mood-Management-Theorie insgesamt viele Untersuchungsergebnisse vorhersagen und erklären lassen, so stößt ihre Aussagekraft doch an Grenzen. So stellt es zum Beispiel ein Problem dar, dass Medienangebote viele verschiedene Charakteristika in sich vereinen, die sich zum einen wechselseitig beeinflussen und zum anderen in verschiedenem Maße und abhängig von ihrer Kombination unterschiedliche Effekte herbeiführen (Zillmann, 1988a). Die konkrete Zuordnung von Attributen und Effekten und eine damit einhergehende Vorhersage der Mediennutzung sind also in vielen Fällen nur sehr schwer möglich.

Weitere Zuordnungsprobleme entstehen durch konkurrierende Umwelteinflüsse. Zillmann (1988a) selbst weist darauf hin, dass nicht nur Medien(-inhalte) zur Stimmungsregulation genutzt werden, sondern auch alternative Angebote, wie zum Beispiel Sport oder der Konsum von Drogen. Zudem gibt er an, dass auch das soziale Umfeld das Stimmungsmanagement und Auswahlverhalten beeinflusst.

Auf die Tatsache, dass sich die Mood-Management-Forschung zunächst sehr einseitig dem Fernsehen gewidmet hat, hat man bereits reagiert und die Forschungsarbeit auf weitere Medien ausgeweitet, z. B. auf Musik (z. B. Day, 1980; Knobloch & Zillmann, 2002; Schramm, 2005; Wünsch, 2001) und auf Computerspiele (z. B. Ferguson & Rueda, 2010; Park, 2007; Reinecke, Tamborini, Grizzard, Lewis, Eden & Bowman, 2012).

Ein weiterer Faktor, der in der Mood-Management-Forschung stärker berücksichtigt werden muss, sind interindividuelle Präferenzen (vgl. Oliver, 2003; Schramm, 2005; Zillmann, 2000), zum Beispiel in Bezug auf ein optimales bzw. angenehmes Erregungsniveau (s. o.). Auch Geschlechterunterschiede (Masters, Ford & Arend, 1983; Medoff, 1979) oder altersabhängige Unterschiede zum Beispiel hinsichtlich bestimmter Genrepräferenzen sollten mehr Beachtung finden. Insgesamt müssen die Motive der Rezipienten also differenzierter betrachtet und untersucht werden, anstatt sie unmittelbar aus vordergründigen Medieneigenschaften zu erschließen.

Auch wenn die Mood-Management-Theorie bereits als »empirisch gut bestätigt« (Schramm, 2005, S. 35) betrachtet (vgl. auch Oliver, 2003) und ihre empirische Bestätigung sogar als »durchaus beeindruckend« (Vorderer, 2004, S. 550) bezeichnet wurde, so sprechen die neueren Ergebnisse doch für eine Erweiterung bzw. Differenzierung des Konzeptes. Eine solche sollte nicht zuletzt auch eine Erklärung für die Nutzung trauriger Filme (Oliver, 1993, 2003; vgl. Beitrag zum Sad-Film-Paradoxon in diesem Band), trauriger Musik oder spannender Filme (vgl. Vorderer, 2003) liefern, da die freiwillige Rezeption von derartig belastendem Material bisher nicht mit den Aussagen der Mood-Management-Theorie vereinbar sind.

Literatur

Bryant, J. & Zillmann, D. (1977). The mediating effect of the intervention potential of communications on displaced aggressiveness and retaliatory behavior. In B. D. Ruben (Ed.), *Communication yearbook 1* (pp. 291–306). New Brunswick, NJ: ICA-Transaction Press.

Day, K. D. (1980). *The effect of music differing in excitatory potential and hedonic valence on provoked aggression.* Doctoral dissertation, Indiana University.

Donsbach, W. & Tasche, K. (1999). *When mood management fails: a field study on the relationship between daily events, mood and television viewing.* Paper presented at the ICA 1999, San Francisco.

Ferguson, C. J. & Rueda, S. M. (2010). The Hitman study: Violent video game exposure effects on aggressive behavior, hostile feelings, and depression. *European Psychologist, 15(2), 99–108.*

Helregel, B. K. & Weaver, J. B. (1989). Mood Management during pregnancy through Selective Exposure to television. *Journal of Broadcasting & Electronic Media, 33(1),* 15–33.

Knobloch, S. & Zillmann, D. (2002). Mood Management via the digital jukebox. *Journal of Communication, 52(2),* 351–366.

Masters, J. C., Ford, M. E. & Arend, R. A. (1983). Children's strategies for controlling affective responses to aversive social experience. *Motivation and Emotion, 7,* 103–116.

Meadowcroft, J. M. & Zillmann, D. (1987). Women's comedy preferences during the menstrual cycle. *Communication research, 14,* 204–218.

Medoff, N. J. (1979). *The avoidance of comedy by persons in a negative affective state: a further study in selective exposure.* Doctoral Dissertation, Indiana University.

Oliver, M. B. (1993). Exploring the paradox of the enjoyment of sad films. *Human Communication Research, 19(3),* 315–342.

Oliver, M. B. (2003). Mood Management and Selective Exposure. In J. Bryant, D. Roskos-Ewoldsen & J. Kantor (Eds.), *Communication and emotion: Essays in Honor of Dolf Zillmann* (pp. 85–106). Mahwah, NJ: Lawrence Erlbaum.

Park, Y. (2007). *The effect of media interactivity on mood regulation: An experimental study.* Doctoral Dissertation, Florida State University.

Pisinger, E. (2003). *In the mood.* Magisterarbeit, Ludwig-Maximilians-Universität München. Verfügbar unter: http://epub.ub.uni-muenchen.de/archive/00000377/01/MA_Pisinger_Eva.pdf [01.02.2008]

Reinecke, L., Tamborini, R., Grizzard, M., Lewis, R., Eden, A. & Bowman, N. D. (2012). Characterizing mood management as need satisfaction: The effects of intrinsic needs on selective exposure and mood repair. *Journal Of Communication, 62(3),* 437–453.

Schmitz, B. & Lewandrowski, U. (1993). Trägt das Fernsehen zur Regulierung von Stimmungen bei? Intraindividuelle Analysen zur »Moodmanagement«-Hypothese auf der Grundlage eines dynamisch-transaktionalen Modells. *Medienpsychologie, 5(1),* 64–84.

Schramm, H. (2005). *Mood Management durch Musik.* Köln: Herbert von Halem.

Vorderer, P. (2003). Entertainment theory. In J. Bryant, D. Roskos-Ewoldsen & J. Kantor (Eds.), *Communication and emotion: Essays in Honor of Dolf Zillmann* (pp. 131–153). Mahwah, NJ: Lawrence Erlbaum.

Vorderer, P. (2004). Unterhaltung. In R. Mangold, P. Vorderer & G. Bente (Hrsg.), *Lehrbuch der Medienpsychologie* (S. 543–564). Göttingen: Hogrefe.

Wünsch, C. (2001). Musik für jede Stimmungslage. *Wissenschaftliche Zeitschrift der Technischen Universität Dresden, 50(1/2),* 40–46.

Zillmann, D. (1988a). Mood management: Using entertainment to full advantage. In L. Donohew, H. Sypher & E.T. Higgins (Eds.), *Communication, Social Cognition and Affect* (pp. 147–171). Hillsdale, NJ: Lawrence Erlbaum.

Zillmann, D. (1988b). Mood management through communication choices. *American Behavioral Scientist, 31,* 327–340.

Zillmann, D. (2000). Mood management in the context of selective exposure theory. In M. E. Roloff (Ed.), *Communication yearbook*, 23 (pp. 103–123). Thousand Oaks, CA: Sage.
Zillmann, D. & Bryant, J. (1984). Effects of massive exposure to pornography. In N. M. Malamuth & E. Donnerstein (Eds.), *Pornography and sexual aggression* (pp. 115–138). Orlando, FL: Academic Press.
Zillmann, D. & Bryant, J. (1985). Selective-Exposure Phenomena. In D. Zillmann & J. Bryant (Eds.), *Selective exposure to communication* (pp. 1–10). Hillsdale, NJ: Lawrence Erlbaum.
Zillmann, D. & Johnson, R. C. (1973). Motivated aggressiveness perpetuated by exposure to aggressive films and reduced by exposure to nonaggressive films. *Journal of Research in Personality, 7*, 261–276.
Zillmann, D., Hezel, R. T. & Medoff, N. J. (1980). The effect of affective states on selective exposure to televised entertainment fare. *Journal of Applied Social Psychology, 10*, 323–339.
Zillmann, D., Hoyt, J. L. & Day, K. D. (1974). Strength and duration of the effect of aggressive, violent, and erotic communications on subsequent aggressive behaviour. *Communication Research, 1*, 286–306.

Sad-Film-Paradoxon

Uli Gleich und Ines Vogel

Worum geht es?

Dramen und Tragödien gehören zu den erfolgreichsten Filmkategorien überhaupt. Damit entscheiden sich viele Menschen für die Rezeption von Medieninhalten (wie z. B. *Titanic* oder *The Green Mile*), die negative Emotionen wie etwa Trauer, Kummer, Mitleid oder Furcht auslösen. Nach der Mood-Management-Theorie (Zillmann, 1988) steht ein solches Verhalten im Widerspruch zur hedonisch motivierten Selektion von Medienangeboten (vgl. Beitrag zum Mood Management in diesem Band). Als »Paradox of the Enjoyment of Sad Films« (1993, S. 315) bezeichnete Mary Beth Oliver dieses Phänomen Anfang der 1990er Jahre. Ihr Beitrag markiert den Beginn einer Forschung, die sich mit der Frage auseinandersetzt, was die Zuschauer zur Rezeption von Dramen und Tragödien, so genannter »Sad films«, motiviert und welche Gratifikationen bzw. Funktion(en) damit einhergehen. Inzwischen wurde eine Reihe von Arbeiten vorgelegt, die das Erleben negativer bzw. gemischter Emotionen im Rahmen der Unterhaltungsnutzung aus unterschiedlichen Perspektiven in den Blick nehmen.

Darstellung der Annahmen

Die Ansätze zur Erklärung der Selektion bzw. Rezeption trauriger Medieninhalte spielen in der aktuellen Forschungslandschaft eine mehr oder weniger bedeutsame Rolle. Einige wenige Autoren sahen die Anziehungskraft von Sad films in ihrer kathartischen Funktion begründet, das heißt, die Zuschauer können sich durch den Prozess des Nachvollziehens von eigenen negativen Emotionen »reinigen« (für eine Übersicht vgl. Feagin, 1983). Widersprüchliche bzw. uneindeutige empirische Belege für eine kathartische Funktion trauriger Filme (vgl. Vogel, 2007) führten dazu, dass dieser Ansatz aktuell kaum mehr eine Rolle spielt (vgl. Khoo & Oliver, 2013). Von kulturanthropologischen Überlegungen ausgehend, wird die Nutzung trauriger Medieninhalte im Rahmen der *Terror-Management-Theorie* diskutiert. Goldenberg, Pyszczynski, Johnson, Greenberg und Solomon (1999) argumentieren, dass symbolische Welten z. B. im Rahmen von Tragödien oder Sad films die Möglichkeit schaffen, sich stellvertretend und sicher distanziert mit dem Thema »Tod und Vergänglichkeit« auseinanderzusetzen – Letzteres stellt ansonsten eher eine Bedrohung (»terror«) dar. Auch aus Sicht der *Theorie des sozialen Vergleichs* (Taylor, Buunk & Aspinwall, 1990; Wills & Sandy, 2001; vgl. Beitrag zu Sozialen Vergleichsprozessen in diesem Band) kann die Rezeption von bzw. Präferenz für traurige Filme funktional sein. Durch Vergleiche der eigenen Situation mit dem Schicksal der Film-Protagonisten können einerseits eigene negative Zustände relativiert werden (»So schlecht geht es mir gar nicht«). Andererseits können sich die Zuschauer an dargestellten Problemlöse- und/oder Copingstrategien orientieren und möglicherweise für ihr eigenes Leben davon profitieren.

Weitere Ansätze betonen stärker die Frage, wie die Rezipienten mit den negativen Emotionen während der Rezeption von traurigen Unterhaltungsangeboten umgehen und wie sie dabei auf unterschiedliche Art und Weise profitieren. Nach der *Affective-Disposition-Theorie* (Raney, 2006; vgl. den Beitrag zur Affective-Disposition-Theorie in diesem Band) ertragen Zuschauer kurzfristig unangenehme emotionale Zustände, weil sie dem Spannungsaufbau und späteren Rezeptionsvergnügen dienen. Dazu muss der Film allerdings ein Happy-End haben, zumindest muss die Geschichte für den Protagonisten, zu dem der Zuschauer eine positive »affective disposition« hat, günstig ausgehen. Endet der Film jedoch tragisch für den Protagonisten, ist auch das Erklärungspotenzial dieser Theorie erschöpft.

Einen entscheidenden Einfluss auf die Theoriebildung in der aktuellen Unterhaltungsforschung hatte Oliver (1993) mit der Anwendung des *Konzepts der Meta-Emotionen* von Mayer und Gaschke (1988) auf die Rezeption von traurigen Filmen. Neben direkten Emotionen, die als Reaktion auf situationsspezifische (Film-)Reize entstehen, werden Emotionen über diese direkten Emotionen (»metaresponses or responses *to* emotional reactions«; ebd., S. 318; Hervorhebung im Original) angenommen. Sie können als affektive Evaluation bzw. Interpretation der direkten Emotion betrachtet werden. Meta-Emotionen und direkte Emotionen können unterschiedliche Valenzen haben (vgl. auch Wünsch, 2006), so dass zum Beispiel Gefühle von Trauer auf der direkten Ebene (negative Valenz) auf der Meta-Ebene durchaus als angenehm (positive Valenz) erlebt werden. Positive Meta-Emotionen (etwa i. S. v.: »Es ist ein schönes Gefühl, traurig zu sein«) können somit Gratifikationsanreize sein, die die Selektion trauriger Filme motivieren. Ähnlich wie Oliver (1993) geht auch Mills (1993) in seinem Attitude-Interpretation-Ansatz von einer reflexiven Bewertung direkten Emotionserlebens aus. Diese findet jedoch eher kognitiv als emotional statt und basiert auf den Einstellungen der Rezipienten in Bezug auf die Angemessenheit, Normverträglichkeit und soziale Erwünschtheit der aktuell erlebten Emotionen (z. B. Mitleid mit anderen zu empfinden ist gut und richtig). Die Gratifikation trauriger Medieninhalte entsteht durch die Möglichkeit, sich selbst als einfühlsamen und empathischen Menschen zu erleben.

Das Konzept der Meta-Emotionen wurde in der Zwischenzeit von einer Reihe von Autoren aufgegriffen und im Rahmen von Prozessmodellen zur Rezeption von traurigen Medieninhalten modelliert (vgl. Dohle, 2011). Bartsch, Vorderer, Mangold und Viehoff (2008) schlagen ein Modell der Meta-Emotionen, basierend auf appraisal-theoretischen Annahmen vor. Danach werden die aktuell erlebten Primäremotionen auf einer Meta-Ebene kontinuierlich nach spezifischen Kriterien (z. B. Neuigkeit, Angenehmheit, Zielverträglichkeit, Kontrollierbarkeit) bewertet. Das Ergebnis dieses »Meta-Appraisal-Prozesses« entscheidet über Rezeptionspersistenz oder -abbruch (vgl. auch Bartsch, 2014). Als »erlebte Gratifikationen« haben sie wiederum Bedeutung für die Selektion entsprechender Angebote. Auch Wirth und Schramm (2007) konzeptualisieren Meta-Emotionen appraisaltheoretisch. Zusätzlich differenzieren sie zwischen unterschiedlichen situationalen Referenzen der Meta-Appraisals, z. B. Filminhalt oder Rezeptionssituation (vgl. Schramm & Wirth, 2010).

Ohne explizite Bezugnahme auf das Konzept der Meta-Emotionen, deren Kernidee eine Transformation der Valenz von Emotionen ist, gibt Oliver (2008, 2009) die Idee auf, dass ein zentrales Element der Unterhaltungsrezeption letztlich eine »positive« Rezeption sei. Mit der Einführung des Konzepts der »Wertschätzung« (»*Appreciation*«) erfährt die Forschung zur Selektion und Gratifikation trauriger Medienangebote eine bedeutende Weiterentwicklung. Angelehnt an Theorien der Positiven Psychologie und Überlegungen zu eudaimonischen Motiven (vgl. Waterman, 2008) wird postuliert, dass Unterhaltung auch bedeutet, ergreifende (»moving«), traurige (»sad«) und teilweise schmerzliche (»poignant«) Erfahrungen zu machen. Das Bedeutsame (»*Meaningfulness*«), das heißt Dinge wie moralische Tugenden, Gerechtigkeit, Courage, Bescheidenheit, Vertrauen, Güte, Wissen und Weisheit, ist es, was die Rezipienten interessiert und was sie zur Rezeption motiviert (vgl. Oliver & Bartsch, 2011). Entscheidend für den Rezeptionsgenuss sei, dass am Ende die Wertschätzung (»Appreciation«) des Publikums stehe, das heißt, »the perception of deeper meaning, the feeling of being moved, and the motivation to elaborate on thoughts and feelings inspired by the experience« (Oliver & Bartsch, 2010, S. 76). Die emotionale Erfahrungsdimension von Appreciation geht einher mit »Mixed affects«, das heißt dem gleichzeitigen Erleben von gegensätzlichen Emotionen. Solche »Moral emotions« (Haidt, 2003) oder »Bittersweet emotions« (Ersner-Hershfield, Mikels, Sullivan & Carstensen, 2008) sind die affektive Grundlage dessen, was Oliver, Ash und Woolley (2013) als »Elevation« bezeichnen, nämlich »other-praising affective state elicited in response to witnessing acts of moral beauty or human virtue, which in turn induces feelings of optimism about humanity and motivates people to perform virtuous acts themselves and become better people« (S. 94).

Oliver und Kollegen forcierten mit diesen Überlegungen eine konzeptionelle Trennung von Enjoyment und Appreciation als zwei unterschiedliche Prozesse der Unterhaltungsrezeption und -wirkung (vgl. Oliver & Hartmann, 2010). Inzwischen etablieren sich Zwei-Prozess-Modelle der Unterhaltung, die non-hedonische Rezeptionsmotive und -prozesse psychologisch erklären können, ohne auf das Bild des Paradoxons zurückgreifen zu müssen (vgl. Vorderer, 2011; Vorderer & Reinecke, 2012). Neben Unterhaltung als bedeutsamer Erfahrung, durch die Bedürfnisse nach Wohlbefinden durch ein erfülltes Leben im Einklang mit moralischen (z. B. Gerechtigkeit, Mut) und intellektuellen (z. B. Wissen, Weisheit, Intuition) Tugenden (»Eudaimonia«) erfüllt werden können, gibt es weitere Forschungsentwicklungen, die Unterhaltung als Befriedigung intrinsischer psychologischer Grundbedürfnisse (Autonomie, Kompetenz und Verbundenheit) auf Basis der Self-Determination-Theory (vgl. Ryan & Deci, 2000) konzipieren. Appreciation als unabhängige Facette des Unterhaltungserlebens trägt somit auch zum psychologischen Wohlbefinden bei.

Typische Methodik

Im Rahmen der Forschung zur Selektion und Rezeption von traurigen Medieninhalten gibt es in der Regel zwei Vorgehensweisen. Zum einen wurden und werden häufig die Determinanten der Zuwendung zu Sad films erforscht. Korrelative Studien zeigen Zusammenhänge zum Beispiel mit Geschlecht, Empathiefähigkeit, Need for Emotion, Depressionstendenzen, Mortalitätssalienz und Copingstilen sowie mit filmbezogenen Präferenz- und Nutzungsmustern (vgl. Oliver, 1993; Oliver, Weaver & Sargent, 2000; Vogel, 2007). Dabei kam unter anderem die »Sad Film Scale« (SFS) zum Einsatz, die von Oliver (1993) explizit entwickelt wurde, um die postulierten Meta-Emotionen zu messen (z. B. »I enjoy feeling strong emotions in response to sad movies«). Die SFS selbst wird inzwischen kaum noch verwendet, auf ihrer Basis wurden jedoch alternative Instrumente zur Erfassung von Meta-Emotionen entwickelt (z. B. Dohle, 2011, S. 195 ff.). Mit der Skala zur Erfassung eudaimonischer Motive bzw. Gratifikationen von Oliver und Raney (2011) liegt inzwischen ein gut validiertes Instrument vor, das in der Lage ist, die oben erwähnte neue Dimension der Unterhaltungserfahrung, nämlich »Wertschätzung« zu messen (z. B. »Ich mag Filme, die mich zum Nachdenken anregen«). Es wird, in der Regel zusammen mit einer Skala, die »Enjoyment« erfasst, in korrelativen Studien eingesetzt, die Motive und Gratifikationen der Rezeption trauriger Medienangebote untersuchen. Zudem häufen sich experimentelle Untersuchungsdesigns, die danach fragen, unter welchen Bedingungen (z. B. Medieninhalte) bei den Rezipienten Wertschätzung (»Appreciation«) erzeugt wird. Insgesamt kann jedoch angesichts der raschen

Entwicklung und der sich diversifizierenden theoretischen Ansätze dieses Forschungsfelds noch nicht von einer typischen Methodik gesprochen werden.

Zentrale empirische Befunde

Es gibt eine Reihe von Befunden, die zeigen, dass dramatische Filme häufiger genutzt bzw. eher präferiert werden, wenn die dabei erlebten Emotionen (z. B. Trauer, Mitleid) als angenehm empfunden bzw. positiv erlebt werden. Dies belegt die klassische Studie von Oliver (1993) ebenso wie die Untersuchung von Vogel (2007), in der jeweils substanzielle Zusammenhänge zwischen der Nutzung von und der Präferenz für Sad films und positiven Meta-Emotionen gefunden wurden. Dies weist darauf hin, dass bei der Rezeption von Sad films keineswegs nur negative Emotionen entstehen, sondern offensichtlich gleichzeitig auch angenehme Erfahrungen, die das Gratifikationspotenzial solcher Angebote darstellen. In einem experimentellen Setting konnten Hofer und Wirth (2012) zeigen, wie ein solches Rezeptionsvergnügen (»Enjoyment«) durch Meta-Appraisals zustande kommt. Beim Betrachten eines Films mit traurigem Ende mediierten entsprechende (Meta-)Bewertungsprozesse (insbesondere Normkompatibilität) den Prozess der Valenztransformation von Trauer (Primär-Emotion) zu Enjoyment (Meta-Emotion). Möglicherweise lässt sich durch diesen Prozess auch ein älterer Befund von Mills (1993) erklären, der einen positiven Zusammenhang zwischen der Einstellung zum Mitgefühl mit Leidenden (gemessen als Selbsteinschätzung, Empathie) und positiver Beurteilung von tragischen Filmen fand.

Dass das aktuelle Erleben von negativen Emotionen (z. B. Trauer über das Schicksal eines Protagonisten) für die Zuschauer belohnend sein kann, zeigt auch die Studie von Bartsch (2012). Neben »Spaß« und »Spannung/Thrill« identifizierte sie faktorenanalytisch weitere Gratifikationsdimensionen, die eine inhaltlichen Auseinandersetzung mit dem rezipierten Inhalt repräsentieren: »Emphatische Trauer« (z. B. »... weil ich es mag, wenn ich zu Tränen gerührt bin«), »Besinnlichkeit/Nachdenken« (z. B. »... weil ich dadurch angeregt werde, mich mit wichtigen Themen auseinanderzusetzen«), »Beschäftigung mit den Charakteren« (z. B. »... weil ich mich mit dem Lebensgefühl der Filmfiguren identifiziere«), »Emotionen im sozialen Kontext« (z. B. »... weil ich angeregt werde, mich mit anderen über den Film zu unterhalten«) und stellvertretende Emotionserfahrung (z. B. »weil ich dadurch Gefühle erleben kann, die ich im Alltag vermeide«). Diese Ergebnisse sprechen für die Existenz eudaimonischer Motive der Unterhaltungsrezeption. Selektionsexperimente wie das von Kim und Oliver (2013) können zeigen, dass die Entscheidung für Dramen unter anderem damit zu tun hat, wie sehr Rezipienten motiviert sind, sich mit existentiellen Fragen über das Selbst und das Leben (»cognitive gains and growth«; S. 383) auseinanderzusetzen (vgl. auch Kim & Oliver, 2011; Knobloch-Westerwick, Gong, Hagner & Kerbeykian, 2013).

Entscheidend für das Rezeptionsvergnügen im Sinne von Appreciation bei traurigen und/oder dramatischen Inhalten sind die gemischten Emotionen

(»Mixed affects«), die während der Rezeption entstehen. In mehreren Studien konnten Oliver und Bartsch zeigen, dass es die »Tender affect states« (Oliver, 2008), also Gefühle verbunden mit Wärme, Leidenschaft, Interesse oder Sympathie, sind, die die Rezeption motivieren und zu einer positiven Bewertung führen – und nicht etwa Trauer (»Sadness«) als diskrete Emotion (vgl. Oliver & Bartsch, 2010; 2011). Bekräftigt werden diese Befunde durch die Studie von Hanich, Wagner, Shah, Jacobsen und Menninghaus (2014), die herausfanden, dass der Einfluss von Sadness auf Enjoyment vollständig durch die (emotionale) Erfahrung des Bewegtseins (»Being moved«, S. 131) mediiert wird.

Sowohl formale als auch inhaltliche Faktoren auf Seiten der Medienangebote können Appreciation und das Rezeptionsvergnügen beeinflussen. So fanden z. B. Bartsch, Kalch und Oliver (2014), dass eine besonders emotionale musikalische Untermalung der Geschichte mehr reflexive Gedanken auslöste und zu einer positiveren Bewertung führte. Im Experiment von Lewis, Tamborini und Weber (2014) erhielt der Inhalt, der ein moralisches Dilemma aufzeigte, die höchsten Appreciation-Werte, wurde also als bedeutsam (»meaningful«), bewegend (»moving«) und zu Gedanken anregend (»thought provoking«) beurteilt (vgl. auch Krakowiak & Oliver, 2012). Auf Seiten der Rezipienten sind es unter anderem Faktoren wie ein höheres Ausmaß der wahrgenommenen Realität der Geschichte und stärker ausgeprägtes Involvement (vgl. Ahn, Jin & Ritterfeld, 2012) sowie höherer Need for Affect und höherer Need for Cognition (vgl. Bartsch, Appel & Storch, 2010; Oliver & Raney, 2011), die das Unterhaltungserleben via Appreciation vorhersagten.

Gratifikationen der Rezeption von Sad films ergeben sich einerseits aus dem Rezeptionserleben i. S. v. Mixed affects. Andererseits sind Unterhaltungsangebote, die »Wertschätzung« (Appreciation) erzeugen, auch postrezeptiv funktional. Sie können zum Beispiel das Gefühl von Kontrolle und Stärke erhöhen, was wiederum die Bewältigung von Anforderungen unterstützt (vgl. Rieger, Reinecke, Frischlich & Bente, 2014). Das Ergebnis der Studie von Goldenberg et al. (1999), die einen Zusammenhang zwischen (induzierter) Mortalitätssalienz und der Präferenz für Sad films fanden, kann ebenfalls in diese Richtung interpretiert werden. Des Weiteren konnte Vogel (2007) zeigen, dass Sad films von den Rezipienten auch zum Zwecke des sozialen Vergleichs genutzt werden: In Abhängigkeit von bestimmten Copingstrategien vergleichen diese die eigene Lebenssituation mit dem Schicksal der Protagonisten und leiten daraus Situations- bzw. Problembewältigungsstrategien ab.

Kritik

In Bezug auf das von Oliver (1993) formulierte »Sad-Film-Paradoxon« gibt es über 20 Jahre später bedeutsame Erkenntnisfortschritte. Die appraisaltheoretische Modellierung der Valenztransformationen von Primär- und Meta-Emotionen einerseits und die Annahme eudaimonischer Motive der Rezipienten andererseits sind fruchtbare Ansätze zur Erklärung dieses Phänomens. Sie unterstützen die Annahme, dass sich Rezipienten nicht wirklich paradox verhalten, wenn sie sich für die Rezeption von Dramen und Tragödien entscheiden. Für die weitere Forschung müssen u. E. vor allem methodische Herausforderungen bewältigt werden. Für die Messung der *während der Rezeption* stattfindenden (Meta-)Appraisal-Prozesse (vgl. z. B. Bartsch et al., 2008; Wirth & Schramm, 2007) fehlen bislang noch geeignete Instrumente. In der Regel werden lediglich post-rezeptive Urteile der Zuschauer erfasst. Für die Weiterentwicklung der Forschung zu eudaimonischen Motiven bzw. Gratifikationen wäre es sicher hilfreich, die spezifische emotionale Qualität des damit verbundenen Rezeptionserlebens (»Mixed affect«, »Elevation«) genauer zu definieren und entsprechende Erhebungsinstrumente zu konstruieren. Eine Forcierung der Erforschung von Funktionen eudaimonisch motivierter Medienrezeption, d. h. post-rezeptive Gratifikationen, wie z. B. *psychologisches Wohlbefinden*, *Stressbewältigung* oder *Identitätsarbeit* (vgl. Rieger et al., 2014) erweitert schließlich die Perspektive und gibt Aufschluss darüber, welchen Stellenwert »Sad films« und ähnliche Medienangebote für die Rezipienten haben.

Literatur

Ahn, D., Jin, S.-A. & Ritterfeld, U. (2012). »Sad Movies Don't Always Make Me Cry«. The Cognitive and Affective Processes Underpinning Enjoyment of Tragedy. *Journal of Media Psychology: Theories, Methods, and Applications, 24*(1), 9–18.

Bartsch, A. (2012). Emotional Gratification in Entertainment Experience. Why Viewers of Movies and Television Series Find it Rewarding to Experience Emotions. *Media Psychology, 15*(3), 267–302.

Bartsch, A. (2014). Emotionales Erleben. In C. Wünsch, H. Schramm, V. Gehrau & H. Bilandzic (Eds.), *Handbuch Medienrezeption* (pp. 207–221). Baden-Baden: Nomos.

Bartsch, A., Appel, M. & Storch, D. (2010). Predicting Emotions and Meta-Emotions at the Movies: The Role of the Need for Affect in Audiences' Experience of Horror and Drama. *Communication Research, 37*(2), 167–190.

Bartsch, A., Kalch, A. & Oliver, M. B. (2014). Moved to Think. The Role of Emotional Media Experiences in Stimulating Reflective Thoughts. *Journal of Media Psychology, 26*(4), 125–140.

Bartsch, A., Vorderer, P., Mangold, R. & Viehoff, R. (2008). Appraisal of Emotions in Media Use: Toward a Process Model of Meta-Emotion and Emotion Regulation. *Media Psychology, 11*(1), 7–27.

Dohle, M. (2011). *Unterhaltung durch traurige Filme: Die Bedeutung von Metaemotionen für die Medienrezeption.* Köln: Herbert von Halem.

Ersner-Hershfield, H., Mikels, J. A., Sullivan, S. J. & Carstensen, L. L. (2008). Poignancy: Mixed emotional experience in the face of meaningful endings. *Journal of Personality and Social Psychology, 94*(1), 158–167.

Feagin, S. L. (1983). VIII. The pleasure of tragedy. *American Philosophical Quarterly, 20 (1)*, 95–104.

Goldenberg, J. L., Pyszczynski, T., Johnson, K. D., Greenberg, J. & Solomon, S. (1999). The appeal of tragedy: A terror management perspective. *Media Psychology, 1*(4), 313–329.

Haidt, J. (2003). Elevation and the positive psychology of morality. In C. L. M. Keyes & J. Haidt (Eds.), *Flourishing. Positive psychology and the life well-lived* (1st ed., pp. 275–289). Washington, DC: American Psychological Association.

Hanich, J., Wagner, V., Shah, M., Jacobsen, T. & Menninghaus, W. (2014). Why we like to watch sad films. The pleasure of being moved in aesthetic experiences. *Psychology of Aesthetics, Creativity, and the Arts, 8*(2), 130–143.

Hofer, M. & Wirth, W. (2012). It's Right to Be Sad. The Role of Meta-Appraisals in the Sad-Film Paradox – A Multiple Mediator Model. *Journal of Media Psychology: Theories, Methods, and Applications, 24*(2), 43–54.

Khoo, G. S. & Oliver, M. B. (2013). The therapeutic effects of narrative cinema through clarification: Reexamining catharsis. *Scientific Study of Literature, 3*(2), 266–293.

Kim, J. & Oliver, M. B. (2011). What combination of message characteristics determines hedonic and counter-hedonic preferences? An examination of the interplay between valence and semantic affinity. *Media Psychology, 14*(2), 121–143.

Kim, J. & Oliver, M. B. (2013). How Do We Regulate Sadness Through Entertainment Messages? Exploring Three Predictions. *Journal of Broadcasting & Electronic Media, 57*(3), 374–391.

Knobloch-Westerwick, S., Gong, Y., Hagner, H. & Kerbeykian, L. (2013). Tragedy Viewers Count Their Blessings: Feeling Low on Fiction Leads to Feeling High on Life. *Communication Research, 40*(6), 747–766.

Krakowiak, K. M. & Oliver, M. B. (2012). When Good Characters Do Bad Things: Examining the Effect of Moral Ambiguity on Enjoyment. *Journal of Communication, 62* (1), 117–135.

Lewis, R. J., Tamborini, R. & Weber, R. (2014). Testing a Dual-Process Model of Media Enjoyment and Appreciation. *Journal of Communication, 64*(3), 397–416.

Mayer, J. & Gaschke, Y. (1988). The experience and meta-experience of mood. *Journal of Personality and Social Psychology, 55(1)*, 102–111.

Mills, J. (1993). The appeal of tragedy: An attitude interpretation. *Basic and Applied Social Psychology, 14(3)*, 255–271.

Oliver, M. B. (1993). Exploring the paradox of the enjoyment of sad films. *Human Communication Research, 19(3)*, 315–342.

Oliver, M. B. (2008). Tender affective states as predictors of entertainment preference. *Journal of Communication, 58*(1), 40–61.

Oliver, M. B. (2009). Affect as a Predictor of Entertainment Choice. The Utility of Looking Beyond Pleasure. In T. Hartmann (Ed.), *Media choice. A theoretical and empirical overview* (pp. 167–184). New York: Routledge.

Oliver, M. B., Ash, E. & Woolley, J. K. (2013). The experience of elevation: Responses to media portrayals of moral beauty. In R. Tamborini (Ed.), *Electronic Media Research Series. Media and the moral mind* (pp. 93–108). Oxon: Routledge.

Oliver, M. B. & Bartsch, A. (2010). Appreciation as Audience Response: Exploring Entertainment Gratifications Beyond Hedonism. *Human Communication Research, 36*(1), 53–81.

Oliver, M. B. & Bartsch, A. (2011). Appreciation of entertainment: The importance of meaningfulness via virtue and wisdom. *Journal of Media Psychology, 23*(1), 29–33.

Oliver, M. B. & Hartmann, T. (2010). Exploring the role of meaningful experiences in users' appreciation of »good movies«. *Projections: The Journal of Movies and Mind, 4* (2), 128–150.

Oliver, M. B. & Raney, A. A. (2011). Entertainment as Pleasurable and Meaningful: Identifying Hedonic and Eudaimonic Motivations for Entertainment Consumption. *Journal of Communication, 61*(5), 984–1004.

Oliver, M. B., Weaver, J. B. & Sargent, S. L. (2000). An examination of factors related to sex differences in enjoyment of sad films. *Journal of Broadcasting & Electronic Media, 44(2)*, 282–300.

Raney, A. A. (2006). The psychology of disposition-based theories of media enjoyment. In J. Bryant & P. Vorderer (Eds.), *Psychology of entertainment* (pp. 137–150). Mahwah, NJ: Lawrence Erlbaum.

Rieger, D., Reinecke, L., Frischlich, L. & Bente, G. (2014). Media Entertainment and Well-Being – Linking Hedonic and Eudaimonic Entertainment Experience to Media-Induced Recovery and Vitality. *Journal of Communication, 64*(3), 456–478.

Ryan, R. M. & Deci, E. L. (2000). Self-determination theory and the facilitation of intrinsic motivation, social development, and well-being. *American Psychologist, 55*(1), 68–78.

Schramm, H. & Wirth, W. (2010). Exploring the Paradox of Sad-Film Enjoyment. The Role of Multiple Appraisals and Meta-Appraisals. *Poetics: Journal of Empirical Research on Culture, the Media and the Arts, 38*(3), 319–335.

Schreier, M. (2006). (Subjective) well-being. In J. Bryant & P. Vorderer (Eds.), *Psychology of entertainment* (pp. 389–404). Mahwah, NJ: Lawrence Erlbaum.

Taylor, S. E., Buunk, B. P. & Aspinwall, L. G. (1990). Social comparison, stress, and coping. *Personality and Social Psychology Bulletin, 16*(1), 74–89.

Vogel, I. (2007). *Das Sad-Film-Paradoxon. Ein theoretischer und empirischer Beitrag zum Anreiz trauriger Filme.* Aachen: Shaker.

Vorderer, P. (2011). What's Next? Remarks on the Current Vitalization of Entertainment Theory. *Journal of Media Psychology: Theories, Methods, and Applications, 23*(1), 60–63.

Vorderer, P. & Reinecke, L. (2012). Zwei-Prozess-Modelle des Unterhaltungserlebens: Unterhaltung im Schnittbereich hedonischer und non-hedonischer Bedürfnisbefriedigung. In L. Reinecke & S. Trepte (Eds.), *Unterhaltung in neuen Medien. Perspektiven zur Rezeption und Wirkung von Online-Medien und interaktiven Unterhaltungsformaten* (pp. 12–29). Köln: Herbert von Halem.

Waterman, A. S. (2008). Reconsidering happiness: a eudaimonist's perspective. *The Journal of Positive Psychology, 3*(4), 234–252.

Wills, T. A. & Sandy, J. M. (2001). Comparing favorably: A cognitive approach to coping through comparison with other persons. In C. R. Snyder (Ed.), *Coping with stress: Effective people and processes* (pp. 154–177). London: Oxford University Press.

Wirth, W. & Schramm, H. (2006). Hedonismus als zentrales Motiv zur Stimmungsregulierung durch Medien? Eine Reflexion der Mood Management-Theorie Zillmanns. In W. Wirth, H. Schramm & V. Gehrau (Hrsg.), *Unterhaltung durch Medien. Theorie und Messung* (Unterhaltungsforschung, Band 1, S. 59–79). Köln: Herbert von Halem.

Wirth, W. & Schramm, H. (2007). Emotionen, Metaemotionen und Regulationsstrategien bei der Medienrezeption. Ein integratives Modell. In W. Wirth, H.-J. Stiehler & C. Wünsch (Hrsg.), *Dynamisch-transaktional denken: Theorie und Empirie in der Kommunikationswissenschaft* (S. 153–184). Köln: Herbert von Halem.

Wünsch, C. (2006). *Unterhaltungserleben. Ein hierarchisches Zwei-Ebenen-Modell affektiv-kognitiver Informationsverarbeitung* (Unterhaltungsforschung, Band 3). Köln: Herbert von Halem.

Zillmann, D. (1988). Mood management: Using entertainment to full advantage. In L. Donohew, H. E. Sypher & E. T. Higgins (Eds.), *Communication, social cognition, and affect* (pp. 147–171). Hillsdale, NJ: Lawrence Erlbaum.

Evolutionäre Erklärungsansätze

Frank Schwab und Christine Hennighausen

Worum geht es?

Die Evolutionäre Psychologie ist ein theoretisches Paradigma für alle Teilgebiete der Psychologie. Sie bietet eine spezielle Perspektive auf menschliches Erleben und Verhalten, indem sie unsere mentale Architektur als Ergebnis der Evolution des Menschen sieht. Danach ist das menschliche Gehirn ein Produkt der Selektion, wobei die Evolution solche Ausprägungen begünstigte, die einst den Fortpflanzungserfolg unserer Vorfahren erhöhten. Unser (heutiges) mentales Design beruht also auf Anpassungen (Adaptationen) an (vergangene) Umwelten. Strukturen und Mechanismen des Geistes sind, ebenso wie unser Körper und unsere Organe, funktionale Produkte der natürlichen und sexuellen Selektion (Barkow, Cosmides & Tooby 1992). Die natürliche Selektion beschreibt den Fortpflanzungserfolg aufgrund von Merkmalen, die die Überlebenschancen eines Individuums erhöhen (tarnendes Federkleid, Schutzpanzer etc.), die sexuelle Selektion beschreibt die Auswahl eines Individuums durch den Sexualpartner (schmückendes Federkleid, Paarungstänze etc.; Darwin, 1859, 1871). Folgt man diesem Ansatz, dann kann man menschliches Erleben und Verhalten nur erklären, wenn man evolutionäre Prozesse mitberücksichtigt. Evolutionspsychologen kritisieren die in den Sozialwissenschaften meist implizit vorhandene Annahme, der menschliche Geist sei gewissermaßen ein »unbeschriebenes Blatt« oder eine Art Allzweck-Computer (Pinker, 2002). Weite Bereiche der Anthropologie, der Soziologie, der Kommunikationswissenschaft sowie der Psychologie fokussieren rein auf die aktuelle und ontogenetische Umwelt und das soziale Milieu als Determinanten menschlichen Erlebens und Verhaltens und blenden die menschliche Natur, welche sich durch die Evolution entwickelt hat, nahezu aus. In dieser Denktradition besteht das psychische System aus einer kleinen Anzahl von Allzweckmechanismen, die von bestimmten Inhalten unabhängig sind, wie z. B. Lernen, Imitation, Rationalität oder Kulturfähigkeit (Ob ich nun eine Ehefrau/einen Ehemann oder eine Pizza auswähle, wäre nach dieser Denktradition grundsätzlich sehr ähnlich, also inhaltsunabhängig). So wird in aktuellen Medienwirkungstheorien fast ausschließlich ein »learning-only approach« vertreten und damit die Natur des Menschen ignoriert, was Sherry (2004) als »nature blindness« kritisiert. Beispielsweise geht der Kultivierungsansatz davon aus, dass lediglich meine individuelle Lerngeschichte mit Medien bestimmt, welche Einstellungen ich entwickle (siehe Kultivierungstheorie in diesem Band).

Die Evolutionspsychologie vertritt hingegen die Ansicht, dass sich der menschliche Geist weitgehend aus einer Ansammlung von spezialisierten »informationsverarbeitenden Mechanismen« zusammensetzt, die so gestaltet sind, dass sie spezifische Anpassungsprobleme unserer Vorfahren lösen konnten (Buss, 1999).

Darstellung der Annahmen

Nach Darwin (1859) sind viele komplexe funktionale Mechanismen bei ganz unterschiedlichen Organismen durch Selektionsprozesse erklärbar.

Die Evolutionspsychologie geht dabei von zwei Annahmen aus, die aus Darwins Werk abgeleitet sind (Buss, 1999; Crawford & Krebs, 1998):

1. Alle Mechanismen, die durch evolutionäre Prozesse entstanden sind, dienen einer Funktion, welche ultimat (grundlegend) den (differentiellen) Reproduktionserfolg des jeweiligen Organismus steigert.
2. Die Gestaltung des jeweiligen Mechanismus zeigt einen deutlichen Bezug zu der Umwelt, in der sich der Mechanismus entwickelt hatte (Adaptation).

Die Wurzeln der Evolutionspsychologie liegen einerseits in der Evolutionsbiologie, andererseits verwendet sie die in der Kognitiven Psychologie etablierte Beschreibungssprache (Buss, 1999). Die Kognitionspsychologie beschreibt die Psyche als verhaltenssteuerndes System, welches (vergleichbar mit einem Computer) eine Informationsumgestaltung vornimmt (u. a. Wahrnehmen, Erinnern, Lernen, Problemlösen). Die Evolutionspsychologie lässt sich anhand von fünf Prinzipien beschreiben (Cosmides & Tooby, 1997):

1. Das menschliche Gehirn ist so gestaltet, dass es Verhalten erzeugt, das an spezifische Umweltbedingungen angepasst ist.
2. Die so evolvierten psychologischen Mechanismen dienen der Lösung von Problemen, denen unsere Jäger- und Sammlervorfahren ausgesetzt waren. Sie sind ebenso wie fast alle Körpermerkmale das Ergebnis natürlicher und sexueller Selektionsprozesse.
3. Die meisten dieser mentalen Prozesse entziehen sich dem Bewusstsein oder arbeiten derart effizient, dass wir sie kaum wahrnehmen (Instinktblindheit). Natürliche Kompetenzen, wie jemanden attraktiv zu finden, sich zu verlieben, die Furcht vor Krankheiten oder moralische Entrüstung, werden zwar als einfach erlebt, bauen jedoch auf komplexen Mechanismen auf.
4. Evolvierte psychologische Mechanismen sind spezialisiert auf ganz bestimmte Anpassungsprobleme. Diese Anpassungsprobleme sind ständig wiederkehrende Probleme, mit denen wir während der stammesgeschichtlichen Entwicklung unserer Spezies konfrontiert waren. Diese sind zeitlich stabil und treten immer wieder mit denselben Hinweisreizen auf, wie z. B. Partnerwahl, familiäre Beziehungen, Kooperation und Altruismus oder Wettstreit.
5. Evolutionäre Anpassungsprozesse vollziehen sich sehr langsam und über viele Generationen hinweg. Deshalb sind unsere evolvierten psychologischen Mechanismen an vergangene Umwelten angepasst.

Während sich also evolutionäre Anpassungsprozesse nur langsam vollziehen, können sich Umwelten dagegen vergleichsweise schnell ändern. Daher kann es zu einer mangelnden Passung zwischen dem vorhandenen, an eine vergangene Umwelt angepassten Mechanismus und der aktuellen Umwelt kommen (Mismatch). So ist die menschliche Vorliebe für Süßes in der Umwelt, in der diese Präferenz evolvierte, adaptiv gewesen. Damals waren überlebenswichtige, vitamin- und zuckerhaltige Früchte selten. In unserer heutigen Umwelt, in der sich an jeder Straßenecke Bäckereien finden, kann diese einst vorteilhafte Präferenz nachteilige Konsequenzen haben.

Zudem können evolvierte psychologische Mechanismen als Nebenprodukt Verhalten erzeugen, für dessen Ausführung sie ursprünglich nicht evolvierten. So haben sich Lernmechanismen für den Spracherwerb entwickelt (Anpassung), mit deren Hilfe wir auch in der Lage sind, das Schreiben zu erlernen (Nebenprodukt; Fitch, Hauser & Chomsky, 2005). Strittig ist inwiefern Aspekte unseres Verhaltens in Bezug auf die Medien als Anpassungen oder als Nebenprodukt beschreibbar sind (s. u.).

Typische Methodik

Die Logik evolutionärer Studien zielt darauf, adaptive Probleme einer Spezies während ihrer stammesgeschichtlichen Entwicklung zu identifizieren und einen psychischen Mechanismus zu postulieren, der diese Probleme adäquat unter den Bedingungen der vergangenen Umwelt löst. Annahmen zu einem solchen psychischen Mechanismus können dann Studien zu seiner neuronalen Basis anregen. Die Vorgehensweise umfasst also unterschiedliche Erklärungsebenen. Es lassen sich insgesamt zwei Strategien unterscheiden: Die Top-down-Strategie beginnt mit der allgemeinen Evolutionstheorie (z. B. natürliche und sexuelle Selektion; Darwin, 1859, 1871). Daraus werden evolutionäre Theorien mittlerer Ebene abgeleitet. Beispielsweise beschäftigt sich das Konzept des parentalen Investments (Trivers, 1972) damit, inwieweit Eltern Aufwendungen für bestimmten Nachwuchs erbringen, was gleichzeitig die Möglichkeit des Investments in andere Nachkommen verringert. Aus den Theorien mittlerer Ebene werden anschließend spezifische Hypothesen und schließlich Vorhersagen über empirisch zu prüfende Phänomene abgeleitet (Hennighausen & Schwab, 2015a). Neben dieser Top-down-Strategie können jedoch auch – ausgehend von einem konkreten Phänomen – Hypothesen über mögliche evolutionäre Funktionen und das spezifische Design ursächlicher evolvierter psychologischer Mechanismen generiert werden (Bottom-up-Strategie).

Zur Prüfung ihrer Annahmen vergleichen Evolutionspsychologen unterschiedliche Spezies oder Individuen einer Spezies in verschiedenen Umweltkontexten und Kulturen. Darüber hinaus analysieren sie Geschlechtsunterschiede, die beispielsweise aufgrund von Annahmen zum elterlichen Investment (Trivers, 1972) oder damit in Verbindungen stehenden unterschiedlichen Partnerpräferenzen (Buss & Schmitt, 1993) vermutet werden. Grundsätzlich nutzt die Evolutionspsychologie zur Prüfung ihrer Annahmen empirische Methoden und die etablierten Datenquellen der (kognitiven) Psychologie. Um historische, geographische und kulturelle Einflüsse zu berücksichtigen, werden zusätzlich archäologische Datensätze, Daten von Jäger-Sammler-Gesellschaften, Beobachtungsdaten, Selbstbeschreibungen, Lebensverlaufsdaten, öffentliche Statistiken und menschliche Produkte (kulturelle Artefakte, wie Höhlenmalerei oder auch Medienangebote) untersucht. Stammesgeschichtliche grundlegende (ultimate) Prozesse sowie die Theorie Darwins werden nicht direkt überprüft. Vielmehr wird untersucht, inwiefern diese grundlegenden Theorien (wie z. B. Darwins Evolutionstheorie) und die angenommenen ultimaten Mechanismen psychische Prozesse und Phänomene auf unmittelbarer (proximater) Ebene (z. B. hormonell, Verhaltensebene) erklären können (Hennighausen & Schwab, 2015a; Holcomb, 1998).

Exemplarische Ansätze evolutionärer Medienpsychologie

In der Medienpsychologie ebenso wie in der Kommunikations- und Medienwissenschaft werden zunehmend evolutionäre Argumente verwendet und evolutionäre Fragestellungen untersucht. Hier können verschiedene Unterhaltungstheorien genannt werden (z. B. Schwab, 2010; Schwab & Schwender, 2010; Schwender, 2006; Vorderer, Steen & Chan, 2006; zu anderen Anwendungen vgl. z. B. Erklärungsansätze zu Media Equation, vgl. Beitrag in diesem Band), die das menschliche Interesse an medialer Unterhaltung aus einer evolutionären Perspektive erklären. Während Pinker (1997, 2002) davon ausgeht, dass Unterhaltung ein evolutionäres Nebenprodukt ist, nimmt Miller (2000) an, dass sich Kunst, Unterhaltung und Humor durch sexuelle Selektion entwickelt haben, um einen attraktiven Partner anzulocken und diesen für sich zu gewinnen. Miller vergleicht dabei diese menschlichen Fähigkeiten in Sinne eines »mentalen Ornaments« mit dem Federrad des männlichen Pfaus oder mit den Balzgesängen und -tänzen von Vögeln (vgl. Ohler & Nieding, 2006; Schwab, 2010). Weiterhin nehmen Tooby und Cosmides (2001) an, dass Unterhaltung eine Adaption ist, die sich durch natürliche Selektion entwickelt hat, da der Mensch mittels fiktionalen Narrativen seine geistigen Fähigkeiten ähnlich wie durch Spiel, Lernen und Traum entwickeln und ausbauen kann, was einen Selektionsvorteil bietet (vgl. auch Ohler & Nieding, 2006; Schwab, 2006). Darüber hinaus kann man auch das Phänomen des »Klatsch und Tratsch« (Gossip) mithilfe evolutionärer Theorien erklären (De Backer, 2005; Dunbar, 1998). Profilanalysen zeigen, dass Menschen in sozialen Netzwerken sich besonders für die Informationen interessieren und diese auf ihren Profilen preisgeben, welche von evolutionärer Relevanz sind, wie z. B. Informationen, die im Kontext der Partnerwahl eine wichtige Rolle spielen (Beziehungsstatus, Alter, Aussehen, Kreativität; Carolus, 2013). Ebenso finden sich Anwendungen evolutionärer Theorien bei der Untersuchung von Attraktivität im virtuellen Kontext bei Avataren (Sobieraj, 2012) und bei der Untersuchung von Präsenzerleben bei Computerspielen (Lee, 2004). Auch die Nutzung und Wirkung von mobilen Endgeräten (z. B. Mobiltelefone, Smartphones; bspw. Hennighausen & Schwab, 2014, 2015b; Lycett & Dunbar, 2000) kann unter einer evolutionären Perspektive erklärt werden. Studien lassen vermuten, dass Mobiltelefone oder Smartphones im Kontext der Partnerwahl eine Rolle spielen können. Beobachtungen zeigen, dass sich Männer durch das auffällige Zeigen ihres Mobiltelefons, welches als Statussymbol fungiert, von potenziellen Konkurrenten abheben möchten (Lycett & Dunbar, 2000). Darüber hinaus zeigen Befunde, dass sich Männer durch den demonstrativen Konsum von teuren mit Status assoziierten Luxusprodukten, einschließlich Elektronik- und Medienprodukten, ein »Handicap« zulegen (Zahavi, 1975), welches wiederum ihr Interesse an kurzfristigen, unverbindlichen Beziehungen signalisieren kann (z. B. Sundie et al., 2011). Zudem zeigten Hennighausen und Schwab (2014), dass Männer, die Single bzw. ungebunden sind und dazu Sexualkontakte mit mehr Partnerinnen berichteten, eine größere Präferenz für ein auffälliges und status-assoziiertes Smartphone angaben. Diese Ergebnisse lassen vermuten, dass auch die Wahl eines Mediums oder einer Kommunikationstechnologie, wie Smartphones, von evolutionär relevanten Themen (wie Partnerwahl) bestimmt sein kann.

Kritik

Die Evolutionspsychologie befindet sich (noch) in einer Pionierphase, in der sie Fragen stellt, die sich meist sehr eng auf Probleme des Überlebens oder der Fortpflanzung beziehen. Andere Forschungsfragen, die über disziplinäre Grenzen hinweg adaptive Probleme und Lösungen thematisieren, werden nur sehr rudimentär behandelt. Mit zunehmender Etablierung der Evolutionspsychologie steigt die Zahl unterstützender Daten und empirischer Belege für die zugrunde liegenden Erklärungsmuster (u. a. Buss, 1999). Eine evolutionäre Betrachtung gilt unter vielen Psychologen noch immer als explanatorischer Luxus, als nicht falsifizierbare Spekulation (Hennighausen & Schwab, 2015a; Schwab 2004, 2010). Zugleich können aus den theoretischen Annahmen teilweise im Widerspruch zueinander stehende Hypothesen über einen Mechanismus abgeleitet werden was von Kritikern als »just-so stories«, welche weder eindeutig falsifizierbar noch verifizierbar sind, karikiert wird (Dennett, 1997).

Widersprüchliche Annahmen sind jedoch fester Bestandteil des wissenschaftlichen Vorgehens. Sie müssen einer empirischen Prüfung unterzogen werden. Gerade aus evolutionspsychologischer Sicht kann nicht »wild« und atheoretisch spekuliert werden, sondern man muss theoriegeleitet unter Berücksichtigung von Annahmen über zu lösende adaptive Probleme, über einen möglichen Mismatch und entlang der Prinzipien adaptiven Designs vorgehen.

Die Evolutionspsychologie bietet wichtige und nützliche wissenschaftliche Werkzeuge und Suchstrategien, welche die Medienpsychologie mit den anderen »life sciences« verknüpft. Die Evolutionspsychologie blickt aus einer anderen Perspektive auf (medien-)psychologische Phänomene und bereichert so sowohl theoretische Überlegungen innerhalb der Disziplin als auch die Quellen, auf denen medienpsychologische Argumentation fußt. Medienphänomene, die aus einer nicht evolutionären Perspektive irrational erscheinen, können – wie das Beispiel der Unterhaltung oder die Wahl eines besonders auffälligen und statusassoziierten Mobiltelefons zeigen – so erklärbar werden.

Literatur

Barkow, J. H., Cosmides, L. & Tooby, J. (1992). *The adapted mind. Evolutionary psychology and the generation of culture.* Oxford: Oxford University Press.

Buss, D. M. & Schmitt, D. P. (1993). Sexual strategies theory: An evolutionary perspective on human mating. *Psychological Review, 100*, 204–232.

Buss, D. M. (1999). *Evolutionary psychology. The new science of the mind.* Boston: Allyn and Bacon.

Carolus, A. (2013). *Gossip 2.0. – Mediale Kommunikation in Sozialen Netzwerkseiten.* Stuttgart: Kohlhammer.

Cosmides, L. & Tooby, J. (1997). *Evolutionary psychology: A primer.* Abgerufen am 08.03.2007, von http://www.psych.ucsb.edu/research/cep/primer.html

Crawford, C. & Krebs, D. L. (Eds.). (1998). *Handbook of evolutionary psychology.* Mahwah: Lawrence Erlbaum.

Darwin, C. (1859). *On the origin of species by means of natural selection: Or the preservation of the favoured races in the struggle for life.* London: John Murray.

Darwin, C. (1871). *The descent of man, and selection in relation to sex* (Vol. 1). London: John Murray.
De Backer, C. (2005). *Like Belgian chocolate for the universal mind: Interpersonal and media gossip from an evolutionary perspective.* Abgerufen am 08.12.14, von http://www.ethesis.net/gossip/gossip_contence.htm
Dennett, D. C. (1997). *Darwins gefährliches Erbe.* Hamburg: Hoffmann und Campe.
Dunbar, R. (1998). *Grooming, gossip, and the evolution of language.* Cambridge: Harvard University Press.
Fitch, W., Hauser, M. D. & Chomsky, N. (2005). The evolution of the language faculty: Clarifications and implications. *Cognition, 97*, 179–210.
Hennighausen, C. & Schwab, F. (2014). Relationship status moderates men's conspicuous consumption of smartphones. *Letters on Evolutionary Behavioral Science, 5*, 13–16.
Hennighausen, C. & Schwab, F. (2015a). Evolutionary media psychology and its epistemological foundation. In T. Breyer (Ed.), *Epistemological dimensions of evolutionary psychology* (S. 131–158). New York: Springer.
Hennighausen, C. & Schwab, F. (2015b). Evolutionäre Medienpsychologie. In B. P. Lange & S. Schwarz (Hrsg..), *Die menschliche Psyche zwischen Natur und Kultur* (S. 96–104). Lengerich: Pabst Publishers.
Holcomb, H. R. (1998). Testing evolutionary hypotheses. In C. Crawford & D. L. Krebs (Eds.), *Handbook of evolutionary psychology* (S. 303–333). Mahwah: Lawrence Erlbaum.
Lee, K. M. (2004). Why presence occurs: Evolutionary psychology, media equation, and presence. *Presence: Teleoperators and Virtual Environments, 13,* 494–505.
Lycett, J. E. & Dunbar, R. I. M. (2000). Mobile phones as lekking devices among human males. *Human Nature, 11*, 93–104.
Miller, G. F. (2000). *The mating mind: How sexual choice shaped the evolution of human nature.* New York: Doubleday.
Ohler, P. & Nieding, G. (2006). An evolutionary perspective on entertainment. In J. Bryant & P. Vorderer (Eds.), *Psychology of Entertainment* (S. 423–434). Mahwah: Lawrence Erlbaum.
Pinker, S. (1997). *How the mind works.* New York: Norton.
Pinker, S. (2002). *The blank slate: The modern denial of human nature.* New York: Viking.
Schwab, F. (2004). *Evolution und Emotion.* Stuttgart: Kohlhammer.
Schwab, F. (2006). Are we amusing ourselves to death? Answers from evolutionary psychology. *SPIEL. Siegener Periodikum zur internationalen empirischen Literaturwissenschaft, 22*, 329–338.
Schwab, F. (2010). *Lichtspiele: Eine evolutionäre Medienpsychologie der Unterhaltung.* Stuttgart: Kohlhammer.
Schwab, F. & Schwender, C. (2010). The decent of emotions in media: Darwinian perspectives. In K. Doveling, C. V. Scheve & E. A. Konijn (Eds.), *The Routledge handbook of emotion and mass media* (pp. 15–36). New York: Routledge.
Schwender, C. (2006). *Medien und Emotionen. Evolutionspsychologische Bausteine einer Medientheorie.* Wiesbaden: DUV.
Sherry, J. L. (2004). Media effects theory and the nature/nurture debate: A historical overview and directions for future research. *Media Psychology, 6*, 83–109.
Sobieraj, S. (2012). *What is virtually beautiful is good: Der Einfluss physiognomischer Gesichtsmerkmale und nonverbalen Verhaltens auf die Attribution von Attraktivität, sozialer Kompetenz und Dominanz* (Dissertation). Verfügbar unter http://duepublico.uni-duisburg-essen.de/servlets/DocumentServlet?id=28721
Sundie, J. M., Kenrick, D. T., Griskevicius, V., Tybur, J. M., Vohs, K. D. & Beal, D. J. (2011). Peacocks, Porsches, and Thorstein Veblen: Conspicuous consumption as a sexual signaling system. *Journal of Personality and Social Psychology, 100*, 664–680.
Tooby, J. & Cosmides, L. (2001). Does beauty build adapted minds? Toward an evolutionary theory of aesthetics, fiction and the arts. *SubStance*, 94/95, 6–27.

Trivers, R. L. (1972). Parental investment and sexual selection. In B. Campbell (Ed.), *Sexual selection and the descent of man, 1871–1971* (S. 136–179). Chicago: Aldine.
Vorderer, P., Steen, F. F. & Chan, E. (2006). Motivation. In J. Bryant & P. Vorderer (Eds.), *Psychology of Entertainment* (S. 3–18). Mahwah: Lawrence Erlbaum.
Zahavi, A. (1975). Mate Selection – A Selection for a Handicap. *Journal of Theoretical Biology, 53*, 205–214.

Individualmedien

Media Richness

Oliver Fischer

Worum geht es?

Das Konzept der Media- oder auch Information Richness (Daft & Lengel, 1984, 1986; Trevino et al., 1990, 1987) trifft Aussagen über die Passung von Medien und Situationen. Ob technisch vermittelte Individualkommunikation erfolgreich verläuft, hängt dieser Theorie zufolge davon ab, ob für eine Situation oder Aufgabe das angemessene Medium gewählt wird. Situationen werden dabei nach Ambiguität, Medien nach ihrer Reichhaltigkeit differenziert. Mit Ambiguität ist gemeint, dass die Kommunikationspartner erst noch zu einer gemeinsamen Deutung der Situation gelangen müssen. Die Reichhaltigkeit von Medien bezieht sich vor allem auf die Vielfalt verfügbarer Kanäle und auf die Geschwindigkeit, mit der kommunikatives Feedback möglich ist. Kernannahme der Theorie ist, dass in Situationen mit hoher Ambiguität reichhaltige Medien verwendet werden sollten. Diese Aussage ist nicht überraschend. Für die einfache Mitteilung von Fakten hingegen sind schlanke Medien besser geeignet. Diese Hypothese ist eher kontrainutitiv und wird seltener berichtet.

In ihrer ursprünglichen Form zielte die Theorie der Media Richness auf die Optimierung vermittelter Kommunikation in Organisationen ab. Die zentrale Hypothese war, dass Führungskräfte mit angemessenen Medienwahlpräferenzen oder höherer »media sensitivity« erfolgreicher sind als Führungskräfte mit unangemessenen Wahlpräferenzen. Die Medienwahlkompetenz wird damit zu einer Kernkompetenz für Führungskräfte (Lengel & Daft, 1989). In aktuellen Publikationen wird der Aspekt der Ergebnisoptimierung allerdings nur selten berücksichtigt. Untersucht wird in der Regel, ob die Medienwahlmuster insgesamt den Annahmen der Media-Richness-Theorie entsprechen, d. h., ob die Teilnehmer der Untersuchungen tatsächlich angeben, dass sie für Situationen mit hoher Ambiguität reichhaltige Medien und für Aufgaben mit niedriger Ambiguität weniger reichhaltige Medien wählen würden. Obwohl diese Theorie auf die achtziger Jahre zurückgeht ist Media Richness auch auf Medien und Anwendungskontexte anwendbar, die bei der ursprünglichen Analyse noch nicht Gegenstand der Überlegungen waren.

Darstellung der Annahmen

Die Theorie der Media Richness trifft Annahmen zu drei Bereichen: Eigenschaften von Aufgaben, Eigenschaften von Medien und Kontingenz von Kommunikationsanforderung und Medium zur Aufgabenbewältigung. Durch die systematische Betrachtung der Eigenschaften der Aufgabe geht diese Theorie etwa über die der Social Presence hinaus. Spätere Entwicklungen der Media-Richness-Theorie (Trevino, Daft & Lengel, 1990) berücksichtigen zusätzlich kontextuelle und symbolische Determinanten der Medienwahl.

1. Die Anforderungen organisationaler Kommunikation
Die Theorie medialer Reichhaltigkeit bezieht sich ursprünglich auf Kommunikation in Organisationen (Daft & Macintosh, 1981; siehe auch Trevino, Lengel & Daft, 1987; Trevino, Daft & Lengel, 1990). Organisationen werden dabei als dynamische Kommunikationsnetzwerke verstanden, für deren Funktionieren ein gemeinsames Bedeutungs- bzw. Symbolsystem erforderlich ist. Kommunikation und die Bearbeitung von Aufgaben erfolgt wesentlich face-to-face, wird aber zunehmend durch Medien vermittelt. Eine für den Organisationsalltag typische Aufgabe besteht in der Reduktion von Ambiguität (»equivocality«). Dieser Begriff ist für die Bestimmung der Angemessenheit von Medien zentral und bezeichnet eine Situation, in der Sender und Empfänger zunächst zu einem gemeinsamen Verständnis kommen müssen, worum es bei einer Aufgabe überhaupt geht. Daft und Lengel (1986) unterscheiden streng zwischen Ambiguität (equivocality) und Unsicherheit (uncertainty): Unsicherheit lässt sich einfach durch Hinzugewinn zusätzlicher Information beseitigen, während dies bei »equivocal tasks« nicht möglich ist. Zusätzliche Information führt hier eher zu weiterer Verwirrung und wirkt somit kontraproduktiv. Ambiguität ist sicher ein Charakteristikum eines Großteils von Managemententscheidungen (z. B. Mintzberg, Raisinghani & Theoret, 1976).

2. Charakteristika von Medien: Media Richness
Als *Media Richness* definieren die Autoren die Möglichkeit eines Mediums, Ambiguität zu reduzieren: »Communication media can be characterized as ›rich‹ or ›lean‹ based upon their capacity to facilitate shared meaning« (Trevino, Daft & Lengel, 1990, S. 75). Ambiguitätsreduktion hängt Daft und Lengel (1984, 1986) zufolge wesentlich von vier Charakteristika ab:

Tab. 1.1: Komponenten der Media Richness

- Geschwindigkeit, mit der Feedback-Prozesse möglich sind
- Anzahl der verfügbaren Kanäle bzw. Cue-Systeme
- Vielfalt verwendbarer Sprachcodes
- Möglichkeit zur Personalisierung und Vermittlung persönlicher Gefühle

Media Richness wird hierbei als ein objektives Merkmal des Mediums angesehen. Allerdings bleibt eine genaue Operationalisierung oder gar eine quantitative Gewichtung der einzelnen Charakteristika zunächst aus. **Abbildung 1.2** illustriert die von Trevino, Daft und Lengel (1990) vorgeschlagene Hierarchisierung medialer Reichhaltigkeit, die prinzipiell für beliebig viele weitere Medien erweiterbar ist.

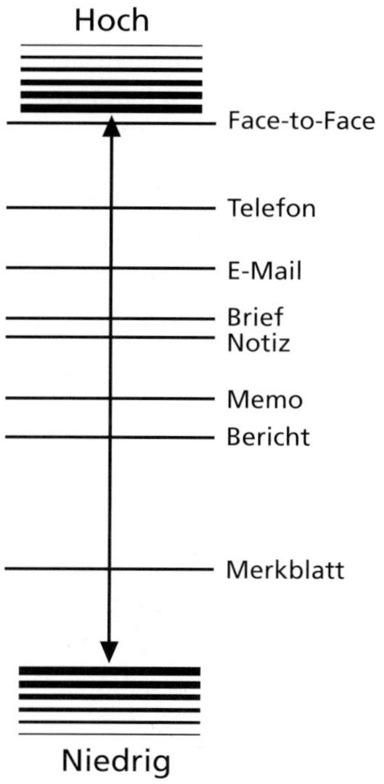

Abb. 1.2: Media-Richness-Hierarchie nach Trevino, Daft und Lengel

Da die von Trevino, Daft und Lengel (1990) genannten Kriterien weder quantifiziert noch gewichtet werden, handelt es sich um eine problematische Operationalisierung. Es ist daher kaum verwunderlich, dass fast alle empirischen Untersuchungen bei der Erstellung von Hierarchien auf subjektive Ratings zurückgreifen.

3. Die Kontingenz von Medium und Kommunikationsanforderung

Der Theorie medialer Reichhaltigkeit zufolge ist die Kombinationen von Medium und Kommunikationsanforderung kritisch für den Erfolg der Kommunikation.

Entsprechen sich Reichhaltigkeit des Mediums und Ambiguität der Situation, verläuft die Kommunikation optimal. Dies führt unmittelbar zur Empfehlung der Media-Richness-Theorie für den Anwendungskontext: Bei klar definierten

Aufgaben (also etwa der Kommunikation eindeutiger und klar interpretierbarer Zahlen) sollten schlanke Medien verwendet werden, um unnötige Komplexität zu vermeiden. Bei hoher Ambiguität (z. B. der Beurteilung eines Mitarbeiters) sollten reichhaltige Medien verwendet werden, um ein gemeinsames Verständnis des Gegenstands zu ermöglichen (Trevino, Daft & Lengel, 1990)

Eine suboptimale Kommunikation liegt dann vor, wenn zwischen Ambiguität der Situation und der Reichhaltigkeit des gewählten Mediums ein Mismatch besteht. Die Verwendung eines schlanken Mediums für eine deutungsbedürftige Nachricht kann zu Missverständnissen führen. Dies ist zunächst nicht weiter überraschend. Allerdings stellen die Autoren zusätzlich eine kontraintuitive Hypothese auf: Face-to-face-Kommunikation kann unter bestimmten Bedingungen zu einem gegenüber vermittelter Kommunikation defizitären Kommunikationsablauf führen, weil Informationen kommuniziert werden, die für die Aufgabe irrelevant sind. **Tabelle 1.2** visualisiert die möglichen Kombinationen und Ergebnisse.

Tab. 1.2: Kontingenz von Media Richness und Ambiguität der Nachricht

		Ambiguität der Nachricht	
		hoch	gering
Media Richness	hoch	**Effektive Kommunikation** Reichhaltigkeit des Mediums entspricht der Komplexität der Nachricht	**Ineffektive Kommunikation** Reichhaltigkeit des Mediums führt zu Verwirrung.
	gering	**Ineffektive Kommunikation** Mangelnde Variabilität des Cue-Systems kann Komplexität der Nachricht nicht fassen	**Effektive Kommunikation** Geringe Reichhaltigkeit des Mediums reicht für Nachricht aus und vermeidet Verwirrung

Wie eingangs erwähnt berücksichtigen spätere Entwicklungen der Media-Richness-Theorie zusätzlich kontextuelle und symbolische Determinanten der Medienwahl. Dabei geht es wesentlich um die Frage der Verbreitung eines Mediums (Daft, Lengel & Trevino, 1990) sowie darum, inwieweit die Verwendung eines Mediums metakommunikative Wirkungen haben kann.

Typische Methodik

Fast alle Untersuchungen zur Theorie der medialen Reichhaltigkeit basieren auf Fragebögen. In der für diese Theorie paradigmatischen Untersuchung von Daft, Lengel und Trevino (1987) wurden Manager einer Petrochemie-Firma gebeten, für 60 spezifische Managementsituationen aus jeweils 10 Medien das passende auszuwählen. Die Ambiguität der Situationen war vor der Untersuchung durch Expertenurteil empirisch ermittelt worden. Die Reichhaltigkeit der Medien wurde hingegen von den Autoren einfach angenommen. E-Mail wurde in dieser Studie noch nicht berücksichtigt. Weitere Untersuchungen (Russ, Daft & Lengel, 1989) verwandten eine ähnliche Methodik. Allerdings wurden auch verschiedene andere Methoden verwendet. Trevino, Daft und Lengel (1987) führten in Organisationen teilstrukturierte Interviews, und Trevino, Lengel, Bodensteiner, Gerloff und Muir (1990) führten eine Studie mit Studenten durch, bei der jeweils für eine Situation (hohe vs. geringe Ambiguität) eine Medienwahlentscheidung zu fällen war. Eine sehr elaborierte Untersuchung stammt von Zack (1994), der eine Felduntersuchung zum Kommunikationsverhalten in Arbeitsgruppen durchführte. In dieser Untersuchung wurden Fragebögen, Beobachtungen, Interviews und Dokumentenanalyse kombiniert. Zur Prüfung der Bedeutung von sozialen Kontextfaktoren führten Trevino, Webster und Stein (2000) eine Befragung durch, bei der die Einstellungen der Rezipienten zum jeweiligen Kommunkationsmedium einbezogen wurden. Um die symbolische Dimension einer Medienwahl zu untersuchen, befragten Trevino, Lengel und Daft (1987) Manager nach ihren Gründen für die Wahl unterschiedlicher Medien und klassifizierten diese anschließend inhaltsanalytisch.

Zentrale empirische Befunde

Die Ergebnisse der meisten Untersuchungen (Daft, Lengel & Trevino, 1987; Trevino, Lengel, Bodensteiner, Gerloff & Muir, 1990) bestätigten die Hypothese, dass für Situationen mit hoher Ambiguität bevorzugt reichhaltige Medien gewählt würden. Auch entspricht die subjektive Rangordnung von Medien wesentlich den theoretischen Annahmen. Exemplarisch sei hier das Ergebnis einer Befragung von Schmitz und Fulk (1991, S. 503) aufgeführt. Auf einer 5-stufigen Skala bewertete eine Stichprobe von 655 Mitarbeitern eines Forschungsinstitutes die mediale Reichhaltigkeit verschiedener Individualmedien, wobei ein hoher Wert eine hohe, ein niedriger Wert eine geringe mediale Reichhaltigkeit anzeigt.

Tab. 1.3: Perzipierte Media Richness verschiedener Individualmedien

Individualmedium	**Mediale Reichhaltigkeit** Mittelwert (Standardabweichung)
Face-to-Face	4,4 (0,9)
Telefon	3,8 (0,8)
Handschriftlicher Text	3,6 (0,9)
E-Mail	3,5 (0,9)
Maschinengeschriebener Text	3,3 (1,1)
Numerischer Computerausdruck	2,5 (1,3)

Die angenommene Präferenz für schlanke Medien im Falle einer geringen Ambiguität ist hingegen nur selten nachweisbar (Trevino, Lengel, Bodensteiner, Gerloff & Muir, 1990; Zack, 1994). Obwohl dies ursprünglich der Kern der Theorie medialer Rechhaltigkeit war, wurde der tatsächliche Erfolg spezifischer Medienwahlmuster nur selten untersucht, vermutlich nicht zuletzt aufgrund der schwierigen Operationalisierung von Erfolg. Die Untersuchung von Dennis und Kinney (1998) stellt eine Ausnahme dar, unterstützt aber die Kernhypothese der Theorie medialer Reichhaltigkeit nicht: Weder die Personwahrnehmung noch die Entscheidungsqualität hing in systematischer Weise mit der Reichhaltigkeit der untersuchten Medien zusammen. Allerdings zeigte sich durchgängig, dass Interaktionen mit visuellem Kontakt als befriedigender bewertet wurden. Die Untersuchung von Trevino, Webster und Stein (2000) zeigte hinsichtlich der Kontextfaktoren, dass die Einstellung des Rezipienten zum Medium einen erheblichen Einfluss auf die Medienwahl hatte. E-Mails und Briefe wurden nach dieser Untersuchung häufiger bei positiven Einstellungen der Kollegen und Vorgesetzten verwendet – ein Befund, der auf dem Hintergrund der Media-Richness-Theorie so interpretiert werde könnte, dass der positive Grundtenor auf der Beziehungsdimension letztlich einer geringeren Ambiguität gleichkommt.

Eine Reihe weitere Veröffentlichungen zeigt die prinzipielle Nützlichkeit des Ansatzes. So zeigte etwa eine Untersuchung von Sheer (2011) zum Mediennutzungsverhalten von Jugendlichen in Hong Kong, dass die Reichhaltigkeit der verschiedenen über MSN verfügbaren Kanäle (also etwa eine Webcam) einen positiven Einfluss auf beziehungs- wie auf aufgabenbezogene Kommunikation hatte und dass sich die Zeit verkürzte, in der »Fremde« zu »Freunden« wurden. Lai und Chang (2011) wenden Media Richness auf die Nutzung von E-Readern an und postulieren, dass die Anreicherung von Textinformation mit Bildinformation und Hyperlinks zu einer höheren Akzeptanz dieser technischen Formate führen dürfte. Diese Untersuchungen zeigen, dass das Konzept Media Richness häufig verwendet wird, um die Eigenschaften von Medien zu beschreiben, während der eigentlich zentrale Interaktioneffekt zwischen Medium und Aufgabe gelegentlich vernachlässigt wird.

Kritik

Die zentrale Leistung der Media-Richness-Theorie ist, dass sie die Charakteristika der Aufgabe systematisiert hat. Dies ist ein substanzieller Fortschritt gegenüber Theorien, die ohne Beachtung der Situation grundsätzlich von einem Defizit vermittelter Kommunikation ausgehen. Leider wird eben diese Differenzierung gelegentlich übersehen. Dennoch sind verschiedene Aspekte kritisch zu beurteilen.

- Eine Kernannahme der Theorie medialer Reichhaltigkeit wurde viel zu selten geprüft: dass angemessene Medienwahl zu besserer Leistung führt. Bei fast allen empirischen Untersuchungen stellt Medienwahl und nicht Ergebnisqualität die abhängige Variable dar.
- Neben der Ambiguität haben zahlreiche weitere Charakteristika der Aufgabe bzw. der Situation Einfluss auf den Erfolg vermittelter Kommunikation (z. B. soziale Einflussfaktoren oder die Salienz der sozialen Identität.)

- Eine einheitliche Operationalisierung des Konstruktes medialer Reichhaltigkeit ist bislang noch nicht erzielt. Die häufig verwendeten subjektiven Ratings bleiben hinter dem ursprünglich formulierten Objektivitätsanspruch zurück. Diese Kritik wiegt auch vergleichsweise schwerer als der Vorwurf eines Technologiedeterminismus, der der Theorie der Medialen Reichhaltigkeit gelegentlich angelasted wird.
- Die perzipierte Reichhaltigkeit eines Mediums ist nicht nur von den objektiven Eigenschaften des Mediums, sondern wesentlich vom Erfahrungshintergrund des Nutzers abhängig. Zudem bleibt unberücksichtigt, dass sich die Wahnehmung von Medien mit Zunahme der Nutzungskompetenz verändert. Dieser Aspekt wird wesentlich von der Theorie der Kanalexpansionstheorie (Carlson, 1995; Carlson & Zmud, 1994, 1999) systematisiert. Die Setzung der Face-to-face-Kommunikation als »Benchmark« aller Kommunikationsszenarien ist daher nicht völlig unproblematisch.
- Zusätzlich wird die Bedeutung des sozialen Kontextes – zumindest in der ursprünglichen Version dieser Theorie – nur unzureichend konzeptualisiert. Dies erfolgt erst im Kontext der Theorie des sozialen Einflusses.

Literatur

Carlson, J. (1995). *Channel expansion theory: a dynamic view of media and information richness perceptions.* Unpublished doctoral dissertation, Florida State University, Tallahassee.

Carlson, J. & Zmud, R. (1994). Channel expansion theory: a dynamic view of media and information richness perceptions. In. D. P. Moore (Ed..), *Academy of Management Best Papers Proceedings.*

Carlson, J. & Zmud, R. (1999). Channel expansion theory and the experiential nature of media richness perceptions. *Academy of Management Journal, 42*(2), 153–170.

Daft, R. L. & Lengel, R. H. (1984). Information richness: a new approach to managerial behavior and organization design. In L. L. Cummings & B. M. Staw (Eds.), *Research in Organizational Behavior, Vol. 6* (pp. 191–233). London: Greenwich.

Daft, R. L. & Lengel, R. H. (1986). Organizational information requirements, media richness and structural design. *Management Science, 32*, 554–571.

Daft, R. L., Lengel, R. H. & Trevino, L. K. (1987). Message equivocality, media selection, and manager performance: implications for information systems. *Management of Information Systems Quarterly, 10*, 355–366.

Daft, R. L. & Macintosh, N. B. (1981). A tentative exploration into the amount and equivocality of information processing in organizational work units. *Administrative Science Quarterly, 26*, 207–224.

Dennis, A. R. & Kinney, S. T. (1998). Testing media richness theory in new media: The effects of cues, feedback, and task equivocality. Information Systems Research, 9, 256–274.

Lai, J. Y. & Chang, C. Y. (2011). User attitudes toward dedicated e-book readers for reading: The effects of convenience, compatibility and media richness. *Online Information Review 35*(4), 558–580.

Lengel, R. H. & Daft, R. L. (1989). The selection of Communication media as an Executive skill. *Academy of Management, 2*(3), 225–232.

Mintzberg, H., Raisinghani, D. & Theoret, A. (1976). The structure of unstructured decision processes. *Administrative Science Quarterly, 21*(2), 246–275.

Schmitz, J. & Fulk, J. (1991). Organizational colleagues, media richness, and electronic mail: A test of the social influence model. *Communication Research, 18*, 487–523.

Sheer, C. (2011). Teenagers' Use of MSN Features, Discussion Topics, and Online Friendship Development: The Impact of Media Richness and Communication Control. *Communication Quarterly 59*(1), 82–103.
Trevino, L., Lengel, R. H., Bodensteiner, W., Gerloff, E. & Muir, N. K. (1990). The richness imperative and cognitive style: The role of individual differences in media choice behavior. *Management Communication Quarterly, 4*, 176–197.
Trevino, L. K., Lengel, R. H. & Daft, R. L. (1987). Media symbolism, media richness, and media choice in organizations: A symbolic interactionist perspective. *Communication Research, 14*, 553–574.
Trevino, L. K., Daft, R. L. & Lengel, R. H. (1990). Understanding managers' media choices: a symbolic interactionist perspective. In J. Fulk & C. W. Steinfield (Eds.). *Organizations and Communication Technology* (pp. 71–94). Newbury Park, CA: Sage.
Trevino, L. K., Webster, J. & Stein, E. W. (2000). Making connections: Complementary influences on communication media choices, attitudes, and use. *Organization Science, 11*(2), 163–182.
Zack, M. (1994): Electronic Messaging and Communication effectiveness in an ongoing work group. *Information and Management, 26*(4), 231–241.

Modell des sozialen Einflusses

Oliver Fischer

Worum geht es?

Die Theorie des sozialen Einflusses (»Social Influence Model of Technology Use«) trifft Aussagen über die Determinanten von Medienwahl. Einem technologischen Determinismus stellen Fulk, Schmitz und Steinfield (1990) ein reziprok-deterministisches Modell gegenüber, in dem sich Technologie und soziale Strukturen gegenseitig beeinflussen. Medienwahl wird als Ergebnis eines sozialen Konstruktionsprozesses verstanden, der nicht als rationale Abwägung von objektiven Medien- und Aufgabenmerkmalen erfolgt, sondern ein Ergebnis sozialer Lern- und Informationsverarbeitungsprozesse ist. Die vorherrschenden Mediennutzungsnormen des sozialen Umfeldes und die eigene Lernerfahrung mit Medium und Aufgabe sind dabei wichtiger als die objektiven Aufgaben- und Mediencharakteristika.

Darstellung der Annahmen

Fulk, Schmitz und Steinfield (1990) formulieren die Theorie des sozialen Einflusses vor allem in Abgrenzung von Media Richness (Daft & Lengel, 1984) und Social Presence (Short, Williams & Christie, 1976). Beide Ansätze seien, so die Autoren, letztlich Rational-Choice-Theorien der Medienwahl. Fulk und ihre Kollegen wenden sich gegen die Annahme, dass Medienwahl in einem rationalen Abgleich von Medium und Situation besteht, bei dem die entscheidungsrelevanten Merkmale für alle Mediennutzer transparent sind. Die Lösung dieser konzeptuellen Unzulänglichkeit, so Fulk, Schmitz und Steinfield (1990), besteht in einer Theorie, die die Dynamik interpersoneller Einflüsse und subjektiver Konstruktionen berücksichtigt.

Fulk, Schmitz und Steinfield (1990) gehen davon aus, dass die Perzeption von Medien subjektiv und sozial konstruiert ist. Für diese soziale Konstruktion können zwar auch objektive Kriterien (wie etwa die Kanalkapazität) bedeutsam sein, aber die zentralen Determinanten sind sozialer Art. Entscheidend für die Medienwahl sind einerseits Prozesse individueller sozialer Informationsverarbeitung und andererseits soziale Lernprozesse. Soziale Informationsverarbeitung bedeutet in diesem Kontext, dass durch explizite Statements von Kollegen oder subjektive Interpretation spezifischer Ereignisse Einstellungen entstehen oder modifiziert werden, die ihrerseits wiederum Einfluss auf die Wahrnehmung und Beurteilung von Kommunikationsmedien haben. Soziale Lernprozesse bestehen hingegen insbesondere in der Beobachtung der (erfolgreichen oder auch erfolglosen) Mediennutzung durch eine andere, als Modell relevante Person. Da jeder Mediennutzer über seine eigene Erfahrungsgeschichte verfügt, kann die Wahrnehmung und Beurteilung sowohl von Aufgaben als auch von Medien interindividuell und über verschiedene Situationen sehr unterschiedlich sein. Während der Medienwahl entfällt der wesentliche Teil der kognitiven Aktivität dabei weniger auf den Abgleich von Aufgabe und Medium als vielmehr auf die postaktionale Rationalisierung, Attribution und Einstellungsbildung infolge des beobachteten eigenen Verhaltens. Da bei Rückschlüssen von eigenem Verhalten auf eigene Einstellungen die erinnerten Informationen entscheidend sind (Salancik & Conway, 1975), können sich durch intersituational unterschiedliche Voraktivation jeweils sogar andere Einstellungen ergeben (Pfeffer, 1982). Insofern ist die Medienwahl nach diesem Modell – im Gegensatz zu den Modellen rationaler Medienwahl – subjektiv, retrospektiv-rational, und sie unterliegt in hohem Maße Faktoren, die nicht direkt mit den Eigenschaften des Mediums in Verbindung stehen. **Tabelle 1.4** stellt die unterschiedlichen Annahmen von Modellen rationaler Medienwahl und Modellen sozialer Einflussnahme gegenüber.

Über die bisher beschriebenen Faktoren hinaus berücksichtigen Fulk, Schmitz und Steinfield (1990) *situationale Variablen*. Hierbei handelt es sich letztlich um eine Restkategorie, die neben *individuellen Unterschieden* sowohl *förderliche* als auch *direkt einschränkende Faktoren* beinhaltet. Unter individuellen Unterschieden verstehen die Autoren etwa den kognitiven Stil einer Person, der nach Ergebnissen von Aydin (1987) eine signifikante Korrelation zu den individuellen Medienperzeptionen aufweist. Als zentrale förderliche Faktoren identifizieren die Autoren Variablen wie die Verfügbarkeit eines Mediums, die organisationsweite Unterstützung für die Nutzung des Mediums oder auch die Preispolitik bei der Vermarktung eines Mediums. Mit *direkt einschränkenden Faktoren* bezeichnen die Autoren zum Beispiel die geographische Distanz zum nächsten verfügbaren Medium.

Tab. 1.4: Rationale Medienwahl und Soziale Einflussnahme

Rationale Medienwahl	Soziale Einflussnahme
Eigenschaften von Medium und Aufgabe	
• fest	• variabel
• objektiv	• subjektiv, sozial konstruiert
• vollständig salient	• unterschiedlich salient
Wahlprozess	
• kognitiv	• kognitiv
• unabhängig von externen Einflüssen	• abhängig von externen Einflüssen
• prospektiv rational	• retrospektiv rational
• objektiv rational	• subjektiv rational
• effizienzmotiviert	• kann, muss aber nicht effizienzmotiviert sein

Fulk, Schmitz und Steinfield (1990) gehen davon aus, dass die konstruierten Realitäten verschiedener Individuen je nach persönlicher Interaktionshistorie und Gruppenzugehörigkeit starke Überschneidungen aufweisen können. Insofern wird auch die Perzeption und Bewertung von Medien eine starke Abhängigkeit von Gruppenzugehörigkeit und Interaktionshistorie aufweisen. **Abbildung 1.3** zeigt eine Übersicht über das Social Influence Model of Media Use.

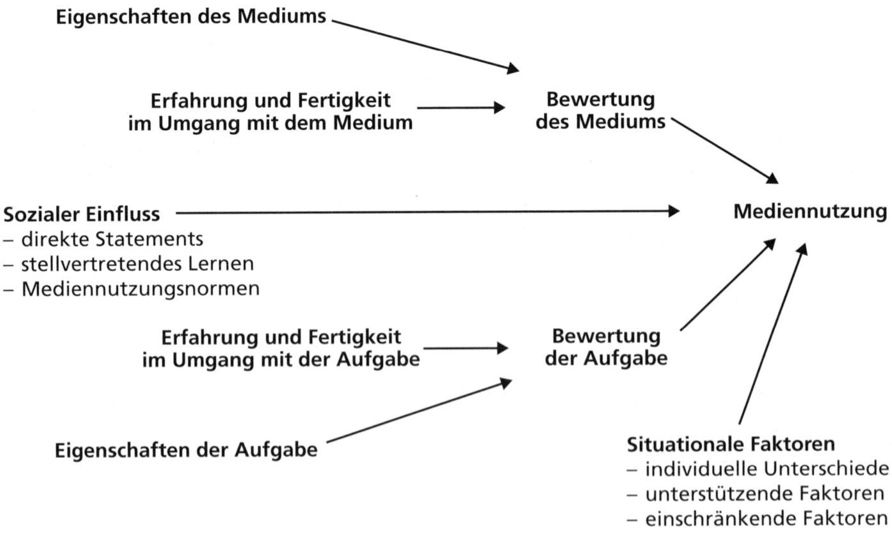

Abb. 1.3: Das Social Influence Model of Technology Use

Die sich aus dem Modell ergebenden Kernannahmen der Theorie sozialen Einflusses lauten nach Fulk, Schmitz und Steinfield (1990) wie folgt:

Tab. 1.5: Zentrale Hypothesen des Social-Influence-Modells

Die Bewertung von Medien (Perzeptionen und Einstellungen) ergibt sich als Funktion von
a) objektiven Medienmerkmalen
b) Medienerfahrung und medienspezifischen Fertigkeiten
c) sozialem Einfluss und
d) bisherigem Mediennutzungsverhalten

Die Bewertung der Aufgabe ergibt sich als Funktion von
a) objektiven Aufgabenmerkmalen
b) Erfahrung im Umgang mit der Aufgabe und aufgabenspezifischen Fertigkeiten
c) sozialem Einfluss

Die Mediennutzung ist eine Funktion von
a) Medienbewertungen (Perzeptionen und Einstellungen)
b) Medienerfahrung und medienspezifischen Fertigkeiten
c) sozialem Einfluss
d) Bewertung der Aufgabe
e) situationalen Faktoren

Typische Methodik

Die Prüfung des Social Influence Model of Technology Use erfolgt meist auf der Grundlage von Fragebogenverfahren, manchmal ergänzt durch non-reaktive Analysen oder Interviews. In der Regel werden die Daten in Organisationen erhoben, häufig mit einem Schwerpunkt im Forschungs- und Entwicklungsbereich. Die von Fulk (1993) durchgeführte Untersuchung hat paradigmatischen Charakter. Die mit E-Mail ausgestatteten Mitarbeiter der Produktionsforschung eines großen Unternehmens der Petrochemie erhielten postalisch einen Fragebogen. Zusätzlich wurde bei 90 % der Nutzer die E-Mail-Kommunikation für den Zeitraum einer Woche aufgezeichnet und ausgewertet. Abschließend wurden mit Teilnehmern verschiedener Hierarchie-Ebenen Interviews durchgeführt. Der Fragebogen enthielt Items zu *endogenen* Variablen (wahrgenommene Media Richness von E-Mail; Nutzungshäufigkeit von E-Mail; wahrgenommene Nützlichkeit von E-Mail), zu *exogenen* Variablen (hier wurde jeweils nach dem Vorgesetzten und fünf weiteren Mitarbeitern gefragt, mit denen der Teilnehmer häufig kommuniziert; die Daten der Mitglieder dieses »Ego-Netzwerkes« wurden dann den individuellen Daten angehängt), *Medienkenntnis* (Dauer der Erfahrung mit dem Medium), *Gruppenzusammenhalt* (inhaltliche Kooperation und persönlicher Zuwendung) und *Aufgabencharakteristika* (Routineartigkeit, Arbeitsdruck, sowie Inter- und Intragruppenabhängigkeit).

Zentrale empirische Befunde

Insgesamt weisen die Ergebnisse tatsächlich darauf hin, dass externe Faktoren einen erheblichen Einfluss auf die Wahrnehmung und Nutzung von Medien ausüben. Hinsichtlich der Medienperzeption zeigten Untersuchungen, dass die Einschätzung der Reichhaltigkeit eines Mediums stark variiert, und dass diese Variation in direktem Zusammenhang mit den Einstellungen des Vorgesetzten und der wichtigsten Kommunikationspartner steht (Fulk, Schmitz & Steinfield, 1988). Auch hinsichtlich der Mediennutzung finden sich – allerdings ex post interpretierte – empirische Hinweise auf die Gültigkeit der Social-Influence-Theorie. Hier sind zunächst die beobachteten Ähnlichkeiten der Mediennutzungsmuster innerhalb von Gruppen zu nennen. So ergaben in einer Fabrik für Büroartikel durchgeführte Untersuchungen von Steinfield und Fulk (1989), dass 25 % der Varianz der Nutzung von E-Mail durch die Medienerfahrung der Mitarbeiter aufgeklärt werden konnte, während ein globales Maß für die Ambiguität der Aufgabe überhaupt keine Varianz aufklärte. Die Bedeutung des sozialen Einflusses wird zusätzlich durch die beobachteten Unterschiede der Mediennutzungsmuster zwischen verschiedenen Gruppen betont (vgl. Fulk, Schmitz & Steinfield, 1990). Auch neuere Befunde unterstützen die Annahme, dass die Bewertung und Nutzung von Medien in Teilen Ergebnis des sozialen Kontextes ist. So berichten Campbell und Russo (2003), dass die Einstellungen zur Nutzung von Mobiltelefonie für unterschiediche Zwecke sozialer Netzwerke erheblich homogener waren als über Netzwerkgrenzen hinweg.

Die genannten Untersuchungen illustrieren die Bedeutung sozialer Einflussfaktoren bei der Medienwahl und stellen insofern eine Bestätigung des Social Influence Model of Technology Use dar. Andere Untersuchungen relativieren hingegen den Anspruch dieses Modells: Der soziale Einfluss war durchaus nicht immer ein ausreichender Prädiktor für die Wahrnehmung und Nutzung von Medien (vgl. etwa Davis, Bagozzi & Warshaw, 1989; Fulk, 1993).

Kritik

Das Social Influence Model of Technology Use von Fulk, Schmitz und Steinfield (1990) übt grundlegende Kritik an den Theorien der sozialen Präsenz und der medialen Reichhaltigkeit. Medienwirkungen seien nicht technik-deterministisch zu verstehen, und Wahlentscheidungen seien nicht objektiv-rational und unabhängig von externen Einflüssen, sondern vielmehr subjektiv und wesentlich durch externe Variablen bestimmt. Der Medienwahlprozess kann zwar mit dem eines rationalen Matchings identisch sein, er muss es aber nicht. Miller (2012) interpretiert daher das Modell als Erweiterung des Media-Richness-Modells, die über eine physikalistische oder technologie-deterministische Interpretation von Medieneigenschaften hinaus die Einstellungen zum Medium auf Seiten des Individuums und der Gruppe berücksichtigt. Das Social Influence Model of Technology Use ist ein sozial konstruktivistisches Modell. Poole und DeSanctis argumentierten in diesem Sinne, die Objektivierung und Dekontextualisierung von Medien lenke künstlich vom essentiell sozialen Charakter von Kommunikationstechnologien ab, die ohne die sozialen Prozesse der Bedeutungskonstruktion schließlich nichts anderes wären als »tote Materie« (Poole & DeSanctis, 1990, S. 178).

Die zentrale Leistung des Modells von Janet Fulk und Kollegen gibt gleichzeitig Anlass zu einer grundsätzlichen Kritik.

- Die Vorhersagen zur Wirkung von Kommunikationstechnologien erreichen nicht den Grad an Präzision und Generalisierbarkeit, der – ein naturwissenschaftliches Wissenschaftsverständnis vorausgesetzt – wünschenswert erscheint. Die von Poole und DeSanctis beklagte Objektivierung und Dekontextualisierung von Medienforschung ist letztlich die Voraussetzung für systematisch prüfbare Hypothesen und Vorhersagen zu Medieneffekten, wie sie etwa in der experimentellen Psychologie üblich sind. Allerdings muss man konzedieren, dass diese Subjektivismuskritik nur aus einem naturwissenschaftlichen Wissenschaftsverständnis heraus gültig ist – und eben diesem stellen sich die Autoren mit einer sozial-konstruktivistischen Perspektive entgegen. Der Ansatz von Janet Fulk und Kollegen ist daher auch nicht als wirkliche Alternative zu den Überlegungen des Social Presence bzw. Media Richness anzusehen. Sein spezifischer Nutzen besteht vielmehr darin, dass die Bedeutung externer sozialer Einflussgrößen bei Medienwahrnehmung und -wahl betont und theoretisch systematisiert wird. Die Frage nach der intersituational differierenden Kommunikationseffizienz verschiedener Medien bleibt dagegen unbeantwortet.
- Aus theoretischer Perspektive ist fraglich, ob die Kontrastierung von »Rational-Choice«-Modellen (Social Presence, Media Richness) und »Social-Influence«-Ansätzen in der von Fulk, Schmitz und Steinfield (1990) gewählten Form zutreffend ist und die zentrale Kritik der Media-Richness-Theorie überhaupt gerecht wird, denn deren Kernaussage bezog sich ja lediglich auf das zu erwartende Ergebnis der Verwendung bestimmter Medien für bestimmte Aufgaben. Es ging um eine Theorie der Effizienz von Mediennutzung, nicht um Medienwahl.
- Die Social-Influence-Theorie trifft keine Aussagen a) zu den objektiven Eigenschaften des Mediums und der Aufgabe, sowie b) zum jeweils erzielbaren Ergebnis.
- Die von Fulk, Schmitz und Steinfield (1990) verwendete Unterscheidung zwischen subjektiver und objektiver Rationalität ist missverständlich, denn mit subjektiver Rationalität meinen die Autoren eigentlich postaktionales Rationalisieren. Im ökonomischen und entscheidungslogischen Kontext bedeutet subjektive Rationalität jedoch nur, dass Menschen in ihrem Bestreben nach Effizienzmaximierung aufgrund unterschiedlicher Bedürfnisse, Motive und kognitiver Fähigkeiten differieren.

Literatur

Aydin, C. E. (1987). The effects of social information and cognitive style on medical information system attitudes and use. In Stead, W. W. (Ed.), *Proceedings of the Eleventh Annual Symposium on Computer Applications in Medical Care* (pp. 601–60). New York, NY: IEEE.

Campbell, S. W. & Russo, T. C. (2003). The Social Construction of Mobile Telephony: An Application of the Social Influence Model to Perceptions and Uses of Mobile Phones within Personal Communication Networks. *Communication Monographs, 70*(4), 317–334.

Daft, R. L. & Lengel, R. H. (1984). Information richness: a new approach to managerial behavior and organization design. In L. L. Cummings & B. M. Staw (Eds.), *Research in Organizational Behavior* (pp. 191–233). London: Greenwich.

Davis, F. D., Bagozzi, R. P. & Warshaw, P. R. (1989). User Acceptance of Computer Technology: A Comparison of Two Theoretical Models, *Management Science, 35*(8), 982–1003.

Fulk, J. (1993). Social construction of communication technology. *Academy of Management Journal, 36*, 921–950.

Fulk, J., Schmitz, J. & Steinfield, C. (1988). *Social information and technology use in organizations.* Paper presented at the Annual Academy of Management Convention. Anaheim, California.

Fulk, J., Schmitz, J. & Steinfield, C. (1990). A social influence model of technology use. In J. Fulk & C. Steinfield (Eds.), *Organizations and Communication Technology* (pp. 117–142). Newbury Park, CA: Sage.

Fulk, J., Steinfield, C., Schmitz, J. & Power, J. G. (1987). A social information processing model of media use in organizations. *Communication Research, 14*(5), 529–552.

Miller, K. (2012). Organizational communication: *Approaches and processes* (6th ed.). Boston, MA: Wadsworth Cengage Learning.

Pfeffer, J. (1982). *Organizations and organization theory.* Boston: Pitman

Poole, M. S. & DeSanctis, G. (1990). Understanding the use of group decision support systems: The theory of adaptive structuration. In J. Fulk & C. Steinfield (Eds.), *Organizations and communication technology* (pp. 173–193). Newbury Park, CA: Sage.

Short, J., Williams, E. & Christie, B. (1976). *The social psychology of telecommunications.* London: John Wiley.

Salancik, G. R. & Conway, M. (1975). Attitude inferences from salient and relevant cognitive content about behavior. *Journal of Personality and Social Psychology, 32*, 829–840.

Salancik, G. R. & Pfeffer, J. (1978). A social information processing approach to job attitudes and task design. *Administrative Science Quarterly, 23*, 224–253.

Steinfield, C. W. & Fulk, J. (1989). On the role of theory in research on information technologies in organizations. *Communication Research, 14*(5), 479–490.

Teil II Kognition

Einführung Kognition

Stephan Schwan

In den letzten Jahren ist eine Vielzahl von Forschungsbefunden zusammengetragen worden, die zeigen, dass Medienrezipienten beileibe nicht dem Klischee der passiven »couch potatoe« entsprechen, das in der Öffentlichkeit ihr Bild bestimmt. Denn zum einen ist Medienrezeption ein aktiver Prozess der Informationsaufnahme, -verarbeitung und -interpretation, der mit nachhaltigen kognitiven Wirkungen einhergeht. Darüber hinaus hat sich durch die Verfügbarkeit entsprechender Software-Werkzeuge auch die Erstellung und Veränderung von Medieninhalten immens vereinfacht, so dass die personale Trennung von Medienproduktion und Medienrezeption zunehmend aufgehoben wird. Damit rücken kognitive Prozesse der Erstellung und Gestaltung von Medieninhalten zunehmend in den Fokus medienpsychologischer Forschung.

Der folgende Buchabschnitt gibt einen Überblick über medienpsychologische Konzepte, die sich auf diese kognitiven Aktivitäten und Wirkungen beziehen. Dabei wird ein einfaches Modell der Medienrezeption zugrunde gelegt: Einerseits werden Medieninhalte durch ihre Nutzer aktiv konstruiert und gestaltet (1), andererseits rezipiert und kognitiv verarbeitet (2–7). Bei der Rezeption können wiederum eine Reihe von Stufen unterschieden werden: Medieninhalte werden durch aufmerksamkeitsgesteuerte Wahrnehmungsprozesse (2) aufgenommen und im Arbeitsgedächtnis verarbeitet (3). Die daraus resultierende Interpretation des Medieninhalts (5) wird nicht nur von den jeweiligen Strategien der medialen Präsentation (1), sondern auch von den medienbezogenen Kompetenzen des Rezipienten (4) beeinflusst. Aus der Rezeption der Medieninhalte ergeben sich schließlich längerfristige Wirkungen, die im Fall von speziellen Lernmedien beabsichtigt sind (6), im Falle von Massenmedien aber häufig unbeabsichtigte Nebeneffekte (7) darstellen.

Die einzelnen Bereiche umfassen folgende Konzepte und Themen (► Abb 2.1):

zu (1) Erstellung und Gestaltung von Medieninhalten: Die Erstellung digitaler Medieninhalte wird mittlerweile häufig von den Adressaten selbst vorgenommen. Dabei werden alle nachfolgenden Rezeptionsprozesse von der jeweiligen Gestaltung des Mediums beeinflusst, insbesondere ist bedeutsam, welcher gestalterische »Rahmen« für einen Medienbeitrag gewählt wird (Beitrag *Framing*), wie stark der Rezipient vom Medium in das Geschehen versetzt wird (Beitrag *Präsenzerleben*).

zu (2) Aufmerksamkeitsprozesse: Medienbezogene Aufmerksamkeit ist ein aktiver, zielgerichteter Prozess, sowohl in Hinblick auf die Informationssuche (Beitrag *Information Foraging*) als auch auf die Auswahl von Informationen (Beitrag *Aufmerksamkeitsprozesse*). Die bewusste Steuerung der Aufmerksamkeit durch den Rezipienten unterliegt allerdings Beschränkungen, so dass unter Umständen Änderungen von Medieninhalten unbemerkt bleiben (Beitrag *Change Blindness*).

zu (3) Verarbeitungsprozesse im Arbeitsgedächtnis: Klassische Modelle der Kognitionspsychologie zeigen, dass dem Arbeitsgedächtnis eine Schlüsselstellung bei der Verarbeitung von Informationen zukommt, aber auch, dass das Arbeitsgedächtnis ressourcenbegrenzt ist. Eine Reihe von Ansätzen setzt sich mit der Frage auseinander, wie Medienangebote gestaltet sein müssen, um die kognitiven Ressourcen des Arbeitsgedächtnisses optimal auszulasten, insbesondere die *Cognitive Load Theory* und die *Cognitive Theory of Multimedial Learning* (CTML). Hierbei zeigt sich auch, dass eine leichte Verarbeitbarkeit der Inhalte nicht notwendig mit einer verbesserten Informationsaufnahme einhergeht (Beitrag *Disfluency*).

zu (4) Medienbezogene Kompetenzen: Generell müssen Menschen im Verlauf ihrer Mediensozialisation eine Reihe von Kompetenzen erwerben, um Medieninhalte angemessen verstehen und interpretieren zu können (Beitrag *Medienkompetenz*). Dies umfasst die Fähigkeit, Medien als Repäsentationen zu verstehen, die auf etwas verweisen (Beitrag *Representational Insight*) und Fakt von Fiktion zu unterscheiden (Beitrag *Perceived Reality*).

zu (5) Interpretationsprozesse: Ziel der kognitiven Verarbeitung von Medieninhalten ist es, sie kohärent zu interpretieren und ihnen dadurch Sinn zu verleihen. Dies umfasst die Frage, welchen Modus der Rezeption man wählt (Beitrag *Rezeptionsmodalitäten*), wie man ein kohärentes mentales Modell des Medieninhalts entwickelt (Beitrag *Narratives Verstehen*), wie man widersprüchliche (Beitrag *Falschinformation*) und einstellungskonträre Informationen (Beitrag *Hostile Media Effect*) in bestehende mentale Modelle integriert. Besondere Anforderungen stellen sich an die Rezipienten, wenn sie Informationen aus verschiedenen Medienquellen kognitiv integrieren müssen (Beitrag *Multiple Documents*).

zu (6) Beabsichtigte kognitive Medienwirkungen: Aus der Medienrezeption können sich beim Rezipienten nachhaltige kognitive Wirkungen ergeben. Medien können gezielt als Lerninstrumente eingesetzt werden, durch die Wissen und Kompetenzen vermittelt werden (Beitrag *Supplantation*). Dies umfasst nicht nur traditionelle Bildungssendungen, sondern kann durchaus auch Unterhaltungsangebote einschließen. Zudem werden durch neue Medien didaktische Möglichkeiten erschlossen, die vielfältige Medienkombinationen (Beitrag *Multiple Externe Repräsentationen*) und nicht lineare, interaktive Formen der Inhaltsvermittlung (Beitrag *Cognitive Flexibility Theory*) beinhalten. In diesem Kontext wird allerdings auch die Frage diskutiert, ob sich unterschiedliche Medien in ihrer Lernwirksamkeit tatsächlich stark voneinander unterscheiden (Beitrag *Medienspezifität des Lernens*).

zu (7) Schließlich ergeben sich kognitive Wirkungen nicht nur in beabsichtigter Weise, sondern können auch durch die intensive Rezeption von Medienangeboten als nicht intendierte »Nebeneffekte« auftreten. Unterhaltungsmedien können in Konkurrenz zu Bildungsangeboten treten und dadurch Wissenserwerb erschweren (Beitrag *Displacement*), sie können dadurch Bildungsunterschiede in der Bevölkerung eher verstärken als mildern (Beitrag *Wissenskluft*), sie können die wahrgenommene Wichtigkeit von Themen beeinflussen (Beitrag *Agenda Setting*), sie können zu Veränderungen moralischer Urteile und Verhaltensweisen führen (Beitrag *Moral Disengagement*) und sie können einen nachhaltigen Einfluss auf unser Weltbild und unsere sozialen Einstellungen ausüben (Beitrag *Cultivation of Beliefs*).

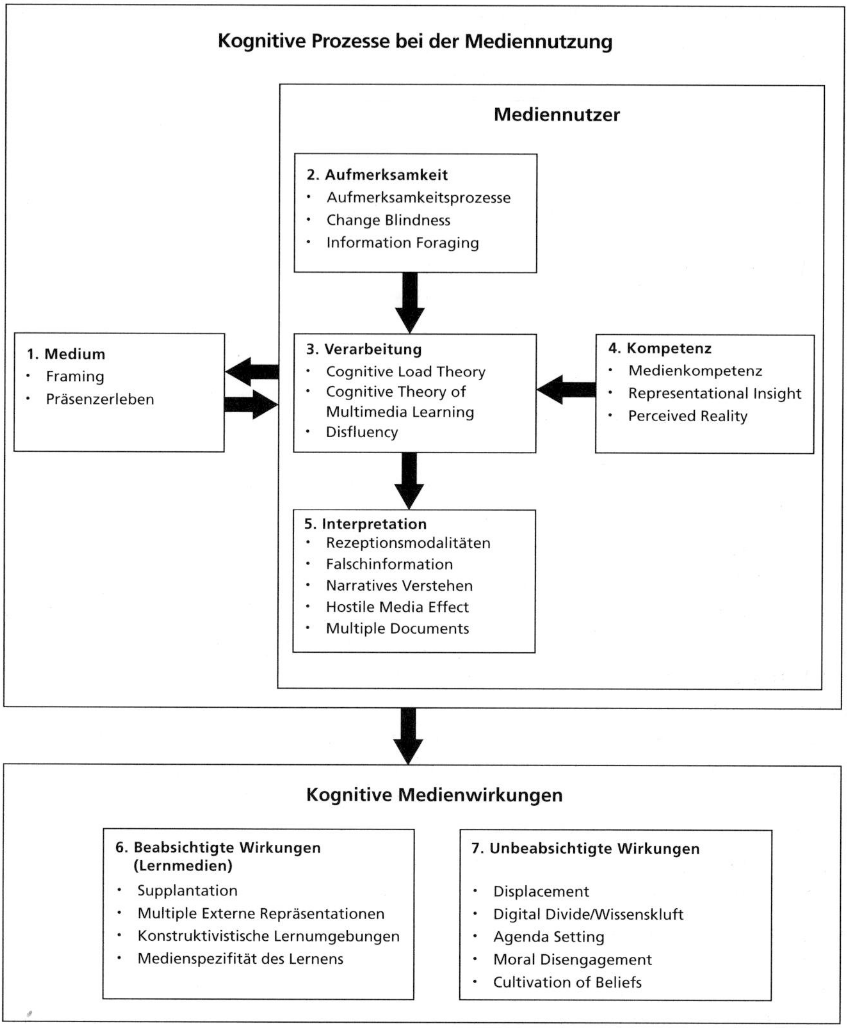

Abb. 2.1: Überblick über die Konzepte der kognitiven Medienprozesse

Aufmerksamkeitsprozesse

Aufmerksamkeitsprozesse beim Fernsehen

Markus Huff

Worum geht es?

Die Forschung zu Aufmerksamkeitsprozessen beim Fernsehen widmet sich neben den Fragestellungen, welche Eigenschaften von Sendungen Aufmerksamkeit auf sich ziehen, auch dem Phänomen der Aufmerksamkeitsträgheit (Attentional Inertia). In einer Reihe von Untersuchungen wurde festgestellt, dass die Aufmerksamkeitszuwendung von bestimmten Faktoren innerhalb des Fernsehzuschauers (z. B. Interesse) abhängt. Zu Beginn ist die Aufmerksamkeitszuwendung kurz und kann leicht unterbrochen werden. Mit zunehmender Betrachtungsdauer wird die Aufmerksamkeit jedoch robuster und die Wahrscheinlichkeit einer Abwendung nimmt ab (Anderson, Alwitt, Lorch & Levin, 1979; ▶ Abb. 2.2). Neuere Forschungsergebnisse im Bereich der Ereigniswahrnehmung erlauben eine Einordnung der Befunde zu Attentional Inertia in einen erweiterten theoretischen Kontext und bieten gleichzeitig neue Methoden an, diesen Phänomenbereich genauer zu untersuchen und zu verstehen.

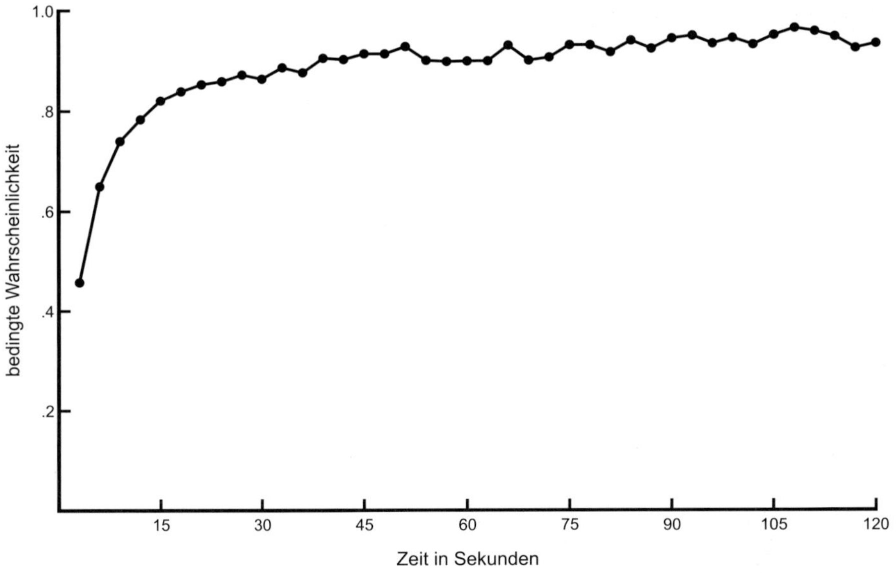

Abb. 2.2: Bedingte Wahrscheinlichkeit der Aufrechterhaltung eines Blicks in Abhängigkeit von der Zeit seit Beginn der Aufmerksamkeitszuwendung (Anderson, Alwitt, Lorch & Levin, 1979)

Darstellung der Annahmen

Die Modelle, die sich mit dem Zusammenhang von Fernsehen und Aufmerksamkeit beschäftigen, postulieren einen zweistufigen Prozess, der die Aufmerksamkeitssteuerung beim Fernsehen beschreibt (Anderson & Lorch, 1983; Huston & Wright, 1983). Zu Beginn des Fernsehschauens analysiert der Zuschauer anhand von bestimmten auditiven und visuellen Eigenschaften sehr schnell, ob es sich um relevante, verständliche und unterhaltsame Inhalte handelt. Die Modelle gehen davon aus, dass kleine Kinder auf Grund von Erfahrung mit dem Fernsehen lernen, welche auditiven und visuellen Eigenschaften den für sie relevanten Inhalt am besten vorhersagen. Ertönt beispielsweise eine ulkige Stimme und erscheint gleichzeitig eine Puppe auf dem Bildschirm, wird ein kleines Kind eher entscheiden, dass dies ein interessanter Inhalt ist, den es verstehen kann, als wenn es eine ernste, männliche Stimme hört und einen Mann sieht, der an einem Tisch sitzt. Diese Entscheidung hat Konsequenzen, denn das Kind wird im ersten Fall eher den Blick zum Fernsehbild aufrechterhalten und so von der ersten Orientierungsphase in die Phase anhaltender kognitiver Verarbeitung gelangen, welche die zweite Stufe des Prozesses darstellt. Im zweiten Fall wird das Kind diese Phase nicht erreichen, jedoch trotzdem gelegentlich auf den Bildschirm schauen, um nachzusehen, ob sich da nicht doch etwas verändert hat. Hat keine Veränderung stattgefunden, dann wird die Blickzuwendung schnell beendet sein (Huston & Wright, 1983). In der Phase anhaltender kognitiver Verarbeitung kann das Zuschauen dadurch unterbrochen werden, dass der Betrachter das Ende einer Sinneinheit erreicht hat (z. B. Werbeunterbrechung oder Ende der Sendung), er von externen Reizen abgelenkt wird, der Inhalt uninteressant wird oder der Betrachter dem Inhalt nicht mehr folgen kann.

Die Determinanten der Aufmerksamkeitszuwendung beim Fernsehen sowie des Attentional-Inertia-Phänomens werden in diesem Kapitel diskutiert. Es gibt empirische Befunde (s. u.), die belegen, dass bei diesen Vorgängen sowohl inhaltliche (strategische) als auch nicht strategische Prozesse eine Rolle spielen. Strategische Prozesse schließen sowohl kognitive Erwartungen ein, die auf Grund der gezeigten Handlung aufgestellt werden, als auch formale Eigenschaften des Fernsehprogramms, die in der Lage sind, Aufmerksamkeit zu steuern. Dabei ist eine Abgrenzung zum Konzept des Involvements (vgl. Beitrag zu Involvement in diesem Band) wichtig.

Typische Methodik

Die typische Versuchsumgebung ist ein gemütlich eingerichteter Fernsehraum. Der Versuchsperson stehen neben Snacks auch alternative Beschäftigungsmöglichkeiten zur Verfügung. Bei Untersuchungen mit Kindern sind das oft Spielzeuge, bei Erwachsenen Zeitschriften oder kleine, nicht elektronische Spiele. Im Normalfall schauen die Versuchspersonen eine vorgegebene Sendung an, bei Kindern beispielsweise eine Folge der Sesamstraße (z. B. Kirkorian, Anderson & Keen, 2012). Die Versuchspersonen werden beim Fernsehschauen gefilmt. Diese Filme werden im Anschluss kodiert. Der Anteil der Blicke auf das Fernsehgerät in Relation zur Gesamtdauer einer Sendung, die sogenannte Kontaktquote, ist dabei die entscheidende abhängige Variable. Um die Kontaktquote zu erfassen, werden der Beginn und das Ende eines Blicks kodiert (z. B. Anderson & Levin, 1976). Neuere Forschung bezieht die Messung von Augenbewegungen innerhalb des Fernsehbildes als abhängige Variable mit ein (Kirkorian et al., 2012). Eine weitere abhängige Variable die häufig angewendet wird, ist die Messung von Reaktionszeiten bei der Bearbeitung von konkurrierenden Zweitaufgaben (z. B. Drücken eines Knopfes nach einem auditiven Signal; z. B. Geiger & Reeves, 1993; Navon & Gopher, 1979; Richards & Turner, 2001). Neben diesen klassischen Maßen sind Messungen des EEG und der Herzrate typische physiologische Korrelate (z. B. Richards & Cronise, 2000).

Zentrale empirische Befunde

Versuchspersonen schauen nicht ununterbrochen auf den Fernsehbildschirm wenn der Raum ausreichend beleuchtet ist (nicht abgedunkelt) und alternative Beschäftigungsmöglichkeiten vorhanden sind. Eine Vielzahl von Studien konnte zeigen, dass der Blick auf den Bildschirm ungefähr 120- bis 150-mal in der Stunde unterbrochen wird (Anderson, 1985; Anderson & Levin, 1976; Burns & Anderson, 1993). Dabei ist die Dauer der Blicke nicht normalverteilt: So gibt es eine Vielzahl von Blicken mit einer Dauer von wenigen Sekunden und nur wenige mit einer Dauer von mehr als 10 Minuten. Selbst wenn eine Sendung eine hohe Kontaktquote (ungefähr 90 % der Sendung werden angeschaut) erreicht, gibt es Unterbrechungen, bei denen der Zuschauer nicht auf den Bildschirm schaut. Je geringer die Kontaktquote einer Sendung ist, desto größer wird der Anteil an kurzen Blicken und desto länger werden die Intervalle zwischen den Blicken.

Der Großteil der Forschung zu Aufmerksamkeitsprozessen beim Fernsehen hat einen entwicklungspsychologischen Bezug. Während die Kontaktquote bei Kleinkindern noch sehr gering ist, steigt sie kontinuierlich bis zum fünften Lebensjahr an und erreicht ihren Höhepunkt schließlich mit zwölf Jahren, bevor sie wieder etwas abnimmt (Anderson, Lorch, Collins, Field & Natham, 1986). Der Anstieg im Kindesalter kann damit erklärt werden, dass Kinder mit steigendem Alter immer mehr Sendungen verstehen und deshalb einem größeren Spektrum an Sendungen Aufmerksamkeit zukommen lassen (Anderson & Lorch, 1983). Dass bereits sehr junge Kinder Interesse an bedeutungshaltigem Material haben, zeigt eine Studie von Richards und Cronise (2000). Diese verglichen das Blickverhalten von 6 und 12 Monate alten Kindern mit dem von 18 und 24 Monate alten Kindern. Diesen wurden auf zwei Bildschirmen ein sinnvoller Film und ein Film gezeigt, in dem computergenerierte Formen zufällig bewegt wurden. Das Blickverhalten der 6 und 12 Monate alten Kinder war dabei auf die beiden Filme gleich verteilt, während die 18 und 24 Monate alten Kinder öfter und länger auf den sinnvollen Film schauten. Daraus folgern die Autoren, dass Kinder ab einem Alter von 18 Monaten beginnen, strategisch strukturiertes Videomaterial zu bevorzugen. Ein weiteres Ergebnis dieser Studie war, dass bei älteren Kindern insgesamt mehr längere Blicke beobachtet wurden, wenn sie bedeutungshaltiges Material betrachteten (im Vergleich zum Betrachten von bedeutungslosem Material). Neben dieser strategischen Komponente im Attention-Inertia-Konzept gibt es zusätzlich Hinweise, dass auch nicht strategische Prozesse beteiligt sind. Je länger ein Blick vor einer formalen Grenze, wie beispielsweise beim Übergang zwischen zwei Sesamstraßen-Sendungen, angedauert hat, desto höher ist die Wahrscheinlichkeit, dass er auch nach dem Übergang beibehalten wird. Das gilt auch für Übergänge von Unterhaltungssendungen zu Werbeblocks (Anderson & Smith, 1984; Burns & Anderson, 1993).

Durch die Möglichkeit, Filme und Fernsehsendungen aufzuzeichnen (Rekorder, Videoportale) können diese wiederholt betrachtet werden. Barr et al. (2003) haben 12 und 15 Monate alten Kindern bekannte und unbekannte Videos gezeigt. Die bekannten Videos wurden von den Kindern vor der Untersuchung im Schnitt 30-mal angesehen. Dabei stellten Barr et al. fest, dass die Kontaktquote bei bekannten Videos 67 %, bei unbekannten Videos nur 50 % betrug. Die Bekanntheit spielt also eine wichtige Rolle für die Zuwendung von Aufmerksamkeit und könnte den Sachverhalt erklären, warum Kinder eine hohe Toleranz gegenüber Wiederholungen aufweisen.

Mehrere Studien untersuchten den Einfluss formaler Eigenschaften von Videos auf die Aufmerksamkeit. Dabei stellte sich übereinstimmend heraus, dass Bewegung zu einer Erhöhung der Wahrscheinlichkeit der Betrachtung des Fernsehbildes führt (Alwitt, Anderson, Lorch & Levin, 1980; Anderson, Levin, 1976; Schmitt et al., 1999). Dies gilt für alle Altersgruppen – vom Kind bis zum

Erwachsenen (Schmitt et al., 1999). Ein weiterer übereinstimmender empirischer Befund ist die Reaktion der Zuschauer auf Filmschnitte. Die Wahrscheinlichkeit, dass Zuschauer ihren Blick auf das Fernsehgerät richten, ist bei Abschnitten unmittelbar nach einem Filmschnitt größer als bei Abschnitten, die nicht unmittelbar auf einen Filmschnitt folgen (Alwitt et al., 1980).

Neuere Studien gehen über eine bloße Zählung der Anzahl und Dauer von Fixationen hinaus und beschreiben das Blickverhalten beim Fernsehschauen detailreicher. Die Idee ist, dass die Ähnlichkeit des Blickverhaltens zwischen den Versuchspersonen Schlussfolgerungen auf Verstehensprozesse erlaubt. Wenn beispielsweise alle Versuchspersonen zu einem bestimmten Zeitpunkt auf die gleiche Stelle des Filmes schauen deutet dies auf ein systematisches Blickverhalten mit entsprechenden Verstehensprozessen hin. Kirkorian et al. (2012) untersuchten das Blickverhalten von Kindern im Alter von ein und vier Jahren sowie von Erwachsenen. Die Ähnlichkeit der Blicke erhöhte sich mit zunehmendem Alter. Nach Filmschnitten benötigten Kinder einige Sekunden, um sich zu orientieren, während Erwachsene Filmschnitte durch Blicke in die Bildschirmmitte kompensierten.

Neben der Beschreibung des menschlichen Blickverhaltens werden in der Forschung zu Aufmerksamkeitsprozessen beim Fernsehen auch physiologische Maße untersucht. Die Idee dieser Studien ist, dass Organismen auf einen neuen oder veränderten Stimulus mit einer Orientierungsreaktion reagieren (Lang, 1990). Diese wiederum lösen eine Veränderung der physiologischen Systeme aus. Die Herzrate beispielsweise verlangsamt sich im Verlauf eines Blickes, erreicht jedoch unmittelbar vor der Abwendung des Blicks wieder das Ausgangsniveau (z. B. Richards & Cronise, 2000).

Kritik

Trotz der Vielzahl von Untersuchungen mit übereinstimmenden Befunden blieb bisher der genaue Prozess der Aufmerksamkeitszuwendung unklar. Ein Ansatzpunkt könnte hierbei der Einfluss von Interesse auf den Attentional-Inertia-Effekt sein: Ist das Phänomen bei bestimmten inhaltlichen Merkmalen, die über bloße Oberflächenmerkmale wie Filmschnitte und Bewegung hinausgehen, stärker ausgeprägt? Ist das Blickverhalten abhängig vom Genre (z. B. Thriller, Komödie) des gezeigten Films? Parallel dazu scheint eine Ausdifferenzierung der verwendeten Methodik unumgänglich. In diesem Zusammenhang könnten weitere vielversprechende Impulse von der Forschung zu Ereigniswahrnehmung kommen. Mit sehr ausdifferenzierten Methoden wird dabei – ebenfalls mit filmischem Stimulusmaterial – untersucht, wie Menschen Dynamik wahrnehmen und kognitiv verarbeiten. Zentrale Befunde sind dabei, dass Menschen keinen kontinuierlichen Strom an Informationen wahrnehmen, sondern distinkte Ereignisse (Newtson, 1973). Zwischen zwei Ereignissen nehmen Menschen Ereignisgrenzen wahr, die beispielsweise mit Filmschnitten einhergehen können, wenn diese die Handlung unterbrechen (Magliano & Zacks, 2011). Ereignisgrenzen sind wichtig für die visuelle Aufmerksamkeit (unmittelbar nach einer

Ereignisgrenze müssen sich Menschen neu orientieren; Huff, Papenmeier & Zacks, 2012) und für das Gedächtnis (Menschen erinnern sich an Ereignisgrenzen besser als an Nicht-Ereignisgrenzen; Huff, Meitz & Papenmeier, 2014). Zentrale Befunde der Forschung zu Attentional Inertia (z. B. erhöhte Blickzuwendung nach Filmschnitten; Alwitt et al., 1980; Kirkorian et al., 2012) lassen sich somit in einem größeren Kontext theoretisch erklären.

Literatur

Alwitt, L. F., Anderson, D. R., Lorch, E. P. & Levin, S. R. (1980). Preschool children's visual attention to attributes of television. *Human Communication Research, 7*, 42–67.

Anderson, D. R. (1985). On-line cognitive processing of television. In A. Mitchell & L. Alwitt (Eds.), *Psychological processes and advertising effects: Theory, research and application.* Hillsdale, NJ: Lawrence Erlbaum.

Anderson, D. R., Alwitt, L. F., Lorch, E. P. & Levin, S. R. (1979). Watching children watch television. In G. Hale & M. Lewis (Eds.), *Attention and the development of cognitive skills.* New York: Plenum.

Anderson, D. R. & Levin, S. R. (1976). Young children's attention to Sesame Street. *Child Development, 47*, 806–811.

Anderson, D. R. & Lorch, E. P. (1983). Looking at television: Action or reaction? In J. Bryant & D. R. Anderson (Eds.), *Children's understanding of TV: Research on attention and comprehension* (pp. 1–34). New York: Academic Press.

Anderson, D. R., Lorch, E. P., Collins, P. A., Field, D. E. & Nathan, J. G. (1986). Television viewing at home: Age trends in visual attention and time with TV. *Child Development, 57*, 1024–1033.

Anderson, D. R. & Smith, R. N. (1984). Young children's television viewing: The problem of cognitive continuity. In F. Morrison, C. Lord & D. Keating (Eds.), *Advances in applied developmental psychology* (pp. 116–165). New York: Academic Press.

Barr, R., Chavez, V., Fujimoto, M., Garcia, A., Muentener, P. & Strait, C. (2003 April). *Television exposure during infancy: Patterns of viewing, attention, and interaction.* Poster presented at the Biennial Meeting of the *Society for Research in Child Development*, Tampa, FL.

Burns J. J. & Anderson D. R. (1993). Attentional inertia and recognition memory in adult television viewing. *Communication Research, 20*, 777–799.

Geiger, S. & Reeves, B. (1993). The effects of scene changes and semantic relatedness on attention to television. *Communication Research, 20*, 155–175.

Huston, A. C. & Wright, J. C. (1983). Children's processing of television: The informative functions of formal features. In J. Bryant & D. R. Anderson (Eds.), *Children's understanding of TV: Research on attention and comprehension* (pp. 35–68). New York: Academic Press.

Huff, M., Meitz, T. G. K. & Papenmeier, F. (2014). Changes in situation models modulate processes of event perception in audiovisual narratives. *Journal of Experimental Psychology: Learning, Memory, and Cognition, 40*(5), 1377–1388.

Huff, M., Papenmeier, F. & Zacks, J. M. (2012). Visual target detection is impaired at event boundaries. *Visual Cognition, 20*(7), 848–864.

Kirkorian, H. L., Anderson, D. R. & Keen, R. (2012). Age differences in online processing of video: an eye movement study. *Child Development, 83*(2), 497–507.

Lang, A. (1990). Involuntary attention and physiological arousal evoked by structural features and emotional content in TV commercials. *Communication Research, 17*, 275–299.

Magliano, J. P. & Zacks, J. M. (2011). The impact of continuity editing in narrative film on event segmentation. *Cognitive Science, 35*(8), 1489–517.

Navon, D. & Gopher, D. (1979). On the economy of the human-processing system. *Psychological Review, 86*, 214–255.
Newtson, D. (1973). Attribution and the unit of perception of ongoing behavior. *Journal of Personality and Social Psychology, 28*(1), 28–38.
Richards, J. E. & Cronise, K. (2000). Extended visual fixation in the early preschool years: Look duration, heart rate changes, and attentional inertia. *Child Development, 71*, 602–620.
Richards, J. E. & Turner, E. D. (2001). Distractibility during extended viewing of television during the early preschool years. *Child Development, 72*, 963–972.
Schmitt, K. L., Anderson, D. R. & Collins, P. A. (1999). Form and content: Looking at visual features of television. *Developmental Psychology, 35*, 1156–1167.

Change Detection/Change Blindness

Markus Huff

Worum geht es?

Change Blindness (Veränderungsblindheit) beschreibt ein Phänomen der visuellen Wahrnehmung. Diesem Phänomen nach sind Betrachter einer Szene oftmals nicht in der Lage, elementare Veränderungen wahrzunehmen (Change Detection), wenn keine Aufmerksamkeit darauf gerichtet wurde. Die ersten Hinweise auf Change Blindness gab es bereits in den 1950er Jahren, als Studien zeigten, dass Betrachter nicht in der Lage waren, kleine Veränderungen sequentiell präsentierter Punktemuster zu erkennen, wenn dazwischen für kurze Zeit eine visuelle Maske präsentiert wurde. Dass diese Effekte nicht nur mit artifiziellem Material, sondern auch unter realistischeren, ökologisch-validen Bedingungen mit komplexem Stimulusmaterial auftreten, wurde in den 1990er Jahren gezeigt. In einer Studie blieben Veränderungen, die während Augenbewegungen auftraten, von vielen Betrachtern unentdeckt; 50 % der Versuchsteilnehmer waren beispielsweise nicht in der Lage zu erkennen, dass zwei auf einer Bank sitzende Cowboys die Köpfe tauschten (Grimes, 1996). Rensink, O'Regan und Clark (1997) zeigten, dass das Verschwinden einer Turbine eines Flugzeugs von den Betrachtern unbemerkt blieb, wenn zwischen Original und verändertem Bild für kurze Zeit eine weiße Maske präsentiert wurde (▶ Abb. 2.3). Viel Aufsehen jedoch erregten die Arbeiten von Daniel J. Simons und Daniel T. Levin (Levin & Simons, 1997; Simons & Levin, 1998). Diese Arbeiten zeigten, dass es viele Betrachter nicht bemerkten, wenn der Hauptdarsteller eines kurzen Films während eines Filmschnitts ausgetauscht wurde.

Darstellung der Annahmen

Die kontraintuitiven Befunde der Forschung zur Veränderungsblindheit haben zu einer ganzen Reihe von theoretischen Annahmen geführt, die im Folgenden dargestellt werden sollen. Rensink et al. (1997) zufolge scheint Aufmerksamkeit eine notwendige Bedingung für das Erkennen von Veränderungen zu sein. Sie konnten zeigen, dass Veränderungen an Objekten, die für die gezeigte Szene zentral sind (z. B. an einem Helikopter, der aus dem Cockpit eines anderen Helikopters aus betrachtet wird), schneller erkannt werden als Veränderungen an peripheren, für die präsentierte Szene weniger wichtigen Objekten (z. B. an einem Geländer hinter zwei an einem Tisch sitzenden Menschen). Dass dieser Effekt nicht mit der physischen Salienz der veränderten Objekte zusammenhängt, konnten Kelley et al. (2003) zeigen. Wurden die Bilder nämlich auf den Kopf gestellt präsentiert, konnte der Vorteil der Veränderungswahrnehmung an zentralen Objekten nicht mehr nachgewiesen werden. Zusammengefasst bedeutet dies, dass Objekte, denen mehr Aufmerksamkeit zukommt, mit einer größeren Wahrscheinlichkeit enkodiert und Vergleichsprozessen unterzogen werden, als Objekte, denen wenig oder keine Aufmerksamkeit zukommt.

Es scheint, dass Aufmerksamkeit zwar notwendig, sie alleine jedoch nicht ausreichend für das erfolgreiche Bearbeiten einer Change-Detection-Aufgabe ist. Obwohl die visuelle Aufmerksamkeit zeitgleich auf vier bis fünf Objekte verteilt werden kann, hat sich herausgestellt, dass zu einem Zeitpunkt nur eine einzelne Veränderung erkannt werden kann (Change Simultagnosia; Rensink, 2002). Außerdem blieben sogar Veränderungen an beobachteten Objekten oft unbemerkt, speziell dann, wenn die Veränderungen unerwartet waren (Levin, Drivdahl, Momen & Beck, 2002).

Typischerweise wird nur auf die Eigenschaften geachtet, die für die jeweilige Aufgabe benötigt werden (Simons & Rensink, 2005) und deshalb zu einem bestimmten Zeitpunkt bewusst wahrgenommen werden. Diese Befunde widersprechen früheren Annahmen, dass Aufmerksamkeit alle Eigenschaften eines Objekts in eine *vollständige* Repräsentation einbindet.

Typische Methodik

Typische Methodik

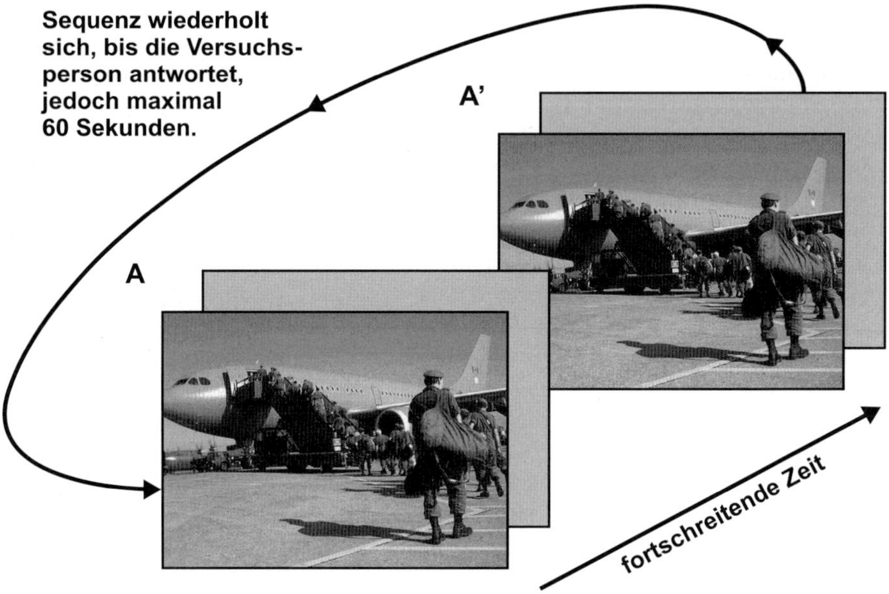

Abb. 2.3: Flicker-Aufgabe nach Rensink et al. (1997). Auf dem Bild A' fehlt die Turbine des Flugzeuges. In einer Variante des Paradigmas werden das Original und das veränderte Bild nicht immer abwechselnd (A – A‹) sondern jedes Bild jeweils zweimal hintereinander präsentiert (A – A – A' – A‹).

Grundlage für die Methode der Change-Blindness-Forschung ist die Tatsache, dass Veränderungen, die während Augenbewegungen (saccade-contigent changes) stattfinden, oft unentdeckt bleiben. Das liegt daran, dass während einer Sakkade keine visuellen Reize wahrgenommen werden können. Darauf aufbauend entwickelten Rensink et al. (1997) mit der Flicker-Aufgabe die wohl bekannteste Methode, um Change-Detection-Phänomene zu untersuchen. Dabei werden dem Betrachter abwechselnd ein Originalbild (A) und das in einem Merkmal veränderte Bild (A') präsentiert. Zwischen jedem Wechsel wird ein weißer Bildschirm als Maske gezeigt (▶ Abb. 2.3). Die Bilder werden so lange präsentiert, bis der Betrachter den Unterschied entdeckt hat oder 60 Sekunden vergangen sind, dann wird die Aufgabe abgebrochen. Obwohl der Betrachter weiß, dass sich das gezeigte Bild verändert, kann er die Veränderung normalerweise nicht unmittelbar entdecken. Change Blindness konnte unter anderem auch bei einem Filmschnitt oder einer Kamerafahrt beobachtet werden (Levin & Simons, 1997; Hochberg, 1986). Würden das originale und das veränderte Bild direkt nacheinander präsentiert, wären die Veränderungen unmittelbar salient. Allen hier vorgestellten Studien ist jedoch gemein, dass der Übergang zwischen Original und verändertem Bild durch eine visuelle Maske oder einen Filmschnitt gestört oder versteckt wird, so dass kein direkter Vergleich zwischen den Bildern möglich ist.

Zentrale empirische Befunde

Als zentralen empirischen Befund in der Forschung zur Veränderungsblindheit lässt sich festhalten, dass Aufmerksamkeit notwendig ist, um Veränderungen wahrzunehmen. Veränderungen an nicht beobachteten Objekten werden dagegen nicht wahrgenommen. Darauf aufbauend lassen sich die empirischen Ergebnisse in drei Bereiche untergliedern.

Erstens tritt das Change-Blindness-Phänomen immer dann auf, wenn die Aufmerksamkeit durch ein Signal abgelenkt wird. Eine Möglichkeit, die Aufmerksamkeit zu stören, bietet das oben skizzierte Flicker-Paradigma durch das kurze Einblenden einer visuellen Maske zwischen Original und verändertem Bild (Kelley et al., 2003; Rensink et al., 1997; Shore & Klein, 2002). Eine weitere Möglichkeit, die Aufmerksamkeit zu stören, stellen sogenannte Mudsplashes (»Dreckspritzer«) dar, die statt einer visuellen Maske gezeigt werden. Dabei werden auf dem dargestellten Originalbild für eine kurze Zeit kleine rechteckige Flecken (ähnlich zu Verschmutzungen auf einer Windschutzscheibe) eingeblendet. Zeitgleich werden Eigenschaften des Bildes verändert. Auch diese Veränderungen bleiben vom Betrachter oft unentdeckt (O'Regan, Rensink & Clark, 1999).

Der zweite wichtige Punkt betrifft die Art der Veränderungen des Originalbildes. Bei der Verwendung des Flicker- und Mudsplash-Paradigmas wurden Veränderungen von den Betrachtern schneller erkannt, wenn sie entweder an einem für die Bedeutung einer Szene zentralen Objekt vorgenommen wurden oder wenn es sich bei dem veränderten Objekt um ein visuell eigenständiges Objekt handelte. Dies ist darauf zurückzuführen, dass die Betrachter ihre Aufmerksamkeit hauptsächlich auf solche Objekte richten (Rensink et al., 1997).

Drittens konnten Simons und Levin in zwei bemerkenswerten Arbeiten zeigen, dass selbst Aufmerksamkeit oft nicht ausreicht, um Veränderungen wahrzunehmen (Levin & Simons, 1997; Simons & Levin, 1998). Levin und Simons (1997) zeigten ihren Versuchspersonen einen kurzen Film, in dem ein Mann an einem Schreibtisch in einem Büro sitzt und von diesem aufsteht, um im Flur ans Telefon zu gehen. Zwischen diesen beiden Räumen (Büro und Flur) wurde ein Filmschnitt platziert. Nur 33 % der Versuchspersonen bemerkten, dass der Hauptdarsteller während des Filmschnitts ausgetauscht wurde. In dieser Studie wurden die räumlichen Relationen durch die Positionierung der Kameras korrekt abgebildet. War ein Objekt A links von Objekt B in der Szene war es auch immer links von Objekt B auf dem Bildschirm. Neuere Studien konnten jedoch zeigen, dass sich die Wahrscheinlichkeit, Veränderungen wahrzunehmen, erhöht, wenn die räumlichen Relationen im Film nicht korrekt abgebildet werden – wenn zum Beispiel Objekt A in einer filmischen Einstellung links von Objekt B und der nächsten Einstellung rechts von diesem zu sehen ist (Baker &

Levin, 2015). Eine solche Vertauschung der räumlichen Relationen lässt sich durch einfache Veränderungen in der Kameraposition erreichen. Die räumliche Kontinuität der Informationen über die filmisch dargestellte Handlung ist demnach entscheidend dafür, ob Menschen diskontinuierliche Informationen miteinander vergleichen und Unterschiede erfolgreich erkennen können.

Simons und Levin (1998) untersuchten die Veränderungsblindheit auch in einem Feldexperiment. Passanten wurden nach dem Weg gefragt – es entwickelte sich ein Gespräch zwischen dem Versuchsleiter und dem Passanten. Während des Gesprächs kamen Handwerker und trugen eine Tür an den beiden Gesprächspartnern (Passant und Versuchsleiter) vorbei, dabei wurde der Gesprächspartner (Versuchsleiter) ausgetauscht. Auch in diesem Experiment bemerkten 50 % der Versuchsteilnehmer (Passant) nicht, dass der Gesprächspartner ausgetauscht wurde, obwohl er andere Kleidung trug. Dieses Ergebnis zeigt sehr schön, dass Veränderungen an im Aufmerksamkeitsfokus stehenden Objekten nicht entdeckt werden, wenn sie unerwartet sind.

Eine weitere Facette der Change-Detection-Forschung ist der Zusammenhang von Change-Detection-Leistung und differentiellen Unterschieden. In einer Studie von Werner und Thies (2000) wurden die Change-Detection-Leistungen von Experten und Novizen bei Bildern zum Thema »American Football« untersucht. Dabei hat sich gezeigt, dass Experten höhere Change-Detection-Leistungen bei bedeutungshaltigen Änderungen erbrachten als Novizen. Die Autoren vermuten, dass beim Betrachten von Bildern die Expertise des Betrachters einen Einfluss auf den Aufmerksamkeitsfokus hat und sich so die Wahrscheinlichkeit erhöht, bedeutungshaltige Veränderungen zu erkennen. Ähnliche Expertise-Effekte zeigen sich bei Physikaufgaben. Experten entdeckten mit höherer Wahrscheinlichkeit Änderungen an einer Abbildung eines Versuchsaufbaus als Novizen. Dies war aber nur dann der Fall, wenn diese Veränderung tatsächlich die physikalische Struktur veränderte (Feil & Mestre, 2010).

Zusammenfassend kann gesagt werden, dass es sich bei dem Phänomen der Veränderungsblindheit um einen reliablen Effekt handelt. Eine Vielzahl von Studien konnte Change Blindness ausgehend von artifiziellen Punktemustern über ökologisch hoch validen Feldexperimenten bis hin zu Lernaufgaben nachweisen. Darüber hinaus haben diese Ergebnisse wichtige praktische Implikationen für die Film- und Fernsehproduktion. Beispielsweise treten in Filmen häufig Produktionsfehler, sogenannte »continuity goofs«, auf – etwa, wenn der Hauptdarsteller in einer Einstellung gut rasiert ist und in der nächsten Einstellung Bartstoppeln trägt. Sie werden von Zuschauern auf Grund des Change-Blindness-Phänomens genauso wenig bemerkt wie die Tatsache, dass Hauptdarsteller in gefährlichen Actionszenen von Stuntmen vertreten werden.

Kritik

Der Change-Blindness-Effekt ist gut in der Literatur belegt. Eine Herausforderung für zukünftige Forschung ist die Integration der Fragen nach dem Einfluss des Stimulusmaterials und dem Einfluss von Personencharakteristika auf die

Fähigkeit, Veränderungen wahrzunehmen. Die neuere Forschung legt nahe, dass beide Faktoren interagieren (z.B. Feil & Mestre, 2010; Werner & Thies, 2000). Es ist also durchaus möglich, dass die Aufmerksamkeit auf Grund von Erwartungen des Betrachters auf bestimmte Objekte innerhalb der Szene gerichtet wird (Neisser, 1976). Nach Simons und Ambinder (2005) stellt dieser neue Ansatz in der Change-Detection-Forschung einen vielversprechenden Ansatz dar, um tiefere Einblicke in das Phänomen zu erhalten. Eine Forschungsfrage könnte beispielsweise lauten, ob die Einflüsse der Expertise auf die Change-Detection-Leistung spezifisch sind oder ob diese auch auf andere, verwandte Bereiche generalisiert werden können? Können beispielsweise Physik-Experten auch besser Unterschiede in Abbildungen von Chemie- oder Biologie-Aufgaben entdecken? Die Antworten auf solche Fragen könnten die Forschung zu Change Blindness um den Einfluss von Top-down-Komponenten auf Prozesse der visuellen Wahrnehmung erweitern.

Literatur

Baker, L. J. & Levin, D. T. (2015). The role of relational triggers in event perception. *Cognition*, *136*, 14–29.

Feil, A. & Mestre, J. P. (2010). Change blindness as a means of studying expertise in physics. *The Journal of the Learning Sciences*, *19*(4), 480–505.

Grimes, J. (1996). On the failure to detect changes in scenes across saccades. In K. Akins (Ed.), *Perception (Vancouver Studies in Cognitive Science, Vol. 5)*. New York: Oxford University Press.

Hochberg, J. (1986). Representation of motion and space in video and cinematic displays. In K. R. Boff, L. Kaufman & J. P. Thomas (Eds.), *Handbook of perception and human performance: Vol. 1: Sensory processes and perception* (pp. 22.21–22.64). New York: John Wiley & Sons.

Kelley, T. A., Chun, M. M. & Chua, K.-P. (2003). Effects of scene inversion on change detection of targets matched for visual salience. *Journal of Vision*, *3*(1), 1–5.

Levin, D. T., Drivdahl, S.B., Momen, N. & Beck, M. R. (2002). False predictions about the detectability of unexpected visual changes: The role of beliefs about attention, memory, and the continuity of attended objects in causing change blindness blindness. *Consciousness and Cognition, 11*, 507–527.

Levin, D. T. & Simons, D. J. (1997). Failure to detect changes to attended objects in motion pictures. *Psychonomic Bulletin & Review*, *4*, 501–506.

O'Regan, J. K., Rensink, R. A. & Clark, J. J. (1999). Change-blindness as a result of ›mudsplashes'. *Nature*, *398*, 34.

Neisser, U. (1976). *Cognition and reality*. San Francisco: Freeman.

Rensink, R.A. (2002). Failure to see more than one change at a time. *Journal of Vision, 2* (7), 245.

Rensink, R. A., O'Regan, J. K. & Clark, J. J. (1997). To see or not to see: The need for attention to perceive changes in scenes. *Psychological Science, 8*, 368–373.

Shore, D. I. & Klein, R. M. (2002). The effects of scene inversion on change blindness. *Journal of General Psychology, 127*, 27–43.

Simons, D. J. & Ambinder (2005). Change blindness: Theory and consequences. *Current Directions in Psychological Science, 14*, 44–48.

Simons, D. J. & Levin, D. T. (1998). Failure to detect changes to people in a real-world interaction. *Psychonomic Bulletin & Review*, *5*, 644–649.

Simons, D. J. & Rensink, R. A. (2005). Change blindness: past, present, and future. *Trends in Cognitive Sciences*, *9*(1), 16–20.

Werner, S. & Thies, B. (2000). Is ›change blindness‹ attenuated by domain-specific expertise? An expert-novices comparison of change detection in football images. *Visual Cognition, 7*, 163–174.

Information-Foraging-Theorie

Yvonne Kammerer

Worum geht es?

Die Information-Foraging-Theorie (Pirolli, 2007; Pirolli & Card, 1999) ist eine Theorie aus der Kognitionswissenschaft, die das Navigationsverhalten von Internetnutzern bei der Informationssuche im Internet erklärt und vorhersagt. Aufgrund der wachsenden Bedeutung des Internets als Informationsumgebung und der damit einhergehenden Fülle an Informationen, mit denen wir tagtäglich konfrontiert sind, ist diese Theorie von hoher alltäglicher Relevanz. Auf der Suche nach Informationen zu einem Thema gelangen wir mittels Hyperlinks von einer Website zur anderen – sei es bei der Auswahl von Google-Suchergebnissen, beim Lesen eines Wikipedia-Artikels oder bei der Navigation auf einer Website anhand einer Navigationsleiste oder einer *Tag-Cloud* (Schlagwortwolke). Die Information-Foraging-Theorie trifft Vorhersagen darüber, welche Hyperlinks ausgewählt werden, wie lange auf einer bestimmten Website verweilt wird und wann eine Informationssuche beendet wird. Die Suche nach Informationen im Internet wird dabei als Analogie zur Nahrungssuche (englisch: foraging) von Tieren betrachtet. Die gesuchte bzw. gefundene Information entspricht der Beute und der Internetnutzer somit dem Jäger oder Konsument von Informationen.

Darstellung der Annahmen

Ein zentrales Konzept der Theorie ist der sogenannte *Information Scent*, die Informationsfährte. Weist ein Hyperlink eine starke »Fährte« auf, d. h., scheint der Hyperlink zu einer für den Nutzer relevanten Website zu führen, wird er eher angeklickt, als wenn er eine schwache »Fährte« aufweist. Die Stärke des *Information Scent* wird anhand bestimmter Stichwörter im Link (sogenannte Hinweisreize, englisch: proximal cues) bestimmt. Die Hinweisreize lösen eine Aktivierungsausbreitung (englisch: spreading activation; Anderson, 1983) im semantischen Gedächtnis der Person aus, indem sich die Aktivierung eines Wortes im Gedächtnis auf semantisch assoziierte Wörter überträgt. Je stärker die Aktivierungsausbreitung von den enthaltenen Stichwörtern zum Suchziel der Person ist, d. h. je größer die semantische Ähnlichkeit zwischen Hinweisreizen und Suchziel, desto stärker ist der wahrgenommene *Information Scent*.

Sucht eine Person beispielsweise nach Informationen zu Diätmethoden und stößt auf einen Link, der die Stichwörter »abnehmen« und »Low Carb« enthält, ist es wahrscheinlich, dass dieser Link ausgewählt wird, da die Begriffe »abnehmen« und »Diätmethoden« eine starke Assoziationsstärke haben sollten. Weiß die Person darüber hinaus, dass es sich bei »Low Carb« um eine Diätmethode handelt, sollte dies den wahrgenommenen *Information Scent* des Links zusätzlich erhöhen. Der wahrgenommene *Information Scent* ist also auch vom thematischen Vorwissen der Person abhängig (z. B. Blackmon, Mandalia, Polson & Kitajima, 2007; Held, Kimmerle & Cress, 2012). Um einen bestmöglichen *Information Scent* zu gewährleisten, sollten Verfasser von Online-Informationen versuchen, für die Allgemeinheit verständliche und eindeutige Linknamen und Menükategorien zu verwenden, so dass für die Nutzer klar ist, was sich dahinter verbirgt (Blackmon et al., 2007; Nielsen, 2003).

Eine weitere zentrale Annahme der Information-Foraging-Theorie ist, dass Internetnutzer versuchen, ihr Kosten-Nutzen-Verhältnis bei der Informationssuche zu optimieren, indem sie die zu gewinnende Information in Relation zu den Beschaffungskosten (z. B. Zeit, kognitive Anstrengung) setzen. So wird zu jedem Zeitpunkt abgewogen, ob es sich lohnt, eine Website (d. h. eine bestimmte Informationsquelle, ein sogenannter *Information Patch*) weiter durchzulesen bzw. weitere Unter-Webseiten der Website aufzurufen, oder ob es sinnvoller ist, die Website zu verlassen. Ist der zu erwartende Zugewinn an Informationen auf einer Website geringer als der durchschnittlich zu erwartende Zugewinn an Informationen auf anderen Websites, so wird nach der Information-Foraging-Theorie eine Website verlassen und eine neue aufgesucht. Ist der zu erwartende Zugewinn an Informationen durch eine Fortsetzung der Websuche geringer als die aufzuwendenden Kosten, wird die Suche ganz beendet.

Des Weiteren geht die Theorie nicht davon aus, dass Informationssuchende bei der Auswahl von Links (z. B. Suchergebnissen einer Suchmaschine) alle vorhandenen Links vergleichen, um den Link mit dem höchsten *Information Scent* ausfindig zu machen. Vielmehr wird angenommen, dass Nutzer einen Link auswählen, der in diesem Moment als gut genug erachtet wird, d. h. eine bestimmte *Information-Scent*-Schwelle übersteigt. Dies wird auch als *Satisficing*-Strategie (englisches Kunstwort aus satisfying = zufriedenstellend und suffice = genügen) bezeichnet (Simon, 1956). Außerdem wird angenommen, dass Links sequentiell bewertet werden und daher neben dem *Information Scent* auch die Position eines Links dessen Auswahlwahrscheinlichkeit beeinflusst (Fu & Pirolli, 2007). Links, die in einer Suchergebnisliste oder in einer Website weiter oben angeführt sind, sollten demnach eher ausgewählt werden.

Typische Methodik

Die Probanden werden üblicherweise aufgefordert, eine Reihe von vorgegebenen Websuche-Aufgaben durchzuführen. Dabei können sie meist frei im Internet (z. B. Card et al., 2001) oder innerhalb einer Website (z. B. Blackmon et al., 2007; Chi et al., 2003) navigieren. Die Studien werden entweder im Labor

(z. B. Card et al., 2001) oder als Online-Studien (z. B. Chi et al., 2003) durchgeführt. Während der Aufgabenbearbeitung wird das Navigationsverhalten jedes Probanden in Form von *Logfiles* aufgezeichnet. So kann nachvollzogen werden, welche Hyperlinks zu welchem Zeitpunkt angeklickt und somit welche Informationen für wie lange aufgerufen wurden. Neben der Analyse des Navigationsverhaltens wird üblicherweise auch die Güte der Aufgabenbearbeitung analysiert (Blackmon et al., 2007; Card et al., 2001; Chi et al., 2003); d. h., ob bzw. bis zu welchem Grad eine Aufgabe gelöst wurde (Effektivität der Aufgabenbearbeitung) und wie schnell und mithilfe wie vieler Navigationsschritte eine Aufgabe gelöst wurde (Effizienz der Aufgabenbearbeitung). Bei den Aufgaben handelt es sich meist um eindeutig zu beantwortende Faktenfragen (z. B. eine Begriffsdefinition oder das Datum eines Events) oder um das Auffinden einer bestimmten Website (z. B. zum Kauf eines bestimmten Posters) bzw. eines bestimmten Dokuments (z. B. einer bestimmten Powerpoint-Präsentation).

Zusätzlich zur Erhebung empirischer Daten werden Computermodelle entwickelt (z. B. *SNIF-ACT*, Scent-based Navigation and Information Foraging in der kognitiven Architektur ACT-R), die das Navigationsverhalten von Internetnutzern bei der Bearbeitung einer bestimmten Aufgabe basierend auf den Annahmen der Information-Foraging-Theorie vorhersagen (z. B. Fu & Pirolli, 2007). Um die Güte dieser Computermodelle zu testen, werden die Modell-Vorhersagen mit tatsächlichen empirischen Daten verglichen.

Zentrale empirische Befunde

In Einklang mit den Annahmen der Information-Foraging-Theorie konnten Pirolli und Kollegen zeigen, dass Links, die von den Probanden während der Bearbeitung der Websuche-Aufgaben ausgewählt wurden, von unabhängigen Bewertern auf einer Rating-Skala im Durchschnitt als inhaltlich relevanter für die Aufgabenbearbeitung bewertet wurden (d. h. einen höheren *Information Scent* aufwiesen) als Links, die nicht ausgewählt wurden (Pirolli, 2007). Darüber hinaus fand sich ein positiver Zusammenhang zwischen der Stärke des (von den unabhängigen Bewertern bestimmten) *Information Scent* einer Website und der Anzahl an Unter-Webseiten, zu denen die Probanden innerhalb der Website navigierten (Card et al., 2001). Des Weiteren konnte in verschiedenen Studien nachgewiesen werden, dass Nutzer unter Bedingungen mit eindeutigen Linkbeschreibungen direkt zur Zielinformation navigierten, während sie bei Links mit uneindeutigen oder schlechten Linkbeschreibungen mehr Navigationsschritte zum Auffinden der Zielinformation benötigten oder die Zielinformation überhaupt nicht fanden (Pirolli, 2007; Blackmon et al., 2007).

Cress, Held und Kimmerle (2013) konnten zeigen, dass das experimentell manipulierte Vorwissen der Probanden (d. h., ob ein bestimmter Begriff mit der Zielinformation assoziiert war) einen Einfluss auf die Auswahl von *Tags* (d. h. Schlagwörtern) bei der Navigation in einer *Tag-Cloud* hatte. Je stärker der experimentell manipulierte Assoziationsgrad zwischen einem *Tag* und der gesuchten Zielinformation, desto größer war die Wahrscheinlichkeit, dass dieser *Tag* angeklickt wurde, und desto niedriger die Wahrscheinlichkeit, dass ein nicht passender *Tag* angeklickt wurde.

Verschiedene Studien, die sich mit der Auswahl von Suchergebnissen befassten, sprechen für die Annahme, dass neben dem *Information Scent* auch die Position von Links deren Auswahlwahrscheinlichkeit beeinflusst (z. B. Cutrell & Guan, 2007; Kammerer & Gerjets, 2014; Pan et al., 2007). Diesen Studien zufolge richten Suchmaschinen-Nutzer die meiste Aufmerksamkeit auf die von der Suchmaschine als erstes präsentierten Suchergebnisse und wählen diese auch am häufigsten aus. In Einklang mit diesen Ergebnissen führte ein Computermodell (*SNIF-ACT 2.0*) von Fu und Pirolli (2007), welches das Navigationsverhalten von Internetnutzern anhand des *Information Scent* und der Linkposition vorhersagt, zu besseren Vorhersagen als zwei alternative Computermodelle, die entweder nur den *Information Scent* oder nur die Linkposition berücksichtigen.

Kritik

Nach der Information-Foraging-Theorie erfolgt die Auswahl von Hyperlinks auf Basis des *Information Scent*, d. h. der inhaltlichen Passung eines Links zur gesuchten Information, und der Position eines Links. Die Frage ist jedoch, ob dies die einzigen Einflussfaktoren auf die Linkauswahl sind.

Mit der wachsenden Verbreitung von Web-2.0-Anwendungen können nach Cress et al. (2013) auch Informationen, die aus dem Nutzerverhalten oder Wissen anderer Personen gewonnen werden, wie z. B. die Größe der *Tags* in einer *Tag-Cloud*, die Linkauswahl beeinflussen. Die Größe eines *Tags* spiegelt wider, wie häufig ein *Tag* von anderen Personen zur Klassifizierung einer bestimmten Website verwendet wurde, d. h., wie häufig die Website mit einem bestimmten Begriff assoziiert wurde. In einer Reihe von Studien konnten Cress und Kollegen (z. B. Cress et al., 2013; Held, Kimmerle & Cress, 2012) zeigen, dass groß dargestellte *Tags*, d. h. *Tags*, die von vielen anderen Nutzern mit der gesuchten Zielinformation assoziiert wurden, häufiger angeklickt wurden als klein dargestellte *Tags*. Begriffe, die als große *Tags* dargestellt waren, wurden von den Probanden im Anschluss an die Interaktion mit der *Tag-Cloud* zudem auch eher in Zusammenhang mit der getaggten Information gebracht als kleine *Tags*.

Des Weiteren können neben der inhaltlichen Passung auch Hinweise auf die Qualität oder Glaubwürdigkeit von Informationsquellen die Auswahl von Websites beeinflussen (vgl. Gerjets & Kammerer, 2010; Winter & Krämer, 2012; 2014). Winter und Krämer (2012; 2014) konnten zeigen, dass bei der Auswahl von Blogartikeln zu einem kontrovers diskutierten Thema die Expertise der Blogautoren eine Rolle spielt: Artikel von Autoren mit hoher Expertise wurden häufiger angeklickt als Artikel von Laien-Autoren. In einer Studie von Kammerer und Gerjets (2012) wurden im Rahmen einer Internetrecherche zu einem medizinischen Thema Suchergebnisse, die zu objektiven Websites führten (d. h. Websites offizieller Institutionen) häufiger angeklickt als Suchergebnisse, die zu subjektiven (z. B. Foren) oder kommerziellen Websites (z. B. von Pharmafirmen) führten. Daher nehmen Gerjets und Kammerer (2010) an, dass Computermodelle, die neben *Information Scent* und Linkposition auch Hinweise auf die Informationsqualität (z. B. den Namen oder die Art der Website oder die Expertise des Autors) berücksichtigen, unter bestimmten Randbedingungen zu besseren Vorhersagen führen; beispielsweise bei Informationssuchen zu komplexen, konfligierenden Themen ohne eindeutige Antwort und wenn auf Seiten der Internetnutzer bestimmte individuelle Voraussetzungen gegeben sind (wie z. B. adäquate epistemologische Überzeugungen, vgl. Kapitel »Multiple Dokumente«). Aufgrund der Tatsache, dass jeder nahezu jede denkbare Information im Internet veröffentlichen kann, gibt es neben seriösen, wissenschaftlich fundierten Websites auch eine Vielzahl an Websites, die unqualifizierte, einseitige oder falsche Informationen bereitstellen. Geht es darum, sich eine fundierte Meinung über einen komplexen Sachverhalt wie z. B. die Vor- und Nachteile verschiedener Therapiemethoden zu bilden oder eine informierte Entscheidung hierüber zu treffen, ist es wichtig, die unterschiedlichen Motive und Fachkenntnisse der Informationsanbieter bei der Interpretation und Gewichtung der Informationen zu berücksichtigen (siehe hierzu auch das Kapitel »Multiple Dokumente«). Von Pirolli und Kollegen wurden jedoch vorwiegend Suchkontexte untersucht, in denen es um die Beantwortung eindeutiger Faktenfragen oder die Navigation innerhalb einer Website geht. Es ist denkbar, dass in solchen Kontexten die Informationsqualität tatsächlich eine untergeordnete Rolle spielt. Eine systematische Untersuchung des Einflusses des Suchkontextes auf die Bedeutung der Informationsqualität bei der Linkauswahl steht jedoch bis dato noch aus.

Literatur

Anderson, J. R. (1983). *The architecture of cognition.* Cambridge, MA: Harvard, University Press.

Blackmon, M. H., Mandalia, D. R., Polson, P. G. & Kitajima, M. (2007). Automating usability evaluation: Cognitive Walkthrough for the Web puts LSA to work on real-world HCI design problems. In T. K. Landauer, D. S. McNamara, S. Dennis & W. Kintsch, W. (Eds.), *Handbook of Latent Semantic Analysis* (pp. 323–344). Mahwah, NJ: Lawrence Erlbaum Associates, Publishers.

Card, S., Pirolli, P., Van Der Wege, M., Morrison, J., Reeder, R., Schraedley, P. & J. Boshart (2001). Information scent as a driver of Web Behavior Graphs: Results of a protocol analysis method for web usability. In J. Jacko & A. Sears (Eds.), *Proceedings of the SIGCHI Conference on Human Factors in Computing Systems (CHI 2003)* (pp. 498–505). New York, NY: ACM Press.

Chi, E. H., Rosien, A., Suppattanasiri, G., Williams, A., Royer, C., Chow, C. et al. (2003). The Bloodhound Project: Automating discovery of Web usability issues using the InfoScent simulator. In G. Cockton & P. Korhonen (Eds.), *Proceedings of the SIGCHI Conference on Human Factors in Computing Systems (CHI 2003)* (pp. 505–512). New York, NY: ACM Press.

Cress, U., Held, C. & Kimmerle, J. (2013). The collective knowledge of social tags: Direct and indirect influences on navigation, learning, and information processing. *Computers & Education, 60,* 59–73.

Cutrell, E. & Guan, Z. (2007). What are you looking for? An eye-tracking study of information usage in Web search. In M. B. Rosson & D. Gilmore (Eds.), *Proceedings of the SIGCHI Conference on Human Factors in Computing Systems* (CHI '07) (pp. 407–416). New York, NY: ACM Press.

Fu, W. & Pirolli, P. (2007). SNIF-ACT: a cognitive model of user navigation on the World Wide Web. *Human-Computer Interaction, 22*, 355–412.

Gerjets, P. & Kammerer, Y. (2010). Topical relevance and information quality in cognitive models of Web search behavior: Introducing epistemic scent into information foraging theory. In S. Ohlsson & R. Catrambone (Eds.), *Proceedings of the 32nd Annual Conference of the Cognitive Science Society* (pp. 2278–2283). Austin, TX: Cognitive Science Society.

Held, C., Kimmerle, J. & Cress, U. (2012). Learning by foraging: The impact of individual knowledge and social tags on web navigation processes. *Computers in Human Behavior, 28*, 34–40.

Kammerer, Y. & Gerjets, P. (2012). Effects of search interface and internet-specific epistemic beliefs on source evaluations during web search for medical information: An eye-tracking study. *Behaviour & Information Technology, 31*, 83–97.

Kammerer, Y. & Gerjets, P. (2014). The role of search result position and source trustworthiness in the selection of Web search results when using a list or a grid interface. *International Journal of Human-Computer Interaction, 30*, 177–191.

Nielsen, J. (2003). *Information foraging: Why Google makes people leave your site faster.* Verfügbar unter: http://www.nngroup.com/articles/information-scent/ [09.01. 2015]

Pan, B., Hembrooke, H., Joachims, T., Lorigo, L., Gay, G. & Granka, L. (2007). In Google we trust: Users' decisions on rank, position, and relevance. *Journal of Computer-Mediated Communication, 12*, 801–823.

Pirolli, P. (2007). *Information Foraging Theory. Adaptive interaction with information.* New York, NY: Oxford University Press.

Pirolli, P. & Card, S.K. (1999). Information Foraging. *Psychological Review, 106*, 643–675.

Simon, H. A. (1956). Rational choice and the structure of the environment. *Psychological Review, 63*, 129–138.

Winter, S. & Krämer, N. C. (2012). Selecting science information in Web 2.0: How source cues, message sidedness, and need for cognition influence users' exposure to blog posts. *Journal of Computer-Mediated Communication, 18*, 80–96.

Winter, S. & Krämer, N. C. (2014). A question of credibility – Effects of source cues and recommendations on information selection on news sites and blogs. *Communications – The European Journal of Communication Research, 39*, 435–456.

Verarbeitungsprozesse im Arbeitsgedächtnis

Cognitive-Load-Theorie (CLT)

Maike Tibus und Alexander Eitel

Worum geht es?

Gegenstand der Cognitive-Load-Theorie von John Sweller und Kollegen (CLT; Sweller, Ayres & Kalyuga, 2011; Sweller, Merriënboer & Paas, 1998) sind die Konsequenzen, die sich für das Design von Lernmaterialien aufgrund der Ressourcenbeschränkungen des kognitiven Systems ergeben. Im Mittelpunkt der Theorie steht die Annahme, dass die kognitive Kapazität des Arbeitsgedächtnisses begrenzt ist. Ziel ist es deshalb, Lernmaterialien so zu gestalten, dass Arbeitsgedächtnisressourcen optimal genutzt werden, um Lernprozesse zu unterstützen und zu fördern.

Darstellung der Annahmen

Schemaerwerb und Schemaautomatisierung

Die CLT basiert auf der Idee, dass gelernte Inhalte in Form von Schemata zusammengefasst und im Langzeitgedächtnis gespeichert werden können. Schemata sind definiert als »mental constructs that allow patterns or configurations to be recognized as belonging to a previously learned category and which specify what moves are appropriate for that category« (Sweller & Cooper, 1985, S. 60). Mit anderen Worten sind Schemata abstrakte kognitive Strukturen, die der Repräsentation von Wissen über Aufgabenkategorien dienen und in denen sowohl Strukturmerkmale der Aufgabe als auch eine für die Aufgabe geeignete Lösungsprozedur enthalten sind. Schemata werden im ressourcenbegrenzten Arbeitsgedächtnis aktiv konstruiert. Dabei müssen alle Informationselemente, die in einem Schema zusammengefasst werden sollen, gleichzeitig im Arbeitsgedächtnis aktiv gehalten werden. Das Arbeitsgedächtnis ist jedoch eng begrenzt hinsichtlich der Anzahl an Informationselementen, die gleichzeitig aktiviert und damit integriert werden können. Es gleicht einem engen Durchgang für die Informationselemente und wird daher in der CLT als zentraler »Flaschenhals« (► Abb. 2.4) des Lernprozesses angesehen. Neu gebildete Schemata werden im

Langzeitgedächtnis abgelegt und können dann ressourcenschonend und automatisiert von dort abgerufen werden. Durch häufiges Anwenden der Schemata kann die Automatisierung des Abrufs weiter erhöht werden.

Ein Beispiel für den Erwerb und die Automatisierung eines Schemas ist der Erwerb von Lesefertigkeiten. Grundschüler, die Lesen lernen, konstruieren zunächst bewusst Schemata für einzelne Buchstaben, die ihnen erlauben, Schriftzeichen anhand einer begrenzten Anzahl von Merkmalen zu klassifizieren. Hierbei muss beim Leseprozess auf viele verschiedene Schemata zurückgegriffen werden, weshalb er noch sehr langsam abläuft. Beim geübten Leser hingegen findet der Leseprozess bereits automatisiert und auf der Basis hoch trainierter (und komplexer) Schemata statt. Auf diese Weise erfüllt die Schemakonstruktion zwei wesentliche Funktionen: 1. die effiziente Organisation und Speicherung von Wissen beim Lernen und 2. die Entlastung des Arbeitsgedächtnisses bei der Nutzung erworbenen Wissens durch die Zusammenfassung einzelner Informationseinheiten. Diese Schemakonstruktion ist allerdings ein Prozess, der in hohem Maße Ressourcen des Arbeitsgedächtnisses beansprucht. Lernmaterialien und -umgebungen sollten deshalb so gestaltet werden, dass zusätzliche Belastungen des Arbeitsgedächtnisses so weit wie möglich reduziert werden, damit ausreichend Kapazitäten zur Schemakonstruktion verfügbar sind und so effektives Lernen ermöglicht wird.

Kategorien der kognitiven Belastung

Laut aktuellerer Literatur zur CLT (Kalyuga, 2011; Sweller et al. 2011) ergibt sich die kognitive Gesamtbelastung des Arbeitsgedächtnisses (Cognitive Load) aus der Summe zweier Belastungsformen: (1) *Intrinsic Cognitive Load* und (2) *Extraneous Cognitive Load* (▶ Abb. 2.4). Wenn die Summe dieser beiden Belastungsformen die kognitiven Ressourcen des Lerners übersteigt, kommt es zum »Cognitive Overload« und es kann kein Lernen mehr stattfinden. Die ursprünglich postulierte dritte Belastungsform (Germane Cognitive Load) wurde aufgrund theoretischer Nähe und empirischer Untrennbarkeit zur ersten Belastungsform (Intrinsic Cognitive Load) aufgegeben, um Redundanz und Unschärfe der Theorie zu verringern (vgl. Kalyuga, 2011; Leppink, Paas, van Gog, van der Vleuten & van Merriënboer, 2014).

Zu (1): Der Intrinsic Cognitive Load hängt von der Anzahl der Elemente ab, die für eine Schemabildung gleichzeitig im Arbeitsgedächtnis aktiv gehalten und verarbeitet werden müssen. Ein Element stellt dabei eine Bedeutungseinheit dar, die gelernt werden soll oder bereits gelernt wurde. Die Anzahl der Elemente, die simultan verarbeitet werden, ergibt sich aus ihrer Interdependenz (element interactivity). Diese Interdependenz kann am Beispiel des Sprachenlernens verdeutlicht werden. Beim Vokabellernen tritt nur eine geringe Interdependenz auf, weil die einzelnen Vokabelpaare (z. B. Katze = cat, Hund = dog) unabhängig voneinander gelernt werden können. Beim Lernen einer grammatikalischen Struktur besteht dagegen eine hohe Interdependenz der Elemente, da die Elemente nur in Verbindung einen einheitlichen Sinn ergeben. Hierbei gilt: Mit steigender Interdependenz der Elemente steigt auch die Belastung des Arbeitsgedächtnisses. Die intrinsische Belastung wird zusätzlich vom Vorwissen des Lerners beeinflusst, das sich aus der Verfügbarkeit komplexitätsreduzierender Schemata ergibt. Die Gestaltung der Lernmaterialien hat allerdings keinen Einfluss auf die intrinsische Belastung. Laut neuer Konzeption der CLT hängt die intrinsische Belastung neben der Komplexität der Aufgabe auch von allen Aktivitäten des Lerners ab, die zum Zwecke des Schemaerwerbs und der Schemaautomatisierung ausgeführt werden. Dabei handelt es sich auch um Arbeitsgedächtnisressourcen, die für lernförderliche Elaborationsprozesse verwendet werden und dadurch die Effektivität des Lernprozesses erhöhen.

Zu (2): Die zweite Belastungsart ist der Extraneous Cognitive Load. Er entsteht, wenn durch die Gestaltung der Lernmaterialien zusätzliche Ressourcen beansprucht werden, die für den eigentlichen Lernprozess nicht nötig wären. Ein solches lernhinderliches Design wird von Lernmaterialien hervorgerufen, die zum Beispiel die Verarbeitung von redundanten Informationen (redundancy effect) erfordern oder aufwändige Suchprozesse voraussetzen (split attention effect). Die hierfür benötigten kognitiven Ressourcen stehen für das Lernen von relevanten Inhalten folglich nicht mehr zur Verfügung. **Tabelle 2.1** gibt einen Überblick über die charakteristischen Merkmale der verschiedenen Belastungsformen.

Insgesamt ist es das Ziel von Instruktionsdesignern, bei der Gestaltung von Lernmaterialien und Lernumgebungen den Extraneous Cognitive Load so gering wie möglich zu halten. Das ist besonders dann wichtig, wenn der Intrinsic Cognitive Load bereits hoch ist (z. B. bei einer komplexen Aufgabe) und somit die Gefahr eines Cognitive Overloads besteht.

Tab. 2.1: Übersicht über die charakteristischen Merkmale der verschiedenen Formen des Cognitive Load

Intrinsic Cognitive Load (intrinsic = intrinsisch, inhärent)	**Extraneous Cognitive Load** (extraneous = irrelevant, von außen)
• der Lernaufgabe inhärent • abhängig von der Interdependenz von Elementen • beeinflusst vom Vorwissen • kann *nicht* durch die Lernumgebung verändert werden	• ineffektiv, behindert Lernen • verursacht von schlecht gestalteten Lernumgebungen • kann durch das Design von Lernumgebungen verringert werden

Abbildung 2.4 veranschaulicht die geschilderten Beziehungen zwischen der Komplexität der Lerndomäne, dem Vorwissen des Lerners (Expertise) sowie dem Design von Lernmaterial und dem sich daraus ergebenden kognitiven Belastungsmuster, das für das Lernergebnis verantwortlich ist.

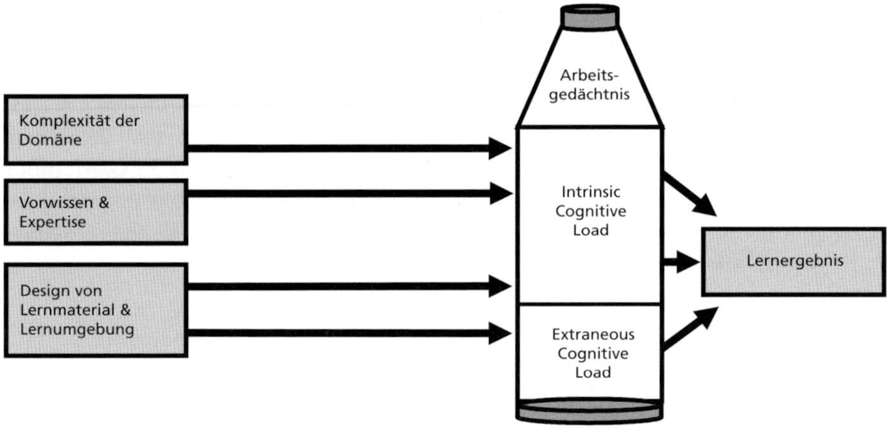

Abb. 2.4: Zentrale Annahmen der CLT (vereinfacht) in Anlehnung an Gerjets und Hesse (2004).

Typische Methodik

Bei der Messung von Cognitive Load werden drei Klassen von Methoden unterschieden:

1. *Subjektive (indirekte) Maße:* Sie basieren auf der Annahme, dass Lerner in der Lage sind, ihre eigenen kognitiven Prozesse introspektiv zu beurteilen. Hier geben Versuchspersonen üblicherweise Urteile über ihre subjektiv wahrgenommene Belastung anhand numerischer Werte auf Ratingskalen ab. Diese Werte gelten als valide, reliabel und nicht reaktiv. Der NASA-TLX (Hart & Staveland, 1988) ist einer der am häufigsten verwendeten Fragebögen für die subjektive Erhebung von Cognitive Load. Jedoch differenziert dieses Instrument nicht zwischen den beiden postulierten kognitiven Belastungsarten. Diese Differenzierung wird in einer Weiterentwicklung des NASA-TLX von Gerjets, Scheiter und Catrambone (2004) u. a. eingeführt (▸ Tab. 2.2).
2. *(Direkte) Performanzmaße*: Bei den Performanzmaßen gibt es zwei verschiedene Methoden: a) Primäraufgaben-Messung: basiert auf der Leistung des Lerners bei der Bearbeitung einer Aufgabe, die als Indikator für das Belastungsmuster in einer vorangegangenen Lernphase interpretiert wird. b) Zweitaufgaben-Methodik: basiert auf der Leistung bei der Bearbeitung einer zusätzlichen Zweitaufgabe, während die Erstaufgabe durchgeführt wird. Aus der Leistung bei der Bearbeitung der Zweitaufgabe wird auf die Belastung bei der Erstaufgabe geschlossen (Brünken, Plass & Leutner, 2003; Cierniak, Scheiter & Gerjets, 2009).
3. *Physiologische Maße:* Sie beruhen auf der Annahme, dass sich Belastungsveränderungen des kognitiven Systems in physiologischen Indikatoren widerspiegeln. Diskutierte physiologische Indikatoren sind die Herzrate und Herzratenvariabilität, Gehirnaktivität (z. B. EEG-Muster; Antonenko, Paas, Grabner &

van Gog, 2010) und Blickbewegungsmaße (z. B. Blinzelrate oder Pupillenerweiterung; van Gerven, Paas, van Merriënboer & Schmidt, 2004). Manche dieser Maße erwiesen sich allerdings als problematisch hinsichtlich der validen und reliablen Erfassung mentaler Belastungszustände beim Lernen (Herzratenvariabilität zu insensitiv für Momentanschwankungen der Belastung; Pupillenerweiterung bei fortlaufendem Lesen nicht valide). Die EEG-Methode als hochauflösendes aber nicht intrusives Maß scheint hingegen Potenzial für die Momentanerfassung mentaler Belastung zu beinhalten (Gerjets, Walter, Rosenstiel, Bogdan & Zander, 2014).

Tab. 2.2: Die Messung der Cognitive Load nach Gerjets et al. (2004), modifiziert.

Item		Messabsicht
1	Wie viel geistige bzw. physische Aktivität erforderte die beispielbasierte Lernphase (z. B. für das Nachdenken, Entscheiden, Im-Gedächtnis-Behalten)? Das heißt, war die Lernaufgabe anstrengend?	Intrinsic Cognitive Load
2	Wie anstrengend war es für Dich, die Lernumgebung zu bedienen (z. B. zu entscheiden, welche Informationen Du sehen wolltest, oder Dich zu orientieren)?	Extraneous Cognitive Load

Zentrale empirische Befunde

Die CLT versteht sich als eine Theorie über die optimale Gestaltung von Instruktionsmaterialien. Zentrale empirische Befunde, die im Rahmen dieser Theorie generiert wurden, beziehen sich daher vor allem auf den Nachweis der instruktionalen Effektivität bestimmter Gestaltungsmaßnahmen für Lernumgebungen. Die folgende Auflistung gibt die wichtigsten Gestaltungsmaßnahmen wieder, die im Kontext von experimentellen Untersuchungen zur CLT validiert werden konnten. Die Maßnahmen haben überwiegend die Verringerung des Extraneous Cognitive Load zum Ziel.

Bei der Kombination verbaler und bildlicher Darstellungen sollten Redundanzen zwischen beiden Repräsentationsformaten vermieden werden (redundancy effect, z. B. Chandler & Sweller, 1991).

Informationen, die bei der Schemakonstruktion miteinander integriert werden müssen, sollten in der Lernumgebung räumlich oder zeitlich nah beieinander präsentiert werden (split attention effect, z. B. Sweller et al., 1998).

Verbale Information, die in Kombination mit bildlicher Information präsentiert wird, sollte über die auditive und nicht über die visuelle Modalität dargeboten werden (modality effect, z. B. Chandler & Sweller, 1991). Der Hauptgrund hierfür ist, dass bei simultaner visueller Darbietung verbaler und piktorialer Information die Aufmerksamkeit zwischen den Informationsquellen (z. B. Text lesen vs. Bild ansehen) aufgeteilt werden muss. Dies erschwert die Integration.

Der Einsatz von ausgearbeiteten Lösungsbeispielen ist besonders bei der Vermittlung neuer Fertigkeiten vorteilhaft (worked example effect; z. B. Sweller et al., 1998). Mit zunehmender Expertise sollten diese aber durch eigenständig zu lösende Probleme ersetzt werden, um das Lernen optimal zu fördern (guidance fading effect; Salden, Aleven, Schwonke & Renkl, 2010). Da fortgeschrittene Lerner bereits über schematisches Wissen in einer Inhaltsdomäne verfügen, weisen sie eine geringere intrinsische kognitive Belastung in dieser Inhaltsdomäne auf. Ausgearbeitete Lösungsbeispiele etc. werden deshalb eher als redundant und somit als weniger lernförderlich erlebt (expertise reversal effect; z. B. Kalyuga, Ayres, Chandler & Sweller, 2003).

Kritik

Ein zentraler Kritikpunkt bezieht sich auf die empirische Erfassbarkeit der von der CLT differenzierten Belastungsarten. Es ist fraglich, ob Lernende in der Lage sind, nachträglich differenzierende Angaben über verschiedene Belastungsformen während des Lernens zu machen. Aus diesem und anderen Gründen galt die Annahme einer dritten Belastungsart (Germane Cognitive Load) in der Theorie als nicht mehr haltbar (vgl. Kalyuga, 2011). Zudem wird der angenommene additive Zusammenhang der Subkategorien des Cognitive Loads von einigen Autoren angezweifelt.

Ein ebenfalls häufig geäußerter Kritikpunkt besteht darin, dass in der CLT nicht zwischen Prozess- und Ressourcenebene unterschieden wird. Eine Analyse der kognitiven Prozesse, die während des Lernens stattfinden, bleibt weitgehend unberücksichtigt. Stattdessen wird anhand der gemessenen Lernergebnisse, wie der Behaltens- oder Verstehensleistung, in unzulässiger Weise auf kognitive Lernprozesse rückgeschlossen. Die Begründung ist somit zirkulär, und um die Theorie weiter kritisch prüfen zu können, ist es deshalb umso wichtiger, in Zukunft neue Verfahren zur Cognitive Load Messung auf Prozessebene (z. B. EEG) zu erproben und einzusetzen.

Ein zusätzlicher Kritikpunkt an der CLT bezieht sich auf ihre unscharfen Begriffsdefinitionen. Getreu ihrem Namen Cognitive-»Load«-Theorie erklärt die CLT Lernergebnisse aufgrund mentaler Belastungszustände. Die Beziehung zwischen dem Begriff der mentalen Belastung (»load«) und der mentalen Anstrengung (»effort«) ist jedoch unklar, so dass die beiden Begriffe manchmal synonym verwendet werden (Sweller et al., 1998). Dies ist jedoch fraglich, da eine hohe mentale Belastung nicht automatisch mit einer hohen mentalen Anstrengung einhergeht.

Literatur

Antonenko, P., Paas, F., Grabner, R. & van Gog, T. (2010). Using electroencephalography to measure cognitive load. *Educational Psychology Review, 22*, 425–438.

Brünken, R., Plass, J. L. & Leutner, D. (2003). Direct measurements of cognitive load in multimedia learning. *Educational Psychologist, 38(1)*, 53–61.

Chandler, P. & Sweller, J. (1991). Cognitive theory and the format of instruction. *Cognition and Instruction, 8,* 293–332.
Gerjets, P. & Hesse, F. W. (2004). When are powerful learning environments effective? The role of learner activities and of students' conceptions of educational technology. *International Journal of Educational Research, 41,* 445–465.
Gerjets, P., Scheiter, K. & Catrambone, R. (2004). Designing instructional examples to reduce intrinsic cognitive load: Molar versus modular presentation of solution procedures. *Instructional Science, 32,* 33–58.
Gerjets, P., Walter, C., Rosenstiel, W., Bogdan, M. & Zander, T. O. (2014). Cognitive State Monitoring and the Design of Adaptive Instruction in Digital Environments: Lessons Learned from Cognitive Workload Assessment using a Passive Brain-Computer Interface Approach. *Frontiers in Neuroscience, 8,* 385.
Hart, S. G. & Staveland, L. E. (1988). Development of NASA-TLX (Task Load Index): Results of experimental and theoretical research. In P. A. Hancock & N. Meshkati (Eds.), *Human Mental Workload* (pp. 139–183). Amsterdam: North Holland.
Kalyuga, S. (2011). Cognitive load theory: How many types of load does it really need? *Educational Psychology Review, 23,* 1–19.
Kalyuga, S., Ayres, P., Chandler, P. & Sweller, J. (2003). The Expertise Reversal Effect. *Educational Psychologist, 38,* 23–31.
Leppink, J., Paas, F., van Gog, T., van Der Vleuten, C. P. & van Merriënboer, J. J. (2014). Effects of pairs of problems and examples on task performance and different types of cognitive load. *Learning and Instruction, 30,* 32–42.
Salden, R. J., Aleven, V. A., Renkl, A. & Schwonke, R. (2009). Worked examples and tutored problem solving: redundant or synergistic forms of support? *Topics in Cognitive Science, 1,* 203–213.
Sweller, J., Ayres, P. & Kalyuga, S. (2011). *Cognitive Load Theory.* New York: Springer.
Sweller, J. & Cooper, M. (1985). The use of worked examples as a substitute for problem solving in learning algebra. *Cognition and Instruction, 2,* 59–89.
Sweller, J., van Merriënboer, J. J. G. & Paas, F. G. W. C. (1998). Cognitive architecture and instructional design. *Educational Psychology Review, 10,* 251–296.
Van Gerven, P. W., Paas, F., Van Merriënboer, J. J. & Schmidt, H. G. (2004). Memory load and the cognitive pupillary response in aging. *Psychophysiology, 41,* 167–174.

Cognitive Theory of Multimedia Learning (CTML)

Maike Tibus und Alexander Eitel

Worum geht es?

Richard Mayer (2001, 2005, 2014) beschreibt in seiner Kognitiven Theorie des Multimedialen Lernens (CTML), wie geschriebene und gesprochene Texte sowie Bilder kognitiv verarbeitet und behalten werden. Die CTML basiert auf Annahmen aus der Kognitions- und Gedächtnispsychologie. Sie dient als theoretische Grundlage für eine Vielzahl von Prinzipien zur effektiven Gestaltung multimedialer Lernumgebungen. Sie ähnelt damit der Cognitive Load Theory (vgl. Beitrag zur Cognitive Load Theory in diesem Band), führt aber weitere Differenzierungen ein. Ein zentrales Prinzip der CTML ist, dass multimediale Lernumgebungen, die durch die gemeinsame Darbietung von Texten und Bildern charakterisiert sind, generell zu höherem Lernerfolg führen als monomediale Lernumgebungen, in denen nur Texte dargeboten werden.

Darstellung der Annahmen

Die CTML basiert auf drei zentralen Annahmen:

1. Dual Channel Assumption: Das kognitive System verfügt über zwei parallele Verarbeitungskanäle mit separaten kognitiven Ressourcen (verbaler und piktorialer Verarbeitungskanal, ▶ Abb. 2.5).
2. Limited Capacity Assumption: Beide Kanäle verfügen jeweils nur über eine begrenzte Verarbeitungskapazität.
3. Active Processing Assumption: Tiefergehendes Verständnis für bestimmte Inhalte setzt eine aktive Verarbeitung der Lerninhalte voraus (insbesondere die Integration verschiedener Informationen aus unterschiedlichen Kanälen).

Zu 1. Nach der *Dual Channel Assumption* besteht das menschliche Informationsverarbeitungssystem aus zwei getrennten Verarbeitungskanälen: einem auditiv-verbalen Kanal (in **Abb. 2.5** der obere Kanal) und einem visuell-piktorialen Kanal (in **Abb. 2.5** der untere Kanal). In Anlehnung an das Modell des Arbeitsgedächtnisses von Baddeley (1992) werden die beiden Kanäle zunächst nach der sensorischen Verarbeitungsmodalität des Materials differenziert (auditiv vs. visuell). Im Arbeitsgedächtnis werden die Informationen dann, in Anlehnung an die Dual Coding Theory von Paivio (1990), nach der Kodalität des Materials (verbal vs. piktorial) getrennt verarbeitet. Das bedeutet, dass schriftlicher Text zunächst zwar durch den visuell-piktorialen Kanal aufgenommen, dann aber im auditiv-verbalen Kanal weiterverarbeitet wird.

Zu 2. Die *Limited Capacity Assumption* basiert auf der Cognitive-Load-Theorie von Sweller, van Merriënboer und Paas (1998) und besagt, dass die Verarbeitungskapazität beider Kanäle begrenzt ist. In jedem Kanal kann deshalb nur eine bestimmte Informationsmenge im Arbeitsgedächtnis verarbeitet werden. Als Gestaltungskriterium für Lernmaterialien ergibt sich daraus, dass das Lernmaterial beide Kanäle ansprechen sollte, da dadurch die verfügbaren Ressourcen beider, voneinander unabhängig operierender Kanäle für das Lernen genutzt werden können.

Zu 3. Die *Active Processing Assumption* geht schließlich davon aus, dass der Lerner das Lernmaterial aktiv verarbeiten muss, um zu lernen. **Abbildung 2.5** veranschaulicht den Lernprozess als dreistufigen Prozess: Selektion, Organisation, Integration. Der Lerner selektiert zunächst aus den im sensorischen Gedächtnis eintreffenden Informationen relevante Inhalte. Bereits auf dieser Ebene werden die Inhalte, die nur für kurze Zeit im sensorischen Gedächtnis aufrechterhalten werden, getrennt nach der Modalität – visuell bzw. auditiv – verarbeitet. Anschließend werden sie als »Laute« bzw. »Bilder« durch Aufmerksamkeitszuwendung ins Arbeitsgedächtnis überführt. Die Pfeile zwischen »Laute« und »Bilder« in **Abbildung 2.5** bedeuten, dass der Lerner die Informationen in den jeweils anderen Kanal übertragen kann. Von diesem Zeitpunkt an erfolgt die Differenzierung nicht mehr nach der Modalität (auditiv vs. visuell), sondern nach der Kodierungsform der Inhalte (verbal vs. piktorial). Die Informationen werden dann zu einem verbalen bzw. einem piktorialen Modell des Lerninhalts im Arbeitsgedächtnis organisiert. Abschließend werden das verbale sowie das piktoriale Modell mit Vorwissen, das aus dem Langzeitgedächtnis bereitgestellt wird, zu einem kohärenten mentalen Modell integriert.

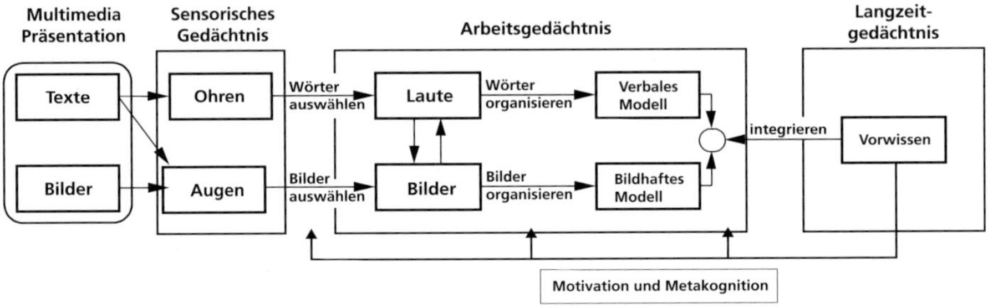

Abb. 2.5: Das kognitive System nach Mayer (2014, S. 66). Der obere Kanal illustriert die Verarbeitung von auditiv-verbalem Material; der untere Kanal zeigt die Verarbeitung von visuell-piktorialem Material.

Die Voraussetzung für erfolgreiches Lernen ist dabei, dass Lerner ausreichend motiviert sind, die Prozesse der Selektion, Organisation und Integration auszuführen (▶ Abb. 2.5). Ebenso ist es notwendig, dass Lerner den eigenen Lernfortschritt adäquat überwachen und kontrollieren (Metakognition), um richtig darüber zu entscheiden, wann die Prozesse der Selektion, Organisation und Integration erneut ausgeführt werden müssen oder die Lernepisode beendet werden kann.

Typische Methodik

Ausgehend von seinen theoretischen Überlegungen hat Mayer Prinzipien für die Gestaltung multimedialer Lernumgebungen abgeleitet und diese in einer Vielzahl von experimentellen Studien überprüft. Im Allgemeinen wird in diesen Studien die Beschaffenheit des Lernmaterials systematisch variiert und als abhängige Variable die Behaltens- und Transferleistung der Versuchspersonen überprüft.

Ein typisches Beispiel für Lernmaterial, das Mayer in seinen Studien verwendet hat, zeigt **Abbildung 2.6**. Hier wird die Funktionsweise einer Luftpumpe einerseits als Animation mit gesprochenem Text (▶ Abb. 2.6) und andererseits als Animation mit geschriebenem Text präsentiert.

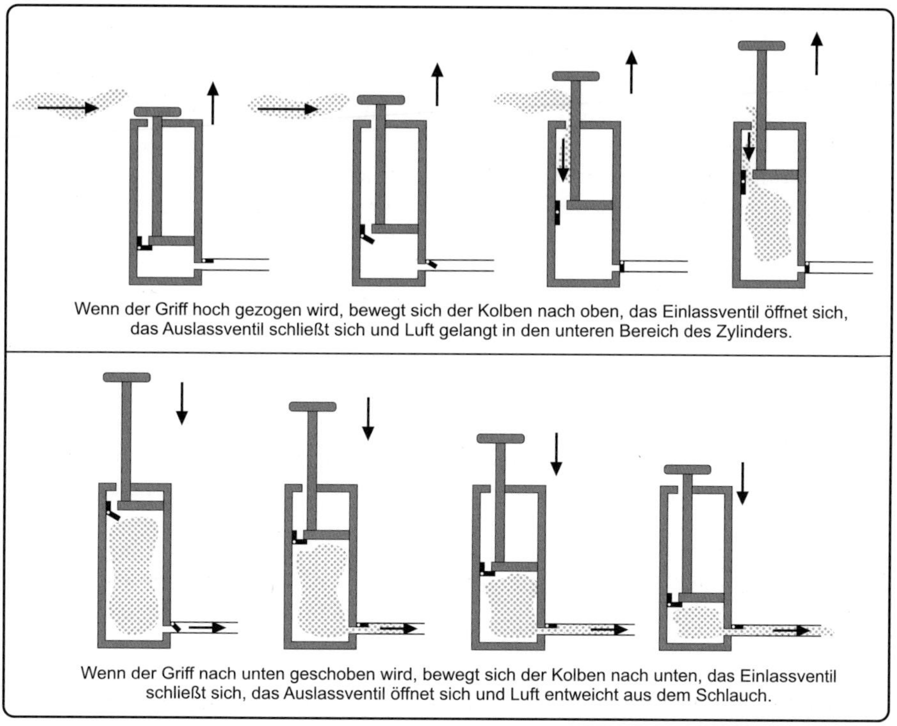

Abb. 2.6: Beispiel des Materials (Funktionsweise einer Luftpumpe), das Mayer in einigen seiner Studien verwendet hat (nach Mayer, 2014, S. 5).

Die gesamte Präsentation dauert ca. 30 Sekunden. Um die gelernten Inhalte zu überprüfen, verwendete Mayer (2001) sowohl Behaltens- als auch Transfertests. Beispielitems aus diesen Tests zeigt **Abbildung 2.7.** Für die Beantwortung dieser Tests hatten die Lerner etwa 5 bis 10 Minuten Zeit. Mayer hat dafür einen Antwort- und Bewertungsschlüssel entwickelt, anhand dessen die Fragen weitgehend standardisiert ausgewertet werden können. Hierbei werden aus der Leistung der Versuchspersonen Rückschlüsse über die kognitiven Prozesse der Versuchspersonen gezogen.

Behaltenstest

Bitte erkläre, wie eine Fahrradluftpumpe funktioniert. Stelle dir vor, du erklärst es jemandem, der keine Vorkenntnisse hat.

Transfertest

Stell dir vor, du bewegst den Hebel der Luftpumpe mehrmals auf und ab, es kommt jedoch keine Luft aus dem Schlauch. Was könnte dazu geführt haben?

Abb. 2.7: Beispielitems der Behaltens- und Transfertests nach Mayer (2014)

Zentrale empirische Befunde

Im Folgenden wird ein Überblick über die wichtigsten empirisch gewonnen Gestaltungsprinzipien der CTML gegeben. Ausführlichere Darstellungen der Prinzipien finden sich in Mayer (2014). Die Prinzipien sind unter den Bedingungen kontrollierter Laborexperimente vielfach repliziert worden und haben sich auch in Meta-Analysen als empirisch gut gesichert erwiesen (z. B. Ginns, 2006).

Multimedia-Prinzip: Lerner lernen besser mit multimedialen Lernumgebungen (einer Kombination von verbalem und piktorialem Lernmaterial) als ausschließlich mit verbalem Material. Bei multimedialen Lernumgebungen wird im Gegensatz zu rein textbasierten Lernumgebungen sowohl ein verbales als auch ein piktoriales mentales Modell gebildet. Durch die Integration beider Modelle können Lerner ein detaillierteres und kohärenteres mentales Modell des Lerninhalts entwickeln, als es bei einer rein textbasierten Lernumgebung der Fall wäre.

Redundanz-Prinzip: Lerner lernen besser mit einer Kombination von bildlicher Darstellung (Abbildung oder Animation) und gesprochenem Text (Narration) als mit einer Kombination von bildlicher Darstellung, Narration und schriftlichem Text. Wenn eine bildliche Darstellung von einer gesprochenen und geschriebenen Beschreibung begleitet wird, wird das Arbeitsgedächtnis durch redundante und deshalb überflüssige verbale Informationen belastet, da gesprochener und schriftlicher Text weitgehend die gleiche Information vermitteln. Da die bildliche Darstellung und der schriftliche Text zudem beide über den visuellen Kanal aufgenommen werden, werden die Ressourcen dieses Kanals besonders stark belastet (vgl. Modalitätsprinzip). Daher ist es besser, auf den schriftlichen Text zu verzichten und die bildliche Darstellung stattdessen nur durch gesprochenen Text zu begleiten. So wird eine unnötige Belastung des Arbeitsgedächtnisses durch redundante Information vermieden.

Modalitätsprinzip: Lerner lernen besser mit einer Kombination von bildlicher Darstellung und gesprochenem Text als mit einer Kombination von bildlicher Darstellung und geschriebenem Text. Modalität meint die Sinnesmodalität, über die die Lerninhalte aufgenommen werden; also ob die Inhalte auditiv (gesprochener Text, Musik) oder visuell (geschriebener Text, Bilder) präsentiert werden. Im Falle der Kombination von bildlicher Darstellung und schriftlichem Text ist der visuelle Kanal durch die Präsentation beider Inhalte als visuelle Information überlastet, während der verfügbare auditive Kanal nicht genutzt wird. Dagegen führt eine Kombination von bildlicher Darstellung und gesprochenem Text zu einer gleichmäßigen Auslastung beider Verarbeitungskanäle und sollte deshalb bei der Gestaltung von Lernumgebungen angestrebt werden, um verfügbare Ressourcen möglichst effizient zu nutzen.

Räumliches Kontiguitätsprinzip: Lerner lernen besser, wenn zusammengehörende Bild- und Textinformationen räumlich nah beieinander präsentiert werden.

Dadurch wird vermieden, dass der Lerner zusätzliche kognitive Ressourcen aufwenden muss, um einen bestimmten Textinhalt im Arbeitsgedächtnis zu halten, während er die dazugehörige Information in der begleitenden bildlichen Darstellung sucht (und vice versa), um sie miteinander in Beziehung setzen zu können. Gleichzeitig steigt durch räumliche Kontiguität die Wahrscheinlichkeit, dass die zusammengehörigen Informationen aus beiden Darbietungsformen überhaupt zueinander in Beziehung gesetzt werden und dadurch ein kohärentes mentales Modell des Lerninhaltes gebildet wird.

Zeitliches Kontiguitätsprinzip: Lerner lernen besser, wenn zusammengehörende Bild- und Textinformationen gleichzeitig präsentiert werden im Vergleich zu einer sukzessiv aufeinander folgenden Präsentation. Wenn zusammengehörende schriftliche und bildliche Informationen gleichzeitig im Lernmaterial präsentiert werden, muss der Lerner geringere kognitive Ressourcen aufwenden, um die Informationen aufeinander zu beziehen. Es ist deshalb wahrscheinlicher, dass die simultan präsentierten Informationen gleichzeitig im Arbeitsgedächtnis gehalten und kognitiv miteinander verknüpft werden, während sie bei sukzessiver Darbietung aufgrund zeitlicher Darbietungsverzögerungen ressourcenintensiv zusammengeführt werden müssen. Gegebenenfalls kann das auch dazu führen, dass der Lerner überhaupt keine Verbindungen zwischen den Lerninhalten knüpft. Durch die gleichzeitige Darbietung von verbalem und piktorialem Material wird somit die Integration von verbaler und piktorialer Information in ein kohärentes mentales Modell erleichtert.

Kritik

Kritisiert wird, dass Mayer die CTML auf einzelnen Elementen aus den drei Grundlagentheorien – das Modell des Arbeitsgedächtnisses von Baddeley (1992), die Theorie der dualen Kodierung von Paivio (1990) und die Cognitive Load Theory von Sweller et al. (1998) – basiert, aber nicht begründet, warum bestimmte Aspekte ausgewählt werden, während andere unberücksichtigt bleiben. Problematisch sind insbesondere die Annahmen der CTML in Bezug auf die Verarbeitung schriftlicher Texte, also »visuell-verbalen« Materials: Mayer (2014) bezieht sich diesbezüglich auf das Modell Baddeleys, interpretiert dieses aber modalitätsspezifisch, anstatt wie von Baddeley vorgesehen, kodalitätsspezifisch. Demnach ist die Annahme der CTML, dass visuell-verbales Material (schriftliche Texte) zu Beginn der Verarbeitung die gleichen Kapazitäten beansprucht wie visuelles nonverbales Material (z. B. gedruckte Bilder), theoretisch nicht haltbar. Stattdessen würde man in Bezug auf Baddeley erwarten, dass schriftliche und gesprochene Texte (gleiche Kodalität) die gleichen Kapazitäten beanspruchen, während gedruckte Bilder davon unabhängig verarbeitet werden. Weitere Ausführungen dazu finden sich bei Rummer, Schweppe, Scheiter und Gerjets (2008).

Ebenfalls theoretisch fragwürdig ist die Annahme der späten Integration von Texten, Bildern und Vorwissen; nämlich erst *nachdem* separate mentale Modelle organisiert wurden. Neuere Befunde legen den Schluss nahe, dass bereits früh selektierte Bildinformationen für den mentalen Modellaufbau eines begleitenden Textes genutzt werden (vgl. Eitel, Scheiter, Schüler, Nyström & Holmqvist, 2013) und dass bereits die Selektion von Informationen aus Texten und Bildern hochgradig vorwissensabhängig ist und insofern direkt vom Langzeitgedächtnis gesteuert werden kann (z. B. Canham & Hegarty, 2010).

Zudem wird die Generalisierbarkeit der Designprinzipien auf komplexere und umfangreichere Inhalte, Bedingungen des selbstgesteuerten Lernens und auf realistischere Anwendungsbedingungen (z. B. Einsatz von Multimedia im Schulunterricht statt im Labor) in Frage gestellt (z. B. Tabbers, 2002). Darüber hinaus thematisiert die CTML nicht, welche Gestaltungsmaßnahmen von Lernmaterialien den Lerner zu mehr Elaboration bzw. der Nutzung freier Ressourcen anregen. Ein weiterer Kritikpunkt ist schließlich, dass die kognitiven Prozesse lediglich aus den Ergebnissen der Versuchspersonen in den Behaltens- und Transfertests abgeleitet werden und keine Prozessforschung stattfindet.

Nichtsdestotrotz ist die CTML eine einflussreiche Theorie des multimedialen Lernens, deren Annahmen experimentell überprüft wurden und aus denen sich konkret anwendbare Designprinzipien ableiten lassen. Trotz der oben genannten Kritik nimmt die CTML eine Vorreiterrolle in der Multimedia-Forschung ein, die viele Anregungen für weitere Forschung in diesem Bereich beinhaltet.

Literatur

Baddeley, A. D. (1992). Working memory. *Science, 255*, 556–559.

Canham, M. & Hegarty, M. (2010). Effects of knowledge and display design on comprehension of complex graphics. *Learning and Instruction, 20*, 155–166.

Eitel, A., Scheiter, K., Schüler, A., Nyström, M. & Holmqvist, K. (2013). How a picture facilitates the process of learning from text: Evidence for scaffolding. *Learning and Instruction, 28*, 48–63.

Ginns, P. (2005). Meta-analysis of the modality effect. *Learning and Instruction, 15*, 313–331.

Ginns, P. (2006). Integrating information: a meta-analysis of the spatial contiguity and temporal contiguity effects. *Learning and Instruction, 16*, 511–525.

Mayer, R. (2001). *Multimedia learning*. Cambridge: Cambridge University Press.

Mayer, R. (2005). *The Cambridge handbook of multimedia learning*. Cambridge: Cambridge University Press.

Mayer, R. (2014). *The Cambridge handbook of multimedia learning (2 nd edition)*. Cambridge: Cambridge University Press.

Mayer, R., Sobko, K. & Mautone, P. D. (2003). Social cues in multimedia learning: Role of speaker's voice. *Journal of Educational Psychology, 91*, 358–368.

Moreno, R. & Mayer, R. E. (1999). Cognitive principles of multimedia learning: The role of modality and contiguity. *Journal of Educational Psychology, 91*, 358–368.

Moreno, R. & Mayer, R. E. (2002). Learning science in virtual reality multimedia environments: role of methods and media. *Journal of Educational Psychology, 94*, 598–610.

Paivio, A. (1990). *Mental representations: a dual coding approach*. New York: Oxford University Press.

Rummer, R., Schweppe, J., Scheiter, K. & Gerjets, P. (2008). Lernen mit Multimedia: Die kognitiven Grundlagen des Modalitätseffekts. *Psychologische Rundschau, 59*, 98–107.

Sweller, J., van Merriënboer, J. J. G. & Paas, F. G. W. C. (1998). Cognitive architecture and instructional design. *Educational Psychology Review, 10*, 251–296.

Tabbers, H. K. (2002). *The modality of text in multimedia instructions – refining the design guidelines.* Unveröffentlichte Dissertation, Open University of the Netherlands, Heerlen.

Perzeptuelle Disfluency

Martin Merkt

Worum geht es?

Der englische Begriff *Fluency* (Verarbeitungsflüssigkeit) beschreibt im Bereich der menschlichen Informationsverarbeitung die Leichtigkeit, mit der Informationen verarbeitet werden können. Frühe Studien beschäftigten sich hauptsächlich mit dem Einfluss *perzeptueller (Dis)Fluency* auf affektive Bewertungen und konnten zeigen, dass hohe Fluency mit einer positiveren Bewertung von Stimuli einhergeht (z. B. Reber, Winkielman & Schwarz, 1998). In jüngeren Studien wurde der Fokus jedoch vermehrt darauf gelegt, inwiefern perzeptuelle Eigenschaften von Reizen als Hinweisreiz für bestimmte Verarbeitungsstrategien dienen und somit das menschliche Denken beeinflussen können (Alter & Oppenheimer, 2009). Konkret beschäftigt sich dieses Kapitel zum Thema *Perzeptuelle Disfluency* damit, inwiefern die Induktion von Verarbeitungsschwierigkeiten durch schwer lesbare visuelle oder schwer verständliche akustische Reize einen Einfluss auf die Verarbeitungstiefe von Informationen bei der Bearbeitung verschiedener Aufgaben haben kann.

Darstellung der Annahmen

Grundlegende Annahmen zum Thema *Disfluency* basieren auf der Arbeit von William James (1890/1950), der zwei verschiedene Systeme der menschlichen Informationsverarbeitung postulierte. System 1 umfasst die automatische Informationsverarbeitung, die sich intuitiv geleitet auf Heuristiken (Faustregeln) bezieht und mit geringer Anstrengung verbunden ist. Dagegen beschreibt System 2 die intentionale analytische Verarbeitung von Informationen, die mit einer tiefergehenden Beschäftigung mit den Inhalten einhergeht und weniger von Heuristiken geleitet wird. Dabei wird eine analytischere Verarbeitung mit einer besseren Elaboration und dadurch mit besseren Erinnerungsleistungen in Verbindung gebracht (Craik & Lockhart, 1972; Craik & Tulving, 1975). In der Sozialpsychologie findet sich die Unterteilung von James (1890/1950) im *Elaboration-Likelihood-Modell* wieder (ELM; Petty & Cacioppo, 1986). Hier werden eine zentrale und eine periphere Route der Informationsverarbeitung angenommen. Während die zentrale Route strategische elaborative Prozesse beinhaltet, ist die periphere Route durch eine heuristische Verarbeitung charakterisiert.

Es wird angenommen, dass perzeptuelle Schwierigkeiten bei der Rezeption von Inhalten als Hinweisreiz für eine höhere Aufgabenschwierigkeit dienen und somit eine analytischere Verarbeitung von Inhalten anstoßen (Alter, Oppenheimer, Epley & Eyre, 2007). Entsprechend wird zum Beispiel davon ausgegangen, dass schlecht lesbare Texte sowohl mit einer analytischeren Bewertung von Inhalten, als auch mit einem verbesserten Lernerfolg einhergehen sollten. Damit ist *Disfluency* ähnlich wie negativer Affekt (Schwarz & Clore, 1983) als Hinweisreiz für eine tiefergehende Verarbeitung zu werten.

Weiterhin lässt sich das Konzept der *Disfluency* mit dem Konzept der gewünschten Schwierigkeiten in Verbindung bringen (*desirable difficulties*; Bjork, 1994). Die zentrale Beobachtung in der Forschung zu gewünschten Schwierigkeiten ist, dass Schwierigkeiten, die während der Lernphase elaborative Prozesse anregen, häufig mit einem verbesserten Wissenserwerb einhergehen. Zu den gewünschten Schwierigkeiten zählen unter anderem auch Lückentexte (vs. vollständige Texte; DeWinstanley & Bjork, 2004), die das selbstständige Generieren der fehlenden Worte erforderlich machen. Hierbei spricht man vom *Generation-Effekt* (Jacoby, 1978). Dabei wird angenommen, dass die erschwerten Lernbedingungen mit einer tieferen Elaboration der Lerninhalte einhergehen.

Zu kontrastieren sind die Annahmen zur *Disfluency* mit den Annahmen der *Cognitive Load Theory* (CLT; Sweller, van Merienboer & Paas, 1998). So ist vor dem Hintergrund der *CLT* anzunehmen, dass erschwerte perzeptuelle Rezeptionsbedingungen zu einem erhöhten *extraneous cognitive load* führen (► Kap. *Cognitive Load Theory*) und damit wertvolle kognitive Ressourcen belegen, die nicht mehr für Elaborationsprozesse verfügbar sind (Eitel, Kühl, Scheiter & Gerjets, 2014). Es bleibt eine interessante Fragestellung, wie diese beiden unterschiedlichen theoretischen Ansätze integrierbar sind, um die Befunde zur *Disfluency* zu erklären. Möglicherweise spielen Moderatorvariablen wie die Arbeitsgedächtnisspanne eine entscheidende Rolle bei der Integration der unterschiedlichen theoretischen Ansätze.

Typische Methodik

In typischen Studien zur Untersuchung des Einflusses von *Disfluency* auf die menschliche Informationsverarbeitung erhalten Probanden die kritischen Materialien in unterschiedlichen Ausführungen, die entweder flüssig rezipierbar (*fluente* Bedingung) oder mit die Rezeption erschwerenden Eigenschaften (*disfluente* Bedingung) ausgestattet sind. Zur Induktion von *perzeptueller Disfluency* werden zum Beispiel auf der visuellen Ebene schlecht lesbare oder verzerrte Schriftarten (Alter et al., 2007; Diemand-Yauman, Oppenheimer & Vaughan, 2011; Eitel et al., 2014; French et al., 2013) bzw. unscharfe Schrift eingesetzt (Yue, Castel & Bjork, 2013). Um *perzeptuelle Disfluency* als Hinweisreiz für eine tiefere Verarbeitung von dem *Generation-Effekt* abzugrenzen, ist dabei zu beachten, dass die Texte durch die experimentelle Manipulation nicht vollständig unlesbar werden. Auf auditiver Ebene kann *Disfluency* zum Beispiel durch ein Hintergrundrauschen induziert werden (Kühl, Eitel, Damnik & Körndle, 2014a).

Als abhängige Variablen kommen prinzipiell alle Prozesse in Frage, bei denen eine oberflächliche heuristische Verarbeitung und eine tiefergehende analytische Verarbeitung unterschiedliche Implikationen auf das Ergebnis eines Verarbeitungsprozesses haben. Hierzu zählen Aufgaben, die bei intuitiver, spontaner Lösung zu falschen Ergebnissen führen (z. B. *Cognitive Reflection Test*; Frederick, 2005; verwendet bei Alter et al., 2007), Meinungsbildung durch Persuasion mit konfligierenden systematischen und heuristischen Hinweisreizen (Alter et al., 2007) sowie Lernprozesse, bei denen sich eine tiefergehende Verarbeitung in größerem Lernerfolg niederschlagen sollte (Diemand-Yauman et al., 2011; Eitel et al., 2014; Kühl et al., 2014a). Die Operationalisierung der abhängigen Variablen ist somit abhängig vom Forschungsbereich.

Zentrale empirische Befunde

Bei verschiedenen kognitiven Aufgaben hat sich gezeigt, dass die Flüssigkeit der Informationsverarbeitung beeinflusst, ob Inhalte analytisch oder heuristisch verarbeitet werden. So führten schlecht lesbare Schriftarten in den Studien von Alter et al. (2007) zu weniger intuitiven und damit zu weniger falschen Antworten bei dem *Cognitive Reflection Test* (Experiment 1). Außerdem hatten in *disfluenten* Bedingungen heuristische Hinweisreize weniger Einfluss bei der Meinungsbildung (Exp. 2) und es wurden bessere Leistungen bei syllogistischen Denkaufgaben erzielt (Exp. 4). Interessanterweise wurde in Experiment 2 nur die Überschrift des Textes in einer schwer lesbaren Schriftart gedruckt und der Rest des Textes war gut lesbar. Dieser Befund stützt somit die Annahme, dass die schlecht lesbare Schrift als Hinweisreiz für eine tiefere Verarbeitung dient.

Darüber hinaus können perzeptuelle Verarbeitungsschwierigkeiten auch die Wahrnehmung von Nähe und den Abstraktionsgrad des Denkens beeinflussen (Alter & Oppenheimer, 2008). In Experiment 1a wurde gezeigt, dass die Distanz zu Städten größer eingeschätzt wird, wenn deren Namen in einer schwer lesbaren Schriftart vorgelegt werden. In Experiment 1b beschrieben Versuchspersonen die Stadt New York in einer *disfluenten* Bedingung abstrakter.

Im Bereich der pädagogischen Psychologie wurden beginnend mit den Arbeiten von Diemand-Yauman et al. (2011) mehrere Studien durchgeführt, die den Einfluss *disfluenter* Lernmaterialien auf den Wissenserwerb thematisierten. Sowohl unter Laborbedingungen, in denen die Probanden Eigenschaftslisten von fiktiven Aliens lernen sollten, als auch in realen Unterrichtseinheiten, in denen die Begleitmaterialien entweder gut oder schlecht lesbar waren, wurden positive Effekte von schwer lesbarer Schrift beobachtet. Dieser positive Effekt wurde in einer weiteren Studie im realen Unterrichtsumfeld, in dem eine Liste von Eigenschaften eines fiktiven Sternensystems gelernt wurde, repliziert (French et al., 2013).

Jedoch stellt eine Reihe von Nullbefunden (Eitel et al., 2014) und umgekehrter Effekte (Yue et al., 2013) unter Laborbedingungen die oberen Befunde in Frage. Dabei wurden den Lernenden in einer Studienreihe von Eitel et al. (2014) Text-Bild-Kombinationen über die Funktionalität einer Toilettenspülung oder die Entstehung von Blitzen vorgelegt. Eitel et al. (2014) konnten keinen allgemein positiven Effekt schlecht lesbarer Schrift und leicht verschwommener Bilder beobachten. Zwar hatte eine schlechte Lesbarkeit des Textes in Experiment 1 einen positiven Einfluss auf die Leistung in einem Transfertest, jedoch konnte dieser Befund in drei weiteren Experimenten nicht repliziert werden, so dass der über alle Studien hinweg berechnete Effekt von *Disfluency* nicht signifikant war. Yue et al. (2013) legten ihren Probanden Wortlisten mit entweder deutlich lesbaren oder unscharfen Wörtern vor. In einem von fünf Experimenten wurden die deutlich lesbaren Wörter besser erinnert, in einem weiteren Experiment wurden die deutlich lesbaren Wörter marginal besser erinnert und in drei Experimenten wurden keine Unterschiede zwischen den deutlich lesbaren und den unscharfen Wörtern gezeigt (Yue et al., 2013). Auch ein positiver Effekt schlecht verständlicher Audio-Aufnahmen beim Lernen mit multimedialen Materialien konnte nicht nachgewiesen werden (Kühl et al., 2014a).

Kritik

Die vorgestellten Befunde deuten darauf hin, dass die Effekte zur *perzeptuellen Disfluency* vor allem im Bereich der Lehr-/Lernforschung nur schwer replizierbar sind. Daher ist von Schlussfolgerungen im Hinblick auf die Gestaltung von Lernmaterialien Abstand zu nehmen. Entsprechend sollte sich die zukünftige Forschung im Bereich der *perzeptuellen Disfluency* mit der Identifikation von Moderatorvariablen beschäftigen, die das Vorliegen lernwirksamer Effekte von *Disfluency* begünstigen (Eitel et al., 2014; Kühl, Eitel, Scheiter & Gerjets, 2014b; Oppenheimer & Alter, 2014). Dabei kann der Fokus auf den individuellen Eigenschaften der Lernenden liegen, wie zum Beispiel auf deren Motivation, Vorwissen und Gedächtnisspanne (Eitel et al., 2014; Kühl et al., 2014b).

Weiterhin ist bei der Feldstudie, in der schlecht lesbare Begleitmaterialien zu einem erhöhten Wissenserwerb führten (Diemand-Yauman et al., 2011), zu beachten, dass die *disfluenten* Materialien in den regulären Unterricht integriert wurden und keine Angaben darüber vorliegen, ob die *disfluente* Bedingung im Vergleich zur *fluenten* Bedingung Verhaltensweisen der Lehrkräfte hervorriefen, durch die mögliche negative Effekte der schlecht lesbaren Schrift kompensiert werden sollten.

Literatur

Alter, A. L. & Oppenheimer, D. M. (2008). Effects of fluency on psychological distance and mental construal (or why New York is a large city, but New York is a civilized jungle). *Psychological Science, 19*, 161–167.

Alter, A. L. & Oppenheimer, D. M. (2009). Uniting the tribes of fluency to form a metacognitive nation. *Personality and Social Psychology Review, 13*, 219–235.

Alter, A., Oppenheimer, D., Epley, N. & Eyre, R. (2007). Overcoming intuition: Metacognitive difficulty activates analytic reasoning. *Journal of Experimental Psychology: General, 136*, 569–576.

Bjork, R. A. (1994). Memory and metamemory considerations in the training of human beings. In J. Metcalfe & A. Shimamura (Eds.), *Metacognition: Knowing about knowing* (pp. 185–205). Cambridge, MA: MIT Press.

Craik, F. I. & Lockhart, R. S. (1972). Levels of processing: A framework for memory research. *Journal of Verbal Learning & Verbal Behavior, 11*, 671–684.

Craik, F. M. & Tulving, E. (1975). Depth of processing and the retention of words in episodic memory. *Journal of Experimental Psychology: General, 104*, 268–294.

de Winstanley, P. A. & Bjork, E. L. (2004). Processing strategies and the generation effect: Implications for making a better reader. *Memory & Cognition, 32*, 945–955.

Diemand-Yauman, C., Oppenheimer, D. & Vaughan, E. (2011). Fortune favors the bold (and the italicized): Effects of disfluency on educational outcomes. *Cognition, 118*, 114–118.

Eitel, A., Kühl, T., Scheiter, K. & Gerjets, P. (2014). Disfluency meets cognitive load in multimedia learning: Does harder-to-read mean better-to-understand? *Applied Cognitive Psychology, 28*, 488–501.

Frederick, S. (2005). Cognitive reflection and decision making. *Journal of Economic Perspectives, 19*, 25–42.

French, M. M. J., Blood, A., Bright, D., Futak, D., Grohmann, M.J., Hasthorpe, A., Heritage, J., Poland, R. L., Reece, S. & Tabor, J. (2013). Changing Fonts in Education: How the Benefits Vary with Ability and Dyslexia. *The Journal of Educational Research, 106*(4), 301–304.

Jacoby, L. L. (1978). On interpreting the effects of repetition: Solving a problem versus remembering a solution. *Journal of Verbal Learning & Verbal Behavior, 17*, 649–667.

James, W. (1950). *The Principles of Psychology*. New York: Dover.

Kühl, T., Eitel, A., Damnik G. & Körndle, H. (2014a). The impact of disfluency, pacing, and students' need for cognition on learning with multimedia. *Computers in Human Behavior, 35*, 189–198.

Kühl, T., Eitel, A., Scheiter, K. & Gerjets, P. (2014b). A call for an unbiased search for moderators in disfluency research: Reply to Oppenheimer and Alter (2014). *Applied Cognitive Psychology*, 28, 805–806.

Oppenheimer, D. M. & Alter, A. L. (2014). The search for moderators in disfluency research. *Applied Cognitive Psychology, 28*, 502–504.

Petty, R. E. & Cacioppo, J. T. (1986). The elaboration likelihood model of persuasion. *Advances in Experimental Social Psychology, 19*, 123–205.

Reber, R., Winkielman, P. & Schwarz, N. (1998). Effects of perceptual fluency on affective judgments. *Psychological Science*, *9*(1), 45–48.

Schwarz, N. & Clore, G.L. (1983). Mood, misattribution, and judgments of well-being: Informative and directive functions of affective states. *Journal of Personality and Social Psychology, 45*, 513–523.

Sweller, J., van Merrienboer, J. & Paas, F. (1998). Cognitive architecture and instructional design. *Educational Psychology Review*, *10*(3), 251–296.

Yue, C. L., Castel, A. D. & Bjork, R. A. (2013). When disfluency is–and is not–a desirable difficulty: The influence of typeface clarity on metacognitive judgments and memory. *Memory & Cognition, 41*, 229–241.

Medienbezogene Kompetenzen

Medienkompetenz

Sabine Trepte

Worum geht es?

Medienkompetenz (auch: media literacy) beinhaltet die Fähigkeit, Medien kritisch, selbstbestimmt und verantwortlich nutzen, verstehen, bewerten und gestalten zu können (Baacke, 1999; Groeben, 2002a, 2002b; Hurrelmann, 2002; Rosenbaum, Beentjes & Konig, 2008; Sutter & Charlton, 2002). Der Begriff Medienkompetenz wurde in der Medienpsychologie und Medienpädagogik geprägt und hat besondere Relevanz auf Grund der zunehmenden Zeit, die Menschen mit Medien verbringen (Groeben, 2002a; Hurrelmann, 2002).

Medien sind in diesem Zusammenhang im engeren kommunikationswissenschaftlichen Sinne definiert als Instanzen, die Aussagen und Informationen transportieren (Merten, 1999). Medienkompetenz wird sowohl im Hinblick auf *klassische Massenmedien* in Form von Funkmedien (Radio, Fernsehen), Printmedien (Zeitung, Zeitschrift, Buch, Plakat) und Bild- und Tonträgermedien (Kino, Film, Video, CD) als auch auf *neue Medien* (Internet, Computerspiele) sowie Lehr- und Lernmedien betrachtet.

Anhand der obigen Begriffsdefinition wird die normative Komponente des Begriffs deutlich (Groeben, 2002b; Hurrelmann, 2002). Normativ ist der Begriff in zweifacher Hinsicht: Erstens kann von Medienkompetenz nur gesprochen werden, wenn ein *Ausmaß* an verantwortlicher Nutzung, an Verständnis, Bewertung und Mitgestaltung festgesetzt wird, das auf einen medienkompetenten Umgang hinweist. Zweitens beinhaltet der Begriff Medienkompetenz implizite Zielvorgaben. Diese können das Wohlbefinden des Nutzers sein, seine Leistungsfähigkeit, sein Wissen oder die Handlungsfähigkeit innerhalb der Gesellschaft.

Historische Entwicklung des Begriffs

Die Auseinandersetzung mit Medienkompetenz ist historisch eine Begleiterscheinung der Erforschung von Massenmedien und ihrer Nutzung und Wirkung (Groeben, 2002b; Hurrelmann, 2002). Besondere Konjunktur erlebt die gesellschaftliche und wissenschaftliche Auseinandersetzung vor allem mit dem Aufkommen neuer Medien. Dann werden Ängste formuliert, öffentliche Debatten und wissenschaftliche Studien sollen helfen, die neuen Medien zu begreifen, sie zu formen und Wirkungen abzuschätzen. So wurden in den 1930er Jahren Studien zum Stummfilm und in den 1950er Jahren Studien zum Kriminalfilm veröffentlicht, in denen vermutet wurde, dass Filme jugendgefährdende Wirkungen haben (Trepte, 2004). Heute befassen sich Forscher und die internationale Presse mit der Frage, welche Wirkungen Computerspiele auf Jugendliche haben und welche Schädigungen sie auslösen können (Klimmt & Trepte, 2003).

Die explizite wissenschaftliche Auseinandersetzung wird auf den Medienpädagogen Dieter Baacke und sein 1973 erschienenes Werk *Kommunikation und Kompetenz* zurückgeführt. In dieser ersten Konzeption sprach Baacke (1973) noch nicht von Medienkompetenz, machte aber wesentliche Vorgaben für die nachfolgende Auseinandersetzung. In den 1980er Jahren erlebte das Thema Medienkompetenz auch in der Medienpsychologie ein starkes Interesse, das vor allem auf die Einführung privater Fernsehsender im Jahr 1984 zurückzuführen ist. Die Privatsender erhöhten das Sendevolumen enorm und boten neue Einblicke und Darstellungsformen an. Zum Beispiel kamen in den täglichen Talkshows (z. B. *Hans Meiser*, RTL) Menschen »wie du und ich« zu Wort, oder in anderen Show-Formaten (z. B. *Tutti Frutti*, RTL) wurden »erotische« Inhalte im Abendprogramm übertragen.

Medienkompetenz wurde insbesondere mit dem Aufkommen neuer digitaler Medien und dem Social Web relevant. Für diese Medien wurden Skalen entwickelt, die spezifische Kompetenzen prüfen. Die Kompetenz im Umgang mit dem eigenen Computer kann mit dem Inventar zur Computerbildung (INCOBI-R) geprüft werden (Richter, Naumann, Horz, 2010). Die Kompetenz im Umgang mit der eigenen Privatheit im Internet lässt sich mit der »Online Privacy Literacy Scale« von Trepte et al. (2015) erfassen. Diese Skala misst das technische und juristische Wissen über Privatheit sowie Strategien im Umgang mit der eigenen Privatheit im Internet.

Konzepte und Dimensionen der Medienkompetenz

Laut Baacke (1999) ist Medienkompetenz eine Teilmenge der kommunikativen Kompetenz, die durch elterliche Erziehung und Bildungsinstitutionen sozialisiert wird. Das Erreichen von Medienkompetenz wird als lebenslanges Lernprojekt angesehen. Dieter Baacke hat das Bielefelder Medienkompetenz-Modell vorgeschlagen und mit Kollegen weiterentwickelt (Treumann et al., 2004). Das Modell umfasst vier Dimensionen:

1. *Mediennutzung* beinhaltet die Fähigkeit, die rezipierten Inhalte zu enkodieren. Gleichzeitig ist die Fähigkeit der interaktiven Mediennutzung angesprochen. Das bedeutet, dass Nutzer auf Medienbotschaften adäquat reagieren können und in der Lage sind, interaktive Angebote zu nutzen.
2. *Medienkunde* beinhaltet das Wissen über das Mediensystem, wie zum Beispiel über die Arbeit von Journalisten, Programmformate und -genres sowie

über die Struktur des dualen Rundfunksystems. Gleichzeitig beinhaltet diese Dimension auch die Fertigkeit, mit Medien umzugehen, also Computerkenntnisse oder das Programmieren eines DVD-Rekorders.
3. *Mediengestaltung* beinhaltet die Fertigkeit, vorhandene Medienangebote zu verändern, weiterzuentwickeln, und zwar zum einen, sie im Sinne der angebotenen Logik zu verändern (z. B. in Form des Blogging), und zum anderen im Sinne einer eigenständigen Weiterentwicklung (z. B. Produktion eines Fernsehbeitrages für einen offenen TV-Kanal).
4. *Medienkritik* beinhaltet das Erfassen und Verstehen problematischer Prozesse des Mediensystems, die Anwendung solcher Entwicklungen auf den eigenen Lebenszusammenhang und ihre ethische Reflexion.

Die Grundideen von Baacke (1973) wurden von vielen Autoren aufgegriffen und weiterentwickelt (Bonfadelli et al., 2004). Groeben (Groeben, 1999; Groeben & Vorderer, 1988) publizierte zunächst zur Lesesozialisation und entwickelte ausgehend davon verschiedene Dimensionen der Medienkompetenz. Dabei entwickelten Groeben und Kollegen (Groeben & Hurrelmann, 2002) die Ideen von Baacke (1973; 1999) weiter und leisteten einen wesentlichen Beitrag zur methodologischen Diskussion des Konstruktes.

Groeben (2002a, 2004) definiert als Ziel der Medienkompetenz das gesellschaftlich handlungsfähige Subjekt, also Individuen, die in der Lage sind, sich nicht nur mit und trotz Medien in der Gesellschaft zurechtzufinden, sondern sich diese auch zu Nutze zu machen. Zum Handlungsspektrum kann demnach eine Bandbreite von Reaktionen auf Medien gehören, nämlich beispielsweise die Immunisierung gegen Medien, die Entwicklung der eigenen Identität mit Hilfe von Medien und die Nutzung von Medien, um sich im privaten und beruflichen Alltag zurechtzufinden.

Groeben (2002a, 2004) distanziert sich von einer zu technisch orientierten Definition der Medienkompetenz und integriert in sein Konzept auch die Genussfähigkeit. Anhand dieser Aspekte lassen sich Groebens Ansatz und das Bielefelder Medienkompetenz-Modell differenzieren. Gleichzeitig findet man eine Reihe von Überschneidungen beider Ansätze (vgl. Auflistung unten).

Groeben (2004) definiert sieben *Prozessdimensionen*, die jeweils aus Medienpsychologie und Kommunikationswissenschaft hergeleitet sind, mit dem Ziel, Medienkompetenz auf Ebene dieser Dimensionen auch operationalisierbar zu machen. Die Dimensionen sind als horizontale (und nicht-hierarchische) Gliederung zu verstehen, die im Laufe der Zeit und mit weiteren Medienentwicklungen ergänzt werden kann und soll (für eine ausführliche Darstellung vgl. Groeben, 2002, 2004)

1. Die Dimension *Medienwissen und Medialitätsbewusstsein* umfasst die Fähigkeit der Rezipienten, zwischen Realität und Mediatisierung, zwischen Fiktion und Realität sowie zwischen Parasozialität (Beziehung zu Medienakteuren wie z. B. Protagonisten eines Films) und Orthosozialität (Beziehung zu Personen aus der eigenen »realen« Umwelt) unterscheiden zu können. Auch das Wissen über rechtliche und wirtschaftliche Rahmenbedingungen, über

die Arbeitsweisen von Medienunternehmen, über die Intention und mögliche Wirkungen von Medieninhalten sind hiermit angesprochen.
2. Die Dimension *Medienspezifische Rezeptionsmuster* umfasst die technologisch-instrumentellen Fertigkeiten des Medienumgangs von der Selektion bis hin zur Enkodierung und Anwendung.
3. Die Dimension *Medienbezogene Genussfähigkeit* beinhaltet die Fähigkeit, sich zu unterhalten, ohne sich im Medienangebot zu verlieren, Identifikation ohne Selbstaufgabe und die Grenzziehung zwischen Genuss und Sucht durch die Rezipienten.
4. Die Dimension *Medienbezogene Kritikfähigkeit* beinhaltet die Fähigkeit, Medieninhalte und -angebote im Hinblick auf die hinlänglich erforschten Qualitätsdimensionen zu beurteilen. Dazu gehört beispielsweise die Fähigkeit, Zeitungsartikel auch vor dem Hintergrund der politischen Orientierung der Autoren beurteilen zu können.
5. Die Dimension *Selektion/Kombination von Mediennutzung* beinhaltet die Fähigkeit, Medien bewusst und zielführend zu selektieren und zu kombinieren.
6. Die Dimension *Produktive Partizipationsmuster* trägt der Entwicklung Rechnung, dass zur Mediennutzung immer mehr auch Medienproduktion gehört. Das impliziert die Veränderung von Medieninhalten, den Umgang mit interaktiven Medien und vor allem auch die Erstellung von eigenen Medieninhalten durch die Rezipienten. Die eigene Mediengestaltung erhält vor allem vor dem Hintergrund der eigenen Identitätsentwicklung großen Stellenwert in einer Medienlandschaft, die eine Vielzahl von mitzugestaltenden Medien anbietet (z. B. TV-Sendungen, in denen Laienpersonen mitspielen, oder Internetportale wie flickr.com oder myspace.com)
7. Die Dimension *Anschlusskommunikation* beinhaltet zweierlei: zum einen die Fähigkeit, in einer mediatisierten Gesellschaft am Diskurs über Medieninhalte und systeme teilnehmen zu können, zum anderen die Motivation zur Anschlusskommunikation.

Zentrale empirische Befunde

Empirische Studien befassen sich mit den oben aufgeführten Teildimensionen der Medienkompetenz. Zu allen sieben von Groeben (2002) publizierten Aspekten sind medienpsychologische und kommunikationswissenschaftliche Studien zu finden. Forschungsfelder sind beispielsweise der effiziente und angemessene Umgang mit Lehr- und Lernmedien, die Kritikfähigkeit von Kindern und Jugendlichen im Hinblick auf Werbung, die Fähigkeit von Jugendlichen, sich von fiktionalen und non-fiktionalen Medienangeboten zu distanzieren oder sich diese zu Nutze machen. Die Studien zur Medienkompetenz sind nur selten unter dem Begriff »Medienkompetenz« verschlagwortet, sondern in psychologischen Fachzeitschriften am besten zu finden, wenn man nach den o. g. Dimensionen der Medienkompetenz (z. B. Rezeption), den Genreformen oder Medieninhalten (z. B. Unterhaltung) und dem »Problem« (z. B. interkulturelles Verständnis) sucht.

Studien zur Medienkompetenz befassen sich mit der gesamten Bandbreite von Medienangeboten, zum Beispiel mit der Frage, welche Medienkompetenzen erforderlich sind, damit Leserinnen und Leser Wissenschaftsjournalismus verstehen (Maier, Rothmund, Retzbach, Otto & Besley, 2014), ob jugendliche Heavy-User kompetenter mit neuen Medien umgehen (Appel, 2012), oder mit der Frage, inwiefern die Schulung der Medienkompetenz im Umgang mit Werbung dazu führen kann, dass Jugendliche überschlanke Models nicht als Modellpersonen heranziehen. Essstörungen werden inzwischen in der psychologischen Forschung als eine psychische Erkrankung angesehen, die auf multiple Ursachen zurückzuführen ist. Dazu gehören Bedingungen der Familie, der Persönlichkeit und der Medien (Harrison, 2010). Eine Konsequenz ist deshalb, Rezipientinnen und Rezipienten dahingehend zu schulen, dass sie Models in der Werbung nicht als relevante Vergleichsstandards definieren, sondern die Werbung als ein künstlerisches Produkt einstufen, in der das Aussehen der Models manipuliert wurde (Cook-Cottone & Phelps, 2006).

Kritik

Medienkompetenz ist ein medienpädagogisches und -psychologisches Thema, das auf Grund der Bedürfnisse der Mediennutzer entstanden ist und vorangetrieben wurde. Lehrer und Eltern möchten Maßgaben für die Medienerziehung. Die Gesellschaft wünscht sich einen Rahmen zur Bewertung und zum Umgang mit neuen Medien und -inhalten. Die bisherigen Modelle zur Medienkompetenz sind vornehmlich in Form von Leitlinien oder Handlungskatalogen publiziert (vgl. oben). In internationalen Studien wurden Teilaspekte der Medienkompetenz (wie z. B. Kritikfähigkeit im Hinblick auf Werbung, Computerkompetenzen oder »Online Privacy Literacy«) und ihr Einfluss auf das Alltagshandeln untersucht. Seit einem Höhepunkt der Beschäftigung mit Medienkompetenz in den 1980er Jahren ist ganz deutlich deren Diffusion in die Praxis zu beobachten. Institutionen wie die Bundeszentrale für politische Bildung setzten es sich zum Ziel, Medienkompetenz zu vermitteln.

Wenn Kompetenz als *guter* Umgang mit den Medien oder Einsicht in die *Qualität* von Medien definiert wird, so muss bestimmt werden, was Qualität überhaupt ist und was nicht. Damit erhält das Konstrukt »Medienkompetenz« eine normative Tönung, im Prinzip geht mit der Beurteilung der Medienkompetenz ein Werturteil einher. Werturteile sind »Sollens-Sätze« und laut dem Werturteilsfreiheits-Postulat von Max Weber nicht als wissenschaftliche Sätze zulässig, weil sie nicht falsifizierbar sind (vgl. Groeben, 2004). Wenn in Politik oder Forschung also Medienkompetenz gefordert wird, so werden damit eine Vorstellung von Qualität definiert und Ziele formuliert (zum Beispiel dass Medienkompetenz ein Mittel zum Erhalt oder zur Vermehrung kognitiver Leistungsfähigkeit sein soll). Die Auseinandersetzung mit der normativen Logik des Konstrukts hat vor allem Groeben (2002b, 2004) vorangetrieben. Er merkt an, dass Medienkompetenz als regulative Zielidee formuliert werden könne, dass jedoch auch deskriptive Komponenten von Medienkompetenz definiert werden sollten, die empirisch überprüfbar sind, wie zum Beispiel »Medienwissen« oder »Kritikfähigkeit«.

Literatur

Appel, M. (2012). Are heavy users of computer games and social media more computer literate? *Computers & Education 59*, 1339–1348.

Baacke, D. (1973). *Kommunikation und Kompetenz. Grundlegung einer Didaktik der Kommunikation und ihrer Medien.* München: Juventa.

Baacke, D. (1999). Medienkompetenz: theoretisch erschließend und praktisch erfolgreich. *Medien & Erziehung, 43(1)*, 7–12.

Bonfadelli, H., Bucher, P., Paus-Hasebrink, I. & Süss, D. (Hrsg.) (2004), *Medienkompetenz und Medienleistungen in der Informationsgesellschaft. Beiträge einer internationalen Tagung.* Zürich: Pestalozzianum.

Cook-Cottone, C. & Phelps, L. (2006). Adoslescent eating disorders. In G. G. Bear & K. Minke (Eds.), *Childrens' needs III: development, prevention, and intervention* (pp. 977–988). Washington, DC: National Association of School Psychologists.

Groeben, N. (2002a). Anforderungen an die theoretische Konzeptualisierung von Medienkompetenz. In N. Groeben & B. Hurrelmann (Hrsg.), *Medienkompetenz. Voraussetzungen, Dimensionen, Funktionen* (S. 11–22). Weinheim, München: Juventa.

Groeben, N. (2002b). Dimensionen der Medienkompetenz: Deskriptive und normative Aspekte. In N. Groeben & B. Hurrelmann (Hrsg.), *Medienkompetenz. Voraussetzungen, Dimensionen, Funktionen* (S. 160–197). Weinheim: Juventa.

Groeben, N. (2004). Medienkompetenz. In R. Mangold, P. Vorderer & G. Bente (Hrsg.), *Lehrbuch der Medienpsychologie* (S. 27–50). Göttingen: Hogrefe.

Groeben, N. (Hrsg.) (1999). *Lesesozialisation in der Mediengesellschaft. Ein Schwerpunktprogramm (IASL-Sonderheft).* Tübingen: Niemeyer.

Groeben, N. & Hurrelmann, B. (Hrsg.) (2002), *Medienkompetenz. Voraussetzungen, Dimensionen, Funktionen.* Weinheim: Juventa.

Groeben, N. & Vorderer, P. (1988). *Leserpsychologie: Lesemotivation – Lektürewirkung.* Münster: Aschendorf.

Groesz, L. M., Levine, M. P. & Murnen, S. K. (2002). The effect of experimental presentation of thin media images on body satisfaction: A meta-analytic review. *International Journal of Eating Disorders, 31*, 1–16.

Harrison, K. (2010). Virtually perfect: The »ideal« in thin-ideal media, and its effects on young people. In M. V. Carrillo, M. Jiménez & M. Sánchez (Eds.), *Media and Body Cult* (pp. 137–150). Mexico: Pearson.

Hurrelmann, B. (2002). Medienkompetenz: Geschichtliche Entwicklung, dimensionale Struktur, gesellschaftliche Einbettung. In N. Groeben & B. Hurrelmann (Hrsg.), *Medienkompetenz. Voraussetzungen, Dimensionen, Funktionen* (S. 301–314). Weinheim, München: Juventa.

Klimmt, C. & Trepte, S. (2003). Theoretisch-methodische Desiderata der medienpsychologischen Forschung über die aggressionsfördernden Wirkungen gewalthaltiger Computer- und Videospiele. Zeitschrift für Medienpsychologie, 15(4), 114–121.

Maier, M., Rothmund, T., Retzbach, A., Otto, L. & Besley, J.C. (2014) Informal Learning Through Science Media Usage, *Educational Psychologist, 49*:2, 86–103.

Merten, K. (1999). Einführung in die Kommunikationswissenschaft (Band 1: Grundlagen der Kommunikationswissenschaft). Münster: LIT-Verlag.

Richter, T., Naumann, J. & Horz, H. (2010). Eine revidierte Fassung des Inventars zur Computerbildung (INCOBI-R). [A revised version of the instrument of computer education (INCOBI-R)]. Zeitschrift für Pädagogische Psychologie, 24(1), 23–37.

Rosenbaum, J. E., Beentjes, J. W. J. & Konig, R. P. (2008). Mapping media literacy. Key concepts and future directions. In C. S. Beck (Ed.), Communication Yearbook (Vol. 32, pp. 313–353). New York: Routledge.

Sutter, T. & Charlton, M. (2002). Medienkompetenz – einige Anmerkungen zum Kompetenzbegriff. In N. Groeben & B. Hurrelmann (Hrsg.), *Medienkompetenz. Voraussetzungen, Dimensionen, Funktionen* (S. 129–147). Weinheim, München: Juventa.
Trepte, S. (2004). Geschichte der Medienpsychologie. In R. Mangold, P. Vorderer & G. Bente (Hrsg.), *Lehrbuch der Medienpsychologie* (S. 3–26). Göttingen: Hogrefe.
Trepte, S., Teutsch, D., Masur, P. K., Eicher, C. Fischer, M., Hennhöfer, A. & Lind, F. (2015). Do people know about privacy and data protection strategies? Towards the »Online Privacy Literacy Scale« (OPLIS). In Gutwirth, S. et al. (Eds), *Reforming European data protection law*. Law, Governance and Technology Series 20 (pp. 333–366). Springer: Dordrecht.
Treumann, K. P., Burkatzki, E., Strotmann, M. & Wegener, C. (2004). Das Bielefelder Medienkompetenz-Modell. Clusteranalytische Untersuchungen zum Medienhandeln Jugendlicher. In H. Bonfadelli, P. Bucher, I. Paus-Hasebrink & D. Süss (Hrsg.), *Medienkompetenz und Medienleistungen in der Informationsgesellschaft. Beiträge einer internationalen Tagung* (S. 35–52). Zürich: Pestalozzianum.

Repräsentationale Einsicht

Stephan Schwan

Worum geht es?

Auf einem berühmten Gemälde von René Magritte sieht man eine Pfeife und darunter den Satz »Ceci n'est pas une pipe« (»Dies ist keine Pfeife«). Magritte bringt damit zum Ausdruck, dass es sich bei dem Gemälde nicht etwa um eine wirkliche Pfeife, sondern um das *Bild* einer Pfeife handelt – dass Bild und abgebildeter Gegenstand also zwar eng aufeinander bezogen, aber trotzdem nicht identisch sind.

So selbstverständlich dies dem im Umgang mit Medien vertrauten Betrachter oder Zuschauer auch erscheinen mag, setzt es doch kognitive Kompetenzen voraus, die erst im Verlauf der Kindheit erworben werden. Hierbei geht es vor allem um das Verständnis, dass es sich bei Bildmedien (also Zeichnungen, Gemälde, Fotografien oder Filme) um Träger von Zeichen handelt, die auf einen Sachverhalt verweisen, diesen Sachverhalt also repräsentieren. Diese *repräsentationale* Einsicht (representational insight) war in den letzten Jahren Gegenstand einer umfangreichen empirischen Forschung. Im Zentrum stand dabei die Frage, wann und unter welchen Voraussetzungen diese Einsicht in den Zeichencharakter von Bildern erworben wird.

Darstellung der Annahmen

Das Verständnis für den Charakter von Bildmedien lässt sich in unterschiedliche Kompetenzen gliedern, die entwicklungspsychologisch zu unterschiedlichen Zeitpunkten erworben werden.

Abb. 2.8: Ceci n'est pas une pipe (René Magritte) © VG Bild-Kunst, Bonn 2016

1. Zum einen muss verstanden werden, dass es sich bei Bildern oder Filmen nicht einfach um Farben und Schattierungen auf einer zweidimensionalen Fläche handelt, sondern dass dadurch Objekte oder Szenen abgebildet werden.
2. Wenn erkannt wurde, dass ein Bild ein Objekt abbildet, muss des Weiteren verstanden werden, dass es sich bei der Abbildung nicht um das Objekt selbst handelt.
3. Und schließlich muss erkannt werden, dass zwischen abgebildeten und realen Objekten oder Szenen ein referentieller Bezug bestehen kann, dass also beispielsweise die Fotografie eines Gebäudes auf ein wirklich existierendes Gebäude verweist. Nach DeLoache (2002a) setzt dies voraus, dass der Betrachter nicht nur den dargestellten Sachverhalt selbst, sondern gleichzeitig auch den abstrakten Bezug zu seinem Gegenstück in der Wirklichkeit mental repräsentiert, also eine duale Repräsentation entwickelt.

Typische Methodik

Die wichtigsten Forschungsbefunde zum Symbolverständnis bei Bildern und Filmen wurden in kulturvergleichenden und in entwicklungspsychologischen Studien gewonnen.

In kulturvergleichenden Studien werden hauptsächlich Angehörige von (Stammes-)Gesellschaften, in denen es keine oder nur wenige Bilder gibt, hinsichtlich ihres Bild- oder Filmverständnisses untersucht. Da es sich bei den Probanden typischerweise um Erwachsene handelt, die bereits über einen voll entwickelten perzeptuell-kognitiven Apparat verfügen, lässt sich durch solche Studien abschätzen, inwieweit das Bildverständnis auf medienunabhängigen Kompetenzen beruht oder erst im Umgang mit Bild- oder Filmmedien erworben werden muss (zu Bildern: Deregowski, 1989; Hudson, 1960; zu Filmen: Hobbs, Frost, Davies & Stauffer, 1988; Messaris, 1994). Allerdings stellt sich hier das methodische Problem, dass solche bildunvertrauten Kulturen kaum noch zu finden sind.

Entwicklungspsychologische Studien fokussieren dagegen auf die Veränderungen des Bildverständnisses im Verlauf der Kindheit. Hierbei wird meist auf paradigmatische Aufgabenstellungen zurückgegriffen, in denen die Leistung der Kinder verschiedener Altersstufen bestimmt wird. In einer diesbezüglichen Standardsituation, die von DeLoache (2002b) entwickelt wurde, wird Kindern in einem Video oder anhand eines (puppenhausähnlichen) Modells gezeigt, wie ein Spielzeug in einem Zimmer versteckt wird. Anschließend müssen die Kinder in einer ersten Aufgabe das Spielzeug in dem Modell wiederfinden, um Gedächtniseffekte zu überprüfen. Sie werden dann in ein reales Zimmer geführt, das genau dem vorher gezeigten Modell entspricht, und sollen dort das Spielzeug finden. Gelingt ihnen dies, wird davon ausgegangen, dass sie eine duale Repräsentation gebildet haben, die Modell und reales Zimmer zueinander in Beziehung setzt, und dass sie somit über repräsentationale Einsicht verfügen.

Zentrale empirische Befunde

Kinder können bereits sehr früh einfache und vertraute Objekte, aber auch Personen auf Bildern erkennen (Barrera & Maurer, 1981). Diese Erkennensleistung scheint weitgehend auf den Kompetenzen der natürlichen Wahrnehmung zu beruhen. In einer klassischen Fallstudie hielten Hochberg und Brooks (1962) ihren eigenen Sohn von Geburt an für 19 Monate von allen Bilddarstellungen fern und konfrontierten ihn dann mit Abbildungen einfacher und vertrauter Gegenstände. Er konnte die Objekte mehrheitlich problemlos identifizieren und benennen, selbst wenn der Gegenstand nicht als Fotografie, sondern als einfache Strichzeichnung gezeigt wurde. Dagegen setzt das Erkennen komplexer räumlicher Szenen auf Bildern zusätzliche Kompetenzen voraus, die erst im Lauf der Mediensozialisation erworben werden. Beispielsweise fand sich in kulturvergleichenden Studien, dass Angehörige »bildarmer« Kulturen zwar Objekte mit charakteristischen Umrissen problemlos identifizieren konnten, dass ihnen aber die Interpretation von Formen, deren Bedeutung nur aus dem Kontext erschließbar ist (z. B. zwei konvergierende Linien als nach hinten verlaufende Straße), und die Integration von Einzelobjekten in eine Gesamtszene Schwierigkeiten bereiteten (Deregowski, 1989; Hudson, 1960).

Der zweite Schritt für ein angemessenes Bildverständnis besteht in der Erkenntnis, dass es sich bei einem Bild um eine Abbildung und nicht um die Objekte selbst handelt. Dieser abbildende Status von Bildern wird in der frühen Kindheit nur langsam erworben. Zwar können Kinder perzeptuell bereits früh zwischen Bildern und realen Gegenständen unterscheiden: Vor die Wahl gestellt entscheiden sie sich typischerweise gegen das Bild und für den Gegenstand. Trotzdem bleibt eine Unsicherheit gegenüber dem referentiellen Status des Bildes bestehen. Das zeigt sich beispielsweise darin, dass jüngere Kinder gegenüber Objektabbildungen Handlungen vornehmen – also beispielsweise versuchen, einen abgebildeten Gegenstand zu greifen – und dass diese Tendenz erst im Verlauf des zweiten Lebensjahres nach und nach verschwindet. Die Tendenz, Objektabbildungen wie die Objekte selbst zu behandeln, ist umso ausgeprägter, je realistischer die Darstellung ist. Ähnliches gilt auch für Fernsehbilder (Flavell, Flavell, Green & Korfmacher, 1990; Pierroutsakos & Troseth, 2003). Beispielsweise gaben in einer Studie von Flavell et al. (1990) die Mehrzahl der Dreijährigen an, dass aus einer Schale mit Popcorn, die auf dem Fernsehbildschirm zu sehen war, das Popcorn herausfallen würde, wenn man das Fernsehgerät auf den Kopf stellt, während die meisten Vierjährigen dies verneinten.

Erst in einem weiteren, dritten Entwicklungsschritt gelingt es Kindern dann, Abbildung und Abgebildetes kognitiv miteinander zu verknüpfen. Selbst in westlichen Industriegesellschaften mit ihren vielfältigen Bilderfahrungen (Bilderbücher, Fernsehen usw.) scheitern viele Kinder noch im Alter von zweieinhalb Jahren bei dieser Aufgabe. Es gelingt ihnen beispielsweise nicht, die referentielle Verbindung zwischen dem Modell eines Zimmers und einem realen Zimmer herzustellen, während dieser Schritt für Vierjährige typischerweise kein Problem mehr darstellt. Für die dazwischen liegende, anderthalbjährige Übergangsphase konnte in einer Reihe von Studien gezeigt werden, dass die Leichtigkeit, mit der diese Kompetenz erworben und angewendet wird, durch eine Reihe von Faktoren beeinflusst wird (Deocampo & Hudson, 2005; Troseth, 2003a). Kinder tun sich bei der Bewältigung dieser Aufgabe leichter, wenn sie ausführlich instruiert werden und ihnen Gelegenheit zum Üben gegeben wird. Das Gleiche gilt für Kinder, die bereits viele Erfahrungen im Umgang mit Bildmedien (beispielsweise durch Bilderbücher oder Fernsehfilme) erworben haben (Troseth, 2003b). Schließlich spielen aber auch die Eigenschaften des Bildmediums eine wesentliche Rolle: Je ähnlicher sich Abbildung und Referent sind, desto leichter fällt es den Kindern, den referentiellen Bezug zwischen beiden herzustellen (DeLoache, 2000). Dies betrifft Aspekte wie den Bildmaßstab (maßstabsähnlichere Bilder oder Modelle führen zu besseren Leistungen) oder die Übereinstimmung von Materialität oder Farbe. Aber auch die Objekthaftigkeit der Darstellung spielt eine wichtige Rolle: Dreidimensionale materielle Darstellungen (z. B. puppenhausartige Modelle) waren im Vergleich zu Videodarbietungen trotz ihres größeren »Realismusgrades« eher hinderlich. Dies liegt daran, dass puppenhausartige Modelle von den Kindern eher als unmittelbares Spielzeug und weniger als referentielle Abbildungen wahrgenommen werden.

Kritik

Durch das von DeLoache entwickelte Untersuchungsparadigma ist es gelungen, die Einflussfaktoren für die Entwicklung der repräsentationalen Einsicht als einer wesentlichen Fähigkeit für die Interpretation von Bildmedien relativ genau zu kartieren. Bildkompetenz kommt mit dem Erwerb von repräsentationaler Einsicht nicht zum Abschluss. Beispielsweise müssen Kinder zu einem späteren Zeitpunkt die Einsicht erwerben, dass nicht alle Abbildungen einen wirklich existierenden Referenten besitzen, sondern auch rein fiktionale »Fantasieprodukte« sein können. Die darauf aufbauende Unterscheidung zwischen referentiellen und fiktionalen, also nicht referentiellen Bildinhalten ist Gegenstand der Perceived-Reality-Forschung (vgl. Beitrag zu Perceived Reality in diesem Band). Beide Forschungsbereiche, der zur repräsentationalen Einsicht und zur Perceived Reality, beschäftigen sich zwar mit zentralen Fragen der Bildkompetenz, sind bislang aber weitgehend unverbunden.

Literatur

Barrera, M. & Maurer, D. (1981). Recognition of mother's photographed face by the three-month-old. *Child Development, 52*, 714–716.

DeLoache, J. S. (2000). Dual representation and young children's use of scale models. *Child Development, 71*, 329–338.

DeLoache, J. S. (2002a). Early development of the understanding and use of symbolic artefacts. In U. Goswami (Ed.), *Blackwell Handbook of childhood cognitive development* (pp. 206–226). Blackwell.

DeLoache, J. S. (2002b). The symbol-mindedness of young children. In W. W. Hartup & R. A. Weinberg (Eds.) *The Minnesota symposia on child psychology, 32* (pp. 73–101). Mahwah, NJ: Lawrence Erlbaum.

DeLoache, J. (2004). Becoming symbol-minded. *Trends in cognitive science, 8*, 66–70.

Deocampo, J. A. & Hudson, J. A. (2005). When seeing is not believing: Two-years-olds' use of video representations to find a hidden toy. *Journal of Cognition and Development, 6*, 229–258.

Deregowski, J. (1989). Real space and represented space: Cross-cultural perspectives. *Behavioral and Brain Sciences, 12*, 51–119.

Flavell, J. H., Flavell, E. R., Green, F. L. & Korfmacher, J. E. (1990). Do young children think of television images as pictures or real objects? *Journal of Broadcasting and Electronic Media, 34*, 399–419.

Hobbs, R., Frost, R., Davis, A. & Stauffer, J. (1988). How first-time viewers comprehend editing conventions. *Journal of Communication, 38*, 50–60.

Hochberg, J. & Brooks, V. (1962). Pictorial recognition as an unlearned ability: A study of one child's performance. *American Journal of Psychology, 75*, 624–628.

Hudson, W. (1960). Pictorial depth perception in subcultural groups in Africa. *Journal of Social Psychology, 52*, 183–208.

Messaris, P. (1994). *Visual literacy. Image, mind & reality*. Boulder: Westview Press.

Pierroutsakos, S. L. & Troseth, G. L. (2003). Video verité: Infants' manual investigation of objects on video. *Infant Behaviour & Development, 26*, 183–199.

Troseth, G. L. (2003a). Getting a clear picture: Young children's understanding of a televised image. *Developmental Science, 6*, 247–253.

Troseth, G. L. (2003b). TV Guide: Two-year old children learn to use video as a source of information. *Developmental Psychology, 39*, 140–150.

Perceived Reality

Margrit Schreier

Worum geht es?

Perceived reality (manchmal auch »perceived realism«; im Folgenden: PR) bezeichnet im weitesten Sinne das Ausmaß, in dem Rezipienten audiovisuelle Medienprodukte als realistisch wahrnehmen. Dabei wird davon ausgegangen, dass der wahrgenommene Realitätsgrad eines Medienproduktes seinerseits als intervenierende Variable die Wirkung des Produktes auf Emotionen, Kognitionen und das Verhalten der Rezipienten moderiert. So konnte Potter (1986) beispielsweise zeigen, dass in erster Linie die Vielseher von bestimmten Fernsehsendungen Angst haben, einem Verbrechen zum Opfer zu fallen, die zugleich der Ansicht sind, dass das Fernsehen einen unverfälschten Zugang zur Realität bietet. In den 60er und 70er Jahren des 20. Jahrhunderts wurde PR zunächst als globales Produktmerkmal konzipiert. Einschlägige Untersuchungen zeigten jedoch erhebliche interindividuelle Variation in den Realitätswahrnehmungen, so dass die produkt- zunehmend von einer rezeptionsorientierten Konzeption abgelöst wurde. In den späten 70er und 80er Jahren des 20. Jahrhunderts dominierte entsprechend die Auffassung von PR als rezeptionsseitiges Urteil, das mehr oder weniger korrekt ausfallen kann. Auch dabei wurden zunächst meist globale Beurteilungen erhoben, indem beispielsweise nach der Realitätsadäquanz des Fernsehens allgemein gefragt wurde. Heute gilt es dagegen als gesichert, dass es sich bei PR um ein mehrdimensionales Konstrukt handelt bzw. dass zwischen verschiedenen Teilbereichen von PR zu unterscheiden ist (im Überblick: Busselle & Greenberg, 2000; Cho, Shen & Kari, 2014; Potter, 1988; Rothmund, Schreier & Groeben, 2001a; Schreier, 2001).

Konstruktdimensionen

Welche Konstruktdimensionen für PR als zentral angesetzt werden, ist jedoch von Autor zu Autor verschieden. Als wegweisend hat sich zunächst die von Hawkins (1977) eingeführte Unterscheidung einer »Magic-Window«- und einer »Social-Expectations«-Dimension erwiesen. Die Magic-Window-Dimension bezieht sich darauf, ob das Fernsehen als unverfälschter Zugang zur realen Welt oder vielmehr als inauthentisch und konstruiert wahrgenommen wird. Die Social-Expectations-Dimension bezieht sich dagegen auf die Ähnlichkeit zwischen den Inhalten von Fernsehsendungen einerseits und den Realitätserfahrungen und dem sonstigen Weltwissen der Zuschauer andererseits. Diese Differenzierung zwischen einer medial-darstellungsbezogenen und einer inhaltlichen Dimension von PR findet sich auch bei anderen Autoren, wenn auch z. T. unter anderer Bezeichnung. Potter (1986; 1988) spricht beispielsweise von »magic window« und »identity«, Fitch, Huston und Wright (1993) bezeichnen vergleichbare Dimensionen als »factuality« und »social realism«, Busselle und Bilandzic (2008) unterscheiden zwischen »internal realism« und »external realism«. Hodge und Tripp (1986) fassen Beurteilungen der wahrgenommenen Realität von audiovisuellen Produkten als »Modalitätsurteile« auf. Diese können sich entweder auf Aspekte der Darstellungsweise beziehen (wie etwa die Verwendung von Trickfilmfiguren in der vor-digitalen Zeit von Film und Fernsehen); zur Beurteilung von PR greifen die Zuschauer, so Hodge und Tripp, auf ihr Medienwissen zurück (das ihnen in diesem Fall sagt, dass Trickfilmfiguren in erster Linie in bestimmten fiktionalen Produkten zur Anwendung kommen). Cho et al. (2014) unterscheiden hier weiter zwischen den Merkmalen der narrativen Konsistenz (»narrative consistency«; ähnlich auch »narrative realism« bei Busselle & Bilandzic, 2008) und der Produktqualität im Allgemeinen. Oder es handelt sich um Beurteilungen des Inhalts von Sendungen. Dabei leiten Zuschauer, so Hodge und Tripp, von ihren eigenen Erfahrungen und ihrem Wissen Annahmen darüber ab, was sich »in Wirklichkeit« ereignen kann und was nicht (zur Integration des Ansatzes von Hodge & Tripp mit der PR-Forschung vgl. Buckingham, 1993).

Neben diesen Basisdimensionen wurden eine Reihe weiterer Dimensionen als Teilbereiche der Beurteilung des wahrgenommenen Realitätsgehalts von audiovisuellen Produkten vorgeschlagen:

- Nützlichkeit bzw. »instruction« (Potter, 1986): Inwieweit kann das Fernsehen den eigenen Erfahrungsbereich erweitern? (als Teilbereich von »context« auch bereits bei Hawkins, 1977);
- Faktualität vs. Fiktionalität (Busselle & Bilandzic, 2008; Cho et al., 2014; Rothmund, Schreier und Groeben, 2001a): Handelt es sich um ein Medienprodukt, mit dem der Anspruch erhoben wird, etwas über die Wirklichkeit auszusagen, und das von den Rezipienten auch im Hinblick auf diesen Anspruch beurteilt wird, oder um ein fiktionales Medienprodukt? (analog auch die von Wright, Huston, Reitz & Piemyat, 1994 getroffene Unterscheidung zwischen Realität und Medialität);
- Authentizität vs. Inszenierung (Wright et al., 1994): Handelt es sich um ein authentisches Ereignis, das sich gemäß einer natürlichen Eigendynamik entfaltet, oder um ein speziell zum Zweck der medialen Verbreitung inszeniertes Ereignis?
- Plausibilität (Busselle & Greenberg, 2000; Cho et al., 2014): Inwieweit könnten die gezeigten Inhalte sich in der Realität tatsächlich ereignen?
- Wahrscheinlichkeit (Busselle & Greenberg, 2000): Wie wahrscheinlich ist es, dass die gezeigten Inhalte sich in der Realität ereignen?
- Involviertheit (Busselle & Greenberg, 2000): Wie involviert sind die Zuschauer? Andere Autoren sehen Involviertheit dagegen als separates Konstrukt (z. B. Potter, 1986).
- Typikalität (Busselle, Ryabovolova & Wilson, 2004; Cho et al., 2014; Shapiro & Chock, 2003): Wie typisch sind die gezeigten Inhalte für Ereignisse in der Realität?

Typische Methodik

PR-Urteile werden üblicherweise retrospektiv im Anschluss an eine Rezeptionssituation per Ratingskala in Fragebögen erhoben. Je nach Anzahl und Art der angesetzten Dimensionen werden den Untersuchungsteilnehmern eine variable Anzahl von Aussagen vorgegeben wie beispielsweise: »TV crime programs show people what it is like to live in big cities.« (Busselle, 2001, S. 51). Die Teilnehmer werden gebeten, das Ausmaß ihrer Zustimmung durch Ankreuzen auf einer mehrstufigen Likert-Skala anzugeben (für Beispiele etwa: Busselle & Greenberg, 2000; Perse, 1986; Potter, 1988).

Existierende Instrumente unterscheiden sich (abgesehen von der Anzahl der Items) im Hinblick auf ihren Abstraktionsgrad. Teils werden sehr allgemeine Urteile erfasst, die sich auf den wahrgenommenen Realitätsgrad des Fernsehens generell beziehen; teils sollen Sendeformate hinsichtlich ihrer Realitätsangemessenheit beurteilt werden (wie die »crime programs« im genannten Beispiel); teils soll auch der Realitätsgrad von Sendungen oder Episoden eingeschätzt werden oder sogar ganz konkret der von einzelnen Figuren oder Ereignissen (Busselle & Greenberg, 2000; Dorr, Kovaric & Doubleday, 1990). Greenberg und Reeves (1976) konnten zeigen, dass das Ausmaß der PR mit der Konkretheit des Urteilsniveaus zunimmt: Einzelne Sendungen oder Figuren in einer Sendung werden beispielsweise im Vergleich zum Fernsehen insgesamt als realistischer wahrgenommen (siehe auch Busselle, 2004).

Per Ratingskala erhobene PR-Urteile unterscheiden sich nicht nur im Abstraktionsniveau, sondern auch im Hinblick darauf, welcher konkrete Gegenstand eingeschätzt werden soll. Hawkins (1977) differenziert beispielsweise zwischen der Beurteilung von Personen und Ereignissen; Potter (1988) ergänzt als weiteren Gegenstandsbereich die Beurteilung von Settings. Rothmund, Schreier und Groeben (2001b) unterscheiden zwischen der Beurteilung von Aspekten der materialen (Außen-)Welt und der Innenwelt der Charaktere. Auch empirisch ergeben sich Anhaltspunkte dafür, dass verschiedene Inhaltsbereiche von TV-Sendungen in unterschiedlichem Maß als realistisch wahrgenommen werden (im Überblick Busselle et al., 2004; siehe auch Hall, 2003).

Zentrale empirische Befunde

Empirische Forschung zu PR hat sich hauptsächlich auf drei Bereiche konzentriert: Untersuchungen zu den Konstruktdimensionen und deren Validierung, Studien zu PR als vermittelnder Variable sowie Untersuchungen zum Zusammenhang zwischen PR und anderen Aspekten des Rezeptionserlebens. Eine frühe Untersuchungstradition stellt darüber hinaus die Untersuchung der experimentell manipulierten Faktualität (bzw. Fiktionalität) von audiovisuellen Produkten dar (PR als unabhängige Variable). Hier zeigt sich eine gewisse Tendenz dahingehend, dass TV-Beiträge, die den Zuschauern gegenüber als faktisch bezeichnet werden, eine stärkere Wirkung ausüben; eindeutig sind die Befunde jedoch nicht (im Überblick: Potter, 1986; Shapiro & Chock, 2003).

Angesichts der uneinheitlichen Explikation von PR überrascht es nicht, dass der Großteil an Untersuchungen vor allem in der Anfangsphase der Forschung zu PR auf den Bereich der Konstruktdimensionen und deren Validierung entfällt. In Studien zu Konstruktdimensionen wird in der Regel eine theoretisch angesetzte Dimensionierung von PR faktorenanalytisch geprüft. So hat sich Hawkins' Differenzierung in magic window und social expectations tendenziell bestätigen lassen (Hawkins, 1977; Hawkins & Pingree, 1980); auch die Relevanz von Nützlichkeit (Potter, 1986) und von Typikalität (Shapiro & Chock, 2003) wurde gesichert. Weiterhin konnte Hall (2003) im Rahmen von Gruppendiskussionen zeigen, dass die theoretisch postulierten Dimensionen von PR sämtlich auch spontan von Rezipienten bei der Beurteilung von Medienprodukten angelegt werden. Die Untersuchungsteilnehmer dachten dabei in erster Linie an PR im Sinne von Plausibilität.

Validierungsuntersuchungen zum Zusammenhang zwischen PR und potenziell relevanten Prädiktor- und Bedingungsvariablen haben sich meist auf PR im Sinne eines allgemeinen Konstrukts konzentriert (im Überblick Rothmund et al., 2001a). Hypothesengemäß steht PR in einem positiven Zusammenhang mit der Fernsehnutzung und in einem negativen Zusammenhang mit dem Alter (wobei die PR im höheren Alter jedoch wieder ansteigt: Potter, 1988), dem sozioökonomischen Status und basalen kognitiven Fähigkeiten. Außerdem gehen spezifische Nutzungsmotive (Informationsmotiv, arousal seeking: Rubin, 1981) mit einer Zunahme von PR einher.

Als intervenierende Variable wurde PR zunächst vor allem im Rahmen der Kultivationsforschung (vgl. Beitrag zu Kultivierung in diesem Band) untersucht. Dahinter steht die Annahme, dass häufiges Fernsehen das Weltbild der Zuschauer vor allem dann in Richtung der TV-Darstellung verändert, wenn die Rezipienten den Inhalten zugleich einen hohen Realitätsgehalt zuschreiben. Die Hypothese hat sich in dieser einfachen Form jedoch nicht bestätigen lassen. Stattdessen fallen die Ergebnisse unterschiedlich aus, je nachdem, welche Dimension von PR (etwa Fiktionalität vs. Faktualität, Wahrscheinlichkeit usw.) zu welchem Gegenstandsbereich in Beziehung gesetzt wird (Interaktionen, Personen, Ereignisse usw.; z. B. Potter, 1986; Thies & Schreier, 2004); auch die Ethnie der Teilnehmer wirkt sich auf die Stärke des Effekts aus (Quick, Morgan, LaVoie & Bosch, 2014). Weiterhin ergeben sich Anhaltspunkte dafür, dass PR als vermittelnde Variable sich auf Urteile, die während der Rezeption gefällt werden, anders auswirkt als auf Urteile, die im Anschluss an die Rezeption erhoben werden (Busselle, 2001).

Seit etwa 2008 hat PR weiterhin zunehmend Aufmerksamkeit als intervenierende Variable im Prozess der Rezeption, des Verstehens und der Wirkungen von Narrationen auf sich gezogen (theoretische Modellierungen: Busselle & Bilandzic, 2008; Cho et al., 2014). Dabei ist die Annahme forschungsleitend, dass niedrige PR mit Erlebensdimensionen wie Involviertheit oder Transportation konfligiert, die ihrerseits Wirkungen von Erzählungen (wie etwa narrative persuasion) moderieren. In der Tat konnten ein negativer Zusammenhang zwischen PR und narrativem Erleben auch empirisch nachgewiesen werden (Bilandzic & Busselle, 2011; Cho et al., 2014; wie auch zwischen PR und anderen Aspekten des Rezeptionserlebens: z. B. Kobach & Weaver, 2012; McKinley, 2013). Auch im Hinblick auf diverse Medienwirkungen erweist sich PR als vermittelnde Variable (z. B. Cho & Choi, 2010; Nabi & Thomas, 2013; Peter & Valkenburg, 2010; Ward & Carlson, 2013).

Etwa seit dem Jahr 2000 sind schließlich vermehrt Untersuchungen zum Zusammenhang von PR mit anderen Aspekten des Rezeptionserlebens durchgeführt worden. Busselle und Johnson (2004) konnten zeigen, dass die PR umso höher ausfällt, je stärker die Rezipienten sich in die Welt der Erzählung versetzt fühlen (siehe auch Bilandzic & Busselle, 2006), Negativbewertungen der Erzählung waren dagegen mit einem Absinken der PR verbunden. Ein positiver Zusammenhang wurde auch zwischen PR und wahrgenommener Typikalität von Ereignissen und Figuren aufgezeigt (Shapiro & Chock, 2003). Dieser Zusammenhang erwies sich allerdings als genreabhängig: Bei der Rezeption von dramatischen Filmen und von Nachrichten wurden typische Ereignisse auch als realistisch wahrgenommen; bei der Rezeption von Komödien kehrte sich dieser Zusammenhang dagegen um.

Kritik

Das zentrale Problem der PR-Forschung besteht in der Uneinheitlichkeit der Konzeptualisierung des Konstrukts, woraus wiederum eine mangelnde Vergleichbarkeit verschiedener Untersuchungen und eine in weiten Teilen uneinheitliche Befundlage resultieren. Hinzu kommen methodisch-methodologische Probleme. Hierzu zählt etwa, wie Busselle und Greenberg (2000) kritisch angemerkt haben, die Diskrepanz zwischen der Spezifität der rezipierten TV-Inhalte und der meist eher abstrakten Erfassung von PR. Auch sind Reliabilität und vor allem Validität von Erhebungsinstrumenten bisher nicht hinreichend gesichert. Zwar stützen Untersuchungen zur Rolle von PR als vermittelnde Variable sowie zum Zusammenhang von PR und anderen Aspekten des Rezeptionserlebens die Annahme, dass PR in der Tat für Medienrezeption und -wirkung von Bedeutung ist. Die genaue Art und Weise, wie PR hier wirksam ist, wird allerdings so lange unklar bleiben, wie eine einheitliche, reliable und valide Erfassung des Konstrukts nicht gewährleistet ist.

Literatur

Bilandzic, H. & Busselle, R. W. (2006). *Experiential Engagement in Filmic Narratives and Enjoyment. The Role of Transportation, Identification, and Perceived Realism.* Paper presented at the Annual Conference of the International Communication Association in Dresden, Germany, May 2006.

Bilandzic, H. & Busselle, R. W. (2011). Enjoyment of Films as a Function of Narrative Experience, Perceived Realism, and Transportability. *Communications, 36*(1), 29–50.

Buckingham, D. (1993). *Children Talking Television: The Making of Television Literacy.* London/Washington, DC: Falmer.

Busselle, R. W. (2001). The Role of Exemplar Accessibility in Social Reality Judgments. *Media Psychology, 3(1)*, 43–68.

Busselle, R. W. (2004). Television Realism Measures: The Influence of Program Salience on Global Judgments. *Communication Research Reports, 20(4)*, 367–375.

Busselle, R. W. & Bilandzic, H. (2008). Fictionality and Perceived Realism in Experiencing Stories: A Model of Narrative Comprehension and Engagement. *Communication Theory, 18*, 255–280.

Busselle, R. W. & Greenberg, B. S. (2000). The Nature of Television Realism Judgments: a Reevaluation of their Conceptualization and Measurement. *Mass Communication and Society, 3*, 249–258.

Busselle, R. W. & Johnson, J. Q. (2004). *Thinking While Viewing: The Influence of Thoughts about Program on Transportation and Perceived Realism.* Paper presented at the Association for Education in Journalism and Mass Communication in Toronto, Canada, August 2004.

Busselle, R. W., Ryabovolova, A. & Wilson, B. (2004). Ruining a Good Story: Cultivation, Perceived Realism, and Narrative. *Communications: The European Journal of Communication, 29(3)*, 365–378.

Cho, H., Shen, L. & Wilson, K. (2014). Perceived Realism: Dimensions and Roles in Narrative Persuasion. *Communication Research, 41(6)*, 828–851.

Cho, H. & Choi, J. (2010). Predictors and the Role of Attitude Toward the Message and Perceived Message Quality in Gain- and Loss-Frame Antidrug Persuasion of Adolescents. *Health Communication, 25*(4), 303–311.

Dorr, A., Kovaric, P. & Doubleday, C. (1990). Age and Content Influences on Children's Perceptions of the Realism of Television Families. *Journal of Broadcasting and Electronic Media, 34(4)*, 377–397.

Fitch, M., Huston, A. C. & Wright, J. C. (1993). From Television Forms to Genre Schemata: Children's Perceptions of Television Reality. In G. L. Berry & K. Asamen (Eds.), *Children and Television: Images in a Changing Sociocultural World* (pp. 38–52). Newbury Park, CA: Sage.

Greenberg, B. S. & Reeves, B. (1976). Children and the Perceived Reality of Television. *Journal of Social Issues, 32(4)*, 86–97.

Hall, A. (2003). Reading Realism: Audiences' Evaluations of the Reality of Media Texts. *Journal of Communication, 53(4)*, 624–641.

Hawkins, R. P. (1977). The Dimensional Structure of Children's Perceptions of Television Reality. *Communication Research, 4*, 299–320.

Hawkins, R. P. & Pingree, S. (1990). Some Processes in the Cultivation Effect. *Communication Research, 7(2)*, 193–226.

Hodge, B. & Tripp, D. (1986). *Children and Television: A Semiotic Approach.* Stanford, CA: Stanford University Press.

Kobach, M. & Weaver, A. (2012). Gender and Empathy Differences in Negative Reactions to Fictionalized and Real Violent Images. *Communication Reports, 25(2)*, 51–61.

McKinley, C. (2013). Reexamining the Link Between Cultivation Factors and Viewer Involvement: Investigating Viewing Amount as a Catalyst for the Transportation Process. *Communication Studies, 64(1)*, 66–85.

Nabi, R. & Thomas, J. (2013). The Effects of Reality-Based Television Programming on Diet and Exercise Motivation and Self-Efficacy in Young Adults. *Health Communication, 28(7)*, 699–708.

Perse, E. (1986). Soap Opera Viewing Patterns of College Students and Cultivation. *Journal of Broadcasting and Electronic Media, 30(2)*, 175–193.

Peter, J. & Valkenburg, P. M. (2010). Processes Underlying the Effects of Adolescents' Use of Sexually Explicit Internet Material: The Role of Perceived Realism. *Communication Research, 37(3)*, 375–399.

Potter, W. J. (1986). Perceived Reality and the Cultivation Hypothesis. *Journal of Broadcasting and Electronic Media, 30(2)*, 159–174.

Potter, J. W. (1988). Perceived Reality in Television Effects Research. *Journal of Broadcasting & Electronic Media, 32(1)*, 23–41.

Quick, B., Morgan, S., LaVoie, N. & Bosch, D. (2014). Grey's Anatomy Viewing and Organ Donation Attitude Formation: Examining Mediators Bridging This Relationship Among African Americans, Caucasians, and Latinos. *Communication Research, 41(5)*, 690–716.
Rothmund, J., Schreier, M. & Groeben, N. (2001a). Fernsehen und erlebte Wirklichkeit I: Ein kritischer Überblick über die Perceived Reality-Forschung. *Zeitschrift für Medienpsychologie, 13(1)*, 33–44.
Rothmund, J., Schreier, M. & Groeben, N. (2001b). Fernsehen und erlebte Wirklichkeit II: Ein integratives Modell zu Realitäts-Fiktions-Unterscheidungen bei der (kompetenten) Mediennutzung. *Zeitschrift für Medienpsychologie, 13(2)*, 85–95.
Rubin, A. M. (1981). An Examination of Television Viewing Motivations. *Communication Research, 8*, 141–165.
Schreier, M. (2001). »Perceived Reality« als Teilbereich von Realitäts-Fiktions-Unterscheidungen: ein integratives Modell. In R. K. Silbereisen & M. Reitzle (Hrsg.), *Bericht über den 42. Kongress der Deutschen Gesellschaft für Psychologie in Jena 2000* (S. 662–673). Lengerich: Pabst Science Publishers.
Shapiro, M. A. & Chock, T. M. (2003). Psychological Processes in Perceiving Reality. *Media Psychology, 5(2)*, 163–198.
Thies, Y. & Schreier, M. (2004). Kultivation durch Unterhaltungsangebote: Die stereotype Welt des Vielsehers von St. Angela und Co.? In H. Schramm, W. Wirth & H. Bilandzic (Hrsg.), *Empirische Unterhaltungsforschung: Studien zu Rezeption und Wirkung von medialer Unterhaltung* (S. 191–214). München: Fischer.
Ward, L. M. & Carlson, C. (2013). Modeling Meanness: Associations Between Reality TV Consumption, Perceived Realism, and Adolescents' Social Aggression. *Media Psychology, 16(4)*, 371–389.
Wright, J. C., Huston, A. C., Reitz, A. L. & Piemyat, S. (1994). Young Children's Perception of Television Reality: Determinants and Developmental Differences. *Developmental Psychology, 30(2)*, 229–239.

Interpretationsprozesse

Rezeptionsmodalitäten

Monika Suckfüll

Worum geht es?

Unter dem Begriff »Rezeptionsmodalitäten« können im weitesten Sinn alle auf das jeweilige Medienangebot bezogenen Aktivitäten von Film- und Fernsehzuschauern, Musik- und Radiohörern, Lesenden und Internetnutzern verstanden werden. Im engeren Sinn bezieht sich der Begriff auf die Aktivitäten der Rezipienten während der eigentlichen Rezeption. Auswahl- bzw. Selektionsentscheidungen in der präkommunikativen Phase (vgl. Beitrag zum Uses-and-Gratifications-Ansatz in diesem Band) sowie Wirkungen, die sich in der postkommunikativen Phase einstellen, sind wichtige Bausteine des Medienrezeptionsprozesses und müssen in konzeptionelle Überlegungen integriert werden. Wenn es um Rezeptionsmodalitäten geht, stehen aber die Informationsverarbeitungsprozesse der Rezipienten in der kommunikativen Phase im Fokus. In der bisherigen wissenschaftlichen Diskussion werden die Aktivitäten während der Rezeption nicht unter einem verbindlich festgelegten Überbegriff zusammengefasst (Hasebrink & Paus-Hasebrink, 2005). Häufig ist die Rede von Rezeptionsstrategien. Da der Begriff »Strategie« ein wohlüberlegtes, auf ein bestimmtes Ziel gerichtetes Handeln impliziert, die kognitiven und emotionalen Prozesse während der Rezeption aber eher automatisiert ablaufen, schlägt Suckfüll (2004) vor, den Begriff Rezeptions*modalitäten* zu verwenden.

Darstellung der Annahmen

Unzählige Forschungsarbeiten berühren implizit die Frage nach den kognitiven und emotionalen Vorgängen während der Rezeption (vgl. die Beiträge zu Involvement, Parasozialer Interaktion sowie Presence in diesem Band). Aber nur wenige Forschungsarbeiten widmen sich explizit der Differenzierung von unterschiedlichen Modalitäten der Rezeption. In einer dichotomen Sichtweise wurde eine involvierte Rezeption einer distanzierten Rezeption gegenübergestellt (Charlton & Borcsa, 1997; Liebes & Katz, 1986; Vorderer, 1992). Unter involvierter Rezeption versteht Vorderer (1992) eine »Rezeptionshaltung (...), bei der die Rezipienten kognitiv und emotional derart in das fiktive Geschehen (...)

involviert werden, dass sie sich der Rezeptionssituation selbst nicht mehr bewusst sind, sondern quasi im Wahrgenommenen mitleben«. Im Gegensatz dazu wird eine analysierende Rezeption verstanden als »eine distanziertere Haltung gegenüber dem fiktiven (...) Geschehen, aus der heraus die Fernsehzuschauer als (an diesem Geschehen weitgehend unbeteiligte) Beobachter am Aufbau des Films, an den Schauspielern, am Drehort und insbesondere an bestimmten, vom Film angesprochenen Themen interessiert sind« (S. 83). Eine umfassende theoretische Konzeption von Rezeptionsmodalitäten wurde von Suckfüll (2004) vorgelegt. Sie bestimmt das Konstrukt Überlegungen von Früh (2002) folgend, indem sie den dynamischen Charakter des Rezeptionsprozesses, die Wechselbezüglichkeit zwischen Medien- und Rezipientenmerkmalen und den Einfluss des situativen Kontextes betont. Die Grundannahmen können folgendermaßen zusammengefasst werden:

1. Der Erwerb von Rezeptionsmodalitäten vollzieht sich im Laufe eines auf die Medien bezogenen Lern- bzw. Sozialisationsprozesses. Über die wiederholte Anwendung werden unterschiedliche Strategien im Umgang mit den Medienangeboten eingeübt, modifiziert und angepasst. Wenn beispielsweise ein Kinozuschauer während bestimmter Szenen eines Films Vergleiche mit seinen eigenen, aktuellen Lebensfragen anstellt, ist das in der Konzeption von Suckfüll noch keine Modalität. Wenn er aber solche Vergleiche häufig bei der Rezeption vieler Filme anstellt, kann von einer dominant gebrauchten Rezeptionsmodalität gesprochen werden.
2. Rezeptionsmodalitäten beeinflussen in einem zirkulären Prozess auch die Auswahlentscheidungen. Ausgangspunkt ist die Überlegung, dass die Rezipienten vorzugsweise Medienangebote auswählen, von denen sie glauben, dass diese ihren Modalitäten entsprechen. Wenn ein Kinogänger weiß, dass er völlig in einen Film »abtauchen« möchte, um ihn genießen zu können, wird er bereits bei der Auswahl des Films darauf achten, dass dieses Abtauchen (auf Grund des Genres, des Regisseurs etc.) möglich erscheint. Eine den eigenen, eingeübten Rezeptionsmodalitäten entsprechende Auseinandersetzung mit einem (erfolgreich ausgewählten) Medienangebot führt zu einem Kompetenzempfinden und wird positiv erlebt. Dieses positive Erleben wird möglichst wiederholt. Insgesamt müsste das zu einem Kreislauf führen, innerhalb dessen sich die Rezeptionsmodalitäten manifestieren. Entsprechend weisen dominant gebrauchte Rezeptionsmodalitäten eine gewisse zeitliche Stabilität auf.
3. Der Prozess während der Rezeption kann beschrieben werden als ein variables Hin- und Herwechseln zwischen Modalitäten. Wenn beispielsweise die Filminhalte einem Kinozuschauer im Verlauf des Films keinen Vergleich mit dem eigenen Lebenskontext mehr erlauben, wird er die Perspektive wechseln und möglicherweise mit einer eher distanzierten Haltung über Vorgänge beim Dreh nachdenken. Die Arbeiten von Berlyne (vgl. Beitrag zu New Experimental Aesthetics in diesem Band) und Zillmann (vgl. Beitrag zu Mood Management in diesem Band) legen die Vermutung nahe, dass die Funktion eines Wechsels zwischen den Modalitäten im Streben nach einem Gleichge-

wichtszustand liegt. Genauso plausibel ist jedoch die Überlegung, dass ein konsequentes Regulieren der Aktivierung auf ein mittleres Niveau monoton und langweilig wäre. Die komplementäre These, dass Menschen ein Bedürfnis nach Abwechslung haben, greift insbesondere dann, wenn die spezifische Situation, in der fiktionale Medienangebote rezipiert werden, in Rechnung gestellt wird: In der sicheren Rezeptionssituation kann der Zuschauer zumindest phasenweise und ohne irgendwelche Folgen seine kognitiven und emotionalen Grenzen austesten. Ziel ist also weniger die Herstellung eines Gleichgewichts als vielmehr die Einhaltung eines Energiebudgets bei größtmöglicher Variabilität.

4. Wie sich der Rezeptionsprozess einer bestimmten Person konkret gestaltet, hängt von den Merkmalen des jeweils rezipierten Medienangebotes ab. Ausgehend von einer wechselseitigen und dynamischen Beziehung zwischen Medienangebot und Rezipient lautet die Annahme, dass sich ein Modalitätenwechsel an den Stellen eines Medienangebotes vollzieht, an denen ein spezifisches Merkmal des Medienangebotes für den jeweiligen Rezipienten wirkungsrelevant wird. Das Wirkpotenzial eines bestimmten Medienmerkmals wird nicht a priori angenommen, sondern dessen Potenzial entfaltet sich erst, wenn es mit Rezeptionsmodalitäten zusammentrifft, die diesem Rezipienten zur Verfügung stehen.

Typische Methodik und zentrale empirische Befunde

Rezeptionsmodalitäten werden klassischerweise in Befragungen erhoben: Vorderer (1992) operationalisierte eine involvierte vs. analysierende Modalität der Filmrezeption mit je einer Frage: gar nicht, wenig, ziemlich intensiv oder sehr intensiv im Film »mitleben« (involviert) vs. gar nicht, wenig, ziemlich intensiv oder sehr intensiv über den Film »nachdenken« (analysierend). Liebes und Katz (1986) operationalisierten Involvement bei einer Fernsehserie über die in Gruppendiskussionen geäußerten Sprechweisen. Bei der involvierten Rezeption erleben die Untersuchungsteilnehmer die fiktiven Personen oder Figuren wie reale Personen, bzw. stellen Verbindungen zu ihrem Alltag her. Bei der distanzierten Rezeption nehmen die Zuschauer die Serie als ästhetische Konstruktion wahr. Diese Distanzierung äußere sich, indem die Untersuchungsteilnehmer nicht »im Film«, sondern »über den Film« sprechen. In einer an den Überlegungen von Gerbing und Hamilton (1996) orientierten sukzessiven Forschungsstrategie führte Suckfüll (2004) zu Modalitäten der Filmrezeption mehrere aufeinander aufbauende Befragungen durch: In einem ersten Schritt erfolgte auf Basis teilstrukturierter Interviews die Generierung eines Itempools. Die alltagssprachlichen Beschreibungen der Aktivitäten, Gedanken und Empfindungen der Interviewten während der Rezeption von Filmen wurden zu Fragebogen-Statements umformuliert. In weiteren Befragungsstudien wurden die Items geprüft, optimiert und schließlich zu einer Skala verdichtet. Dieses sukzessive Vorgehen führte zu einem hierarchischen Modell (▶ Abb. 2.9), in dem sechs untereinander verbundene Modalitäten von je drei Items »aufgespannt« werden.

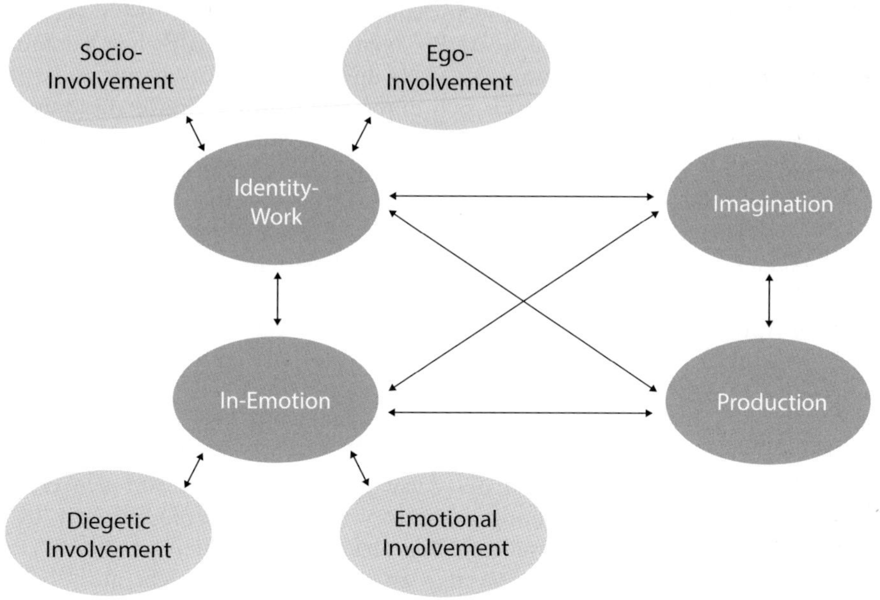

Abb. 2.9: Modalitäten der Filmrezeption (vgl. Suckfüll 2013, S. 320)

Modalitäten der Filmrezeption sind nach den Ergebnissen von Suckfüll ein mehrdimensionales Konstrukt mit den interdependenten Faktoren *Identity Work*, *In-Emotion*, *Imagination* und *Production*. *Identitätsarbeit*, eine Auseinandersetzung mit sich selbst und den eigenen Lebensfragen, setzt sich zusammen aus einem Vergleich der eigenen Person mit Figuren im Film (Sozio-Involvement) und eng damit verbunden einem Vergleich des eigenen Lebenskontextes mit den Filminhalten (Ego-Involvement). Der zweite hierarchische Faktor, *In-Emotion*, setzt sich zusammen aus den Faktoren »Diegetisches« und »Emotionales Involvement«. Diegetisches Involvement steht für die Bereitschaft, sich auf den Film voll und ganz einzulassen. Emotionales Involvement meint, dass die Zuschauer Emotionen in die Rezeptionssituation einbringen, die durch das Filmangebot angesprochen, aktualisiert und ausgelebt werden können. Im Modus *Imagination* stellt sich der Zuschauer alternative Handlungsabläufe vor. Im Modell sind die Faktoren *In-Emotion* und *Production* negativ korreliert. *Production* steht für eine eher distanzierte Rezeptionsmodalität, in der die Zuschauer sich Gedanken über die Entstehungsbedingungen eines Films machen.

Kritik

Auf Basis weitergehender Analysen konnte die Reliabilität und Validität des Konstruktes belegt werden (Suckfüll & Scharkow, 2009). Im Zuge dessen mussten (angeregt durch Anmerkungen der Reviewer) Umbenennungen der

Modalitäten vorgenommen werden. So heißt beispielsweise die 2004 noch als *Kontrolle* bezeichnete Modalität heute *Production*. Diese begrifflichen Veränderungen führten leider beim Einsatz der Skala durch andere Forschende zu Irritationen. Ein weiteres Problem ergibt sich durch das häufige Missverständnis, es handle sich um eine Typologie. D. h., in Anwendungsstudien werden die Rezeptionsmodalitäten mitunter genutzt, um Zuschauergruppen anhand der Modalitäten zu beschreiben (z. B. die »Identitätsarbeiter«). Die theoretische Konzeption besagt allerdings, dass Individuen grundsätzlich mehrere Modalitäten in Abhängigkeit von den Merkmalen der jeweils rezipierten Medienangebote flexibel einsetzen bzw. zwischen Modalitäten wechseln (siehe Grundannahmen 3. und 4.). Aufgrund dieser Konzeption als dynamisch-transaktionales Konstrukt ergeben sich Herausforderungen bei der Auswertung der mittels der Skala erhobenen Daten. Suckfüll und Moellering (2015) haben in einer Studie, in der unterschiedlich gestaltete Trailer (für denselben Film) in Abhängigkeit von den Ausprägungen der Modalitäten als unterschiedlich erfolgreich getestet wurden, ein exemplarisches Vorgehen bei der Auswertung aufgezeigt. Auf den ersten Blick existieren in der Forschungsliteratur vergleichbare Konzeptionen (Michelle, 2007) und Skalen (Busselle & Bilandzic, 2008). Anders als die Rezeptionsmodalitäten basieren diese Ansätze aber konzeptionell nicht auf Überlegungen zu Dynamik, Transaktionalität und Kontextabhängigkeit. Die Rezeptionsmodalitäten nach Suckfüll dienen einer Differenzierung der individuell unterschiedlichen, kognitiven und emotionalen Prozesse, wie sie in Rezeptionsstudien über kontinuierliche Daten (z. B. Physiologie und Mimik) erhoben werden. Erst im Rahmen solcher aufwändigen Studien ist es dann möglich, den Wechsel zwischen Modalitäten zu operationalisieren (vgl. ein Beispiel dazu bei Suckfüll, 2013). Die Entwicklung vergleichbarer Konstrukte für die Rezeption anderer Medienangebote (neben fiktionalen Filmen), wie etwa für Fernsehserien oder Musik, steht bis heute aus.

Literatur

Busselle, R. W. & Bilandzic, H. (2008). Fictionality and perceived realism in experiencing stories: A model of narrative comprehension and engagement. *Communication Theory, 18*, 255–280.

Charlton, M. & Borcsa, M. (1997). Thematische Voreingenommenheit, Involvement und Formen der Identifikation. Diskussion eines Modells für das aktive Zuschauerhandeln anhand eines empirischen Beispiels. In M. Charlton & S. Schneider (Hrsg.), *Rezeptionsforschung: Theorien und Untersuchungen zum Umgang mit Massenmedien* (S. 254–267). Opladen: Westdeutscher Verlag.

Früh, W. (2002). *Unterhaltung durch das Fernsehen: eine molare Theorie.* Konstanz: UVK.

Hasebrink, U. & Paus-Hasebrink, I. (2005). Dimensionen, Modalitäten, Typen: Was ist was in der Rezeptionsforschung? Ein Sortierversuch als Conclusio. In V. Gehrau, H. Bilandzic & J. Woelke (Hrsg.), *Rezeptionsstrategien und Rezeptionsmodalitäten* (S. 235–245). München: Fischer.

Gerbing, D. W. & Hamilton, J. G. (1996). Viability of exploratory factor analysis as a precursor to confirmatory factor analysis. *Structural Equation Modelling 3(1)*, 62–72.

Liebes, T. & Katz, E. (1986). Patterns of involvement in television fiction: A comparative analysis. *European Journal of Communication 1*, 151–171.

Michelle, C. (2007). Modes of reception: A consolidated analytical framework. *Communication Review, 10*, 81–222.

Suckfüll, M. (2004). *Rezeptionsmodalitäten. Ein integratives Konstrukt für die Medienwirkungsforschung.* München: Fischer.

Suckfüll, M. (2013). Emotion regulation by switching between Modes of Reception. In A. P. Shimamura (Ed.), *Psychocinematics: Exploring cognition at the movies* (pp. 314–336). New York: Oxford University Press.

Suckfüll, M. & Scharkow, M. (2009). Modes of reception for fictional films. *Communications, 34*, 361–384.

Suckfüll, M. & Moellering, K. (2015). The differential success of movie trailers. *Journal of Retailing and Consumer Services, 22*, 138–144.

Vorderer, P. (1992). *Fernsehen als Handlung. Fernsehfilmrezeption aus motivationspsychologischer Perspektive.* Berlin: Edition Sigma.

Narratives Verstehen

Manuela Glaser

Worum geht es?

Geschichten sind die ursprünglichste Form der Wissensvermittlung. Sie sind ein kulturübergreifendes Phänomen und entwickelten sich vor etwa 30 000 bis 100 000 Jahren (Sugiyama, 2001). Für die Menschen in der damaligen Zeit hatte es einen Überlebensvorteil, Informationen zu vermitteln und zu verstehen, die beispielsweise für die Nahrungssuche wichtig waren. Geschichten fungieren dabei als »virtuelle Realität«, die es den Menschen ermöglicht, sich überlebenswichtiges Wissen, z. B. über giftige Pflanzen, affektbezogen anzueignen, ohne die Risiken und Kosten einer Erfahrung aus erster Hand eingehen zu müssen. Mittels Geschichten und ihren affektiven Komponenten konnte dieses Wissen dann auch von Generation zu Generation weitergegeben werden. Auch heute noch spielen Geschichten in der alltäglichen Wissensvermittlung, aber auch als Erlebnisraum im Unterhaltungsbereich und im Bereich der Entertainment Education eine wichtige Rolle. Damit Geschichten ihre Funktionen erfüllen und ihre Wirkungen entfalten können, ist jedoch medienunabhängiges narratives Verständnis notwendig, also das Verstehen von Geschichten unabhängig von ihrem Präsentationsformat (mündlich, schriftlich oder audiovisuell).

Darstellung der Annahmen

Forschung zum narrativen Verstehen hat ihren Ursprung in der Forschung zum Textverstehen und betrachtet narratives Verstehen als aktiven Konstruktionsprozess. Van Dijk und Kintsch (1983) postulierten, dass gelesene Texte auf drei

Ebenen kognitiv repräsentiert werden: Es wird die Oberflächenstruktur des Textes abgespeichert (Wortlaut), daraus eine propositionale (inhaltliche) Struktur abgeleitet (Inhalt) und basierend auf dieser propositionalen Struktur ein Situationsmodell (Inhalt plus Schlussfolgerungen), das über die reinen Inhalte des gelesenen Textes hinausgeht, als kognitive Repräsentation der Geschichte erstellt. Je näher die jeweilige Repräsentationsebene der Darstellungsebene ist, desto eher werden medienabhängige Kompetenzen zum Verstehen benötigt. Bei Texten wäre dies beispielsweise Lesekompetenz und die Kenntnis von Grammatikregeln (Subjekt, Objekt, Prädikat), um adäquate propositionale Strukturen zu extrahieren. Höhere Verarbeitungsprozesse wie die Bildung eines Situationsmodells sind jedoch medienunabhängig.

Die Beschaffenheit von Situationsmodellen wird im Event Indexing Modell von Zwaan, Langston und Graesser (1995) näher beschrieben. Es besagt, dass während der Rezeption einer Geschichte bestimmte Aspekte eines Ereignisses, sogenannte »event indices«, zu folgenden Inhalten gebildet und kontinuierlich überprüft und aktualisiert werden: Zeit, Örtlichkeit, Protagonisten, Kausalitäten und Intentionen. Der Inhalt jedes Indexes wird solange im Kurzzeitgedächtnis behalten, bis er im Laufe der Geschichte durch einen anderen Inhalt abgelöst wird. Die Indizes, die ihre aktuelle Gültigkeit verloren haben, werden als Ereignisknoten im Langzeitgedächtnis abgespeichert. So entsteht ein Situationsmodell, eine kognitive Repräsentation der Geschichte. Die Speicherung der fünf event indices ist im Einklang mit dem Postulat von Trabasso und van den Broek (1985), das besagt, dass vor allem solche Inhalte kodiert und im Langzeitgedächtnis gespeichert werden, die Teil der zentralen kausalen Ereigniskette der Geschichte sind. In Bezug auf Texte im Allgemeinen sprechen van den Broek, Young, Tzeng und Linderholm (1999) in ihrem Landscape Model auch von landscapes of activation, die bei der Rezeption von Texten gebildet werden und die die unterschiedliche Aktivierung von Konzepten aus dem Text und aus dem aktivierten Vorwissen über den Rezeptionsprozess hinweg abbilden.

Während der Bildung von Situationsmodellen werden aber nicht nur Textinhalte und Konzepte abgespeichert, sondern auch verschiedene Arten von Schlussfolgerungen (Inferenzen) gezogen, die nicht explizit im Text formuliert sind, ohne die die Geschichte jedoch keine innere Konsistenz hätte bzw. keinen Sinn ergeben würde. Dabei kann zwischen Brückeninferenzen, die Elemente eines Medieninhalts verknüpfen, und elaborativen Inferenzen, die Medieninhalte mit Wissenselementen der Rezipienten verknüpfen, sowie zwischen Online- und Offline-Inferenzen unterschieden werden. Graesser, Louwerse, McNamara, Olney, Cai und Mitchell (2007) und Graesser, Wiemer-Hastings und Wiemer-Hastings (2001) beschreiben verschiedene Arten von Inferenzen unabhängig von dieser Kategorisierung: So beziehen Rezipienten den aktuell dargestellten Inhalt einer Geschichte auf andere, im Text bereits erwähnte Inhalte (referentielle Inferenzen, lokal bei benachbarten Inhalten, global bei weiter entfernten Inhalten), machen Annahmen über Ziele und Motivation von Protagonisten, schließen von einem früheren Ereignis auf ein aktuell im Text beschriebenes Ereignis (kausal rückwärtige Inferenzen) und machen Annahmen über mögliche Konsequenzen eines Ereignisses in der Geschichte (kausal konsequent), über mögliche emotionale Reaktionen von Protagonisten, über die eigenen emotionalen Reaktionen, über die Quintessenz oder Moral der Geschichte oder über die Intentionen des Geschichtenverfassers.

Ohler (1994) beschreibt in seinem kognitiven Prozessmodell der Filmverarbeitung den Prozess der Bildung von Situationsmodellen im Zusammenhang mit der Filmrezeption auf ähnliche Weise wie die Textverstehensforschung (▶ Abb. 2.10). Über die Postulate der Textverstehensforschung hinaus, schreibt er dem gebildeten Situationsmodell jedoch zudem eine strukturierende Funktion hinsichtlich der zu rezipierenden Inhalte zu, d. h., ausgehend vom gebildeten Situationsmodell werden bestimmte Informationen bei der Informationsaufnahme erwartet, entsprechend strukturiert und begrenzt. Außerdem differenziert er drei Arten von Vorwissen, die die Bildung des Situationsmodells unterstützen und die mit dem Situationsmodell abgeglichen werden: generelles Weltwissen, narratives Wissen und das Wissen um filmische Darbietungsformen. Generelles Weltwissen beinhaltet beispielsweise Alltags-Scripts, narratives Wissen beinhaltet typische Plots, Protagonistenrollen, Handlungssettings und Handlungssequenzen typischer Genres, und das Wissen über filmische Darstellungsformen beinhaltet Wissen über die Bedeutung von beispielsweise Schnitten, Kameraperspektiven, Zooms und Musik. Ohler postuliert, ganz im Sinne der Textverstehensforschung, dass die drei Arten von Vorwissen das Verständnis der Geschichte erleichtern und helfen narrationsbezogene Inferenzen zu bilden. Sie helfen beim Verständnis von Ellipsen (Auslassungen in der Erzählung), indem die fehlenden Informationen aus dem generellen Weltwissen ergänzt werden, und steuern die Aufmerksamkeit der Rezipienten. Während Inhalte einer realen Geschichte im Abgleich mit dem Weltwissen als wahr oder unwahr beurteilt werden und für eine flüssige narrative Verarbeitung mit dem Weltwissen nicht in Widerspruch stehen dürfen, können fiktionale Inhalte im Widerspruch zum Weltwissen stehen, wenn sie als sinnvolle Realisierung eines narrativen Schemas begreifbar sind.

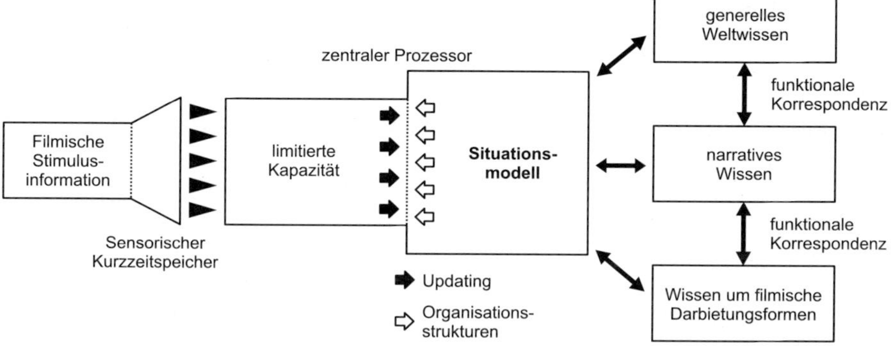

Abb. 2.10: Modell der kognitiven Verarbeitung von Filmen nach Ohler (1994).

Die Deictic Shift Theory (Duchan, Bruder & Hewitt, 1995) postuliert außerdem einen sogenannten deictic shift, bei dem die Rezipienten mental die in der narrativen Darstellung und folglich auch im Situationsmodell verwendete Perspektive einnehmen. Diese Perspektive wird in Texten sprachlich und in Filmen mittels Kameraeinstellung und -perspektive erzeugt. Deiktische Adverbien wie beispielsweise »hier«, »jetzt« und »heute« machen nur Sinn, wenn sie von einem deiktischen Zentrum aus interpretiert werden (Galbraith, 1995). Im Falle einer Ich-Erzählung nehmen die Rezipienten die Perspektive des Protagonisten ein, betrachten die narrative Welt vor allem aus dessen Sicht und versetzen sich verstärkt in diesen (Identifikation) und somit in die narrative Welt bzw. in das Situationsmodell der narrativen Welt hinein. Dies ist auch im Einklang mit dem Immersed Experiencer Framework von Zwaan (2004), das besagt, dass Rezipienten die Sprache von Geschichten nutzen, um eine Simulation der beschriebenen Situation zu erstellen, in der der Rezipient selbst ein in die Geschichte eingetauchter Erlebender ist und das Verstehen der Geschichte die stellvertretende Erfahrung in dieser Situation darstellt.

Busselle und Bilandzic (2008) beschreiben Auswirkungen einer gestörten narrativen Verarbeitung auf das als unterhaltsam empfundene Erleben von Geschichten bzw. auf das Hineinversetzen in eine Geschichte bei gleichzeitigem Ausblenden der realen Umgebung (Transportation). Sie betrachten das Phänomen der Transportation als flow-artigen Prozess bei der Bildung des mentalen Modells der Geschichte mit gleichzeitigem deictic shift in die Geschichte hinein. Störungen der narrativen Verarbeitung können beispielsweise auftreten, wenn Inkonsistenzen in der Geschichte selbst oder Inkonsistenzen im Abgleich mit realem Weltwissen (ausgenommen Fiktionalität, die in narrativem Schema begründet ist) festgestellt werden oder äußere Faktoren (Ablenkung, schlechte »Lesbarkeit« des Mediums) die Rezeption behindern.

Neben den hier beschriebenen Modellen gibt es noch andere Theorien zum narrativen Verstehen, auf die an dieser Stelle jedoch nicht weiter eingegangen werden kann (McNamara und Magliano, 2009): das Structure-Building Framework (Gernsbacher, 1991, 1997), das Resonance Model (Myers, O'Brien, Albrecht & Mason, 1994) und die Constructionist Theory (Graesser, Singer & Trabasso, 1994; Graesser, Olde & Klettke, 2002).

Typische Methodik und zentrale empirische Befunde

In der Textverstehensforschung wird narratives Verständnis erfasst, indem die Sätze eines Textes einzeln präsentiert und die Lesegeschwindigkeit gemessen wird. Schnellere Lesezeiten werden als Indikator für besseres Textverständnis interpretiert. Allerdings können langsamere Lesezeiten sowohl auf schlechteres Textverständnis als auch auf eine tiefere Verarbeitung zurückgeführt werden.

Das Updating von event indices wird ebenfalls über Lesezeiten gemessen. Zwaan, Magliano und Graesser (1995), Zwaan, Radvansky, Hilliard und Curiel (1998) sowie Rinck und Weber (2003) konnten zeigen, dass sich bei (multiplen) Brüchen in der Kohärenz von Zeit, Raum, Kausalität und Intentionalität als Indizes des Event-Indexing-Modell, die Lesezeiten der Rezipienten im Vergleich zu Passagen mit weniger oder ohne solche Brüche signifikant erhöhten.

Magliano, Miller und Zwaan (2001) überprüften in ihrer empirischen Studie das Event-Indexing-Modell bezüglich Raum und Zeit bei der Rezeption von Filmen. Sie baten die Rezipienten den laufenden Film an den Stellen anzuhalten, an denen sie glaubten, dass sich Veränderungen der dargestellten Umstände bzw. der dargestellten Situation ergaben, ohne dabei vorab informiert zu werden, was konkret eine solche Veränderung ausmacht. Es zeigt sich, dass an den Punkten, an denen sich mehrere Indizes gleichzeitig änderten, die Wahrscheinlichkeit, dass eine Situationsveränderung erkannt wird, erhöht ist. Auch bei dieser Methode kann jedoch eingewendet werden, dass es sich bei einer solchen Aufgabe um eine künstliche Situation handelt und die Ergebnisse nicht unbedingt auf natürliche Rezeptionssituationen übertragen werden können. Außerdem könnten hier Prozesse, die normalerweise automatisch ablaufen, durch das künstliche Monitoring gestört und somit in den Ergebnissen unterrepräsentiert sein.

In der Textverstehensforschung wird auch häufig mit Rekognitionslatenzen (probe response latencies) gearbeitet, d. h., es werden Sätze oder Wörter (probes) präsentiert, und der Rezipient muss mit Tastendruck entscheiden, ob der jeweilige Inhalt im vorher gelesenen Text explizit vorkam oder nicht (Testung der extrahierten propositionalen Struktur). Außerdem kann das Verständnis getestet werden, indem der Rezipient entscheiden muss, ob Inferenzaussagen richtig oder falsch sind (Testung des Situationsmodells). Die Reaktionszeiten und die Rekognitionsleistung dieser Entscheidungen werden aufgezeichnet. Die Reaktionszeiten sollten mit stärkerer kognitiver Aktivierung des getesteten Aspekts kürzer und die Rekognitionsleistung besser werden. Zwaan (1994) beispielsweise untersuchte auf diese Weise den Einfluss von Genre-Erwartungen auf das Textverständnis und konnte zeigen, dass unter einer literarischen Perspektive die Lesezeiten signifikant länger sind, die Oberflächenstruktur des Textes besser gelernt und Situationsmodelle schlechter ausgebildet werden als unter einer Nachrichten-Perspektive. Gernsbacher, Robertson, Palladino und Werner (2004) konnten zeigen, dass die Beantwortung von Fragen bezüglich deaktivierter, also bereits ins Langzeitgedächtnis verschobener, Indexinhalte langsamere Reaktionszeiten aufwies als die Beantwortung von Fragen zu aktiven Indexinhalten.

Mit zunehmender technischer Entwicklung ging man dazu über, Aufmerksamkeitsprozesse während der Rezeption auch mittels Blickbewegungsaufzeichnungen (eye-tracking) zu erfassen. Allerdings wird hierbei nur die visuelle Aufmerksamkeit, aber nicht die mentale Aufmerksamkeit und keine höheren Verarbeitungsprozesse erfasst, d. h., es kann von Blickbewegungsaufzeichnungen nicht auf Inferenzprozesse, Verknüpfung mit Vorwissensstrukturen oder generelles Textverständnis geschlossen werden. Uzzaman und Joordens (2011) untersuchten die Blickbewegungen während Episoden des gedanklichen Abschweifens beim Lesen von Texten und konnten feststellen, dass die Blickbewegungen während solcher Episoden weniger komplex und die Dauer und Frequenz von Within-Word-Regressionen signifikant reduziert sind im Vergleich zu Episoden des Textverständnisses.

Die Herstellung von Bezügen zwischen verschiedenen Aspekten der Narration, die Bildung von Inferenzen sowie der Einfluss von Vorwissen werden häufig online mittels der Laut-Denken-Methode erfasst. Lynch und van den Broek (2007) beispielsweise untersuchten bei Kindern mittels der Laut-Denken-Methode die Inferenzbildung bezüglich der Handlungsziele der Charaktere einer auditiv präsentierten Geschichte und kamen zu dem Ergebnis, dass 6- und 8-jährige Kinder bereits in der Lage sind, solche Inferenzen zu bilden und dass die Anzahl der gebildeten Inferenzen die korrekte Wiedergabe der Geschichte positiv beeinflusst. Bei der Laut-Denken-Methode muss jedoch die Möglichkeit berücksichtigt werden, dass manche der dadurch erfassten Inferenzen im normalen Rezeptionsprozess gar nicht gebildet, sondern von der Methode erzwungen werden oder dass manche Inferenzen trotz dieser Methode vom Rezipienten nicht verbalisiert werden können.

Auch im filmischen Bereich werden Inferenzen und narratives Verständnis häufig mittels Laut-Denken-Protokollen oder offenen Fragen zum Film(-ausschnitt) erfasst. Die Frage »Was passiert als Nächstes?« erfragt beispielsweise prädiktive Inferenzen. Magliano, Dijkstra und Zwaan (1996) erfassten prädiktive Inferenzen, indem sie die Rezipienten baten, den Film immer dann zu stoppen, wenn ihnen bei der Rezeption Vorhersagen in den Sinn kamen und diese dann aufzuschreiben. Sie konnten zeigen, dass bestimmte filmische Darstellungsformen wie beispielsweise mis en scène, Montage oder Musik sich unterschiedlich stark auf die Bildung von prädiktiven Inferenzen auswirken.

Das durch die narrative Verarbeitung des Textes entstandene Situationsmodell, aber auch die kognitive Repräsentation der propositionalen Struktur und der Oberflächenstruktur eines Textes können offline mittels eines cued oder free recalls zum Text erfasst und mit einer theoretisch erwarteten Struktur (z. B. propositionale Struktur des Textes), einem Situationsmodell inklusive Inferenzen, Erzählschemata (Mandler, 1984) oder dem kausalen Netzwerk einer Geschichte (Trabasso & van den Broek, 1985) verglichen werden. McNamara, Kintsch, Butler Songer und Kintsch (1996) beispielsweise konnten mittels cued und free recall zeigen, dass das Textverständnis mit insgesamt kohärenten und stärker erklärenden Texten besser ist als mit weniger kohärenten und weniger erklärenden Texten.

Kritik

Der größte Teil der Forschung zum narrativen Verstehen findet nach wie vor in der Textverstehensforschung statt. Trotzdem wurden mittlerweile medienübergreifende Ansätze entwickelt, die auch dringend mit unterschiedlichen Medien untersucht werden sollten. Mit Filmen ist dies jedoch aufgrund der Erstellung experimenteller Filmvarianten nach wie vor aufwändiger als mit Texten.

Narratives Verstehen und affektive Wirkungen von Geschichten wurden bislang unabhängig voneinander untersucht, obwohl der Vorteil von narrativer

Wissensvermittlung gerade in ihrer Affektbezogenheit liegt (siehe Einleitung zu diesem Kapitel). Das Wechselspiel von narrativem Verstehen und affektiven Komponenten bei der Rezeption von Geschichten sollte daher in Zukunft in einem gemeinsamen Modell integriert und verstärkt empirisch untersucht werden. Die Index- und Aktivierungsmodelle könnten beispielsweise um emotionale Aktivierung erweitert werden und somit hierzu einen wichtigen Beitrag leisten.

Literatur

Busselle, R. & Bilandzic, H. (2008). Fictionality and perceived realism in experiencing stories: a model of narrative comprehension and engagement. *Communication Theory, 18*, 255–280.

Duchan, J. F., Bruder, G. A. & Hewitt, L. E. (1995). *Deixis in narrative. A cognitive science perspective.* Hillsdale, NJ: Lawrence Erlbaum.

Galbraith, M. (1995). Deictic shift theory and the poetics of involvement in narrative. In J. F. Duchan, G. A. Bruder & L. E. Hewitt (Eds.), *Deixis in narrative. A cognitive science perspective* (pp. 19–78). Hillsdale, NJ: Lawrence Erlbaum.

Gernsbacher, M. A. (1991). Cognitive processes and mechanisms in language comprehension: The structure building framework. In G. H. Bower (Ed.), *The psychology of learning and motivation* (pp. 217–263). New York, NY: Academic Press.

Gernsbacher, M. A. (1997). Two decades of structure building. *Discourse Processes, 23*, 265–304.

Gernsbacher, M. A., Robertson, R. R. W., Palladino, P. & Werner, N. K. (2004). Managing mental representations during narrative comprehension. *Discourse Processes, 37*, 145–164.

Graesser, A. C., Louwerse, M. M., McNamara, D. S., Olney, A., Cai, Z. & Mitchell, H. H. (2007). Inference generation and cohesion in the construction of situation models: some connections with computational linguistics. In F. Schmalhofer & C. Perfetti (Eds.), *Higher level language processes in the brain: inferences and comprehension processes.* Mahwah, NJ: Lawrence Erlbaum.

Graesser, A. C., Olde, B. & Klettke, B. (2002). How does the mind construct and represent stories? In M. C. Green, J. J. Strange & T. C. Brock (Eds.), *Narrative impact. Social and cognitive foundations* (pp. 229–262). Mahwah, NJ: Lawrence Erlbaum Associates.

Graesser, A. C., Singer, M. & Trabasso, T. (1994). Constructing inferences during narrative text comprehension. *Psychological Review, 101*, 371–395.

Graesser, A. C., Wiemer-Hastings, P. & Wiemer-Hastings, K. (2001). Constructing inferences and relations during text comprehension. In T. Sanders, J. Schilperoord & W. Spooren (Eds.), *Text representation: linguistic and psycholinguistic aspects* (pp. 249–272). Amsterdam: John Benjamins.

Lynch, J. S. & van den Broek, P. (2007). Understanding the glue of narrative structure: children's on- and off-line inferences about characters' goals. *Cognitive Development, 22*, 323–340.

Magliano, J. P., Dijkstra, K. & Zwaan, R. A. (1996). Generating predictive inferences while viewing a movie. *Discourse Processes, 22*, 199–224.

Magliano, J. P., Miller, J. & Zwaan, R. A. (2001). Indexing space and time in film understanding. *Applied Cognitive Psychology, 15*, 533–545.

Mandler, J. M. (1984). *Stories, scripts, and scenes: aspects of schema theory.* Hillsdale, NJ: Lawrence Erlbaum.

McNamara, D. S., Kintsch, E., Butler Songer, N. & Kintsch, W. (1996). Are good texts always better? Interactions oft ext coherence, background knowledge, and level of understanding in learning from text. *Cognition and Instruction, 14*, 1–43.

McNamara, D. S. & Magliano, J. (2009). Toward a comprehensive model of comprehension. In B. Ross (Ed.), *The psychology of learning and motivation vol. 51* (pp. 297–384). Burlington: Academic Press.
Myers, J. L., O'Brien, E. J., Albrecht, J. E. & Mason, R. A. (1994). Maintaining global coherence during reading. *Journal of Experimental Psychology: Learning, Memory, and Cognition, 20*, 876–886.
Ohler, P. (1994). *Kognitive Filmpsychologie. Verarbeitung und mentale Repräsentation narrative Filme.* Münster: MAkS Publikationen Münster.
Rinck, M. & Weber, U. (2003). Who when where: An experimental test of the event-indexing model. *Memory & Cognition, 31*, 1284–1292.
Sugiyama, M. S. (2001). Food, foragers, and folklore: the role of narrative in human subsistence. *Evolution and Human Behavior, 22*, 221–240.
Trabasso, T. & van den Broek, P. W. (1985). Causal thinking and the representation of narrative events. *Journal of Memory and Language, 24*, 612–630.
Uzzaman, S. & Joordens, S. (2011). The eyes know what you are thinking: Eye movements as an objective measure of mind wandering. *Consciousness and Cognition, 20*, 1882–1886.
Van den Broek, P. W., Young, M., Tzeng, Y. & Linderholm, T. (1999). The landscape model of reading. In H. van Oostendorp & S. R. Goldman (Eds.), *The construction of mental representations during reading* (pp. 71–98). Mahwah, NJ: Erlbaum.
Van Dijk, T. A. & Kintsch, W. (1983). *Strategies in discourse comprehension.* New York: Academic Press.
Zwaan, R. A. (1994). Effects of genre expectation on text comprehension. *Journal of Experimental Psychology: Learning, Memory, and Cognition, 20*, 920–933.
Zwaan, R. A. (2004). The immersed experiencer: Toward an embodied theory of language comprehension. In B. H. Ross (Ed.), *The psychology of learning and motivation vol.*44 (pp. 35–62). San Diego: Elsevier Academic Press.
Zwaan, R. A., Langston, M. C. & Graesser, A. C. (1995). The construction of situation models in narrative comprehension: an event-indexing model. *Psychological Science, 6*, 292–297.
Zwaan, R. A., Magliano, J. P. & Graesser, A. C. (1995). Dimensions of situation model construction in narrative comprehension. *Journal of Experimental Psychology: Learning, Memory, and Cognition, 21*, 386–397.
Zwaan, R. A., Radvansky, G. A., Hilliard, A. E. & Curiel, J. M. (1998). Constructing multidimensional situation models during reading. *Scientific Studies of Reading, 2*, 199–220.

Multiple Dokumente

Martin Merkt und Yvonne Kammerer

Worum geht es?

Die Forschung zum Verstehen multipler Dokumente beschäftigt sich damit, wie Lernende Informationen aus mehreren Dokumenten verarbeiten und mental repräsentieren. Mit der beachtlichen Verbreitung des Internets als Informationsquelle ist diese Forschungsrichtung von hoher Relevanz für den Alltag, da sie sich unter anderem mit der Frage beschäftigt, inwiefern Personen Informationen über Quellen beachten und wie sie Inhalte aus verschiedenen Quellen miteinander vergleichen und integrieren. Dabei stehen häufig kontrovers diskutierte Themen im Fokus der Aufmerksamkeit.

Auch für den akademischen Bereich ist die Forschung zur Verarbeitung multipler Dokumente einschlägig, da komplexes Wissen häufig über verschiedene Quellen verteilt ist, die Studierende im Laufe ihres Studiums bearbeiten müssen. Weiterhin werden Forschungsbefunde aus einer Domäne zumeist in verschiedenen Artikeln kommuniziert, welche von den Interessenten selbst integriert werden müssen, um sich einen kohärenten Überblick über den aktuellen Stand der Forschung zu verschaffen. Dasselbe gilt zum Beispiel für das Fach Geschichte, in dem Informationen aus verschiedenen Primär- und Sekundärquellen integriert werden müssen, um sich ein möglichst adäquates Bild von der Vergangenheit zu verschaffen.

Darstellung der Annahmen

Zentrale Annahmen zur Verarbeitung multipler Dokumente leiten sich aus einem Vergleich von Historikern und Laien bei der Arbeit mit verschiedenen Text- und Bilddokumenten ab (Wineburg, 1991). Insgesamt benannte Wineburg (1991) drei Strategien, die Historiker im Gegensatz zu Laien anwenden, um sich einen Eindruck von den Materialien zu verschaffen. Diese Strategien sind *sourcing*, *corroboration* und *contextualization*. *Sourcing* (Quellen bewerten) bezieht sich auf die Berücksichtigung von Quelleninformationen über die Dokumente (z. B. Autor, Jahreszahl, mögliche Motivation) bei der Interpretation von deren Inhalten. *Corroboration* (untermauern) bezieht sich auf den Vergleich von Informationen aus verschiedenen Dokumenten, um Aussagen durch gefundene Gemeinsamkeiten zu erhärten oder durch Widersprüche zu entkräften. Zuletzt bezieht sich *contextualization* (kontextualisieren) auf das Überprüfen der Plausibilität der Inhalte durch eine Einordnung in das eigene Weltwissen sowie deren zeitliche und räumliche Kontexte. Die Anwendung dieser Strategien ist wichtig, um eine vollständige und korrekte mentale Repräsentation des in den verschiedenen Dokumenten beschriebenen Sachverhalts zu erlangen.

Mit den mentalen Repräsentationen, die kompetente Leser beim Umgang mit multiplen Dokumenten zu einem Thema ausbilden, beschäftigt sich auch die Theorie der Repräsentation multipler Dokumente von Britt und Kollegen (Britt, Perfetti, Sandak & Rouet, 1999; Britt & Rouet, 2012; Perfetti, Rouet & Britt, 1999; Rouet, 2006). Die Theorie ist eine Erweiterung des Construction-Integration-Modells (Kintsch, 1998; CIM). Das CIM beschreibt die mentale Repräsentation, die beim Lesen eines einzelnen Dokumentes gebildet wird. Dabei wird von zwei verschiedenen Repräsentationsebenen ausgegangen, die über die Repräsentation von Inhalten im Wortlaut hinausgehen: die Textbasis und das Situationsmodell. Während in der Textbasis lediglich die Inhalte eines Dokumentes enthalten sind, beinhaltet das Situationsmodell auch Verknüpfungen mit dem Vorwissen der Rezipienten. Britt und Kollegen (Britt et al., 1999; Britt

& Rouet, 2012; Perfetti et al, 1999; Rouet, 2006) nehmen an, dass Rezipienten mehrerer Dokumente, zusätzlich zu Situationsmodellen für jedes einzelne Dokument, zwei weitere Repräsentationsebenen bilden: das mentale Modell und das Intertext-Modell. Beim mentalen Modell handelt es sich um eine integrierte mentale Repräsentation der Inhalte (insbesondere der zentralen Argumente bzw. Kernaussagen) über alle Dokumente hinweg. Das Intertext-Modell enthält Quelleninformationen zu einzelnen Dokumenten (Dokumentenknoten) sowie Verknüpfungen zwischen den Dokumentenknoten (Quelle-Quelle-Verbindungen) bzw. zwischen Dokumentenknoten und Inhalten (Quelle-Inhalts-Verbindungen). Dokumentenknoten können sowohl objektive Informationen (z. B. Name einer Autorin bzw. eines Autors) als auch bewertende Informationen (z. B. eine vermutete Intention der Autorin bzw. des Autors) enthalten. Quelle-Quelle-Verbindungen stellen Beziehungen zwischen den Dokumenten dar (z. B. Quelle A und B widersprechen sich oder stimmen überein). In den Quelle-Inhalts-Verbindungen wird repräsentiert, welche Information von welcher Quelle stammt (d. h., wer sagt was). Quelle-Inhalts-Verbindungen stellen somit die Verknüpfung zwischen Intertext-Modell und mentalem Modell dar. Insgesamt wird die mentale Repräsentation multipler Dokumente als Dokumentenmodell bezeichnet (▶ Abb. 2.11).

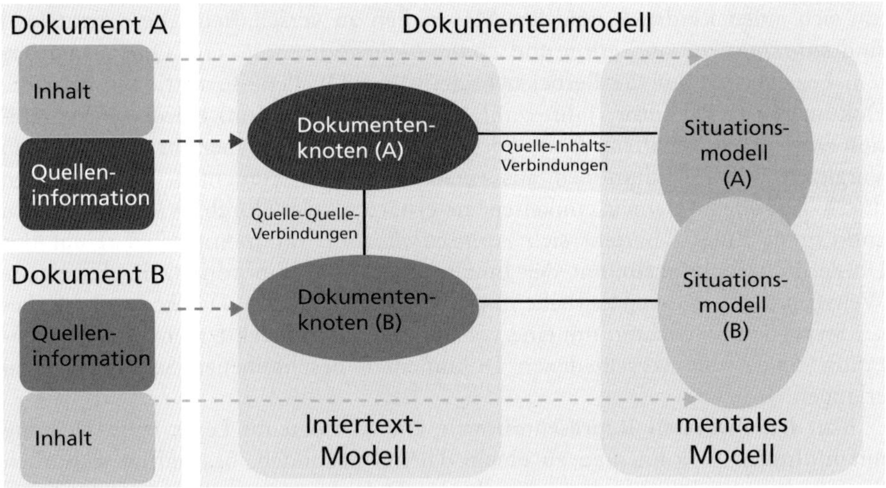

Abb. 2.11: Das Dokumentenmodell nach Britt und Rouet (2012)

Typische Methodik

Üblicherweise werden den Probanden zwischen fünf und zehn Dokumente vorgelegt, anhand derer sie sich einen Überblick über ein kontrovers diskutiertes Thema verschaffen sollen. Häufige Themenfelder sind dabei Medizin (z. B. Bråten, Ferguson, Strømsø & Anmarkrud, 2014; Kammerer & Gerjets, 2014;

Stadtler, Scharrer, Skodzik & Bromme, 2014), Geschichte (z. B. Wiley & Voss, 1996, 1999; Wineburg, 1991) oder soziowissenschaftliche Themen wie der Klimawandel (Salmerón, Gil, Bråten & Strømsø, 2010; Strømsø, Bråten & Britt, 2010). Während frühere Studien noch auf Untersuchungsmaterialien in Papierform zurückgriffen (Wineburg, 1991), werden die Untersuchungsmaterialien in neueren Studien überwiegend auf dem Computer dargeboten (z. B. Bråten et al., 2014; Britt & Aglinskas, 2002; Stadtler & Bromme, 2008; Stadtler et al., 2014). Eine computergestützte Darbietung der Materialien bietet den Vorteil, dass ohne größeren Aufwand reliable Daten über die Nutzungsdauer und Nutzungshäufigkeit einzelner Materialien erfasst werden können.

Je nach empirischer Fragestellung werden verschiedene unabhängige Variablen eingesetzt. Zum Beispiel werden in quasi-experimentellen Untersuchungen Probanden mit unterschiedlichen individuellen Voraussetzungen miteinander verglichen, um etwa den Einfluss von thematischer Expertise (z. B. Wineburg, 1991) oder von epistemologischen Überzeugungen auf die Bearbeitung multipler Dokumente abzubilden (Bråten, Britt, Strømsø & Rouet, 2011; Bråten et al., 2014). Epistemologische Überzeugungen sind Überzeugungen von Lernenden über Wissen und die Entstehung von Wissen (Hofer & Pintrich, 1997). In experimentellen Studien wird unter anderem der Einfluss von konflikthaften Dokumenten auf Verarbeitungsprozesse untersucht, indem die Dokumente entweder alle konsistent einen Standpunkt vertreten oder sich in ihren Standpunkten widersprechen (Kammerer & Gerjets, 2014). Dabei kann die Salienz von Konflikten auch durch den Einsatz von Signalwörtern wie *jedoch* und *entsprechend* variiert werden (Stadtler et al., 2014). Auch wird experimentell manipuliert, inwiefern Lernende instruktionale Unterstützung bei der Nutzung multipler Dokumente erhalten (Britt & Aglinskas, 2002; Stadtler & Bromme, 2008; Wiley, Goldman, Graesser, Sanchez, Ash & Hemmerich, 2009). Des Weiteren wird untersucht, inwiefern die Vorgabe unterschiedlicher Leseziele (z. B. Dokumente zusammenfassen vs. argumentieren) einen Einfluss auf die Bearbeitung multipler Dokumente hat (Stadler et al., 2014; Wiley & Voss, 1996, 1999).

Als abhängige Variable werden häufig offene Antwortformate eingesetzt, in denen die Probanden dazu aufgefordert werden, auf Basis der vorgelegten Materialien eine schriftliche Empfehlung oder eine Einschätzung abzugeben. Die offenen Antworten werden dahingehend analysiert, inwiefern die Probanden explizit Quellen referenzieren (z. B. Kammerer & Gerjets, 2014; Stadtler et al., 2014; Strømsø, Bråten, Britt & Ferguson, 2013) oder inwiefern Informationen aus verschiedenen Quellen integriert werden (z. B. Stadtler et al., 2014; Wiley & Voss, 1996, 1999). Ergänzend kommen geschlossene Antwortformate zum Einsatz, die eine Einschätzung der Glaubwürdigkeit und Nützlichkeit einzelner Dokumente (Rouet, Britt, Mason & Perfetti, 1996), Quelleninformationen und Inhalte der einzelnen Dokumente sowie Verknüpfungen zwischen den Dokumenten (z. B. Salmerón et al., 2010; Strømsø et al., 2010) abfragen. Zusätzlich kann das Nutzerverhalten mittels einer Aufzeichnung von Nutzungspfaden (Bråten et al., 2014, Salmerón et al., 2010) und Blickbewegungen (Kammerer & Gerjets, 2014) oder durch die Methode des lauten Denkens (Anmarkrud, McCrudden, Bråten & Strømsø, 2013; Strømsø et al., 2013) erfasst werden.

Zentrale empirische Befunde

Insgesamt scheint sich die Bearbeitung multipler Dokumente positiver auf die Entwicklung von Strategien wie *sourcing* und *corroboration* auszuwirken als die Bearbeitung von inhaltsgleichen Einzeldokumenten (Nokes, Dole & Hacker, 2007; Wiley & Voss, 1999). Konkret betreffen die zentralen Befunde zur Verarbeitung multipler Dokumente drei übergeordnete Bereiche, die nachfolgend zusammenfassend dargestellt werden sollen: individuelle Voraussetzungen auf Seiten der Nutzer, instruktionale Unterstützung durch die Gestaltung der Lernumgebung und der Lernaufgabe sowie der Einfluss konflikthafter Informationen auf den Bearbeitungsprozess.

Beginnend mit der Untersuchung von Wineburg (1991) wurde wiederholt gezeigt, dass geringe Expertise der Rezipienten mit einer relativ geringen Beachtung von Informationen über die Quellen (*sourcing*) einhergeht. So scheinen selbst Studierende bei der Bearbeitung von multiplen Dokumenten zu Themen bezüglich derer sie Laien sind spontan kaum Quellenangaben zu verwenden (Britt & Aglinskas, 2002; Kammerer & Gerjets, 2014; Wineburg, 1991). Als weiterer möglicher personaler Einflussfaktor auf die Nutzung von multiplen Dokumenten wurden epistemologische Überzeugungen identifiziert. Dabei unterscheiden Hofer und Pintrich (1997) insgesamt vier Dimensionen, die von Bråten et al. (2011) in Zusammenhang mit der kompetenten Bearbeitung multipler Dokumente gebracht wurden. So scheinen Personen, die (1) Wissen als komplexes Konstrukt einschätzen und (2) Wissen als unsicher und vorläufig betrachten, besser mit multiplen Dokumenten zurechtzukommen als Personen, die Wissen eher als einfach und unveränderlich betrachten. Darüber hinaus zeigen Personen, die (3) Wissen durch einen ständigen Vergleich unterschiedlicher Quellen gerechtfertigt sehen, ein besseres Verständnis von multiplen Dokumenten. Dagegen haben Personen, die (4) Wissen als das Resultat eines eigenen aktiven Konstruktionsprozesses sehen, ein schlechteres Verständnis von multiplen Dokumenten (über ein ihnen eher unbekanntes Thema) als Personen mit der Überzeugung, dass Wissen externen Autoritäten entspringt.

Neben den individuellen Voraussetzungen hat auch die instruktionale Unterstützung der Lernenden einen Einfluss auf die kompetente Nutzung multipler Dokumente. So wurden Lernende zum Beispiel durch ein Training zur Quellenbewertung (Wiley et al., 2009) oder in computer-basierten Lernumgebungen wie *Sourcer's Apprentice* (Britt & Aglinskas, 2002) und *Met.a.ware* (Stadtler & Bromme, 2008) durch die Funktionalität der jeweiligen Programme (z. B. Prompts) erfolgreich dabei unterstützt, Quelleninformationen zu beachten (*sourcing*). Auch die Anzahl von Vergleichen zwischen verschiedenen Dokumenten (*corroboration*) konnte durch die Nutzung von *Sourcer's Apprentice* gesteigert werden (Britt & Aglinskas, 2002).

Zusätzlich zur Unterstützung der Lernenden durch entsprechende Programme, scheinen auch unterschiedliche Leseziele einen Einfluss auf die Nutzung multipler Dokumente zu haben. So führen Leseziele, die die Bildung einer fundierten Meinung in den Mittelpunkt stellen, zu einer tieferen Verarbeitung der Inhalte als Leseziele, die vorrangig das Erinnern einzelner Fakten betonen

(Maier & Richter, 2013). Weiterhin verfassten Probanden, die die Inhalte verschiedener Dokumente in einem Aufsatz diskutieren sollten, Aufsätze mit mehr kausalen Verknüpfungen (Wiley & Voss, 1996, 1999), einer ausgewogeneren Argumentation und mehr Quellenreferenzen (Stadtler et al., 2014) als Probanden, die die Inhalte lediglich zusammenfassen, erklären oder in einer Geschichte darstellen sollten. Dabei ist jedoch zu beachten, dass der Effekt des Leseziels in der Untersuchung von Stadtler et al. (2014) nur dann zu beobachten war, wenn die Salienz von Widersprüchen durch den Einsatz entsprechender Signalwörter erhöht war. Diese Einschränkung geht mit der Beobachtung einher, dass konflikthafte Informationen zur vermehrten Beachtung von Quelleninformationen führen (Kammerer & Gerjets, 2014; Strømsø et al., 2013; siehe auch Braasch, Rouet, Vibert & Britt, 2012 für vergleichbare Befunde in Einzeldokumenten). Bei der Auswahl von Informationen scheinen auch deren Plausibilität (Maier & Richter, 2013) und wahrgenommene Relevanz (Anmarkrud et al., 2013) wichtige Kriterien zu sein.

Während sich konflikthafte Informationen auch aus unterschiedlichen Perspektiven auf eine noch ungeklärte Fragestellung ergeben können, enthalten manche Dokumente objektiv falsche Informationen. Dies ist zum Beispiel häufig bei kommerziellen Historienfilmen der Fall, die Informationen zu Gunsten der Dramaturgie manipulieren (Butler, Zaromb, Lyle & Roediger, 2009). Es hat sich gezeigt, dass Fehlinformationen in Filmen häufig als korrekte Informationen erinnert werden, selbst wenn den Probanden zusätzlich die korrekten Informationen als Text vorliegen und sie allgemein vor Fehlern im Film gewarnt werden (Butler et al., 2009) oder darum gebeten werden, den Film im Hinblick auf auftretende Fehler zu überwachen (Umanath, Butler & Marsh, 2012). Nur wenn die Fehler explizit mit den korrekten Informationen kontrastiert werden, werden weniger Fehlinformationen als korrekte Informationen erinnert (Butler et al., 2009; Umanath et al., 2012). Interessanterweise werden vereinzelt jedoch auch Fehlinformationen, die während der Rezeption als Fehlinformationen identifiziert werden, bei nachfolgenden Tests wieder fehlerhaft als korrekte Informationen benannt (Umanath et al., 2012). Damit weisen die genannten Studien darauf hin, dass Fehlinformationen in multiplen Dokumenten selbst dann nachhaltig eine Auswirkung auf die Repräsentation der Inhalte haben können, wenn sie ohne weitere instruktionale Maßnahmen zusammen mit den korrekten Informationen in anderen Dokumenten dargeboten werden.

Kritik

In den meisten Studien zur Untersuchung des Wissenserwerbs mit multiplen Dokumenten wird mit vorgegeben Listen von Materialien gearbeitet, die die Lernenden entsprechend einer Fragestellung bearbeiten. Dabei sind die Materialien häufig explizit für die Studie aufbereitet, um kontrollierte Bedingungen für ein intern valides Experiment zu erschaffen. Während dieses Vorgehen zur Identifikation grundlegender Mechanismen der Verarbeitung multipler Dokumente vielversprechend ist, können daraus nur bedingt Rückschlüsse auf die tatsächliche Verarbeitung von Informationen beim alltäglichen Gebrauch von Informationen im Internet abgeleitet werden. So bietet das Internet in der Regel weit mehr Materialalternativen, als diese in den Studien zur Untersuchung multipler Dokumente angegeben werden. Darüber hinaus besteht bei der Navigation im Internet weit mehr Varianz im Hinblick auf die Gestaltung der Webseiten und damit einhergehend der Platzierung von Quelleninformationen, als dies in den meisten Studien der Fall ist.

Des Weiteren wird zwar häufig das Internet als Motivation für Studien zum Verstehen multipler Dokumente angebracht, jedoch beschränken sich die eingesetzten Materialien häufig auf Texte und vernachlässigen im Internet ebenfalls weit verbreitete Formate wie zum Beispiel Bilder, Videos oder Tonaufnahmen. Dabei liefern verschiedene Befunde (Butler et al., 2009; Umanath et al., 2012) erste Anhaltspunkte dafür, dass Videos einen besonderen Einfluss auf die Verarbeitung von Informationen haben könnten. Eine systematische Untersuchung dieses Einflusses steht jedoch bis dato noch aus.

Literatur

Anmarkrud, Ø., McCrudden, M. T., Bråten, I. & Strømsø, H. I. (2013). Task-oriented reading of multiple documents: Online comprehension processes and offline products. *Instructional Science*, *41*, 873–894.

Braasch, J. G., Rouet, J., Vibert, N. & Britt, M. A. (2012). Readers' use of source information in text comprehension. *Memory & Cognition*, *40*, 450–465.

Bråten, I., Britt, M. A., Strømsø, H. I. & Rouet, J. (2011). The role of epistemic beliefs in the comprehension of multiple expository texts: Toward an integrated model. *Educational Psychologist*, *46*, 48–70.

Bråten, I., Ferguson, L. E., Strømsø, H. I. & Anmarkrud, Ø. (2014) Students working with multiple conflicting documents on a scientific issue: Relations between epistemic cognition while reading and sourcing and argumentation in essays. *British Journal of Educational Psychology, 84*, 58–85.

Britt, M. A. & Aglinskas, C. (2002). Improving students' ability to identify and use source information. *Cognition & Instruction*, *20*, 485–522.

Britt, M. A., Perfetti, C. A., Sandak, R. & Rouet, J.-F. (1999). Content integration and source separation in learning from multiple texts. In S. R. Goldman, A. C. Graesser & P. van den Broek (Eds.), *Narrative comprehension, causality, and coherence* (pp. 209–233). Mahwah, NJ: Erlbaum.

Britt, M. A. & Rouet, J. (2012). Learning with multiple documents: Component skills and their acquisition. In J. R. Kirby & M. J. Lawson (Eds.), *Enhancing the quality of learning: Dispositions, instruction, and learning processes* (pp. 276–314). New York, USA: Cambridge University Press.

Butler, A. C., Zaromb, F. M., Lyle, K. B. & Roediger, H. I. (2009). Using popular films to enhance classroom learning: The good, the bad, and the interesting. *Psychological Science*, *20*, 1161–1168.

Hofer, B. K. & Pintrich, P. R. (1997). The development of epistemological theories: Beliefs about knowledge and knowing and their relation to learning. *Review of Educational Research*, *67*, 88–140.

Kammerer, Y. & Gerjets, P. (2014). Quellenbewertungen und Quellenverweise beim Lesen und Zusammenfassen wissenschaftsbezogener Informationen aus multiplen Webseiten. *Unterrichtswissenschaft, 42*, 7–13.

Kintsch, W. (1998). *Comprehension: A paradigm for cognition.* New York, USA: Cambridge University Press.

Maier, J. & Richter, T. (2013). How nonexperts understand conflicting information on social science issues: The role of perceived plausibility and reading goals. *Journal of Media Psychology: Theories, Methods, and Applications*, *25*, 14–26.

Nokes, J. D., Dole, J. A. & Hacker, D. J. (2007). Teaching high school students to use heuristics while reading historical texts. *Journal of Educational Psychology*, *99*, 492–504.

Perfetti, C. A., Rouet, J. & Britt, M. A. (1999). Toward a theory of documents representation. In H. van Oostendorp & S.R. Goldman (Eds.), *The construction of mental representations during reading* (pp. 99–122). Mahwah, USA: Lawrence Erlbaum Associates Publishers.

Rouet, J.-F. (2006). *The skills of document use: From text comprehension to web-based learning*. Mahwah, NJ: Erlbaum.

Rouet, J., Britt, M. A., Mason, R. A. & Perfetti, C. A. (1996). Using multiple sources of evidence to reason about history. *Journal of Educational Psychology*, *88*, 478–493.

Salmerón, L., Gil, L., Bråten, I. & Strømsø, H. (2010). Comprehension effects of signalling relationships between documents in search engines. *Computers in Human Behavior*, *26*, 419–426.

Stadtler, M. & Bromme, R. (2008). Effects of the metacognitive computer-tool met.a.ware on the web search of laypersons. *Computers in Human Behavior*, *24*, 716–737.

Stadtler, M., Scharrer, L., Skodzik, T. & Bromme, R. (2014). Comprehending multiple documents on scientific controversies: Effects of reading goals and signaling rhetorical relationships. *Discourse Processes*, *51*, 93–116.

Strømsø, H. I., Bråten, I. & Britt, M. A. (2010). Reading multiple texts about climate change: The relationship between memory for sources and text comprehension. *Learning and Instruction*, *20*, 192–204.

Strømsø, H. I., Bråten, I., Britt, M. A. & Ferguson, L. E. (2013). Spontaneous sourcing among students reading multiple documents. *Cognition & Instruction*, *31*, 176–203.

Umanath, S., Butler, A. C. & Marsh, E. J. (2012). Positive and negative effects of monitoring popular films for historical inaccuracies. *Applied Cognitive Psychology*, *26*, 556–567.

Wiley, J., Goldman, S.R., Graesser, A. C., Sanchez, C. A., Ash, I. K. & Hemmerich, J. A. (2009). Source evaluation, comprehension, and learning in Internet science inquiry tasks. *American Educational Research Journal*, *46*, 1060–1106.

Wiley, J. & Voss, J. F. (1996). The effects of 'playing historian' on learning in history. *Applied Cognitive Psychology*, *10*, 63–72.

Wiley, J. & Voss, J. F. (1999). Constructing arguments from multiple sources: Tasks that promote understanding and not just memory for text. *Journal of Educational Psychology*, *91*, 301–311.

Wineburg, S. (1991). Historical problem solving: A study of the cognitive processes used in the evaluation of documentary and pictorial evidence. *Journal of Educational Psychology*, *83*, 73-87.

Falschinformation

Tobias Richter und Sascha Schroeder

Worum geht es?

Massenmedien wie Zeitungen, Radio, Fernsehen oder Internet-Nachrichtenportale berichten in immer engeren Zeitabständen über aktuelle Ereignisse. Dabei kommt es nicht selten vor, dass eine bereits verbreitete Information sich nach einer gewissen Zeit als falsch herausstellt und durch neue Informationen korrigiert wird (Millis & Erdman, 1998). Zum Beispiel musste die US-amerikanische Regierung die 2003 als Kriegsgrund angeführte Behauptung, dass der Irak über Massenvernichtungswaffen verfüge, nach jahrelanger, erfolgloser Suche zurücknehmen. Der südkoreanische Forscher Hwang Woo-Suk schaffte es 2005 mit einem angeblichen Durchbruch beim Klonen menschlicher Stammzellen auf das Titelblatt des Wissenschaftsjournals *Nature*, das den Beitrag jedoch wenig später wegen Fälschungen der berichteten Ergebnisse widerrufen musste. Bei der Tour de France 2006 wurde der Radrennfahrer Floyd Landis zunächst als Sieger ausgerufen und kurz darauf des Dopings überführt.

Normativ betrachtet sollten Nutzer von Nachrichtenmedien in solchen Fällen ihre Sicht der Dinge einer geänderten Informationslage anpassen und die diskreditierte Information in ihren Überzeugungen und Urteilen nicht mehr berücksichtigen. Experimentelle Untersuchungen aus der Sozialpsychologie und der kognitiven Psychologie des Textverstehens haben jedoch gezeigt, dass Menschen oft an einmal gewonnenen Überzeugungen festhalten, selbst wenn diese auf Informationen beruhen, die ausdrücklich korrigiert worden sind oder sich als wenig glaubhaft oder schlecht begründet herausstellen (z. B. Anderson, Lepper & Ross, 1980; Ross, Lepper & Hubbard, 1975; Wilkes & Leatherbarrow, 1988). Dieses Phänomen ist in der Literatur als Falschinformationseffekt bekannt (continued influence of misinformation, Johnson & Seifert, 1994).

Theoretische Annahmen und zentrale empirische Befunde

Unter welchen Bedingungen bleiben Informationen auch nach einer ausdrücklichen Diskreditierung wirksam, und wie kann man den Falschinformationseffekt erklären? Ausgeschlossen werden kann zunächst die naheliegende Erklärung, dass der Falschinformationseffekt nur dann auftritt, wenn Rezipienten die korrigierende Information nicht hinreichend beachten. Bereits in der Pionieruntersuchung von Ross et al. (1975), in der die Probanden fiktive Rückmeldungen über ihre Leistung in einer Unterscheidungsaufgabe erhielten, hatten die Rückmeldungen selbst dann noch einen Einfluss auf Selbsteinschätzungen der Probanden, wenn diese umfassend über den fiktiven Charakter der Rückmeldung informiert worden waren (für ähnliche Ergebnisse vgl. z. B. Johnson & Seifert, 1994; Ross, Lepper, Strack & Steinmetz, 1977). Falschinformationseffekte zeigen sich also sogar unter Bedingungen, in denen die Probanden sich eigentlich darüber im Klaren sind, dass die ursprünglich gegebene Information falsch oder wenig vertrauenswürdig ist.

Eine vielversprechendere Erklärungsmöglichkeit für den Falschinformationseffekt liefert die kognitiv-konstruktivistische Annahme, dass Rezipienten medial dargebotene Informationen nicht als isolierte Fakten im Gedächtnis abspeichern, sondern versuchen, sich diese Informationen unter Rückgriff auf ihr Vorwissen und ihre Überzeugungen verständlich zu machen (Graesser, Singer & Trabasso, 1994). Ein zentraler Aspekt dieser konstruktiven Verarbeitung besteht darin, dass Rezipienten vorwissensgestützte Erklärungen für Ereignisse und Sachverhalte generieren, über die in den Medien berichtet wird. So ist es zum Beispiel wahrscheinlich, dass Radsportinteressierte den vorgeblichen Triumph von Floyd Landis bei der Tour de France zunächst auf Ereignisse während des Rennens und die sportlichen Qualitäten des vermeintlichen Siegers zurückgeführt haben. Je enger die Repräsentation einer Information durch solche kausale Inferenzen mit anderen Informationen verknüpft ist, umso schwerer dürfte es sein, den Einfluss dieser Information auf Überzeugungen und Urteile rückgängig zu machen, wenn sie sich später als falsch herausstellt.

Tatsächlich wird die Relevanz von Erklärungen für den Falschinformationseffekt durch die Ergebnisse etlicher empirischer Untersuchungen gestützt. Anderson et al. (1980) gaben den Probanden Informationen, aus denen ein Zusammenhang zwischen der Risikoneigung von Personen und ihrem Berufserfolg als Feuerwehrmann hervorging. Einige der Probanden wurden gebeten, eine Erklärung für diesen Zusammenhang zu finden und zu notieren. Diese Probanden hielten auch dann noch an der Überzeugung fest, dass ein Zusammenhang besteht, wenn sie über den fiktiven Charakter der eingangs gegebenen Information informiert worden waren. Die Verzerrung in Richtung der diskreditierten Information war zudem deutlich größer als bei Probanden, die nicht aufgefordert worden waren, eine Erklärung zu formulieren. Darüber hinaus war die Qualität der generierten Erklärungen mit dem Ausmaß des Falschinformationseffektes positiv korreliert: Je besser sich die Probanden die rezipierte Information auf Basis ihres Vorwissens verständlich machen konnten, umso geringer fiel die Korrektur nach Diskreditierung der Information aus. Untersuchungen von Ross et al. (1977) haben gezeigt, dass vorwissensgestützte Erklärungen sogar dann die Wirkung explizit diskreditierender Hinweisreize kompensieren können, wenn diese vor der Informationsrezeption gegeben werden. In diesen Experimenten lasen die Probanden klinische Fallbeispiele und sollten dann Erklärungen für spätere Lebensereignisse der Patienten generieren. Einem Teil der Probanden wurde vor, einem anderen Teil nach der Bearbeitung der Aufgabe mitgeteilt, dass es sich um fiktive Lebensereignisse handelt. Beide Gruppen, also auch die Probanden, denen der hypothetische Charakter ihrer Erklärungen von vornherein bekannt war, hielten ein späteres Auftreten der erklärten Ereignisse für wahrscheinlicher als eine Kontrollgruppe. In eine ähnliche Richtung weisen Ergebnisse von Johnson und Seifert (1994), in deren Experimenten ein fortlaufend aktualisierter Bericht über einen Lagerhaus-Brand verwendet wurde, in dem eine zunächst gegebene Information an einer späteren Stelle korrigiert wurde. Johnson und Seifert fanden auch dann einen Einfluss der korrigierten Information auf Inferenzprozesse, wenn die korrigierende Information unmittelbar nach der korrigierten Information, also noch während der Informationsrezeption, präsentiert wurde. Darüber hinaus behielt die falsche Information nur dann ihren Einfluss, wenn sie eine wesentliche Rolle in der kausalen Struktur des Berichtes spielte, nicht aber, wenn es sich lediglich um eine Detailinformation handelte. Auch dieser Befund unterstreicht die Relevanz konstruktiver Verstehensprozesse für das Auftreten von Falschinformationseffekten.

Aus der Perspektive der kognitionspsychologischen Textverstehensforschung fördern konstruktive Verstehensprozesse wie vorwissensgestützte Erklärungen und andere Inferenzprozesse die Konstruktion eines Situationsmodells. Unter einem Situationsmodell versteht man eine referentielle Repräsentation der in einer sprachlichen Botschaft angesprochenen Ereignisse und Sachverhalte. Diese referentielle Repräsentation ist von einer sprachähnlichen (propositionalen) Repräsentation der Information selbst zu unterscheiden (vgl. Zwaan & Radvansky, 1998). Vor diesem Hintergrund lässt sich der Falschinformationseffekt als eine unzureichende Aktualisierung (updating) von Situationsmodellen beschreiben. Eine mögliche Ursache für diese unzureichende Aktualisierung besteht darin, dass Rezipienten das zu einem bestimmten Zeitpunkt im Rezeptionsprozess konstruierte Situationsmodell dazu nutzen, die Validität (Gültigkeit) eingehender Informationen zu prüfen. Wenn eine Information nicht mit den im Situationsmodell repräsentierten Sachverhalten konsistent ist, ist ihre weitere Verarbeitung erschwert, mit der Folge, dass die korrigierende Information nicht in das Situationsmodell integriert wird. Belege für diese Annahme, die mit der Moderatorfunktion selbst generierter Erklärungen und der kognitiv-konstruktivistischen Interpretation von Falschinformationseffekten kompatibel ist, haben sich in dieser Untersuchung mit Sachtexten ergeben. In dieser wurden sowohl die Integration von Textinformationen in eine Situationsmodellrepräsentation als auch Einschätzungen der Plausibilität dieser Informationen erfasst (Schroeder, Richter & Hoever, 2008). Dabei zeigte sich, dass Rezipienten solche Informationen, die sie in ihr Situationsmodell der im Text beschriebenen Sachverhalte integriert hatten, als tendenziell plausibel einschätzten, während Informationen, die keine Aufnahme in das Situationsmodell gefunden hatten, als tendenziell unplausibel eingeschätzt wurden. Derartige Plausibilitätseinschätzungen scheinen zumindest teilweise auf automatischen Prozessen zu beruhen (epistemisches Monitoring, Isberner & Richter, 2013; Richter, Schroeder & Wöhrmann, 2009).

Wenn Rezipienten das auf Basis bereits verarbeiteter Informationen konstruierte Situationsmodell zur Validitätsprüfung neuer Informationen einsetzen, wie kann die Repräsentation einer einmal gegebenen Information dann überhaupt korrigiert werden? Eine Antwort auf diese Frage lautet, dass Rezipienten eine diskreditierte Information nur dann beibehalten, wenn ein plausibles alternatives Situationsmodell nicht oder nur unter erschwerten Bedingungen konstruiert werden kann. Sofern die neue Information die alte Information im Situationsmodell problemlos ersetzen kann, weil zum Beispiel die konstruierte kausale Erklärung beibehalten werden kann, tritt kein Falschinformationseffekt auf

(Johnson & Seifert, 1994). Eine zweite Antwort lautet, dass Rezipienten eine Information vor allem dann in ein Situationsmodell aufnehmen, wenn sie diese Information für plausibel halten (Maier & Richter, 2013; Schroeder et al., 2008). Eine Information, die nicht zu bereits vorhandenen Überzeugungen passt, wird in der Regel nicht in ein änderungsresistentes Situationsmodell integriert, so dass sie vergleichsweise leicht korrigiert werden kann. Im Einklang mit dieser Annahme zeigten sich in einer Untersuchung zur Wirkung von Medienberichten über den Irak-Krieg von 2003 in verschiedenen Ländern Falschinformationseffekte nur bei (mehrheitlich kriegsunkritischen) Probanden aus den USA, nicht aber bei (mehrheitlich kriegskritischen) Probanden aus Deutschland (Lewandowski, Stritzke, Oberauer & Morales, 2005).

Typische Methodik

Das zum Nachweis eines Falschinformationseffektes minimal erforderliche experimentelle Design enthält eine Versuchsbedingung, in der die Probanden eine Information rezipieren (z. B. einen nachrichtenähnlichen Bericht), die dann durch eine weitere Information korrigiert oder diskreditiert wird (z. B. eine korrigierende Meldung). Diese Versuchsbedingung wird mit weiteren Bedingungen verglichen, in denen keinerlei Informationen (baseline) oder keine diskreditierenden Informationen gegeben werden. Dieses Minimaldesign kann durch weitere unabhängige Variablen ergänzt werden, deren Moderatorfunktion für das Auftreten von Falschinformationseffekten untersucht werden soll. Beispiele sind der Zeitpunkt, an dem die diskreditierende Information gegeben wird, oder die Induktion bestimmter kognitiver Prozesse (z. B. durch das Generieren von Erklärungen). Als abhängige Variablen werden meist Indikatoren der Überzeugungsstärke erhoben, aus denen sich schließen lässt, in welchem Ausmaß die Überzeugungen von Probanden von der diskreditierten Information beeinflusst sind (z. B. die subjektive Wahrscheinlichkeit von Ereignissen). Zusätzlich wird gelegentlich die Verfügbarkeit der diskreditierten und der diskreditierenden Information mit Erinnerungsaufgaben überprüft. Mit (Reaktionszeit-)Aufgaben aus der kognitiven Psychologie können weitergehende Analysen von Rezeptionsprozessen und den daraus entstehenden Repräsentationen vorgenommen werden (z. B. Analysen des Situationsmodells, vgl. Richter, 2008).

Kritik

Inzwischen hat sich die Forschung zum Falschinformationseffekt weitgehend von der primär sozialpsychologischen Fragestellung der Personen- und Selbstbeurteilung losgelöst und wird heute allgemein im Kontext der Theoriebildungen der Gedächtnis- und Textverarbeitungspsychologie diskutiert. Trotz dieser produktiven Einbindung in generelle kognitionspsychologische Erklärungsmodelle fehlen bis jetzt jedoch noch differenzierte Vergleichsstudien, die die Gemeinsamkeiten, aber auch die Unterschiede zwischen dem Falschinformationseffekt und anderen Phänomenen konstruktiver Gedächtnis- und Urteilsverzerrungen herausarbeiten. Eine parallele Erklärungsstruktur kann zum Beispiel auch für den sogenannten Innuendo-Effekt angesetzt werden, bei dem eine Person medial dadurch diskreditiert wird, dass ihr eine negative Eigenschaft zugesprochen wird, ohne dass sich der Sender bezüglich des Wahrheitsgehaltes dieser Aussage festlegt (wie zum Beispiel bei der Überschrift »Lügt Merkel?«; vgl. Wegener, Wetzlaff, Kerker & Keattie, 1981).

Angesichts dieses wesentlich erweiterten Erklärungsanspruchs scheint es sinnvoll, vermehrt Prozessmodelle zur konkreten Verarbeitung von Falschinformationen zu formulieren und diese mit Erhebungsmethoden zu überprüfen, die eine direktere Erfassung von Verarbeitungsprozessen ermöglichen als reine Erinnerungs- und Einstellungsindikatoren. Dabei könnten zum Beispiel Lesezeitmessungen, die Methode des lauten Denkens oder andere in der kognitionspsychologischen Textverstehensforschung entwickelte Prozessmaße eingesetzt werden (für einen Überblick s. Haberlandt, 1994; Richter, 2008). Auf dieser Basis können auch weiterführende Fragestellungen wie die Rolle moderierender Personenvariablen und geeigneter Korrekturmaßnahmen zur Verhinderung des Falschinformationseffektes angegangen werden (z. B. Instruktionen zur kritischen Verarbeitung, Rapp, Hinze, Kohlhepp & Ryskin, 2014).

Ein allgemeines Desiderat für zukünftige Forschung besteht schließlich darin, vermehrt medienpsychologische Untersuchungen zum Falschinformationseffekt durchzuführen. Obwohl der Effekt für ein Verständnis der Wirkung von Informations- und Nachrichtenmedien ganz offensichtlich relevant ist, sind das Konstrukt und die dazu vorgeschlagenen Erklärungsmodelle in der Medienpsychologie bislang nach wie vor kaum aufgegriffen worden.

Literatur

Anderson, C.A., Lepper, M. R. & Ross, L. (1980). Perseverance of social theories: The role of explanation in the persistence of discredited information. *Journal of Personality and Social Psychology, 39*, 1037–1049.

Graesser, A. C., Singer, M. & Trabasso, T. (1994). Constructing inferences during narrative text comprehension. *Psychological Review, 101*, 371–395.

Haberlandt, K. (1994). Methods in reading research. In M. A. Gernsbacher (Ed.), *Handbook of psycholinguistics* (pp. 1–31). San Diego, CA: Academic Press.

Isberner, M.-B. & Richter, T. (2013). Can readers ignore implausibility? Evidence for nonstrategic monitoring of event-based plausibility in language comprehension. *Acta Psychologica, 142*, 15–22.

Johnson, H. M. & Seifert, C. M. (1994). Sources of the continued influence effect: When misinformation in memory affects later inferences. *Journal of Experimental Psychology: Learning, Memory, and Cognition, 20*, 1420–1436.

Johnson, H. M. & Seifert, C. M. (1998). Updating accounts following a correction of misinformation. *Journal of Experimental Psychology: Learning, Memory, and Cognition, 24*, 1483–1494.

Lewandowsky, S., Stritzke, W. G. K., Oberauer, K. & Morales, M. (2005). Memory for fact, fiction, and misinformation. *Psychological Science, 16*, 190–195.

Maier, J. & Richter, T. (2013). How nonexperts understand conflicting information on social science issues: The role of perceived plausibility and reading goals. *Journal of Media Psychology, 25*, 14–26.

Millis, K. K. & Erdman, B. J. (1998). Comprehending news articles: Updating the news. *Poetics, 25*, 343–361.
Rapp, D.N., Hinze, S.R., Kohlhepp, K. & Ryskin, R.A. (2014). Reducing reliance on inaccurate information. *Memory and Cognition, 42*, 11–26.
Richter, T. (2008). Forschungsmethoden der Medienpsychologie. In B. Batinic & M. Appel (Hrsg.), *Medienpsychologie* (S. 3–47). Heidelberg: Springer.
Richter, T., Schroeder, S. & Wöhrmann, B. (2009). You don't have to believe everything you read: Background knowledge permits fast and efficient validation of information. *Journal of Personality and Social Psychology, 96*, 538–558.
Ross, L., Lepper, M. R. & Hubbard, M. (1975). Perseverance in self-perception and social perception: Biased attributional processes in the debriefing paradigm. *Journal of Personality and Social Psychology, 32*, 880–892.
Ross, L., Lepper, M. R., Strack, F. & Steinmetz, J. (1977). Social explanation and social expectation: Effects of real and hypothetical explanations on subjective likelihood. *Journal of Personality and Social Psychology, 35*, 817–829.
Schroeder, S., Richter, T. & Hoever, I. (2008). Getting a picture that is both accurate and stable: Situation model construction and epistemic validation. Journal of Memory and Language, *59*, 237–259.
Seifert, C. M. (2002). The continued influence of misinformation in memory: What makes a correction effective? In B. H. Ross (Ed.), *The psychology of learning and motivation: Advances in research and theory, 41* (pp. 265–292). San Diego: Academic Press.
Wegner, D. M. & Wenzlaff, R., Kerker, R. M. & Beattie, A. E. (1981). Incrimination through innuendo: Can media questions become public answers? *Journal of Personality and Social Psychology, 40*, 822–832.
Wilkes, A. L. & Leatherbarrow, M. (1988). Editing episodic memory following the identification of error. *Quarterly Journal of Experimental Psychology: Human Experimental Psychology, 40*, 361–387.
Zwaan, R. A. & Radvansky, G. A. (1998). Situation models in language comprehension and memory. *Psychological Bulletin, 123*, 162–185.

Hostile Media Effect

Nicole C. Krämer

Worum geht es?

Im US-amerikanischen Präsidentschaftswahlkampf im Jahre 1980 wurde ein zunächst seltsam anmutendes Phänomen beobachtet: In Reaktion auf einen Bericht im Times Magazine gingen Briefe mit Beschwerden ein, dass die Berichterstattung einseitig sei – überraschenderweise allerdings nicht nur aus einem Lager. Durch denselben Artikel fühlten sich sowohl die Anhänger des Kandidaten Ronald Reagan als auch die von Jimmy Carter benachteiligt und äußerten, dass die Medien ihre Position in feindlicher Weise torpedierten (vgl. Vorwürfe an die New York Times, dass die Berichterstattung pro-israelisch/pro-palästinensisch ausgerichtet sei, Galloway, 2004). Diese anekdotischen Belege konnten in einer Feldstudie von Vallone, Ross und Lepper (1985) bestätigt werden: Zwar fanden 66 % der Wähler die Wahlkampfberichterstattung ausgewogen, von den übrigen berichtete allerdings die Mehrheit (89 %), dass ihr eigener Kandidat benachteiligt wurde. Dieser sogenannte »hostile media effect« (oder auch hostile media bias, hostile media perception) wurde erstmals von Vallone, Ross und Lepper (1985) beschrieben und definiert als die Tendenz der Anhänger einer bestimmten Position, die Medienberichterstattung als einseitig zu ihren Ungunsten gefärbt wahrzunehmen. Als Voraussetzungen für dieses Phänomen, bei dem sich beide Seiten durch den gleichen Bericht benachteiligt fühlen, wurden zunächst ein kontroverses Thema, eine involvierte Anhängerschaft und eine tatsächlich neutrale Berichterstattung festgehalten (Giner-Sorolla & Chaiken, 1994).

Darstellung der Annahmen

Grundlage für das Phänomen sind sozialpsychologische Gesetzmäßigkeiten, auf Grund derer Menschen ihre Welt konstruieren: »Social perceivers, it has long been recognized, are far from passive, impartial recorders of the events that unfold around them« (Vallone et al., 1985, S. 577). Allerdings wurde in diesem Zusammenhang bislang überwiegend festgestellt, dass man in einem selektiven Prozess eher die Aspekte wahrnimmt und erinnert, die die eigene Position stützen. Dieser konfirmatorische oder Assimilations-Fehler (Lord, Ross & Lepper, 1979) führt dazu, dass man seine eigene Anfangsmeinung stützt und beibehält. Trotz dieses Widerspruchs in den Ergebnissen wird auch der Hostile-Media-Effekt durch dieselben Tendenzen der sozialen Kognition verursacht, diese wirken sich allerdings im Zusammenhang mit der Rezeption von Massenmedien anders aus (vgl. Erklärungsmuster weiter unten).

Zunächst wurden drei Mechanismen zur Erklärung des Hostile-Media-Effektes unterschieden (Giner-Sorolla & Chaiken, 1994; Schmitt, Gunther & Liebhart, 2004; Vallone et al., 1985): *selective recall*, *selective categorization* und *different standards*. Beim *selective recall* geht man davon aus, dass für die Vertreter unterschiedlicher Positionen jeweils die Informationen salienter sind, die der eigenen Haltung widersprechen und diese daher besser erinnert werden. Bei der *Selective-Categorization-Annahme* wird postuliert, dass die Anhänger beider Positionen zwar denselben Inhalt wahrnehmen, dass aber insbesondere Argumente, die von anderen als neutral eingestuft würden, hier als der eigenen Position entgegenstehend wahrgenommen werden. Dies beruht auf der social judgment theory (Sherif & Hovland, 1961), in deren Rahmen gezeigt werden konnte, dass bei involvierten Personen alle neutralen Stimuli als Gegenargumente eingestuft werden. Somit werden alle Aussagen, die nicht klar unterstützend sind, als Argumente der gegnerischen Position angenommen (Giner-Sorolla & Chaiken, 1994).

Während bei beiden oben genannten Mechanismen davon ausgegangen wird, dass die jeweiligen Anhänger sich fundamental hinsichtlich dessen unterscheiden, was sie wahrnehmen oder wie sie die gegebenen Informationen bewerten, wird bei der *Different-Standards*-Erklärung jede Information von allen gleich wahrgenommen, bewertet und einer Position zugeordnet. Die jeweiligen Anhänger unterscheiden sich allerdings hinsichtlich der Tatsache, welche Argumente sie im Sinne einer fairen Behandlung des Themas zulassen würden. Der Einbezug der Argumente des Gegners wird als unfair und unzulässig wahrgenommen, da sie als irrelevant für die Debatte wahrgenommen werden.

Als vierte mögliche Erklärung schlagen Giner-Sorolla und Chaiken (1994) die sogenannten »prior beliefs« vor. Demnach haben Personen die Voreinstellung, dass Medien einseitig und fehlerhaft berichten. Auf Grund dieser generellen Annahme werden daher auch spezifische Programme als verfälscht vorverurteilt. Die Tatsache, dass der Hostile-Media-Effekt tatsächlich nur bei Massenmedien zu beobachten ist und nicht etwa, wenn man einen unveröffentlichten Aufsatz liest, stützt diese These zunächst.

Schließlich postulieren Gunther und Schmitt (2004) vor dem Hintergrund, dass der Hostile-Media-Effekt nur in massenmedialen Situationen auftritt, dass die wahrgenommene Reichweite der Informationen eine wichtige Rolle spielt. Bei unmediierten Bedingungen werde selektiv im Sinne des konfirmatorischen Fehlers vorgegangen: Informationen, die nicht zur eigenen Position passen, werden nicht wahrgenommen oder nicht erinnert. Werden dieselben Informationen jedoch über Massenmedien verbreitet, greifen andere Mechanismen: Bei wichtigen Themen ist man sensibel und besorgt in Bezug auf die Meinung der Öffentlichkeit. Die Aufmerksamkeit wird also bei der Informationsverarbeitung nicht auf sich selbst, sondern auf andere gerichtet. Im Einklang mit dem tatsächlich korrelierenden »third person effect« (Duck, Hogg & Terry, 1995; Giner-Sorolla & Chaiken, 1994, Perloff, 1989; vgl. Beitrag zum Third Person-Effekt in diesem Band) nimmt man andere als weniger informiert und daher empfänglich für Falschmeldungen an. Die daraus entstehende defensive Informationsverarbeitungsstrategie führt dazu, dass Informationen, die ansonsten akzeptiert würden, nun gefärbt, einseitig und unvollständig erscheinen.

Typische Methodik

Zur Untersuchung des hostile media bias sind sowohl Befragungen im Feld als auch Laborexperimente durchgeführt worden. Die Vorgehensweise ist bei beiden Formen dennoch ähnlich: Zu einem kontroversen Thema werden zunächst die Positionen der Teilnehmer erhoben, um sie als Anhänger oder neutral Eingestellte zu identifizieren. Alternativ werden Teilnehmer aus Interessenverbänden gewonnen. Im Labor wird dann ein Ausschnitt aus Fernsehberichterstattung oder Zeitung präsentiert, der meist nach Neutralität und Ausgewogenheit ausgewählt wurde. Darauf folgend (bzw. in Feldbefragungen direkt) wird die Erinnerung an die genannten Argumente abgefragt sowie die Bewertung, ob und wie stark eine der beiden Seiten bevorzugt wurde und zu welchem Grad die Medienproduzenten selbst eine bestimmte Position vertreten.

Zentrale empirische Befunde

Zahlreiche Studien bestätigen die Existenz des Hostile-Media-Effektes. Sowohl experimentelle (Giner-Sorolla & Chaiken, 1994; Perloff, 1989) als auch Fragebogen- und Feldstudien (Dalton, Beck & Huckfeld, 1998; Duck, Hogg & Terry, 1995; Gunther, 1992; Gunther & Christen, 2002) weisen nach, dass Anhänger bestimmter Positionen die Medienberichterstattung als einseitig und feindlich verfälscht wahrnehmen. Ebenfalls demonstriert wurde die Gültigkeit für unterschiedlichste kontroverse Themenbereiche und die entsprechenden Parteien (Israelis und Palästinenser: Giner-Sorolla & Chaiken, 1994; Vallone et al., 1985; Arbeitgeber und Arbeitnehmer während eines Streiks: Christen, Kannaovakun & Gunther, 2002; Gegner und Befürworter von genmanipulierten Lebensmitteln: Gunther & Schmitt, 2004). Beispielhaft sollen die Ergebnisse der das Forschungsfeld begründenden Studie von Vallone et al. (1985) dargestellt werden.

Nach der Rezeption eines identischen TV-Beitrages zum Beirut-Massaker beurteilten sowohl pro-isrealische als auch pro-arabische Zuschauer das Programm und die Produzenten als gegen ihre eigene Position eingestellt. Außerdem wurde das Programm anders wahrgenommen und erinnert – jede Gruppe gab an, dass es zu ihrer Position mehr negative Stellungnahmen gab. Die proarabisch eingestellten Teilnehmer beurteilten 42 % der Argumente als positiv und nur 26 % als negativ in Bezug auf Israel. Die pro-israelischen Teilnehmer bewerteten dagegen nur 16 % als positiv für Israel und 57 % als ungünstig. Werden diese Unterschiede statistisch kontrolliert, bleiben aber dennoch Hostile-Media-Effekte bestehen, so dass die Autoren schlussfolgern, dass nicht nur die perzeptuelle Komponente (selective recall und selective categorization), sondern auch die kognitiv-evaluative Ebene (different standards) einen Einfluss hat. Die Befunde zu den verursachenden Mechanismen sind allerdings insgesamt nicht so konsistent wie der Nachweis des Effektes als solchem. So zeigen zum Beispiel Giner-Sorolla und Chaiken (1994), dass die Rezipienten eigene Positionen stützende Argumente eher erinnern und auch mehr Aussagen als ihre eigene Position unterstützend einordnen. Sie zeigen stattdessen auf, dass die Voreinstellungen gegenüber Medien und Medienproduzenten im Sinne der generellen Annahme, dass Medien nicht unbedingt zuverlässig berichten (prior beliefs), eine zentrale Rolle spielen. Andere Studien konnten zwar nicht selective recall, aber selective categorization und different standards nachweisen (Schmitt, Gunther & Liebhart, 2004). Als tatsächlich den Hostile-Media-Effekt verursachend konnte dort aber nur selective categorization identifiziert werden, da different standards – im Sinne der Tatsache, dass manche Aspekte nicht als zulässiges und relevantes Argument beurteilt wurden – nicht nur bei medienvermittelten Inhalten nachweisbar waren. Sie konnten auch dann nachgewiesen werden, wenn die Versuchsteilnehmer einen studentischen Aufsatz beurteilen sollten, obwohl in diesem Zusammenhang gar keine generelle Beurteilung feindlich einseitiger Darstellung erfolgte (vgl. Gunther & Schmitt, 2004). In einer weiteren Untersuchung differenzieren Gunther und Liebhart (2006) Reichweite (Erscheinen in Massenmedium vs. Präsentation in einem Universitätsseminar) und Quelle (Journalist vs. Student) und variieren diese unabhängig voneinander. Sie zeigen auf, dass unabhängig voneinander sowohl die Quelle (im Sinne der Prior-Belief-Hypothese, d. h. dem Misstrauen gegenüber Journalisten) als auch die Reichweite (Wahrnehmung der Darstellung als feindlich und einseitig tritt lediglich auf, wenn man davon ausgeht, dass ein größeres Publikum die Inhalte rezipiert) für den Hostile-Media-Effekt verantwortlich ist.

Dass auch Selbstkategorisierung im Sinne der Identifikation mit einer Anhängerschaft als Erklärung herangezogen werden kann, wird von Reid (2012) vorgeschlagen. Die Hostile-Media-Effekte verstärken sich, wenn die Identität als Anhänger einer bestimmten Position salient war. Hartmann und Tanis (2013) zeigen ergänzend, dass nicht nur Identifikation mit der In-Group (im Sinne der Anhängerschaft) entscheidend ist, sondern auch der wahrgenommene Status der eigenen Gruppe. Wird diese als statusniedriger wahrgenommen als die Gruppe mit der entgegengesetzten Position, sind die Effekte stärker.

Neben dem oben dargestellten absoluten hostile media bias haben diverse Studien auch relative Hostile-Media-Effekte nachgewiesen. Nicht nur bei neutralem Material, sondern auch bei tatsächlich einseitig gefärbter Berichterstattung lässt sich beobachten, dass die jeweilige Anhängerschaft den Bericht als verfälscht im Hinblick auf die eigene Position wahrnimmt (Gunther, Christen, Liebhart & Chia, 2001). Berichterstattung wird nicht zwingend als feindselig in einem absoluten Sinne wahrgenommen, aber als ungünstiger verzerrt bezüglich der eigenen Position als gegenüber der gegnerischen Seite.

Neben den bisherigen abhängigen Variablen auf der Ebene des Erlebens ließen sich auch Effekte auf das Verhalten nachweisen: Personen versuchen, durch »corrective actions« zu verhindern, dass die Öffentlichkeit durch die als verfälscht wahrgenommene Berichterstattung zu einseitig beeinflusst wird. Dies geschieht zum Beispiel, indem sie das Thema mit anderen diskutieren und diese von ihrer Ansicht überzeugen (Rojas, 2010; Barnidge & Rojas, 2014).

Als zentrale moderierende Variablen wurden Involvement (Perloff, 1989) bzw. hohe Kenntnis der Zusammenhänge (Vallone et al., 1985) herausgestellt (vgl. Giner-Sorolla & Chaiken, 1994). Elder und Greene (2003) zeigen, dass auch das Geschlecht eine Rolle spielt, in dem Sinne, dass Frauen – wahrscheinlich verursacht durch geringeres generelles Vertrauen in die Medienberichterstattung – eher im Sinne des Hostile-Media-Effektes reagieren.

Kritik

Trotz der relativ geringen Anzahl an Studien kann der Hostile Media-Effekt als vergleichsweise gut bestätigt gelten. Um jedoch die Uneinigkeit über die verursachenden Mechanismen zu überwinden, müssen weitere Studien durchgeführt werden. Es zeichnet sich aber bereits ab, dass zahlreiche Aspekte Einfluss auf die Entstehung des Effektes nehmen und die Verursachung somit multifaktoriell ist. Insgesamt lässt sich der Hostile-Media-Effekt als prototypisches Beispiel für die »Macht« der Rezipienten aufführen – im Sinne der subjektiven Konstruktion der Medieninhalte vor dem Hintergrund eigener Voreinstellungen. In diesem Sinne formulieren Schmitt, Gunther und Liebhart (2004, S. 623): »The mass media audience, once thought to be a vast but vulnerable sea of sameness, appears instead to be composed of diverse and active individuals who react in very different ways to the same message (Bauer, 1973)«.

Literatur

Barnidge, M. & Rojas, H. (2014). Hostile Media Perceptions, Presumed Media Influence, and Political Talk-Expanding the Corrective Action Hypothesis. *International Journal of Public Opinion Research, 26*(2), 135–156.

Christen, C., Kannaovakun, P. & Gunther, A. C. (2002). Hostile media perceptions: Partisan assessments of press and public during the 1997 United Parcel Service strike. *Political Communication, 19*(4), 423–436.

Dalton, R. M., Beck, P. A. & Huckfeld, R. (1998). Partisan cues and the media: Information flows in the 1992 presidential election. *American Political Science Review, 92*, 111–126.

Duck, J. M., Hogg, M. A. & Terry, D. J. (1995). Me, us, and them: Political identification and the third-person effect in the 1993 Australian federal election. *European Journal of Social Psychology, 25*, 195–215.

Elder, L. & Greene, S. (2003). Political information, gender and the vote: the differential impact of organizations, personal discussion, and the media on electoral decisions of women and men. *The Social Science Journal, 40*, 385–399.

Galloway, C. (2004). Hot bullets, cool media: The middle east's high stakes media war. *Journal of Communication Management, 9*, 233–245.

Giner-Sorolla, R. & Chaiken, S. (1994). The causes of hostile media judgments. *Journal of Experimental Social Psychology, 30*, 165–180.

Gunther, A. C. & Christen, C. T. (2002). Projection or persuasive press? Contrary effects of personal opinion and perceived news coverage on estimates of public opinion. *Journal of Communication, 52*(1), 177–195.

Gunther, A. C. & Liebhart, J. L. (2006). Broad reach or biased source? Decomposing the hostile media effect. *Journal of Communication, 56*, 449–466.

Gunther, A. C. & Schmitt, K. (2004). Mapping boundaries of the hostile media effect. *Journal of Communication, 54*(1), 55–70.

Gunther, A. C. (1992). Biased press or biased public? Attitudes towards media coverage of social groups. *Public Opinion Quaterly, 56*(2), 147–167.

Gunther, A. C., Christen, C. T., Liebhart, J. L. & Chia, S. C.-T. (2001). Congenial public, contrary press, and biased estimates of the climate of opinion. *Public Opinion Quaterly, 65*, 295–320.

Hartmann, T., Tanis, M. (2013). Examining the Hostile Media Effect as an Intergroup Phenomenon: The Role of Ingroup Identification and Status. *Journal of Communication, 63*, 535–555.

Lord, C. G., Ross, L. & Lepper, M. R. (1979). Biased assimilation and attitude polarization: The effects of prior theories on subsequently considered evidence. *Journal of Personality and Social Psychology, 37*, 2098–2109.

Perloff, R. M. (1989). Ego-involvement and the third person effect of televised news coverage. *Communication Research, 16*, 236–262.

Reid, S. A. (2012). A Self-Categorization Explanation for the Hostile Media Effect. *Journal of Communication, 62*, 381–399.

Rojas, H. (2010). »Corrective« actions in the public sphere: How perceptions of media and media effects shape political behaviors. International *Journal of Public Opinion Research, 22*(3), 343–363.

Schmitt, K. M., Gunther, A. C. & Liebhart, J. L. (2004). Why partisans see mass media as biased. *Communication Research, 31*(6), 623–641.

Sherif, M. & Hovland, C. I. (1961). *Social judgment: Assimilation and contrast effects in communication and attitude change.* New Haven, CT: Yale University Press.
Vallone, R. P., Ross, L. & Lepper, M. R. (1985). The hostile media phenomenon: biased perception and perceptions of media bias in coverage of the Beirut massacre. *Journal of Personality and Social Psychology, 49*(3), 577–585.

Moral Disengagement

Jens Martin Heuer

Worum geht es?

Wie geht es Ihnen, wenn Sie in der Zeitung davon lesen, dass jemand bei einem Drogendeal erschossen wurde, ein Familienvater ein Doppelleben geführt und Drogen hergestellt hat, ein Politiker »über Leichen geht« oder ein Polizist jemanden gefoltert hat, um an wichtige Informationen zu gelangen? Wahrscheinlich verurteilen Sie solche Taten und sind froh, nicht in sozialen Umständen zu leben, in denen so etwas zum Alltag gehört.

Geht es jedoch um die Rezeption von Medieninhalten, gehen wir freiwillig eine Beziehung zu solchen Menschen – den Tätern – ein. Wir beschäftigen uns mit dem Mafiaboss, dem Drogenbaron, dem Serienmörder. Faszinierend daran ist, dass wir Charaktere mögen, bei denen wir im echten Leben froh sind, wenn wir nach Möglichkeit nichts mit ihnen zu tun zu haben. Und noch mehr: Wir mögen den Kontakt mit diesen Personen, genießen es, sie um uns zu haben und bewundern sie vielfach – obwohl dies mit unseren moralischen Maßstäben eigentlich nicht zu vereinbaren ist.

Klassische Heldengeschichten, wie »Star Wars«, »Superman« oder »James Bond«, arbeiten mit einer klaren moralischen Rollentrennung zwischen einem moralisch integren Helden und dessen durch und durch bösem Gegenspieler und stellen den Konflikt, der entlang dieser Linie verläuft, in das Zentrum der Narration. Die sogenannten Antihelden entziehen sich hingegen einer einfachen Gut-/Böse-Schematisierung und haben komplexe – realistische – Charaktere, die positiv wie auch negativ konnotierte Charakterelemente vermischen.

Ein Beispiel für solch einen Antihelden ist Walter White (»Breaking Bad«): Walter ist ein durchschnittlicher und unscheinbarer Familienvater, der für seinen Job als High-School-Chemielehrer völlig überqualifiziert ist. Nach der Diagnose einer schweren Lungenkrebserkrankung beginnt er, aus dem Wunsch heraus, seiner Familie etwas Geld nach seinem Tod zu hinterlassen, Crystal Meth zu kochen, und wird in kürzester Zeit zum gefürchteten Drogenbaron.

Warum fiebern Rezipienten mit Walter mit und wenden sich seinen Taten zum Trotz nicht von ihm ab? Durch Moral Disengagement. Im Prozess des Moral Disengagements wird moralisch verwerfliches Verhalten so umgedeutet, dass dieses als angemessen, gerecht oder auch unausweichlich angesehen wird und dadurch seine moralische Problematik verliert.

Darstellung der Annahmen

Der in der Unterhaltungsforschung etablierte Ansatz der Affective Disposition Theory (Zillmann, 1994, 2000; Raney & Bryant, 2002; Raney, 2004) geht davon aus, dass Rezipienten (nur) dann Enjoyment bei der Medienrezeption erleben, wenn sie eine positive emotionale Bindung zu den Mediencharakteren aufbauen und auf einen glücklichen Ausgang der Geschichte für diese Charaktere hoffen können (vgl. Beitrag in diesem Band).

Dem Ansatz zufolge evaluieren Mediennutzer während der Unterhaltungsrezeption kontinuierlich die moralische Angemessenheit der Motive und Handlungen der Charaktere. Rezipienten fungieren demnach als »untiring moral monitors« (Zillmann, 2000). Auf der Grundlage fortlaufender moralischer Bewertungen entwickeln Rezipienten emotionale Bindungen (Affective Dispositions) zum Mediencharakter. Diese Dispositionen variieren dabei auf einem Kontinuum von positiven Gefühlen (Zuneigung für den Charakter) über neutrale bis zu negativen Gefühlen (Abneigung gegenüber dem Charakter). Wenn sich ein Rezipient emotional auf die Seite eines Charakters schlägt, muss er diese Parteilichkeit vor sich moralisch rechtfertigen können, um das Erleben kognitiver Dissonanz (Festinger, 1957) zu vermeiden (Raney, 2006; Raney et al., 2009). Kann ein Zuschauer das Verhalten eines Charakters als moralisch gerechtfertigt beurteilen, beginnt er sich in den Charakter einzufühlen und entwickelt Empathie sowie positive affektive Dispositionen. Dem Ansatz folgend stellt sich Enjoyment nur dann ein, wenn sich für die mit positiven affektiven Dispositionen belegten Charaktere die erhofften und erwünschten Folgen im Verlauf der Narration einstellen und die abgelehnten Charaktere für ihr moralisches Fehlverhalten sanktioniert werden.

Während in diversen Studien aufgezeigt werden konnte, dass das skizzierte Modell auf klassische Heldengeschichten anwendbar ist, schlägt die Erklärung des Enjoyment von Antihelden-Narrationen fehl. Klassische Heldennarrationen (z. B. »Star Wars«) weisen eine klare Differenz zwischen dem guten, moralisch unfehlbaren Helden und dem bösen Gegenspieler auf. Die Herausbildung von affektiven Dispositionen verläuft demnach unproblematisch. In Geschichten von Antihelden, wie Walter White (»Breaking Bad«), Tony Soprano (»The Sopranos«) oder Don Draper (»Mad Men«), fehlt eine solch klare Differenzierung moralischer Rollenerwartungen. Die Antihelden besitzen sowohl Charakterzüge des Helden als auch des bösen Gegenspielers (Lott, 1997; West, 2001). Während ihre Handlungen teilweise von guten Motiven geleitet sind, sind die für ihre Zwecke eingesetzten Mittel fragwürdig und schwer zu rechtfertigen. Sie betrügen, lügen, stehlen, sind häufig gewalttätig und haben teilweise Morde zu verantworten. Antihelden können daher als »morally ambiguous« (Krakowiak & Oliver, 2012) oder »morally complex« (Raney & Janicke, 2013) bezeichnet werden.

Folgt man der Logik der Affective Disposition Theory, so müsste es für Rezipienten von moralisch-komplexen Antiheldennarrationen unmöglich sein, Enjoyment zu empfinden (Raney et al., 2009). So müsste die negativ ausfallende moralische Evaluation der Charakter-Handlungen zur Ablehnung des Antiheldens und seiner Taten führen. Der Rezipient dürfte den Protagonisten nicht mögen und ihm nur Schlechtes wünschen. Gleichzeitig treten jedoch oftmals positive Folgen für den Antihelden ein, so dass der erwünschte nicht mit dem tatsächlichen Ausgang übereinstimmt und der Rezipient kein Enjoyment empfinden dürfte. Tatsächlich zeigt eine Studie von Shafer (2007) jedoch, dass Antihelden mehr gemocht werden als Charaktere mit »weißer Weste« und das Enjoyment von Antiheldennarrationen höher als in klassischen Heldengeschichten ausfällt. »It appears that viewers are able to seperate the antihero's morally questionable actions from their feelings toward them« (Shafer, 2007, S. 22).

Ein im Kontext der kommunikations- und medienwissenschaftlichen Nutzung neuerer Ansatz zur Erklärung, weshalb Enjoyment trotz moralisch verwerflicher Akte im Rahmen der Narration aufrechterhalten werden kann, ist das Moral Disengagement (Bandura, 1990, 1999, 2002; Bandura et al., 1996). Der Ansatz stammt aus der Sozialpsychologie und fand erstmals bei der Analyse von Terrorismus und Terrorismusbekämpfung Anwendung (Bandura, 1990). Bandura (2002, S. 114 ff.) zeigt jedoch auch, dass Moral Disengagement nicht bloß in gesellschaftlichen Extremsituationen angewendet wird, sondern vielmehr im alltäglichen Handeln verankert ist, und Raney (2011) zeigt, dass dies auch für die Medienrezeption gilt.

Der Theorie zufolge existieren verschiedene psychologische Mechanismen, mittels derer es Akteuren möglich ist, sich von unmoralischen Handlungen loszulösen und ihr (positives) Selbstbild ungeachtet der verübten Taten aufrechtzuerhalten. Übertragen auf den Kontext der Rezeption von Medieninhalten bedeutet dies, dass Rezipienten eben jene Disengagement-Mechanismen anwenden, um Handlungen der Protagonisten so zu rahmen, dass diese als angemessen, der Situation geschuldet oder einem guten Zweck dienend rationalisiert und moralisch legitimiert werden können. Gelingt die Rationalisierung, können Rezipienten eine emotionale Bindung zu den Charakteren aufbauen und die Narration genießen, obwohl diese moralisch ungerechtfertigt handeln (Shafer, 2007). Raney (2004, S. 366) geht sogar von einem »moral disengagement for the sake of enjoyment« aus.

Dies liegt nicht zuletzt auch daran, dass Rezipienten sehr enge Beziehungen zu Mediencharakteren aufbauen können. »Once we like characters, we are able to empathize and identify with them. We can understand their motivations and rationales, feeling with them like we do with good friends in reality« (Raney, 2006, S. 5; Raney, 2004; Zillmann, 1994). Wie in echten Beziehungen, haben die Rezipienten ein Interesse daran, ihre Beziehung zu den Mediencharakteren aufrechtzuerhalten – und ihr (Fehl-)Verhalten durch Moral Disengagement zu entschuldigen. »We extend the boundaries of what is morally allowable or tolerable because we like them so much, and we want to continue liking them« (Raney, 2004, S. 360 f.).

Die Initiative zum Moral Disengagement muss jedoch nicht immer vom Rezipienten ausgehen. Vielmehr geben Medientexte bereits Hinweise auf bestimmte moralische Rationalisierungen. Klimmt et al. (2006) zeigen am Beispiel von Videospielen auf, dass meistens ein »narrative-moral framework that justifies violent action« (S. 313) existiert und den Spielern auf diese Weise ein erfolgreiches Lösen von moralischen Dilemmata ermöglicht wird. Shafer argumentiert, dass solche Disengagement-Hinweise auch in nicht interaktiven Medien existieren (2009, S. 24, Raney & Janicke, 2013, S. 160). Bereits Bandura selbst zeigt die Verwendung von Moral-Disengagement-Mechanismen durch die Fernsehindustrie auf: »Disengagement mechanisms are enlisted heavily by members of the television industry in the production of programs that exploit human brutality for commercial purposes« (Bandura, 1994, S. 75). Durch die Verarbeitung von Moral-Disengagement-Hinweisen (sogenannten cues) innerhalb der Narration wird Rezipienten die Aktivierung entsprechender Mechanismen erleichtert.

Die folgenden Beispiele beschreiben Strategien von Autoren, um dem Rezipienten dabei zu helfen, eigentlich unmoralisches Handeln der Protagonisten moralisch zu vertreten oder nachzuvollziehen (siehe im Folgenden Bandura, 1990, 2002; Bandura et al., 1996). Diese werden anhand von Disengagement-Hinweisen aus dem Bereich der Antihelden-Narration illustriert.

1. Moral Justification: Moralisch verwerfliches Handeln wird derart umgedeutet, dass es den Anschein hat, höheren Werten zu folgen oder gesellschaftlich notwendig zu sein. Diese Strategie findet z. B. im Film »V for Vendetta« Anwendung: Der Protagonist verübt in seinem Kampf für die Freiheit diverse terroristische Anschläge, um ein faschistisches Regime zu stürzen.
2. Euphemistic Labeling: Durch die sprachlich vermittelte Wirklichkeitskonstruktion können moralisch fragwürdige Taten den Anschein von Bagatellen erlangen (z. B. »Kollateralschäden«). Dieser Mechanismus findet im Film »Léon« Verwendung, in dem sich der Auftragskiller selbst als »Cleaner« und seine Opfer als »Clients« bezeichnet.
3. Advantagous Comparison: (Nahezu) jede Tat kann dadurch bagatellisiert werden, dass man sie mit deutlich schlimmeren Taten vergleicht. In der Dramaserie »Breaking Bad« zeigt sich dieser Mechanismus z. B. darin, dass der Protagonist, Walter White, mehrfach betont, dass die Drogen auch ohne ihn verkauft würden, die Abhängigen durch ihn jedoch wenigstens Meth von guter Qualität bekämen.
4. Diffusion of Responsibility: Über das Verteilen von Verantwortung (Diffusion of Responsibility) sind Menschen ebenfalls in der Lage unmoralische Taten zu vollbringen und diese vor sich zu rechtfertigen. Dieser Mechanismus kann beispielsweise über Arbeitsteilung oder Gruppenentscheidungen angestoßen werden, indem die Verantwortung auf mehrere Akteure verteilt wird. »When everyone is responsible, no one really feels responsible« (Bandura et al., 1996, S. 365). Die Akteure sind in der Gruppe grausamer, als sie alleine wären. Dieses Prinzip wird beispielsweise in dem Film »Die Welle« angewandt, in dem ein Lehrer ein Sozialexperiment mit seiner Klasse durchführt, um ihr aufzuzeigen, wie autoritäre Strukturen entstehen können. Die

Gruppendynamik radikalisiert sich in der Folge und die Gruppe tritt Nicht-Mitgliedern in hohem Maße gewalttätig gegenüber. Als Teil der Gruppe sind die Schüler brutaler, als sie es als Einzelne wären.

5. Disregarding/Distortion of Consequences: Moralisch verwerfliches Handeln ist dann einfacher, wenn man nicht mit den Konsequenzen des eigenen Handelns konfrontiert wird, oder diese herunterspielen kann. In der Dramaserie »Breaking Bad« wird der Protagonist, Walter White, kaum mit den Folgen, die seine Crystal-Meth-Produktion für die Konsumenten der Droge hat, konfrontiert. Ihm, wie auch den Rezipienten, ermöglicht dies, die Opfer seiner Handlungen auszublenden und einer »ganz normalen Arbeit« nachzugehen.
6. Dehumanization: Betrachtet man die Opfer seiner Taten nicht mehr als Menschen, können moralische Bedenken und Empathie mit den Opfern ausgeblendet werden. Postapokalyptische Szenarien, wie in »The Walking Dead«, entfalten diesen Mechanismus oft. Den entmenschlichten Zombies kann so rohe Gewalt entgegengesetzt werden, ohne moralische Bedenken aufkommen zu lassen.
7. Displacement of Responsibility: Handeln wird als reines Gehorchen einer Autorität kontextualisiert, wodurch sich der handelnde Akteur seiner Verantwortung entziehen kann. Dieser Mechanismus findet z. B. in den Hunger-Games-Filmen Anwendung: Die Teilnahme an den Spielen sowie alle daraus resultierenden Taten sind der Protagonistin Katnis durch die herrschende Autorität aufgezwungen. Der erzwungene Gehorsam lässt sie selbst als weniger verantwortlich erscheinen.
8. Attribution of Blame: Täter machen ihre Situation oder die Opfer selbst für ihre Taten verantwortlich. In der Serie »Dexter« findet gleich eine doppelte Attribution of Blame statt. So folgt der Protagonist einem strengen Kodex (Moral Justification) nach dem er nur Kapitalverbrecher tötet, die durch das Raster der staatlichen Justiz gefallen sind. Da seine Opfer selbst straffällig geworden und für Kapitalverbrechen verantwortlich sind, ruft Dexter ihnen, bevor er sie tötet, ihre Taten in Erinnerung und schreibt ihnen dadurch die Verantwortung für ihre Situation zu.

Typische Methodik

Moral Disengagement und sein Einfluss auf Enjoyment konnte bereits in einigen empirischen Kontexten nachgewiesen werden (Eckhardt, 2013; Hartmann & Vorderer, 2010; Heuer, 2014; Klimmt, Schmid et al., 2006; Krakowiak & Oliver, 2012; Krakowiak & Tsay, 2011; Raney, 2004; Raney & Janicke, 2013; Raney et al., 2009; Shafer, 2007, 2009, 2008; Shafer & Raney, 2010). Die verschiedenen Autoren nutzen dabei unterschiedliche Herangehensweisen, so dass bislang kaum von einer typischen Methodik gesprochen werden kann.

Moral Disengagement wird zumeist nur als State, also als situative Bewertung erfasst. Als Stimulus wird entweder auf eine vergangene Rezeption eines Films oder einer Serie Bezug genommen oder eine (quasi) experimentelle Situation geschaffen, in der Teilnehmer einen eigens kreierten Stimulus zur Hand bekommen. Beide Vorgehen haben Vor- und Nachteile: während beim Rückgriff auf eine bereits erfolgte Rezeption einige Zeit zwischen der Rezeption und der Teilnahme an einer Studie liegt, müssen Teilnehmer ein hohes Maß an Erinnerungsleistung erbringen. Zudem sind in der Zwischenzeit weitere Rezeptionserfahrungen hinzugekommen, so dass in der Retrospektive andere Rationalisierungen erfolgen als in der Rezeption selbst. Die Selbstauskunft der Rezipienten ist somit verzerrt. Positiv ist jedoch zu verbuchen, dass durch die Wahl relativ populärer Filme/Serien als Gegenstand der Befragung auf einfache Weise recht hohe Teilnehmerzahlen generiert werden können.

Wird eigenes Stimulusmaterial angefertigt, so wird die Zeitspanne zwischen Rezeption und Selbstauskunft deutlich reduziert und Post-hoc-Rationalisierungen weniger Raum gelassen. Andererseits ist man jedoch von der vermutlich eher zweifelhaften Qualität selbstangefertigter Stimuli abhängig, die kaum die moralische Komplexität »richtiger« Drehbücher erreichen dürfte.

In einigen Studien wird zusätzlich auch Moral Disengagement als Trait, also als eine mehr oder weniger stabile Charaktereigenschaft, erfasst. Dabei wird in der Regel auf die »Mechanisms-of-Moral-Disengagement«-Skala von Bandura zurückgegriffen.

Zudem gibt es verschiedene Bestrebungen, standardisierte Skalen zur Erfassung des medienbezogenen Moral Disengagements zu entwickeln (Krakowiak & Tsay, 2011; Heuer, 2014; Shafer, 2009). Eine umfassende Validierung dieser Messinstrumente steht jedoch noch aus.

Zentrale empirische Befunde

Krakowiak und Tsay (2011) nutzen die von Bandura formulierte Mechanisms-of-Moral-Disengagement-Skala, die die individuelle Tendenz der Befragten, Moral-Disengagement-Mechanismen anzuwenden, misst. Zudem wird das tatsächliche moralische Loslösen von einem Stimulus erfasst. Die Autoren messen durch diese Zweiteilung sowohl den Moral Disengagement Trait (allgemeine psychologische Einstellung) sowie den Moral Disengagement State (situative Realisierung).

Die Autoren zeigen, dass »individuals who are prone to morally disengage in their everyday lives are also more likely to excuse the immoral actions of a morally amigious protagonist« (2011, S. 98). Es zeigt sich zudem, dass Personen, die Moral Disengagement anwenden, den Charakter auch mehr mögen. Dies hat wiederum einen positiven Effekt auf das Enjoyment der Narration. Diese empirische Erkenntnis kann auch Shafer (2009) bestätigen, der zeigt, dass das moralische Loslösen eine wichtige Rolle für das Enjoyment von gewalthaltigen Medieninhalten spielt.

Eine Studie aus dem Kontext der Videospielforschung zeigt, dass nicht nur die von Bandura beschriebenen psychologischen Mechanismen bedeutend sind, sondern auch die Unterscheidung zwischen Realität und Fiktion, wodurch Moral Disengagement in Videospielen begünstigt wird (Klimmt et al., 2006). Die Unterscheidung erlaubt es, die Reflexion moralisch fragwürdiger Taten durch die Kontextualisierung der Taten als artifizielle Geschehnisse im Spiel zu umgehen (Klimmt et al., 2006, S. 317). Wobei angemerkt sein muss, dass Klimmt und Kollegen nicht ausschließen konnten, dass es sich bei dem Phänomen der Spiel-Realitäts-Differenz nicht um eine Ex-post-Rationalisierung des Spielgeschehens handelt. Während dieser medienimmanente Disengagement-Mechanismus im Kontext interaktiver Medieninhalte aufgezeigt werden konnte, ergibt sich im Hinblick auf Fernsehinhalte ein inkonsistentes Bild. So konnten Krakowiak und Tsay (2011) keinen Einfluss der Unterscheidung zwischen Realität und Fiktion auf das Enjoyment feststellen. Sie konstatieren daher: »the distinction between reality and fiction is more important, when the immoral actions are being performed by an individual via a character« (Krakowiak & Tsay, 2011, S. 99). D. h., ein moralisches Lösen, dass dadurch angestoßen wird, dass man sich der Fiktionalität der Inhalte bewusst ist, ist vor allem im Kontext von Videospielen relevant, wenn man selbst – vermittelt durch einen virtuellen Charakter – der Handelnde ist. Beobachtet man nur, wie beim Fernsehen, verliert diese Unterscheidung an Bedeutung.

Eckhardt (2013, S. 53 ff.) widerspricht diesem Befund hingegen und kann in ihrer qualitativen Studie zur Verwendung von Moral Disengagement während der Rezeption der Dramaserie »Breaking Bad« zeigen, dass das Bewusstsein der Fiktionalität der Inhalte einen wichtigen Disengagement-Mechanismus für die Rezipienten darstellt. Neben der Unterscheidung zwischen Realität und Fiktion gibt es weitere medienimmanente Mechanismen, die nur im Kontext fiktionaler Medieninhalte anwendbar sind. Zu diesen Mechanismen zählt der Einbezug früherer Rezeptionserfahrungen des Rezipienten sowie Erwartungen einem bestimmten Genre gegenüber (Eckhardt, 2013; Raney, 2004; Raney & Janicke, 2013; Hartmann & Vorderer, 2010).

Die ursprünglich von Raney (2004) stammende These, dass Rezeptionserfahrung und Genrekonventionen beim Rezipienten zu Skripten der Informationsverarbeitung führen, können Hartmann und Vorderer (2010) empirisch anreichern: Ihre Studie zeigt, dass die Vertrautheit mit gewalthaltigen Videospielen negative Gefühle bei der Rezeption effektiv reduziert. Im Gegenzug konnten Teilnehmer ohne vorherige Rezeptionserfahrungen »not readily access strategies to cope with game play that evokes negative feelings« (Hartmann & Vorderer, 2010, S.113). Sind Rezipienten also mit der Darstellung von Gewalt oder sonstigen moralisch fragwürdigen Verhaltensweisen als essentieller Bestandteil eines Genres vertraut, berührt sie dieses weniger stark, da es bereits einkalkulierter Bestandteil der Rezeptionserfahrung ist und der Umgang mit dem Erlebten erleichtert wird.

Die bislang vorliegenden Studien können zeigen, dass das Moral-Disengagement-Konzept einen fruchtbaren Ansatz zur Erklärung des Enjoyments der Rezeption von Antihelden oder gewalthaltigen Medieninhalten darstellt. Zugleich muss jedoch betont werden, dass weitere Forschung notwendig ist, um das Konzept weiter zu schärfen und das Verhältnis zwischen Moral Disengagement und etablierten (medien-)psychologischen Konzepten zu bestimmen.

Kritik

Die in Untersuchungen nachgewiesenen Effekte von Moral Disengagement sind wahrscheinlich überschätzt. Durch die Befragung von Rezipienten findet immer ein gewisses Maß an Priming auf moralische Fragestellungen statt. Zudem sind Rezipienten gezwungen, ihre Rezeptionserfahrung nachträglich zu reflektieren und rationalisieren Gesehenes post-hoc.

Zudem stellt sich die Frage, ob Moral Disengagement tatsächlich eine »Leistung« der Rezipienten ist oder sich darin nicht vielmehr der Grad des »Verstehens« der Moral-Disengagement-Hinweise spiegelt, die im Rahmen der Narration geliefert werden. Die Videospieleforschung liefert Hinweise darauf, dass das Vorhandensein von Moral-Disengagement-Hinweisen ein wichtiger Faktor für den Spielspaß ist und dass Nutzer Moral Disengagement nicht von selbst betreiben, wenn entsprechende Hinweise in der Narration fehlen.

Literatur

Bandura, A. (1990). Mechanisms of Moral Disengagement in Terrorism. In W. Reich (Eds.), *Origins of terrorism: Psychologies, ideologies, theologies, state of mind* (pp. 161–191). Cambridge: Cambridge University Press.

Bandura, A. (1994). Social cognitive theory of mass communication. In J. Bryant & D. Zillmann (Eds.), *Media effects: Advances in theory and research* (pp. 61–90). Hillsdale, NJ: Lawrence Erlbaum Associates.

Bandura, A. (1999). Moral Disengagement in the Perpetration of Inhumanities. *Personality and Social Psychology Review, 3* (3), 193–209.

Bandura, A. (2002). Selective Moral Disengagement in the Exercise of Moral Agency. *Journal of Moral Education, 21* (2), 101–119.

Bandura, A., Barbaranelli, C., Capara, G. V. & Pastorelli, C. (1996). Mechanisms of Moral Disengagement in the Excercise of Moral Agency. *Journal of Personaliy and Social Psychology, 71* (2), 364–374.

Eckhardt, A. (2013). *Moral Disengagement.* Unveröffentlichte Masterarbeit, Hochschule für Musik, Theater und Medien Hannover.

Festinger, L. (1957). *A theory of cognitive dissonance.* Stanford, CA: Stanford University Press.

Hartmann, T. & Vorderer, P. (2010). It's Okay to Shoot a Character: Moral Disengagement in Violent Video Games. *Journal of Communication, 60* (1), 94–119.

Heuer, J. M. (2014). *Wie moralisch ist die Medienrezeption? Die Konstruktion zweier standardisierter Messinstrumente zur Erfassung von Moral Disengagement in der Medienrezeption.* Unveröffentlichte Masterarbeit, Hochschule für Musik, Theater und Medien Hannover.

Klimmt, C., Schmid, H., Nosper, A., Hartmann, T. & Vorderer, P. (2006). How players manage moral concerns to make video game violence enjoyable. *Communications, 31* (3), 309–328.

Krakowiak, K. M. & Oliver, M. B. (2012). When Good Characters Do Bad Things: Examining the Effect of Moral Ambiguity on Enjoyment. *Journal of Communication, 62* (1), 117–135.

Krakowiak, K. M. & Tsay, M. (2011). The Role of moral disengagement in the enjoyment of real and fictional characters. *International Journal of Arts and Technology, 4* (1), 90–101.

Lott, E. (1997). *The Whiteness of Film Noir. American Literary History, 9* (3), 542–566.

Raney, A. A. (2004). Expanding Disposition Theory: Reconsidering Character Liking, Moral Evaluations, and Enjoyment. *Communication Theory, 14* (4), 348–369.
Raney, A. A. (2006). The Psychology of Disposition-Based Theories of Media Entertainment. In J. Bryant & P. Vorderer (Eds.), *The psychology of entertainment* (pp. 137–148). Mahwah, NJ: Lawrence Erlbaum Associates.
Raney, A. A. & Bryant, J. (2002). Moral Judgement and Crime Drama: An Integrated Theory of Enjoyment. *Journal of Communication, 52* (2), 402–415.
Raney, A. A. & Janicke, S. H. (2013). How we enjoy and why we seek out morally complex characters in media entertainment. In R. Tamborini (Ed.), *Media and the moral mind* (pp. 152–169). London: Routledge.
Raney, A. A., Schmid, H., Niemann, J. & Ellensohn, M. (2009, Mai). Testing Affective Disposition Theory: A Comparison of the Enjoyment of Hero and Antihero Narratives [Paper submitted to the Annual Conference of the International Communication Association]. Chicago, IL. Retrieved from http://citation.allacademic.com//meta/p_mla_apa_research_citation/3/0/0/1/7/pages300171/p300171-1.
Shafer, D. M. (2007). *Dispositional Shifts and the Antihero Factor: The Process of Disposition Formation in Feature Films.* Paper presented at the annual meeting of the NCA 93rd Annual Convention, TBA, Chicago, IL. Retrieved from http://citation.allacademic.com/meta/p189964_index.html.
Shafer, D. (2009). Moral disengagement for enjoyment's sake: judging the actions of fictional characters. *In 59th Annual Conference of the International Communication Association*, Chicago, IL. Retrieved from http://scholar.google.com/scholar?hl=en&btnG=Search&q=intitle:Moral+Disengagement+for+Enjoyment's+Sake:+Judging+the+Actions+of+Fictional+Characters.#1
Shafer, D. M. (2009). *The Role of Moral Disengagement in the Judgement of Characters and the Enjoyment of Violent Film.* Dissertation, Florida State University.
Shafer, D. M. & Raney, A. A. (2010). *The measurement of media moral disengagement tendency.* Las Vegas, NV.
West, B. (2001). Crime, suicide, and the anti-hero: »waltzing Matilda« in Australia. *Journal of popular culture, 35* (3), 127–41.
Zillmann, D. (1994). Mechanisms of emotional involvement with drama. *Poetics, 23*, 33–51.
Zillmann, D. (2000). Basal morality in drama appreciation. In I. Bondebjerg (Ed.), *Movie images, culture, and the mind* (pp. 53–63). Luton: University of Luton Press.

Mediale Präsentation

Framing

Dagmar Unz

Worum geht es?

Mediendarstellungen sind keine reinen Abbildungen der Wirklichkeit, sondern Inszenierungen. Journalisten können zum Beispiel bei der Produktion eines Nachrichtenbeitrages unterschiedliche Einleitungen wählen, Filmbeiträge unterschiedlich aufbereiten, unterschiedliche Details erwähnen etc. und durch diese spezifische »Verpackung« eines Nachrichtenbeitrags ein bestimmtes Bedeutungsumfeld schaffen. Dieses Einbetten eines Themas in ein bestimmtes Bedeutungsumfeld bezeichnet man als »Framing« (von *engl. frame = Rahmen*) (vgl. z. B. Goffman, 1974). Grundlegende Annahme des Framing-Konzeptes ist, dass das »Rahmen« einer Nachricht eine Art Interpretationsraster für die Verarbeitung auf Seiten der Rezipienten liefert, d. h., dass die Art der medialen Präsentation beeinflusst, was die Rezipienten über Themen, Personen oder Ereignisse denken, welche Einstellungen sie gegenüber diesen entwickeln und inwieweit sie sich an diese erinnern.

Framing wird vor allem bei der Gestaltung von Nachrichten und im Kontext politischer Kommunikation sowie bei der Gestaltung von Kampagnen, zum Beispiel im Bereich der Gesundheitsförderung oder der Werbung, diskutiert. Die Konsequenzen von Framing werden auf einer individuellen Ebene betrachtet, zum Beispiel wenn es um die Beeinflussung von Informationsverarbeitungsprozessen, Entscheidungen und Einstellungen geht, oder einer gesellschaftlichen Ebene, etwa im Zusammenhang mit der Beeinflussung der öffentlichen Meinung oder gesellschaftlicher Prozesse.

Darstellung der Annahmen

Das Framing-Konzept genießt in der Medienforschung eine relativ hohe Popularität. Diese Popularität wird begleitet von einer Vielzahl von Definitionen und Beschreibungen. Beispielsweise umreißt Entman (1993, S. 52) das Konzept folgendermaßen: »To frame is to select some aspects of a perceived reality and make them more salient in a communicating text in such a way as to promote a particular problem definition, causal interpretation, moral evaluation, and/or treatment recommendation for the item described«. So unterschiedlich die Beschreibungen im Detail auch sind, so betonen sie doch einige zentrale Elemente: Frames strukturieren (wahrgenommene) Realität, sie bieten eine Definition und Bewertung des Problems sowie möglicherweise eine Ursachenzuschreibung und damit verbundene Handlungsempfehlungen (vgl. auch Dahinden, 2006, S. 14). Vermittelt wird ein solcher Interpretationsrahmen über die Art der medialen Gestaltung. Frames können mit Hilfe verschiedener Präsentationsmerkmale transportiert werden; dazu zählen Überschriften, Fotos, Einleitungen etc. (Tankard, 2001).

Versteht man also Frames als Wege, Informationen zu strukturieren, dann stellt sich die Frage: Welche psychologischen Verarbeitungsprozesse auf Seiten der Rezipienten liegen Framing-Effekten zugrunde? Hier wiederum bieten verschiedene Autoren unterschiedliche Erklärungsansätze an (vgl. dazu auch Brewer, Graf & Willnat, 2003).

Ein theoretisches Modell, das zur Erklärung von Framing-Effekten herangezogen wird, ist das Assoziative Netzwerkmodell (vgl. z. B. Anderson & Bower, 1973). Nach diesem Modell besteht das Gedächtnis aus netzwerkartig organisierten Konzepten (Knoten). Diese Knoten stehen für verschiedene Wisseneinheiten und sind durch assoziative Bahnen verbunden, die gerichtete semantische Relationen repräsentieren. Die Knoten sind unterschiedlich schwer zugänglich, die Verbindungen zwischen ihnen können stark oder schwach sein. Frames, so eine Annahme, beeinflussen die Abrufbarkeit von Assoziationen aus dem Gedächtnis (z. B. Cappella & Jamieson, 1997; Iyengar, 1991). Nach einer anderen Annahme aktivieren Frames bestimmte kognitive Schemata und damit einhergehend Bewertungen und Beurteilungen (Price, Tewksbury & Powers, 1997; Shah, Kwak, Schmierback & Zubric, 2004).

Andere Autoren (z. B. Ghanem, 1997) sehen Framing hingegen als eine Erweiterung von Agenda-Setting (vgl. Beitrag zu Agenda-Setting in diesem Band). Danach setzen Medienmacher auf einer ersten Ebene durch die Auswahl von Themen eine Medienagenda, die die Salienz von Themen und damit die Publikumsagenda beeinflusst. Auf einer zweiten Ebene werden durch Framing zu den jeweiligen Themen auch bestimmte themenbezogene Eigenschaften ausgewählt und in die Agenda mit eingeschlossen.

Scheufele (2000) wiederum führt Framing auf die Attributionstheorie (z. B. Heider, 1958) zurück. Die Attributionstheorie postuliert, dass, um Komplexität zu reduzieren, Individuen versuchen, aus wahrgenommenen Informationen dahinter liegende Kausalbeziehungen zu erschließen. Übertragen auf das Framing-Konzept heißt das: Framing ermöglicht den Rezipienten Komplexität zu reduzieren, indem durch mediale Aufbereitung und Darstellung Verantwortlichkeitszuschreibungen und Deutungsvorschläge »mitgeliefert« werden. Soziale Themen werden also zum Beispiel auf die Frage der Verantwortlichkeit (Ist die einzelne Person oder die Gesellschaft als Ganzes für ein Problem verantwortlich?) zurückgeführt.

Typische Methodik

Innerhalb der Framing-Forschung lassen sich drei Stränge unterscheiden: (1) Forschung zur Identifikation von Medien-Frames geht der Frage nach, in welcher Art und Weise bestimmte Themen durch die Medien gerahmt werden und welche Frames in den Medien wie häufig eingesetzt werden. Dies geschieht in der Regel mittels inhaltsanalytischer Verfahren. (2) Bei der Identifikation von Rezipienten-Frames geht es darum, welche Interpretationsraster Medienrezipienten anwenden bzw. inwieweit Rezipienten Medien-Frames »übernehmen«. Dazu werden Aussagen von Rezipienten, die mittels Befragungen oder Lautem Denken gewonnen wurden, inhaltsanalytisch ausgewertet. (3) Studien zu Framing-Effekten variieren typischerweise in experimentellen Settings das mediale Stimulus-Material als unabhängige Variable, indem sie ein bestimmtes Thema unterschiedlich aufbereiten, also in unterschiedliche Frames einbetten. Als abhängige Variable werden in der Regel Einstellungen, Entscheidungen, Erinnerungsleistungen etc. der Rezipienten erhoben.

Zentrale empirische Befunde

Zahlreiche Studien befassen sich mit der Identifikation von Medien-Frames. Je nachdem, wie die jeweiligen Autoren den Framing-Begriff fassen, ergeben sich unterschiedliche Klassifikationen. De Vreese (2005) unterscheidet zwei Arten von Frames: themenspezifische und generische Frames. Während themenspezifische Frames über den jeweiligen Inhaltsbereich definiert und somit von Thema zu Thema verschieden sind, sind generische Frames allgemeiner gefasst. Sie lassen sich themenübergreifend und darüber hinaus unabhängig von Zeit oder Kultur anwenden. Generische Frames sind beispielsweise die von Semetko und Valkenburg (2000) identifizierten Frames: Attribution von Verantwortlichkeit, ökonomische Konsequenzen, Human Interest, Konflikt, Moral (siehe auch Neuman et al., 1992; Price, Tewksbury & Powers, 1997). Der Konflikt-Frame zum Beispiel betont durch die Art der Darstellung Konflikte zwischen unterschiedlichen Personen, Gruppen oder Nationen; der Human-Interest-Frame rückt Einzelschicksale und die emotionalen Aspekte eines Geschehens in den Fokus der Betrachtung, und beim Morality-Frame geht es um die Passung eines Geschehens zu Normen und Wertvorstellungen. Zu den generischen Frames zählt auch die von Iyengar (1991) aufgeführte und eher über die formale Darstellung definierte Unterscheidung in episodisches und thematisches Framing: Beim episodischen Framing werden öffentliche Themen anhand konkreter Fallbeispiele und individueller Schicksale erörtert. Thematisches Framing betont den abstrakten Kontext und liefert über die bloße Berichterstattung hinaus tiefergehende Interpretationen oder sozioökonomische und politische Hintergrundinformationen, zum Beispiel durch die Präsentation von Statistiken.

Eine dritte Klasse von Frames sind Äquivalenz-Frames (Chong & Druckman, 2007): Diese haben unterschiedliche, aber logisch äquivalente Formulierungen. Das wohl prominenteste Beispiel ist die Unterscheidung von Gewinn-

und Verlust-Frames (Kahnman & Tversky, 1984), die sich allein in der sprachlichen Formulierung unterscheiden.

Mehrere Studien finden Hinweise auf Framing-Effekte: Veränderungen in der sprachlichen Gestaltung haben Effekte auf die Entscheidungsfindung (Kahneman & Tversky, 1984; McKenzie & Nelson, 2003). Framing beeinflusst Meinungen, Einstellungen, Emotionen und Verhalten (z. B. Cappella & Jamieson, 1997; Gross & d'Ambrosio, 2004; McLeod & Detenber, 1999; Nabi, 2003; Nelson & Oxley, 1999; Schneider, Burke, Solomonson & Laurion, 2005; Tewksbury, Jones, Peske, Raymond & Vig, 2000) und was das Publikum von einer Nachrichtenmeldung erinnert (Valentino, Buhr & Beckmann, 2001). Wird beispielsweise eine Nachricht in ein Human-Interest-Frame eingebettet, so wird diese schlechter behalten (Valkenburg, Smetko & de Vresse, 1999). Framing beeinflusst auch die Zuschreibung von Verantwortlichkeit und möglichen Lösungen für (soziale) Probleme (Iyengar, 1991; Iyengar & Simon, 1993; Shah, Kwak, Schmierback & Zubric, 2004). So wird bei Themen wie Armut oder Kriminalität bei episodischem Framing die Verantwortlichkeit für das Problem den Betroffenen selbst zugeschrieben, beim thematischen Framing eher der Gesellschaft.

Framing-Effekte hängen von individuellen Rezipientenmerkmalen ab. So zeigt Framing bei politisch uninteressierten Rezipienten größere Effekte. Es zeigen sich aber auch Interaktionseffekte: Nachrichtenrezipienten mit großem politischem Interesse werden stärker von thematischem Framing beeinflusst als von episodischem (Iyengar, 1991). Neben individuellen Rezipientenmerkmalen beeinflussen auch Attribute des Mediums Framing-Effekte; beispielsweise fördern glaubwürdige Medien Framing-Effekte, weniger glaubwürdige schwächen sie (Druckman, 2001).

Neben Framing-Effekten in der politischen Kommunikation befasst sich ein Teil der Forschung mit Framing-Effekten in der Gesundheitskommunikation und nimmt dabei vor allem Bezug auf die Unterscheidung von Gewinn- und Verlust-Frames (Kahneman und Tversky, 1984). Eine Meta-Analyse von Gallagher und Updegraff (2012) mit über 90 Studien kommt zu dem Schluss, dass der Gewinn-Frame eine stärkere persuasive Wirkung bei einem präventiven Verhalten hat, bei einem entdeckenden Verhalten jedoch hat ein Gewinn-Frame keine stärkere Wirkung als ein Verlust-Frame. Dagegen findet eine Meta-Analyse von O'Keefe und Wu (2012) mit 33 Studien zum Einfluss von Framing auf Verhalten zur Prävention von Hautkrebs keinen Unterschied in der persuasiven Wirkung von Gewinn- und Verlust-Frame (vgl. auch Akl et al., 2011).

Kritik

Die Vielzahl von Definitionen und Beschreibungen, die die Popularität des Framing-Konzeptes begleiten, führt zu einer großen begrifflichen Unschärfe. So spricht Entman (1993) von Framing als »scattered conceptualization«. Eine Folge davon ist, dass keine einheitlichen Frame-Typologien existieren. Während generische Frames relativ klar hervortreten, scheinen auf inhaltlicher Ebene beliebig viele verschiedene themenspezifische Frames zu existieren, die von Thema zu Thema variieren und wenig generalisierbar sind. Zudem besteht auch keine Einigkeit über die psychologischen Wirkungsmechanismen, die hinter Framing-Effekten stehen. Während hier Entman jedoch für die Schaffung eines einheitlichen Forschungs-Paradigmas plädiert, befürwortet D'Angelo (2002) die multiparadigmatische Sichtweise des Konzeptes, da »various, even competing theories may be required to understand framing« (S. 872).

Literatur

Akl, E. A., Oxman, A. D., Herrin, J., Vist, G. E., Terrenato, I., Sperati, F., Costiniuk, C., Blank, D. & Schünemann H. (2011). Framing of the health information message in either negative or positive words. *Cochrane Database Systematic Reviews*, http://www.cochrane.org//CD006777/COMMUN_framing-of-the-health-information-message-in-either-negative-or-positive-words (27.03.2015).

Anderson, J. & Bower, G. (1973). *Human Associative Memory*. Washington, DC: Winston.

Brewer, P. R., Graf, J. & Willnat, L. (2003). Priming or Framing. Media Influence on Attitudes toward Foreign Countries. *Gazette: The International Journal for Communication Studies*, *65*(6), 493–508.

Cappella, J. A. & Jamieson, K. H. (1997). *Spiral of Cynicism*. New York: Oxford University Press.

Chong, D. & Druckman, N. J. (2007). Framing theory. *Annual Review of the Political Science*, 10, 103–126.

Dahinden, U. (2006). *Framing. Eine integrative Theorie der Massenkommunikation*. Konstanz: UVK.

D'Angelo, P. (2002). News Framing as a Multi-paradigmatic Research Program: A Response to Entman. *Journal of Communication, 52*, 870–889.

De Vreese, C. H. (2005). News framing: Theory and typology. *Information Design Journal and Document Design*, *13*(1), 48–59.

Druckman, J. N. (2001). On the Limits of Framing Effects: Who Can Frame? *Journal of Politics*, *63*(4), 1041–1066.

Entman, R. (1993). Framing: Towards Clarification of a Fractured Paradigm. *Journal of Communication*, *43*(4), 51–58.

Gallagher, K. M. & Updegraff, J. A. (2012). Health messages framing effects on attitudes, intentions, and behavior: a meta-analytic review. *Annals of Behavioral Medicine, 43*, 101–116.

Ghanem, S. (1997). Filling in the Tapestry: The Second Level of Agenda Setting. In M. E. McCombs, D. Shaw & D. Weaver (Eds.), *Communication and Democracy: Exploring the Intellectual Frontiers in Agenda Setting Theory* (pp. 3–14). Mahwah, NJ: Lawrence Erlbaum.

Goffman, E. (1974). *Frame Analysis: An Essay on the Organization of Experience*. New York: Harper & Row.

Gross, K. & D'Ambrosio, L. (2004). Framing Emotional Response. *Political Psychology*, *25*(1), 1–29.

Heider, F. (1958). *The Psychology of Interpersonal Relations*. New York: John Wiley & Sons.

Iyengar, S. (1991). *Is Anyone Responsible? How Television Frames Political Issues*. Chicago: University of Chicago Press.

Iyengar, S. & Simon, A. (1993). News Coverage of the Gulf Crisis and Public Opinion. A Study of Agenda-Setting, Priming and Framing. *Communication Research, 20*, 365–383.

Kahneman, D. & Tversky, A. (1984). Choices, Values, and Frames. *American Psychologist, 39*, 341–350.
McKenzie, C. R. M. & Nelson, J. D. (2003). What a speaker's choice of frame reveals: Reference points, frame selection, and framing effects. *Psychonomic Bulletin & Review, 10*(3), 596–603.
McLeod, D. M. & Detenber, B. H. (1999). Framing effects of television news coverage of social protest. *Journal of Communication, 49*(3), 3–23.
Nabi, R. (2003). The Framing Effects of Emotions. *Communication Research, 30*(2), 224–247.
Nelson, T. E. & Oxley, Z. M. (1999). Issue Framing Effects on Belief Importance and Opinion. *Journal of Politics, 61*(4), 1040–1068.
Neuman, W. R., Just, M. R. & Crigler, A. N. (1992). *Common Knowledge*. Chicago: University of Chicago Press.
O'Keefe, D. J. & Wu, D. (2012). Gain-framed messages do not motivate sun protection: a meta-analytic review of randomized trials comparing gain-framed and loss-framed appeals for promoting skin cancer prevention. *International Journal of Environmental Research and Public Health, 9*, 2121–2133.
Price, V., Tewksbury, D. & Powers, E. (1997). Switching Trains of Thought: The Impact of News Frames on Readers' Cognitive Responses. *Communication Research, 24*, 481–506.
Scheufele, D. (2000). Agenda-Setting, Priming and Framing Revisited: Another Look at Cognitive Effects of Political Communication. *Mass Communication & Society, 3* (2&3), 297–316.
Schneider, S. L., Burke, M. D., Solomonson, A. L. & Laurion, S. K. (2005). Incidental Framing Effects and Associative Processes: A Study of Attribute Frames in Broadcast News Stories. *Journal of Behavioral Decision Making, 18*, 261–280.
Semetko, H. A. & Valkenburg, P. M. (2000). Framing European Politics: A Content Analysis of Press and Television News. *Journal of Communication, 50*(2), 93–109.
Shah, D., Kwak, N., Schmierback, M. & Zubric, J. (2004). The Interplay of News Frames on Cognitive Complexity. *Human Communication Research, 30*, 102–120.
Tankard, J. W. (2001). The Empirical Approach to the Study of Media Framing. In S. Reese, O. Gandy & A. Grant (Eds.), *Framing Public Life: Perspectives on Media and our Understanding of the Social World* (pp. 95–106). Mahwah, NJ: Lawrence Erlbaum.
Tewksbury, D., Jones, J., Peske, M. W., Raymond, A. & Vig, W. (2000). The interaction of news and advocate frames: Manipulating audience perceptions of a local public policy issue. *Journalism & Mass Communication Quarterly, 77*(4), 804–829.
Valentino, N. A., Buhr, T. A. & Beckmann, M. N. (2001). When the Frame is the Game: Revisiting the Impact of ›Strategic‹ Campaign Coverage on Citizens' Information Retention. *Journalism & Mass Communication Quarterly, 78*(1), 93–112.
Valkenburg, P. M., Semetko, H. A. & de Vreese, C. H. (1999). The Effects of News Frames on Readers' Thoughts and Recall. *Communication Research, 26*(5), 550–569.

Präsenzerleben

Lisa Aelker

Worum geht es?

Medien können uns in andere Welten versetzen und uns zeitweise sogar die Welt um uns herum vergessen lassen. Im Extremfall können Medien so realistische Eindrücke vermitteln, dass wir das Gefühl haben, wirklich an einem anderen Ort zu sein. Dieses psychologische Phänomen – »the sense of being there« – wird häufig unter den Begriff »Presence« oder »Telepresence« gefasst (Minsky, 1980; Reeves, 1991; Sheridan, 1992; Steuer, 1992). Presence impliziert dabei nicht nur das Gefühl der Anwesenheit an einem anderen Ort, sondern auch eine gewisse sensorische Absorption, die dazu führt, dass das Medium selbst nicht mehr bewusst als Teil der Objektwelt wahrgenommen wird. Lombard und Ditton (1997) sprechen hier von der »perceptual illusion of nonmediation«. Das Presence-Konzept wurde insbesondere im Zusammenhang mit der Entwicklung von Virtuellen Realitäten (VR) erforscht (Bente, Krämer & Petersen, 2002), aber auch auf andere Medien angewendet, zum Beispiel auf das Fernsehen (für einen Überblick siehe Bracken & Botta, 2010) oder auf Computerspiele (für einen Überblick siehe Tamborini & Bowman, 2010).

Darstellung der Annahmen

Die Formulierung einer einheitlichen und kohärenten Presence-Theorie steht bislang noch aus (IJsselsteijn, 2004). Die bestehenden Ansätze lassen sich grob einteilen in die früheren, eher technikzentrierten Konzeptualisierungen, die in erster Linie mediale Eigenschaften für das Zustandekommen von Presence-Erleben verantwortlich machen, und stärker psychologisch ausgerichtete Ansätze. Nach Steuer (1992) hängt die (Tele-)Presence im Wesentlichen von zwei Merkmalen technischer Systeme ab, nämlich von der Lebendigkeit (vividness), mit der Inhalte dargestellt werden können, und von der Interaktivität (interactivity), die sie dem Nutzer ermöglichen. So wird ein Medium erst dann zu einer »Virtuellen Realität (VR)«, wenn ein hohes Maß an Telepresence erreicht wird, d. h., wenn es beim Rezipienten auf Grund der Lebendigkeit und Interaktivität zu einer Erfahrung kommt, die mit dem Erleben einer physikalischen Umwelt kongruent ist. Auch andere Medien mit geringerem »Presence-Potential« lassen sich nach Steuer (1992) anhand dieser beiden Dimensionen skalieren (▶ Abb. 2.12).

Sheridan (1992) macht fünf Variablen für das Presence-Erleben verantwortlich: »extend of sensory information«, »control of sensors relative to environment«, »ability to modify the physical environment«, »task difficulty« und »degree of automation«. Ähnlich wie bei Steuer ist Presence auch hier wesentlich durch Merkmale der Medientechnologie bestimmt. Von einer unmittelbaren Wirkung der technischen Voraussetzungen wird allerdings nicht mehr ausgegangen. Tatsächlich hat die Forschung gezeigt, dass auch Nutzerfaktoren sowie situativen Variablen und Aufgabenstellungen eine besondere Bedeutung bei der Entstehung von Presence zukommt (IJsselsteijn, de Ridder, Freeman & Avons, 2000; Petersen & Bente, 2001).

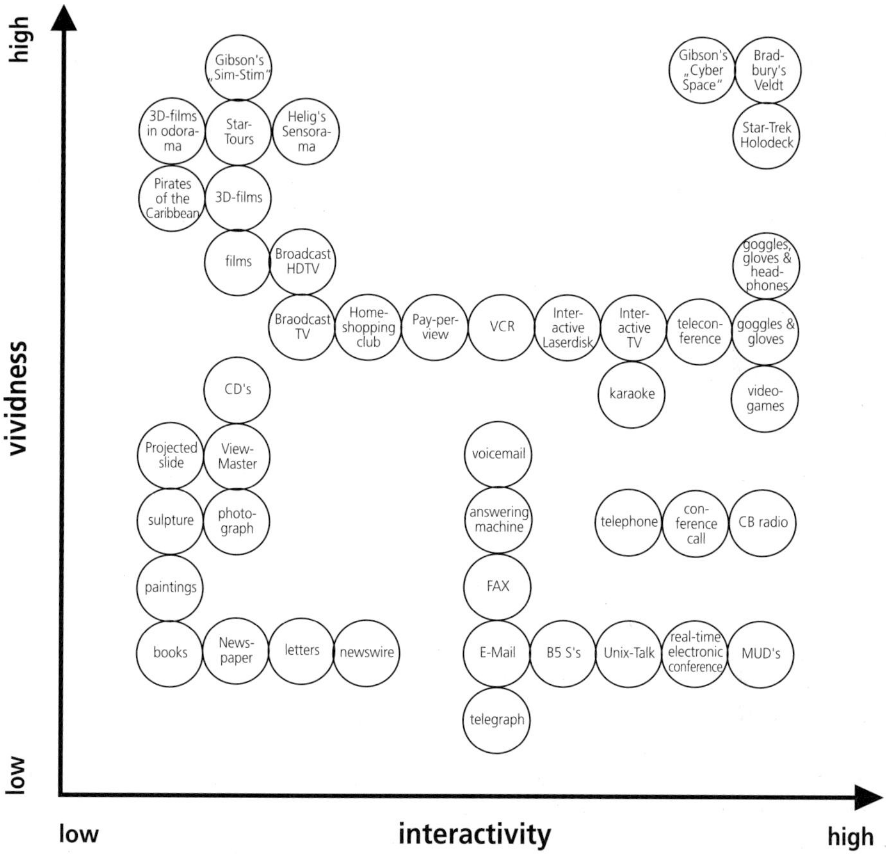

Abb. 2.12: Klassifikation von Medien anhand der Dimensionen Lebendigkeit und Interaktivität (nach Steuer, 1992, S. 90)

Während technikorientierte Definitionen wie die von Steuer oder Sheridan große Überstimmungen aufweisen, finden sich im Hinblick auf psychologische Konzeptualisierungen von Presence zum Teil erhebliche Diskrepanzen. Lombard und Ditton (1997) identifizieren in einer Literaturanalyse allein sechs verschiedene Begriffsverwendungen. So wird Presence gebraucht im Sinne von Realismus, Immersion, Transport (vgl. Beitrag zu Transportation in diesem Band), Social Richness (vgl. Beitrag zu Media Richness in diesem Band), von »sozialem Akteur im Medium« (vgl. Beitrag zur Parasozialen Interaktion in diesem Band) oder auch von »Medium als sozialer Akteur« (vgl. Beitrag zur Media Equation in diesem Band). Dabei werden zum Teil gänzlich unterschiedliche Phänomene unter den Begriff Presence gefasst (vgl. Heeter, 1992; Schloerb, 1995). Eine bedeutsame Differenzierung nehmen IJsselsteijn et al. (2000) vor. Sie schlagen vor, die von Lombard und Ditton (1997) identifizierten Konzeptualisierungen zwei distinkten Kategorien zuzuordnen und damit zwei Arten von Presence voneinander zu unterscheiden: Physical Presence und Social Presence. Während die physische Präsenz im oben genannten Sinne als »the sense of being there« zu verstehen ist, wird die soziale Präsenz durch »the sense of being together with another« definiert (Biocca, Harms & Gregg, 2001). Auch in Bezug auf die soziale Präsenz lassen sich eher technikorientierte von stärker psychologischen Ansätzen unterscheiden. Die Begründer der Social Presence Theory, Short, Williams und Christie (1976), beschreiben soziale Präsenz zunächst als relativ stabile Fähigkeit eines Mediums, Informationen über den räumlich getrennten Interaktionspartner, wie »facial expression, direction of looking, posture, dress, and nonverbal cues« (S. 65), übermitteln zu können. Medien unterscheiden sich demnach hinsichtlich ihres jeweiligen Potenzials, soziale Präsenz auslösen zu können. Inwiefern das Phänomen allerdings tatsächlich auftritt, hängt laut Short et al. (1976) von der subjektiven Wahrnehmung der Mediennutzer ab. Nachfolgende Ansätze betonen die Subjektivität des Erlebens sozialer Präsenz allerdings noch wesentlich stärker. So definieren Biocca et al. (2001) es zum Beispiel als »outcome of cognitive simulations (i. e. inferences) of the other's cognitive, emotional, and behavioral dispositions« (S. 2). Es handelt sich demnach um ein Maß für die subjektive Wahrnehmung und kognitive Abbildung anderer Personen (»awareness«, »salience«, »accessibility of the other being«; Biocca & Harms, 2002), welches zwar zum einen durch die mediale Repräsentation der Interaktionspartner beeinflusst wird, zum anderen aber insbesondere auch durch Merkmale des jeweiligen Rezipienten (vgl. z. B. Blascovich, 2002). Somit ist soziale Präsenz ebenso wie die physische Präsenz nicht als statische Qualität eines Mediums zu verstehen, sondern beide variieren im Verlaufe einer medienvermittelten Interaktion sowohl inter-individuell als auch intra-individuell hinsichtlich ihrer Intensität.

Im Schnittbereich der sozialen und der physischen Präsenz ist die sogenannte Copresence anzusiedeln (IJsselsteijn, 2004). Sie ist gekennzeichnet durch »a sense of being together in a shared space at the same time« (S. 136; ▶ Abb. 2.13, S. 175). Co-präsente Akteure können also nicht nur miteinander über das Medium kommunizieren, sondern auch zeitgleich auf eine gemeinsame virtuelle Objektwelt zugreifen und quasi gemeinsam »tätig werden«.

Physical Presence und Anteile von Copresence werden in Abgrenzung zu Social Presence oft unter den Begriff »Presence« gefasst. Spezifischer auf den Aspekt der räumlichen Anwesenheit in einer virtuellen Welt zugeschnitten ist der Begriff der »Spatial Presence«. Vorderer et al. (2003; siehe auch Wirth et al., 2007) postulieren ein zweistufiges Prozessmodell der Spatial Presence, in das Medien- und Personenfaktoren einbezogen werden. Dieses Modell ist insofern beispielhaft, als es erstmals versucht, verschiedene Einflussfaktoren zu integrieren und diese im Hinblick auf eine mehrdimensionale Erfassung des Präsenzerlebens zu operationalisieren.

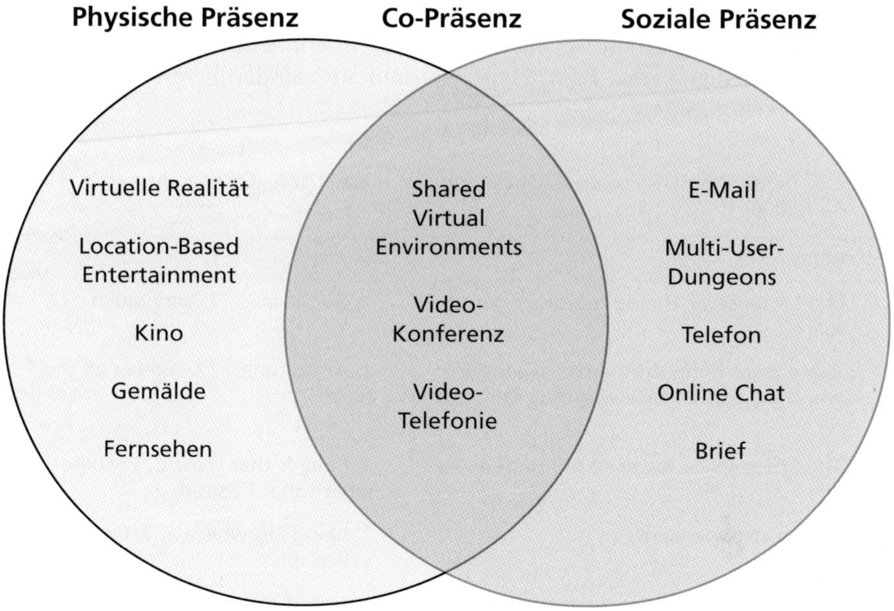

Abb. 2.13: Beziehungen zwischen Physical Presence, Social Presence und Co-Presence (nach IJsselsteijn, 2004, S. 137)

Typische Methodik und zentrale empirische Ergebnisse

Bei der Erfassung von Presence kann grundsätzlich zwischen subjektiv-verbalen Erhebungsverfahren (Fragebögen, Self-Reports) und objektiven Erhebungsmethoden (etwa Verhaltensregistrierung, psychophysiologische Messungen) unterschieden werden (IJsselsteijn et al., 2000).

In der Mehrzahl bisheriger Studien wurde Presence mittels Fragebögen im Anschluss an die Mediennutzung erhoben. Der Fragebogen von Lombard et al. (2000) etwa erfasst anhand von fünf Dimensionen sowohl Aspekte der sozialen als auch der physischen Präsenz. Ein häufig eingesetzter Fragebogen, der ausschließlich physische Präsenz misst, stammt von Slater, Usoh und Steed (1994). **Tabelle 2.3** (S. 176) gibt eine Übersicht über die Items ihres SUS-Questionnaires und die zugeordneten Skalen.

Der Presence-Questionnaire (PQ) von Witmer und Singer (1998) erfasst ebenfalls physische Präsenz anhand der Dimensionen: Kontrolle (»How much were you able to control events?«), sensorische Qualität (»How well could you actively survey or search the virtual environment using touch?«), Distraktion (»How well could you concentrate on the assigned tasks or required activities rather than on the mechanisms used to perform those tasks or activities?«) und Realismus (»How natural did your interactions with the environment seem?«). Einen ausführlichen Überblick über die Validität von PQ und SUS findet sich bei Youngblut und Perrin (2002). Ein neueres, gut validiertes Instrument zur

Erfassung von Spatial Presence stellt der MEC-Spatial Presence Questionnaire (MEC-SPQ) dar (Vorderer et al., 2004). Das Instrument wurde anhand verschiedener Medien (Text, Film, Hypertext und VR) länderübergreifend getestet (Vorderer et al., 2004).

Tab. 2.3: Items des SUS Presence Questionnaire (nach Usoh, Catena, Arman & Slater, 2000)

	Items	Scales
1	I had a sense of »being there« in the office space:	1. Not at all ... 7. Very much.
2	There were times during the experience when the office space was the reality for me ...	1. At no time ... 7. Almost all the time.
3	The office space seems to me to be more like ...	1. Images that I saw ... 7. Somewhere that I visited.
4	I had a stronger sense of ...	1. Being elsewhere ... 7. Being in the office space.
5	I think of the office space as a place in a way similar to other places that I've been today ...	1. Not at all ... 7. Very much so.
6	During the experience I often thought that I was really standing in the office space ...	1. Not very often ... 7. Very much so.

Der Einsatz von Fragebögen bringt bestimmte Einschränkungen mit sich. So unterliegen Selbsteinschätzungen und insbesondere nachträgliche Beurteilungen psychologischer Prozesse bestimmten Verzerrungen und Urteilsfehlern. Nicht obtrusive Verhaltensregistrierungen und psychophysiologische Messungen bieten hier deutliche Vorteile. Sie liefern unmittelbare Daten zum Nutzungsprozess, ohne mit dem Presence-Erleben zu interferieren. Hier stellt sich jedoch das Problem der Indikatorbildung: Welches Messdatum zeigt Presence an? Verhaltensorientierte Ansätze gehen davon aus, dass Menschen, wenn sie Presence erleben, auf virtuelle Stimuli ausschließlich so reagieren, als seien sie real. Slater, Usoh und Chrysanthou (1995) interpretieren in diesem Sinne das Zeigeverhalten in einer virtuellen Realität als Indikator für Präsenzerleben. Freeman, Avons, Meddis, Pearson und IJsselsteijn (2000) analysierten die Körperhaltung ihrer Probanden, während sie eine normale bzw. stereoskopische Filmaufzeichnung eines Autorennens sahen. Generell scheint die Nutzung von Verhaltensindikatoren nur sinnvoll, wenn das System in der Lage ist, solche offensichtlichen Verhaltensreaktionen zu evozieren (Slater et al., 2006).

Psychophysiologische Daten können als Korrelate des emotionalen Erlebens, bzw. der Aktivierung oder Erregung interpretiert werden (Bente & Eschenburg, 2008). Im Zusammenhang mit Presence werden verschiedene Kennwerte eingesetzt, so zum Beispiel Pulsfrequenz, Blutdruck, Hautleitfähigkeit und Hauttemperatur. Laarni, Ravaja und Saari (2003) nutzen okulometrische Messungen, um die Dynamik des Blickverhaltens zu untersuchen. Ravaja (2002) setzt elektromyografische Verfahren ein (EMG), um aus der mimischen Aktivität der Gesichtsmuskeln Rückschlüsse auf emotionale Zustände zu ziehen. Dass derartige Maße sensibel für verschiedene Medieneffekte sind, ist hinreichend belegt (Kempter & Bente, 2004). Inwiefern sie allerdings als Indikatoren von Presence herangezogen werden können, wurde bisher noch unzureichend empirisch überprüft (IJsselsteijn et al., 2000).

Ein Konzept zur indirekten Messung von Presence legen Slater und Steed (2000) in Form der sogenannten »Breaks in Presence (BIP)« vor. Als BIPs werden Momente bezeichnet, in denen sich der Fokus bei der Nutzung eines Mediums von der virtuellen auf die reale Umwelt verschiebt. Erhoben wurden BIPs zunächst durch Self-Reports (Brogni, Slater & Steed, 2003; Slater & Steed, 2000). Aber auch psychophysiologische Messverfahren werden hier eingesetzt. Anhand der aus dem EKG abgeleiteten Variabilität der Herzrate konnten etwa Guger et al. (2004) starke BIP-Effekte nachweisen, wenn die VR-Projektion in einer CAVE (Cave Automatic Virtual Environment) für kurze Zeit unterbrochen wurde. Derartige experimentelle Ansätze eröffnen neue Forschungsmöglichkeiten und versprechen tiefere Einsichten in die psychologischen Prozesse, die mit Presence einhergehen.

Kritik

Bis heute lässt sich keine einheitliche Presence-Theorie ausmachen. Die divergierenden psychologischen Konzeptualisierungen von Presence schlagen sich in unterschiedlichen Operationalisierungen und in der Wahl unterschiedlicher Forschungsmethoden nieder (Lee, 2004; Lombard & Ditton, 1997). Hierdurch wird ein direkter Vergleich der Befunde erschwert. Jenseits des geringen Integrationsgrades der Forschung ist auch methodische Kritik an den einzelnen Messverfahren und den experimentellen Anordnungen angebracht. Insbesondere der ausschließliche Einsatz von Fragebögen ist problematisch (Usoh, Catena, Arman & Slater, 2000; IJsselsteijn et al., 2000). Slater (2004) etwa weist darauf hin, dass nicht ausgeschlossen werden kann, dass eine im Anschluss an die Mediennutzung gemessene Presence erst durch eine solche Befragung der Probanden entsteht. Andererseits sind die Daten aus objektiven Messungen oft nur schwer interpretierbar (Freeman et al., 2000). Als sinnvoll erachtet werden standardisierte Messansätze, die sowohl subjektive als auch objektive Erhebungsverfahren zusammenführen (IJsselsteijn et al., 2000; Lee, 2004; Lombard & Ditton, 1997).

Darüber hinaus schlägt Lee (2004) vor, Presence als Moderatorvariable zu modellieren und zu Ergebnisvariablen wie der Gedächtnisleistung, der Technologieakzeptanz oder auch der Einstellung gegenüber (künstlichen) Akteuren in virtuellen Welten in Beziehung zu setzen. Dabei stellt sich die Frage, inwieweit maximales Präsenzerleben auch gleichzeitig als optimales Präsenzerleben verstanden werden kann (IJsselsteijn et al., 2000). So ist es durchaus vorstellbar, dass die erlebte Presence in einem virtuellen Klassenzimmer sehr hoch sein kann, dass aber genau wie im realen Klassenzimmer die Details des Kontextes bei zunehmender Presence mit der Lernaufgabe um Aufmerksamkeit und kognitive Ressourcen konkurrieren. Modellbildungen und Forschungen, die dieser Problemstellung systematisch Rechnung tragen, stehen noch aus.

Literatur

Bente, G. & Eschenburg, F. (2008). Excitation and Arousal. In W. Donsbach, P. Vorderer, P. et al. (Eds.), *The International Encyclopedia of Communication (*pp. 1622–1627). Boston: Blackwell.

Bente, G., Krämer, N. C. & Petersen, A. (2002). *Virtuelle Realitäten.* Göttingen: Hogrefe.

Biocca, F. & Harms, C. (2002). Defining and measuring social presence: Contribution to the Networked Minds Theory and Measure. In F. R. *Gouveia & F. Biocca (Eds.), Proceedings of the 5th International Workshop on Presence (pp. 7–36).*

Biocca, F., Harms, C. & Gregg, J. L. (2001). The networked minds measure of social presence: Pilot test of the factor structure and concurrent validity. *Proceedings of the Fourth Annual International Presence Workshop*, Philadelphia, PA.

Blascovich, J. (2002). Social influence with immersive virtual environments. In R. Schröder (Ed.), The Social Life of Avatars (pp. 127–145). London: Springer.

Bracken, C. C. & Botta, R. A. (2010). Telepresence and Television. In C. C. Bracken & P. D. Skalski (Eds.), Immersed in media. Telepresence in everyday life (pp. 39–62). New York: Routledge.

Brogni, A., Slater, M. & Steed, A. (2003). More breaks less presence. *Proceedings of the 6th Annual International Workshop on Presence.* Aalborg, Denmark.

Freeman, J., Avons, S. E., Meddis, R., Pearson, D. E. & IJsselsteijn, W. I. (2000). Using behavioral realism to estimate presence: A study of the utility of postural responses to motion stimuli. *Presence-Teleoperators and Virtual Environments, 9*, 149–164.

Guger, C., Edlinger, G., Leeb, R., Pfurtscheller, G., Antley, A., Garau, M., Brogni, A., Friedman, D. & Slater, M. (2004). Heart-Rate Variability and Event-Related ECG in Virtual Environments. *Proceedings of the 7th Annual International Workshop on Presence* (pp. 240–245).

Heeter, C. (1992). Being there: The Subjective Experience of Presence, *Presence: Teleoperators and Vitual Environments, 1(2)*, 262–271.

IJsselsteijn, W. A. (2004). *Presence in depth.* Eindhoven: University of Technology.

IJsselsteijn, W. A., de Ridder, H., Freeman, J. & Avons, S. E. (2000). Presence: Concept, determinants and measurement. *Proceedings of the SPIE 3959*, *520–529.*

Kempter, G. & Bente, G. (2004). Psychophysiologische Wirkungsforschung: Grundlagen und Anwendungen. In R. Mangold, P. Vorderer & G. Bente (Eds.), *Lehrbuch Medienpsychologie* (pp. 271–295). Göttingen: Hogrefe.

Laarni, J., Ravaja, N. & Saari, T. (2003). Using eye tracking and psychophysiological methods to study spatial presence. In *Proceedings of the 6th International Workshop on Presence.* Aalborg, Denmark.

Lee, K. M. (2004). Presence, Explicated. *Communication Theory, 14(1)*, 27–50.

Lombard, M. & Ditton, T. (1997). At the heart of it all: The concept of presence. *The Journal of Computer-Mediated Communication, 3(2)*, no pagination specified.

Lombard, M., Ditton, T. B., Crane, D., Davis, B., Gil-Egui, G., Horvath, K., et al. (2000). Measuring presence: A literature-based approach to the development of a standardized paper-and-pencil instrument. In W. IJsselsteijn, J. Freeman & H. de Ridder (Eds.), *Proceedings of the Third International Workshop on Presence*, Eindhoven University of Technology, Eindhoven, The Netherlands.

Minsky, M. (1980). Telepresence. *Omni, June 1980*, 45–51.

Petersen, A. & Bente, G. (2001). Situative und technologische Determinanten des Erlebens virtueller Realität. *Zeitschrift für Medienpsychologie, 13(3)*, 138–145.

Ravaja, N. (2002). Presence-related influences of a small talking facial image on psychophysiological measures of emotion and attention. In *Proceedings of the 5th International Workshop on Presence*. Porto, Portugal.

Reeves, B. (1991). *Being there: Television as symbolic versus natural experience*. Unpublished manuscript, Stanford University, Institute for Communication Research, Stanford, CA.

Schloerb, D. W. (1995). A Quantitative Measure of Telepresence, *Presence: Teleoperators and Vitual Environments, 4(1)*, 64–80.

Sheridan, T. B. (1992). Musings on telepresence and virtual presence. *Presence: Teleoperators and Virtual Environments, 1(1)*, 120–126.

Short, J. A., Williams, E. & Christie, B. (1976). The social psychology of telecommunications. London: John Wiley & Sons.

Slater, M. (2004). How colorful was your day? Why Questionnaires cannot assess Presence in Virtual Environments. *Presence: Teleoperators and Virtual Environments, 13 (4)*, 484–493.

Slater, M., Guger, C., Edlinger, G., Leeb, R., Pfurtscheller, G., Antley, A., Garau, M., Brogni, A. & Friedman, D. (2006). Analysis of Physiological Responses to a Social Situation in an Immersive Virtual Environment. *Presence: Teleoperators and Virtual Environments, 15(5)*, 553–569.

Slater, M., Usoh, M. & Chrysanthou, Y. (1995). The influence of dynamic shadows on presence in immersive virtual environments. In *Selected papers of the Eurographics workshops on Virtual environments '95* (pp. 8–21). Barcelona, Spain: Springer.

Slater, M. & Steed, A. J. (2000). A virtual presence counter. *Presence: Teleoperators and Virtual Environments, 9(5)*, 413–434.

Slater, M., Usoh, M. & Steed, A. (1994). Depth of presence in virtual environments. *Presence: Teleoperators and Virtual Environments, 3*, 130–144.

Steuer, J. (1992). Defining virtual reality: Dimensions determining telepresence. *Journal of Communication, 42(4)*, 73–93.

Tamborini, R. & Bowman, N. D. (2010). Presence in video games. In C. C. Bracken & P. D. Skalski (Eds.), Immersed in media. Telepresence in everyday life (pp. 87-109). New York: Routledge.

Usoh, M., Catena, E., Arman, S. & Slater, M. (2000). Using presence questionnaires in reality. *Presence: Teleoperators and Virtual Environments, 9*, 497–503.

Vorderer, P., Wirth, W., Gouveia, F. R., Biocca, F., Saari, T., Jäncke, L., Böcking, S., Schramm, H., Gysbers, A., Hartmann, T., Klimmt, C., Laarni, J., Ravaja, N., Sacau, A., Baumgartner, T. & Jäncke, P. (2004). *MEC Spatial Presence Questionnaire (MECSPQ): Short Documentation and Instructions for Application*. Report to the European Community, Project Presence: MEC. Retrieved 4th of July 2007, from http://www.presence-research.org/papers/MEC.pdf [1.2.2008].

Vorderer, P., Wirth, W., Saari, T., Gouveia, F. R., Biocca, F., Jäncke, L., Böcking, S., Hartmann, T., Klimmt, C., Schramm, H., Laarni, J., Ravaja, N., Gouveia, L. B., Rebeiro, N., Sacau, A., Baumgartner, T. & Jäncke, P. (2003). *Constructing Presence: Towards a two-level model of the formation of Spatial Presence*. Unpublished report to the European Community, Project Presence: MEC (IST-2001-37661). Hanover, Munich, Helsinki, Porto, Zurich.

Wirth, W., Hartmann, T., Böcking, S., Vorderer, P., Klimmt, C., Schramm, H., Saari, T., Laarni, J., Ravaja, N., Gouveia, F. R., Biocca, F., Sacau, A., Jäncke, L., Baumgartner, T. & Jäncke, P. (2007). A Process Model of the Formation of Spatial Presence Experiences. *Media Psychology, 9*, 493–525.

Witmer, B. G. & Singer, M. J. (1998). Measuring presence in virtual environments: A presence questionnaire. *Presence: Teleoperators and Virtual Environments, 7(3)*, 225–240.

Youngblut, C. & Perrin, B. M. (2002). *Investigating the relationship between presence and performance in virtual environments*. Paper presented at IMAGE 2002 Conference, Arizona.

Beabsichtigte kognitive Medienwirkungen

Cultivation of Mental Skills und Supplantation

Dagmar Unz

Worum geht es?

Der Cultivation-of-Mental-Skills-Ansatz von Salomon (1979) beschreibt die Interaktion zwischen Medien und kognitiven Prozessen. Salomon geht davon aus, dass Medien nicht nur komfortable, prinzipiell austauschbare Technologien zur Informationsvermittlung sind. Vielmehr nutzen Medien substanziell unterschiedliche »Sprachen«, um Wissensbestände zu sammeln, zu »verpacken« und zu übermitteln. Der Unterschied zwischen Medien liegt nicht so sehr darin, welche Informationen sie übermitteln, sondern in der Art und Weise, wie Informationen organisiert und präsentiert werden (vgl. Beitrag zur Medienspezifität des Lernens in diesem Band). Nach Salomon (1980) ist das Entsetzen, das man beim Ansehen von *A Clockwork Orange* erlebt, oder das bessere Verständnis von Gruppenprozessen nach der Rezeption von *Die zwölf Geschworenen* vor allem auf den visuellen Modus und die einzigartige Sprache solcher Filme zurückzuführen.

Darstellung der Annahmen

Salomon greift auf Überlegungen von Goodman (1968) zu medialen Symbolsystemen sowie auf Annahmen von Gardner, Howard und Perkins (1974) zurück, nach denen mediale Attribute wesentlich für Lernprozesse sein können. Er nimmt an, dass (a) sowohl die Medien als auch die menschliche Informationsverarbeitung Symbole verwenden, um Informationen zu repräsentieren, zu speichern und zu manipulieren, und dass (b) einige der Symbolsysteme, die Menschen verwenden, durch Mediennutzung erworben sind.

Nach Salomon bestehen Medien aus vier (oder mehr) Klassen von Attributen, nämlich Inhalt, Technologie, Symbolsystem und Situation. Jedes dieser Attribute kann eine Rolle beim Lernen spielen: Manchmal ist ein technologisches Attribut entscheidend für den Lernerfolg, da es eine bestimmte Lernerfahrung erst ermöglicht, wie dies zum Beispiel bei Simulationen der Fall sein kann. Eine besondere Rolle kommt dabei den Symbolsystemen zu. Symbolsysteme charakterisieren, wie Informationen organisiert und präsentiert werden. Dies können zum Beispiel spezifische filmische Darstellungsmittel sein, wie Kamerafahrten oder Zooms, oder bestimmte Arten der Visualisierung, wie Explosionsskizzen in technischen Zeichnungen. Symbolsysteme sind damit essentielle Charakteristika eines Mediums, die spezifische Auswirkungen darauf haben, wie Wissen extrahiert und wie Bedeutung konstruiert wird. Symbolsysteme beeinflussen den Wissenserwerb auf vielfältige Weise:

- Sie betonen bestimmte Inhaltsaspekte.
- Sie unterscheiden sich darin, wie einfach oder schwierig Informationen durch die Lernenden zu rekodieren sind.
- Spezifische Kodierelemente können den Lernenden schwierige mentale Elaborationen »ersparen«, indem sie bestimmte Operationen explizit darstellen bzw. das Ergebnis einer solchen Operation direkt zur Verfügung stellen (vgl. die Konzepte der Supplantation und des Short Circuiting, die weiter unten dargestellt werden).
- Symbolsysteme unterscheiden sich darin, welchen Verarbeitungsaufwand sie erfordern und
- darin, welche mentalen Prozesse sie ansprechen, um Inhalte zu rekodieren oder zu elaborieren.

Salomon benennt vor allem drei Mechanismen, wie mediale Symbolsysteme mit kognitiven Prozessen interagieren:

1. Bei der Aktivierung regt die mediale Darstellung bereits erworbene mentale Fertigkeiten an, so dass diese zur Anwendung gebracht werden.
2. Beim Short Circuiting (Kurzschließen oder Arbeitserleichterung) wird das Endergebnis eines Prozesses offen in der medialen Darstellung präsentiert, wodurch Arbeitsabläufe »verkürzt« werden. Short-Circuiting-Anwendungen können die Aufmerksamkeit auf bestimmte Prozesse lenken und so zur Erleichterung kognitiver Verarbeitungsprozesse führen.
3. Bei der Supplantation (offenes Ersetzen oder Modellieren) simuliert die explizite mediale Präsentation – mit Hilfe eines spezifischen Darstellungsmittels, wie der Filmkamera – interne kognitive Prozesse, sie spiegelt mentale Operationen quasi explizit wider. Zur Vermittlung der mentalen Rotation dreidimensionaler Objekte beispielsweise würde die Modellierung die Ausgangsansicht des dreidimensionalen Objekts, die Veränderung während der Rotation mit Hilfe einer Animation und die Endansicht zeigen. Die mediale Darstellung kann als Modell für die entsprechenden kognitiven Prozesse dienen. Durch Internalisierung wird das spezifische Lösungsmodell mental rekonstruiert. Das Potenzial von Medien liegt also darin, dass sie Transformationen präsentieren, die ähnlich oder analog zu den Prozessen sind, die Personen mental ausführen. Diese können von den Rezipienten mental rekonstruiert und dann auch in anderen Kontexten angewendet werden. »Media, by calling on or even supplanting mental skills, may facilitate the acquisition of knowledge and cultivate mastery of skills« (Salomon, 1976, S. 25).

Zu Kultivierungseffekten, d. h. zum Transfer der durch Medienkonsum erworbenen Fertigkeiten in andere Anwendungsbereiche, kann es kommen, wenn (a) die erworbene Fertigkeit bewusst und mit Aufmerksamkeit verarbeitet und in abstrakter Weise rekodiert wird, was Motivation und mentale Anstrengung erfordert, oder wenn (b) sie solange geübt wird, bis sie automatisiert ausgeführt wird (Salomon & Globerson, 1987).

Allerdings ist es nicht nur die mediale Darstellung, die den Erwerb kognitiver Fertigkeiten beeinflusst. Zentral in Salomons Theorie ist die Annahme, dass die Effektivität eines Mediums davon abhängt, wie gut Charakteristika der Lernenden, Inhalt und Aufgabe »zusammenpassen«. Vorwissen (vgl. dazu auch das Konzept der »zone of proximal development« nach Vygotski, 1978), Verarbeitungstiefe, Aufgabe und mediale Präsentation stehen in Interaktion zueinander: »For effective instructional communication, a match needs to be established between the cognitive demands of a learning task, the skills that are required by the codes of the message, and the learner's level of mastery of these skills« (Salomon, 1979, S. 112).

Typische Methodik

Typischerweise werden die aus dem Cultivation-of-Mental-Skills-Ansatz abgeleiteten Hypothesen in einem laborexperimentellen Versuchsplan geprüft. Als unabhängige Variable wird der Einsatz medialer Symbolsysteme und damit die Art der Darstellung variiert. Als abhängige Variable wird die Veränderung in der in Frage stehenden mentalen Fertigkeit erfasst. Beispielsweise zeigte Salomon (1972) Versuchspersonen Filme über Gemälde von Brueghel. In der Supplantationsbedingung wurde das Bild zuerst in der Gesamtansicht gezeigt, danach wurde durch Zooms eine randomisierte Auswahl von 80 Details präsentiert. Die Short-Circuiting-Bedingung präsentierte das Gemälde zunächst als Standbild, gefolgt von der Serie von 80 Standbildern, auf denen Details des Gemäldes gezeigt wurden. In der Aktivierungsbedingung wurde nur ein Standbild des Originalgemäldes gezeigt. Während Versuchspersonen, die bereits eine hohe allgemeine Fertigkeit zur Detailwahrnehmung hatten, ihre Leistungen nicht noch weiter verbesserten, egal welche Art der Darstellung vorlag, steigerten sich Versuchspersonen mit einer zuvor niedrigen allgemeinen Fertigkeit zur Detailwahrnehmung vor allem unter der Supplantationsbedingung, aber auch unter der Kontroll-, der Aktivierungsbedingung. Unter der Short-Circuiting-Bedingung zeigten sie signifikant schlechtere Leistungen. Ein ähnlicher Effekt zeigte sich bei der Fertigkeit zur Perspektivübernahme – sie konnte durch Einsatz des Darstellungsmittels der Kamerarotation verbessert werden. Zusätzlich nutzte Salomon (1981) die Einführung der »Sesamstraße« in Israel Anfang der 1970er Jahre zur Untersuchung ähnlicher Effekte in Feldstudien.

Zentrale empirische Befunde

Salomon hat seine Überlegungen vor allem aus Studien zu Filmen und zum Fernsehen gewonnen. Spätere Arbeiten beziehen den Ansatz aber auch auf den Computer (z. B. Salomon, 1989, 1990). In neueren Arbeiten anderer Autoren wird der Ansatz auf das Lernen mit multimedialen Lernumgebungen übertragen (z. B. Zumbach & Reisenhöfer, 2012; Zumbach, Reisenhöfer, Szermak, Emberger, Landerer & Schrangl, 2008). So kann beispielsweise das Verstehen zweidimensionaler Projektionen, wie sie etwa in der Architektur verwendet werden, mit Hilfe computeranimierter Grafiken, die die Transformation von einer dreidimensionalen Ansicht zu einem zweidimensionalen Aufriss zeigen, verbessert werden (Zavotka, 1987; in ähnlicher Weise vgl. z. B. Violante & Vezzetti, 2014; Vogel, Girdwidz & Engel, 2007; Seel & Dörr, 1994). Riempp (2000) wendet den Ansatz auf das Erlernen von Bewegungs- und Handlungsabläufen mit interaktivem Video an. Ginther (2002) untersucht die Rolle von Visualisierungen für das Hörverständnis beim Fremdsprachenerwerb und Werner (2001) diskutiert die Rolle von Animationen für den Kunstunterricht. Eine Meta-Analyse von Höffler (2010) bestätigt für das Lernen mit Visualisierung die Annahme, dass mangelndes räumliches Vorstellungsvermögen durch Visualisierungen gefördert werden kann (zur Interaktion von Fähigkeiten wie dem räumlichen Vorstellungsvermögen und Lernen mit statischen Visualisierungen vs. Animationen siehe auch Höffler & Leutner, 2011).

Kritik

Die Kritik, die gegen den Cultivation-of-Mental-Skills-Ansatz vorgebracht wird, betrifft vor allem drei Punkte:

1. Durch individuelle Interpretationen kann es zu unterschiedlichen und nicht intendierten Lernwirkungen kommen.
2. Studien finden z. T. nur sehr schwache Transfereffekte (z. B. Pea & Kurland, 1984).
3. Replikationsstudien zeigen, dass es eine Anzahl unterschiedlicher medialer Attribute gibt, die die gleichen oder ähnliche kognitive Funktionen erfüllen. Man kann also durchaus annehmen, dass verschiedene mediale Symbolsysteme funktional äquivalent für einen spezifischen zu vermittelnden Prozess sind. Wenn aber spezifische mediale Attribute keine einzigartige Funktion für kognitive Effekte erfüllen, dann sind die Attribute »Stellvertreter« für dahinter liegende andere Variablen, die maßgeblich für den Lernzuwachs sind (Clark, 1994; vgl. auch Beitrag zur Medienspezifität des Lernens in diesem Band).

Insgesamt scheinen mediale Symbolsysteme zwar das Potenzial zu einer Kultivierung mentaler Fertigkeiten zu haben, diese Effekte sind jedoch weder einzigartig für ein spezifisches mediales Symbolsystem noch sind sie ohne Weiteres auf unterschiedliche Anwendungsgebiete transferierbar.

Literatur

Clark, R. E. (1994). Media will never influence Learning. *Educational Technology, Research and Development, 42(2)*, 21–29.

Clark, Ch. & Salomon, G. (1986). Media in Teaching. In M. C. Wittrock (Eds.), *Handbook of Research on Teaching* (pp. 464–478). New York: MacMillan.

Gardner, H., Howard, V. & Perkins, D. (1974). Symbol systems: A philosophical, psychological, and educational investigation. In D. Olson (Ed.), *Media and Symbols: The Forms of Expression, Communication, and Education* (pp. 27–56). Chicago: University of Chicago Press.

Ginther, A. (2002). Context and content visuals and performance on listening comprehension stimuli. *Language Testing, 19(2)*, 133–167.

Goodman., N. (1968). *Languages of Art – An Approach to a Theory of Symbols*. Indianapolis: Bobbs-Merrill.

Höffler, T. N. (2010). Spatial ability: Its influence on learning with visualizations – a meta-analytic review. *Education Psychology Review, 22* (3), 245–269.

Höffler, T. N. & Leutner, D. (2011). The role of spatial ability in learning from instructional animations – evidence for an ability-as-compensator hypothesis. *Computers in Human Behavior, 27*, 209–216.

Pea, R. D. & Kurland, D. M. (1984). On the cognitive effects of learning computer programming. *New Ideas in Psychology, 2*, 137–168.

Riempp, R. (2000). *Intentionales Beobachtungslernen von Bewegungs- und Handlungsabläufen mit interaktivem Video*. Dissertation an der Universität Tübingen. Online verfügbar: Deutsche Nationalbibliothek http://deposit.d-nb.de/cgi-bin/dokserv?idn=963184911&dok_var=d1&dok_ext=pdf&filename=963184911.pdf [Datum des Zugriffs: 1.02.08].

Salomon, G. (1972) Can we affect cognitive skills through visual media? An hypothesis and initial findings. *AV Communication Review, 20(4)*, 401–422.

Salomon, G. (1976). A cognitive approach to media. *Educational Technology, 16(5)*, 25–28.

Salomon, G. (1979). *Interaction of Media, Cognition, and Learning* (2nd ed. 1994). San Francisco: Jossey-Bass.

Salomon, G. (1980). The use of visual media in the service of enriching mental thought processes. *Instructional Science, 9(4)*, 327–339.

Salomon, G. (1981). *Communication and Education*. Beverly Hills, CA: Sage.

Salomon, G. (1989). Zur Psychologie der Computer und ihrer Wirkungen. In J. Groebel & P. Winterhoff-Spurk (Hrsg.), *Empirische Medienpsychologie* (S. 258–275). München: Psychologie Verlags-Union.

Salomon, G. (1990). Cognitive effects with and of computer technology. *Communication Research, 17(1)*, 26–44.

Salomon, G. & Globerson, T. (1987). Skill may not be enough: The role of mindfulness in learning and transfer. *International Journal of Educational Research, 11*, 623–637.

Seel, N. M. & Dörr, G. (1994). The abstraction of meaning from graphics: Instructional effects on spatial visualization skills of adults. In W. Schnotz & R. W. Kulhavy (Eds.), *Comprehension of Graphics* (pp. 271–290). Amsterdam, Netherlands: North-Holland/Elsevier Science Publishers.

Violante, M. G. & Vezzetti, E. (2014). *Design of web-based interactive 3D concept maps: A preliminary study for an engineering drawing course. Computers Applications in Engineering Education*, Article first published online http://onlinelibrary.wiley.com/doi/10.1002/cae.21610/epdf (27.03.15).

Vogel, M., Girdwidz, R. & Engel, J. (2007). Supplantation of mental operations on graphs. *Computers & Education, 49*, 1287–1298.

Vygotsky, L. S. (1978). *Mind in society. »The development of higher psychological processes«*. Cambridge, MA: Harvard University Press.

Werner, S. (2001). Old Paintings, New Technology: Does Instructive Animation Make Sense in Art Education? *Journal of Educational Multimedia and Hypermedia, 10*(3), 253–272.
Zavotka, S. L. (1987). Three dimensional computer animated graphics: A tool for spatial skill instruction. *Educational Communications and Technology Journal, 35(3)*, 133–144.
Zumbach, J. & Reisenhofer, B. (2012). Supplantation effect on learning. In N. M. Seel (Ed.), Encylopedia of the sciences of learning (pp. 3247–3249). New York: Springer.
Zumbach, J., Reisenhofer, B., Czermak, S., Emberger, P., Landerer, C. & Schrangl, G. (2008). The role of attribution, modality, and supplantation in multimedia learning. In J. Zumbach, N. Schwartz, T. Seufert & L. Kester (Eds.), Beyond knowledge: The legacy of competence (pp. 237–245). Springer.

Multiple externe Repräsentationen

Daniel Bodemer

Worum geht es?

Unter multiplen externen Repräsentationen (MER) werden unterschiedliche Darstellungen verstanden, die gemeinsam dargeboten werden, um Menschen beim Lernen und Problemlösen zu unterstützen. Zumeist werden Kombinationen medialer externer Repräsentationen (ER) betrachtet, zum Beispiel Kombinationen aus Filmen, Animationen, Diagrammen, Texten und Formeln. MER können aber auch physikalische Objekte einschließen, wie zum Beispiel eine Balkenwaage oder ein Schachbrett mit Figuren.

Ein typisches Beispiel für eine kombinierte Darbietung verschiedener ER ist die Chemielernsoftware SMV:Chem (Russell, Kozma, Becker & Susskind, 2000). Diese veranschaulicht Konzepte der Chemie in vier gleichzeitig dargebotenen Bildschirmfenstern durch ein Videobild, eine Computeranimation, ein Diagramm sowie durch Texte und Formeln (▸ Abb. 2.14). Wird die Software begleitend zum Schulunterricht eingesetzt, werden die Darstellungen häufig um weitere ER ergänzt, die die Schüler beim Lernen und Problemlösen unterstützen können: z. B. ein Gemisch im Reagenzglas oder eine schriftliche Information auf der Tafel. Auch die mündliche Erläuterung der Lehrkraft kann als weitere ER aufgefasst werden.

Wie in diesem Beispiel werden MER meist zur Veranschaulichung naturwissenschaftlich-technischer Konzepte oder Systeme eingesetzt und untersucht. Die gemeinsame Darbietung verschiedener externer Repräsentationen soll dabei potenziell Vorteile gegenüber der Darbietung einer einzelnen ER haben, indem entweder unterschiedliche Aspekte eines Konzeptes oder Systems dargestellt werden oder dieselben Aspekte in unterschiedlicher Weise dargestellt werden.

Die am weitesten verbreitete Kombination externer Repräsentationen ist die Kombination von Texten und Bildern, wie sie in illustrierten Lehrbüchern zu finden ist. Beide Darstellungsformen unterscheiden sich hinsichtlich ihrer Kodierung (vgl. Weidenmann, 2009): Während Texte aus Symbolen bestehen, die mit dem repräsentierten Gegenstand durch eine willkürlich festgelegte Konvention verknüpft sind, haben Bilder gemeinsame Strukturmerkmale mit dem Gegenstand, wie zum Beispiel räumliche Distanzen. MER können aber auch hinsichtlich anderer Merkmale miteinander kombiniert werden. Beispielsweise können sich MER hinsichtlich der Sinnesmodalität unterscheiden, mit der sie von den Rezipienten wahrgenommen werden (z. B. auditiv und visuell), sie können Informationen statisch oder dynamisch darstellen oder auf verschiedene Weise interaktiv durch die Nutzer veränderbar sein.

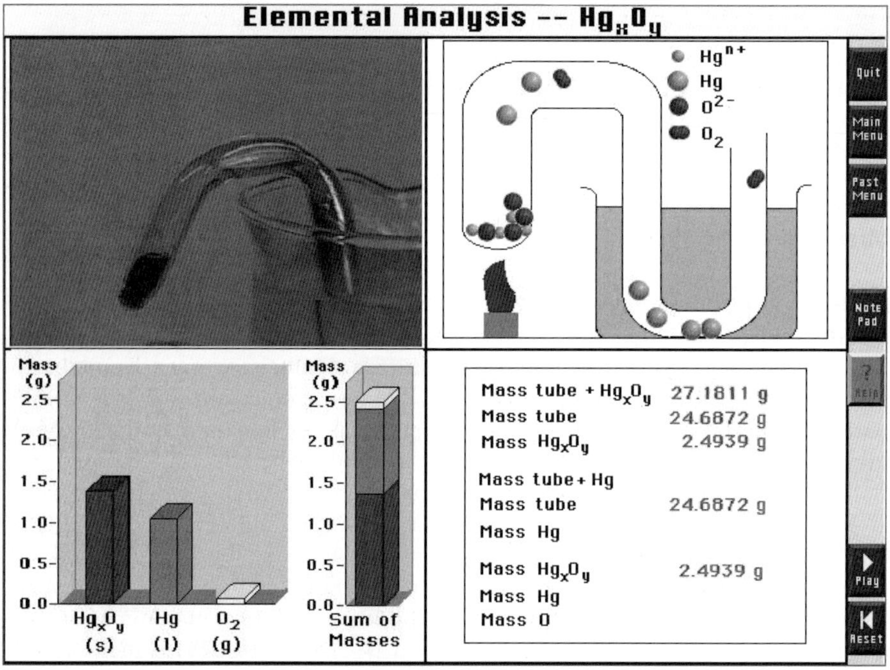

Abb. 2.14: Kombination unterschiedlicher Darstellungsformen in SMV:Chem (Russell et al., 2000).

Darstellung der Annahmen

Mit den Potenzialen und kognitiven Anforderungen multipler externer Repräsentationen beschäftigen sich verschiedene Ansätze der Lehr-Lern-Forschung. Meist wird dabei die Rolle unterschiedlicher Kodierungen und Modalitäten betont. So unterscheidet die kognitive Theorie multimedialen Lernens (Mayer, 2009) einen auditiv-verbalen und einen visuell-piktorialen Verarbeitungskanal (vgl. Beitrag zur Cognitive Theory of Multimedia Learning in diesem Band). Mayer integriert in diesem Modell Annahmen der Theorie der dualen Kodierung (Paivio, 1986), des Arbeitsgedächtnismodells von Baddeley (1986) und der Theorie der kognitiven Belastung (Chandler & Sweller, 1991; vgl. Beitrag zur Cognitive Load Theory in diesem Band). Danach sollte die Kombination von Text und Bild zu besseren Lernleistungen führen als das Lernen mit nur einer der beiden Kodierungen, da die Verknüpfung verbaler und piktorialer Information mit bedeutsamen Verstehensprozessen einhergeht (vgl. auch das integrative Modell des Text- und Bildverstehens von Schnotz & Bannert, 2003). Hinsichtlich der Modalität sagt das Modell bessere Lernleistungen voraus, wenn Texte, die gemeinsam mit Bildern präsentiert werden, gesprochen anstatt geschrieben dargeboten werden, da eine Verteilung der Informationsverarbeitung auf beide Kanäle die Gefahr einer kognitiven Überlastung reduziere.

Auch unabhängig von Kodierung und Modalität kann die Nutzung multipler externer Repräsentationen verschiedene Vorteile mit sich bringen. Ainsworth (1999) beschreibt drei übergeordnete Funktionen von MER, die Lernprozesse anregen können:

1. MER können sich wechselseitig ergänzen, indem sie unterschiedliche Informationen bereitstellen oder unterschiedliche kognitive Prozesse unterstützen.
2. Eine ER kann die (Fehl-)Interpretationsmöglichkeiten einer anderen einschränken, sei es auf Grund größerer Vertrautheit der Lernenden mit einer der beiden ER oder auf Grund inhärenter Eigenschaften, wie zum Beispiel der größeren Spezifität bildhafter gegenüber sprachlicher Repräsentationen (vgl. Stenning & Oberlander, 1995).
3. MER können ein vertieftes Verständnis der Lernenden fördern, indem sie zum Beispiel abstrahierende und vergleichende Lernprozesse anregen, die auch den Wissenstransfer auf neue Situationen erleichtern (vgl. Bransford & Schwartz, 1999; Spiro & Jehng, 1990; vgl. Beitrag zu konstruktivistischen Lernumgebungen in diesem Band).

Neben den potenziellen Vorteilen einer Kombination verschiedener externer Repräsentationen müssen auch spezifische kognitive Anforderungen beachtet werden, die damit einhergehen können. Beispielsweise wird angenommen, dass die simultane Verarbeitung verschiedener externer Repräsentationen einen so großen Teil der Arbeitsgedächtniskapazität beanspruchen kann, dass die Lernenden kognitiv überfordert sind (Sweller, van Merriënboer & Paas, 1998). Eine besonders hohe Beanspruchung des Arbeitsgedächtnisses wird vermutet, wenn die externen Repräsentationen auch noch dynamisch aufbereitet und interaktiv veränderbar sind, wie es zunehmend in multimedialer Lernsoftware der Fall ist. Dies birgt die Gefahr, dass Lernende sich auf Oberflächenmerkmale anstatt auf inhaltlich bedeutsame Komponenten der einzelnen Darstellungen konzentrieren und deren Stärken weder erkennen noch nutzen (z. B. Lowe, 1999).

Lernen mit multiplen externen Repräsentationen erfordert jedoch nicht nur die Verarbeitung einzelner Darstellungen. Um ihr Potenzial für sinnvolle Lernprozesse zu nutzen, müssen die unterschiedlich dargebotenen Informationen systematisch zueinander in Beziehung gesetzt und mental integriert werden (Bodemer, Plötzner, Feuerlein & Spada, 2004). Ainsworth (2006) spricht in diesem Zusammenhang von Übersetzungsprozessen zwischen den unterschiedlichen Repräsentationen, Brünken, Seufert und Zander (2005) von Prozessen globaler Kohärenzbildung.

Um den Lernenden die Integration multipler externer Repräsentationen zu erleichtern, wurden verschiedene Vorschläge gemacht, wie die Beziehung einander entsprechender Komponenten unterschiedlicher Repräsentationen verdeutlicht werden kann. Beispielsweise wurde vorgeschlagen, solche Komponenten räumlich integriert zu präsentieren (Chandler & Sweller, 1992), ihre Ähnlichkeit durch gemeinsame Farben oder Symbole hervorzuheben (Kalyuga, Chandler & Sweller, 1999) oder sie durch gleichzeitige Veränderung dynamisch zu verknüpfen (Kozma, Russell, Jones, Marx & Davis, 1996).

Diese instruktionalen Gestaltungsvorschläge können die Lernenden dabei unterstützen, bedeutsame Strukturen zu erkennen und zueinander in Beziehung zu setzen (vgl. Gentner, 1983). Sie gewährleisten jedoch noch keine aktiven Verarbeitungsprozesse, die für den Aufbau kohärenter mentaler Repräsentationen notwendig sind. Andere instruktionale Ansätze schlagen daher vor, dass die Lernenden einander entsprechende Elemente und Relationen multipler externer Repräsentationen selbst identifizieren (Seufert, 2003), sich selbst erklären (Berthold & Renkl, 2009) oder interaktiv integrieren (Bodemer et al., 2004; ► Abb. 2.15).

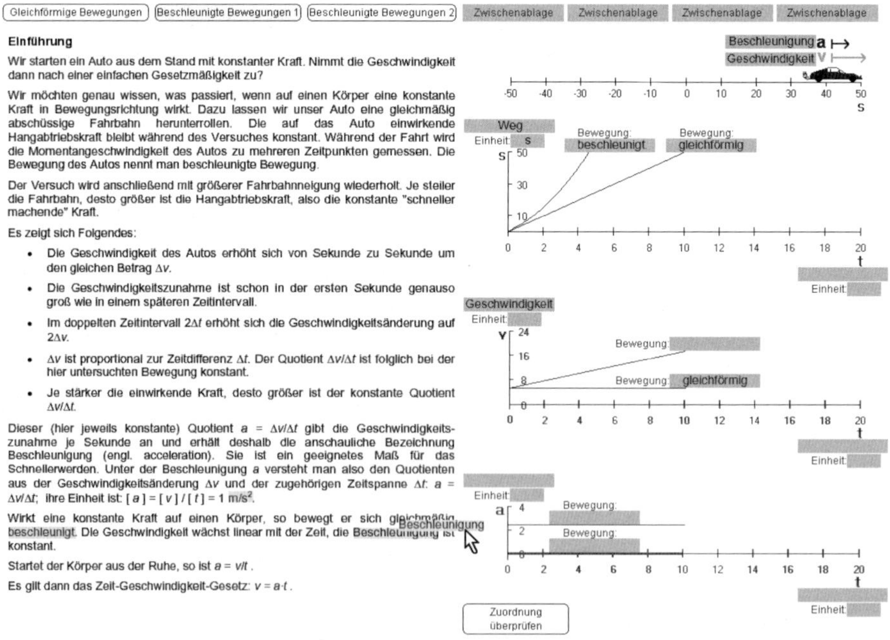

Abb. 2.15: Interaktive Informationsintegration von Text-, Formel- und Bildkomponenten beim Lernen von Konzepten der Klassischen Mechanik (Bodemer, Plötzner, Bruchmüller & Häcker, 2005)

Typische Methodik

Die Annahmen zum Lernen und Problemlösen mit MER werden üblicherweise in experimentellen Studien überprüft. Verglichen wurden bislang vor allem (1) MER im Vergleich zur Darbietung einer einzelnen ER, (2) unterschiedliche Kombinationen multipler externer Repräsentationen, (3) unterschiedliche instruktionale Präsentationsarten derselben MER und (4) personen- und aufgabenabhängige Einflussfaktoren. Die Lern- und Problemlösematerialien beziehen sich dabei meist auf komplexe naturwissenschaftlich-technische Sachverhalte. Zentrale abhängige Variablen sind (1) die Performanz, die in Bezug auf die Lernleistung üblicherweise in Behalten und Verstehen bzw. Transfer unterteilt wird und die zusätzlich nach den für die Lösung einer Aufgabe notwendigen repräsentationalen Codes kategorisiert werden kann (vgl. Rau, Aleven & Rummel, 2013), (2) die Dauer, für die die unterschiedlichen Repräsentationen genutzt wurden, und (3) die kognitive Belastung der Lernenden.

Zentrale empirische Befunde

Obwohl MER in verschiedenen Studien Lern- und Problemlöseleistungen verbessern konnten, zeigten sich bislang keine generellen Vorteile multipler externer Repräsentationen gegenüber der Nutzung nur einer ER (vgl. Ainsworth, 2006).

So konnte zwar die Annahme, dass die Darbietung unterschiedlich kodierter Information zu besseren Lernleistungen führt, wiederholt bestätigt werden (Mayer, 2009), es hat sich jedoch auch gezeigt, dass dieses Ergebnis bestimmte Bedingungen voraussetzt (vgl. Carney & Levin, 2002). Beispielsweise sollte bei der gemeinsamen Präsentation von Texten und Bildern ein gewisser Grad an Überlappung zwischen den MER, aber keine Redundanz gegeben sein. Auch sollten die Texte eine gewisse Komplexität aufweisen und die Bilder nicht nur dekorative Funktion haben.

Darüber hinaus hat sich gezeigt, dass die räumliche, symbolische oder dynamische Verknüpfung einander entsprechender Komponenten in MER die Lernenden kognitiv entlasten kann (z. B. Kalyuga et al., 1999), dass ein repräsentationsübergreifendes Verständnis jedoch vor allem dann gefördert wird, wenn die Verknüpfungen durch die Lernenden selbst erarbeitet werden (vgl. Seufert, 2003).

Auch der Einfluss der Modalität konnte in mehreren experimentellen Studien aufgezeigt werden: Die Kombination von Bildern bzw. Animationen mit gesprochenen Texten wurde von den Lernenden als weniger anstrengend beurteilt und führte zu besseren Lernleistungen als die Kombination mit geschriebenen Texten (Moreno, 2006).

Neben diesen Eigenschaften der Repräsentationen selbst haben sich auch Personenmerkmale als einflussreich erwiesen. Insbesondere das Vorwissen der Lernenden hinsichtlich des Inhalts und der Darstellungsform spielt eine entscheidende Rolle: Beispielsweise zeigte sich, dass geringes Vorwissen mit einer kognitiven Überlastung während des Lernens mit MER einhergehen kann. Uneindeutig sind dagegen die Befunde zu Vorlieben bei der Auswahl visuell oder verbal aufbereiteter Lernmaterialien. Es konnte nur teilweise bestätigt werden, dass Lernende, die entweder symbolische oder piktoriale Kodierungen bevorzugen, besser mit dem jeweils präferierten Material lernen (Plass, Chun, Mayer & Leutner, 1998; Pashler, McDaniel, Rohrer & Bjork, 2009).

Kritik

Die insgesamt heterogenen Ergebnisse der Forschung zum Lernen und Problemlösen mit MER sind vor allem auf die Vielzahl von Einflussfaktoren zurückzuführen, die die Performanz der Lernenden beeinflussen können. Diese erschweren die Vergleichbarkeit der verschiedenen Studien und häufig auch der verschiedenen experimentellen Bedingungen innerhalb der Studien. Unterschiede bestehen in den Eigenschaften der Repräsentationen, der Lernenden, der Aufgaben, der Inhalte und ihrer Komplexität sowie in der verfügbaren Zeit.

Hinsichtlich der empirisch untersuchten Lernszenarien wäre hingegen eine noch größere Vielfalt wünschenswert. Hier dominieren Studien zum individuellen Lernen mit medial dargebotenen MER deutlich, wenngleich in jüngerer Zeit zunehmend auch die Rolle von MER in anderen Lernszenarien (z. B. computerunterstütztes kollaboratives Lernen, informelles Lernen im Museum, Wissensaustausch anhand selbst erstellter Repräsentationen im Schulunterricht) in den Fokus des empirischen Interesses rückt (vgl. Bodemer, Kapur, Molinari, Rummel & Weinberger, 2011).

Präzisierungsbedarf besteht noch in Bezug auf die zugrundeliegenden kognitiven Modelle, insbesondere hinsichtlich der Annahmen, wie unterschiedliche Darstellungsformen mental integriert werden (vgl. Schüler, Arndt & Scheiter, 2015). Damit einhergehend konzentrierte sich die Forschung lange Zeit darauf, gedächtnisentlastende Gestaltungsmaßnahmen zu entwickeln und vernachlässigte die Frage, wie aktive Kohärenzbildung zwischen MER gefördert werden kann.

Literatur

Ainsworth, S. (1999). The functions of multiple representations. *Computers and Education, 33*, 131–152.

Ainsworth, S. (2006). DeFT. A conceptual framework for considering learning with multiple representations. *Learning and Instruction, 16*, 183–198.

Baddeley, A. (1986). *Working memory*. New York: Oxford University Press.

Berthold, K. & Renkl, A. (2009). Instructional aids to support a conceptual understanding of multiple representations. *Journal of Educational Psychology, 101*, 70–87.

Bodemer D., Kapur, M., Molinari, G., Rummel, N. & Weinberger, A. (2011). Towards a model of computer-supported collaborative learning with multiple representations. In H. Spada, G. Stahl, N. Miyake & N. Law (Eds.), *Connecting Computer-Supported Collaborative Learning to Policy and Practice: CSCL2011 Conference Proceedings* (Vol. 3, pp. 1065–1072). International Society of the Learning Sciences.

Bodemer, D., Plötzner, R., Bruchmüller, K. & Häcker, S. (2005). Supporting learning with interactive multimedia through active integration of representations. *Instructional Science, 33*, 73–95.

Bodemer, D., Plötzner, R., Feuerlein, I. & Spada, H. (2004). The active integration of information during learning with dynamic and interactive visualisations. *Learning and Instruction, 14*, 325–341.

Bransford, J. D. & Schwartz, D. L. (1999). Rethinking transfer: A simple proposal with multiple implications. *Review of Research in Education, 24*, 61–100.

Brünken, R., Seufert, T. & Zander, S. (2005). Förderung der Kohärenzbildung beim Lernen mit Multiplen Repräsentationen. *Zeitschrift für Pädagogische Psychologie, 19*, 61–75.

Carney, R. N. & Levin, J. R. (2002). Pictorial illustrations still improve students' learning from text. *Educational Psychology Review, 14*, 5–26.

Chandler, P. & Sweller, J. (1991). Cognitive load theory and the format of instruction. *Cognition and Instruction, 8*, 293–332.

Chandler, P. & Sweller, J. (1992). The split-attention effect as a factor in the design of instruction. *British Journal of Educational Psychology, 62*, 233–246.

Gentner, D. (1983). Structure-mapping: A theoretical framework for analogy. *Cognitive Science, 7*, 155–170.

Kalyuga, S., Chandler, P. & Sweller, J. (1999). Managing split-attention and redundancy in multimedia instruction. *Applied Cognitive Psychology, 13*, 351–371.

Kozma, R., Russell, J., Jones, T., Marx, N. & Davis, J. (1996). The use of multiple, linked representations to facilitate science understanding. In S. Vosniadou, E. De Corte, R. Glaser & H. Mandl (Eds.), *International perspectives on the design of technology supported learning environments* (pp. 41–61). Hillsdale, NJ: Lawrence Erlbaum.

Lowe, R. K. (1999). Extracting information from an animation during complex visual learning. *European Journal of Psychology of Education, 14*, 225–244.

Mayer, R. E. (2009). *Multimedia learning (2 nd ed)*. New York: Cambridge University Press.

Moreno, R. (2006). Does the modality principle hold for different media? A test of the method-affects-learning hypothesis. *Journal of Computer Assisted Learning, 22*, 149–158.

Paivio, A. (1986). *Mental Representations: A Dual-Coding Approach*. New York: Oxford University Press.

Pashler, H., McDaniel, M., Rohrer, D. & Bjork, R. (2009). Learning styles: concepts and evidence. *Psychological science in the public interest, 9*, 105–119.

Plass, J. L., Chun, D. M., Mayer, R. E. & Leutner, D. (1998). Supporting visual and verbal learning preferences in a second-language multimedia learning environment. *Journal of Educational Psychology, 90*, 25–36.

Rau, M. A., Aleven, V. & Rummel, N. (2013). Interleaved practice in multi-dimensional learning tasks: Which dimension should we interleave? *Learning and Instruction, 23*, 98–114.

Russell, J., Kozma, R., Becker, D. & Susskind, T. (2000). *SMV:Chem; Synchronized Multiple Visualizations in Chemistry*. New York: John Wiley.

Schnotz, W. & Bannert, M. (2003). Construction and interference in learning from multiple representation. *Learning and Instruction, 13*, 141–156.

Schüler, A., Arndt, J. & Scheiter, K. (2015). Processing multimedia material: Does integration of text and pictures result in a single or two interconnected mental representations? *Learning and Instruction, 35*, 62–72.

Seufert, T. (2003). Supporting coherence formation in learning from multiple representations. *Learning and Instruction, 13*, 227–237.

Spiro, R. J. & Jehng, J.-C. (1990). Cognitive flexibility and hypertext: Theory and technology for the nonlinear and multidimensional traversal of complex subject matter. In D. Nix & R. J. Spiro (Eds.), *Cognition, education, and multimedia: Exploring ideas in high technology* (pp. 163–205). Hillsdale, NJ: Lawrence Erlbaum.

Stenning, K. & Oberlander, J. (1995). A cognitive theory of graphical and linguistic reasoning: Logic and implementation. *Cognitive Science, 19*, 97–140.
Sweller, J., van Merriënboer, J. & Paas, F. (1998). Cognitive architecture and instructional design. *Educational Psychology Review, 10(3)*, 251–296.
Weidenmann, B. (2009). Multimedia, Multicodierung und Multimodalität beim Online-Lernen. In L. Issing & P. Klimsa (Hrsg.), *Online-Lernen* (S. 73–86). München: Oldenbourg.

Konstruktivistische Lernumgebungen

Dagmar Unz

Worum geht es?

Mit der kognitiven Wende in den 1970er und 1980er Jahren wandelt sich die Auffassung vom Lernen. Während traditionell behaviorale Lernansätze auf Verhaltensänderungen fokussierten, wird Lernen nun nicht mehr (nur) als eine Reaktion auf einen Stimulus-Input gesehen, sondern als eine Aktivität, die auf kognitiven Strukturen beruht und durch informationsverarbeitende Prozesse vonstatten geht. Damit rückt die Rolle des Individuums beim Lernprozess in den Vordergrund. Wissen wird nun als etwas betrachtet, das eine Person nicht als 1:1-Abbild gemäß den instruktionalen Vorgaben übernimmt, sondern konstruiert. Befunde zum Beispiel von Jean Piaget (z. B. Piaget, 1975) bilden die Basis für pädagogisch-methodische Konzepte, etwa für die Theorie des generativen Lernens (Wittrock, 1974) oder das Lernen mit Mikrowelten (Papert, 1980) (vgl. dazu auch Tobias, 2010). In den 1990er Jahren geht die Entwicklung weiter: Die Rolle von sozialen Interaktionen und des soziokulturellen Kontextes wird betont. Lernen, so die Ansicht, ist ein Prozess, der zwischen verschiedenen Individuen verteilt ist bzw. innerhalb einer Gemeinschaft von Lernenden existiert. Diese Entwicklung von behavioralen über kognitive bis hin zu sozialen Theorien des Lernens wird begleitet von neuen Konzeptionen des Lehrens und hat Auswirkungen darauf, wie mediale Präsentationen bzw. Lernumgebungen gestaltet werden.

Darstellung der Annahmen

Wissen ist nach konstruktivistischer Sichtweise nicht die bloße Abbildung einer Realität, sondern ergibt sich aus einem aktiven Erkenntnisprozess. Lernen ist also ein aktiver, konstruktiver, kumulativer und zielorientierter Prozess. Es ist ein aktiver Prozess, da Lernende während der Informationsaufnahme etwas tun müssen, um den Lernstoff in sinnvoller Weise aufzunehmen. Lernen ist ein konstruktiver Prozess, da die neue Information sorgfältig herausgearbeitet und in

Beziehung zu bereits vorhandenen Informationen gesetzt werden muss. Lernen ist ein kumulativer Prozess, da jedes neue Lernen auf vorhandenem Wissen aufbaut oder vorhandenes Wissen nutzt. Lernen ist ein zielorientierter Prozess, da Lernen dann am erfolgreichsten ist, wenn Lernende sich des Ziels bewusst sind, auf das sie hinarbeiten, und wenn sie über realistische Erwartungen hinsichtlich der Erreichung des gewünschten Ergebnisses verfügen (Shuell, 1988). Gleichzeitig spielt die soziale Interaktion eine wichtige Rolle beim Lernen. Kognition und Lernen geschieht in konkreten Situationen, ist also kontextuell eingebunden oder situiert und vollzieht sich in kontextgebundenen, kooperativen und kommunikativen Lernsituationen (z. B. Lave & Wenger, 1991).

Wenn Lernprozesse also prinzipiell internale, von den Lernenden gesteuerte Prozesse sind, die extern zwar unterstützt, aber nicht reguliert werden können, erhalten Medien in dieser Konzeption die Rolle von »Angebote[n] der sozialen Umwelt, die Lernende auf unterschiedliche Weise nutzen und damit verschiedenartige Aktivitäten bei Lernenden anregen« (Kerres, 2001, S. 146). Ziel der Gestaltung von medialen Lernangeboten ist es dann, dass diese zu Aktivitäten anregen, die Prozesse des aktiven Lernens (wie Informationen auswählen, organisieren, elaborieren, neue Informationen mit bestehendem Wissen integrieren) in Gang setzen. Aus diesen Überlegungen heraus hat sich die Idee der Lernumwelten oder Lernumgebungen entwickelt. Mit dem Begriff der Lernumgebung wird betont, dass Instruktion nicht objektives Wissen und einheitliche Methoden vorgibt, sondern vielmehr Situationen zum Lernen entwickeln soll, in denen kognitive Lernprozesse durch die Beschäftigung mit der Umwelt stattfinden können. Meist wird der Begriff dabei auf Computerprogramme bezogen. »Learning environments are comprehensive, integrated systems that promote engagement through student-centered activites, including guided presentations, manipulations and explorations among interrelated themes ... Learning environments supply interactive, complementary activities that facilitate student-centered learning« (Hannafin, 1992, S. 51; vgl. auch Hannafin, 1995). Für die Gestaltung von Lernumwelten sind verschiedene didaktische Konzeptionen entstanden. Einige der bekanntesten sind: cognitive flexibility theory, cognitive apprenticeship, situated learning bzw. communities of practice und anchored instruction.

Die Cognitive-Flexibility-Theorie (Spiro, Collins, Thota & Feltovich, 2003; Spiro, Feltovich, Jacobson & Coulson, 1992; Spiro & Jehng, 1990) fokussiert auf Lernprozesse in komplexen, wenig strukturierten Inhaltsbereichen. Hier sind traditionelle lineare Instruktionsansätze oft ineffektiv, da diese die Inhalte in der Regel zu stark vereinfachen, kontextgebundene Informationen präsentieren und damit den Wissenstransfer erschweren. Kognitive Flexibilität beinhaltet die Fähigkeit, Wissen unter verschiedenen Rahmenbedingungen sinnvoll zu verwenden. Dazu gehört die Fertigkeit, als Reaktion auf veränderte Situationen und Anforderungen sein Wissen spontan umzuorganisieren. Eine zentrale Annahme der cognitive flexibility theory ist, dass Wissen, das in vielfältiger Weise nutzbar sein soll, in verschiedenen Arten organisiert, gelehrt und repräsentiert werden muss. Es ist also wichtig, denselben Inhalt in verschiedenen Formaten zu präsentieren, in unterschiedliche Szenarien und Zusammenhänge einzubinden, unter verschiedenen Zielsetzungen und unter verschiedenen konzeptionellen Perspektiven zu betrachten sowie vielfältige Beispiele zu verwenden. Solcherart gestaltete Lernumgebungen können als »Landschaften« aufgefasst werden, die man (mehrfach) auf unterschiedlichen Wegen »durchwandern« kann. Da ein- und derselbe Sachverhalt mit ganz unterschiedlichen anderen Themen verknüpft wird, können Lernende den Lernvorgang an ihre individuellen Voraussetzungen anpassen (sowohl im Hinblick auf ihr Vorwissen als auch auf ihre spezifischen inhaltlichen Interessen und ihre Lernmotivation). Unterschiedliche Perspektiven eines gegebenen Themas können dazu führen, dass das Wissen nicht auf einen Kontext fixiert bleibt, sondern auf andere Problemstellungen übertragen werden kann.

Der Ansatz des cognitive apprenticeship (z.B. Collins, Brown & Newman, 1989) nimmt Bezug auf das Modell der Lehrlingsausbildung: Ausgehend von einer modellhaften Vorgabe bestimmter Lösungswege sollen dann unter Hilfestellung eigene Erfahrungen mit dem Lerngegenstand gemacht werden, um schließlich Problemstellungen eigenständig bearbeiten zu können. Der Ansatz umfasst sechs Lehrmethoden: (1) Zunächst gibt der Lehrende modellhaft etwas vor (modelling). (2) In einem zweiten Schritt wird Coaching zur Verfügung gestellt (Hinweise, Feedback etc.). (3) Danach geht es darum, dass der Lernende schrittweise immer mehr Teile der Aufgabe übernimmt (scaffolding); mit zunehmender Kompetenz des Lernenden wird die externe Unterstützung immer weiter verringert. (4) In einem vierten Schritt sollen die Lernenden ihr Wissen und ihr Verständnis artikulieren und (5) in einem fünften Schritt reflektieren. (6) Im sechsten Schritt werden die Lernenden schließlich ermutigt, ihr Wissen und ihre Kompetenzen in neuen Gebieten anzuwenden (exploration). Es soll so eine Arbeitsgemeinschaft entstehen, bei der Lernende und Lehrende in einer Interaktion stehen. Dadurch sollen Lernende Expertenstrategien erkennen und anwenden können. Der Ansatz wurde bisher vor allem angewendet bei der Gestaltung von Programmen zur Entwicklung von Lese- und Schreibkompetenzen sowie von Kompetenzen im mathematischen Problemlösen.

Der Ansatz des situated learning (Lave & Wenger, 1991) geht davon aus, dass Lernen kontextgebunden ist. Daher sollten Informationen bzw. Wissen in einem authentischen Kontext präsentiert werden (also in Situationen und Anwendungsgebieten, in denen normalerweise das Wissen eingesetzt wird). Des Weiteren erfordert Lernen soziale Interaktion und Zusammenarbeit. Lernende sollten in eine »community of practice« (Brown, Collins & Duguid, 1989) eingebunden sein. In einer solchen Gemeinschaft erwerben Anfänger schrittweise Kompetenzen und Wissen, indem sie von Experten lernen. Mit zunehmendem Kompetenzgewinn werden sie immer aktiver und engagierter und nehmen schließlich selbst die Rolle von Experten ein. Es wird davon ausgegangen, dass situiertes Lernen in einem solchen Prozess wenig intentional erfolgt.

Das mit dem Ansatz des situated learning verwandte Konzept der anchored instruction bezieht sich auf die Gestaltung von interaktiven Technologien für Lernzwecke (Bransford, Sherwood, Hasselbring, Kinzer & Williams, 1990; Cognition & Technology Group at Vanderbilt [CTGV], 1990, 1991, 1992, 1993). Der Fokus der Arbeitsgruppe liegt auf der Entwicklung interaktiver Video-Tools, die Lernende anregen sollen, komplexe, realistische Probleme zu lösen. Dabei sind zwei Designprinzipien maßgebend. Erstens sollen die Lehr-Lernaktivitäten in realistischen Kontexten verankert sein, z. B. durch Nutzung eines konkreten Falls oder einer authentischen Problemsituation. Ausgangspunkt für das Lernen soll ein für die Lernenden interessantes und intrinsisch motivierendes Problem sein. Zweitens soll das Lernmaterial Möglichkeiten zum entdeckenden Lernen bieten und eine explorative Vorgehensweise ermöglichen: »The design of these anchors was quite different from the design of videos that were typically used in education … our goal was to create interesting, realistic contexts that encouraged the active construction of knowledge by learners. Our anchors were stories rather than lectures and were designed to be explored by students and teachers« (CTGV, 1993, S. 52). Die Prinzipien der anchored instruction wurden in erster Linie für den Erwerb von Lese-, Fremdsprachen- und Mathematikkompetenzen angewendet. Die CTGV hat eine Reihe von interaktiven Videos, die »Jasper Woodbury Problem Solving Series«, entwickelt. Diese Programme präsentieren Abenteuer von Jasper Woodbury, in denen mathematische Konzepte benötigt werden, um bestimmte Situationen zu bewältigen.

Mit dem Aufkommen des Web 2.0 und der damit verbundenen Möglichkeit, dass Nutzer gleichzeitig Konsumenten als auch Produzenten von Inhalten sind (Stichwort: Prosuming und User-Generated-Content), wird die Frage diskutiert, inwieweit Web-2.0-Technologien innerhalb von Lernumgebungen gewinnbringend eingesetzt werden können (vgl. z. B. Rahimi, van den Berg & Winn, 2015; siehe auch Abschnitt zu empirischen Befunden in diesem Kapitel).

Zentrale empirische Befunde

Insgesamt gesehen finden sich in der Literatur eher Beschreibungen spezifischer Umsetzungen der o. g. Gestaltungsprinzipien in konkrete Lernumgebungen (z. B. Jonassen, Ambruso & Olesen, 1992) und nur sehr wenige empirische Studien, die den Zusammenhang der Gestaltungsprinzipien, der Rolle von informationsverarbeitenden Prozessen und sozialer Interaktion und Lernerfolg bzw. Transferleistungen untersuchen.

Eine Studie von Jacobson, Maouri, Mishra und Colar (1996) zeigt keinen Vorteil einer Strukturierung im Sinne der cognitive flexibility theory (d. h. einer Strukturierung nach verschiedenen Fallbeispielen unter Berücksichtigung multipler Perspektiven) zu einer völlig freien Hypertextnavigation oder einer Mischform. Nach einer Studie von Stark, Graf, Renkl, Gruber und Mandl (1995) wird der Wissenstransfer durch die Präsentation multipler Perspektiven nur bei zusätzlicher instruktionaler Unterstützung erreicht, nämlich dann, wenn die Lernenden per Instruktion zu einer Reflexion der zu lernenden Inhalte aufgefordert wurden. Auch scheint Vorwissen eine zentrale Rolle bei der Nutzung multipler Perspektiven zu spielen. Während Experten verschiedene Repräsentationen zielgerecht einsetzen, ist es für Novizen schwierig, unterschiedliche Repräsentationen adäquat zu nutzen und zusammenzuführen (Kozma, 2003). Novizen orientieren sich eher an oberflächlichen Merkmalen und sind enger auf einzelne Darstellungen fixiert. Sie können nur schwer zwischen verschiedenen Darstellungen wechseln. Eine Studie von Godshalk, Harvey und Moller (2004) weist daraufhin, dass für die Effektivität von Umgebungen, die nach den Prinzipien der cognitive flexibility theory gestaltet sind, die Aufgabenstellung unter Umständen eine große Rolle spielen kann. In Themengebieten, in denen es um stark emotionale und möglicherweise sehr kontroverse Meinungen geht, sollte die Aufgabe so gestaltet sein, dass die Lernenden nicht auf eine bestimmt Position festgelegt werden. Beim Thema »sexuelle Belästigung« erwies sich eine Aufgabenstellung, möglichst viele Meinungen und Optionen zu explorieren, als vorteilhafter als die Aufgabenstellung, die Rolle eines Geschworenen oder Richters einzunehmen.

Jüngere Studien greifen die Frage auf, inwieweit Web-2.0-Technologien lernförderlich in konstruktivistische Lernumgebungen einbezogen werden können. Ergebnisse von Ng'ambi und Lombe (2012) weisen darauf hin, dass die Nutzung von Podcasting innerhalb einer konstruktivistischen Lernumgebung die Wahrnehmung von Kontrolle und Flexibilität fördert und damit einhergehend auch Reflexion und selbstgesteuertes Lernen. Rahimi, van den Berg und Winn (2015) zeigen, dass Web-2.0-basierte Lernumgebungen das Engagement und die Aktivität der Lernenden fördern.

Kritik

Die aufgeführten Ansätze haben sich als Gegenentwürfe zu behavioralen, rein instruktionalistischen Konzepten des Lernens und Wissenserwerbs entwickelt (vgl. Tobias, 2010). Die Hinwendung zum Individuum und seinen kognitiven Prozessen hat dabei Schwachstellen traditioneller Lehrkonzepte offengelegt. Zwar scheinen die aufgeführten Ansätze von ihrer theoretischen Herleitung sinnvolle Methoden und Prinzipien zu beinhalten, in erster Linie ist jedoch die mangelnde empirische Überprüfung zu kritisieren.

Literatur

Bransford, J. D., Sherwood, R. D., Hasselbring, T. S., Kinzer, C. K. & Williams, S. M. (1990). Anchored instruction: Why we need it and how technology can help. In D. Nix & R. Spiro (Eds.), *Cognition, education and multimedia* (pp. 115–141) Hillsdale, NJ: Lawrence Erlbaum.

Brown, J. S. Collins, A. & Duguid, P. (1989). Situated cognition and the culture of learning. *Educational Researcher, 18(1)*, 32–41.

Cognition and Technology Group at Vanderbilt (1990). Anchored instruction and its relationship to situated cognition. *Educational Researcher, 19(6)*, 2–10.

Cognition and Technology Group at Vanderbilt (1991). Technology and the design of generative learning environments. *Educational Technology, 31(5)*, 34–40.

Cognition and Technology Group at Vanderbilt (1992). The Jasper experiment: An exploration of issues in learning and instructional design. *Educational Technology Research and Development, 40(1)*, 65–80.

Cognition and Technology Group at Vanderbilt (1993). Anchored instruction and situated cognition revisited. *Educational Technology, 33(3)*, 52–70.

Collins, A., Brown, J. S. & Newman, S. E. (1989). Cognitive apprenticeship: Teaching the crafts of reading, writing, and mathematics. In L. B. Resnick (Ed.), *Knowing, Learning, and Instruction. Essays in the Honor of Robert Glaser* (pp. 453–494). Hillsdale, NJ: Lawrence Erlbaum.

Godshalk, V. M., Harvey, D. M. & Moller, L. (2004). The Role of Learning Tasks on Attitude Change Using Cognitive Flexibility Hypertext Systems. *The Journal of the Learning Sciences, 13(4)*, 507–526.

Hannafin, M. J. (1992). Emerging technologies, ISD, and learning environment: critical perspectives. *Educational Technology Research and Development, 40(1)*, 49–63.

Hannafin, M. J. (1995). Open learning environments. Foundations, assumptions, and implications for automated design. In R. D. Tennyson & A. E. Baron (Eds.), *Automating instructional design: computer-based development and delivery tools* (NATO ASI Series, Series F: Computer and Systems Sciences; no. 140, pp. 101–130). Berlin/Heidelberg/New York: Springer.

Jonassen, D., Ambruso, D. & Olesen, J. (1992). Designing hypertext on transfusion medicine using cognitive flexibility theory. *Journal of Educational Multimedia and Hypermedia, 1(3)*, 309–322.

Jacobson, M. J., Maouri, C., Mishra, P. & Kolar, C. (1996): Learning with hypertext learning environments: Theory, design, and research. *Journal of Educational Multimedia and Hypermedia, 5(3/4)*, 239–281.

Kerres, M. (2001). *Multimediale und telemediale Lernumgebungen. Konzeption und Entwicklung* (2. Aufl.). München/Wien: Oldenbourg.

Kozma, R. (2003). Material and social affordances of multiple representations for science understanding. *Learning and Instruction, 13(2)*, 205–226.

Lave, J. & Wenger, E. (1991). *Situated learning: legitimate peripheral participation.* Cambridge, UK: Cambridge University Press.

Ng'ambi, D. & Lombe, A. (2012). Using Podcasting to facilitate student learning: a constructivist perspective. *Edudcational Technology & Society, 15* (4), 181–192.

Papert, S. (1980). *Mindstorms: Children, computers, and powerful ideas.* New York: Basic Books.

Piaget, J. (1975). *Gesammelte Werke* (10 Bände). Stuttgart: Klett.

Rahimi, E.; van den Berg, J. & Veen, W. (2015). Facilitation student-driven construction of learning environment using Web 2.0 personal learning environments. Computers & Education, 81, 235–246.

Shuell, T. J. (1988). The role of the student in learning from instruction. *Contemporary Educational Psychology, 13*, 276–295.

Spiro, R. J., Collins, B. P., Thota, J. J., Feltovich, P. J. (2003).Cognitive Flexibility Theory: Hypermedia for Complex Learning, Adaptive Knowledge Application, and Experience Acceleration. *Educational Technology, 43(5)*, 5–10.

Spiro, R. J., Feltovich, P. J., Jacobson, M. J. & Coulson, R. L. (1992). Cognitive flexibility, constructivism and hypertext: Random access instruction for advanced knowledge acquisition in ill-structured domains. In T. Duffy & D. Jonassen (Eds.), *Constructivism and the Technology of Instruction* (pp. 57–76). Hillsdale, NJ: Lawrence Erlbaum.

Spiro, R. J. & Jehng, J. (1990). Cognitive flexibility and hypertext: Theory and technology for the non-linear and multidimensional traversal of complex subject matter. In D. Nix & R. Spiro (Eds.), *Cognition, Education, and Multimedia* (pp. 163–205). Hillsdale, NJ: Lawrence Erlbaum.

Stark, R., Graf, M., Renkl, A., Gruber, H. & Mandl, H. (1995). Förderung von Handlungskompetenz durch geleitetes Problemlösen und multiple Lernkontexte. *Zeitschrift für Entwicklungspsychologie und Pädagogische Psychologie 27(4)*, 289–312.

Tobias, S. (2010). Generative learning theory, paradigm shifts, and constructivism in educational psychology: A tribute to Merl Wittrock. *Educational Psychologist, 45* (1), 51–54.

Wittrock, (1974). Learning as a generative process. *Educational Psychologist, 11*, 87–95.

Medienspezifische kognitive Verarbeitungs- und Lernprozesse

Carmen Zahn

Worum geht es?

Inwiefern haben Medien spezifische und direkte Einflüsse auf menschliche Informationsverarbeitungs- und Lernprozesse? Um diese Frage geht es beim Thema »Medienspezifische kognitive Verarbeitung und Lernen«. Die zentrale Hypothese ist, dass die Art der Medienpräsentation von Lerninhalten die kognitive Informationsverarbeitung bei Lernenden unterschiedlich unterstützt, wodurch es zu unterschiedlichen Lernprozessen und -erfolgen kommen kann. Für das Verstehen einer Information würde es demnach einen Unterschied machen, ob wir sie in der Zeitung lesen, in den Fernsehnachrichten sehen oder im Internet als multimediale Webseite aufrufen.

Die Medienspezifitäts-Annahme ist allerdings umstritten: Zwei Protagonisten der Forschung, Richard E. Clark und Robert B. Kozma, führten in den 1990er Jahren eine hitzige Debatte über die Medienspezifität des Lernens, die sogenannte »media effects debate«. Clark (1983, 1992) schloss kausale Medieneinflüsse aus und identifizierte alle empirischen Belege, die bis dato für die Medienspezifität sprachen, als methodische Artefakte. Kozma (1991, 1994) dagegen nahm eine befürwortende Position ein und forderte gleichzeitig eine differenziertere Betrachtung des Forschungsgegenstandes. Diese Diskussion war nicht nur von wissenschaftlichem Interesse, sie war auch für die praktische Gestaltung von Informations- und Wissensmedien sowie Lernumgebungen hoch relevant. Denn wenn sich Lernen medienspezifisch unterscheidet, können Medien gezielt verwendet werden, um in Lernszenarien eine bestimmte Problemdefinition oder bestimmte kognitive Verarbeitungsprozesse gemäss eines definierten Lernziels anzuregen.

Die Debatte zwischen Clark und Kozma

Welche Annahmen über kognitive Verarbeitungsprozesse auf Seiten der Lernenden liegen der Debatte um die Medienspezifität des Lernens zugrunde?

Grundsätzlich unterscheidet man die »Theorien der starken Medien« und die »Theorien der schwachen Medien«. Vertreter der »Theorien der starken Medien« nehmen an, dass bestimmte Medienattribute jeweils spezifische kognitive Effekte haben können. Sie berufen sich ursprünglich auf Salomons (1979) kognitive Medientheorie, die besagt, dass verschiedene Medien über medienspezifische Symbole und Codes unterschiedliche kognitive Funktionen aktivieren (vgl. Beitrag zu Cultivation of Mental Skills/Supplantation in diesem Band). Salomon nennt als Beispiele Filme und Videos, die etwa durch Zooms den Prozess der Aufmerksamkeitsfokussierung modellieren oder die Informationsverarbeitung durch gezielte Filmschnitte steuern können.

Neben Salomons Theorie zählen auch die Multimedia-Theorien des Lernens (z. B. Mayer, 1997, vgl. Beitrag zu Multiplen externen Repräsentationen in diesem Band) bzw. die Theorie der dualen Kodierung (Paivio, 1986) zu den »Starke-Medien«-Ansätzen. Sie gehen davon aus, dass visuell und verbal dargebotene Informationen getrennt verarbeitet werden: Sprach- und Textinformation in einem verbalen System sowie Bildinformation, Geräusche und haptische Eindrücke in einem nonverbalen System. Es wird weiter angenommen, dass das verbale System sequentiell arbeitet, das nonverbale System parallel. Bilder, nichtsprachliche Geräusche und haptische Informationen werden demnach grundsätzlich anders verarbeitet als Sprache und Text – die Verarbeitung ist also medienspezifisch.

Vertreter der »Theorie der schwachen Medien« verneinen dagegen, dass spezifische Medienattribute direkt beeinflussen können, wie Lernende Informationen verarbeiten. Clark (1983) argumentiert etwa, die meisten Medienattribute würden von verschiedenen Medien geteilt und deshalb seien die kognitiven Medienfunktionen gerade nicht medienspezifisch. Er greift Salomons Beispiel des Kamerazooms auf und postuliert, derselbe Effekt (Prinzip der Hervorhebung von Details) sei auch in einfachen Bildern und Texten möglich. Demnach seien Medien nichts anderes als »Vehikel der Instruktion«, die den kognitiven Aufwand des Lernens beeinflussen, aber nicht das Lernen selbst oder die Lernleistung – so wie ein LKW zwar die Nahrung anliefert und die Kosten für Ernährung mitbestimmt, aber nicht ursächlich unsere Ernährungsweise beeinflusst (Clark, 1983, S. 445).

Auf diese provokative Metapher antwortet Kozma (1991) mit einem Plädoyer für die Medienspezifität des Lernens und kritisiert insbesondere Clarks Auffassung vom Lernen als Empfangen von »gelieferter« Instruktion. Kozma definiert Lernen als aktive Interaktion der Lernenden mit den Medien, als »[...] an active, constructive process whereby the learner strategically manages the available cognitive resources to create new knowledge by extracting information from the environment and integrating it with information already stored in memory« (1991, S. 179). Wenn Lernen zu einem wesentlichen Anteil daraus besteht, dass aktiv aus Medien Informationen entnommen, verarbeitet und restrukturiert werden, dann ist Lernen logischerweise auch medienspezifisch, so die Argumentation. Folglich sollten Studien nicht nur in behavioristischer Tradition nach einfachen Medieneffekten auf die Leistung im Wissenstest suchen, sondern darüber hinaus erforschen, wie Medien als Ressource beim Lernen für komplexe Aufgaben in realen Lernsituationen genutzt werden. Auf Medienseite sind dabei weniger die technischen Aspekte (z. B. die verwendeten Geräte/Hardware) bedeutsam, als vielmehr die symbolischen und prozessorientierten Ressourcen (z. B. die Potenziale dynamisch-visueller Darstellungen in bestimmten Domänen). Diese bestimmen, wie Informationen präsentiert und im Lernprozess weiter bearbeitet und ausgestaltet werden können.

Nach einem weiteren Forschungsüberblick von Clark und Craig (1992), in dem wiederholt die Existenz von Medieneffekten beim Lernen mit Multimedia verneint wird, kommt es 1994 zum »offenen Schlagabtausch«: Während Kozma (1994) fragt »Will media influence learning?« und dabei von Jonassen, Cambell und Davidson (1994) unterstützt wird, die ebenfalls eine lernerzentrierte konstruktivistische Sichtweise fordern, stellt Clark (1994) klar: »Media will never influence learning«. Später räumt Clark (2001) ein, dass in der jüngeren Forschung zum multimedialen Lernen (Mayer, 1997; Sweller 1999, zitiert nach Clark, 2001) sowie in der kognitiven Theorie von Anderson (1990, zitiert nach Clark 2001) ein gewisses Potenzial zum weiteren Erkenntnisgewinn liegt und spricht sich dafür aus, die »Ökonomie« des Lernens bzw. die Lerneffizienz genauer in den Blick zu nehmen.

Angesichts der rasanten Entwicklungen im Bereich der Informations- und Kommunikationstechnologien (IKT) und Medien haben sich – obwohl die Clark-Kozma-Debatte als historisch wichtig einzuschätzen ist – die Prioritäten und Fragestellungen verändert. So fragt Moffat (2013) im Blog »Education Technology« zur Aktualität der Clark-Kozma-Debatte für das 21. Jahrhundert:

> »Today's ... learners surround themselves with computers, cell phones, digital games, and other social media. They spend hours of their time searching the Internet, texting, and interacting digitally. Asking them to become unplugged is like asking them to harm themselves physically. So how does all this play-out in the factor of media versus method?«

Dieses Zitat macht deutlich: Mit der Entwicklung neuer Medien gelangen neue Aspekte in den Vordergrund der Debatte und es stellen sich deutlich komplexere Fragen nach den Rahmenbedingungen für Medieneinflüsse. Wichtig für die Frage nach der Medienspezifität des Lernens wird etwa im Bereich der formalen Bildung die Frage nach der Rolle der Lehrkräfte, die inzwischen dort das wichtigere Problem darstellt (Moffat, 2013). Welche Strategien für den Unterricht mit neuen Medientechnologien benötigen Lehrkräfte? Welche technisch-didaktischen Kompetenzen? Hiermit beschäftigt sich die Forschung inzwischen intensiv (z. B. Harris, Mishra & Koehler, 2009; Krauskopf, Zahn & Hesse, 2012) – inklusive Clark, der sich bereits 2007/2008 in der neuen Kontroverse über »Direct Instruction versus Constructivism« engagierte. Kozma widmete sich ebenfalls den erweiterten Kontextbedingungen; bis heute forscht er zur Nutzung neuer Informations- und Kommunikationstechnologien in den Entwicklungsländern (Kozma, 2015).

Typische Methodik

Innerhalb der Forschung zur Medienspezifität des Lernens lassen sich effekt- und prozessorientierte Ansätze unterscheiden:

1. Effekt- und Effektivitätsstudien sind einfache Medienvergleichsstudien, die mittels experimenteller Gruppenvergleiche untersuchen, welche unmittelbaren Effekte verschiedene Mediendarstellungen auf den messbaren Lernerfolg haben. Komplexe Studien fokussieren in mehrfaktoriellen Designs kombinierte Effekte von Medien, Lernervariablen und Instruktion, so zum

Beispiel die Frage, wie sich eine mit einem Medium vorgegebene Maßnahme bei hohem vs. niedrigem Vorwissen auswirkt. Das Spektrum der abhängigen Variablen umfasst hier neben dem Lernerfolg auch die Effizienz des Lernens sowie die subjektiv empfundene mentale Anstrengung (vgl. Beitrag zu Amount of Invested Mental Effort in diesem Band) und den Lernprozess selbst.

2. Prozessstudien machen kognitive und sozio-kognitive sowie neurophysiologische Prozesse des Lernens mit Medien (z. B. durch Logfile-, Lautdenken- oder Videoaufzeichnungen) direkt beobachtbar, so dass sie quantitativ oder qualitativ ausgewertet werden können. Quantitative Studien befassen sich mit vorhergesagten Medieneffekten, zum Beispiel auf die soziale Interaktion in Lerngruppen. Qualitative Studien suchen in detaillierten Einzelfallanalysen explorativ nach Indikatoren für Lernerfolge, beispielsweise indem die Konversation zwischen Lernenden auf Video aufgezeichnet und anschließend analysiert wird (z. B. Roschelle, 1992). Neurophysiologische Methoden und bildgebende Verfahren geben außerdem Aufschluss über die Details grundlegender kognitiver Prozesse (z. B. Clark & Clark, 2010).

Zentrale empirische Befunde

Clark (1983, 1992) verweist auf die große Anzahl *nicht signifikanter* Ergebnisse aus Medienvergleichsstudien und kommt aufgrund seiner Metaanalysen zu dem Urteil: »[...] media do not influence learning under any conditions« (1983, S. 445). Er verweist auf gravierende methodische Mängel der Studien mit *signifikanten* Ergebnissen: Viele Designs seien durch die Konfundierung der Lehrmethoden mit den Medienbedingungen geprägt, andere durch qualitativ ungleiche Designs, die den neueren Medien einen Vorteil vor älteren Medien verschaffen würde.

Kozma (1991) hingegen zieht eine positive Bilanz der vorliegenden Forschung. Dabei bezieht er sich auf Ergebnisse, die den Einfluss formaler Gestaltungsmittel bei audiovisuellen Medien belegen (Anderson et al., 1979) und eine Überlegenheit multikodaler über einfach kodierte Darstellungsweisen zeigen (z. B. von Levie & Lentz, 1982; Pressley, 1977; Schallert, 1980). Die Existenz direkter Medieneinflüsse wird durch Ergebnisse der Forschungen zur »dual coding theory« nahegelegt: Paivio und Csapo wiesen bereits 1973 Bildüberlegenheitseffekte beim Lernen mit Bildern vs. Wörtern nach. Kessler (2003) bestätigt diese Effekte an komplexerem Material. Zudem zeigte Kozma, dass Medieneinflüsse mit den Einflüssen von Lernereigenschaften interagieren. Kozma und Russell (1996) fanden beispielsweise beim Chemie-Lernen »Aptitude-Treatment-Interaktionen« (ATI): In ihrer Studie waren Experten im Vergleich zu Novizen eher in der Lage, verschiedene Mediendarstellungen sinnvoll zu gruppieren und zu transformieren.

Weitere Ergebnisse, die die Existenz direkter Einflüsse formaler Mediengestaltung auf das Lernen belegen, berichtet die Arbeitsgruppe um Mayer (z. B. Mayer, 2001) aus Arbeiten zum multimedialen Lernen technischer Inhalte mittels Animationen (vgl. Beitrag »Cognitive Theory of Multimedia Learning (CTML)« in diesem Band).

Ebenfalls wichtig sind die umfangreichen empirischen Befunde aus Studien zur Cognitive Load Theory (vgl. auch den Beitrag »Cognitive Load Theory (CLT)« in diesem Band). Clark und Clark (2010) zitieren psychologisch-neurophysiologische Studien (z. B. fMRI-Studien), die nahelegen, dass die kognitiven Anforderungen und die investierte mentale Anstrengung umgekehrt U-förmig zusammenhängen. In Bezug auf medienspezifische Einflüsse bedeutet das: *Sehr* einfache oder *sehr* komplexe Mediendarstellungen gehen damit einher, dass Lernende sich weniger mental anstrengen, als sie das bei mittelkomplexen Darstellungen tun. Dies wiederum heißt: Beim Lernen werden die Medieneffekte durch die mentale Anstrengung der Lernenden moderiert.

Andere empirische Studien zeigen, dass sich die Art der Erfassung des Wissenserwerbs als sensible Variable erweist. Beim Lernen mit Multimedia wirkt sich eine bildliche Präsentation nur im Hinblick auf prozedurales Wissen und nur bei bildlichen Testaufgaben positiv aus (Brünken, Steinbacher, Schnotz & Leutner, 2001). In einer Studie zum Wissenserwerb in der Radiologie schneiden Versuchspersonen, die mit visuellem Material interaktiv am Computer gelernt haben, in einem späteren Bildinterpretations-Test besser ab als Lerner aus anderen Versuchsbedingungen (ohne Interaktivität oder ohne Computer). Im Multiple-Choice-Test finden sich jedoch keine signifikanten Unterschiede zwischen den Versuchsbedingungen (Maleck et al., 2001). Das bedeutet: Die Aufgabenstellung bzw. Art der Lernzielkontrolle hat potenziell einen Einfluss auf Medieneffekte, die in Studien gefunden werden (oder nicht).

Neben den Einflüssen auf das individuelle Lernen wurden auch medienspezifische Einflüsse auf *Gruppen- und Kommunikationsprozesse* erforscht. Suthers und Hundhausen (2003) etwa belegten beim problembasierten Lernen einen »representational bias«. Es zeigte sich, dass Gruppendiskussionen beim komplexen Problemlösen inhaltlich anders verlaufen, je nachdem ob die Lernenden auf der Basis von Tabellen, Grafiken oder Texten diskutieren. Pimmer, Mateescu, Zahn und Gennenwein (2013) fanden zudem differenzierte Medieneffekte beim fallbasierten Lernen medizinischer Inhalte im Rahmen einer Experten-Novizen Kommunikation mit Mobiltelefonen.

Kritik

Die Debatte um die Medienspezifität kognitiver Verarbeitungs- und Lernprozesse und des Lernens reflektiert profunde Fragen zum Lernen mit Medien. Allerdings wurde das Thema recht vereinfacht bzw. einseitig auf dem Terrain des *individuellen* Wissenserwerbs diskutiert, während neue computergestützte *Kommunikations-* und *Kooperations*szenarien (vgl. Kapitel »Konstruktivistische Lernumgebungen« in diesem Band), vernachlässigt werden, obwohl sie beim Lernen in Gruppen in gleichem Maße von der Thematik betroffen sind. In der modernen Praxis sind kooperative Szenarien mit Medieneinsatz sogar weitaus häufiger anzutreffen als das individuelle Lernen am Einzelcomputer.

Ein Beispiel für die Untersuchung von Kommunikations- und Kooperationsszenarien ist das aktiv-gestaltende Lernen (Zahn, 2009) – auch *konstruktionistisches Lernen* genannt (vgl. Kafai, 2006), bei dem Lernende im kooperativen Lernprozess Texte, Bilder, Grafiken, Videos sowie Multimedia und Hypermedien selbst produzieren und gestalten (Zahn et al., 2014; Zahn, Krauskopf, Hesse & Pea, 2010; Zahn, Pea, Hesse & Rosen, 2010). Ähnliches gilt für den Bereich des Lernens mit neuen multimedialen Darstellungsformen z. B. auf Smartphones (z. B. Pimmer, Mattescu, Zahn & Gennenwein, 2013). Die beispielhaft genannten Lernszenarien sind in komplexe Gesamtsituationen und Lern- und Informationsumwelten eingebettet. Die Frage der Medienspezifität stellt sich hier jeweils auf ganz neue und viel komplexere Weise; dies wird mit wenigen Ausnahmen (z. B. Prangsma, van Boxtel & Kanselaar, 2008; Tanner et al. 2014) bislang nur selten adressiert.

Literatur

Brünken R., Steinbacher, S., Schnotz, W. & Leutner, D. (2001). Mentale Modelle und Effekte der Präsentations- und Abrufkodalität beim Lernen mit Multimedia. *Zeitschrift für Pädagogische Psychologie, 15(1)*, 16–27.

Clark, R. E. (1983). Reconsidering research on learning from media. *Review of Educational Research, 53(4)*, 445–459.

Clark, R. E. (1994). Media will never influence learning. *Educational Technology Research and Development, 42(2)*, 21–29.

Clark, R. E. (2001). What is next in the media and methods debate? In Clark, R. E. (Ed.), *Learning from Media. Arguments, Analysis and Evidence* (pp. 327–337). Greenwich, CT: Information Age Publishing.

Clark, R.E. & Clark, V. P. (2010), From Neo-Behaviorism to neuroscience: Perspectives on the origins and future contributions of cognitive load research. In J. Plass, R. Moreno & R. Bruenken (Eds.), *Cognitive load: Theory and application.* New York: Cambridge University Press.

Clark, R. E. & Craig, T. G. (1992). Research and theory on multimedia learning effects. In M. Giardina (Ed.). *Interactive Multimedia Learning Environments. Human Factors and Technical Considerations on Design Issues* (pp. 19–30). Heidelberg: Springer.

Harris, J., Mishra, P. & Koehler, M. (2009). Teachers' technological pedagogical content knowledge and learning activity types: Curriculum-based technology integration reframed. *Journal of Research on Technology in Education, 41*(4), 393–416.

Jonassen, D. H., Campbell, J. P. & Davidson, M. E. (1994). Learning *with* media: Restructuring the debate. *Educational Technology Research and Development 42(2)*, 31–39.

Kafai, Y. B. (2006): Constructionism. In K. Sawyer (ed), *Cambridge Handbook of the Learning Sciences*. pp. 35–46. New York: Cambridge University Press.

Kozma, R. B. (1991). Learning with media. *Review of Educational Research 61(2)*, 179–211.

Kozma, R. B. (1994). *Will* media influence learning? Reframing the debate. *Educational Technology Research and Development 42(2)*, 7–19.

Kozma, R. B. (2015). Technology in Service of Development – Personal Statement. Online: http://robertkozma.com/?q=node/1. rev.10.01. 2015.

Kozma, R. B. & Russell, J. (1997). Multimedia and understanding: Expert and novice responses to different representations of chemical phenomena. *Journal of Research in Science Teaching 34(9)*, 949–968.

Krauskopf, K., Zahn, C. & Hesse, F.W. (2012). Leveraging the affordances of YouTube: The role of pedagogical knowledge and mental models of technology functions for lesson planning with technology. *Computers and Education, 58*, 1194–1206.
Maleck, M., Fischer, M. R., Kammer, B., Zeiler, C., Mangel, E., Schenk, F. & Pfeifer, K.-J. (2001). Do computers teach better? A media comparison for case-based teaching in radiology. *Radiographics,* 21, 1025–1032.
Mayer, R. (2001). *Multimedia Learning.* Cambridge: Cambridge University Press.
Moffat, D. (2013). *Clark and Kozma Debate is it Still Relevant?* [Educational Technology] Online: https://dcmoffat71.wordpress.com/category/education-technology/ rev. 10.01.2015.
Paivio, A. & Csapo, K. (1973). Picture superiority in free recall: Imagery or dual coding. *Cognitive Psychology, 5*, 176–206.
Pimmer, C., Mateescu, M., Zahn, C. & Genewein, U. (2013). Smartphones as Multimodal Communication Devices to Facilitate Clinical Knowledge Processes: Randomized Controlled Trial. *Journal of Medical Internet Research, 15*(11), e263.
Prangsma, M. E, van Boxtel, C. & Kanselaar, G. (2008). Developing a ›big picture‹: Effects of collaborative construction of multimodal representations in history. *Instructional Science, 36*, 117–136.
Roschelle, J. (1992). Learning by Collaborating: Convergent Conceptual Change. *Journal of the Learning Sciences, 2(3)*, 235–276.
Suthers, D. D. & Hundhausen, C. (2003). An Experimental Study of the Effects of Representational Guidance on Collaborative Learning. *Journal of the Learning Sciences, 12 (2)*, 183–219.
Tanner, A. Vollenwyder, B., Kalt, M., Schock, U., Mateescu, M., Agotai, D., Gros, P. Vogel, M. & Zahn, C. (2014). Interact! An Evidence-Based Framework For Digitally Supported School Field Trips. In *Proceedings of the Ninth ACM International Conference on Interactive Tabletops and Surfaces (ITS '14).* ACM, New York, NY, USA, 357–362. http://doi.acm.org/10.1145/2669485.2669546
Zahn, C. (2009). Gestaltendes Lernen – »Learning by Design« im Schulunterricht. *LOG IN Informatische Bildung in der Schule, 156*, 27–35.
Zahn, C., Schaeffeler, N., Giel, K. E., Wessel, D., Thiel, A., Zipfel, S. & Hesse, F. W. (2014). Video clips for YouTube: Collaborative video creation as an educational concept for knowledge acquisition and attitude change related to obesity stigmatization. *Education and Information Technologies*, *19*(3), 603–622.
Zahn, C., Pea, R., Hesse, F. W. & Rosen, J. (2010). Comparing simple and advanced video tools as supports for collaborative design processes. *The Journal of the Learning Sciences, 19*(3), 403–440.
Zahn, C., Krauskopf, K., Hesse, F. W. & Pea, R. (2010). Digital video tools in the classroom: How to support meaningful collaboration and critical advanced thinking of students? In M. S. Khine & I. M.Saleh (Eds.), *New Science of Learning: Cognition, Computers and Collaboration in Education* (pp. 503–523). New York: Springer.

Nicht beabsichtigte kognitive Medienwirkungen

Displacement

Dagmar Unz

Worum geht es?

Welche Aktivitäten geben Individuen auf, wenn sie fernsehen, Comics lesen oder am Computer spielen? Diese Frage ist Kern des Displacement-Ansatzes. Ihm liegt die Annahme zugrunde, dass Menschen für all ihre Aktivitäten insgesamt nur eine begrenzte Zeit zur Verfügung haben. Die Zeit, die für eine bestimmte Aktivität aufgewendet wird, geht zu Lasten anderer Tätigkeiten (zero-sum-feature of time). Displacement meint also so etwas wie die Verlagerung, das Ersetzen oder auch Verdrängen von Aktivitäten zu Gunsten anderer Tätigkeiten. Nutzen Menschen ein Medium, dann muss sich die Zeit, die sie mit anderen Medien oder anderen Tätigkeiten verbringen, entsprechend reduzieren (z. B. Neuman, 1991; Robinson, 1969). Die Frage, wie viel Zeit mit einzelnen Medien verbracht wird, wird aus psychologischer Sicht vor allem dann relevant, wenn die Aktivitäten, die zu Gunsten der Mediennutzung eingeschränkt werden, als wichtig oder wünschenswert angesehen werden. Dies ist zum Beispiel der Fall bei Aktivitäten, die für die kindliche Entwicklung essentiell sind, wie soziale Interaktion, Lesen oder Fantasietätigkeiten. Während es aus psychologischer Perspektive um Implikationen geht, die die kognitive und soziale Entwicklung betreffen, geht es aus ökonomischer Perspektive um Veränderungen von Marktanteilen und aus soziologischer Perspektive um den »Zustand« einer Gesellschaft (z. B. in Bezug auf politisches oder ehrenamtliches Engagement; Putnam, 1995). Die zur Verfügung stehende Zeit wird als eine Art soziales Kapital angesehen, dieses limitierte Kapital Zeit muss »weise« investiert werden.

Darstellung der Annahmen

Ausgehend von den Prämissen, dass Menschen nur eine begrenzte Zeit zur Verfügung haben, dass sie nicht mehrere Aktivitäten gleichzeitig durchführen können, und dass nicht alle Aktivitäten gleichartig sind, stellt sich die Frage, wann eine (neue) Tätigkeit eine andere Aktivität verdrängen kann. Nach Neuman (1991) wird eine Tätigkeit eher von einer anderen Aktivität verdrängt,

- wenn die neue Aktivität die gleichen Bedürfnisse erfüllt, aber effektiver ist (Prinzip der funktionalen Ähnlichkeit),
- wenn sie denselben physikalischen Raum teilt, aber mehr Zufriedenheit bewirkt (Prinzip der physikalischen und psychologischen Nähe),
- wenn sie einfacher ist oder leichter zu modifizieren ist, um Interferenzen mit anderen Aktivitäten zu vermeiden (Prinzip der Transformation) und
- wenn sie eine höhere Priorität hat (Prinzip der nebensächlichen Randaktivitäten).

Typische Methodik

Displacement-Studien beruhen meist auf Befragungen größerer Stichproben, in der Regel sind dies repräsentativ für bestimmte Bevölkerungsgruppen zusammengesetzte Panels. Die Befragten sollen angeben, wie viel Zeit sie an einem typischen Tag für bestimmte Aktivitäten aufbringen. In manchen Studien werden die Befragten gebeten, Tagebücher über ihre Tätigkeiten zu führen. Die Analysen sind je nach Fragestellung Längsschnittvergleiche (z. B. vor und nach Einführung einer neuer Technologie) oder Gruppenvergleiche (z. B. von Personen in Haushalten mit und ohne Fernseher).

Zentrale empirische Befunde

In den 1940er Jahren setzten mit der Einführung des Fernsehens die ersten Displacement-Studien ein. Nachdem das Fernsehen dann fünf Jahrzehnte der Hauptbezugspunkt für Displacement-Studien war, rückte mit der Diffusion von Computertechnologien in Privathaushalte dieses Medium in den Mittelpunkt der Betrachtungen (Robinson & Davis, 2001).

Frühe Studien zum Displacement-Effekt des Fernsehens zeigen, dass die Zeit fürs Radiohören, Lesen von Comics oder für Kinobesuche zurückgeht, während sich widersprüchliche Ergebnisse für die Nutzung von Zeitungen und Zeitschriften finden (Brown, Cramond & Wilde, 1974; Coffin, 1955; Schramm, Lyle & Parker, 1961). Eine Studie von Robinson und Godbey (1999) bietet auf der Basis der Befragung von 25 000 Personen mit Hilfe des Tagebuchansatzes ein differenzierteres Bild: Danach gewannen US-Amerikaner zwischen 1965 und 1995 sechs Stunden pro Woche an Freizeit hinzu. Fast die kompletten sechs Stunden wurden in Fernsehen investiert, so dass US-Amerikaner 1995 durchschnittlich 40 % ihrer Freizeit mit Fernsehen verbrachten. Die Fernsehnutzung hat sich dabei sowohl auf nichtmediale als auch auf Nicht-Freizeit-Aktivitäten ausgewirkt: Fernsehnutzer wendeten zum Beispiel weniger Zeit für soziale Interaktionen mit Freunden und Verwandten, für Hobbys oder Urlaubsreisen auf. Sie schliefen 1,5 Stunden weniger pro Woche, waren vier Stunden mehr zu Hause, verbrachten aber auch drei Stunden mehr mit engen Familienmitgliedern. Nach Robinson und Davis (2001) begann das Fernsehen erst 10 bis 15 Jahre nach seiner Einführung das Zeitunglesen zu verdrängen –

ein Prozess, der immer noch anhält und damit erklärt werden kann, dass Fernsehen inzwischen mehr und besser über lokale Themen berichtet. Im Gegensatz zum Zeitunglesen nimmt langfristig gesehen die Zeit, die mit Radiohören, Bücherlesen und Kinobesuchen verbracht wird, wieder zu. Auch zeigt sich ein Anstieg der Nutzung von Spezialzeitschriften, während eher allgemein ausgerichtete Zeitschriften durch das Fernsehen verdrängt werden.

Frühe Studien zum Verhältnis von Computer- bzw. Internetnutzung und Fernsehen finden inkonsistente Ergebnisse. Nach einigen Studien reduziert Computer- bzw. Internetnutzung die Fernsehzeit, nach anderen nicht, andere finden sogar eine positive Korrelation zwischen Internet- und Fernsehnutzung (z. B. Kayany & Yelsma, 2000; Nie, 2001; Robinson, Barth & Kohut, 1997; Robinson & Godbey, 1999; Schweitzer, 1991; Vitalari, Venkatesh & Gronhaug, 1985). Ähnlich inkonsistent ist das Bild hinsichtlich der Nutzung des Computers und anderer traditioneller Medien, wie Telefon, Bücher oder Zeitungen. Einzig beim Radiohören ergibt sich ein einheitliches Bild: Radiohören scheint nicht durch Internet-Gebrauch beeinflusst zu werden (z. B. James, Wotring & Forrest, 1995; Robinson & Kestnbaum, 1999; Wellman, Haase, Witte & Hampton, 2001). Die widersprüchlichen Ergebnisse werden damit erklärt, dass sich die Einsatzfelder des Computers sehr schnell ändern und Nutzer immer erfahrener werden. Cai (2005) bat daher erfahrene Computernutzer, einen Tag lang in ihrer Freizeit auf den Computer zu verzichten. Vergleicht man die Mediennutzungszeiten an diesem Tag mit denen an einem »normalen« Tag zeigte sich, dass an einem normalen Tag eine hohe Computernutzung mit einer hohen Nutzung traditioneller Medien einherging. An dem Tag ohne Computernutzung stieg die Nutzung traditioneller Medien nicht an, vielmehr scheinen nicht mediale Tätigkeiten aufgenommen zu werden (vgl. auch Chou, 2001). Die Studie liefert also keinen Beleg für die Annahme, dass Computernutzung Zeit zur Nutzung traditioneller Medien »stiehlt«.

Neuere Studien beschäftigen sich vor allem mit Displacement-Effekten der Internetnutzung auf die Nutzung älterer, traditionellerer Medien. Dabei deuten sich gleichzeitige Displacement- und Komplementäreffekte an (Westlund & Färdigh, 2011). So beobachten in einem Zeitraum über vier Jahre Newell, Pilotta und Thomas (2008) starke Gewinne in der täglichen Nutzungszeit des Internets, während die täglichen Nutzungszeiten traditioneller Medien (Fernsehen, Radio, Zeitungen, Zeitschriften) stabil blieben. Nach Kayany und Yelsma (2000) verbringen starke Internet-Nutzer weniger Zeit mit dem Lesen von Zeitungen (aber nicht mit Fernsehen); und DeWaal und Schönbach (2010) berichten für die Niederlande, dass die Online-Nutzung von Nachrichten schrittweise das Lesen von Zeitungen ersetzt. Nach Ha und Fang (2012) wird die Zeit, die mit traditionellen Nachrichten-Medien verbracht wird, mit steigender Internet-Erfahrung immer geringer. Nach fünfjähriger Internet-Erfahrung ist der Displacement-Effekt am bedeutsamsten. Kitamura (2013) findet in einer japanischen Stichprobe ebenfalls einen Displacement-Effekt der Internet-Nutzung via PC, während sich für die mobile Internet-Nutzung mit Mobiltelefonen ein Komplementäreffekt mit der Nutzung traditioneller Medien abzeichnet. Ob ein Displacement oder eher ein Komplementäreffekt stattfindet, scheint (u. a.) von demographischen Variablen wie Alter, Geschlecht und Bildungsstand abhängig zu sein; so nutzen zum Beispiel Männer relativ stark sowohl traditionelle Nachrichtenmedien als auch Online-Nachrichtenmedien (Westlund & Färdigh, 2011). Unterschiedliche Alterskohorten weisen unterschiedliche Nachrichten-Nutzungsmuster aus: die 1930er- und 1940er-Kohorten sind vor allem Print-Nutzer, die 1950er-, 1960er- und 1970er-Kohorten eher PC-orientiert, die 1980er- und 1990er-Kohorten weisen vor allem eine mobile Nutzung auf, aber auch eine Cross-Media-Nutzung (also eine komplementäre Nutzung verschiedener Plattformen).

Wie sehen die Forschungsergebnisse zum Displacement-Effekt speziell bei Kindern aus? Besonders das Fernsehen steht im Verdacht, »wertvollere« Aktivitäten wie Bücherlesen zu verdrängen und somit Lese- und Schulleistungen negativ zu beeinflussen (Calvert, 2001). Untersuchungen weisen zum einen darauf hin, dass Fernsehen und Lese- bzw. Schulleistungen gemeinsam von einer oder mehreren anderen Variablen abhängen, wie der sozialen Herkunft oder dem kulturellen Hintergrund, und zum anderen, dass ein kurvilinearer Zusammenhang zwischen Fernsehen und Leistungen existiert (z. B. Larson & Verma, 1999; Van Evra, 1990). Danach erhalten Kinder aus niedrigen Sozialschichten bei moderatem Fernsehkonsum Anregungen, die sie ohne Fernsehen nicht erhalten würden und die die Sprach- und Lesefertigkeiten fördern können. Sehen sie jedoch mehr als fünf Stunden täglich fern, besteht ein negativer Zusammenhang. Bei Kindern aus höheren Sozialschichten sind die negativen Zusammenhänge zwischen hohem TV-Konsum und Lesefertigkeit noch größer, hier setzt offenbar ein stärkerer Displacement-Effekt ein. Eine wichtige Rolle spielen dabei auch die konkreten Fernsehinhalte. Die Zusammenhänge zwischen der Gesamtdauer des Fernsehens und der Qualität des Fantasiespiels sind dabei äußerst gering. Sehen Kinder Gewalt- und Actionsendungen, ist jedoch das Fantasiespiel reduziert (Valkenburg & van der Voort, 2000). Forschungsergebnisse zum Zusammenhang zwischen Fernsehnutzung einerseits, Lese- und Fantasietätigkeiten sowie damit in Zusammenhang stehenden Leistungen andererseits fasst Comstock (1989, S. 214) zusammen: »Television viewing is inversely related to achievement when it displaces an intellectually and experientially richer environment, and it is positively related when it supplies such an environment.«

Den Einfluss der elterlichen Kontrolle auf die Mediennutzung von zehn- bis elfjährigen Kindern untersuchen Van den Bulck und Van den Bergh (2000). Teilweise Displacement-Effekte finden sich, wenn Eltern die Mediennutzung beschränken. Die elterliche Beschränkung der Nutzung eines bestimmten Mediums führt zu einer verstärkten Nutzung eines anderen Mediums, das eine ähnliche Gratifikation verspricht. Dabei findet sich in dieser Studie jedoch kein direkter Displacement-Effekt der Mediennutzung: Starke TV-Nutzung geht zum Beispiel einher mit einer starken Nutzung von Computerspielen. Nur bei Jungen hängt die stärkere Nutzung von Büchern mit einer geringeren TV-Nutzung zusammen. Jedoch beeinflusst umgekehrt die TV-Nutzung nicht das Lesen von Büchern.

Kritik

Displacement-Studien sehen sich folgender konzeptueller und methodologischer Kritik ausgesetzt (z. B. Lee & Kuo, 2002):

1. Selbstauskünfte sind nicht unbedingt reliable Messungen.
2. In der Regel werden nur vergleichsweise wenige (Mediennutzungs-)Aktivitäten erfasst, viele andere werden vernachlässigt. Zeitliche Überlappungen, wenn mehrere Aktivitäten gleichzeitig ausgeführt werden, werden ebenfalls nicht berücksichtigt.
3. Die bloße Messung von Zeit sagt nichts über die Art der Aktivität oder die Art des konsumierten Inhalts aus. Zudem sagen Korrelationen nichts über Ursache-Wirkungs-Zusammenhänge aus. Daher kann über die einem Displacement-Effekt zugrundeliegenden Ursachen nur spekuliert werden.
4. Displacement-Effekte können aus ganz unterschiedlichen Gründen zustande kommen – die Natur der konkurrierenden Aktivitäten ist nur ein möglicher Grund. Denkbar sind zum Beispiel auch Neuigkeits- oder spezielle Inhaltseffekte. Auch die Rolle möglicher Drittvariablen wie der Einfluss von Eltern oder Peers wird nicht ausreichend berücksichtigt.

Die teilweise widersprüchlichen und komplexen Zusammenhänge in den Ergebnissen verschiedener Studien haben darüber hinaus zu unterschiedlichen Erklärungsmodellen geführt. Ein Erklärungsansatz nimmt Bezug auf den Uses-and-Gratification-Approach (vgl. Beitrag zum Uses-and-Gratification-Ansatz in diesem Band) und auf die bio-ökologische Theorie der Nische. Danach konkurriert ein neues Medium mit anderen Medien um die Zeit und Aufmerksamkeit potenzieller Nutzer. Das neue Medium kann die Nutzung eines alten Mediums ersetzen, wenn es den Mediennutzer eine neue und bessere Möglichkeit zur Befriedigung von Gratifikationen bietet (Dimmick, Chen & Li, 2004; Ha & Fang, 2012). Einem Displacement-Modell, nach dem die höhere Nutzung eines Mediums eine geringere Nutzung eines anderen bedingt (»increase-decrease«), wird ein »Increase-Increase«-Modell gegenübergestellt (Tsao & Sibley, 2004). Dieses Modell beschreibt die Tendenz, dass Nutzer eines Mediums auch ein anderes Medium eher nutzen, an bestimmten Themen interessierte Personen ein reichhaltiges Mediennutzungsrepertoire entwickeln und Personen höherer Sozialschichten schneller Wissen erwerben (vgl. Beitrag zur Wissensklufthypothese in diesem Band).

Literatur

Brown, J. R., Cramond, J. K. & Wilde, R. J. (1974). Displacement Effects of Television and the Child's Functional Orientation to Media. In J. G. Blumler and E. Katz (Eds.), *The Uses of Mass Communications: Current Perspectives on Gratifications Research* (pp. 93–112). Beverly Hills, CA: Sage.

Cai, X. (2005). An experimental examination of the computer's time displacement effects. *New Media and Society, 7(1)*, 8–21.

Chou, C. (2001). Internet Heavy Use and Addiction among Taiwanese College Students: An Online Interview Study. *Cyberpsychology & Behavior, 4(5)*, 573–585.
Calvert, S.L. (2001). Media Effects on Children. In N. J. Smelser & P. B. Baltes (Eds.) *International Encyclopedia of the Social and Behavioral Sciences* (pp. 9479–9483). Amsterdam: Elsevier.
Coffin, T. E. (1955). Television's Impact on Society. *American Psychologist, 10(6)*, 630–641.
Comstock, G. (1989). *The Evolution of American Television*. Newbury Park, CA: Sage.
De Waal, E. & Schönbach, K. (2010). News sites‹ position in the mediascape: Uses, evaluations and media displacement effects over time. *New Media & Society, 12* (3), 477–496.
Dimmick, J., Chan, Y. & Li, Z. (2004). Competition between the internet and traditional news media: The gratification-opportunities niche dimension. *The Journal of Media Economics, 17*(1), 19–33.
Ha, L. & Fang, L. (2012). Internet experience and time displacement of traditional news media use: An application of the theory of the niche. *Telematics and Informatics, 29*, 177–186.
James, M. L., Wotring, C. E. & Forrest, E. J. (1995). An Exploratory Study of the Perceived Benefits of Electronic Bulletin Board Use and Their Impact on Other Communication Activities. *Journal of Broadcasting and Electronic Media, 39(1)*, 30–50.
Kayany, J. M. & Yelsma, P. (2000). Displacement effects of online media in socio-technical contexts of households. *Journal of Broadcasting and Electronic Media, 44*, 215–229.
Kitamura, S. (2013). *The relationship between use of the internet and traditional information sources: An empirical study in Japan*. Sage Open April–June 2013, 1–9.
Larson, R. W. & Verma, S. (1999). How children and adolescents spend time across the world: Work, play, and developmental opportunities. *Psychological Bulletin, 125*, 701–736.
Lee, W. & Kuo, E. C. Y. (2002). Internet and Displacement Effect: Children's Media Use and Acitivites in Singapore. *Journal of Computer-Mediated Communication, 7(2)*, http://jcmc.indiana.edu/vol7/ issue2/singapore.html [1.02.2008].
Neuman, S. (1991). *Literacy in the television age*. Norwood: Ablex Publishing.
Newell, J., Pilotta, J. J. & Thomas, J. C. (2008). Mass media displacement and saturation. *International Journal on Media Management, 10* (4), 131–138.
Nie, N. H. (2001). Sociability, Interpersonal Relations, and the Internet: Reconciling Conflicting Findings. *American Behavioral Scientist, 45(3)*, 420–435.
Putnam, R. D. (1995). Bowling Alone: America's Declining Social Capital. *Journal of Democracy, 6(1)*, 65–78.
Robinson, J. P. (1969). Television and leisure time: Yesterday, today, and (maybe) tomorrow. *Public Opinion Quarterly, 33*, 210–222.
Robinson, J. P., Barth, K. & Kohut, A. (1997). Social Impact Research: Personal Computers, Mass Media and Use of Time. *Social Science Computer Review, 15(1)*, 65–82.
Robinson, J. P. & Davis, D. (2001). Uses of Media. In N. J. Smelser & P. B. Baltes (Eds.) *International Encyclopedia of the Social and Behavioral Sciences* (pp. 9479–9503). Amsterdam: Elsevier.
Robinson, J. P. & Godbey, G. (1999). *Time for Life: The Surprising Ways American Use Their Time* (2nd ed.). University Park, PA: Pennsylvania State University Press.
Robinson, J. P. & Kestnbaum, M. (1999). The Personal Computer, Culture, and Other Uses of Free Time. *Social Science Computer Review, 17(2)*, 209–216.
Schramm, W., Lyle, J. & Parker, E. B. (1961). *Television in the Lives of Our Children*. Stanford, CA: Stanford University Press.
Schweitzer, J. C. (1991). Personal Computers and Media Use. *Journalism Quarterly 68 (4)*, 689–697.
Tsao, J. C. & Sibley, S.D. (2004). Displacement and Reinforcement Effects of the Internet and Other Media as Sources of Advertising Information. *Journal of Advertising Research, 44(1)*, 126–142.

Valkenburg, P. M. & van der Voort, T. H. A. (2000). Stimulation oder Reduktion? Theoretische Positionen und empirische Ergebnisse zur Auswirkung des Fernsehens auf das Fantasiespiel. In S. Hoppe-Graff & R. Oerter (Hrsg.), *Spielen und Fernsehen. Über die Zusammenhänge von Spiel und Medien in der Welt des Kindes* (S. 155–178). Weinheim: Juventa.

Van den Bulck, J. & Van den Bergh, B. (2000). The influence of perceived parental guidance patterns on children's media use: gender differences and media displacement. *Journal of Broadcasting & Electronic Media, 44*(3), 329–348.

van Evra, J. (1990). *Television and child development.* Hillsdale, NJ: Lawrence Erlbaum.

Vitalari, N. P., Venkatesh, A. & Gronhaug, K. (1985). Computing in the Home: Shifts in the Time Allocation Patterns of Households. *Communication of the ACM 28(5)*, 512–522.

Wellman, B., Haase, A. Q., Witte, J. & Hampton, K. (2001). Does the Internet Increase, Decrease, or Supplement Social Capital? Social Networks, Participation, and Community Commitment. *American Behavioral Scientist 45(3)*, 436–455.

Westlund, O. & Färdigh, M. A. (2011). Displacing and complementing effects of news sites on newspapers 1998–2009. *International Journal of Media Management, 13* (3), 177–194.

Westlund, O. & Färdigh, M. A. (2015). Accessing the news in an age of mobile media: Tracing displacing and complementary effects of mobile news on newspapers and online news. *Mobile Media & Communication, 3* (1), 53–74.

Wissenskluft-Hypothese und Digital Divide

Martina Mauch

Worum geht es?

Der Begriff »Digital Divide« (digitale Kluft/Spaltung), der seit Mitte der 1990er Jahre existiert, steht im engen Zusammenhang mit der erstmals 1970 publizierten Wissenskluft-Hypothese. Die Gemeinsamkeiten der Konzepte liegen in der Annahme, dass Unterschiede im Wissenserwerb oder/und in der Mediennutzung auf persönliche und soziale Faktoren wie das Einkommen, die Bildung, das Alter und das Geschlecht zurückzuführen sind. Diese in der Gesellschaft existierenden Differenzen zwischen Gruppen verstärken sich durch den Einfluss der Medien, anstatt dass der mediale Informationsfluss diese Ungleichheiten nivelliert.

Während sich das Konzept der digitalen Spaltung eher auf Unterschiede in den Zugangs- und Nutzungschancen digitaler Informations- und Kommunikationstechnologien bezieht, ist die Wissenskluft-Hypothese auf Unterschiede im Wissenserwerb aufgrund des sozioökonomischen Status gerichtet.

Mit der Entwicklung und Verbreitung jedes neuen Mediums, sei es das Buch, der Fernseher oder der Computer, wurde die gesellschaftliche Erwartung verbunden, dass die Medien zur Wissens- und Meinungsbildung der gesamten Bevölkerung beitragen und dass sie bestehende Ungleichheiten in der Bevölkerung abbauen. Als ein demokratisches Ziel kann die Informiertheit aller Bürger und Bürgerinnen angesehen werden. Dieser Vorstellung widerspricht jedoch die Grundannahme der Wissenskluft und die der digitalen Spaltung.

Darstellung der Annahmen

Die Diskussion geht auf die ursprüngliche Wissenskluft-Hypothese *(knowledge gap)* zurück, die Tichenor, Donohue und Olien 1970 formulierten: »Wenn die Verbreitung medialer Information in der Gesellschaft zunimmt, eignen sich Bevölkerungsgruppen mit höherem sozioökonomischen Status diese Information tendenziell rascher an als die statusniedrigeren Gruppen, so dass die Wissenskluft zwischen diesen Gruppen eher zu statt abnimmt« (Tichenor et al., 1970, S. 159–160, dt. nach Autorin). Mit steigender medialer Informationsmenge sind durchaus alle Bevölkerungsgruppen besser informiert. Nur ist der Wissenszuwachs unter statushöheren Bildungsgruppen, die bereits besser informiert waren, relativ höher als in statusniedrigeren, so dass sich die Wissenskluft über die Zeit vergrößert.

Nach der Wissenskluft-Hypothese beeinflussen demnach sozioökonomische Merkmale den Wissenserwerb. Personen mit höherem sozioökonomischen Status sind Tichenor et al. (1970) zufolge in mindestens fünf Faktoren statusniedrigeren Personen überlegen und profitieren dadurch stärker von der Informationsverbreitung durch Massenmedien. Beispielsweise verfügen Personen mit höherer formaler Bildung über bessere *kognitive und kommunikative Fähigkeiten*. Durch effektivere Lese- und Verständnisfertigkeiten behalten sie Medieninhalte tendenziell besser als bildungsferne Personen. Weitere Faktoren sind im Empirie-Teil dieses Kapitels aufgeführt.

Die Wissenskluft-Hypothese problematisierte die bis dahin übliche Funktionsvorstellung der Massenmedien. Ursprünglich dachte man, dass vor allem über das Fernsehen die weniger Gebildeten erreicht werden könnten und sich die Wissenskluft verringern würde.

An der Studie zur wachsenden Wissenskluft aus den 1970er Jahren schloss sich eine kontinuierliche Forschung und eine theoretische Weiterentwicklung an. Ettema und Kline (1977) kritisierten, dass nicht der sozioökonomische Status und dessen Korrelate Wissensklüfte entstehen lassen, sondern die individuelle Motivation zur inhaltlichen Aneignung von Medieninhalten. Der ursprünglichen Defizithypothese stand nun eine situationale Differenzhypothese gegenüber. In Situationen, in denen Personen mit niedrig sozioökonomischem Status Informationen als nützlich bewerten, sind sie motiviert zu lernen und erwerben schnell und umfangreich Wissen.

Die Defizit- und die Differenzhypothese wurden Ende der 1990er Jahre zu einem Kontingenzmodell zusammengeführt, in dem das Entstehen von Wissensklüften sowohl durch Bildung als auch durch Motivation erklärt wird (Kwak, 1999).

Etwa zeitgleich wurde der Begriff *»Digital Divide«* erstmals in der Forschungsliteratur genannt. Mit dem Begriff der digitalen Kluft ist ebenfalls eine kontroverse Debatte verbunden (Krings & Riehm, 2006; Van Dijk & Hacker,

2003), die im Zusammenhang mit der Annahme steht, dass persönlicher Erfolg in einer Informations- und Wissensgesellschaft maßgeblich vom Zugang zur Information und zum Wissen durch Medienkompetenz abhängt. Grob gesagt, geht es um die Befürchtung, dass durch ungleiche Zugangschancen trotz der Zunahme der Computer- und Internetnutzung weltweit eine soziale Benachteiligung für bestimmte Gruppen entsteht. Die digitale Spaltung weist deutliche Parallelen zur Wissenskluft-Hypothese auf (Bonfadelli, 2002). Wird die Wissenskluft auf das Internet übertragen, konnten Wei und Hindman (2011) zeigen, dass eine differenzierte Internetnutzung die Wissenskluft im größeren Maße beeinflusst als die Nutzung der Massenmedien. Sie nehmen an, dass die digitale Kluft, obwohl die Wissenskluft-Hypothese mit dem Aufkommen der neuen Kommunikations- und Informationstechnologien und den damit verbundenen Untersuchungen bezüglich gesellschaftlicher Ungleichheiten neue Aktualität erhalten hat, bedeutsamer als die Wissenskluft-Hypothese ist (Wei & Hindman, 2011).

Typische Methodik

Grundsätzlich wird davon ausgegangen, dass sich die Wissensklüfte über die Zeit vergrößern. Die wachsende Wissenskluft wird meistens mit Hilfe von Querschnitts- und Längsschnittuntersuchungen, vereinzelt auch mit Experimenten überprüft. Querschnittlich werden zur Untersuchung der Wissenskluft mindestens zwei unterschiedlich stark publizierte Themen an einem Messzeitpunkt gegenübergestellt. Für Themen mit hoher Medienpublizität wird ein höherer Zusammenhang zwischen Wissen und Bildung erwartet als für Themen mit niedriger Medienpublizität, weil bei starkem Informationsfluss die Wissensklüfte größer ausfallen als beim Informationsfluss auf niedrigem Niveau. Längsschnittlich werden für alle Messzeitpunkte Prozent- oder Mittelwertsdifferenzen zwischen dem gemessenen Wissen bzw. zwischen den Anteilen der Mediennutzenden verschiedener Bevölkerungsschichten gebildet. Diese Differenzen können auf ihre statistische Bedeutsamkeit hin überprüft werden.

Narrative Reviews und Meta-Analysen werden verwendet, um die zahlreichen einzelnen Untersuchungen im Bereich der Wissenskluftforschung zusammenzufassen und ggfs. Effektgrößen zu berechnen.

Im Bereich der Digital-Divide-Forschung existieren mittlerweile einige integrative Messindizes, die eine Anzahl von Technologie-Indikatoren in einem einzigen Index fasst. Beispielsweise beschreibt der aggregierte Digital Divide Index (DIDIX), inwieweit sich vier Risikogruppen (Geschlecht, Alter, Bildung, Einkommen) von der Gesamtpopulation hinsichtlich der Computer- und Internetnutzung sowie des häuslichen Medienzugangs unterscheiden (Hüsing & Selhofer, 2004).

Zentrale empirische Befunde

Empirie zur Wissenskluft-Hypothese

Verschiedene narrative Reviews zur Wissenskluftforschung bestätigen die Hypothese einer wachsenden Wissenskluft durch die Verbreitung medialer Information (Gaziano, 1983, 1997; Viswanath & Finnegan, 1996). Die einzige Meta-Analyse in diesem Bereich findet einen positiven Zusammenhang zwischen dem Bildungsgrad und dem Wissensstand (Hwang & Jeong, 2009). Aufgrund methodischer Mängel dieser Meta-Analyse bleiben weitere Ergebnisse diskussionswürdig (Gaziano, 2010).

Darüber hinaus identifizierte die Wissenkluftsforschung eine Reihe von intervenierenden Faktoren – einerseits soziologische und andererseits psychologische –, die die Wissensklüfte beeinflussen. Die psychologischen Faktoren lassen sich in (1) motivationale, (2) kognitive und (3) soziale Variablen gruppieren (Bonfadelli & Marr, 2008).

1. **Motivation** und deren Korrelate lassen Wissensklüfte verschwinden. Wenn ein Thema als interessant und nützlich angesehen wird, sind Personen mit niedrigem sozioökonomischen Status motivert, sich dieses Thema anzueignen (Donohue et al., 1975; Ettema & Kline, 1977). Das Interesse und der Bildungsgrad korreliert demnach mit dem Wissenserwerb, wobei das Interesse eine höhere Korrelation aufweist als der Bildungsgrad (Genova & Greenberg, 1979). Wissenklüfte bleiben in bestimmten Bereichen bestehen, da Menschen mit hohem Bildungsgrad meist ein höheres Interesse an gesellschaftlichen Themen aufweisen als Menschen mit niedrigem Bildungsgrad *(interest-based gap,* Viswanath & Finnegan, 1996).
2. Hinsichtlich **kognitiver** Faktoren verfügen gebildetere Menschen in der Regel über ein höheres themenrelevantes Vorwissen *(education-based gap)* und zeigen eine informationsorientiertere Mediennutzung im Gegensatz zur eher unterhaltungsorientierten Mediennutzung von Menschen mit niedrigem Bildungsgrad (Viswanath & Finnegan, 1996). Das Experiment zu Informationsverarbeitungskapazitäten von Grabe et al. (2009) erbrachte, dass Nachrichtensendungen von Personen mit geringerer Bildung besser verarbeitet und erinnert werden als Nachrichten aus der Zeitung oder aus dem Internet. Dagegen erinnerten Personen mit höherer Bildung sich besser an Nachrichten aus der Zeitung oder aus dem Internet im Vergleich zu Nachrichtensendungen. Diese Triple-Interaktion zwischen dem Medium (Fernsehen, Zeitung und Internet), dem Zeitfaktor und dem Bildungsgrad der Personen für drei Messungen der Informationsverarbeitung (Encodieren, Speichern, Abrufen) blieb auch dann robust, wenn das Themeninteresse, der Informationsgehalt und die Verständlichkeit kontrolliert wurden (Grabe et al., 2009).
3. Das Diskutieren über Themen in **sozialen** Beziehungen und in lokalen Gemeinden kann zu geringeren Wissensklüften führen. Gemeindemitglieder mit niedrigem sozioökonomischen Status verfügten über besseres Wissen hinsichtlich eines lokalen Krankenkassenprogramms für Kinder aus geringver-

dienenden Familien als Gemeindemitglieder mit höherem sozioökonomischen Status. Dabei wurde die persönliche Relevanz des Themas kontrolliert (Rucinski, 2004). Als weiterer sozialer Einflussfaktor auf wachsende Wissensklüfte sei der Erziehungsstil genannt. Gaziano (2012) weist auf den Zusammenhang zwischen sozioökonomischem Status, Erziehungsstil, Wissensstand und Kindesentwicklung hin. Familien mit autoritativem Erziehungsstil finden sich am häufigsten in den oberen Schichten, gefolgt von permissiven Familien. In den unteren Schichten sind autoritäre Familien und Familien, die durch einen ablehnend vernachlässigenden Erziehungsstil gekennzeichnet sind, vertreten. Mitglieder autoritativer Familien weisen den höchsten Wissensstand auf, gefolgt von permissiven, autoritären und ablehnend vernachlässigenden Familien. Gaziano plädiert für eine interdisziplinäre Forschung, denn »Kommunikationswissenschaftler[innen] denken im Kontext der Wissenskluft nicht an Kinder, aber sie könnten ihre Talente [wissenschaftliche Expertise] nutzen, um Unterschiede in den Erziehungsstilen zu reduzieren und die kognitive Entwicklung von Kinder zu fördern« (Gaziano, 2012, S. 24, dt. nach Autorin). Maßnahmen zur Förderung eines wertschätzenden Erziehungsstils sollten in der frühen Kindheit ansetzen, damit langfristig Wissensklüfte verringert werden.

Empirie zur digitalen Spaltung

Die Forschung zur digitalen Spaltung hat sich über die letzten 25 Jahre in drei verschiedene Forschungsrichtungen ausdifferenziert: (1) die Zugangs-, (2) die Nutzungs- und (3) die Wirkungsforschung (Marr & Zillien, 2010).

1. In Bezug auf die Zugangsmöglichkeiten kann man Unterschiede im formalen und im effektiven Zugang differenzieren (*first and second digital divide*, Hargittai, 2002). Die Kluft im formalen Zugang *(first digital divide)* umfasst sowohl Unterschiede im technischen Zugang *(material access)* als auch in den Nutzungsmöglichkeiten *(usage access)*. *Second digital divide* thematisiert dagegen Zugangsunterschiede durch verschiedene Kenntnisse und Fertigkeiten *(skills access)* sowie das Ausmaß, in dem eine Person der Computertechnologie gegenüber aufgeschlossen ist oder nicht (*mental access*, Van Dijk & Hacker, 2003). Der deutsche D21-Digital-Index misst seit 2013 die obengenannten vier Arten des Zugangs (technischer Zugang, Nutzungsvielfalt, Kompetenz, Offenheit; Initiative D21, 2015) und ist eine Weiterentwicklung des (N)Onliner-Atlas (2001 bis heute). Der (N)Onliner-Atlas zeigt, dass die Entwicklung der Internetnutzung in Deutschland seit 2011 auf mittelhohem Niveau stagniert. Gut 77 % der deutschen Bevölkerung besitzen einen Internetzugang und zählen somit zu den »Onlinern« (Initiative D21, 2015). Darüber hinaus belegt der (N)Onliner-Atlas bestehende Zugangsklüfte zwischen Frauen und Männern, alten und jungen Menschen, bildungsfernen und bildungsnahen Personen, besser und schlechter Verdienenden. Die digitale Kluft wird insbesondere von den Faktoren Bildung und Einkommen,

aber auch vom Geschlecht, Alter und von der ethnischen Herkunft beeinflusst (OECD, 2001). Die extremste digitale Kluft findet sich zwischen den niedrigsten und den höchsten Einkommensklassen (Riehm & Krings, 2006).

2. Die differenziertere Sicht der Nutzungsforschung versucht, die digitale Spaltung anhand der Nutzungsvielfalt des Internets hinsichtlich der Techniknutzung, der Nutzungskompetenzen und der genutzten Internetinhalte zu erklären (Zillien & Haufs-Brusberg, 2014). Beispielsweise wurden im Rahmen der digitalen Kluft intensiv Geschlechtsunterschiede in der Internet- und Computernutzung untersucht *(gender gap),* wohingegen kaum geschlechtsbezogene Wissenskluftstudien existieren. In Deutschland verringern sich die Geschlechtsdifferenzen in der Internetnutzung nur sehr langsam: Im Jahr 2001 lag die geschlechtsbezogene Differenz in der Internetnutzung bei 14 %-Punkten (Kompetenzzentrum Technik-Diversity-Chancengleichheit e. V., 2007), im Jahr 2015 bei 9 %-Punkten (Initiative D21, 2015). Männer nutzen das Internet häufiger als Frauen (Riehm & Krings, 2006). Im Verhalten am Computer zeigt sich, dass sie öfter einen Computer besitzen, diesen häufiger und vielfältiger nutzen (Berghaus, 1999) und ihre Computerkompetenz höher einschätzen als Frauen (Dickhäuser, 2001). Besonders Computerspiele werden von Jungen intensiver genutzt als von Mädchen (mpfs, 2014). Nach Coopers (2006) Überlegungen hängt der *gender gap* vor allem mit der sozialisationsbedingten Computerangst zusammen, die mit dem Stereotyp »Computer sind ein Spielzeug für Jungen« interagiert. Dass Frauen ängstlicher im Computerumgang sind als Männer (Chua, Chen & Wong, 1999) kann damit einhergehen, dass sie negativere Einstellungen gegenüber Computern (Whitley, 1997) und weniger Interesse am Medium zeigen (Colley & Comber, 2003). Abgesehen vom Einfluss des biologischen Geschlechts wird ebenso das psychologische Geschlecht als relevant erachtet (Todman & Day, 2006). Personen mit feminin geschlechtsbezogenem Selbst weisen eine negativere Einstellung zum Computer auf als Personen mit maskulin geschlechtsbezogenem Selbst (Mauch & Thußbas, 2000).
3. Einige Studien untersuchen die Auswirkungen unterschiedlicher Internetnutzung auf verschiedene Variablen wie z. B. auf gesundheitsbezogenes Wissen und Verhalten. Durch die Internetnutzung sind Patienten bezogen auf gesundheitliche Fragen besser informiert, stellen konkretere Fragen beim Arztbesuch und berichten über gesundheitsbedingte Verhaltensveränderungen (Iverson et al., 2008).

Kritik

Die unterschiedlichen Standpunkte in der Diskussion resultieren aus sowohl theoretischen als auch methodischen Schwierigkeiten. Für beide Konzepte und die jeweiligen Begriffskomponenten existieren keine einheitlichen Begriffsdefinitionen, so dass wissenschaftliche Erklärungen der Differenzen diffus bleiben. Beispielsweise ist mit dem Begriff »digital« eine Vielzahl an Technologien assoziierbar, z. B. Mobiltelefon oder mp3-Player, wobei jedoch hauptsächlich der

Computer und das Internet betrachtet werden. Auch die Definition des Begriffes »Wissen« bleibt vielfältig. Die Komplexität der digitalen Kluft verlangt nach interdisziplinärer Forschung, die unter anderem auf grundlagenwissenschaftlicher Basis der Frage nachgeht, welche Fähigkeiten zur kompetenten Mediennutzung notwendig sind. Methodisch wird diese Komplexität besser mit multivariaten Methoden erfasst als mit uni- oder bivariaten Analysen (Vehovar et al., 2006). Multivariate Analysen setzen verschiedene sozioökonomische und soziodemografische Indikatoren mit der Vielfalt der Internetnutzung und den dafür notwendigen Kompetenzen in Beziehung. Dagegen übersehen uni- und bivariate Analysen teilweise moderierende Faktoren und kommen somit zu einseitigen Aussagen. Durch die Fokussierung auf technische Zugangsmöglichkeiten bleibt das Wirkgefüge verschiedener Einflussfaktoren unklar. Vor allem fehlt die Berücksichtigung psychologischer Wirkmechanismen wie in den erwähnten Studien von Grabe et al. (2009) bzw. Cooper (2006).

Kontextuelle Variablen können in der Erhebungssituation eine entscheidende Rolle spielen, werden jedoch selten beachtet. Beispielsweise kann bei einer Untersuchung bereits eine anfängliche Nennung des Geschlechts (Cooper & Weaver, 2003) oder die Art der Gruppenzusammensetzung (Mauch, 2008) folgende Selbstauskünfte zur Computernutzung und das Verhalten am Computer stereotypisch beeinflussen. Ergebnisse solcher Untersuchungen lassen sich auf das implizit aktivierte stereotypische Wissen zurückführen, nicht aber auf Differenzen in der Nutzungskompetenz des Computers. Die meisten Studien basieren auf Selbstauskünften der Befragten. Es werden kaum reale Verhaltensdaten der Computer- und Internetperformanz erfasst.

Die Entwicklung von Klüften lässt sich am besten längsschnittlich überprüfen. Leider stellen Längsschnittstudien die Ausnahme dar. Hinzu kommt, dass in vielen Studien die Reliabilität der Daten auf Grund problematischer Stichprobenziehung oder auf Grund problematischer Operationalisierungen fraglich ist. Nur wenige Studien befassen sich mit der Entwicklung von Maßnahmen zur Reduzierung oder zur Überwindung von Wissensklüften oder digitalen Klüften.

Literatur

Berghaus, M. (1999). Student und interaktive Medien. Theoretische Überlegungen und empirische Befunde zur »AlphaBITisierung« der Hochschulen. *Zeitschrift für Medienpsychologie*, *11*(4), 260–276.

Bonfadelli, H. (2002). The internet and knowledge gaps: A theoretical and empirical investigation. *European Journal of Communication*, *17*(1), 65–84. Verfügbar unter http://rcirib.ir/articles/pdfs/cd1%5CIngenta_Sage_Articles_on_194_225_11_89/Ingenta807.pdf [24.05.2016].

Bonfadelli, H. & Marr, M. (2008). Kognitive Medienwirkungen. In B. Batinic & M. Appel (Hrsg.), *Medienpsychologie* (S. 127–147). Heidelberg: Springer.

Chua, S. L., Chen, D.-T. & Wong, A. F. L. (1999). Computer anxiety and its correlates: A meta-analysis. *Computers in Human Behavior, 15*(5), 609–623.

Colley, A. & Comber, C. (2003). Age and gender differences in computer use and attitudes among secondary school students: What has changed? *Educational Research, 45*, 155–165.

Cooper, J. (2006). The digital divide: The special case of gender. *Journal of Computer Assisted Learning, 22*(5), 320–334.

Cooper, J. & Weaver, K. D. (2003). *Gender and computers: Understanding the digital divide*. Mahwah, NJ: Lawrence Erlbaum.

Dickhäuser, O. (2001). *Computernutzung und Geschlecht: Ein Erwartungs-Wert-Modell*. Münster: Waxmann.

Donohue, G. A., Tichenor, P. J. & Olien, C. N. (1975). Mass media and the knowledge gap: A hypothesis reconsidered. *Communication Research, 2*, 3–23.

Ettema, J. S. & Kline, F. G. (1977). Deficits, difference, and ceilings: Contingent conditions for understanding knowledge gap. *Communication Research, 4*, 179–202.

Gaziano, C. (1983). The knowledge gap: An analytical review of media effects. *Communication Research, 10*(4), 447–486.

Gaziano, C. (1997). Forecast 2000: Widening knowledge gaps. *Journalism & Mass Communication Quarterly, 74*(2), 237–264.

Gaziano, C. (2010). Notes on »Revisiting the knowledge gap hypothesis: A meta-analysis of thirty-five years of research«. *Journalism & Mass Communication Quarterly, 87*, 615–632.

Gaziano, C. (2012). Antecedents of knowledge gaps: Parenting knowledge and early childhood cognitive development-review and call for research. *The Open Communication Journal, 6*, 17–28. Verfügbar unter http://benthamopen.com/contents/pdf/TOCOMMJ/TOCOMMJ-6-17.pdf [24.05.2016].

Genova, B. K. L. & Greenberg, B. S. (1979). Interests in news and the knowledge gap. *Public Opinion Quarterly, 43*, 79–91.

Grabe, M. E., Kamhawi, R. & Yegiyan, N. (2009). Informing citizens: How people with different levels of education process television, newspaper, and web news. *Journal of Broadcasting & Electronic Media, 53*(1), 90–111.

Hargittai, E. (2002). Second-level digital divide: Differences in people's online skills. *First Monday, 7*(4).

Hwang, Y. & Jeong, S. (2009). Revisiting the knowledge gap hypothesis: A meta-analysis of thirty-five years of research. *Journalism & Mass Communication Quarterly, 86* (3), 513–532.

Hüsing, T. & Selhofer, H. (2004). DIDIX: A digital divide index for measuring inequality in IT diffusion. *IT & Society, 1*(7), 21–38.

Initiative D21 e. V. (2015). D21-Digital-Index 2015. Die Gesellschaft in der digitalen Transformation. Verfügbar unter http://www.initiatived21.de/portfolio/d21-digital-index-2015/ [24.05.2016].

Iverson, S. A., Howard, K. B. & Penney, B. K. (2008). Impact of internet use on health-related behaviors and the patient-physician relationship: a survey-based study and review. *Journal of the American Osteopathic Association, 108*(12), 699–711.

Kompetenzzentrum Technik-Diversity-Chancengleichheit e. V. (2007). Internetnutzung von Frauen und Männern in Deutschland 2007. Sonderauswertung Gender & Diversity des (N)ONLINER Atlas 2007. Bielefeld. Verfügbar unter http://www.initiatived21.de/wp-content/uploads/alt/NOA_Umzug/Sonderauswertungen/H5_Nonliner_Sonderauswertung_2007.pdf [24.05.2016].

Krings, B.-J. & Riehm, U. (2006). Internet für alle? Die Diskussion des »digital divide« revisited. In K.-S. Rehberg (Hrsg.), *Soziale Ungleichheit, kulturelle Unterschiede: Verhandlungen des 32. Kongresses der Deutschen Gesellschaft für Soziologie in München*, (S. 3052–3061). Frankfurt am Main: Campus Verlag. Verfügbar unter http://www.ssoar.info/ssoar/handle/document/17377 [24.05.2016].

Kwak, N. (1999). Revisiting the knowledge gap hypothesis: Education, motivation and media use. *Communication Research, 26*, 385-413.

Marr, M. & Zillien, N. (2010). Digitale Spaltung. In W. Schweiger & K. Beck (Hrsg.), *Handbuch Online-Kommunikation* (S. 257–282). Wiesbaden: Verlag für Sozialwissenschaften.

Mauch, M. (2008). *Auf den Spuren des Digital Divide: Chancengleichheit durch Selbstkategorisierung*. Berlin: dissertation.de – Verlag im Internet.

Mauch, M. & Thußbas, C. (2000). Geschlechtsrollenschema und Computereinstellung: Ist das feminine Geschlechtsrollenschema Ursache der Computerdistanz von Frauen? *Zeitschrift für Frauenforschung & Geschlechterstudien, 18*(3), 122–137.
Medienpädagogischer Forschungsverbund Südwest, mpfs (2014). *JIM-Studie 2014: Jugend, Information, (Multi-) Media: Basisuntersuchung zum Medienumgang 12- bis 19-Jähriger*. Stuttgart: Medienpädagogischer Forschungsverbund Südwest.
OECD (2001). *Understanding the digital divide*. Paris: OECD.
Riehm, U. & Krings, B.-J. (2006). Abschied vom »Internet für alle«? Der »blinde Fleck« in der Diskussion zur digitalen Spaltung. *Medien & Kommunikationswissenschaft, 1*, 75–94.
Rucinski, D. (2004). Community boundedness, personal relevance, and the knowledge gap. *Communication Research, 31*(1), 472–495.
Tichenor, P. J., Donohue, G. A. & Olien, C. N. (1970). Mass media flow and the differential growth in knowledge. *Public Opinion Quarterly, 34*, 159–170.
Todman, J. & Day, K. (2006). Computer anxiety: The role of psychological gender. *Computers in Human Behavior, 22*, 856–869.
Van Dijk, J. & Hacker, K. L. (2003). The digital divide as a complex and dynamic phenomenon. *The Information Society, 19*(4), 315–326.
Vehovar, V., Sicherl, P., Hüsing, T. & Dolnicar, V. (2006). Methodological challenges of digital divide measurements. *The Information Society, 22*, 279–290.
Viswanath, K. & Finnegan, J. R. (1996). The knowledge gap hypothesis: Twenty-five years later. In B. R. Burleson (Ed.), *Communication yearbook* (Vol. 19, pp. 187–227). Thousand Oaks, CA: Sage.
Wei, L. & Hindman, D. B. (2011). Does the digital divide matter more? Comparing the effects of new media and old media use on the education-based knowledge gap. *Mass Communication & Society, 14*(2), 216–235.
Whitley, B. E. (1997). Gender differences in computer-related attitudes and behavior: A meta-analysis. *Computers in Human Behavior, 13*(1), 1–22.
Zillien, N. & Haufs-Brusberg, M. (2014). *Wissenskluft und Digital Divide*. Reihe: Konzepte. Ansätze der Medien- und Kommunikationswissenschaft (Bd. 12). Baden-Baden: Nomos-Verlag.

Agenda Setting

Dagmar Unz

Worum geht es?

Die Idee des Agenda Setting beschreibt eine vergleichsweise mächtige Medienwirkung, nämlich die Fähigkeit der Medien, dem Publikum zu vermitteln, welche Themen wichtig sind. Nach dem Agenda-Setting-Ansatz bewirken Medien nicht so sehr, wie oder was die Rezipienten denken, sondern worüber sie nachdenken. Die Wirkung der Medien beruht darauf, dass Medien Themen hervorheben, die dann vom Publikum als wichtig akzeptiert werden. Was in den Medien den größten Raum einnimmt, wird von den Bürgern als wichtig erlebt: Medienagenda generiert Publikumsagenda (z. B. McCombs & Reynolds, 2002).

Darstellung der Annahmen

Der Agenda-Setting-Ansatz ist keine neue Idee. Bereits 1922 befasste sich Walter Lippmann mit der Frage, wie Massenmedien unser Bild über die Welt – »the pictures in our heads« – formen. Die Grundlage des Agenda-Setting-Ansatzes bildet die These von Bernard C. Cohen (1963, S. 13), die Medien hätten zwar keinen großen Einfluss auf das, *was* das Publikum denkt, aber einen erheblichen Einfluss darauf, *worüber* es sich Gedanken macht: »The press ... may not be successful much of the time in telling people what to think, but it is stunningly successful in telling its readers what to think about.«

Maxwell McCombs und Donald L. Shaw haben diese These 1968 im US-amerikanischen Präsidentschaftswahlkampf zwischen Nixon und Humphrey empirisch geprüft. Sie stellten hundert Bürgern der amerikanischen Kleinstadt Chapel Hill, North Carolina, die sich noch nicht für einen der beiden Kandidaten entschieden hatten, telefonisch die Frage nach den wichtigsten Dingen, um die sich die Regierung kümmern sollte. Gleichzeitig erfassten sie mittels Inhaltsanalysen die Berichterstattung in den für die Bürger von Chapel Hill wichtigen regionalen und überregionalen Medien. Daraus erstellten sie eine Rangordnung der Themen, über die die Medien berichteten (Medienagenda) und eine Rangordnung der von den Bürgern genannten Themen (Publikumsagenda). Das Ergebnis: Die Rangordnungen waren fast identisch (die Rangkorrelation der aggregierten Werte lag bei .96). Daraus zogen McCombs und Shaw (1972, S. 177) die Schlussfolgerung: »While the mass media may have little influence on the direction or intensity of attitudes, it is hypothesized that the mass media set the agenda for each political campaign, influencing the salience of attitudes toward political issues.«

McCombs und Shaw hatten ihre Untersuchung allerdings als Querschnittstudie angelegt. Aus den Ergebnissen ist nicht erkennbar, ob die Medienagenda die Publikumsagenda beeinflusst oder ob umgekehrt die Medienagenda eine Reaktion auf die Themen ist, die die Zuschauer bewegen. Möglicherweise »wissen« Medienmacher, was das Publikum für wichtig hält, und berichten bevorzugt über solche Inhalte. Längsschnittstudien, bei denen Medien- und Publikumsagenda zu zwei Zeitpunkten erhoben wurden, sprechen jedoch für die ursprüngliche Annahme der Wirkungsrichtung von Medien- auf Publikumsagenda (z. B. Funkhouser, 1973). Auch in experimentellen Studien finden sich entsprechende Hinweise: Iyengar, Peters und Kinder (1982) zeigten verschiedenen Versuchspersonengruppen, deren persönliche Themenagenda zuvor erhoben wurde, unterschiedliche Nachrichtensendungen, die jeweils andere Themen in den Vordergrund stellten. Nachdem die Versuchspersonen mehrere Tage lang Nachrichten gesehen hatten, wurde nochmals ihre persönliche Themenagenda erhoben. Die Themen, die nun von den Versuchspersonen als wichtig eingeschätzt wurden, entsprachen den Themen, die diese in den Nachrichten gesehen hatten.

Drei Annahmen liegen einem Agenda-Setting-Effekt zugrunde (▶ Abb. 2.16): (1) Medien spiegeln die Realität nicht 1:1 wider. Sie filtern, gewichten und inszenieren: »Here may lie the most important effect of mass communication, its ability to mentally order and organize our world for us« (McCombs & Shaw, 1977, S. 5). Über eine Vielzahl von Hinweisreizen (z. B. durch Platzierung, Länge und Aufmachung eines Beitrages) signalisieren Medien die Wichtigkeit eines Themas. (2) Die Prozesse der Nachrichtenauswahl und -produktion bedingen eine Ähnlichkeit der Nachrichten über verschiedene Kanäle hinweg. (3) Die Konzentration auf wenige Themen führt dazu, dass das Publikum diese als wichtiger wahrnimmt als andere Themen.

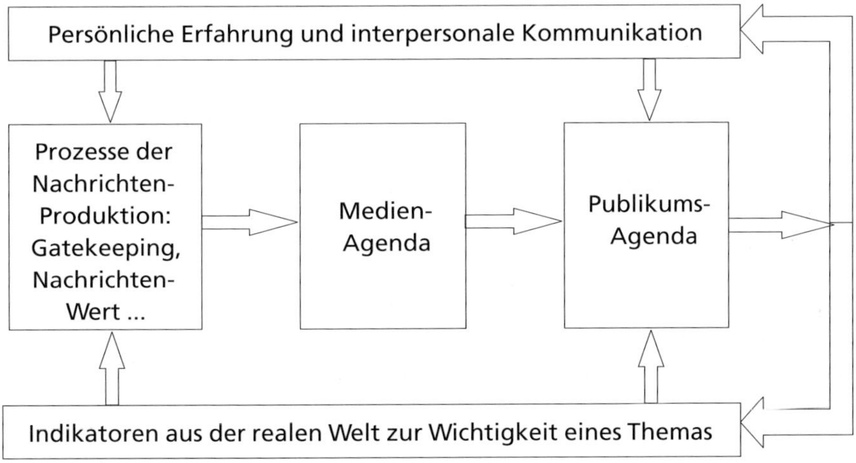

Abb. 2.16: Modell des Agenda Setting in Anlehnung an McQuail und Windahl (1993)

Eine Ausweitung dieser Annahmen geht davon aus, dass auf einer ersten Ebene die Salienz der Themen vermittelt wird, während auf einer zweiten Ebene Attribute zu den Themen assoziiert werden. D. h. für jedes Thema auf der Medienagenda existiert auch eine Menge von Attributen, die vom Publikum wahrgenommen und in die Publikumsagenda integriert werden können (z. B. Ghanem, 1997). Weiterführende Überlegungen sprechen vom Prozess des »Agenda-Melding«: »We mix agenda objects and attributes from a variety of media to construct a picture of the world, a process so integrative we use the term agenda melding. Agenda melding is the way we balance agendas of civic community and our valued reference communities with our own views and experiences to create a satisfying picture of the world« (Shaw & Weaver, 2014, S.145; zitiert nach McCombs & Stroud, 2014, S. 86).

Typische Methodik

Typischerweise umfassen Studien zum Agenda Setting drei Schritte:

1. Inhaltsanalyse zur Häufigkeit von Themen in der medialen Berichterstattung und Erstellung einer Rangordnung der Themen, über die die Medien berichten (Medienagenda),
2. Befragung des Publikums, welche Themen wichtig sind, und Erstellung einer Rangordnung der von den Rezipienten genannten Themen (Publikumsagenda),
3. Überprüfung der Übereinstimmung von Medien- und Publikumsagenda.

Zentrale empirische Befunde

Die Studie von McCombs und Shaw war wegweisend für mehr als 300 weitere Studien, die sich mit einer Vielzahl von nationalen und lokalen, meist politischen Themen in unterschiedlichen Ländern befassten (Carroll & McCombs, 2003). In einem Überblick über mehr als 100 Studien ziehen Dearing und Rogers (1996) die Bilanz, dass 60 % der Studien die Agenda-Setting-These stützen. Wanta und Ghanem (2007) finden in einer Meta-Analyse mit 90 Studien eine mittlere Korrelation von .53 zwischen Medien- und Publikumsagenda.

Die Fülle an Untersuchungen führte allerdings auch zu Modifikationen der ursprünglichen Idee. Der eher starken Wirkungsannahme, dass das Publikum die Themenrangordnung, so wie es sie in den Medien vorfindet, übernimmt (*Priority-Modell*), wurden andere Modelle mit Abstufungen im Wirkungsgrad gegenübergestellt. Nach dem *Salience-Modell* bewirkt die mediale Berichterstattung auf Publikumsseite nur eine Einordnung der Themen nach dem Kriterium »wichtig« oder »unwichtig«. Noch schwächer ist die Annahme im *Awareness-Modell*. Danach wird das Publikum über Medien auf Themen lediglich aufmerksam und sieht solche Themen als besonders diskussionswürdig an.

Wirkungsverläufe beschreiben Kepplinger, Gotto, Brosius und Haak (1989): Einem *Kumulationsmodell*, wonach die Intensivierung der Berichterstattung zu einer höheren Platzierung des Themas auf der Publikumsagenda führt, werden nichtlineare Modelle gegenübergestellt: Das »Schwellenmodell« nimmt an, dass erst ein Mindestmaß an Berichterstattung ein Thema auf die Publikumsagenda bringt bzw. dass sich bei einem Thema, das bereits länger auf der Agenda steht, die Berichterstattung deutlich ändern muss, ehe sich sein Rangplatz auf der Publikumsagenda ändert. Das *Beschleunigungsmodell* betrifft Themen, die dem Publikum zentral erscheinen. Ein solches Thema kann auf der Publikumsagenda bei medialer Berichterstattung überproportional stark steigen. Demgegenüber bezieht sich das *Trägheitsmodell* auf Randthemen, die für das Publikum wenig relevant sind. Bei solchen Themen reagiert das Publikum nur sehr träge auf die mediale Berichterstattung. Zudem können Decken- und Bodeneffekte auftreten: Themen können als so wichtig oder auch als so unwichtig angesehen werden, dass die mediale Berichterstattung nichts verändern kann.

Da Agenda-Setting-Effekte nicht bei allen Rezipienten, allen Themen oder allen Medien in gleicher Weise auftreten, berücksichtigen die Modelle auch verschiedene intervenierende Variablen (vgl. Rogers & Dearing, 1988). So beeinflussen die persönlichen Erfahrungen zu einem Thema die Publikumsagenda: Je entfernter ein Thema von den eigenen Erfahrungen ist, umso eher machen sich die Agenda-Setting-Effekte bemerkbar. Bei Rezipienten mit einem Bedürfnis nach Orientierung in der Welt (need for orientation) zeigen sich stärkere Agenda-Setting-Effekte. Weitere Einflussvariabeln sind die Intensität der Mediennutzung, die den Medien zugeschriebene Glaubwürdigkeit, die Diskussionsbereitschaft und das Themeninteresse. Im Vergleich zwischen Zeitungen und Fernsehen zeigen sich im Allgemeinen höhere Effekte bei Zeitungen. Fernsehen hat jedoch bei nationalen und internationalen Themen, vor allem, wenn es sich um kurzzeitige und optisch gut präsentierbare Ereignisse handelt, ebenfalls Agenda-Setting-Effekte (Spotlight-Effekt).

Während die ersten Agenda-Setting-Studien vor allem im Kontext politischer Kommunikation angesiedelt waren, übertragen aktuellere Studien den Ansatz auch auf andere Bereiche, so zum Beispiel Carroll und McCombs (2003) auf das Gebiet der »Business Communication«. Mit der steigenden Popularität des Web 2.0 werden auch Agenda-Setting-Effekte auf Plattformen wie Twitter untersucht. So nutzen beispielweise Neuman et al. (2014) »big data«, um Agenda-Setting-Effekte in traditionellen Medien und in Social Media bei 29 politischen Themen während des US-Präsidentschaftswahlkampfs im Jahr 2012 zu untersuchen. Agenda Setting ist dabei kein Einbahnstraße von den traditionellen Medien zum Publikum, sondern eine komplexe und dynamische Interaktion. Auch die Ergebnisse einer Studie von Vargo et al. (2014) – ebenfalls zum Präsidentschaftswahlkampf 2012 – sprechen für einen Agenda-Melding-Prozess. Dabei mischen unterschiedliche Publikumsgruppen (z. B. Anhänger von Obama oder von Romney) Agenden unterschiedlicher Medien auf unterschiedliche Weise.

Kritik

Da Agenda Setting ein dynamischer Prozess ist, müssen sich Studien besonderen methodischen Herausforderungen stellen (Behr & Iyengar, 2001). Querschnittsuntersuchungen eignen sich nicht zur Aufklärung der Ursache-Wirkungs-Richtung. Bei Längsschnittstudien und auch bei experimentellen Laborstudien ist die Wahl der Erhebungszeitpunkte eine kritische Frage. Schließlich sollten Studien auch alternative Erklärungsmöglichkeiten berücksichtigen, wie zum Beispiel die, dass die Realität beide Agenden unabhängig voneinander beeinflusst. Wenn beispielsweise die Arbeitslosigkeit steigt, werden die Medien diesem Thema mehr Platz einräumen, gleichzeitig wird aber auch die persönliche Betroffenheit der Rezipienten zu diesem Thema steigen. Tatsächlich vernachlässigen Studien oft Entwicklungen in der Umwelt und/oder mögliche Feedback-Prozesse im komplexen Gefüge zwischen Medien und Publikum. Daher werden in der Literatur vermehrt psychologische Wirkungsmechanismen diskutiert (z. B.

McCombs, 2005). So stellt sich die Frage, zu welchem Grad Agenda Setting ein automatischer und unbewusster Prozess ist (Takeshita, 2006, S. 279): »there might be two types of agenda setting: a deliberate ›genuine‹ agenda setting involving active inference and an automatic ›pseudo‹ agenda setting explained by the accessibility bias.« McCombs und Stroud (2014) integrieren in eine theoretische Perspektive zur Erklärung von Agenda-Setting-Effekten Überlegungen zu Dual-Process-Modellen, Need for Orientation, Selective Exposure und Motivated Reasoning.

Literatur

Behr, R. L. & Iyengar, S. (2001). Television News, Real-World Cues, and Changes in the Public Agenda. *Public Opinion Quarterly 49*, 48–57.

Carroll, C. E. & McCombs, M. (2003). Agenda-setting Effects of Business News on the Public's Images and Opinions about Major Corporations. *Corporate Reputation Review, 6(1)*, 36–46.

Cohen, B. C. (1963). *The press and foreign policy*. Princeton, NJ: Princeton.

Dearing, J. W. & Rogers, E. M. (1996). *Agenda Setting*. Mahwah, NJ: Lawrence Erlbaum.

Funkhouser, G. R. (1973). The issues of the sixties: An exploratory study in the dynamics of public opinion. *Public Opinion Quarterly, 37*, 62–75.

Ghanem, S. (1997). Filling in the Tapestry: The Second Level of Agenda-Setting. In M. E. McCombs, D. L. Shaw & D. Weaver (Eds.), *Communication and Democracy: Exploring the Intellectual Frontiers in Agenda-Setting Theory* (pp. 3–14). Mahwah, NJ: Lawrence Erlbaum.

Guo, L. (2012). The application of social network analysis in agenda setting research: A methodological exploration. *Journal of Broadcasting & Electronic Media, 56*, 616–631.

Iyengar, S., Peters, M. D. & Kinder, D. R. (1982). Experimental demonstrations of the »not-so-minimal« consequences of television news. *American Political Science Review, 76*, 848–858.

Kepplinger, H. M., Gotto, K., Brosius, H. B. & Haak, D. (1989). *Der Einfluß der Fernsehnachrichten auf die politische Meinungsbildung*. Freiburg: Alber.

Lippmann, W. (1922). *Public Opinion*. New York: Macmillian Publishing.

McCombs, M. (2005). A look at Agenda-Setting: past, present and future. *Journalism Studies*, 6(4), 543–557.

McCombs, M. & Ghanem, S. I. (2001). The convergence of agenda setting and framing. In S. D. Reese, O. H. Gandy, Jr. & A. E. Grant (Eds.), *Framing public life: Perspectives on media and our understanding of the social world* (pp. 67–81). Mahwah, NJ: Lawrence Erlbaum.

McCombs, M. E. & Reynolds, A. (2002). News influence on our pictures of the world. In J. Bryant & D. Zillmann (Eds.), *Media effects: Advances in theory and research* (2nd ed.) (pp. 1–18). Mahwah, NJ: Lawrence Erlbaum.

McCombs, M. E. & Shaw, D. (1972). The Agenda-Setting Function of Mass Media. *Public Opinion Quarterly, 36*, 176–187.

McCombs, M. E. & Shaw, D. (1977). The Agenda-Setting Function of the Press. In D. L. Shaw & M. E. McCombs (Eds.), *The Emergence of American Political Issues* (pp. 1–18). St. Paul: West Publishing Company.

McCombs, M. & Stroud, N. J. (2014). Psychology of Agenda-Setting Effects. Mapping the Paths of Information Processing. *Review of Communication Research*, 2(1), 68–93.

McQuail, D. & Windahl, S. (1993). *Communication Models for the Study of Mass Communications*. London: Longman.

Neuman, W. R., Guggenheim, L. Jang, S. M. & Bae, S. Y. (2014). The dynamics of public attention: Agenda-Setting theory meets Big Data. Journal of Communication, 64, 193–214.

Rogers, E. M. & Dearing, J. W. (1988). Agenda-setting research: Where has it been? Where is it going? In J. A. Anderson (Ed.), *Communication yearbook 11* (pp. 555–594). Newbury Park, CA: Sage.

Shaw, D. L. & Weaver, D. H. (2014). Media agenda setting and audience agendamelding. In M. E. McCombs, *Setting the agenda: the mass media and public opinion*. Cambridge, England: Polity.

Toshio T. (2006). Current Critical Problems in Agenda-Setting Research. *International Journal of Public Opinion Research, 18(3)*, 275–296.

Vargo, C. J., Guo, L., McCombs, M. & Shaw, D. L. (2014). Network issue agendas on Twitter during the 2012 U.S. Presidential Election. *Journal of Communication, 64*, 296–316.

Wang, T. L. (2000). Agenda-Setting Online: An experiment testing the effects of hyperlinks in online newspapers. *Southwestern Mass Communication Journal, 15(2)*, 59–70.

Wanta, W. & Ghanem, S. I. (2007). Effects of agenda setting. In R. Preiss, B. M. Gayle, N. Burrell, M. Allen & J. Bryant (Eds.), *Mass media theories and processes: Advances through meta-analysis* (pp. 37–52). Mahwah, NJ: Lawrence Erlbaum.

Kultivierung (Cultivation of beliefs)

Dagmar Unz

Worum geht es?

Inhaltsanalysen zeigen im Allgemeinen einen hohen Gewaltanteil im Fernsehprogramm. Fragt man Personen danach, wie hoch der Anteil von Kriminellen oder von Polizisten in der Bevölkerung ist, dann überschätzen Personen, die viel fernsehen, diesen Anteil systematisch, während Personen, die wenig fernsehen, mit ihren Schätzungen näher am tatsächlichen Anteil liegen. Es scheint, als ob Zuschauer auf Grundlage der im Fernsehen dargestellten Welt Annahmen über die reale Welt entwickeln. Fernsehen formt oder kultiviert Vorstellungen, die Menschen über die soziale Realität haben – dieser Gedanke ist die Basis des Kultivierungsansatzes (auch Cultivation-of-beliefs-Ansatz; z. B. Gerbner, Gross, Morgan & Signorielli, 1994). Durch den wiederholten Konsum ganz ähnlicher Inhalte über viele Programme und Sender hinweg übernehmen starke Fernsehnutzer die Fernsehwelt als Sichtweise über ihre Realität. Medien, vor allem das Fernsehen, sind somit Sozialisationsinstanzen, die grundlegende Einstellungen der Rezipienten über die sie umgebende (und nicht immer unmittelbar erfahrbare) soziale Welt beeinflussen.

Darstellung der Annahmen

George Gerbner und seine Kollegen begannen Mitte der 1960er Jahre mit dem »Cultural-Indicators«-Forschungsprojekt sogenannte »violence profiles« der Prime-time-Sendungen des amerikanischen Fernsehens zu erstellen. Inhaltsanalysen zeigten einen relativ hohen Anteil von Gewalt im Fernsehprogramm. Für Gerbner und seine Kollegen stellte sich daraufhin die Frage, ob und wie Fernsehen die Vorstellungen der Zuschauer darüber, wie die alltägliche Welt aussieht, beeinflusst. Sie vermuteten, dass ein starker Fernsehkonsum über längere Zeit hinweg die Vorstellungen von Individuen über die soziale Realität und auch über unsere Kultur als Ganzes formt.

Diese Vermutung gründet auf der Rolle, die dem Fernsehen in der US-amerikanischen Gesellschaft zugeschrieben wird. Gerbner et al. (1994, S. 17) sehen das Fernsehen als die Hauptsozialisationsinstanz: »Television is the source of the most broadly shared images and messages in history. It is the mainstream of the common symbolic environment into which our children are born and in which we all live our lives«. Diese gewichtige Stellung nimmt das Fernsehen auf Grund einiger spezieller Eigenschaften ein: Es »durchdringt« nahezu alle gesellschaftlichen Schichten und Altersgruppen, ist fast uneingeschränkt verfügbar, stellt fast keine Voraussetzungen an die Nutzung (man muss nicht lesen können, es kostet fast nichts, man muss nicht mobil sein) und wird meist unselektiv genutzt. Zudem sind einzelne Sendungen in ihren Grundzügen sehr ähnlich, da sie ein möglichst großes Publikum ansprechen sollen. Die Sendungen zeigen eine »general adherence to common notions of justice and fair play, clear-cut characterizations, tested plot lines, and proven formulas for resolving all issues« (Gerbner & Gross, 1976a, S. 182) und vermitteln gleichzeitig eine gewisse Realitätsnähe der Inhalte. Dies bedeutet, dass ein großes und heterogenes Publikum über lange Zeit, viele Programme und Sender hinweg immer wieder sehr ähnliche Geschichten und Inhalte konsumiert (Gerbner et al., 1994).

Folglich sollten Personen, die viel fernsehen (sogenannte »heavy viewers«), wahrscheinlich stärker davon beeinflusst werden, wie die Welt im Fernsehen dargestellt wird, als Personen, die wenig sehen (»light viewers«) – besonders dann, wenn es um Themen geht, zu denen keine oder nur wenig eigene Erfahrung vorliegt. Dabei wird unterschieden zwischen »first-order-beliefs« und »second-order-beliefs«. »First-order-beliefs« sind Häufigkeitsschätzungen zu bestimmten Ereignissen und Personengruppen, für die man Häufigkeiten in der Fernsehwelt und der realen Welt bestimmten kann (etwa der Prozentsatz von Gewaltverbrechen in einer Gesellschaft oder die Häufigkeit von Ärzten in der Bevölkerung). »Second-order-beliefs« sind generalisierte, allgemeine Einstellungen (z. B. gegenüber Recht und Ordnung oder der persönlichen Sicherheit) oder Meinungen über Personengruppen (z. B., dass Politiker nicht an den Problemen des Durchschnittsbürgers interessiert seien).

In späteren Fassungen des Kultivierungsansatzes präzisieren Gerbner und seine Kollegen (Gerbner, Gross, Signorielli & Morgan, 1980) ihre Annahmen und führen die Konzepte »Mainstreaming« und »Resonance« ein:

- »Mainstreaming« beschreibt den Effekt einer Vereinheitlichung von Meinungen. Eine starke Fernsehnutzung führt bei unterschiedlichen Zuschauergruppen zur Bildung von ähnlichen Ansichten. Vielseher aus unterschiedlichen sozialen Gruppen, die sich eigentlich in ihren Einstellungen zu bestimmten Problemen unterscheiden, haben durch den Einfluss des TV ähnlichere Meinungen als Wenigseher dieser Gruppen.
- »Resonance« beschreibt einen Effekt, der auftritt, wenn Fernsehinhalte mit den persönlichen Erfahrungen der Rezipienten übereinstimmen und deshalb zu einer Intensivierung des Kultivierungseffektes beitragen. Entsprechen sich persönlich erlebte Realität und Fernsehwelt, so verstärkt diese »Doppeldosis« den Kultivierungseffekt. Spezifische soziale Gruppen erleben unter Umständen also besonders intensive Kultivierungseffekte (z. B. Angehörige von Gruppen, die sowohl in der Realität als auch in TV-Sendungen besonders häufig in der Opferrolle sind). »Cultivation is not a unidirectional flow of influence from television to audience, but part of a continual, dynamic, ongoing process of interaction among messages and contexts« (Morgan & Signorielli 1990, S. 19).

Weiterführende Überlegungen setzen an psychologischen Erklärungen für die postulierten und empirisch gefundenen Zusammenhänge an. Beispielsweise unterstellen Hawkins und Pingree (z. B. 1990) eher aktive Lernprozesse, während das »heuristic processing model of cultivation effects« von Shrum (2001; Shrum, Burroughs & Rindfleisch, 2004) davon ausgeht, dass Kultivierungseffekte die Folge heuristischer, also nicht systematischer kognitiver Verarbeitungsstrategien sind (vgl. Beitrag zu Involvement in diesem Band).

Typische Methodik

Untersuchungen zum Kultivierungsansatz folgen typischerweise drei Schritten:

1. In einer Inhaltsanalyse von TV-Sendungen wird die Häufigkeit, mit der bestimmte Personengruppen, Ereignisse oder Verhaltensweisen im Fernsehen vorkommen, festgestellt.
2. Für diese Personengruppen, Ereignisse oder Verhaltensweisen werden die Häufigkeiten in der realen Welt ermittelt. So wird ein Vergleich von Merkmalen der TV-Welt mit denen der realen Welt möglich.
3. Schließlich werden Personen, meist in repräsentativen Panelbefragungen, um Angaben zu ihrem Fernsehkonsum und um Beurteilungen der realen Welt gebeten. Die Personen werden je nach Fernsehkonsum entweder als Viel- oder als Wenigseher klassifiziert. Folgt man den Grundannahmen, dann dürften Vielseher im Vergleich zu Wenigsehern hier eher Antworten geben, die der TV-Welt entsprechen.

Zentrale empirische Befunde

Der Kultivierungsansatz gehört nach Bryant und Miron (2004) zu den drei meist zitierten Theorien der Massenkommunikationsforschung. Der wohl prominenteste Kultivierungseffekt ist das sogenannte »mean world syndrome«. Mit Hilfe von Inhaltsanalysen wurden zunächst »violence profiles« der Primetime-Sendungen des amerikanischen Fernsehens erstellt. Danach enthalten rund 70 % aller Programme Gewaltdarstellungen, durchschnittlich werden 5,7 gewalthaltige Handlungen pro Stunde gezeigt (vgl. Signorielli, 1990). In sich anschließenden Befragungen finden sich bei den Vielsehern eher Fernsehantworten: Sie denken, dass es mehr Gewalttätigkeiten gibt und dass sie viel wahrscheinlicher Opfer einer Gewalttat werden können, als dies auf Grund von statistischen Daten in der realen Welt der Fall ist. Vielseher haben eher Angst, bei Nacht allein durch die Stadt zu gehen, versuchen sich vor Verbrechen zu schützen, glauben, dass die allgemeine Lage schlecht sei, und haben kein Vertrauen zu Politikern. Für Vielseher ist die Welt, in der sie leben, also gefährlicher und furchterregender als für Wenigseher – »the scary world of heavy viewers« (Gerbner & Gross, 1976b; Gerbner et al., 1980; oder z. B. in neueren Studien Diefenbach & West, 2001; Nabi & Sullivan, 2001; Romer, Jamieson & Aday, 2003; van den Bulck, 2004).

Seit den ersten Arbeiten der Arbeitsgruppe um Gerbner sind über 500 Studien, die sich direkt auf den Kultivierungsansatz beziehen, veröffentlicht worden (Shanahan & Morgan, 2010). Nach Rossmann (2013) bilden Studien zu Gewalt über die gesamte Zeitspanne hinweg den zentralen Forschungsschwerpunkt, weitere Schwerpunkte bilden Studien zu politischen Einstellungen und zu allgemeinen Wertvorstellungen. Neuere Forschung befasst sich mit Kultivierungseffekten im Gesundheitskontext oder auch mit Umweltthemen. Eine Meta-Analyse von Shanahan und Morgan (1999) mit Studien aus über zwei Jahrzehnten der Kultivierungsforschung, 97 Stichproben und 5 799 Einzelergebnissen findet einen zwar kleinen, aber konsistenten positiven Zusammenhang zwischen Fernsehkonsum und Einstellungen gegenüber der realen Welt mit einer Effektgröße von .10. Der Effekt wird nicht moderiert von der Art der abhängigen Variablen, d. h., es spielt keine Rolle, ob es um Gewalt, Geschlechtsrollen, Politik oder andere Themen geht. Auch demografische Variablen haben insgesamt gesehen keinen bedeutsamen Einfluss. Allerdings finden sich bei einer Betrachtung ganz spezieller Personengruppen Ausnahmen dieses allgemeinen Befundes: Bei älteren Personen, die nicht mit dem Fernsehen aufgewachsen sind, sind etwas niedrigere Kultivierungseffekte zu beobachten. Und – überraschenderweise – sind Personen mit einem College-Abschluss und höherem Einkommen »anfälliger« für Kultivierungseffekte.

Ungefähr zehn Jahre nach dieser Meta-Analyse fassen Shanahan und Morgan (2010) eine weitere Dekade der Kultivierungsforschung zusammen. Sie führen Studien auf, die zum einen den Kultivierungsansatz auf neue Themengebiete ausdehnen, zum anderen auf der Basis früherer Arbeiten nach Veränderungen der Medienbotschaften fragen: Nach einer belgischen Studie (Minnebo & Eggermont, 2007) nehmen Vielseher beispielsweise eher an, dass die meisten jüngeren Personen Drogen konsumieren. Dabei sind Bildungseffekte bei Vielsehern geringer – was für ein Mainstreaming spricht. Auch finden sich höhere Stigmatisierungseffekte gegenüber psychisch kranken Personen unter Vielsehern, beispielsweise die Annahme, dass psychisch erkrankte Personen gefährlich seien (Diefenbach & West, 2007; Granello & Pauley, 2000). Während psychische Erkrankungen über lange Jahre unverändert dargestellt wurden, hat sich die Darstellung von Homosexualität seit den 1980er Jahre stark geändert. Jüngere Studien zeigen, dass Vielseher zwar den Anteil homosexueller und transsexueller Personen in der Bevölkerung überschätzen (Rössler & Brosius, 2001), aber einhergehend mit einer positiveren Darstellung ändern sich auch die Einstellungen von Vielsehern von der Ansicht, dass Homosexualität »falsch« sei, hin zu einer größeren Akzeptanz (Calzo & Ward, 2009). Ein umgekehrter Effekt zeigt sich für die Darstellung von Ärzten, die in früheren Jahren sehr positiv, in neueren TV-Serien aber eher ambivalent dargestellt werden. Übereinstimmend damit beurteilen Vielseher Ärzte nun eher negativ im Hinblick auf ethisches Handeln, Kompetenz, Attraktivität u. Ä. (Chory-Assad & Tamborini, 2003). Allerdings vertrauen Vielseher dennoch der medizinischen Kunst (van den Bulck, 2002).

In verschiedenen Studien ergeben sich darüber hinaus deutlichere oder auch unterschiedliche Kultivierungseffekte, wenn sich die Analyse nicht auf den allgemeinen Fernsehkonsum, sondern auf spezifische TV-Genres bezieht, wie z. B. Reality TV, Sitcoms, Soap-Operas (Lippmann, Ward & Seabrook, 2014; Segrin & Nabi, 2002). So ist bei Jugendlichen der Konsum von Nachrichten ein negativer Prädiktor für riskantes Fahrverhalten, der Konsum von Action-Programmen hängt dagegen positiv mit riskantem Fahrverhalten zusammen (Beullens, Roe & Van den Bulck, 2011).

Für die Annahmen des Kultivierungsansatzes spielt die zentrale Bedeutung des Fernsehens in der US-amerikanischen Gesellschaft eine entscheidende Rolle. Es finden sich aber auch in anderen Ländern Belege für die Kultivierungsannahmen (z. B. Israel: Cohen & Weimann, 2000, Hetsroni & Tukachinsky, 2006; Südkorea: Kwak, Zinkhan & Dominick, 2002 oder Belgien: Van Mierlo & Van den Bulck, 2004).

Mit der immer stärkeren Nutzung des Internets und der Fragmentierung des Medienmarktes, die sich in den letzten Jahren vollzogen hat, stellt sich darüber hinaus die Frage, ob dem Fernsehen auch heute noch der zentrale Einfluss, den Gerbner einst angenommen hat, zugeschrieben werden kann. Neuere Studien (wie z. B. Dudo et al., 2011, die explizit diese Frage aufgreifen) weisen jedoch darauf hin, dass (immer noch) ein bedeutsamer Zusammenhang zwischen Fernsehkonsum und Einstellungen – konsistent mit den Annahmen des Kultivierungsansatzes – existiert. Shanahan und Morgan (2010, S. 350) schlussfolgern: »As long as there are popular storytelling systems and purveyors of widely shared messages, Gerbner's main ideas are likely to persist.

Kritik

Die Annahmen und Befunde von Gerbner und seinen Kollegen regten nicht nur eine starke Forschungstätigkeit, sondern auch eine entsprechende wissenschaftliche Diskussion an. Besonders die frühen Konzeptionen und Studien führten zu Kritik (z. B. Hirsch, 1980, 1981; Potter, 1993, 1994; Tapper, 1995). Hirsch (1980, 1981) kritisiert beispielsweise methodologische Aspekte, die jedoch von Gerbner, Gross, Morgan und Signorielli (1981a, b) sowie von Van den Bulck (2003) entkräftet werden. Außerdem kritisiert Hirsch (1980) widersprüchliche Befunde bei Nichtsehern und Extremsehern: Nichtseher geben eher »Fernsehantworten« als die Wenigseher, Extremseher (TV-Konsum von mehr als acht Stunden täglich) weniger als die Vielseher. Gerbner et al. (1981a) merken dazu an, es handele sich bei diesen Extremgruppen um weniger als 10 % der Gesamtstichprobe, für 90 % könne eine lineare Beziehung zwischen Fernsehkonsum und Einstellungen festgestellt werden. In jüngeren Arbeiten werden weitere methodologische Aspekte diskutiert, z. B. Frageformat (Hetsroni, 2007), Art der abhängigen Variablen (Hetsroni, 2008) oder auch das Auftreten von Deckeneffekten (Hetsroni, 2014).

Ein weiterer wichtiger Punkt, der heftig diskutiert wird, ist die Frage, welche Wirkungsmechanismen hinter Kultivierungseffekten stehen (vgl. dazu auch Shanahan & Morgan, 2010). So konnte die Annahme von Hawkins, Pingree und Adler (1987), dass die Zuschauer das falsche Faktenwissen aus der Fernsehwelt lernen und auf dieser Basis dann Einstellungen konstruieren, empirisch nicht belegt werden. Neuere Studien weisen auf eine heuristische Verarbeitung von Medieninhalten hin (z. B. Bradley, 2007; Busselle, 2001; Shrum, 2007). Andere Modelle beziehen sich auf die Verarbeitung von Narrativen. Danach ist es für das Auftreten von Kultivierungseffekten bedeutsam, ob ein Narrativ als realistisch akzeptiert wird (Busselle, Ryabalova & Wilson, 2004) (vgl. Beitrag zu Perceived Reality in diesem Band). Bilandzic und Busselle (2008) nehmen beispielsweise Transportation (vgl. Beitrag zu Transportation in diesem Band) als eine zentrale Wirkungsvariable an.

In einer Auseinandersetzung mit Publikationen, die in den letzten vier Jahrzehnten unter dem Label der Kultivierung erschienen, kritisiert Potter (2014), dass viele der Studien, die angeben, Annahmen des Kultivierungsansatzes zu prüfen, sich nicht mit den ursprünglichen Konzeptionen von Gerbner »focusing on macrolevel phenomena of media influence on large aggregates over time« (Potter, 2014, S. 1032) beschäftigen. Vielmehr betrachten diese Studien eher exploratorisch irgendwelche (oft kurzfristigen) Zusammenhänge zwischen irgendeiner Art von Medienkonsum und irgendwelchen Effekten.

Literatur

Beullens, K., Roe, K. & Van den Bulck, J. (2011). The impact of adolescents‹ news and action movie viewing on risky driving behavior: A longitudinal study. *Human Communication Research, 37*, 488–508.

Bilandzic, H. & Busselle, R. (2008). Transportation and transportability in the cultivation of genre-consistent attitudes and estimates. *Journal of Communication, 58*(3), 508–529.

Bradley, S. D. (2007). Neural network simulations support heuristic processing model of cultivation effects. *Media Psychology, 10*(3), 449–469.

Bryant, J. & Miron, D. (2004). Theory and research in mass communication. *Journal of Communication, 54*(4), 662–704.

Busselle, R. W. (2001). Television exposure, perceived realism, and exemplar accessibility in the social judgment process. *Media Psychology, 3*(1), 43–67.

Busselle, R. W., Ryabovolova, A. & Wilson, B. (2004). Ruining a good story: Cultivation, perceived realism and narrative. *Communications: The European Journal of Communication Research, 29*(3), 365–378.

Calzo, J. & Ward, L. (2009). Media exposure and viewers' attitudes toward homosexuality: Evidence for mainstreaming or resonance? *Journal of Broadcasting & Electronic Media, 53*(2), 280–299.

Chory-Assad, R. M. & Tamborini, R. (2003). Television exposure and the public's perceptions of physicians. *Journal of Broadcasting & Electronic Media, 47*(2), 197–215.

Cohen, J. & Weimann, G. (2000). Cultivation revisited: Some genres have some effects on some viewers. *Communication Reports, 13*(2), 99–114.

Diefenbach, D. L. & West, M. D. (2001). Violent crime and poisson regression: A measure and a method for cultivation analysis. *Journal of Broadcasting & Electronic Media, 45*(3), 432–445.

Diefenbach, D. L. &West, M. D. (2007). Television and attitudes toward mental health issues: Cultivation analysis and the third-person effect. *Journal of Community Psychology, 35*(2), 181–195.

Dudo, A., Brossard, D., Shanahan, J., Scheufele, D. A., Morgan, M. & Signorielli, N. (2011). Science on television in the 21st century: Recent trends in portrayals and their contributions to public attitudes towards science. *Communication Research, 38*(6), 754–777.

Gerbner, G. & Gross, L. (1976a). Living with television: The violence profile. *Journal of Communication, 26*, 172–199.

Gerbner, G. & Gross, L. (1976b). The scary world of TV's heavy viewer. *Psychology Today, 10*(4), 41–89.

Gerbner, G., Gross, L., Morgan, M. & Signorielli, N. (1981a). A curious journey into the scary world of Paul Hirsch. *Communication Research, 8*(1), 39–72.

Gerbner, G., Gross, L., Morgan, M. & Signorielli, N. (1981b). Final reply to Hirsch. *Communication Research, 8*, 259–280.

Gerbner, G., Gross, L., Morgan, M. & Signorielli, N. (1994). Growing up with television. The cultivation perspective. In J. Bryant & D. Zillmann (Eds.), *Media effects. Advances in theory and research* (pp. 17–41). Hillsdale, NJ: Lawrence Erlbaum.

Gerbner, G., Gross, L., Signorielli, N. & Morgan, M. (1980). The »mainstreaming« of America: Violence profile No. 11. *Journal of Communication, 30*(3), 10–29.

Granello, D. H. & Pauley, P. S. (2000). Television viewing habits and their relationship to tolerance toward people with mental illness. *Journal of Mental Health Counseling, 22*(2), 162–175.

Hawkins, R. P. & Pingree, S. (1990). Divergent psychological processes in constructing social reality from mass media content. In N. Signorielli & M. Morgan (Eds.), *Cultivation analysis: New directions in media effects research* (pp. 35–50). Newbury Park, CA: Sage.

Hawkins, R., Pingree, S. & Adler, I. (1987). Searching for cognitive processes in the cultivation effect. *Human Communication Research, 13*, 553–577.

Hetsroni, A. (2007). Open or closed – this is the question: The influence of question format on the cultivation effect. *Communication Methods and Measures, 1*(3), 215–226.

Hetsroni, A. (2008). Overrepresented topics, underrepresented topics, and the cultivation effect. *Communication Research Reports, 25*(3), 200–210.

Hetsroni, A. (2014). Ceiling effect in cultivation: General TV viewing, genre-specific viewing, and estimates of health concerns. *Journal of Media Psychology, 26*(1), 10–18

Hetsroni, A. & Tukachinsky, R. H. (2006). Television-World Estimates, Real-World Estimates, and Television Viewing: A New Scheme for Cultivation. *Journal of Communication, 56*(1), 133–156.

Hirsch, P. (1980). The »scary« world of the non-viewer and other anomalies: A reanalysis of Gerbner et al's findings on the cultivation hypothesis. Part I. *Communication Research, 7*(4), 403–456.

Hirsch, P. (1981). On not learning from one's own mistakes. A reanalysis of Gerbner et al's findings on the cultivation hypothesis. Part II. *Communication Research 8*(1), 3–37.

Kwak, H., Zinkhan, G. M. & Dominick, J. R. (2002). The moderating role of gender and compulsive buying tendencies in the cultivation effects of TV shows and TV advertising: A cross cultural study between the United States and South Korea. *Media Psychology, 4*(1), 77–111.

Lippmann, J. R., Ward, L. M. & Seabrook, R. C. (2014). Isn't it romantic? Differential associations between romantic screen media genres and romantic beliefs. *Psychology of popular media culture, 3*(3), 128–140.

Minnebo, J. & Eggermont, S. (2007). Watching the young use illicit drugs: Direct experience, exposure to television and the stereotyping of adolescents' substance use. *Young, 15*(2), 129–144.

Morgan, M. & Signorielli, N. (1990). Cultivation analysis: conceptualisation and methodology. In N. Signorielli & M. Morgan (Eds.), *Cultivation Analysis. New directions in media effects research* (pp. 13–34). Newbury Park, CA: Sage.

Nabi, R. L. & Sullivan, J. L. (2001). Does television viewing relate to engagement in protective action against crime? A cultivation analysis from a theory of reasoned action perspective. *Communication Research, 28*(6), 802–825.

Potter, W. J. (1993). Cultivation theory and research: A conceptual critique. *Human Communication Research, 19*(4), 564–601.

Potter, W. J. (1994). Cultivation theory and research: A methodological critique. *Journalism Monographs, 147*, 1–35.

Potter, W. J. (2014). A critical analysis of cultivation theory. *Journal of Communication, 64*, 1015–1036.

Romer, D., Jamieson, K. H. & Aday, S. (2003). Television News and the Cultivation of Fear of Crime. *Journal of Communication, 53*(1), 88–104.

Rössler, P. & Brosius, H.-B. (2001). Do talk shows cultivate adolescents' views of the world? A prolonged-exposure experiment. *Journal of Communication, 51*(1), 43–163.

Rossmann, C. (2013). Kultivierungsforschung: Idee, Entwicklung und Integration. In W. Schweiger, A. Fahr (Hrsg.), *Handbuch Medienwirkungsforschung* (S. 207–223). Wiesbaden: Springer.

Segrin, C. & Nabi, R. L. (2002). Does television viewing cultivate unrealistic expectations about marriage? *Journal of Communication, 52*(2), 247–263.

Shanahan, J. & Morgan, M. (1999). *Television and its Viewers. Cultivation Theory and Research*. Cambridge, UK: Cambridge University Press.

Shanahan, J. & Morgan, M. (2010). The State of Cultivation. *Journal of Broadcasting & Electronic Media, 54*(2), 337–355.

Shrum, L. J. (2001). Processing strategy moderates the cultivation effect. *Human Communication Research, 27*(1), 94–120.

Shrum, L. J. (2007). The implications of survey method for measuring cultivation effects. *Human Communication Research, 33*(1), 64–80.

Shrum, L. J., Burroughs, J. E. & Rindfleisch, A. (2004). A process model of consumer cultivation: The role of television is a function of the type of judgment. In L. J. Shrum (Ed.), *The psychology of entertainment media: Blurring the lines between entertainment and persuasion* (pp. 177–191). Mahwah, NJ: Lawrence Erlbaum.

Tapper, J. (1995). The ecology of cultivation: a conceptual model for cultivation research. *Communication Theory, 5*(1), 36–57.

Van den Bulck, J. (2002). The impact of television fiction on public expectations of survival following inhospital cardiopulmonary resuscitation by medical professionals. *European Journal of Emergency Medicine, 9*(4), 325–329.

Van den Bulck, Jan (2003). Is the Mainstreaming Effect of Cultivation an Artifact of Regression to the Mean? *Journal of Broadcasting & Electronic Media, 47*(2), 289–295.

Van den Bulck, Jan (2004). Research Note: The Relationship between Television Fiction and Fear of Crime: An Empirical Comparison of Three Causal Explanations. European *Journal of Communication, 19*(2), 239–248.

Van Mierlo, J. & Van den Bulck, J. (2004). Benchmarking the cultivation approach to video game effects: A comparison of the correlates of TV viewing and game play. *Journal of Adolescence, 27*(1), 97–111.

Vorderer, P. (2003). Entertainment theory. In J. Bryant, D. Roskos-Ewoldsen & J. Cantor (Eds.), *Communication and emotion: Essays in honor of Dolf Zillmann* (pp. 131–153). Mahwah, NJ: Lawrence Erlbaum.

Vorderer, P. (2004). Unterhaltung. In R. Mangold, P. Vorderer & G. Bente (Hrsg.). *Lehrbuch der Medienpsychologie* (S. 544–564). Göttingen: Hogrefe.

Vorderer, P. & Knobloch, S. (2000). Conflict and Suspence in Drama. In D. Zillmann & P. Vorderer (Eds.), *Media entertainment. The psychology of its appeal* (pp. 59–72). Mahwah, NJ: Lawrence Erlbaum.

Winterhoff-Spurk, P. (2004). *Medienpsychologie*. Stuttgart: Kohlhammer.

Zillmann D. & Bryant, J. (1994). Entertainment as media effect. In J. Bryant & D. Zillmann (Eds.), *Media effects: Advances in theory and research* (pp. 437–461). Hillsdale, NJ: Lawrence Erlbaum.

Zillmann, D. & Vorderer, P. (2000). *Media entertainment: The psychology of its appeal.* Mahwah, NJ: Lawrence Erlbaum.

Zuckerman, M. (1979). *Sensation seeking. Beyond the optimal level of arousal.* Hillsdale, NJ: Lawrence Erlbaum.

Teil III Emotion

Einführung Emotion

Frank Schwab

Lange Zeit hat sich die Medienpsychologie in erster Linie mit kognitiven und verhaltensbezogenen Fragestellungen auseinandergesetzt. Dies ist heute nicht mehr der Fall. Medien sind auch Gegenstand einer emotionspsychologischen Betrachtung. Einerseits hat die akademische – zumeist kognitive – Psychologie emotionale Prozesse als grundlegend für unser mentales Funktionieren wiederentdeckt, zum anderen mag aber auch die Entwicklung der Medienlandschaft hierzu beigetragen haben. Mit der Einführung des Privatfernsehens wird Fernsehen zunehmend als ein Medium angesehen, das vor allem auf die Emotionen von Zuschauern zielt. Aber nicht nur das »alte« Medium Fernsehen spricht die Emotionen an: Auch Computerspiele, Virtuelle Realitäten, Avatare, Roboter oder Handys beeinflussen – wenn auch nicht immer ausschließlich – die Emotionen ihrer Nutzer.

Der folgende Buchabschnitt gibt einen Überblick über (medien-)psychologische Konzepte, die sich auf emotionale Prozesse und Wirkungen beziehen. Dabei werden unterschiedliche Sichtweisen auf emotionale Prozesse geworfen: So geht es zum Beispiel darum, welche Merkmale eines medialen Stimulus Menschen ästhetisch besonders anziehen oder seine Neugier wecken (Beitrag *Neugier und New Experimental Aesthetics*). Während des Rezeptionsprozesses selbst kann es sein, dass Rezipienten und Rezipientinnen nicht nur ästhetisch berührt werden, sondern das Gefühl haben, eine andere Welt zu betreten, welche durch eine Erzählung erschaffen wurde (Beitrag *Narratives Erleben und Transportation*), oder sich mehr oder weniger stark emotional angesprochen fühlen, so dass sie sich während und unter Umständen auch nach der Rezeption mehr oder minder intensiv damit auseinandersetzen (Beitrag *Involvement*).

Emotionen spielen eine wichtige Rolle bei der Medienselektion, -rezeption und -wirkung. Dies wird deutlich in den vor allem von Dolf Zillmann geprägten Konzepten mood management, excitation transfer und affective disposition, die er in seiner Drei-Faktoren-Emotionstheorie integriert. Das Erleben von Spannung zeigt ebenfalls einen engen Bezug zu diesen Ansätzen. Durch empathische Prozesse vermittelt hoffen und bangen wir um das Wohl einer von uns ins Herz geschlossenen Medienfigur. Lösen sich Spannung und Erregung im Happy End, fühlen wir uns zumeist gut unterhalten. Die Beschäftigung mit medialen Unterhaltungsangeboten berücksichtigt etliche der in diesem Buch vorgestellten Ansätze. Integrative Bemühungen sind dabei selten, noch bleiben die Überlegungen und Forschungen zumeist mosaikartig, wobei zugleich neue Felder (etwa interaktive Medien und digitale Spiele) und Fragestellungen (etwa anhedonische und bedeutungsvoll erlebte Unterhaltungsrezeption) angegangen werden.

Neugier und New Experimental Aesthetics

Astrid Carolus und Frank Schwab

Worum geht es?

Unterschiedlichste Medienprodukte (Unterhaltungsmedien, Werbung, Lernmedien) versuchen unsere Aufmerksamkeit zu wecken und uns neugierig zu machen – eine zentrale Voraussetzung für das Auslösen und Aufrechterhalten zahlreicher menschlicher Verhaltensweisen. Darüber hinaus (oftmals damit verwoben) versuchen Medien auch, unserem ästhetischen Empfinden zu gefallen. Entsprechend relevant ist das komplexe Feld der Ästhetik damit auch für die Medienpsychologie. Fragen der Ästhetik sind seit der Antike Gegenstand insbesondere philosophischer Betrachtungen, wobei sich auch die Psychologie mit dem ästhetischen Empfinden auseinandersetzt. Zwei der prominentesten psychologischen Ansätze sind die »Experimentelle Ästhetik« bzw. die »Neue Experimentelle Ästhetik«, wobei letztere die Neugier und das ästhetische Empfinden konzeptuell verbindet.

Darstellung der Annahmen

Fragen der Ästhetik, zum ästhetisches Erleben und seinen Entstehungsbedingungen sind seit der Antike Gegenstand philosophischer Überlegungen, eine akademische Disziplin der Ästhetik entwickelt sich jedoch erst Mitte des 18. Jahrhunderts. Ganz im Sinne der vorherrschenden Denkweise seiner Zeit wertet Alexander Baumgarten die sinnliche Erfahrung im Vergleich zu Vernunft und Logik (»Wissenschaft vom höheren Erkenntnisvermögen«) als »niedrig« ab. Dennoch argumentiert er 1750 in seiner Arbeit »Aesthetica« für eine Wissenschaft von den »sinnlichen Erfahrungen« bzw. dem »niedrigen Erkenntnisvermögen« und gilt damit als Begründer einer Wissenschaftsdisziplin Ästhetik. Poppe (1907) erläutert in seiner Veröffentlichung einen wesentlichen Aspekt der Auffassung Baumgartens: Er beschränkt die Ästhetik keineswegs auf die »Lehre vom Schönen« (Poppe, 1907, S. 39), sondern bezieht sich auf die gesamte menschliche Wahrnehmung. Diese breite Definition von Ästhetik ist insofern bemerkenswert, als dass sowohl die Alltagssprache als auch gängige Lexika diese zumeist auf das Schöne, die Künste oder die künstlerische Gestaltung reduzieren. Nach Allesch (2006) konzentriert sich auch die Psychologie mit der Kunstpsychologie eher auf die Künste und scheint die »psychologische Ästhetik« zu vernachlässigen. Dabei weist gerade die Öffnung der Ästhetik für alle Sinneserfahrungen auf ihre Nähe zur Psychologie hin, für die ja das menschliche Erleben (z.B. Wahrnehmung, Informationsverarbeitung) ein wesentlicher Gegenstandsbereich ist. Die Vertreter der »experimentellen Ästhetik« verstehen die Erforschung ästhetischer Wahrnehmungen daher auch als Teilbereich der Psychologie. Gustav Theodor Fechner gilt Ende des 19. Jahrhunderts als ihr Begründer und damit als einer der Ersten, der die naturwissenschaftlich geprägten Methoden psychologischer Forschung auf Fragestellungen der Ästhetik anwendet. Er begreift Ästhetik als empirisch messbare Größe, die sowohl aus Eigenschaften des Objekts als auch des Subjekts resultiert. Mit seiner Arbeit »Vorschule der Ästhethik« von 1876 ändert Fechner den bis dahin dominierenden Blickwinkel und führt die empirisch-psychologische Perspektive auf ästhetische Empfindungen ein: von einem deduktiven hin zu einem induktiven Verständnis, von normativen Vorgaben hin zu einer experimentellen Erforschung. Die anfänglich steigende Zahl empirischer Arbeiten zum Thema geht allerdings schon im ersten Drittel des 20. Jahrhunderts wieder deutlich zurück und mit ihr das Interesse der Psychologie an der Ästhetik.

Nach dem Zweiten Weltkrieg knüpft Daniel E. Berlyne mit seiner »new experimental aesthetics« direkt an Fechners Arbeiten an und belebt das Forschungsfeld neu. Auch Berlyne betrachtet nicht nur Kunstwerke, sondern ebenso Landschaften und Naturobjekte als Gegenstand ästhetischen Erlebens. Sein Konzept lässt sich dabei als neo-behavioristisch beschreiben. Behavioristisch, da er ästhetische Erfahrungen als Reaktionen auf bestimmte Reizstrukturen begreift (Stimulus-Response-Modell: S-R-Modell); neo-behavioristisch, da er den Organismus (O) als vermittelnde Variable zwischen Reiz und Reaktion mit einbezieht (S-O-R-Modell). Darüber hinaus lässt sich Berlynes Ansatz auch als (evolutions-)biologisch begreifen. Er schreibt ästhetischen Reizen ein Aktivierungspotenzial (arousal potential) auf einem Kontinuum von nicht erregend bis stark erregend (langweilig bis spannend) zu, wobei die Reizkonstellationen, die dem Organismus ein optimales Erregungsniveau verschafften, als evolutionär vorteilhaft betrachtet wurden (Kebeck & Schroll, 2011). Komplexere Reize wecken demnach die menschliche Neugier, die das Explorationsverhalten antreibt. Neugier und ästhetisches Erleben sind damit bei Berlyne konzeptuell verknüpft. Entsprechend versteht Berlyne (1980) Ästhetik als eine Form hedonistischer (lustbetonter) Erregung bzw. als »intrinsically motivated stimulus-seeking behavior« (S. 392) und als Resultat basaler menschlicher Bedürfnisse, Dispositionen und Motivationen.

Berlyne nimmt einen umgedreht u-förmigen Zusammenhang zwischen dem Erregungsniveau und dem hedonistischen Wert an: Objekte auf mittlerem Erregungsniveau haben demnach eine hohe hedonische Qualität.

Das Erregungspotenzial eines Reizes erklärt Berlyne (1971) über drei Formen von Reizen: Elementarreize (z. B. Helligkeit, Laustärke), Schlüsselreize (z. B. Sexualität) und die sogenannten »kollativen Variablen«. Zu diesen zählen u. a.:

- Neuartigkeit: Diskrepanz zwischen Gedächtnisinhalten und aktuellen Stimuli,
- Konflikt: Stimulus verursacht inkompatible Reaktionen (komme näher/bleibe fort, Hass/Liebe),
- Ungewissheit: Wahrscheinlichkeit, mit der ein erwartetes Ereignis eintritt,
- Komplexität: unabhängige Elemente, die ein Muster umfasst.

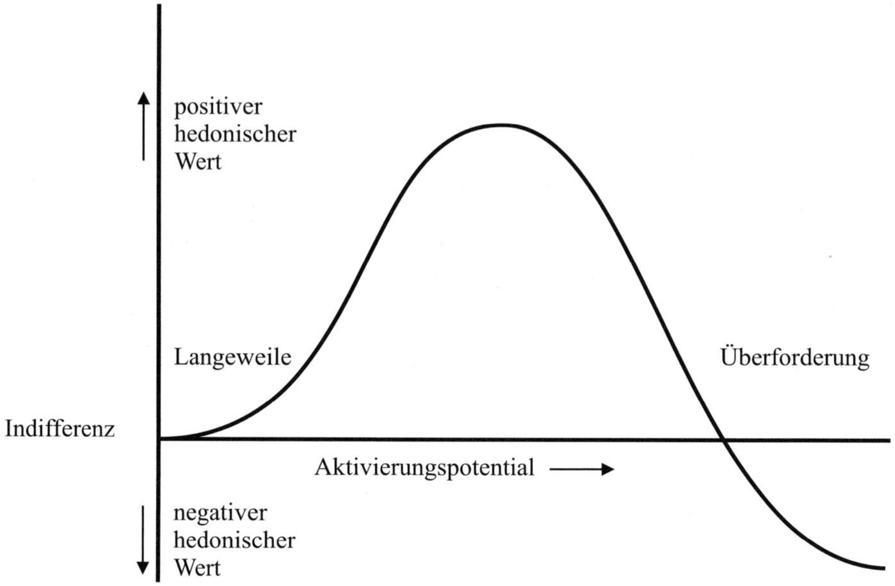

Abb. 3.1: Hedonischer Wert und Erregungsspotenzial (nach Berlyne, 1974, S. 10)

Berlyne nennt diese Variablen »kollativ« (vergleichend), da aktuelle Reize mit Gedächtnisinhalten verglichen werden. Führt dieser Vergleich zu Abweichungen, steigt die Aufmerksamkeit und damit die Erregung sowie die Neugier. Sind die Objekte beispielsweise sehr wenig neu, wenig konflikthaft, treten sehr wahrscheinlich ein und sind dabei wenig komplex, empfindet der Rezipient Langeweile; sind sie extrem neuartig, stark in Konflikt stehend, sehr ungewiss und zudem hochkomplex, dann empfindet er Überforderung (▸ Abb. 3.1). Langeweile und Überforderung werden allerdings als wenig hedonisch erlebt, so dass der Organismus versucht, diesen Zustand zu ändern. Reduzierbar sind sowohl Langeweile als auch Überforderung nur durch die Exploration des Objektes. Dabei geht Berlyne von zwei Explorationsweisen aus, die unterschiedlich motiviert sind:

1. Langeweile(vermeidungs)-Trieb
   Um Langeweile zu vermeiden erfolgt ein unspezifisches Explorationsverhalten (Exploration um ihrer selbst Willen; Berlyne, 1960).
2. Neugier-Trieb (intrinsische Neugierde)
   Bestimmte Reizkonfigurationen (s. o.) bewirken Neugier und Aufmerksamkeitszuwendung, die zu einem (instrumentellen) Explorationsverhalten führen.

Typische Methodik

Ihrem Namen entsprechend ist das Experiment die zentrale Methode der (neuen) experimentellen Ästhetik. Im Fokus steht das Arousal bzw. das quantifizierbare ästhetische Empfinden. Fechner (1876, S. 190–197) unterscheidet drei Methoden zur experimentellen Prüfung von Ästhetik: Die Methode der (1) Wahl (Probanden wählen nach Gefallen aus), der (2) Herstellung (Probanden stellen selbst her) und (3) der Verwendung (Probanden verwenden selbst). Berlyne realisierte experimentelle und korrelative Untersuchungen sowie Inhaltsanalysen, bevorzugte aber das Experiment. Durch die systematische Manipulation kollativer Eigenschaften (unabhängige Variable) auf den Dimensionen vertraut – neu, einfach – komplex, erwartet – überraschend etc. untersuchte er die Auswirkungen auf das Verhalten bzw. das ästhetische Empfinden (abhängige Variable). Abhängige Variablen sind dann (1) verbale Einschätzungen (Ratings) des Gefallens, des Interesses, der Komplexität etc., (2) psychophysiologische Messungen als Indikatoren des Arousals oder (3) Verhaltensmessungen. Verhalten wurde u. a. erfasst als Zuwendungszeit oder als Explorations (aus)wahl, etwa indem der Proband einen Projektor steuerte (Greenberg, Woldman & Yourshaw, 1967) oder der wiederholte Abruf eines Bildes über ein Tachistoskop erfasst wurde (Berlyne, 1960).

Zentrale empirische Befunde

Fechners frühe Untersuchungen zum Goldenen Schnitt zeigten z. B., dass Versuchspersonen die Rechtecke im Goldenen Schnitt präferierten. Allerdings scheint die Symmetrie für die wahrgenommene Ästhetik relevanter als der Goldene Schnitt: Unsymmetrische Rechtecke wurden als weniger ästhetisch beurteilt als solche, die nicht dem Goldenen Schnitt entsprachen (Fechner, 1876). Zur Theorie Berlynes liegen Studien an sehr unterschiedlichen Stimuli vor (Berlyne, 1974), z. B. an Polygonen (Aitken, 1974), verbalen Präferenzen (Munsinger & Kessen, 1964), abstrakten Kunstwerken (Nicki & Gale, 1977) oder Zeichnungen menschlicher Figuren (Saklofske, 1975). Diese Studien konnten den Zusammenhang zwischen Komplexität und Genuss- bzw. Lustempfinden belegen. Dagegen konnte Heinrichs (1984) den umgedreht U-förmigen Zusammenhang hinsichtlich gezeichneter menschlicher Figuren nicht finden. Hekkert und van Wieringen (1990) entdeckten einen solchen Zusammenhang lediglich bei abstrakter Kunst, nicht jedoch bei gegenständlicher Malerei. Neuere Arbeiten fragen u. a. nach der Ästhetik von Websites und kommen zu unterschiedlichen Ergebnissen, die einerseits den Zusammenhang von Komplexität und Wohlgefallen bestätigen (z. B. Knight & Pandir, 2004; Geissler, Zinkhan & Watson, 2006) oder diesem widersprechen (z. B. Pandir & Knight, 2006; Tuch, Presslaber, Stoecklin, Opwis & Bargas-Avila, 2012). Insgesamt sind die empirischen Befunde uneinheitlich und das Postulat eines umgekehrt u-förmigen Zusammenhangs kann nicht als bestätigt gelten (vgl. für einen kritischen Überblick: Martindale, Moore & Borkum, 1990).

Kritik

Allesch (2006, S. 78) fragt kritisch, ob »die Reduktion des Ästhetischen auf einen [lediglich durch Objektmerkmale definierten] Spezialfall des Lusterlebens überhaupt etwas über das Ästhetische aussagt«. Tatsächlich reduziert die (neue) experimentelle Ästhetik ästhetisches Erleben auf eine ganz spezifische Art des Lusterlebens ganz bestimmter Objektmerkmale und muss sich mit Verweis auf Kreitler und Kreitler (1980) drei wesentlichen Kritikpunkten stellen: (1) eine mangelnde Differenzierung unterschiedlicher Arten kunstvoller Darbietungen (z. B.: Humor, bildende Künste, Action-Kino, Tanz); (2) ästhetischer Genuss als rein passiv-rezeptiver Vorgang, hauptsächlich charakterisiert durch veränderte unspezifische physiologische Aktivierungszustände bzw. Erregungsniveaus; verbunden mit einem entsprechend beschränkten experimentellen Design (physiologisches Arousal bzw. quantifizierbare Gefallensurteile bei Vernachlässigung aller weiteren Erlebnisqualitäten). (3) Obwohl Berlyne den Rezipienten als intervenierende Variable erkennt (Organismus im S-O-R-Modell) wird diesem nur selten eine aktive Rolle zugeschrieben, so dass konzept- bzw. schemageleitete (»top down«) Informationsverarbeitung nahezu ignoriert werden. Während der theoretische Beitrag des Ansatzes zu Fragen der Ästhetik als eher karg eingeschätzt wird (Allesch, 2006), wirkte er auf Gestaltung späterer Studien zum ästhetischen Erleben durchaus inspirierend. Sein experimentelles Vorgehen hat dabei auch die Konzeption medienpsychologischer Wirkstudien beeinflusst (Suckfüll, 2004) und Überlegungen zum Filmerleben (etwa Tan, 1996) ebenso geprägt wie Theorien zum Unterhaltungs- (Vorderer, 2004) oder Musikerleben (Schramm, 2004). Besondere Beachtung erlebt der Ansatz im Bereich der Gestaltung von Webinterfaces (Tuch et al., 2012).

Literatur

Aitken, P. P. (1974). Judgements of pleasingness as functions of visual complexity. *The Journal of Experimental Psychology, 103*, 240–244.

Allesch, G. C. (2006). *Einführung in die psychologische Ästhetik*. Weinheim: Beltz.

Baumgarten, A. G. (1961 [1750–1758]). *Aesthetica*. Hildesheim: Georg Olms Verlagsbuchhandlung.

Berlyne D. E. (1960). *Conflict, Arousal and Curiosity*. New York: McGraw-Hill.

Berlyne D. E. (1971). *Aesthetics and Psychobiology*. New York: Appleton-Century Crofts.

Berlyne, D. E. (1974). *Studies in the new experimental aesthetics*. New York: John Wiley & Sons.

Berlyne, D. E. (1980). Psychological Aesthetics. In H. C. Triandis & W. Lonner (Eds.), *Handbook of cross-cultural psychology, Vol. 3: Basic Processes*. Boston: Allyn and Bacon.

Geissler, G., Zinkhan, G. & Watson, R. (2006). The Influence of Home Page Complexity on Consumer Attention, Attitudes, and Purchase Intent. *Journal of Advertising, 35* (2), 69–80.

Greenberger, E., Woldman, J. & Yourshaw, S.W. (1967). Components of curiosity: Berlyne reconsidered. *British Journal of Psychology, 58* (3), 375–386.

Fechner, G. T. (1876). *Vorschule der Ästhetik*. Leipzig: Breitkopf und Härtel.

Heinrichs, R. W. (1984). Verbal responses to human figure paintings: A test of the unconscious. *Canadian Journal of Psychology, 38* (3), 512–518.
Hekkert, P. & von Wieringen, P. C. W. (1990). Complexity, prototypicality as determinants of the appraisal of Cubist paintings. *British Journal of Psychology, 81*, 483–495.
Kebeck, G. & Schroll, H. (2011). *Experimentelle Ästhetik*. Stuttgart: facultas
Knight, J. & Pandir, M. (2004). An experimental aesthetics approach to evaluating websites. *Aesthetic Approaches to Human-Computer Interaction, 24*, 24–27.
Kreitler, H. & Kreitler, S. (1980). *Psychologie der Kunst*. Stuttgart: Kohlhammer.
Martindale, C., Moore, K. & Borkum, J. (1990). Aesthetic Preference: Anomalous findings for Berlyne's psychobiological theory. *The American Journal of Psychology, 103* (1), 53–80.
Munsinger, H. & Kessen, W. (1964). Uncertainty, structure and preference. *Psychological Monographs General and Applied, 78* (9, whole No. 586).
Nick, R. M. & Gale, A. (1977). EEG, measures of complexity and preference for nonrepresentatives works of art, *Perception, 6*, 281–186.
Pandir, M. & Knight, J. (2006). Homepage aesthetics: The search for preference factors and the challenges of subjectivity. *Interacting with Computers, 18* (6), 1351–1370.
Schramm, H. (2004). Musikrezeption und Radionutzung. In R. Mangold, P., Vorderer & G. Bente (Hrsg.), *Lehrbuch der Medienpsychologie* (S. 443–465). Göttingen: Hogrefe.
Saklofske, D. W. (1975). Visual aesthetic complexity, attractiveness and diversive exploration. *Perceptual and Motor Skills, 41*, 813–814.
Suckfüll, M. (2004). Ansätze zur Analyse von Wirkverläufen. In R. Mangold, P., Vorderer & G. Bente (Hrsg.), *Lehrbuch der Medienpsychologie* (S. 401–416). Göttingen: Hogrefe.
Tan, E. (1996). *Emotion and the Structure of Narrative Film. Film as an Emotion Machine*. Mahwah, NJ: Lawrence Erlbaum.
Tuch, A. N., Presslaber, E., Stoecklin, M., Opwis, K. & Bargas-Avila, J. (2012). The Role of Visual Complexity and Prototypicality Regarding First Impression of Websites: Working Towards Understanding Aesthetic Judgments. *International Journal of Human-Computer Studies, 70* (11), 794–811.
Vorderer, P. (2004). Unterhaltung. In R. Mangold, P. Vorderer & G. Bente (Hrsg.), *Lehrbuch der Medienpsychologie* (S. 543–564). Göttingen: Hogrefe.

Narratives Erleben und Transportation

Freya Sukalla und Helena Bilandzic

Grundkonzept

Transportation (Green & Brock, 2000, 2002; Gerrig, 1993) beschreibt das immersive Erleben bei der Rezeption von Narrationen und ist ein zentraler Faktor für die persuasive Wirkung von Geschichten. Das Rezeptionsphänomen ist gekennzeichnet durch das tiefe Eintauchen in die fiktionale Welt der Narration, so dass die Rezipierenden die Ereignisse und Figuren in der Geschichte als unmittelbar wahrnehmen und sich als Teil der Geschichte empfinden. Die echte Welt und die eigene Person treten in den Hintergrund (Busselle & Bilandzic, 2008; Green & Brock, 2000).

Theoretischer Hintergrund

Die Forschung zu Transportation und narrativer Persuasion baute in ihren Anfängen auf der klassischen, rhetorischen Persuasionsforschung auf (Petty, Brinol & Priester, 2009; Petty & Cacioppo, 1986). Zwar dienen Narrationen primär der Unterhaltung und nicht der Persuasion, enthalten also oftmals keine expliziten Botschaften, so besitzen sie doch das Potenzial, das Wissen, die Einstellungen sowie das Verhalten ihrer Zuschauer, Hörer oder Leser zu beeinflussen. Zur Erklärung von persuasiven Effekten narrativer Medieninhalte identifizierten Green und Brock (2000) das Konzept der Transportation als zentralen Wirkmechanismus. Dieser Zustand der absoluten Vertiefung in eine narrative Welt und ihre Figuren reduziert das Ausmaß, in dem Rezipienten Gegenargumente gegen Aspekte und Botschaften der Geschichte generieren (»Counterarguing«). In der klassischen Persuasionsforschung hat sich herausgestellt, dass das Generieren von Gegenargumenten gegen eine beeinflussende Botschaft eine Einstellungsänderung abschwächen oder sogar verhindern kann (Petty & Cacioppo, 1986). Während der Rezeption narrativer Medieninhalte, so argumentieren Green und Brock (2000, 2002), Slater und Rouner (2002) und andere Autoren, ist jedoch genau dieses Generieren von Gegenargumenten reduziert oder sogar unterbunden. Erstens handelt es sich bei narrativen Medienangeboten um Unterhaltung, welche per se zumeist nicht als intendierte Persuasion wahrgenommen wird und somit keine Reaktanz, also ein Abwehrverhalten (Brehm & Brehm, 1981), bei Zuschauern oder Lesern hervorruft (Green & Brock, 2000; Slater & Rouner, 2002). Zweitens sind Informationen und Argumente, die nicht zur eigenen Einstellung passen, nicht sofort ersichtlich, insbesondere, wenn sie eine weniger prominente Rolle im Handlungsverlauf spielen oder nicht explizit thematisiert werden (Slater, 2002; Slater & Rouner, 2002). Drittens weist Slater (2002) darauf hin, dass es durchaus schwierig sein kann, Gegenargumente in Bezug auf die gelebten Erfahrungen einer anderen Person, egal ob real oder fiktiv, zu formulieren. Insofern sind Narrationen generell weniger anfällig dafür, Counterarguing hervorzurufen.

Befinden sich Rezipierende nun im Zustand intensiver Transportation, kann laut Green und Brock (2000, 2002), Slater und Rouner (2002) und anderen Autoren das Counterarguing noch zusätzlich verringert werden (vgl. weiter unten zum Counterarguing). Zum einen sind alle mentalen Kapazitäten derart in die Verarbeitung der Narration eingebunden, dass kognitive Ressourcen für das Generieren von Gegenargumenten fehlen. Auch sind im Zustand intensiver Transportation Fakten und Argumente der realen Welt für einen Abgleich mit der fiktionalen Welt weniger zugänglich, so dass eine kritische Evaluation nur bedingt oder gar nicht erfolgt (Green & Brock, 2000; Slater & Rouner, 2002). Rezipierende sind also aus diesen Gründen nur eingeschränkt *fähig*, Gegenargumente zu produzieren. Zum anderen erleben Rezipierende diese immersive Rezeptionserfahrung als positiven Zustand; sie sind demnach auch nicht *motiviert*, diesen für eine kritische Überprüfung der Geschichte zu unterbrechen und sich selbst den Rezeptionsgenuss zu verderben (Green & Brock, 2000; Moyer-Gusé, 2008; Slater & Rouner, 2002). Ein weiterer Schlüssel der persuasiven

Wirkung liegt neben der Reduktion des Counterarguings darin, dass Narrationen oft auch intensive emotionale Reaktionen hervorrufen, darüber für Rezipienten an persönlicher Relevanz gewinnen und sie so anstatt zu Counterarguing zu Elaborationen im Einklang mit der Geschichte oder Reflexion anregen (Dal Cin, Zanna & Fong, 2004; Green & Brock, 2000, 2005; Igartua, 2010; Moyer-Gusé, 2008; Slater & Rouner, 2002).

Das Transportation-Imagery-Model (Green & Brock, 2000; 2002) stellt neben den bereits erläuterten Komponenten der intensiven Fokussierung der Aufmerksamkeit sowie der starken emotionalen Reaktionen auf die Figuren und die Geschehnisse eine weitere Komponente in den Mittelpunkt. Sie ist bereits im Namen des Modells festgehalten: »imagery«, die mentalen Bilder, die Rezipierende aus einer Geschichte generieren und die intensiv und langlebig sein können. Im Unterschied zu Argumenten lassen sich Bilder weniger logisch-rational entkräften und tragen so zur narrativen Wirkung bei.

In einer konzeptionellen Weiterentwicklung des Transportationskonzeptes erarbeiteten Busselle und Bilandzic (2008, 2009) das Modell des narrativen Erlebens und Verstehens, in dem sie die Zusammenhänge zwischen Sinngenerierung und Erleben und damit das Phänomen der Transportation präzisieren. Sie führen aus, dass die sinngenerierende Aktivität von Rezipierenden darin besteht, mentale Modelle der Geschichte zu konstruieren. Mentale Modelle sind kognitive Strukturen, die wichtige Elemente einer Geschichte repräsentieren (Johnson-Laird, 1983). Drei mentale Modelle sind beim Verarbeiten von Geschichten relevant. Zunächst einmal enthält das *dynamische Situationsmodell* die Ereignisse und Handlungen einer Geschichte und erlaubt eine kontinuierliche Aktualisierung der Zeit, des Raumes, der Protagonisten, kausaler Beziehungen zu vorherigen Ereignissen und der Handlungsstruktur (Zwaan, 1999; Zwaan, Langston & Graesser, 1995). Das zweite Modell, das *Modell der narrativen Welt*, repräsentiert Zeit und Ort der Geschichte ebenso wie das, was in dieser Welt möglich oder unmöglich ist. Das dritte Modell speichert die Eigenschaften, Identitäten, Motivationen und Ziele der dargestellten Figuren (*Figurenmodell*). Darauf aufbauend konzipieren Busselle und Bilandzic (2008) Transportation als das Flow-Erleben, das während der Konstruktion des Situationsmodells einer Geschichte entsteht. Das von Csikszentmihalyi (1991) entwickelte Konzept des Flows ist definiert als optimaler Zustand während einer Tätigkeit, bei der die Anforderungen genau den Fähigkeiten entsprechen bzw. leicht darüber liegen. Flow entsteht beim Rezipieren einer Geschichte, wenn die Konstruktion des Situationsmodells problemlos verläuft, so dass die Zuschauer völlig in die Geschichte eintauchen und die Welt um sich herum vergessen, also transportiert sind (Busselle & Bilandzic, 2008).

Für die Entstehung dieses Flow-Zustands während der Rezeption einer Narration sind vier verschiedene Dimensionen relevant (Busselle & Bilandzic, 2008, 2009): (1) Rezipienten wenden zunächst der Geschichte ihre Aufmerksamkeit zu (*Aufmerksamkeitsfokus*). (2) Dabei ist es natürlich wichtig, dass sie das Geschehen der Geschichte verstehen, also die Ereignisse und Figuren sinnvoll im Situationsmodell zueinander in Bezug setzen können (*narratives Verstehen*). (3) Sie erleben die Welt der Geschichte nicht nur als Beobachter von außen; sie haben das Gefühl, in der Welt der Geschichte präsent zu sein und nicht in der realen Welt (*narrative Präsenz*). (4) Schließlich sind ihnen die Charaktere der Geschichte nicht gleichgültig, sondern sie fühlen mit ihnen und erfassen die emotionale Bedeutung der Geschehnisse (*emotionales Erleben*). Ist das narrative Erleben der Rezipierenden durch hohe Intensität auf allen vier Dimensionen gekennzeichnet, dann befinden sie sich im Flow-Zustand der Transportation.

Transportation weist darüber hinaus auch Gemeinsamkeiten mit anderen Konzepten auf, die ebenso immersive Erfahrungsqualitäten umfassen. Für die ausführliche Darstellung und Abgrenzung der für die Medienrezeption relevanten Konzepte seien interessierte Leser an dieser Stelle auf Bilandzic (2014) verwiesen.

Methodische Vorgehensweisen

(Quasi-)Experimente stellen im Kontext der Forschung zu Transportation und narrativem Erleben die häufigste Untersuchungsform dar. In einer der ersten Studien von Green und Brock (2000) beispielsweise lasen die Studienteilnehmer die Geschichte »Murder at the Mall.« In dieser wird ein kleines Mädchen in einem Einkaufszentrum von einem psychiatrischen Patienten erstochen. Nach dem Lesen erfragten Green und Brock (2000) mit der eigens entwickelten Skala das von den Untersuchungsteilnehmern erlebte Ausmaß an Transportation. Die Transportationsskala besteht aus elf allgemeinen und vier spezifisch auf die jeweilige Narration bezogenen Items. Diese Aussagen erfassen entsprechend ihrer Definition von Transportation die Aufmerksamkeit, die Emotionen und die Bildhaftigkeit der Narration während der Rezeption (»distinct mental process, an integrative melding of attention, imagery, and feelings«: S. 701). Die Ergebnisse der Studie zeigen, dass die Teilnehmer, die während des Lesens stärker transportiert waren, danach derartige Gewalt in Einkaufszentren als wahrscheinlicher einschätzten und eine Einschränkung der Freiheiten von psychiatrischen Patienten befürworteten.

Eine weitere Möglichkeit der Messung besteht in der Skala des narrativen Erlebens, die Busselle und Bilandzic (2009) im Rahmen ihrer Differenzierung der verschiedenen Teilprozesse bei der Rezeption von Narrationen entwickelt haben. Jeweils drei Aussagen messen die vier Dimensionen Aufmerksamkeitsfokus, narratives Verstehen, narrative Präsenz und emotionales Erleben. Im Gegensatz zu den Komponenten der Transportationskala können diese Dimensionen auch getrennt verwendet werden. So gibt es Hinweise darauf, dass die Dimensionen die Wirkungen von Narrationen auf Einstellungen unterschiedlich stark beeinflussen: Aufmerksamkeitsfokus und narratives Verstehen sind Voraussetzungen für Präsenz und emotionales Erleben, können aber Wirkungen weniger gut erklären als letztere (Busselle & Bilandzic, 2009; Sukalla et al, 2015).

Die Transportationserfahrung selbst ist relativ resistent gegenüber äußeren Einflüssen und experimenteller Manipulation (Green, 2004). In einer Meta-Analyse von Manipulationen des psychologischen Involvements bei der Nutzung von Narrationen konnte Tukachinsky (2014) nachweisen, dass Ablenkung, Instruktionen bezüglich der Perspektivübernahme und meta-narrative Informationen (z. B. zum Genre) das narrative Erleben beeinflussen. Eine Manipulation literarischer Qualitäten hat dagegen keinen Einfluss auf Transportation. Aber auch bei erfolgreicher Manipulation sind die Effekte eher klein bis mittel.

Empirische Befunde

Narrationen besitzen das Potenzial, unabhängig von ihrer Fiktionalität, das Wissen (z. B. Green & Brock, 2000), die Einstellungen (z. B. Busselle & Bilandzic, 2009; Escalas, 2007; Mazzocco, Green, Sasota & Jones, 2010) sowie das Verhalten (z. B. Appel, 2011; Moyer-Gusé, Chung & Jain, 2011) ihrer Leserinnen und Zuschauerinnen zu beeinflussen. Diese Effekte werden vermittelt durch den immersiven Zustand der Transportation bzw. das intensive narrative Erleben. Sie wurden in unterschiedlichsten Themenkontexten nachgewiesen – von Studien im Bereich der Gesundheitskommunikation zu Übergewicht, Organspende oder Krebs (z. B. Green, 2006; Morgan, Movius & Cody, 2009; Niederdeppe, Shapiro & Porticella, 2011) bis hin zu Studien über politische Überzeugungen oder Einstellungen zu Themenbereichen wie gleichgeschlechtlicher Ehe (z. B. Slater, Rouner & Long, 2006), Immigration (z. B. Igartua, 2010), Homosexualität (z. B. Green, 2004) und Diskriminierung (z. B. Zhang, 2010). Die Wirkungen sind jedoch nicht nur von kurzfristiger Natur, sondern können sich auch über längere Zeiträume halten, wie Appel und Richter (2007) in Bezug auf falsche Aussagen in Geschichten zeigten. So stimmten ihre Studienteilnehmer zwei Wochen nach der Rezeption z. B. der Aussage, dass Sicherheitsgurte in Verkehrsunfällen nicht vorteilhaft sind, sogar noch stärker zu als unmittelbar nach der Rezeption. Insgesamt konnten auch bisherige Meta-Analysen (Tukachinsky & Tokunaga, 2012; van Laer, de Ruyter, Visconti & Wetzels, 2014) bestätigen, dass Transportation die persuasiven Effekte von Narrationen verstärkt.

Transportation und Counterarguing

Die Forschungsergebnisse zum Verhältnis zwischen Transportation und dem Generieren von Gegenargumenten sind hingegen eher widersprüchlich. Einerseits berichten Autoren, dass eine hohe Transportation zu weniger Counterarguing und stärkeren Einstellungsänderungen führt (z. B. Green & Brock, 2000; Igartua, 2010). Andererseits gibt es Studien, in denen Transportation mit einem erhöhten Ausmaß an Counterarguing einhergeht bzw. davon unabhängig ist (z. B. Moyer-Gusé & Nabi, 2010; Slater et al., 2006).

Persönliche Relevanz

Mit der Geschichte kongruente eigene Erfahrungen, Voreinstellungen und Genrevorlieben verstärken das Transportationserleben (Bilandzic, 2006; Bilandzic & Busselle, 2008). Die Bedeutung der persönlichen Relevanz durch konsistente Vorerfahrungen illustriert eine Studie von Green (2004), in der Leser mit homosexuellen Freunden oder Familienmitgliedern stärker in eine Geschichte mit einem homosexuellen Protagonisten transportiert waren als Leser ohne diese Erfahrung. Außerdem fanden Strange und Leung (1999), dass das Ausmaß der durch die Narration angeregten Erinnerungen an persönliche Erfahrungen nicht nur das narrative Erleben intensiviert, sondern auch den persuasiven Effekt einer Geschichte verstärkt.

Wahrgenommener Realismus

Eine weitere relevante Rolle für das Eintauchen in eine Narration und ihre anschließende persuasive Wirkung spielt der wahrgenommene Realismus der Geschichte (Busselle & Bilandzic, 2008). Der Standard für die Rezeption ist dabei zunächst die Akzeptanz der Ereignisse und Figuren als real (entsprechend der jeweiligen Genrekonventionen, etwa ein Happy End in romantischen Komödien). Nur wenn eine Verletzung des Realismus wahrgenommen wird, beginnt eine kritischere Evaluation; die Aufmerksamkeit wird von der Verarbeitung der Geschichte abgezogen. Dies beeinträchtigt die transportative Erfahrung und untergräbt letztendlich das unterhaltende und persuasive Potenzial der Narration (Bilandzic & Busselle, 2011; Bilandzic & Busselle, 2013). Busselle und Bilandzic (2008) unterscheiden hierbei noch zwischen externen und narrativen Realitätsurteilen, also solchen, die die Ereignisse und Personen der Narration mit der externen Realität abgleichen, und denen, die die interne Konsistenz und Plausibilität der Narration prüfen, wobei Verletzungen des narrativen Realismus die Transportation in eine Geschichte stärker beeinträchtigen.

Persönlichkeitsvariablen

Über situative Faktoren hinaus zeigten sich auch einige Persönlichkeitsvariablen als Moderatoren für narrative Transportation. Ausgehend von interindividuellen Unterschieden in Bezug auf die Häufigkeit und das Ausmaß von Transportationserlebnissen entwickelten Dal Cin, Zanna, und Fong (2004) das Konzept der Transportabilität als einen auf narrative Persuasion beschränkten Moderator, der die Häufigkeit und Leichtigkeit, mit der Rezipienten Transportation in Geschichten erleben, indiziert. Die Erklärungskraft von Transportabilität testeten Mazzocco, Green, Sasota und Jones (2010) in einem Experiment zur Toleranz und Akzeptanz von Homosexualität bzw. von Affirmative-Action-Programmen für ethnische Minderheiten. Teilnehmer mit hoher Transportabilität zeigten eher Übereinstimmungen mit den Einstellungen der Geschichten zu Toleranz und Akzeptanz. Diese Ergebnisse waren darüber hinaus begrenzt auf Narrationen und ließen sich nicht auf rhetorische Texte übertragen. Aufbauend auf dem Konzept der Transportabilität wurde eine dimensionale Skala unter dem Begriff Narrative Engageability entwickelt, die unabhängig vom Medium die Neigung zu intensiven narrativen Rezeptionserfahrungen erfassen kann (Sukalla, Bilandzic, Hastall, Busselle & Schlögl, 2012). Im Fokus steht hier vor allem die Anwendung als relevanter Indikator der Rezeptionsqualität für nichtsituative Untersuchungen, bei denen die Intensität des narrativen Erlebens nicht direkt nach der Rezeptionssituation erfragt werden kann, wie zum Beispiel bei Kultivierungs- oder Querschnitts-/Langzeituntersuchungen. Im Rahmen der Kultivierungsforschung könnte Narrative Engageability z. B. ein entscheidendes Konstrukt für die Erklärung von Kultivierungseffekten sein. So sollten Kultivierungseffekte wahrscheinlicher und größer für Personen mit hoher Engageability sein: Wiederholte Rezeption mit hoher Transportation sollte zu Kultivierungseffekten stärker beitragen, indem einzelne Rezeptionssituationen mit stärkeren kurzfristigen Effekten sich zu stärkeren langfristigen Effekten kumulieren (Bilandzic & Busselle, 2008).

Ein weiteres relevantes Persönlichkeitsmerkmal, das als Moderator transportativer Erlebnisse wirkt, ist der Need for Affect (Maio & Esses, 2001). So werden Personen, die stärker nach emotionalen Situationen und Erfahrungen streben, stärker transportiert als Personen, die dies weniger tun (Appel & Richter, 2010).

Kritik

Trotz der empirisch verlässlich nachgewiesenen Beziehung zwischen Transportation und persuasiven Effekten von Narrationen bestehen noch einige Forschungslücken, die es künftig zu schließen gilt. Eine Forschungslücke betrifft das Counterarguing, das in Studien widersprüchliche Zusammenhänge zu Transportation aufweist. Dies liegt zum einen daran, dass nicht hinreichend klar ist, wie sich Counterarguing bei der Geschichtenrezeption vom Counterarguing bei nichtnarrativen Texten unterscheidet. Offensichtlich muss es einen Unterschied geben, da in Geschichten zumeist keine Argumente oder offen persuasive Botschaften existieren, gegen die sich das Counterarguing richten kann. Zum anderen existieren unterschiedliche Operationalisierungen des Konzepts, die eine Vergleichbarkeit von Studien erschweren. So ist unklar, welche kognitiven Reaktionen der Rezipienten als Counterarguing aufgefasst werden können. Sind es z. B. Argumente und Kritik zur Botschaft der Geschichte, zu ihrem Realitätsgehalt, ihrer inneren Logik oder zu den Handlungen der Figuren?

Ebenso werden andere kognitive Prozesse wie (positive) Elaboration oder Reflexion (z. B. über eigene ähnliche Erfahrungen) noch kaum untersucht. Neben kognitiven sind auch die emotionalen Prozesse der Transportationserfahrung noch stärker zu differenzieren. In welchem Verhältnis stehen auf die Figuren bezogene Emotionen und emotionale Prozesse (Identifikation, Empathie,

Sympathie oder Mitgefühl) zu Emotionen, die durch Ereignisse und den Plot der Narration hervorgerufen werden? Welche Rolle spielen in diesem Zusammenhang durch die Narration angeregte Erinnerungen aus der persönlichen Erfahrung der Rezipienten?

Eine weitere Schwachstelle der Forschung betrifft die unpräzise Benennung der persuasiven Effekte. Wurden starke oder schwache Einstellungen untersucht? Wie konsistent oder inkonsistent waren die Inhalte der Narration tatsächlich mit den Voreinstellungen der Studienteilnehmer?

Auch auf Seiten des in Studien verwendeten narrativen Textes kann man Präzisierungsbedarf feststellen. Insbesondere die Art der Einbindung des persuasiven Inhalts in die Geschichte wird oft nicht beachtet bzw. nicht ausreichend offengelegt: War der persuasive Inhalt implizit oder explizit in die Geschichte eingebunden? War er Teil der zentralen Handlung oder nur eines Nebenstrangs? Es existieren bereits Hinweise darauf, dass solche Fragen eine zentrale Rolle für Wirkungen spielen könnten: Dahlstrom (2010) zeigte, dass wissenschaftliche Informationen, die an kausalen Knotenpunkten einer Geschichte eingebunden sind, in höherem Maße als wahr akzeptiert werden als solche, die nicht in einer kausalen Struktur stehen.

Zuletzt ist noch ein grundlegender methodischer Aspekt zu nennen. Transportation oder narratives Erleben beschreibt eine Erfahrung im Rezeptionsprozess. Aber genau dieser Prozesscharakter wird in der Forschung vernachlässigt. Bislang wurden kaum Aussagen darüber getroffen, inwiefern beispielsweise Transportation sofort mit Beginn der Rezeption einsetzt und bis zum Ende hin gleich stark bleibt oder aber Leser und Zuschauer immer wieder zwischen Transportation und distanzierteren Rezeptionsprozessen wechseln. Anstelle einer prozessorientierten Betrachtung wird Transportation postrezeptiv erfasst und ist aus diesem Grund Erinnerungsfehlern oder Rationalisierungen ausgesetzt. Die Schwierigkeit der prozessorientierten Messung liegt freilich darin, dass jeder kontinuierliche Selbstbericht Gefahr läuft, das Phänomen selbst, die Transportation, zu verfälschen (Reaktivität). Nichtsdestotrotz stellen methodische Innovationen ebenso wie Gegenüberstellungen mit bewährten Methoden ein wichtiges Ziel der zukünftigen Forschung dar.

Literatur

Appel, M. (2011). A story about a stupid person can make you act stupid (or smart): Behavioral assimilation (and contrast) as narrative impact. *Media Psychology, 14*(2), 144–167.

Appel, M. & Richter, T. (2007). Persuasive effects of fictional narratives increase over time. *Media Psychology, 10*(1), 113–134.

Appel, M. & Richter, T. (2010). Transportation and need for affect in narrative persuasion: A mediated moderation model. *Media Psychology, 13*(2), 101–135.

Bilandzic, H. (2006). The perception of distance in the cultivation process: A theoretical consideration of the relationship between television content, processing experience, and perceived distance. *Communication Theory, 16*(3), 333–355.

Bilandzic, H. (2014). Immersives Erleben. In C. Wünsch, H. Schramm, V. Gehrau & H. Bilandzic (Hrsg.). *Handbuch Medienrezeption* (S. 273–290). Baden-Baden: Nomos.

Bilandzic, H. & Busselle, R. W. (2008). Transportation and transportability in the cultivation of genre-consistent attitudes and estimates. *Journal of Communication, 58*(3), 508–529.

Bilandzic, H. & Busselle, R. W. (2011). Enjoyment of films as a function of narrative experience, perceived realism and transportability. *Communications, 36*(1), 29–50.

Bilandzic, H. & Busselle, R. W. (2013). Narrative persuasion. In J. P. Dillard & L. Shen (Hrsg.), *The Sage handbook of persuasion. Developments in theory and practice* (S. 200–219). Los Angeles, CA: Sage.

Brehm, S. S. & Brehm, J. W. (1981). *Psychological reactance.* New York, NY: Academic Press.

Busselle, R. W. & Bilandzic, H. (2008). Fictionality and perceived realism in experiencing stories: A model of narrative comprehension and engagement. *Communication Theory, 18*(2), 255–280.

Busselle, R. W. & Bilandzic, H. (2009). Measuring narrative engagement. *Media Psychology, 12*(4), 321–347.

Csikszentmihalyi, M. (1991). *Flow: The psychology of optimal experience.* New York, NY: Harper Perennial.

Dahlstrom, M. F. (2010). The role of causality in information acceptance in narratives: An example from science communication. *Communication Research, 37*(6), 857–875.

Dal Cin, S., Zanna, M. P. & Fong, G. T. (2004). Narrative persuasion and overcoming resistance. In E. S. Knowles & J. A. Linn (Hrsg.), *Resistance and persuasion* (S. 175–191). Mawah, NJ: Erlbaum.

Escalas, J. E. (2007). Self-referencing and persuasion: Narrative transportation versus analytical elaboration. *Journal of Consumer Research, 33*(4), 421–429.

Gerrig, R. J. (1993). *Experiencing narrative worlds.* New Haven, CT: Yale University Press.

Green, M. C. (2004). Transportation into narrative worlds: The role of prior knowledge and perceived realism. *Discourse Processes, 38*(2), 247–266.

Green, M. C. (2006). Narratives and cancer communication. *Journal of Communication, 56*(s1), S163–S183.

Green, M. C. & Brock, T. C. (2000). The role of transportation in the persuasiveness of public narratives. *Journal of Personality and Social Psychology, 79*(5), 701–721.

Green, M. C. & Brock, T. C. (2002). In the mind's eye: Transportation-imagery model of narrative persuasion. In M. C. Green, J. J. Strange & T. C. Brock (Eds.), *Narrative impact: Social and cognitive foundations* (pp. 315–341). Mahwah, NJ: Erlbaum.

Green, M. C. & Brock, T. C. (2005). Persuasiveness of narratives. In T. C. Brock & M. C. Green (Eds.), *Persuasion: Psychological insights and perspectives* (pp. 117–142). Thousand Oaks, CA: Sage.

Igartua, J.-J. (2010). Identification with characters and narrative persuasion through fictional feature films. *Communications, 35*(4), 347–373.

Johnson-Laird, P. N. (1983). *Mental models.* Cambridge, MA: Harvard University Press.

Maio, G. R. & Esses, V. M. (2001). The need for affect: Individual differences in the motivation to approach or avoid emotions. *Journal of Personality, 69*(4), 583–614.

Mazzocco, P. J., Green, M. C., Sasota, J. A. & Jones, N. W. (2010). This story is not for everyone: Transportability and narrative persuasion. *Social Psychological and Personality Science, 1*, 361–368.

Morgan, S. E., Movius, L. & Cody, M. J. (2009). The power of narratives: The effect of entertainment television organ donation storylines on the attitudes, knowledge, and behaviors of donors and nondonors. *Journal of Communication, 59*(1), 135–151.

Moyer-Gusé, E. (2008). Toward a theory of entertainment persuasion: Explaining the persuasive effects of entertainment-education messages. *Communication Theory, 18* (3), 407–425.

Moyer-Gusé, E., Chung, A. H. & Jain, P. (2011). Identification with characters and discussion of taboo topics after exposure to an entertainment narrative about sexual health. *Journal of Communication, 61*(3), 387–406.

Moyer-Gusé, E. & Nabi, R. L. (2010). Explaining the effects of narrative in an entertainment television program: Overcoming resistance to persuasion. *Human Communication Research, 36(*1), 26–52.

Niederdeppe, J., Shapiro, M. A. & Porticella, N. (2011). Attributions of responsibility for obesity: Narrative communication reduces reactive counterarguing among Liberals. *Human Communication Research, 37*(3), 295–323.

Petty, R. E., Brinol, P. & Priester, J. (2009). Mass media attitude change: Implications of the elaboration likelihood model of persuasion. In J. Bryant & M. B. Oliver (Eds.), *Media effects: Advances in theory and research* (pp. 125–164). New York, NY: Routledge.

Petty, R. E. & Cacioppo, J. T. (1986). *Communication and persuasion: Central and peripheral routes to attitude change.* New York, NY: Springer.

Slater, M. D. (2002). Entertainment education and the persuasive impact of narratives. In M. C. Green, J. J. Strange & T. C. Brock (Eds.), *Narrative impact: Social and cognitive foundations* (pp. 157–181). Mahwah, NJ: Erlbaum.

Slater, M. D. & Rouner, D. (2002). Entertainment-education and elaboration likelihood: Understanding the processing of narrative persuasion. *Communication Theory, 12*(2), 173–191.

Slater, M. D., Rouner, D. & Long, M. (2006). Television dramas and support for controversial public policies: Effects and mechanisms. *Journal of Communication, 56*(2), 235–252.

Strange, J. J. & Leung, C. C. (1999). How anecdotal accounts in news and in fiction can influence judgments of a social problem's urgency, causes, and cures. *Personality and Social Psychology Bulletin, 25(*4), 436–449.

Sukalla, F., Bilandzic, H., Hastall, M. R., Busselle, R. W. & Schlögl, S. (2012, Mai). *Narrative engageability as a trait: The propensity for being engaged with a story.* Vortrag auf der Jahrestagung der International Communication Association, Phoenix, USA.

Sukalla, F., Bilandzic, H., Bolls, P. D. & Busselle, R. W. (2015). Embodiment of narrative engagement. Connecting self-reported narrative engagement to psychophysiological measures. *Journal of Media Psychology.* Advance Online Publication.

Tukachinsky, R. (2014). Experimental manipulation of psychological involvement with media. *Communication Methods and Measures, 8*(1), 1–33.

Tukachinsky, R. & Tokunaga, R. S. (2012). The effects of engagement with entertainment. In E. L. Cohen (Ed.), *Communication Yearbook* (Vol. 37, pp. 287–321). New York, NY: Routledge.

van Laer, T., de Ruyter, K., Visconti, L. M. & Wetzels, M. (2014). The Extended Transportation-Imagery Model: A meta-analysis of the antecedents and consequences of consumers' narrative transportation. *Journal of Consumer Research, 40*(5), 797–817.

Zhang, L. (2010). Television crime drama and attitudes toward African Americans. *American Journal of Media Psychology, 3*(3/4), 99–118.

Zwaan, R. A. (1999). Situation models: The mental leap into imagined worlds. *Current Directions in Psychological Science, 8(*1), 15–18.

Zwaan, R. A., Langston, M. C. & Graesser, A. C. (1995). The construction of situation models in narrative comprehension: An event-indexing model. *Psychological Science, 6*(5), 292–297.

Involvement

Frank Schwab und Benjamin P. Lange

Worum geht es?

Medieninhalte können uns ganz unterschiedlich bewegen und verwickeln: Einige lassen uns völlig kalt, und wir verschwenden kaum einen Gedanken an sie. Bestimmte Medienangebote hingegen können uns nicht nur während, sondern selbst längere Zeit nach der Rezeption noch gefangen nehmen; unsere Vorstellungen und Gefühle kreisen mitunter sogar noch Stunden oder Tage später um das Gesehene bzw. Gelesene bzw. Gehörte. Dieses Berührt-Sein bzw. diese innere Beteiligung des Rezipienten wird oft mit dem Begriff *Involvement* bezeichnet. Involvement kann verstanden werden als die intensive Auseinandersetzung mit einem Inhalt oder Objekt, z. B. einem Medienangebot, z. B. beim Film- und Fernsehkonsum (Schramm & Hasebrink, 2004), Musik- und Radiohören (Schramm, 2004) sowie Lesen und Videospielen. Auch in der Werbung spielt das Involvement potenzieller Kunden hinsichtlich der Werbewirkung eine wichtige Rolle (Mattenklott, 2004; Moser & Döring, 2008). Eine solch intensive Auseinandersetzung mit einem Medienangebot umfasst affektive, kognitive und konative Komponenten und kann von unterschiedlicher Dauer und zeitlicher Strukturiertheit sein.

Darstellung der Annahmen

Historisch gesehen hat das Involvement-Konzept seinen Ursprung in Ansätzen, die sich mit Persuasion beschäftigen. Nach der *Social Judgement Theory* (Sherif & Cantril, 1947) sind Einstellungsänderungen durch Persuasion umso unwahrscheinlicher, je stärker ein beurteilendes Individuum involviert ist. Dabei soll die Intensität des Involvements mit der Nähe bestimmter Aspekte der Persuasion zum Selbstkonzept des Urteilenden ansteigen. Eine erste Anwendung findet das Involvement-Konzept in der Konsumforschung: Krugmann (1965) operationalisiert Involvement als die Anzahl von kognitiven Verknüpfungen, die ein Rezipient zwischen seinen persönlichen Lebensbezügen und Erfahrungen einerseits und einem Stimulus bzw. einer Kommunikation andererseits vornimmt. Involvement kann somit verstanden werden als die individuelle Bedeutung, die ein Stimulus für eine Person hat, die aufgrund dessen ihre Aufmerksamkeit diesem Stimulus zuwendet.

Als theoretische Weiterentwicklung wird im *Elaboration Likelihood Model* (Petty & Cacioppo, 1979) bzw. im *Heuristic Systematic Model* (Chaiken, 1980) angenommen, dass persuasive Informationen bei hohem Involvement (im Sinne von hoher persönlicher Relevanz) des Individuums systematischer verarbeitet werden (*central route* oder *systematic processing*), während das Individuum bei niedrigem Involvement oberflächlicher bzw. eher nach Daumenregeln vorgeht (*peripheral route* oder *heuristic processing*).

Die unterschiedlichen Involvement-Konzepte und ihre Weiterentwicklungen lassen sich aktuell eher als Theoriefamilie (mit unterschiedlichem Verwandtschaftsgrad der Konzepte) darstellen, die sehr heterogene Ansätze beinhaltet. Trotzdem bezeichnet Wirth (2006) Involvement als eines der erfolgreichsten Konzepte der Kommunikationsforschung bzw. der Medienpsychologie. Dieser Erfolg geht jedoch mit einer Vielzahl von Operationalisierungen und Involvement-Definitionen einher.

Die verschiedenen Ansätze (Definitionen, Operationalisierungen und Konzepte) lassen sich zum einen danach ordnen, ob Involvement als Stimulusmerkmal, als Rezipientenmerkmal oder als Wirkungsaspekt betrachtet wird. So kann beispielsweise innerhalb des *Uses-and-Gratification-Ansatzes* (vgl. Beitrag zum Uses-and-Gratifications-Ansatz in diesem Band) Involvement als Merkmal des Rezipienten oder als Merkmal der Nutzung (Suckfüll, 2004) aufgefasst werden. Das Drei-Phasen-Modell von Levy und Windahl (1984, 1985) beschreibt Involvement in der präkommunikativen Phase als Zuwendungserwartungen, in der kommunikativen Phase einerseits als wahrgenommene Verbindung des Rezipienten mit dem Medieninhalt (Stimulusmerkmal) und andererseits als Grad, mit dem ein Rezipient mit dem Medium oder seiner Nachricht kognitiv oder affektiv interagiert. In der postkommunikativen Phase (Wirkungsaspekt) lässt sich Involvement als andauernde Identifikation etwa mit den Charakteren in einem Medieninhalt oder als parasoziale Beziehung (vgl. Beitrag zur Parasozialen Interaktion in diesem Band) verstehen.

Eine andere Ordnungsstruktur findet sich bei Wirth (2006), der Involvement-Konzepte entlang der Dimensionen Ziel, Ort, Dauer, Komponenten, Intensität und Valenz einordnet:

Ziel: Involvement ist auf ein bestimmtes Objekt oder einen Bezugspunkt hin ausgerichtet: Bezugspunkte können u. a. ein Produkt, ein Darsteller, ein bestimmtes Programm bzw. eine Serie, ein Thema oder sogar die gesamte Wahrnehmungssituation (z. B. ein Kinobesuch) sein.

Ort: Involvement lässt sich zum einen als psychologisches Konstrukt verstehen, welches ein Merkmal des einzelnen Individuums bzw. Rezipienten beschreibt. Es kann als Zustand, als Prozess oder sogar als Persönlichkeitseigenschaft (»trait«; z. B. Roser, 1990) definiert werden. Andere Ansätze betrachten Involvement eher als Charakteristikum eines Stimulus (etwa Themensalienz; Rothschild & Ray, 1974), eines Mediums oder einer Situation. Auch werden Low-Involvement-Medien (z. B. Fernsehen) von High-Involvement-Medien (z. B. Print) unterschieden (Krugmann, 1965; Salomon, 1984) oder in der Verbraucherforschung Low-Involvement-Produkte (wie etwa Toilettenpapier) von High-Involvement-Produkten (wie etwa Autos) (Kroeber-Riel, 1990).

Dauer: Hinsichtlich der zeitlichen Persistenz des Involvements lässt sich ein andauerndes und stabiles Involvement von einem situationalen, kurzzeitigen bzw. prozessorientierten Involvement differenzieren (z. B. Andrews, Durvasula & Akhter, 1990). Ersteres wird häufig als die vorhandene persönliche Relevanz, die etwas für eine Person hat, gesehen (z. B. Havitz & Howard, 1995; Petty & Cacioppo, 1979; Sherif & Hovland, 1961); bei Letzterem, dem situationalen Involvement, werden je nach auslösender Situation jeweils unterschiedliche Ziele und Werte aus dem Langzeitgedächtnis aktiviert, die daraufhin schrittweise die Reaktionen lenken und die Informationsverarbeitung beeinflussen. Kurzzeitiges bzw. prozessorientiertes Involvement lässt sich auch als Merkmal des Informationsverarbeitungsprozesses oder als Rezeptionsmodus auffassen (vgl. Oatley, 1994; Suckfüll, 2004; Tan, 1996; vgl. Beitrag zu Rezeptionsmodalitäten in diesem Band).

Komponenten: Involvement wird in der Regel in drei unterschiedliche Komponenten geteilt: (1) eine kognitive, (2) eine affektive bzw. emotionale und (3) eine konative (Rothschild & Ray, 1974; Wirth, 2006):

Zu (1): Als Basis der *kognitiven Komponente* kann der *Cognitive Response Approach* (Petty, Ostrom & Brock, 1981) gelten, nach dem das Ausmaß einer Einstellungsänderung davon abhängt, inwieweit die Aussagen der medialen Botschaft überdacht werden, sowie von der Qualität dieser Gedanken. Das bedeutet, nicht das Lernen der Inhalte einer Botschaft, sondern die eigenen Gedanken in Reaktion auf die Botschaft bewirken eine Einstellungsänderung. Salomon (1981) fasst die kognitive Komponente unter das Konzept des *Amount of Invested Mental Effort* (AIME).

Zu (2): Die *affektive Komponente* betont die subjektiven Erfahrungen bei der Medienrezeption (z. B. Park & McClung, 1986) bzw. die Intensität der Emotionen (z. B. Perse, 1990a; Step, 1998). Teilweise werden auch parasoziale Beziehungen (vgl. oben und Beitrag zu Parasozialer Interaktion in diesem Band) als affektives Involvement beschrieben (z. B. Levy & Windahl, 1985).

Zu (3): Die *konative Komponente* umfasst Absichten, Handeln und Verhalten. Sie ist jedoch schwer von der kognitiven und der affektiven zu trennen und wird in der Forschung selten berücksichtigt.

Intensität: Typischerweise wird vereinfachend zwischen hohem und niedrigem Involvement unterschieden (z. B. Krugman, 1965). Greenwald und Leavitt (1984, 1985) schlagen allerdings eine breitere Differenzierung mit vier qualitativen Ebenen des (kognitiven) Involvements vor. Die vier Ebenen Vor-Aufmerksamkeit (pre-attention; Wahrnehmung ohne bereits fokussierte Aufmerksamkeit), fokale Aufmerksamkeit, Begreifen und Elaboration unterscheiden sich in ihrem Abstraktionsniveau bei der Analyse eingehender Information. Je höher die Ebene des Involvements, desto mehr kognitive Kapazität und desto komplexere mentale Repräsentationen werden benötigt. Cameron (1993) hingegen beschreibt Involvement nicht als qualitativ gestuft, sondern als prozesshaftes Kontinuum.

Valenz: Selten wird neben der Intensität die Ausrichtung oder Valenz berücksichtigt. Zwar sind negative (Vermeidungs-)Valenzen des Involvements vorstellbar (Aversion), Involvement wird jedoch in der Regel als positive (Annäherungs-)Tendenz beschrieben (Appetenz) (Wirth, 2006).

Involvement weist Ähnlichkeiten wie auch Unterschiede zu *Presence* (Präsenzerleben) und *Immersion* (Eintauchen) auf (Schubert, 2007; zu Präsenzerleben siehe den entsprechenden Beitrag in diesem Band), zudem werden Wirkzusammenhänge zwischen den Konzepten vermutet.

Wirkzusammenhänge: Involvement wie auch Immersion sind nach Witmer und Singer (1998) eine Voraussetzung für das Erleben von Presence. Immersion kann Involvement vorgeschaltet sein; umgekehrt ist auch eine Wirkung von Involvement auf Immersion denkbar (Witmer & Singer, 1998). Beide wirken potenziell auf Presence, und zwar vermittelt über eine gesteigerte kognitive, affektive und konative Fokussierung. Presence wiederum kann auf Involvement und Immersion zurückwirken (Wirth, 2012).

Ähnlichkeiten: Alle drei Phänomene sind Formen individuellen Erlebens (Witmer & Singer, 1998). Ähnlichkeiten zwischen Involvement und Presence zeigen sich darin, dass beide eine wesentliche subjektive (Gefühls-)Komponente besitzen, während sich Immersion eher auf objektiv erfassbare formale Aspekte bezieht. Involvement und Presence bestehen in einer intensiven Auseinandersetzung mit dem jeweiligen Medieninhalt. Beim Entstehen von Involvement sowie von Presence spielen somit inhaltliche Merkmale eine zentrale Rolle, während bei Immersion eher formale Charakteristika (z. B. ein objektiv erfassbarer technischer Aspekt eines Mediums) im Vordergrund stehen (Schubert, 2007).

Unterschiede: Unterschiede zwischen Immersion und Involvement bestehen u. a. darin, dass Immersion in Form eines Eintauchens in das Medium zwar, wie auch Involvement, eine intensive Auseinandersetzung beschreibt, dass es im Gegensatz zu Involvement jedoch eher auf formale Gesichtspunkte (objektive Stimulusbedingungen, wie etwa virtuelle Medienumgebungen und deren raumkognitiven Aspekte) fokussiert ist statt auf den transportierten Inhalt (Witmer & Singer, 1998). Ein Videospiel etwa, das aufgrund seiner unspektakulären Grafik nicht dazu einlädt, in es einzutauchen, wird zwar mitunter kein hohes Maß an Immersion nach sich ziehen, kann aber, wenn es aus für den jeweiligen Spieler bedeutungsvollen Stimuli besteht, womöglich dennoch hohes Involvement erzeugen (vgl. Witmer & Singer, 1998). Ein wesentlicher Unterschied zwischen Involvement und Presence betrifft die kognitive Dimension: Im ersteren Fall wird von höheren kognitiven, bei letzterem eher von niedrigen kognitiven Prozessen ausgegangen (Wirth, 2012). Der Unterschied ist umso größer, je höher die Ebene des Involvements ist. Trotz der Möglichkeit, an verschiedenen Stellen Unterschiede zwischen den drei Begriffen festzumachen, gelingt dies nicht immer hinreichend trennscharf. Aktuelle Studien konzeptualisieren Involvement daher z. B. auch als immersives Involvement (Slater & Rouner, 2002) oder nahe am Konzept der Transportation (vgl. Beitrag zu Transportation in diesem Band; Green, Brock & Kaufmann, 2004).

Typische Methodik

Eine typische Methodik der Involvement-Forschung kann aufgrund des Facettenreichtums des Konzeptes nicht benannt werden. Je nach Definition und Einbettung in einen theoretischen Rahmen werden unterschiedlichste Methoden verwendet. Krugmann (1965) definiert Involvement als die Menge an Verbindungen, die ein Individuum zwischen dem Inhalt eines Medienangebots und seinem eigenen Leben herstellt. Folgerichtig erfasst er Involvement mit der Methode des Lauten Denkens (Assoziationen während und unmittelbar nach der Rezeption). Versteht man Involvement dagegen als Prädisposition des Rezipienten, kann das Konzept mit Fragekatalogen erfasst werden. Gilt Involvement als veränderliche Rezipientenvariable kann man im Experiment versuchen, Involvement zu induzieren (für eine Kritik des methodischen Vorgehens vgl. Suckfüll, 2004). Zur Messung affektiven Involvements werden Emotionen beschreibende Itemlisten (Perse, 1990c) oder auch die Radikalität der Einstellung zu einem Thema (Shoemaker, Schooler & Danielson, 1989) herangezogen. Aktuelle methodische Ansätze in der Involvementforschung (in Form von Fragebögen bzw. Fragebogenitems zur Erfassung von Involvement bzw. der Neigung zum Involvement in verschiedenen Kontexten) finden sich bei Witmer und Singer (1998), bei Kalyanaraman und Sundar (2006) sowie bei Ivory und Kalyanaraman (2007).

Zentrale empirische Befunde

Innerhalb der Kommunikationswissenschaften und der Medienpsychologie wurde Involvement zunächst bei Informationsangeboten und später bei Unterhaltungsangeboten untersucht.

Informationsangebote: An informierenden Medieninhalten wurden z. B. Gesundheitskampagnen (z. B. Chaffee & Roser, 1986), Nachrichten (z. B. Perse, 1990c) und die Informationssuche im Internet (Patwardhan, 2004) untersucht. Bei der Nachrichtenrezeption korrelieren emotionales und kognitives Involvement (Perse, 1990b). Gefühle von Ärger und Trauer führen zu intensiver Beschäftigung (Elaboration) mit Berichten über Kriminalität und Innenpolitik. Während kognitives Involvement positive Effekte auf die Wissensaneignung (Lernen) hat (z. B. Cameron, 1993), findet sich ein solcher Zusammenhang für affektives Involvement (z. B. Shoemaker et al., 1989) nicht (Überblick bei Wirth, 2006).

Unterhaltungsangebote: Beim Lesen unterhaltender Texte werden diese dann als stärker involvierend empfunden, wenn die Erfahrungen der Hauptperson im Mittelpunkt stehen. Dagegen sind Texte, deren zentraler Inhalt handlungsorientiert ist, weniger involvierend (Vorderer, Cupchik & Oatley, 1997). Die Intensität des Involvements bei Unterhaltungsmedien ist auch von den technischen Eigenschaften eines Mediums bzw. eines Medieninhaltes abhängig: Neure Videospiele mit besserer Grafik und besserem Sound beispielsweise führen zu höherem Involvement (Ivory & Kalyanaraman, 2007). Da derlei technische Charakteristika eher dem Phänomen Immersion zugrunde liegen, kann angenommen werden, dass im vorliegenden Fall das höhere Involvement durch höhere Immersion vermittelt ist (vgl. Wirth, 2012). Studien über den Verlauf des Involvements während der Rezeption von Unterhaltungsangeboten zeigen, dass Involvement unmittelbar vor und unmittelbar nach dem Höhepunkt eines Films sowie nach der Auflösung der Geschichte am höchsten ist (Bryant & Comisky, 1978).

Kritik

Das Involvement-Konzept lässt sich insgesamt eher als theoretischer Rahmen oder Theoriefamilie auffassen, der bzw. die sehr heterogene Ansätze beinhaltet. Die Abgrenzung zu anderen Begriffen (Immersion, Presence) gelingt zudem nicht immer zufriedenstellend (Wirth, 2012). Die Verwendung von Involvement als Wirkungs- oder als Nutzungsaspekt hat dazu geführt, dass der Prozessaspekt des ursprünglichen Konzeptes in den Hintergrund getreten ist. Meist wird Involvement vereinfachend als eher stabiles Medienmerkmal, als dispositionelles Rezipientenmerkmal oder als zu variierendes, situatives Rezipientenmerkmal aufgefasst (Suckfüll, 2004). Wirth fordert insgesamt eine schärfere Abgrenzung in den Konzeptionen: »An approach that seperates involvement from attention and perception, and differentiates more clearly, specifically on the higher cognitive levels (elaborations, thoughts), seems to make more sense« (Wirth, 2006, S. 205). Er warnt vor einer allumfassenden Konzeption, die neben kognitiven und affektiven Reaktionen auch noch Aufmerksamkeit, Abruf (Recall), Informationssuche und anschließende Diskussionen mit einbezieht: »If involvement were all-encompasing, we could easily abandon the concept« (Wirth, 2006, S. 210).

Literatur

Andrews, J., Durvasula, S. & Akhter, S. H. (1990). A framework for conceptualizing and measuring the involvement construct in advertising research. *Journal of Advertising*, 19, 18–26.

Bryant, J. & Comisky, P. W. (1978). The effect of positioning a message within differentially cognitive involving portions of a television segment on recall of a message. *Human Communication Research*, *5*, 63–75.

Cameron, G. L. (1993). Spreading activation involvement: An experimental test of a cognitive model of involvement. *Journalism Quarterly*, *70*, 854–867.

Chaffee, S. H. & Roser, C. (1986). Involvement and the consistency of knowledge, attitudes and behaviors. *Communication Research*, *13*, 373–400.

Chaiken, S. (1980). Heuristic versus systematic information processing and the use of source versus message cues in persuasion. *Journal of Personality and Social Psychology*, *39*, 752–766.

Green, M. C., Brock, T. C. & Kaufmann, G. F. (2004). Understanding media enjoyment: The role of transportation into narrative worlds. *Communication Theory*, *14*, 311–327.

Greenwald, A. G. & Leavitt, C. (1984). Audience involvement in advertising: Four levels. *Journal of Consumer Research*, *11*, 581–592.

Greenwald, A. G. & Leavitt, C. (1985). Cognitive theory and audience involvement. In L. F. Alwitt & A. A. Mitchell (Eds.), *Psychological processes and advertising effects. Theory, research, and applications* (pp. 221–240). Hillsdale, NJ: Lawrence Erlbaum Associates.

Havitz, M. E. & Howard, D. R. (1995). How enduring is enduring involvement? A seasonal examination of three recreational activities. *Journal of Consumer Psychology*, *4*, 255–276.

Ivory, J. D. & Kalyanaraman, S. (2007). The effects of technological advancement and violent content in video games on players' feelings of presence, involvement, physiological arousal, and aggression. *Journal of Communication, 57*, 532–555.

Kalyanaraman, S. & Sundar, S. S. (2006). The psychological appeal of personalized content in web portals: Does customization affect attitudes and behavior?

Kroeber-Riel, W. (1990). *Strategie und Technik der Werbung*. Stuttgart: Kohlhammer.

Krugman, H. E. (1965). The impact of television advertising: Learning without involvement. *Public Opinion Quarterly*, *29*, 349–356.

Levy, M. R. & Windahl, S. (1984). Audience activity and gratifications: A conceptual clarification and exploration. *Communication Research*, *11*, 51–78.

Levy, M. R. & Windahl, S. (1985). The concept of audience activity. In K. E. Rosengren, L. E. Wenner & P. Palmgreen (Eds.), *Media gratifications research-current perspectives* (pp. 109–122). Beverly Hills, CA: Sage.

Mattenklott, A. (2004). Werbung. In R. Mangold, P. Vorderer & G. Bente (Hrsg.), *Lehrbuch der Medienpsychologie* (S. 619–642). Göttingen: Hogrefe.

Moser, K. & Döring, K. (2008). Modelle und Evaluation der Werbewirkung. In B. Batinic & M. Appel (Hrsg.), *Medienpsychologie* (S. 241–268).

Oatley, K. (1994). A taxonomy of the emotions of literary response and a theory of identification in fictional narrative. *Poetics, 23*, 53–74.

Park, C. W. & McClung, G. W. (1986). The effect of TV program involvement on involvement with commercials. *Advances in Consumer Research*, *13*, 544–548.

Patwardhan, P. (2004). Exposure, involvement and satisfaction with online activities. *Gazette: The International Journal for Communication Studies*, *66*, 411–436.

Perse, E. M. (1990a). Audience Selectivity and Involvement in the Newer Media Environment. *Communication Research*, *17*, 675–697.

Perse, E. M. (1990b). Involvement with local television news: Cognitive and emotional dimensions. *Human Communication Research*, *16*, 556–581.

Perse, E. M., (1990c). Media involvement and local television news effects. *Journal of Broadcasting & Electronic Media*, *34*, 17–36.

Petty, R. E. & Cacioppo, J. T. (1979). Issue involvement can increase or decrease persuasion by enhancing message-relevant cognitive responses. *Journal of Personality and Social Psychology*, *37*, 1915–1926.

Petty, R. E., Ostrom, T. M. & Brock, T. C. (Eds.) (1981). *Cognitive Responses in Persuasion*. Hillsdale, NJ: Sage.

Roser, C. (1990). Involvement, attention and perceptions of message relevance in the response to persuasive appeals. *Communication Research*, *17*, 571–600.

Rothschild, M. L. & Ray, M. L. (1974). Involvement and political advertising effect. An exploratory experiment. *Communication Research*, *1*, 264–285.

Salomon, G. (1981). Introducing AIME: The Assessment of Children's Mental Involvement with Television. In H. Kelly & H. Gardner (Eds.), *Viewing children through television* (pp. 181–198). San Francisco, CA: Jossey-Bass.

Salomon, G. (1984). Television is ›easy' and print is ›tough‹: The differential investment of mental effort in learning as a function of perceptions and attributions. *Journal of Educational Psychology*, *4*, 647–658.

Schramm, H. (2004). Musikrezeption und Radionutzung. In R. Mangold, P. Vorderer & G. Bente (Hrsg.), *Lehrbuch der Medienpsychologie* (S. 443–463). Göttingen: Hogrefe.

Schramm, H. & Hasebrink, U. (2004). Fernsehnutzung und Fernsehwirkung. In R. Mangold, P. Vorderer & G. Bente (Hrsg.), *Lehrbuch der Medienpsychologie* (S. 465–492). Göttingen: Hogrefe.

Schubert, T. W. (2007). The sense of presence in virtual environments: A three-component scale measuring spatial presence, involvement, and realness. *Zeitschrift für Medienpsychologie, 15*, 69–71.

Sherif, M. & Hovland, C. I. (1961). *Social judgement: Assimilation and contrast effects in communication and attitude change*. New Haven, CT: Yale University Press.

Sherif, M. & Cantril, H. (1947). *The Psychology of Ego Involvements*. New York: Wiley.

Shoemaker, P. J., Schooler, C. & Danielson, W. A. (1989). Involvement with the media. Recall versus recognition of election information. *Communication Research*, *16*, 78–103.

Slater, M. D. & Rouner, D. (2002). Entertainment-education and elaboration likelihood: Understanding the processing of narrative persuasion. *Communication Theory, 12*, 173–191.
Step, M. M. (1998). *An emotional appraisal model of media involvement, uses, and effects.* Unpublished doctoral dissertation, Kent State University.
Suckfüll, M. (2004). *Rezeptionsmodalitäten. Ein integratives Konstrukt für die Medienwirkungsforschung.* München: Fischer (Reihe Rezeptionsforschung).
Tan, E. S. (1996). *Emotion and the structure of narrative film. Films as an emotion machine.* Mahwah, NJ: Lawrence Erlbaum Associates.
Vorderer, P., Cupchik, G. C. & Oatley, K. (1997). Encountering the literary landscapes of experience and action from self-oriented and spectator perspectives. In S. Totosy de Zepetnek (Ed.), *The systemic and empirical approach to literature and culture as theory and application, Vol. 7* (pp. 559–571). Siegen, Germany: LUMIS-Publications.
Wirth, W. (2006). Involvement. In J. Bryant & P. Vorderer (Eds.), *Psychology of Entertainment* (pp. 199–213). Mahwah, NJ: Erlbaum.
Wirth, W. (2012). Präsenzerleben und Involvement in neuen Medien. In L. Reinecke & S. Trepte (Hrsg.), *Unterhaltung in neuen Medien* (S. 100–121). Köln: Herbert von Halem Verlag.
Witmer, B. G. & Singer, M. J. (1998). Measuring presence in virtual environments: A presence questionnaire. *Presence: Teleoperators and Virtual Environments, 7*, 225–240.

Excitation Transfer

Frank Schwab und Elisabeth Königstein

Worum geht es?

Die Rezeption bestimmter Medien kann zu einer körperlichen Erregung (z. B. zu erhöhtem Herzschlag) des Zuschauers führen. Diese physiologische Erregung des Zuschauers entsteht während der Mediennutzung und baut sich am Ende einer medialen Episode (z. B. am Ende einer Filmszene) jedoch nicht sofort, sondern nur langsam ab. Es verbleibt eine Resterregung. Nach der Excitation-Transfer-Hypothese (Erregungsübertragungshypothese; Zillmann, 1971) kann die am Ende eines Films oder einer Filmszene verbleibende Resterregung einer neuen aktuellen Quelle von Erregung (z. B. einer anschließenden Filmszene, medialer emotionaler Stimulus B in **Abb. 3.2**) fälschlicherweise zugeschrieben werden. Wird also die (Rest-)Erregung nicht mehr der ursprünglichen Quelle, also z. B. der entsprechenden Filmepisode, zugeschrieben, sondern auf die gegenwärtige Situation (fehl-)attribuiert, kann eine Erregungsübertragung in die aktuelle Situation stattfinden. In diesem Fall können nachfolgende Emotionen intensiviert werden.

Darstellung der Annahmen

Zillmanns Erregungsübertragungshypothese ist eine Verbindung von Schachters Zwei-Faktoren-Theorie (Schachter, 1964) mit Hulls Triebtheorie (Hull, 1943). Die Zwei-Faktoren-Theorie von Schachter besagt, dass sich Emotionen aus einer Erregungs- und einer kognitiven Komponente zusammensetzen. Der Theorie folgend entsteht eine Emotion, wenn die Erregung (z.B. erhöhter Herzschlag) kognitiv interpretiert und auf einen Sachverhalt oder einen Gegenstand attribuiert wird. Emotionen lassen sich also als eine Funktion von peripherphysiologischer Erregung (quantitative Komponente von Emotion) und Kognition, welche sich auf diese Erregung beziehen, (qualitative Komponente), darstellen. Hulls Triebtheorie (Hull, 1943) besagt, dass am Ende einer emotionalen Episode Erregungsreste, so genannte Erregungsresiduen, verbleiben, welche in nachfolgendes Triebgeschehen integriert werden. Zillmann bindet diese Annahmen in seiner Drei-Faktoren-Emotionstheorie ein (vgl. Beitrag zur Drei-Faktoren-Emotionstheorie in diesem Band). Diese Theorie besagt, dass die sympathische Erregung des autonomen Nervensystems (welche z.B. zu erhöhtem Herzschlag führen kann) die Intensität emotionalen Erlebens und Verhaltens bestimmt. Somatische Efferenzen und Rückmeldungen innerer und äußerer körperlicher Vorgänge beeinflussen, wie intensiv eine Emotion erlebt wird bzw. wie stark eine emotionale Reaktion ausfällt. Gleichzeitig bestimmen prägnante Umweltereignisse die Richtung (Annäherung/Vermeidung) des emotionalen Reagierens sowie dessen Erlebensinterpretation (bewusst erlebtes Gefühl). Die Hypothese der Erregungsübertragung aufgrund einer Fehlattribution beschreibt den Effekt des Zeitunterschieds zwischen primär neuronal vermittelten, raschen Kognitionen und primär hormonell vermittelter, langsamer sympathischer Erregung. Dabei kann die langsamere Erregungsregulation des sympathischen Nervensystems die fast sofortige kognitive Anpassung an Umweltänderungen minuten- bis stundenlang überdauern. Sympathische Erregung baut sich also relativ langsam ab, so dass Erregungsrückstände aktiv bleiben. Diese Erregungsrückstände können fälschlicherweise der Erregung aufgrund nachfolgender emotionaler Episoden zugeschrieben werden und untrennbar mit dieser verschmelzen. Die Resterregung fährt quasi Huckepack auf der Erregung der aktuellen Emotionsgenese. Die Folge kann eine »künstlich« gesteigerte, emotionale Reaktion bzw. intensiveres emotionales Erleben sein. Ob und wie stark eine Erregungsübertragung stattfindet, hängt weitgehend davon ab, inwiefern Hinweisreize der ursprünglichen Quelle der (Rest-)Erregung noch leicht zugänglich sind. Kann eine Person ihre Erregung ursächlich der eigentlichen Quelle zuschreiben (korrekte Attribution), ist eine Übertragung unwahrscheinlich (Cantor & Zillmann, 1973).

Medienpsychologisch wird die Übertragungsannahme wie folgt betrachtet: Erregungen aus einer (medialer emotionaler Stimulus A in Abbildung 3.2) oder mehreren (medieninduzierten) emotionalen Episoden addieren sich und beeinflussen das Reagieren auf eine nachfolgende (medien- oder realwelt-induzierte) emotionale Episode (medialer emotionaler Stimulus B in Abbildung 3.2). Auch Stimmungen, genauer deren Erregungsanteile (Drei-Faktoren-Stimmungstheorie; Zillmann, 2004) können sich fehlattribuiert dem Emotionserleben oder verhalten beimischen. Während gleichbleibender Stimmungszustände sollte deshalb die Intensität generierter Emotionen erhöht sein. Solche Effekte erwartet Zillmann (1998) bei nahezu jeder emotionalen Handlung und jedem Erleben, das mit einem Mindestmaß an Erregung verbunden ist. Die jeweilige Valenz der Residual- und Aktualerregung ist dabei irrelevant. Beispielsweise können Erregungsresiduen der Angst nachfolgende Angst, Lust, Verzweiflung oder sexuelle Attraktion intensivieren.

Während im »normalen« Leben Emotionsprozesse wahrscheinlich meist einen natürlichen Verlauf nehmen, die Erregung ungehindert ausklingen kann und damit selten Resterregungen nachfolgende Emotionen beeinflussen werden, kann die Darbietung von Medien ein spezifisches Wirkungsprofil generieren. Zillmann (2004) nimmt an, dass es die (film-) episodischen Fragmentierungen in der Regel nicht erlauben, dass ausgelöste emotionale Reaktionen ungehindert ablaufen. Schnelle Filmschnitte (Montage) und narrative Stilmittel (Rückblenden, Auslassungen etc.; vgl. den Beitrag zu Spannung in diesem Band) induzieren schnelle kognitive Neubewertungen bei vorliegender Residualerregung und machen so Fehlattributionen äußerst wahrscheinlich.

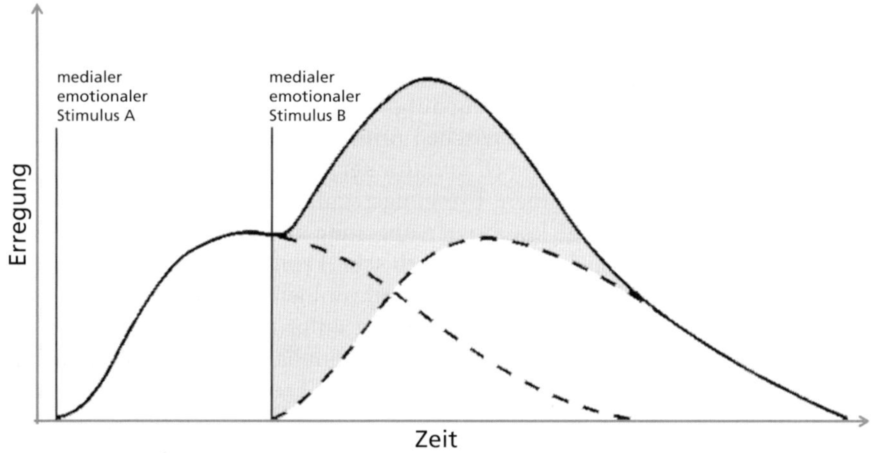

Abb. 3.2: Medienvermittelte Erregungsübertragung (nach Zillmann, 1996, S. 251)

Die Excitation-Transfer-Hypothese lässt sich auf die Betrachtung nahezu aller medieninduzierten Emotionen anwenden. Davon ausgehend, dass die Resterregung aus vorangegangenen (Medien-)Episoden das emotionale Prozessieren der nachfolgenden Sequenzen beeinflusst, sind Erregungsvermengungen der Normalfall emotionaler Medienwirkung. Die meisten Inszenierungen audio-visueller Medien geben dem Rezipienten selten die Möglichkeit, Emotionen zu durchleben bis die Erregung vollständig abgebaut ist. Narrative Elemente werden meist derart verdichtet und in Sequenzen gepackt, dass sich ein vollständig entfalteter, emotionaler Prozess beim Rezipienten nicht etablieren kann (»die fehlende Halbsekunde« bei Sturm, 1984). Jeder Sequenz, die eine emotionale Reaktion generiert, folgen sofort weitere, die ebenfalls emotionale Reaktionen auslösen. Die Sequenzen sind dabei meist so kurz, dass die Erregungsepisoden diese überdauern. Die Erregungsrückstände durchmischen sich folglich mit der nachfolgenden medieninduzierten emotionalen Episode und beeinflussen das affektive Prozessieren. Hieraus entstehende emotionale Fehlattributionen können durchaus beabsichtigt sein. Für die Filmdramaturgie wird etwa der Effekt des »comic relief« beschrieben. Dabei wird eine komische Szene hinter eine ernsthaft gefahrvolle Sequenz geschnitten, so dass sich die Resterregung in einer humoristischen Spannungsentladung verbrauchen kann. Somit kann ausgehend von der Excitation-Transfer-Annahme eine Theorie dramatischer Darbietungen entwickelt werden, welche darauf zielt, den Genuss durch geschickte emotionale Filmmontagen und Narrative zu steigern (Zillmann, 2004). Natürlich können so gestaltete Medien (spannende Filme; vgl. den Beitrag zu Spannung in diesem Band) sich auch auf das emotionale Erleben nachfolgender Situationen auswirken (etwa auf die Neigung zu aggressiven oder amourösen Emotionen).

Typische Methodik

Medienpsychologische Forschung im Rahmen der Excitation-Transfer-Annahme fand vor allem hinsichtlich der Wirkung gewalthaltiger Mediendarbietung statt. Aber auch sexuelle bzw. erotische Stimuli wurden zur Erregungsinduktion verwendet, da diese stärkere Reaktionen auslösen als beispielsweise gewalthaltiges Material (Zillmann, Hoyt & Day, 1974). Ein klassisches Vorgehen in der Untersuchung der Erregungsübertragung zeigt sich bei Cantor, Bryant und Zillmann (1974). In ihrer Untersuchung lasen die Teilnehmer unterschiedlich erregende Texte (medialer emotionaler Stimulus A). Anschließend sahen die Teilnehmer Karikaturen und Witze (medialer emotionaler Stimulus B) und bewerteten diese hinsichtlich ihrer humoristischen Eigenschaft. Es zeigte sich eine Erregungsübertragung der erregenden Texte auf die Karikaturen und Witze. Cummins, Wise und Nutting (2012) veränderten dieses Untersuchungsdesign: Die Teilnehmer sahen unterschiedlich erregende Football-Spiele (medialer emotionaler Stimulus A). Direkt im Anschluss sahen die Teilnehmer ein zweites Footballspiel (medialer emotionaler Stimulus B) und gaben an, wie erregt sie nun waren. Zusätzlich wurde die Erregung der Teilnehmer über die Hautleitfähigkeit erhoben. Im Gegensatz zu bisherigen Untersuchungen, welche meist Sequenzen untersuchten, welche keine semantische Ähnlichkeit hatten (sexuelle Stimuli als medialer emotionaler Stimulus A und Comic als medialer emotionaler Stimulus B), zeigten Cummins et al. (2012) die Erregungsübertragung bei inhaltlich zusammengehörenden Sequenzen (Football-Spiel als medialer emotionaler Stimulus A und darauf folgendes Football-Spiel medialer emotionaler Stimulus B).

Eine bedeutsame Variable in Zillmanns Erregungsübertragungsansatz ist die Zeit. Die jeweiligen Zeitintervalle zum Ansprechen und Abklingen der Erregung sind hierbei entscheidend. So ist die Wahl des angemessenen Zeitabstands zwischen unterschiedlichen emotionalen Items entscheidend für die Untersuchung der Annahme einer Erregungsübertragung.

Als unabhängige Variable werden z. B. die Sequenzierung der zu untersuchenden Stimuli (Abfolge, zeitliche Dauer und zeitliche Abstände), die Art des Stimulus (fiktionale vs. reale Ereignisse), Stimulusintensität oder auch die hedonische Qualität der Medieninhalte (aggressive/neutrale/positive Inhalte etc.) manipuliert. Als abhängige Variable werden zu unterschiedlichen Messzeitpunkten verschiedene emotionale Komponenten (physiologische Parameter, emotionales Erleben etc.) erhoben.

Zentrale empirische Befunde

Seit mehr als vier Jahrzehnten lassen sich unterschiedliche Forschungsbereiche beschreiben, in denen die Excitation-Transfer-Hypothese auch außerhalb der Medienpsychologie untersucht wurde. Erregung wird dabei hervorgerufen durch Ärger-Induktion, die Auslösung von Schreckreflexen, emotionalisierende Rollenspiele, emotionsinduzierende Filme, furchteinflößende Situationen oder Turnübungen. Alle diese Auslöser erhöhen z. B. die sexuelle Attraktivität und Anziehung oder Sympathie einer anschließend präsentierten (gegengeschlechtlichen) Stimulusperson (für einen Überblick hinsichtlich Attraktivitätsratings siehe Foster, Witcher, Campbell & Green, 1998).

Betrachtet man speziell Medienwirkungen, dann konnten beispielsweise Cohen, Waugh und Place (1989) zeigen, dass Paare, die einen sehr aufregenden Film gesehen hatten, beim Verlassen der Vorführung mehr affiliatives Verhalten zeigten als Paare, die einen weniger aufregenden Film gesehen hatten. Hinsichtlich der Gewaltwirkung gibt es Hinweise, dass besonders das Betrachten von Gewalt zu höherer Erregung führt, die sich auch in Aggressionen ausdrücken kann (vgl. etwa Jeong, Biocca & Bohil, 2012; Jeong, 2012; Runions, 2013; Tannenbaum & Zillmann, 1975; Zillmann, 1991; vgl. den Beitrag zu Gewalt in diesem Band). Hinsichtlich Werbewirkung bei Fernsehzuschauern berichten Wang und Lang (2012) Kontext-Effekte, welche die Autoren auf Erregungsübertragung zurückführen. Erregung, die durch einen zuvor gesehenen Fernsehinhalt verursacht wurde, übertrug sich auf die nachfolgend zu sehende Werbung. Ähnliche Befunde berichteten Bee und Madrigal (2012): Die emotionalen Reaktionen der Zuschauer während des Betrachtens einer Werbung waren dann stärker, wenn die Werbung direkt nach einer spannenden Spielphase (Basketball) gezeigt wurde. Bei Werbung, welche direkt nach einer weniger erregenden Spielphase (Basketball) präsentiert wurde, zeigte sich dieser Effekt nicht.

Neben der emotionalen Reaktion der Zuschauer untersuchten Wang und Lang (2012) die kognitive Verarbeitung der Werbung (Erinnerung an die Werbung) in Abhängigkeit von zuvor gesehenen Fernsehinhalten. Die Autoren nahmen an, dass sowohl Erregung als auch Valenz einen Einfluss auf die Erinnerungsleistung haben. Die Autoren konnten jedoch nur aufzeigen, dass sich die Untersuchungsteilnehmer nach emotional positiven und erregenden Inhalten eher an den Inhalt der jeweiligen Werbung erinnerten als nach emotional negativen und erregenden Inhalten. Ob allgemein die Erregungsübertragung zu einer verbesserten Erinnerungsleistung führt, konnte nicht bestätigt werden.

Nach Cantor, Zillmann und Bryant (1975) ist Erregungstransfer an bestimmte Bedingungen gebunden und tritt nur auf, wenn zwar noch Residualerregung vorliegt, die Probanden sich dieser jedoch nicht mehr bewusst sind. Es zeigten sich nur jene Probanden deutlicher durch einen erotischen Film stimuliert, bei denen a) aufgrund zeitnaher Stimulation noch Residualerregung aus einer Turnübung vorlag und bei denen b) diese (noch vorliegende) Erregung zugleich nicht mehr bewusst war. Zillmann und Bryant (1974) verdeutlichen einen ähnlichen Effekt bei durch eine Provokation hervorgerufener Wut. Lediglich bei (noch) vorliegender physiologischer Erregung, die zugleich nicht der auslösenden Turnübung zugeschrieben wurde, zeigte sich der Effekt des Excitation Transfers auf die Wutreaktion.

Branscombe (1985) untersuchte, inwiefern die hedonische Valenz von zwei aufeinander folgenden, emotionalen Zustände den Effekt des Excitation Transfers beeinflusst. Hierzu verwendete sie einen erotischen Film, den sie durch Vorabinformationen positiv oder negativ valent gestaltete (sexuelle Handlungen eines verliebten Paares vs. inzestuöse Handlungen krimineller Geschwister). In zwei Zeitabständen wurden je eine weitere Filmsequenz (zwei Varianten mit positiver/negativer Valenz: Autounfälle, Komödie) gezeigt, auf welche die Erregungsübertragung der Erregung aus den erotischen Filmen stattfinden sollte. Der Transfereffekt erwies sich hierbei als nicht besonders robust. Es zeigte sich vielmehr ein deutlicher Einfluss der jeweiligen Valenzen der vorausgegangenen erotischen Filme (positiv: verliebt vs. negativ: inzestuös).

Kritik

Zillmann hat mit seinen umfangreichen Studien zum Effekt des Excitation Transfers Pionierarbeit hinsichtlich der Untersuchung emotionaler Medienwirkungen geleistet und damit die rein kognitive Ausrichtung der Medienpsychologie aufgebrochen. Ein Hauptkritikpunkt an der Excitation-Transfer-Hypothese setzt an einem ihrer Ausgangspunkte, der Zwei-Faktoren-Theorie von Schachter, an. Innerhalb der Emotionsforschung ist die Beeinflussung von Emotionen durch Fehlattributionen eine seit dem klassischen Experiment von Schachter und Singer (1962) vielfach untersuchte Fragestellung (Meyer, Schützwohl & Reisenzein, 1993). Schachters Zwei-Faktoren-Theorie (1964) fand jedoch in Replikationsversuchen wenig Unterstützung. Marshall und Zimbardo (1979) resümieren unter Bezug auf die evolutionäre Zweckmäßigkeit unserer Emotionen: »Es ist nicht so leicht, Mutter Natur zu täuschen« (S. 983). Zwar scheint es unter bestimmten Bedingungen möglich, Emotionen durch Fehlattributionen von physiologischer Erregung zu beeinflussen, dies lässt aber nicht den Schluss zu, dass emotionales Erleben stets (unspezifische) physiologische Erregung und darauf bezogene kognitive Kausalattributionen voraussetzt. In einer Übersichtsarbeit kommt Reisenzein (1983) sogar zu dem Schluss, dass kein überzeugender

Beleg existiert, dass peripher-physiologische Erregung eine notwendige Voraussetzung eines Emotionszustandes darstellt.

Ausgehend von der Excitation-Transfer-Annahme lässt sich zusammenfassend eine Theorie dramatischer Darbietungen entwickeln, welche danach fragt, wie sich kunstvolle emotionale Filmmontagen und Narrative auf das Erleben des Rezipienten während des Rezeptionsprozesses auswirken. Allerdings scheinen die Prozesse emotionalen Medienerlebens deutlich komplexer zu sein als es die Excitation-Transfer-Annahme nahelegt.

Literatur

Bee, C. C. & Madrigal, R. (2012). It's not whether you win or lose; it's how the game is played: The influence of suspenseful sports programming on advertising. *Journal of Advertising*, *41*(1), 47–58.

Branscombe, N. R. (1985) Effects of hedonic valence and physiological arousal on emotion: A comparison of two theoretical perspectives. *Motivation and Emotion, 9*(2), 153–169.

Cantor, J. R., Bryant, J. & Zillmann, D. (1974). Enhancement of humor appreciation by transferred excitation. *Journal of Personality and Social Psychology, 30*(6), 812–821.

Cantor, J. R., Zillmann, D. & Bryant, J. (1975). Enhancement of experienced sexual arousal in response to erotic stimuli through misattribution of unrelated residual excitation. *Journal of Personality and Social Psychology*, *32*, 69–75.

Cohen, B., Waugh, G. & Place, K. (1989). At the movies: An unobtrusive study of arousal-attraction. *Journal of Social Psychology*, *129*, 691–693.

Cummins, R. G., Wise, W. T. & Nutting, B. H. (2012). Excitation transfer effects between semantically related and temporally adjacent stimuli. *Media Psychology, 15*(4), 420–442.

Foster, C. A., Witcher, B. S., Campbell, W. K. & Green, J. D. (1998). Arousal and attraction: Evidence for automatic and controlled processes. *Journal of Personality and Social Psychology*, *74*, 86–101.

Hull, C.L. (1943). *Principles of behavior*. New York: Appleton-Century-Crofts.

Jeong, E. J. (2012). *Advertising effects and aggression in video games: Effects of sensory realism cues on brand memory, attitude, and aggression via physiological arousal, affect, and presence*, Vol. 72. ProQuest Information & Learning, US. Retrieved from http://search.ebscohost.com/login.aspx?direct=true&db=psyh&AN=2012-99111-027¬&site=ehost-live Available from EBSCOhost psyh database.

Jeong, E. J., Biocca, F. A. & Bohil, C. J. (2012). Sensory realism and mediated aggression in video games. *Computers in Human Behavior, 28*(5), 1840–1848.

Marshall, G. & Zimbardo, P. G. (1979). Affective consequences of inadequately explained physiological arousal. *Journal of Personality and Social Psychology, 37*, 970–988.

Meyer, W.-U., Schützwohl, A. & Reisenzein, R. (1993). *Einführung in die Emotionspsychologie*. Band I. Bern: Hans Huber.

Reisenzein, R. (1983). The Schachter theory of emotion: Two decades later. *Psychological Bulletin, 94*, 239–264.

Runions, K. C. (2013). Toward a conceptual model of motive and self-control in cyberaggression: Rage, revenge, reward, and recreation. *Journal of Youth and Adolescence, 42*(5), 751–771.

Schachter, S. & Singer, J. (1962). Cognitive, social and physiological determinants of emotional state. *Psychological Review, 69*, 379–399.

Schachter, S. (1964). The interaction of cognitive and physiological determinants of emotional state. In L. Berkowitz (Ed.), *Advances in experimental social psychology, Vol. 1*. New York: Academic Press.

Sturm, H. (1984). Wahrnehmung und Fernsehen: die fehlende Halbsekunde, *Media Perspektiven, 1*, 58–65.

Tannenbaum, P. H. & Zillmann, D. (1975). Emotional arousal in the facilitation of aggression through communication. In L. Berkowitz (Ed.), *Advances in experimental social psychology, Vol. 8* (pp. 149–192). New York: Academic Press.

Wang, Z. & Lang, A. (2012). Reconceptualizing excitation transfer as motivational activation changes and a test of the television program context effects. *Media Psychology, 15*(1), 68–92.

Zillmann, D. & Bryant, J. (1974). Effect of residual excitation on the emotional response to provocation and delayed aggressive behavior. Journal of Personality and Social Psychology, 30, 782–91.

Zillmann, D. (1971). Excitation transfer in communication-mediated aggressive behavior. *Journal of Experimental Social Psychology, 7*, 419–434.

Zillmann, D. (1991). Empathy: Affects from bearing witness to the emotions of others. In J. Bryant & D. Zillmann(Eds.), *Responding to the screen: reception and reaction processes* (pp. 135-169). Hillsdale, New Jersey: Lawrence Erlbaum Ass.

Zillmann, D. (1996). Sequential dependencies in emotional experience and behavior. In R. D. Kavanaugh, B., Zimmerberg & S. Fein (Eds.), *Emotion: Interdisciplinary perspectives* (pp. 243–272). Mahwah, NJ: Erlbaum.

Zillmann, D. (2004). Cinematic creation of emotion. In J. D. Anderson & B. Fisher Anderson (Eds.), Moving imagetheory: *Ecological considerations* (pp. 164–180). Carbondale, IL: University of Southers Illionois Press.

Zillmann, D. (2004). Emotionspsychologische Grundlagen. In R. Mangold, P. Vorderer & G. Bente (Hrsg.), *Lehrbuch der Medienpsychologie* (S. 129–150). Göttingen: Hogrefe.

Zillmann, D., Hoyt, J. L. & Day, K. D. (1974). Strength and duration of the effect of aggressive, violent, and erotic communications on subsequent aggressive behavior. *Communication Research, 1*, 286–306.

Drei-Faktoren-Emotionstheorie und affektive Disposition

Frank Schwab und Isabelle Menne

Worum geht es?

Emotionen spielen eine wichtige Rolle bei der Medienselektion, -rezeption und -wirkung. Die Erforschung emotionaler Prozesse wird innerhalb verschiedener Disziplinen mit unterschiedlichen Schwerpunktsetzungen betrieben (z. B. Neurologie, Endokrinologie, autonome und kognitive Prozesse, lerntheoretische Ansätze etc.). Dabei hat das Nebeneinander dieser unterschiedlichen Ansätze zur Isolation der jeweiligen Erkenntnisse beigetragen. Zillmann (1978, 2004) entwickelte deshalb mit der Drei-Faktoren-Emotionstheorie einen integrativen emotionstheoretischen Ansatz, der auch Medienwirkungen erklären soll.

Darstellung der Annahmen

Die Drei-Faktoren-Emotionstheorie (3FE) versteht emotionales Erleben und Verhalten als Ergebnis der Interaktion dreier Bestandteile des Emotionszustandes: einer dispositionalen Komponente, einer Erregungs- und einer Erlebenskomponente: (1) Die dispositionale Komponente steuert das emotionale Verhalten und gibt ihm eine Richtung (Annäherung/Akzeptanz vs. Vermeidung/Ablehnung). (2) Die Erregungskomponente stellt die Energie für emotionale Prozesse zur Verfügung. (3) Die Erlebenskomponente lässt emotionale Prozesse teilweise bewusst werden. Sie ermöglicht eine Kontrolle der Angemessenheit emotionaler Reaktionen und damit eine Unterdrückung oder Umlenkung emotionaler Verhaltensimpulse. Diese drei Faktoren beschreibt Zillmann auch für die Stimmung und für empathische Zustände. Im Einzelnen werden die Komponenten folgendermaßen charakterisiert (Zillmann, 2004):

Die Dispositionskomponente beeinflusst auf Grund von a) angeborenen, b) erlernten oder c) gedächtnisvermittelten Prozessen das motorische emotionale Verhalten: Zu a) es gibt auslösende Reize, deren feste Verbundenheit mit emotionalen Reaktionen angeboren ist (etwa: Ekelreaktion auf Exkremente). Zu b) Durch lerntheoretische Prozesse können emotionale Reiz-Reaktionsverknüpfungen etabliert sein (etwa: erlernte Angstreaktion auf Töne). Zu c) Bewusste und unbewusste emotionale Erinnerungen können zu Reiz-Reaktionsverbindungen beitragen (etwa: Tod eines Filmprotagonisten erinnert an den Tod des eigenen Vaters). Somit kann das Verhalten ohne längere Reaktionszeiten auf die entsprechenden Stimuli erfolgen. Im Prozess der Emotionsgenese sind weder elaborierte Strategien noch aufwändige kognitive Bewertungen notwendig. Zillmann (2004) argumentiert mit neurophysiologischen Forschungsergebnissen (Damasio, 1994; LeDoux, 1993), nach denen natürliche oder erworbene Auslöser die Amygdala (ein Gebiet des Gehirns, das mit der Wahrnehmung und Verarbeitung von Emotionen in Verbindung gebracht wird) über einen schnellen Verarbeitungsweg ansprechen und ohne Einbezug des Neocortex angepasstes Verhalten hervorrufen können. Die schnelle Route leitet Verhalten ein, bevor dessen Kontrolle und Bewertung durch das Bewusstsein möglich wird. Emotionale Reaktionen setzen in der frühen Phase ihrer Genese also keine komplexe kognitive Informationsverarbeitung (Denken, Vernunft, Bewusstsein) voraus.

Erregungskomponente: Wie bei der Dispositionskomponente sind auch die Erregungsreaktionen fest mit Auslösern »verdrahtet« oder durch Lernprozesse erworben. Die Erregungsreaktion dient dazu, den Organismus mit notwendiger Energie zu versorgen. Das sympathische Nervensystem setzt Katecholamine (z. B. Adrenalin) frei und führt so zu einer kurzfristigen Bereitstellung erhöhter Muskelleistungen. Flucht, Kampf, aber auch sexuelle Aktivitäten werden so energetisch unterstützt (Zillmann, 1998, 2004). Dabei interagiert das Erregungssystem mit dem endokrinen Apparat (Testosteron, Kortison), wobei Hormone hemmend oder fördernd in die Erregungs-/Emotionsgenese einwirken. Zillmann (2004) betrachtet die durch das sympathische Nervensystem vermittelte Erregung als notwendige Bedingung für Emotionen. Explosionen, rasante

Kamerafahrten und sexuelle Reize beispielsweise im Kinofilm »Fluch der Karibik« können so emotionale Erregung beim Zuschauer hervorrufen.

Die Erlebenskomponente kann die impulsiven und teilweise archaischen emotionalen Reaktionsmechanismen der ersten beiden Komponenten modifizieren und korrigieren.

Auch diese Modifikationen unterliegen Lerngesetzen, so dass wiederholt ausgeführte, veränderte Reaktionsweisen ursprüngliche emotionale Reaktionen ersetzen können. Gegenstand der kognitiven Kontrolle ist das motorische Verhalten sowie die somatische Erregung. Emotionales Erleben wird definiert als das Erkennen und Verstehen dieser Aspekte der Emotionalität. Durch die Erlebenskomponente kann emotionales Verhalten nun kognitiv evaluiert werden und bei Billigung durch das erlebende Individuum intensiviert bzw. bei Missbilligung eingeschränkt werden. Dem Zuschauer einer Piratenkomödie etwa mag auffallen, wie sehr seine emotionalen Reaktionen auf Schadenfreude beruhen, was in Zukunft eventuell zur Kontrolle des eigenen schadenfrohen Gelächters führen kann.

Zillmanns 3FE betont einerseits das Automatenhafte emotionaler Reaktionen (beispielsweise beim Erschrecken) und andererseits den Einfluss von Lernprozessen auf die jeweilige Ausformung der emotionalen Reaktion. Ergebnisse dieser Konditionierungsprozesse müssen natürlich nicht der willentlichen Kontrolle, bewussten Entscheidungen oder der gezielten Planung unterliegen.

Analog zur Drei-Faktoren-Theorie der Emotionen hat Zillmann (2004) eine Stimmungstheorie vorgeschlagen. Stimmung definiert er als Erleben, das durch die Abwesenheit von gerichtetem, zielorientiertem Verhalten gekennzeichnet ist. Die verhaltenssteuernde (dispositionale) Komponente verliert somit an Relevanz. Ihre Funktion beschränkt sich auf die Aufrechterhaltung bzw. Veränderung von Stimmungszuständen. Die Rolle der Erregungs- und Erlebenskomponente bleibt jedoch weitgehend unverändert. Erstere bestimmt maßgeblich die Intensität der erfahrenen Stimmung (üblicherweise auf deutlich niedrigerem Niveau als bei einer Emotion). Die Erlebenskomponente fokussiert auf das Lustempfinden während erlebter Stimmungen. Die Überwachung dieser Lustqualität motiviert einerseits die Aufrechterhaltung angenehmer sowie andererseits die Abkehr von unangenehmen Stimmungen. Die bewusste Erzeugung von Stimmungen für Arbeits- oder Freizeitaktivitäten bezeichnet Zillmann (2004) als Stimmungsvorbereitung (vgl. Beitrag zum Mood Management in diesem Band).

Aus einer medienpsychologischen Perspektive ist wichtig, dass emotionale Reaktionen auch durch lediglich sprachlich (Hörspiele), symbolisch (Bücher) oder ikonisch (Fotographien, Filme) repräsentierte Stimuli ausgelöst werden können. Ebenso können innere Repräsentanzen (Vorstellungen) emotionale Reaktionen auslösen, die mit Reaktionen auf äußere Reize vergleichbar sind. Die evaluierende Kontrolle emotionaler Reaktionen durch höhere kognitive Prozesse (Erlebenskomponente) führt langfristig zur Anpassung vorliegender

Dispositionen, die die affektive Bereitschaft für zukünftige Verarbeitungsprozesse des Auslösers beeinflussen. Es entsteht so ein dynamisches System der fortlaufenden Feinabstimmung und Aktualisierung emotionaler Reaktionsbereitschaften.

Drei-Faktoren-Empathie-Theorie:

Dispositionen gegenüber Medienfiguren und -personen spielen in Zillmanns Empathie-Theorie eine herausgehobene Rolle, während Erregungsaspekte und Erlebensfaktoren in den Hintergrund treten. Nach Zillmann kann die empathische Vermittlung von Emotionen reflexartig erfolgen (Lipps 1907, McDougall, 1908), sie kann durch Lernprozesse erworben werden (Aronfreed, 1970; Humphrey, 1922) oder kognitiv vermittelt sein (Feshbach, 1978), wobei alle drei Wirkungsweisen auch gleichzeitig und sich ergänzend auftreten können (Zillmann, 1991). Eher reflexartige Prozesse basieren auf motor mimicry (spontane Imitation des Ausdrucksverhaltens anderer) und nachahmenden Facial-Feedback-Effekten (Veränderung des emotionalen Zustands als Folge mimischen Verhalten). Diese Prozesse der emotionalen Ansteckung ermöglichen einen evolutionären Vorteil – vor allem hinsichtlich der Flucht- und Kampfsynchronisation in Gruppen (Ekman, 1999). Erworbene empathische Reaktionen beziehen sich vor allem auf hedonische (Lust-/Unlust-)Erfahrungen mit Objekten und Personen, die sich zu affektiven Dispositionen verfestigen und so zu Annäherung, Gefallen, Akzeptanz oder zu Abneigung, Vermeidung, Zurückweisung beitragen (Zillmann, 2004). Besteht eine positive Disposition hinsichtlich einer Person, wird deren affektives Erleben empathisch »miterlebt« – dies ist jedoch nicht der Fall bei einer negativen Disposition. Die kognitive Vermittlung betont die bewusste Perspektivenübernahme als Quelle der Empathie und des emotionalen Verstehens.

Affektive Dispositionen entscheiden also darüber, ob wir für andere – auch Medienfiguren – Empathie empfinden oder nicht. Zillmann (2004) beschreibt die Entwicklung affektiver Dispositionen gegenüber Medienfiguren wie folgt:

- Zunächst erfolgt die Beobachtung einer Person.
- In einem moralischen Urteilsprozess werden dann das beobachtete Verhalten und die zugeschriebenen Absichten als gut oder schlecht bewertet.
- Werden Verhalten und Absichten positiv evaluiert, bildet sich eine positive affektive Disposition, die durch Zuneigung und Besorgnis gegenüber der Person gekennzeichnet ist. Erfolgt eine negative moralische Bewertung entsteht eine negative affektive Disposition, die Abneigung und Feindseligkeit zur Folge hat.
- Der Beobachter hofft für den positiv evaluierten Akteur auf Glück bzw. fürchtet sein Unglück. Einer negativ evaluierten Person dagegen wünscht er Unglück und befürchtet Glück.
- Der Beobachter reagiert empathisch mit der positiv bewerteten Person: Er fühlt sich gut, wenn der Akteur dies tut, und leidet, wenn es ihm schlecht ergeht. Bei einer vorliegenden negativen Disposition wird jedoch gegenteilig

reagiert: Das Glück der Person löst Irritation und Ärger aus, ihr Unglück Freude.

- Treffen den positiv evaluierten Akteur unverdient harte Schicksalsschläge erhöht dies nochmals das ihm entgegengebrachte Wohlwollen. Umgekehrt führt ein positives Ereignis für die missbilligte Person zu umso stärkerer Ablehnung.

Dem moralischen Urteil kommt in diesem Prozess also eine zentrale Funktion zu. Die Rezipienten sind so etwas wie unermüdliche moralische Kontrolleure des Verhaltens und der Absichten anderer (Zillmann, 2000, 2004). Besonderheiten ergeben sich bei der Besetzung affektiver Dispositionen für Charaktere, die moralische Ambiguität aufweisen (siehe dazu Krakowiak & Oliver, 2012; Schlütz, Stock, Walkenbach & Zehrfeld, 2013). In der Serie »Dexter« führt die gleichnamige Hauptfigur ein Doppelleben als Polizist und Serienkiller. Ergebnisse zeigen, dass sich ein moralisch ambivalenter Charakter wie Dexter Morgan dennoch zur empathischen Einfühlung und Identifikation eignet. Dies geht jedoch mit Schuldgefühlen einher. Um diese zu beseitigen, werden seine Taten als moralisch gerechtfertigt bewertet (Schlütz et al., 2013; vgl. Beitrag zu Moral Disengagement in diesem Band).

Typische Methodik

Je nachdem welcher Faktor (Disposition, Erregung, Erleben) der Drei-Faktoren-Theorien und je nachdem welches emotionale Phänomen (Emotion, Stimmung, Empathie) adressiert wird bieten sich je unterschiedliche Methoden an. Aspekte der Erregung innerhalb der 3FE wurden vor allem im Excitation-Transfer-Ansatz untersucht (vgl. Beitrag zum Excitation Transfer in diesem Band). Aspekte der Stimmungsmanipulation und des Stimmungsmanagements durch Medienwahl hat vor allem der Mood-Management-Ansatz experimentell untersucht (vgl. Beitrag zum Mood Management in diesem Band). Phänomene medienvermittelter Empathie wurden in erster Linie unter dem Aspekt der Entwicklung affektiver Dispositionen gegenüber Medienfiguren und den Konsequenzen für das empathische Rezeptionserleben untersucht. Die abhängige Variable (Wirkung) wird meist mit Fragebögen erfasst. Die unabhängige Variable besteht entweder in verschiedenen Medienangeboten mit unterschiedlichen Personen oder Figuren oder ein Medieninhalt wird so manipuliert, dass sich zu derselben Person/Figur unterschiedliche Dispositionen einstellen (durch Hinzufügen oder Entfernen von Informationen zur Person).

Zentrale empirische Befunde

Im Folgenden werden vor allem empirische Befunde zur Dispositionstheorie vorgestellt. Befunde zu anderen Aspekten der Drei-Faktoren-Theorien finden sich unter den Schlagworten Mood Management und Excitation Transfer (vgl. Beiträge in diesem Band). Zillmann und Cantor (1972) hatten ihren dispositionstheoretischen Ansatz zunächst an humorvollem Material entwickelt und später auf fiktionale Narrative (Zillmann & Cantor, 1976) und Sportereignisse (Zillmann, Bryant Sapolsky, 1989; Raney, 2003) ausgedehnt. Mittlerweile liegen Studien zu angsterregender Unterhaltung (Hoffner & Cantor, 1991; Oliver, 1993), Action-Filmen (King, 2000) und Nachrichten (Zillmann, Taylor & Lewis, 1998) vor. In der Humorstudie (Zillmann & Cantor, 1972) wurde eine Einschätzung der »Witzigkeit« von scherzhaften Geschichten über Professoren und Studenten, bei denen entweder die eine oder andere Partei am Ende besser da stand, untersucht. Die Witze wurden Studenten und Professoren vorgelegt und führten zu mit der Dispositionstheorie konformen Ergebnissen: Studenten fanden Witze, bei denen sie selbst positiv, die Professoren jedoch lächerlich dargestellt wurden, witzig, während Professoren die umgekehrte Darstellung bevorzugten. Raney und Bryant (2002) konnten für Krimis zeigen, dass Gerechtigkeitsempfinden und Mitleid mit dem Opfer im Rahmen moralischer Urteile den Mediengenuss beeinflussen (vgl. auch Raney, 2002). Im Bereich des Sports konnte gezeigt werden, dass der Genuss umso deutlicher ist, je stärker das Gewinnerteam gemocht und das Verliererteam abgelehnt wird. »Negative enjoyment« zeigt sich umso prägnanter, je intensiver das Gewinnerteam gehasst und je mehr mit dem Verliererteam sympathisiert wird (Zillmann & Paulus, 1993). Im Bereich Filme/TV-Serien beschäftigen sich neuere Studien mit der Wirkung moralisch zweifelhafter Hauptcharaktere auf den Aufbau affektiver Dispositionen und damit das Unterhaltungsempfinden (Krakowiak & Oliver, 2012; Schlütz, Stock, Walkenbach & Zehrfeld, 2013). Die Studien geben Hinweise darauf, dass auch Charaktere mit moralischer Ambiguität gemocht werden können, auch wenn dies z. T. mit schlechtem Gewissen einhergehen kann.

Kritik

Zillmann hat mit seinen medienpsychologischen Theorien und Forschungen das Feld psychologischer Analysen der Erlebens und Verhaltens von Menschen im Umgang mit Medien entscheidend geprägt. Seine Drei-Faktoren-Theorie emotionalen Erlebens und Verhaltens adressiert Emotionen, Stimmungen und Empathie. In diese Emotionstheorie lassen sich eine Vielzahl von Befunden und Überlegungen bezüglich der emotionalen Selektion, Nutzung und Wirkung unterschiedlichster Medien integrieren. Dabei wurde bisher jedoch keineswegs jeder Faktor (Disposition, Erregung, Erleben) in jedem Bereich (Emotion, Stimmung, Empathie) gleichgewichtig untersucht. Auch unterscheiden andere – medienpsychologisch interessante – Emotionstheorien (Überblick: Schramm & Wirth, 2006) mehr Faktoren bzw. Komponenten (etwa Scherer, 1993: Ausdrucks-, Gefühls-, kognitive Bewertungskomponente, motivationale und neurophysiologische Komponente). Die 3FE zeigt dabei eindeutige Bezüge zur Zwei-Faktoren-Theorie Schachters (1964), die kognitive Attributionsprozesse von körperlicher Erregung untersucht. Schachter versteht Emotionen als eine Funktion *physiologischer Erregungen* und einer zu dieser Erregung »passenden« *Kognition.* Zu kritisieren ist dabei das Konzept einer energetisierenden unspezifischen Erregung als Notwendigkeit emotionalen Geschehens (vgl. Beitrag zur Excitation-Transfer-Hypothese in diesem Band).

Literatur

Aronfreed, J. (1970). The socialization of altruistic and sympathetic behavior. Some theoretical and experimental analyses. In J. Macaulay & L. Berkowitz (Eds.), *Altruism and helping behavior* (pp. 103–126). New York: Academic Press.

Damasio, A. R. (1994). *Descartes' error*. New York: Putnam.

Ekman, P. (1999). Basic emotions. In T. Dalgeish & M. J. Power (Eds.), *Handbook of cognition and emotion* (pp.45–60). Chichester: Wiley.

Feshbach, N. D. (1978). Studies of empathetic behavior in children. In B. A. Maher (Ed.), *Progress in experimentalpersonality research, Vol. 8* (pp. 1–47). New York: Academic Press.

Hoffner, C. & Cantor, J. (1991). Factors affecting children's enjoyment of a frightening film sequence. *Communication Monographs, 58*(1) 41–62.

Humphrey, G. (1922). The conditioned reflex and the elementary social reaction. *Journal of Abnormal and Social Psychology, 17*, 113–119.

King, C.M. (2000). Effects of humorous heroes and villains in violent action films. *Journal of Communication, 50*(1), 5–24.

Krakowiak, K. M. & Oliver, M. B. (2012). When good characters do bad things: Examining the effect of moral ambiguity on enjoyment. *Journal of Communication, 62*, 117–135.

LeDoux, J. E. (1993). Emotional networks in the brain. In M. Lewis & J. M. Haviland (Eds.), *Handbook of emotions* (pp. 109–118). New York: Guilford Press.

Lipps, T. (1907). Das Wissen von fremden Ichen. *Psychologische Untersuchungen, 1*(4), 694–722.

McDougall, W. (1908). *An introduction to social psychology*. London: Methuen.

Oliver, M. B. (1993). Adolescents' enjoyment of graphic horror: Effects of attitudes and portrayals of victim. *Communication Research, 20*(1), 30–50.

Raney, A. A. & Bryant, J. (2002). Moral judgment and crime drama: an integrated theory of enjoyment. *Journal of Communication, 52*, 402–415.

Raney, A. A. (2002). Moral judgement as predictor of enjoyment of crime drama. *Media Psychology, 4*, 305–322.

Raney, A. A. (2003). Disposition-based theories of enjoyment. In J. Bryant, D. Roskos-Ewoldsen & J. Cantor (Eds.), *Communication and emotion: Essays in honor of Dolf Zillmann* (pp. 61–84). Mahwah, NJ: Lawrence Erlbaum.

Schachter, S. (1964). The interaction of cognitive and physiological determinants of emotional state. In L. Berkowitz (Ed.), *Advances in experimental social psychology, Vol. 1* (pp. 49–79). New York: Academic Press.

Scherer, K. R. (1993). Studying the emotion-antecedent appraisal process: An expert system approach. Special issue: Appraisal and beyond: The issue of cognitive determinants of emotion. *Cognition & Emotion, 7*, 325–355.

Schlütz, D., Stock, Y., Walkenbach, J. & Zehrfeld, M. (2013). Mein Freund, der Serienkiller: Fan-Beziehungen zum Hauptcharakter der Fernsehserie Dexter. In *Transnationale Serienkultur* (pp. 367–380). Springer Fachmedien Wiesbaden.

Schramm, H. & Wirth, W. (2006). Medien und Emotionen: Bestandsaufnahme eines vernachlässigten Forschungsfeldes aus medienpsychologischer Perspektive. *Medien & Kommunikationswissenschaft, 54*(1), 25–55.

Zillmann, D. (1978). Attribution and misattribution of excitatory reactions. In J. H. Harvey, W. J. Ickes & R. F. Kidd (Eds.), *New directions in attribution research, Vol. 2* (pp. 335–368). Hillsdale, NJ: Lawrence Erlbaum.

Zillmann, D. (1991) Empathy: Affect from bearing witness from the emotions of others. In J. Bryant & D. Zillmann (Eds.), *Responding to the screen: Reception and reaction processes* (pp. 135–167). Hillsdale, NJ: Lawrence Erlbaum.
Zillmann, D. (2000). Basal morality in drama appreciation. In I. Bondebjerg (Ed.), *Moving images, culture and the mind* (pp. 53–63). Luton: University of Luton Press.
Zillmann, D. (2004). Emotionspsychologische Grundlagen. In R. Mangold, P. Vorderer & G. Bente (Hrsg.). *Lehrbuch der Medienpsychologie* (pp. 101–128). Göttingen: Hogrefe.
Zillmann, D. Bryant, J. & Sapolsky, B. S. (1989). Enjoyment from sports spectatorship. In J. H. Goldstein (Ed.), *Sports, games, and play: Social and psychological viewpoints* (2nd ed, pp. 241–278). Hillsdale, NJ: Lawrence Erlbaum.
Zillmann, D. & Cantor, J. (1972). Directionality of transitory dominance as a communication variable affecting humor appreciation. *Journal of Personality and Social Psychology, 24*, 191–198.
Zillmann, D. & Cantor, J. (1976). A disposition theory of humor and mirth. In T. Chapman & H. Foot (Eds.), *Humor and laughter: Theory, research and application* (pp. 93–115). London: Wiley.
Zillmann, D., Taylor, K. & Lewis, K. (1998). News as nonfiction theater: How dispositions toward the public cast of characters affect reactions. *Journal of Broadcast & Electronic Media, 42*(2), 153–169.

Spannung

Michael Brill und Frank Schwab

Worum geht es?

Das Erleben von Spannung während der Nutzung von Medien ist vor allem bei Unterhaltungsangeboten ein entscheidendes Merkmal. Dabei wird das Spannungserleben nicht nur in einschlägigen Genres wie beispielsweise dem Thriller zur Unterhaltung genutzt: So fielen z. B. laut Marktforschungsdaten aus dem Jahr 2014 ein Großteil der in den USA verkauften Liebesromane in die Kategorie »romantic suspense« (Print: 53 %, E-Book: 48 %; Romance Writers of America, 2014) und auch bei Sportübertragungen (Peterson & Raney, 2008) und Videospielen (Klimmt, Rizzo, Vorderer, Koch & Fischer, 2008) wird dem Spannungserleben eine wichtige Rolle beim Mediengenuss zugeschrieben.

Der Begriff Spannung (= Suspense) leitet sich vom lateinischen »suspendere« ab = »in Unsicherheit schweben«. Spannung kann beschrieben werden als »a cognitive and emotional reaction that is evoked by time-dependent structural characteristics of an unfolding dramatic narrative« (Alwitt, 2002, S. 35). Leser, Hörer, Zuschauer, aber auch Computer- und Videospieler scheinen also mit dem Erleben von Spannung auf Ereignisse zu reagieren, die sich während einer Erzählung entwickeln. Zum einen interpretieren Rezipienten Ereignisse eines Plots (kognitiver Aspekt der Spannungsreaktion), zum anderen reagieren sie häufig mit einem Schwanken zwischen Hoffnung und Furcht als den beiden

Schlüsselemotionen spannungsvollen Erlebens (affektiver Aspekt der Spannungsreaktion; Alwitt, 2002).

Darstellung der Annahmen

Im Folgenden soll der Aspekt der Spannung als Wirkmoment medienvermittelter Narrative beschrieben werden. Suspense oder Spannung kann (a) durch den Gesamtplot der Erzählung erzeugt werden oder (b) durch Einzelereignisse des Narrativs (Zillmann, 1996).

Zu (a): Der Gesamtplot wirft meist die spannende Frage des endgültigen Schicksals des Hauptprotagonisten auf. Der dargestellte Konflikt und dessen Auflösung tragen also entscheidend zur Spannung bei (Wulff, 1996). So mag sich der Kinogänger hinsichtlich der Gesamterzählung fragen: »Wird das Böse siegen?«.

Zu (b): Spannung, die aus den einzelnen Ereignissen der Erzählung generiert wird (auch als »tension« bezeichnet), sorgt vor allem dafür, die Aufmerksamkeit des Rezipienten zu binden. Sie arbeitet mit der Unsicherheit des Rezipienten hinsichtlich des kurzfristigen Ergebnisses dieser Ereignisse (»Wird die Kugel Neo töten oder verfehlen?«).

Bestimmte strukturelle Merkmale von Narrativen scheinen besonders bedeutsam für das Erleben von Spannung zu sein (Alwitt, 2006; vgl. auch z. B. Carroll, 1984, 1996; Vorderer, Wulff & Friedrichsen, 1996; Zillmann, 1991, 1996; Tan, 1996):

1. Es gibt eine Figur, die Objekt der emotionalen Reaktionen des Rezipienten sein kann.
2. Meist entwickelt der Rezipient Zuneigung und Empathie für diese Figur.
3. Alternative Schicksale des Protagonisten – vom Publikum bevorzugte und befürchtete – sind möglich. Eines dieser Schicksale ist meist als das moralisch korrekte und faire Ergebnis konstruiert.
4. Der Plot thematisiert einen Konflikt. Der Konflikt kann dabei ganz unterschiedlicher Natur sein: interpersonell, intrapersonell, zwischen Mensch und Umwelt oder auch zwischen Mensch und Natur etc. (Bartholomew, 1977).
5. Die Erzählung ist zeitlich so strukturiert, dass der Rezipient einen gewissen Zeitdruck wahrnehmen kann bzw. eine deutliche Zeitbegrenzung zur Lösung des Konflikts oder Problems besteht. Die zeitliche Struktur wird definiert durch folgende erzählerische Taktiken: (a) Frequenz und Dauer von (wechselnden) narrativen Ereignissen bzw. bei Filmen: Montage und Filmschnitt; (b) durch den Plot selbst und die Konstruktion einer Erzählzeit in Relation zur erzählten Zeit (Zeitdehnung, Zeitraffung oder zeitdeckendes Erzählen wie im Echtzeit-Thriller »24«); (c) durch explizite »deadlines« innerhalb des Plots (»die tickende Bombe«); und (d) durch Auslassung von Ereignissen (El-

lipsen) um Diskontinuitäten in der Erzählung zu erzeugen (Bordwell & Thompson, 1986; Eder, 1999; de Wied & Frijda, 1992).

6. Rezipienten können entweder andere, weniger oder mehr Informationen besitzen als die Protagonisten der Erzählung oder der Erzähler in Gestalt des Regisseurs, Drehbuchautors o. Ä. hält Informationen gezielt vor den Rezipienten zurück (Ohler & Nieding, 1996; Wuss, 1996).

Kognitive Ansätze versuchen Spannung durch veschiedenen kognitive Prozesse zu erklären. So beschreibt Gerrig (1996) Spannung in Analogie zu einem Problemlöseprozess. Rezipienten erleben demnach mehr Spannung, wenn mögliche Lösungwege sich als nicht durchführbar erweisen. Ohler und Nieding (1996) arbeiten mit der Schematheorie. Spannung entsteht demnach wenn Platzhalter aktivierter Schemata nicht mit bestimmten Werten besetzt werden können.

Unter den affektiven Ansätzen sollen zwei Theorieansätze herangezogen werden, um zu erklären, wie Spannung entstehen kann: zum einen Überlegungen von Zillmann zum genussvollen Spannungserleben (vgl. Beitrag zu Drei-Faktoren-Emotionstheorie und affektive Disposition in diesem Buch), zum anderen die »structural affect theory« von Brewer und Lichtenstein (1981, 1982).

Zillmann (1980) nimmt an, dass die Bedrohung von (gemochten) Filmprotagonisten Erregung und Gefühle der Sorge im Publikum hervorruft, was wiederum Suspense erzeugt. Gelingt es den Protagonisten drohende Gefahren zu bestehen, verschwinden die Gefühle der (empathischen) Sorge, während die physiologische Erregung andauert (vgl. Beitrag zum Excitation-Transfer-Ansatz in diesem Buch). Die positiven Emotionen, die mit dem Triumph des Protagonisten im Happy End einhergehen, werden so durch die Residualerregung aus der Sorge und dem Bangen um die Figur verstärkt. Daraus folgt: Je größer die Gefahren, mit denen sich ein (gemochter) Protagonist konfrontiert sieht, umso deutlicher fällt die Befriedigung bei einem glücklichen Ende der Erzählung aus. Zillmann (1980, 1996) bietet somit eine »theory of suspense enjoyment« an, wobei Spannung als empfundene »acute, fearful apprehension about deplorable events that threaten liked protagonists« verstanden wird (Zillmann, 1996, S. 208).

Die »structural affect theory« von Brewer und Lichtenstein (1981, 1982) greift Überlegungen von Zillmann auf, fokussiert aber auf die strukturellen Erzählmerkmale unterschiedlicher Genres. Spannung ist nur eines von verschiedenen möglichen Ergebnissen des Erlebens von narrativen Strukturen. In Abhängigkeit von der Erzählstruktur, in welcher Ereignisse präsentiert werden, kann ein Narrativ Spannung oder auch Überraschung und Neugierde erzeugen. Neugierde etwa wird erzeugt, wenn entscheidende Informationen zunächst zurückgehalten werden (etwa »Whodunnit?«; vgl. oben Punkt 5). Überraschung kann entstehen, wenn Informationen verspätet angeboten werden, was zu einer Uminterpretation der Situation aufgrund der neuen Information führt. Spannung wiederum bedarf eines auslösenden Ereignisses, welches zu bedeutsamen (positiven oder negativen) Folgen führen kann. Einfluss auf das Spannungserleben haben dabei mehrere Faktoren (Brewer, 1996):

- Je bedeutsamer und wahrscheinlicher mögliche Konsequenzen sind, desto stärker wird Spannung erlebt.
- Die Bedrohung durch negative Konsequenzen erzeugt stärkere Spannung als die Möglichkeit positiver Folgen.
- Das ungewisse Schicksal eines guten Charakters erzeugt mehr Spannung als jenes böser Figuren.
- Die Anteilnahme ist entscheidender für das Entstehen von Spannung als die Identifikation mit dem Charakter.

Die Gesamtspannung einer Erzählung setzt sich aus »Mini-Suspense«-Sequenzen mit kleinen Spannungsauflösungen zusammen.

Typische Methodik

Als unabhängige Variabeln werden in der Regel Aspekte der Erzählung manipuliert. Als abhängige Variabeln werden oft verschiedene Komponenten des emotionalen Erlebens erfasst. Zum einen werden so genannte Suspense Ratings erhoben, meist sind dies emotionale Einschätzungen, die sowohl mehrfach während, aber auch einmalig nach der Rezeption erfolgen. Zum anderen werden während des Rezeptionsprozesses peripherphysiologische Maße erfasst (Herzfrequenz, Hauttemperatur, Hautleitfähigkeit), die als Indikatoren der Spannungserfahrung interpretiert werden. Bisweilen werden auch Verhaltensmaße als Spannungsindikatoren erhoben (z. B. mimische Reaktionen als Indikatoren emotionalen Erlebens).

Zentrale empirische Befunde

Die meisten Befunde sprechen sowohl für Zillmanns »Suspense-Enjoyment«-Annahmen als auch für die Annahmen der »structural affect theory«:

Bedeutsamkeit der Konsequenzen: Brewer und Lichtenstein (1981) manipulierten in einer Geschichte die Bedeutsamkeit der Konsequenzen (Heimfahrt mit dem Auto mit und ohne Zeitbombe) ebenso wie positive und negative Folgen (drohende Flutwelle vs. Lottogewinn). Die Textvarianten Zeitbombe, Flutwelle, aber auch der positive Lottogewinn führten wie erwartet zu vermehrtem Spannungserleben.

Merkmale des Protagonisten: Jose und Brewer (1984) untersuchten das Spannungerleben bei Kindern, die spannende Geschichten einerseits mit bedrohten positiven und andererseits mit bedrohten negativen Charakteren lasen. Beide Versionen erzeugten Spannung, jedoch erzeugten Geschichten mit guten bedrohten Charakteren mehr Spannung.

Spannnungsverlauf: Zillmann, Hay und Bryant (1975) zeigten Kindern unterschiedliche Trickfilmsendungen. Theoriekonform erwiesen sich die Reaktionen bezüglich physiologischer Erregung, Akzeptanz der Sendung sowie mimischer Expression von Furcht und positiven Affekten als abhängig vom narrativen Verlauf der Sendung. Die Reaktionen zeigten sich vor allem in dem

Moment, in dem die Bedrohung erfolgreich überwunden wurde, etwa durch eine Abnahme des physiologischen Arousals.

Emotionale Grundlagen des Spannungserlebens und Einfluss des Ausgangs der Erzählung: Verschiedene Studien zeigen, dass negative emotionale Reaktionen mit größerem Filmgenuss einhergehen (Hoffner & Cantor, 1991; Zillmann, Weaver, Mundorf & Aust, 1986), jedoch unabhängig von einer erfolgreichen Überwindung der Bedrohung sind (Hoffner & Levine, 2005). Hoffner und Levine untersuchten im Rahmen von Zillmanns (1996) »Suspense-Enjoyment«-Modell den Zusammenhang zwischen negativem Affekt und Arousal während des Sehens eines Films (Hoffner & Levine, 2005). Negativer Affekt wurde als subjektives Erleben eines Zustands von Furcht, Sorge etc. in Selbstreports operationalisiert. Die erwartete positive Korrelation zwischen Filmgenuss und erlebten negativen Emotionen zeigt sich vor allem bei männlichen Zuschauern. Unterschiedliche Enden des Films hatten jedoch entgegen Zillmanns Modellannahmen keinen Einfluss: sowohl der Sieg über den Antagonisten als auch die fortgesetzte Jagd auf ihn beeinflussten den Genuss nicht entscheidend. Die Messung des Arousals mittels physiologischer Parameter wie Hautleitfähigkeit, Hauttemperatur und Herzfrequenz zeigte keinen Zusammenhang entlang der Annahmen Zillmanns (Hoffner & Levine, 2005). Auch Hoffner und Cantor (1991) manipulierten die Auflösung filmischer Narrative und fanden, dass negative Emotionen den Filmgenuss unabhängig vom letztendlichen Ausgang des Films vergrößern. Neuere Studien untersuchten weiterhin den Einfluss der empfundenen Erleichterung nach der Auflösung und postulieren, dass die Erleichterung die Rolle eines Mediators zwischen Spannungserleben und Genuss einnimmt (Madrigal, Bee, Chen & LaBarge, 2011).

Erzählstruktur und Wahrscheinlichkeiten: In mehreren Studien konnte gezeigt werden, dass die Erzählstruktur die affektiven Reaktionen Spannung, Neugier und Überraschung bei den Rezipienten beeinflusst (Brewer & Lichtenstein, 1981; Brewer & Ohtsuka, 1988; Hoeken & van Vliet, 2000; Knobloch, Patzig, Mende & Hastall, 2004; Knobloch-Westerwick & Keplinger, 2006). Die Ergebnisse sprechen für die »structural affect theory«. Suspense-Einschätzungen eines Films sind außerdem abhängig von der Wahrscheinlichkeit einer erfolgreichen Bedrohungsabwehr durch den Protagonisten (Comisky & Bryant, 1982; Brewer, 1996). Einige Autoren gehen davon aus, dass bei einer 50/50-Wahrscheinlichkeit für ein positives oder negatives Ende die Spannung am höchsten sei (Ohler & Nieding, 1996); andere vermuten, dass ein negatives Ende wahrscheinlicher sein sollte als ein positives (Carrol, 1996).

Merkmale des Rezipienten: Bezüglich der Persönlichkeit der Rezipienten zeigen Untersuchungen, dass empathische Rezipienten mehr Spannung beim Filmgenuss erleben als weniger empathische Zuschauer (de Weid, Hoffman & Roskos-Ewoldsen, 1997). King und Hourani (2007) beschreiben bei Horrorfilmrezipienten so genannte »thrill watchers«, die eine tiefe Sorge um den Protagonisten entwickeln (Dispositionstheorie) und ein Happy End besonders schätzen (vgl. Beitrag zum Excitation-Transfer-Ansatz in diesem Band). Jedoch lassen sich auch so genannte »gore watchers« beschreiben, die sich ebenfalls durch hohes »adventure seeking« auszeichnen, jedoch (als trait) wenig Empathie- und Furchtneigung zeigen. Mutmaßlich lässt diese Persönlichkeitskonfiguration »gore watchers« nach expliziten Darstellungen von Blut, Tod und körperlichen Qualen suchen. Weitere Studien belegen, dass Sensation Seeking als Persönlichkeitsmerkmal einhergeht mit dem Aufsuchen von spannenden, Angst auslösenden und gewalthaltigen Filmen (Aluja-Fabregat & Torrubia-Beltri, 1998; Edwards, 1991; Harris et al., 2000; Lawrence & Palmgreen, 1996). Befunde aus dem Breich der Sportrezeption betonen die Rolle der Beziehung zwischen Rezpienten und Sportlern. So legen Ergebnisse nahe, dass positive, nicht aber negative parasoziale Beziehungen zu Protagonisten, in diesem Fall Formel-1-Fahrern, das Spannungserleben beeinflussen (Hartmann, Stuke & Daschmann, 2008). Eine Untersuchung mit Football-Fans betont die Rolle der durch das Verhalten beim Anfeuern erhobenen Affektiven Disposition der Fans zu ihrem Team (Knobloch-Westerwick, David, Eastin, Tamborini & Greenwood, 2009).

Kritik

Kritik bezieht sich zum einen auf methodische Aspekte. So wird das Spannungserleben in Studien ganz unterschiedlich operationalisiert, beispielsweise werden ganz unterschiedliche physiologische Parameter zur Messung verwendet. Zudem ist fraglich, inwiefern sich Spannung hauptsächlich als physiologisches Phänomen fassen lässt (Hoffner & Cantor, 1991).

Zum zweiten bezieht sich die Kritik auch auf die theoretischen Modelle und setzt hier vor allem an Phänomenen an, die durch diese Modelle nicht erklärt werden können.

Zwar erklärt das »Suspense-Enjoyment«-Modell von Zillmann (1996) eine Vielzahl empirischer Ergebnisse zum Spannungserleben. Jedoch scheint das Modell bei Filmen ohne Happy End nicht zuzutreffen. Endet ein Film unglücklich, sollten Trauer und Enttäuschung beim Rezipienten durch die zuvor erlebte Spannung und die damit einhergehende Resterregung intensiviert werden (Hoffner & Levine, 2005), dies ist jedoch nicht der Fall. Zillmann entgegnet, dass »removal of the threat that produced empathic distress may be regarded [as] a minimal stimulus condition for the cognitive switch from dysphoria to euphoria« (Zillmann, 1996, S. 226). Liegt also – wenn kein Happy End geboten wird – der Genuss im Spannungserleben lediglich in einem Wegfall der filmischen Bedrohungen (Tamborini, 1991)? Andere Autoren gehen davon aus, dass furchtauslösende Filme präferiert werden, da sie Zerstörung zeigen, Angstlust, Aufregung und Unvorhersagbarkeit anbieten (Tamborini & Stiff, 1987; Tamborini, Stiff & Zillmann, 1987).

Insgesamt gehen Zillmanns Modellannahmen zur Spannung von eher prototypischen spannenden Unterhaltungsnarrativen aus, wie etwa populären aktionsorientierten Narrativen, die von eher prototypischen Rezipienten unterhaltend genutzt werden. Seine Theorie macht jedoch kaum Aussagen zum Spannungserleben bei elitären, innenweltorientierten Narrativen, die von Rezipienten eher verstehend erschlossen werden (Vorderer, 1996). Daneben mag es aber auch Narrative geben, welche andere Spannungsformen anbieten, bzw. Rezipienten, welche diese präferieren (vgl. Beitrag zu Rezeptionsmodalitäten in diesem Buch).

Eine theoretische Herausforderung stellt das »paradox of suspense« dar: Wieso sehen, lesen, hören Rezipienten Narrative, die ihnen bereits wohlbekannt sind, mehrfach und erleben dabei trotzdem wieder Spannung (Brewer, 1996; Vorderer, 1996)? Ein philosophisch orientierter Ansatz geht davon aus, dass die erlebte Spannung nicht aus z. B. Unsicherheit resultiere, sondern durch den Wunsch bedingt werde, in die Handlung einzugreifen, bei gleichzeitiger Frustration darüber, dass dies nicht möglich ist (Smuts, 2008); empirische Befunde zu dieser These sind jedoch rar.

Auch die Rolle moderierender Persönlichkeitsvariablen ist noch weitgehend ungeklärt. Hier stellt sich z. B. die Frage, wie die Persönlichkeitsmerkmale Empathie und Sensation Seeking zusammenwirken, möglicherweise meiden vor allem hochempathische Personen mit niedrigen Sensation-Seeking-Tendenzen spannendes und furchtauslösendes Filmmaterial (Hoffner & Levine, 2005; Tamborini, 1991). Aktuell beschreibt die medienpsychologische Spannungsforschung eher prototypische Erzählungen und deren Rezeption, untypische Erzählungen, seltene Rezeptionsmodi und Aspekte der Rezeptionspersönlichkeit sind wenig erforscht.

Literatur

Aluja-Fabregat, A. & Torrubia-Beltri, R. (1998). Viewing of mass media violence, perception of violence, personality, and academic achievement. *Personality and Individual Differences*, 25, 973–989.

Alwitt, L. F. (2002). Suspense and Advertising Response. *Journal of Consumer Psychology*, 12 (1), 35–49.

Bartholomew, C. (1977). The man in the closet. In A. S. Burack (Ed.), *Writing suspense and mystery fiction* (pp. 21–26). Boston: The Writer Inc.

Bordwell, D. & Thompson, K. (1986). *Film art: An introduction* (2nd ed.). New York: Knopf.

Brewer, W. F. (1996). The nature of narrative suspense and the problem of rereading. In P. Vorderer, H. J. Wulff & M. Friedrichsen (Eds.), *Suspense: Conceptualizations, theoretical analyses, and empirical explorations* (pp. 107–127). Mahwah, NJ: Erlbaum.

Brewer, W. F. & Lichtenstein, E. H. (1981). Event schema, story schema, and story grammars. In J. Long & A. Baddely (Eds.), *Attention and performance IX* (pp. 363–379). Hillsdale, NJ: Lawrence Erlbaum Associates, Inc.

Brewer, W. F. & Ohtsuka, K. (1988). Story structure, characterization, just world organization, and reader affect in American and Hungarian short stories. *Poetics, 17*, 395–415.

Brewer, W. F. & Lichtenstein, E. H. (1982). Stories are to entertain: A structural-affect theory of stories. *Journal of Pragmatics, 6*, 473–486.

Carroll, N. (1984). Toward a theory of film suspense. *Persistence of Vision, 1*, 65–89.

Carroll, N. (1996). The paradox of suspense. In P. Vorderer, H. J. Wulff & M. Friedrichsen (Eds.), *Suspense: Conceptualizations, theoretical analyses and empirical explorations* (pp. 71–92). Mahwah, NJ: Lawrence Erlbaum Associates, Inc.

Comisky, P. & Bryant, J. (1982). Factors involved in generating suspense. *Human Communication Research*, 9, 49–58.

de Wied, M. & Frijda, N. H. (1992). Duration experience under conditions of suspense in films. In F. Macar, V. Pouthas & W. J. Friedman (Eds.), *Time, action and cognition: Towards bridging the gap* (pp. 325–336). Boston: Kluwer Academic.

DeWeid, M., Hoffman, K. & Roskos-Ewoldson, D. R. (1997). Forewarning of graphic portrayal of violence and the experience of successful drama. *Cognition and Emotion, 11*, 481–494.

Eder, J. (1999). *Dramaturgie des populären Films. Drehbuch und Filmtheorie* (Neuauflage 2007, Beiträge zur Medienästhetik und Mediengeschichte, Bd. 7). Münster: LIT-Verlag.

Edwards, E. (1991). The ecstasy of horrible expectations: Morbid curiosity, sensation seeking, and interest in horror movies. In B. Austin (Ed.), *Current research in film: Audience, economics, and law* (Vol. 5, pp. 19–38). Norwood, NJ: Ablex.

Gerrig, R. J. (1996). The resiliency of suspense. In P. Vorderer, H. J. Wulff & M. Friedrichsen (Eds.), *Suspense: Conceptualizations, theoretical analyses, and empirical explorations* (pp. 93-105). Mahwah, NJ: Lawrence Erlbaum.

Harris, R. J., Hoekstra, S. J., Scott, C. L., Sanborn, F. W., Karafa, J. A. & Brandenburg, J. D. (2000). Young men's and women's different autobiographical memories of the experience of seeing frightening movies on a date. *Media Psychology, 2*, 245–268.

Hartmann, T., Stuke, D. & Daschmann, G. (2008). Positive Parasocial Relationships with Drivers Affect Suspense in Racing Sport Spectators. *Journal of Media Psychology: Theories, Methods, and Applications, 20*(1), 24–34.

Hoeken, H. & Vliet, M. van (2000). Suspense, curiosity, and surprise: How discourse structure influences the affective and cognitive processing of a story. *Poetics, 26*, 277–286.

Hoffner, C. & Cantor, J. (1991). Factors affecting children's enjoyment of a frightening film sequence. *Communication Monographs, 58* (1), 41–63.

Hoffner, C. & Cantor, J. (1991). Factors affecting children's enjoyment of a frightening film sequence. *Communication Monographs, 58*, 41–62.

Hoffner, C. A. & Levine, K. J. (2005). Enjoyment of Mediated Fright and Violence: A Meta-Analysis. *Media Psychology, 7*, 207–237.

Jose, P. E. & Brewer, W.F. (1984). Development of Story Liking: Character Identification, Suspense and Outcome Resolution. *Developmental Psychology*, 20, 911–924.

King, C. M. & Hourani, N. (2007). Don't Tease Me: Effects of Ending Type on Horror Film Enjoyment. *Media Psychology, 9*, 473–492.

Klimmt, C., Rizzo, A., Vorderer, P., Koch, J. & Fischer, T. (2008). Experimental Evidence for Suspense as Determinant of Video Game Enjoyment. *CyberPsychology & Behavior, 12*(1), 29–31.

Knobloch, S., Patzig, G., Mende, A.-M. & Hastall, M. (2004). Affective news – Effects of discourse structure in narratives on suspense, curiosity, and enjoyment while reading news and novels. *Communication Research, 31*(3), 259–287.

Knobloch-Westerwick, S., David, P., Eastin, M. S., Tamborini, R. & Greenwood, D. (2009). Sports Spectators' Suspense: Affect and Uncertainty in Sports Entertainment. *Journal of Communication, 59*(4), 750–767.

Knobloch-Westerwick, S. & Keplinger, C. (2007). Thrilling News: Factors Generating Suspense During News Exposure. *Media Psychology, 9*, 193–210.

Lawrence, P. & Palmgreen, P. (1996). A uses and gratifications analysis of horror film preferences. In J. Weaver & R. Tamborini (Eds.), *Horror Films: current research on audience preferences and reactions* (pp. 161–178). Hillsdale, NJ: Lawrence Erlbaum.

Madrigal, R., Bee, C., Chen, J. & LaBarge, M. (2011). The Effect of Suspense on Enjoyment Following a Desirable Outcome: The Mediating Role of Relief. *Media Psychology, 14*(3), 259–288.

Ohler, P. & Nieding, G. (1996). Cognitive modeling of suspense-inducing structures in narrative films. In P. Vorderer, H. J. Wulff & M. Friedrichsen (Eds.), *Suspense: Conceptualizations, theoretical analyses and empirical explorations* (pp. 129–148). Mahwah, NJ: Lawrence Erlbaum Associates, Inc.

Peterson, E. M. & Raney, A. A. (2008). Reconceptualizing and Reexamining Suspense as a Predictor of Mediated Sports Enjoyment. *Journal of Broadcasting & Electronic Media*, *52*(4), 544–562.

Romance Writers of America. (2014). *2014 Nielsen Romance Buyer Survey*. Auszüge online verfügbar: http://www.rwa.org/p/cm/ld/fid=582 [12.12.2014].

Smuts, A. (2008). The Desire-Frustration Theory of Suspense. *The Journal of Aesthetics and Art Criticism*, *66*(3), 281–290.

Tamborini, R. (1991). Responding to horror: Determinants of exposure and appeal. In J. Bryant & D. Zillmann (Eds.). *Responding to the screen: Reception and reaction processes* (pp. 305–327). Hillsdale, NJ: Lawrence Erlbaum Associates.

Tamborini, R., Stiff, J. & Zillmann, D. (1987). Preference for graphic horror featuring male versus female victimization: Individual differences associated with personality characteristics and past film viewing experiences. *Human Communication Research*, *13*, 529–552.

Tamborini, R. & Stiff, J. (1987). Predictors of horror film attendance and appeal: An analysis of the audience for frightening films. *Communication Research*, *14*, 15–436.

Tan, E. S. (1996). *Emotion and the structure of narrative film*. Mahwah, NJ: Lawrence Erlbaum Associates, Inc.

Vorderer, P. (1996). Toward a psychological theory of suspense. In P. Vorderer, H. J. Wulff & M. Friedrichsen (Eds.), *Suspense: Conceptualizations, theoretical analyses, and empirical explorations* (pp. 233–254). NJ: Erlbaum.

Vorderer, P., Wulff, H. J. & Friedrichsen, M. (Eds.). (1996). *Suspense: Conceptualizations, theoretical analyses and empirical explorations*. Mahwah, NJ: Lawrence Erlbaum Associates, Inc.

Wulff, H. J. (1996). Suspense and the influence of cataphoria on viewers' expectations. In P. Vorderer, H. J. Wulff & M. Friedrichsen (Eds.), *Suspense: Conceptualizations, theoretical analyses and empirical explorations* (pp. 1–18). Mahwah, NJ: Lawrence Erlbaum Associates, Inc.

Wuss, P. (1996). Narrative tension in Antonioni. In P. Vorderer, H. J. Wulff & M. Friedrichsen (Eds.), *Suspense: Conceptualizations, theoretical analyses and empirical explorations* (pp. 51–70). Mahwah, NJ: Lawrence Erlbaum Associates, Inc.

Zillmann, D. (1980). *The entertainment functions of television*. Hillsdale, NJ: Lawrence Erlbaum Associates.

Zillmann, D., Hay, T. A. & Bryant, J. (1975). The effect of suspense and its resolution on the appreciation of dramatic presentations. *Journal of Research in Personality, 9*, 307–323.

Zillmann, D. (1991). The logic of suspense and mystery. In J. Bryant & D. Zillmann (Eds.), *Responding to the screen: Reception and reaction processes* (pp. 281–303). Hillsdale, NJ: Lawrence Erlbaum Associates, Inc.

Zillmann, D. (1996). The psychology of suspense in dramatic exposition. In P. Vorderer, H. J. Wulff & M. Friedrichsen (Eds.), *Suspense: Conceptualizations, theoretical analyses and empirical explorations* (pp. 199–232). Mahwah, NJ: Lawrence Erlbaum Associates, Inc.

Zillmann. D., Weaver, J. ., Mundorf. N. & Aust. C. F. (1986). Effects of opposite-gender companion's affect to horror on distress, delight, and attraction. *Journal of Personality and Social Psychology, 51*, 586–594.

Unterhaltung

Leonard Reinecke und Diana Rieger

Worum geht es?

Die Mediennutzung eröffnet ein vielfältiges Repertoire an positiven Erfahrungen. Sei es die positive Stimmung, die beim Schauen einer Komödie entsteht, die Spannung, die durch einen mitreißenden Krimi entfesselt wird, oder das Erfolgserlebnis, das Computerspielerinnen und -spieler überkommt, wenn sie ein schwieriges Level gemeistert oder einen Gegner im Spiel besiegt haben – Medien ziehen uns in ihren Bann und versetzen uns häufig in angenehme Gefühlszustände. Die medienpsychologische Forschung hat mit dem theoretischen Konzept des Unterhaltungserlebens einen Sammelbegriff entwickelt, der genau solche positiven affektiven Reaktionen auf Medieninhalte subsumiert (Trepte & Reinecke, 2012). Obwohl Unterhaltung durch Medien im Alltag ein so weit verbreitetes Phänomen ist, hat sich die medienpsychologische Forschung erst relativ spät mit dem Konzept des Unterhaltungserlebens auseinandergesetzt (Vorderer, 2003), so dass lange Zeit ein Forschungs- und Theoriedefizit in diesem Bereich zu beklagen war (Bosshart & Macconi, 1998). Gerade in der jüngeren Vergangenheit zeichnet sich aber ein regelrechter Forschungs-Boom im Bereich der Unterhaltungsforschung ab (Vorderer, 2011). Die aktuelle empirische Forschung zur Unterhaltung setzt sich insbesondere mit drei grundlegenden Fragestellungen auseinander: 1) der Selektion und Zuwendung zu unterhaltsamen Medieninhalten, 2) dem Rezeptionserleben und den psychologischen Prozessen, die dem Unterhaltungserleben zugrunde liegen, und 3) den längerfristigen Wirkungen von Unterhaltung auf die Rezipientinnen und Rezipienten.

Darstellung der Annahmen

Auch wenn es auf den ersten Blick naheliegend erscheinen mag, Unterhaltung als Eigenschaft von Medieninhalten zu definieren und beispielsweise Unterhaltungsmedien von Informationsangeboten abzugrenzen, geht die medienpsychologische Forschung zumeist einen anderen Weg und konzipiert Unterhaltung als *Rezeptionsphänomen* (Vorderer, 2001). Dahinter steckt der Gedanke, dass auch Medieninhalte, die nicht klassischerweise in die Kategorie der Unterhaltungsmedien eingeordnet werden, z. B. Dokumentationen oder Nachrichten, subjektiv als genussvoll und unterhaltsam empfunden werden können. Der Unterhaltungswert eines Medieninhalts lässt sich somit nicht von außen bestimmen, sondern ergibt sich aus dem subjektiven Empfinden der rezipierenden Person. Unterhaltung liegt also salopp gesagt vor, wenn Mediennutzerinnen und -nutzer sich unterhalten fühlen. Ausgehend von dieser Grundannahme wurden seit den 1980er Jahren eine Reihe theoretischer Definitionen und Konzepte von

Unterhaltung entwickelt, die sich in *induktive* und *deduktive* Ansätze kategorisieren lassen (Trepte, 2006; Trepte & Reinecke, 2010).

Induktive Ansätze zielen auf die Beschreibung und Systematisierung ganz unterschiedlicher Facetten und Dimensionen des Unterhaltungserlebens, ohne dabei jedoch auf einen zentralen, übergreifenden Theoriestrang Bezug zu nehmen. Beispielsweise definieren Bosshart und Macconi (1998) das Unterhaltungserleben als Zustand des Vergnügens (»pleasure«, S. 5), der sich aus verschiedenen zugrundeliegenden Dimensionen, wie etwa Entspannung, Abwechslung, Stimulation und Spaß, zusammensetzt. Nach Vorderer, Klimmt und Ritterfeld (2004) entsteht das Unterhaltungserleben aus dem Zusammenwirken von Rezipientenmerkmalen (z. B. Empathiefähigkeit, Interesse), Eigenschaften des Medienangebots (z. B. Inhalt, technische Aufbereitung) und den Motiven für die Mediennutzung (z. B. Stimmungsregulation, Eskapismus). Unterhaltung manifestiert sich z. B. in Form von Spannung oder Heiterkeit als Produkt dieser rezipienten- und angebotsseitigen »Zutaten« des Unterhaltungserlebens.

Deduktive Unterhaltungsansätze gehen einen anderen Weg und leiten das Entstehen des Unterhaltungserlebens theoriegeleitet her. So definieren Nabi und Krcmar (2004) Unterhaltung als eine *Einstellung* gegenüber dem Medieninhalt. In der Sozialpsychologie werden Einstellungen als individuelle Bewertungstendenzen konzipiert, die Personen gegenüber Einstellungsobjekten (Sachverhalte, Themen, andere Personen etc.) aufweisen (Bohner & Dickel, 2011). Nach Nabi und Krcmar (2004) stellt das Unterhaltungserleben somit das Resultat der Evaluation des Medieninhalts durch den Rezipienten dar. Eine weitere Gruppe von deduktiven Unterhaltungsansätzen stützt sich auf das Konzept der *Meta-Emotionen* (Bartsch, Vorderer, Mangold & Viehoff, 2008; Oliver, 1993; Vorderer & Hartmann, 2009). Gemein ist diesen Ansätzen, dass sie zwischen den direkten emotionalen Reaktionen auf den Medienhalt (z. B. Freude, Angst, Wut etc.) und einer kognitiven Bewertung der Primäremotionen auf der Meta-Ebene unterscheiden. Im Rahmen dieses Bewertungsprozesses (»Appraisal«) werden die Primäremotionen mit den aktuellen Zielen des Rezipienten (z. B. Stimmungsregulation oder persönliche Weiterentwicklung) abgeglichen (Vorderer & Hartmann, 2009). Fällt diese Evaluation der Primäremotionen positiv aus, beispielsweise weil das Empfinden von Traurigkeit als Beweis für die eigene Empathiefähigkeit oder als wertvolle Erinnerung an den Sinn des Lebens interpretiert wird, entstehen positive Meta-Emotionen und der Medieninhalt wird als unterhaltsam wahrgenommen. Einer ganz ähnlichen Logik folgt die triadisch-dynamische Unterhaltungstheorie (W. Früh, 2002), die Unterhaltung als Makroemotion beschreibt, die auf der kognitiven Verarbeitung der bei der Medienrezeption empfundenen Emotionen auf der Mikroebene basiert. Eine dritte Gruppe deduktiver Unterhaltungsansätze führt das Unterhaltungserleben schließlich auf das theoretische Konzept der *intrinsischen Motivation* zurück (Tamborini et al., 2011; Vorderer, 2001). Im Gegensatz zu extrinsisch motiviertem Verhalten, das in erster Linie durch äußere Zwänge, Furcht vor Strafe oder dem Streben nach extern kontrollierter Belohnung (z. B. in Form von Bezahlung) zu Stande kommt, ist intrinsisch motiviertes Verhalten Ausdruck der genuinen Bedürfnisse und Interessen des Individuums (Ryan & Deci,

2000). In diesem Zusammenhang schlägt Vorderer (2001) vor, das Unterhaltungserleben als Form des *Spiels* zu konzeptualisieren (»entertainment as play«, S. 254). Genau wie die Tätigkeit des Spielens ist Medienunterhaltung Vorderer zufolge intrinsisch motiviert, geht mit einer veränderten Realitätswahrnehmung bzw. der Konstruktion einer alternativen Realität einher und wird häufig wiederholt. Ein weiterer aktueller Ansatz definiert das Unterhaltungserleben als *Befriedigung intrinsischer Bedürfnisse* (Reinecke, Vorderer & Knop, 2014; Tamborini et al., 2011) und greift dabei auf die Postulate der Self-Determination Theory (SDT; Ryan & Deci, 2000) zurück. Die SDT identifiziert drei zentrale Bedürfnisse, deren Befriedigung eng mit dem Empfinden intrinsischer Motivation und dem psychologischen Wohlbefinden verknüpft ist: die Bedürfnisse nach Kompetenz, Autonomie und sozialer Verbundenheit. Tätigkeiten, die diese Bedürfnisse befriedigen, werden als interessant, selbstbestimmt und angenehm empfunden. Medieninhalte, die zur intrinsischen Bedürfnisbefriedigung beitragen, werden daher als unterhaltsam erlebt (Tamborini et al., 2011).

Typische Methodik

Im Zentrum der spezifischen Methodik der Unterhaltungsforschung steht die Messung des Unterhaltungserlebens. Ebenso vielfältig wie die theoretischen Perspektiven auf das Phänomen *Unterhaltung* sind dabei auch die Versuche, das Unterhaltungserleben empirisch greifbar zu machen (für einen Überblick siehe Trepte, 2006). Das mit Abstand am häufigsten eingesetzte Verfahren sind Selbstauskünfte per Fragebogen (z. B. Oliver & Bartsch, 2010). Daneben werden auch psychophysiologische Verfahren, etwa die Messung des Hautleitwerts, der Herzrate oder der Aktivität der Gesichtsmuskulatur, verwendet, um auf Unterhaltungsprozesse rückschließen zu können (z. B. Ravaja, Saari, Salminen, Laarni & Kallinen, 2006). Aus medienpsychologischer Perspektive haben solche Verfahren den Vorteil, dass sie die kontinuierliche Messung über den gesamten Rezeptionsverlauf ermöglichen. Da viele psychophysiologische Verfahren nur Auskunft über die Intensität affektiver Prozesse geben (eine Ausnahme bildet beispielsweise die Messung der Aktivität der Gesichtsmuskulatur), die Frage nach deren Valenz (positive versus negative Emotionen) aber offen lassen, müssen sie häufig mit Befragungsdaten ergänzt werden (Trepte & Reinecke, 2012). Ähnlich wie psychophysiologische Maße erlaubt auch das Continuous Response Measurement (CRM) rezeptionsbegleitende Messungen. Bei diesem Verfahren geben Probanden während der Rezeption von Medieninhalten im Labor mittels Schiebe- oder Drehregler Auskunft über ihr Empfinden, ihre Bewertungen des Medieninhalts oder über ihr Unterhaltungserleben (siehe z. B. H. Früh & Fahr, 2006). Ein allgemein anerkannter Messstandard für das Unterhaltungserleben hat sich indes noch nicht etabliert (Trepte, 2006).

Zentrale empirische Befunde

Bezüglich der Selektion und Zuwendung zu unterhaltsamen Medieninhalten haben insbesondere zwei Ansätze innerhalb der Unterhaltungsforschung einen prominenten Stellenwert. Eine große Zahl von Studien aus der Forschungstradition des Uses-and-Gratifications-Ansatzes (Katz, Blumler & Gurevitch, 1974) identifizieren das Bedürfnis nach Unterhaltung als ein zentrales Motiv für die Mediennutzung (siehe auch das Kapitel zum Uses-and-Gratifications-Ansatz in diesem Band). Die Mood-Management-Theorie (Zillmann, 1988) geht davon aus, dass die Medienwahl hedonisch geprägt und demnach an dem Ziel ausgerichtet ist, positive Gemütszustände beizubehalten und negative Zustände zu verringern (siehe auch das Kapitel zur Mood-Management-Theorie in diesem Band). In diesem Zusammenhang bieten unterhaltsame Medienangebote, die häufig vergnügliche Themen (z. B. Komödien) oder spannende Szenen (z. B. Thriller) enthalten, die Möglichkeit, unangenehme Stimmungen (z. B. Langeweile) zu optimieren. Unterhaltungsbezogene Gratifikationen, etwa der Wunsch nach Eskapismus, Entspannung, Zeitvertreib und das Streben nach Stimmungsoptimierung, stellen somit zentrale motivationale Treiber der Zuwendung zu Medienunterhaltung dar.

Auch die dem Unterhaltungserleben zugrundeliegenden Rezeptionsprozesse sind im Verlauf der letzten 50 Jahre intensiv beforscht worden. Dabei werden unterschiedlichen Operationalisierungen des Unterhaltungserlebens (siehe Abschnitt zur Methodik) als zentrale abhängige Variable in der Regel verschiedene Facetten des Rezeptionserlebens gegenübergestellt, die wichtige Triebfedern der Unterhaltung darstellen. In der Forschung zum Unterhaltungserleben bei der Rezeption *klassischer* Medien (vor allem Film und Fernsehen) haben sich verschiedenen Variablen, die die Beziehung zwischen Rezipienten und Mediencharakteren beschreiben, als zentrale Prädiktoren für das Entstehen von Unterhaltung erwiesen. Eine Vielzahl von Studien belegt, dass die moralische Bewertung der in den Medien gezeigten Akteure eine wichtige Einflussgröße auf die wahrgenommene Unterhaltung darstellt (Zillmann, 2006). So zeigt etwa ein Experiment von Raney (2002), dass die beim Anschauen einer Krimiserie empfundene Unterhaltung stark von der Empathie mit dem Opfer und der Wahrnehmung abhängt, der Täter habe eine gerechte Strafe erfahren. Unterhaltungserleben entsteht dabei durch sogenannte affektive Dispositionen (siehe auch das Kapitel zur Drei-Faktoren-Emotionstheorie und affektiven Dispositionen in diesem Band): Auf der Basis ihrer Bewertung des Handlungsverlaufs entwickeln Rezipienten positive oder negative Gefühle gegenüber den Akteuren. Entsprechend dieser affektiven Disposition fiebern sie mit den Protagonisten und ihrem Schicksal mit und wünschen sich ein »Happy End« für die positiv bewerteten Charaktere (Zillmann, 2006). Affektive Dispositionen zu Mediencharakteren sind auch entscheidend für den Aufbau von Spannungserleben bei der Rezeption. Dies lässt sich gut an den Ergebnissen einer Studie von Knobloch-Westerwick, David, Eastin, Tamborini und Greendwood (2009) verdeutlichen, bei der die Zuschauer eines College-Football-Spiels zu ihrem Rezeptionserleben befragt wurden. Je stärker die emotionale Bindung der Befragten an ihr Team ausgeprägt war, desto spannender empfanden sie die Ungewissheit über den Spielverlauf. Ganz ähnlich verhält es sich auch bei fiktionalen Inhalten (z. B. Krimis), bei denen die Ungewissheit über den weiteren Handlungsverlauf ebenfalls als spannend erlebt wird (Zillmann, 1983). Unterhaltung entsteht im Zusammenhang mit dem Spannungserleben häufig durch das Happy End am Ende des Films. Die Erleichterung über den positiven Ausgang wird durch die im Rezeptionsverlauf aufgebaute Spannung dann als besonders befreiend und affektiv positiv erlebt (siehe auch das Kapitel zu Excitation Transfer in diesem Band).

Eine zweite Gruppe von Studien legt nahe, dass das Eintauchen in medial vermittelte Welten eine weitere wichtige Grundlage des Unterhaltungserlebens darstellt. Eine Reihe unterschiedlicher Ansätze, wie etwa die theoretischen Konzepte des Involvements, des Präsenzerlebens (Presence) und der Transportation, beschreiben diese Facette des Rezeptionserlebens (siehe auch die Beiträge zu Presence, Involvement und Transportation in diesem Band). Im Kern beschreiben diese Konzepte einen Zustand der stark fokussierten Aufmerksamkeit auf den Medienstimulus, bei dem die Rezipienten sowohl kognitiv als auch emotional intensiv mit dem Medieninhalt interagieren und sich in die Narration und die medial vermittelte Situation hineinversetzt fühlen. Daraus ergeben sich für das Unterhaltungserleben eine Reihe positiver Implikationen (Hartmann, Klimmt & Vorderer, 2009). So erhöht die starke Fokussierung auf den Medieninhalt dessen Interventionspotenzial und somit die Wahrscheinlichkeit, dass Nutzer während der Rezeption von Stress und negativen Stimmungen abgelenkt werden (Zillmann, 1988). Durch das vertiefte Eintauchen in die medial vermittelte Welt wird darüber hinaus das gesamte Rezeptionserleben inklusive positiver Emotionen und Unterhaltungserleben intensiviert (Hartmann et al., 2009). Eine Reihe empirischer Studien belegt diesen positiven Zusammenhang. In einem Experiment von Lombard, Reich, Grabe, Bracken und Ditton (2000) wurden die Probanden mit kurzen Video-Clips konfrontiert und die Größe des Bildschirms experimentell variiert. Versuchspersonen, die die Video-Stimuli auf dem größeren Bildschirm gesehen hatten, empfanden dabei mehr Präsenz- und Unterhaltungserleben als die Teilnehmer in der Versuchsbedingung mit kleinem Bildschirm. Auch bei den Teilnehmern eines Experiments von Skalski, Tamborini, Shelton, Buncher und Lindmark (2011) fand sich ein positiver Zusammenhang zwischen dem Präsenzerleben beim Spielen eines Computerspiels und dem Unterhaltungserleben.

Ganz neue Treiber des Unterhaltungserlebens ergeben sich durch die Einführung neuer, interaktiver Medien. Insbesondere die sich wandelnde Rolle der Rezipientinnen und Rezipienten von eher passiven Beobachtern in klassischen Medien hin zu aktiv agierenden Nutzerinnen und Nutzern in Video- und Computerspielen oder im Social Web, verschiebt die Tektonik der Medienunterhaltung. Entsprechend finden sich neue Erklärungsansätze, die das aktive Element der Nutzung aufgreifen und die sich daraus ergebenden Unterhaltungsprozesse erklären. Im Bereich von Video- und Computerspielen haben sich dabei Ansätze als hilfreich erwiesen, die den Aspekt der Herausforderung und das Erleben von Erfolgserlebnissen in den Blick nehmen. Eine Reihe von Studien zeigt etwa, dass das vom Spiel erzeugte Leistungsfeedback eine zentrale Rolle für das Unterhaltungserleben spielt, indem es ein Gefühl der eigenen Selbstwirksamkeit vermittelt und sich Spielerfolge auf diesem Wege als Unterhaltungserleben niederschlagen (Klimmt & Blake, 2012). Auch das Konzept des Flow-Erlebens (Csikszentmihalyi & Csikszentmihalyi, 1988) trägt in diesem Zusammenhang zum Unterhaltungserleben bei. Flow bezeichnet einen als überaus angenehm wahrgenommenen Zustand des völligen Eintauchens in die gerade ausgeübte Tätigkeit, der insbesondere dann zustande kommt, wenn ein Gleichgewicht zwischen den Anforderungen der Aufgabe und den Fähigkeiten des Individuums besteht. Da Computerspiele eine herausfordernde Tätigkeit sind, deren Schwierigkeitsgrad in der Regel zusammen mit den Fähigkeiten der Spieler ansteigt, stellen sie einen geradezu idealtypischen Kontext für Flow und das daraus resultierende Unterhaltungserleben dar (Sherry, 2004). An die Stelle der parasozialen Interaktion mit beobachteten Mediencharakteren tritt indes im Computerspiel die Identifikation mit der eigenen Spielfigur. Dabei kommt es zu einer zeitlich begrenzten Übernahme der Eigenschaften des Avatars in die Selbstwahrnehmung des Spielers. Das wird besonders dann als unterhaltsam erlebt, wenn die übernommenen Eigenschaften positiv oder interessant sind und ggf. bestehende Defizite ausgleichen können (Klimmt, Hefner & Vorderer, 2009). Somit kommt auch der Möglichkeit, im Computerspiel einen Avatar zu gestalten, der den eigenen Rollenvorstellung entspricht, ein eigener Unterhaltungswert zu (Trepte, Reinecke & Behr, 2009).

Auch Online-Medien stellen einen neuen Unterhaltungskontext dar. So dient das Internet zum einen als neuer Distributionsweg für klassische Medienangebote, z. B. TV-Inhalte in Mediatheken. In diesem Fall greifen die oben bereits beschriebenen klassischen Treiber des Unterhaltungserlebens (Trepte & Reinecke, 2010). Zum anderen bieten interaktive Online-Dienste, insbesondere Social Media, gänzlich neue Unterhaltungsmechanismen (Taddicken, 2012). Insbesondere die neuen Möglichkeiten der Selbstoffenbarung und Selbstdarstellung sind hier Vehikel für neue Unterhaltungsprozesse, die denen der Unterhaltung durch Computerspiele nicht unähnlich sind. Ähnlich wie Erfolgserlebnisse im Computerspiel kann auch eine positive Rückmeldung auf die eigenen Erfahrungsberichte oder Meinungsäußerungen das Erleben von Selbstwirksamkeit befördern (Reinecke et al., 2014; Valkenburg, Peter & Schouten, 2006). Analog zur Übernahme positiver Eigenschaften im Rahmen der Identifikation mit Spielfiguren bietet die selektive Selbstpräsentation im Internet ihrerseits Gelegenheit zur Identitätsarbeit und der Auseinandersetzung mit den positiven Seiten des Selbst (Trepte & Reinecke, 2010).

Insgesamt zeigen die hier beschriebenen Prozesse starke Bezüge zur theoretischen Konzeption des Unterhaltungserlebens als intrinsische Bedürfnisbefriedigung. Und in der Tat belegen die Befunde erster Studien in diesem Bereich, dass sowohl die Nutzung von Computerspielen (Tamborini et al., 2011) als auch die Nutzung von Social Media wie Facebook (Reinecke et al., 2014) eng mit der Befriedigung der intrinsischen Bedürfnisse nach Kompetenz, Autonomie und sozialer Verbundenheit verknüpft ist, die ihrerseits ein starker Prädiktor für das Unterhaltungserleben dieser Mediengattungen ist. Insbesondere für die theoretische Konzeption des Unterhaltungserlebens in neuen, interaktiven Medien scheint die intrinsische Motivation demnach ein vielversprechendes und integratives Konzept zu sein.

Im Zuge des stark gestiegenen Forschungsaufkommens im Bereich medialer Unterhaltung hat auch das Interesse an den Einflüssen des Unterhaltungserlebens in unterschiedlichen Bereichen der Medienwirkung stark zugenommen. So spielen Unterhaltungsprozesse etwa zunehmend im Bereich der Persuasionsforschung eine wichtige Rolle. Während sich die klassische Persuasionsforschung lange Zeit damit beschäftigte, inwieweit non-fiktionale Medienbotschaften, z. B. Werbung oder politische Kommunikation, über die Anzahl und Qualität der vermittelten Argumente oder die Glaubwürdigkeit und Expertise des Redners ein Überzeugungspotenzial entfalten (siehe z. B. die Forschung in der Tradition des Elaboration-Likelihood-Models, Petty & Cacioppo, 1986), zeigen neue Forschungsansätze, dass auch fiktionale, unterhaltsame Angebote persuasiv wirken können (Appel & Richter, 2007; siehe auch das Kapitel zu Transportation in diesem Band). Auch in die wissenschaftliche Auseinandersetzung mit den Themen Politik und Wahlverhalten hat das Unterhaltungskonstrukt inzwischen Einzug gehalten. Aktuelle Forschungsansätze in diesem Bereich versuchen zu ergründen, inwieweit die zunehmende »Entertainisierung« politischer Medieninhalte, z. B. in politischen Talkshows, und das dabei entstehende Unterhaltungserleben das politische Interesse und die politische Informiertheit beeinflusst (Roth, Weinmann, Schneider, Hopp & Vorderer, 2014). Der Forschungszweig der »Entertainment Education« belegt zudem, dass auch fiktionale und unterhaltsame Medienformate zur Wissensvermittlung in ganz unterschiedlichen Bereichen, wie etwa der gesundheitlichen Aufklärung, beitragen können (Singhal & Rogers, 2002). Schlussendlich ergeben sich auch für das psychologische Wohlbefinden der Rezipientinnen und Rezipienten aus dem Unterhaltungserleben wichtige Konsequenzen. Aktuelle Forschung zum Erholungspotenzial von Unterhaltungsmedien belegt, dass sowohl die Nutzung interaktiver Medien (z. B. Computerspiele) als auch die Rezeption nicht interaktiver Medienunterhaltung (z. B. Spielfilme) nach Stress und Belastung einen positiven Effekt auf das subjektive Wohlbefinden und die anschließende Leistungsfähigkeit von Mediennutzern hat (Reinecke, Klatt & Krämer, 2011; Rieger, Reinecke, Frischlich & Bente, 2014).

Kritik

Obwohl die medienpsychologische Unterhaltungsforschung in den vergangenen Jahren eine überaus dynamische Entwicklung vollzogen hat, bleiben viele Fragen bisher nur unzureichend beantwortet. Der fundamentalste Kritikpunkt an der bisherigen Forschung zielt auf das ausschließlich hedonische Verständnis von Unterhaltung. Unterhaltungserleben wird traditionellerweise auf positive affektive Reaktionen und Gefühle von Vergnügen reduziert. Die neueste Generation von Unterhaltungstheorien, die sogenannten »Zwei-Prozess-Modelle des Unterhaltungserlebens« (Vorderer & Reinecke, 2012), versuchen diese Beschränkung aufzuheben, indem sie neben dem hedonischen Unterhaltungserleben eine zweite non-hedonische Unterhaltungsdimension postulieren, die nicht auf Vergnügen fokussiert ist, sondern komplexere Formen des Rezeptionserlebens, etwa ein Gefühl von Bedeutsamkeit oder das Streben nach psychologischem Wachstum, repräsentiert (Oliver & Bartsch, 2010). Diese non-hedonischen Formen des Unterhaltungserlebens werden ausführlich im Kapitel zum Sad-Film-Paradoxon in diesem Band diskutiert. Doch auch nach diesen theoretischen Innovationsschritten ist die Forschung noch weit von einer universellen und integrativen Theorie des Unterhaltungserlebens entfernt. Neben fehlenden Messstandards macht auch die schiere Komplexität des Rezeptionsphänomens Unterhaltung und die Menge der daran beteiligten Prozesse das Erreichen dieses Ziels schwierig, wenn nicht gar unmöglich. Auch die Prozesse, die das Unterhaltungserleben mit anderen Variablen und Medienwirkungen etwa im Bereich der Persuasion, politischen Kommunikation oder dem psychologischen Wohlbefinden der Nutzerinnen und Nutzer verbindet, sind noch weitgehend unerschlossen. Zukünftige Fortschritte in der Unterhaltungsforschung lassen daher auch für zahlreiche weitere medienpsychologische Forschungsbereiche wichtige Impulse erhoffen.

Literatur

Appel, M. & Richter, T. (2007). Persuasive effects of fictional narratives increase over time. *Media Psychology, 10*, 113–134.

Bartsch, A., Vorderer, P., Mangold, R. & Viehoff, R. (2008). Appraisal of emotions in media use: Toward a process model of meta-emotion and emotion regulation. *Media Psychology, 11*, 7–27.

Bohner, G. & Dickel, N. (2011). Attitudes and attitude change. *Annual Review of Psychology, 62*, 391–417.

Bosshart, L. & Macconi, I. (1998). Media entertainment. *Communication Research Trends, 18*(3), 3–8.

Csikszentmihalyi, M. & Csikszentmihalyi, I. S. (Eds.). (1988). *Optimal experience. Psychological studies of flow in consciousness*. New York: Cambridge University Press.

Früh, H. & Fahr, A. (2006). Erlebte Emotionen. Messung von Rezeptionsemitionen am Beispiel legitimierter Gewalt im Spielfilm. *Publizistik, 51*, 24–38.

Früh, W. (2002). *Unterhaltung durch das Fernsehen: Eine molare Theorie*. Konstanz: UVK.

Hartmann, T., Klimmt, C. & Vorderer, P. (2009). Telepresence and media enjoyment. In C. C. Bracken & P. Skalski (Eds.), *Immersed in media. Telepresence in everyday life* (pp. 137–157). New York: Routledge.

Katz, E., Blumler, J. G. & Gurevitch, M. (1974). Utilization of mass communication by the individual. In J. G. Blumler & E. Katz (Eds.), *The uses of mass communication: Current perspectives and gratifications research* (pp. 19–32). Beverly Hills, CA: Sage.

Klimmt, C. & Blake, C. (2012). Selbstwirksamkeitsmaschinen: Motivationsprozesse interaktiver Unterhaltung. In L. Reinecke & S. Trepte (Eds.), *Unterhaltung in neuen Medien: Perspektiven zur Rezeption und Wirkung von Online-Medien und interaktiven Unterhaltungsformaten* (pp. 65–81). Köln: Herbert von Halem Verlag.

Klimmt, C., Hefner, D. & Vorderer, P. (2009). The video game experience as »true« identification. A theory of enjoyable alterations of players' self-perception. *Communication Theory, 19*(4), 351–373.

Knobloch-Westerwick, S., David, P., Eastin, M. S., Tamborini, R. & Greenwood, D. (2009). Sports spectators' suspense: Affect and uncertainty in sports entertainment. *Journal of Communication, 59*(4), 750–767.

Lombard, M., Reich, R. D., Grabe, M. E., Bracken, C. C. & Ditton, T. B. (2000). Presence and television: The role of screen size. *Human Communication Research, 26*, 75–98.

Nabi, R. L. & Krcmar, M. (2004). Conceptualizing media enjoyment as attitude: Implications for mass media research. *Communication Theory, 14*, 288–310.

Oliver, M. B. (1993). Exploring the paradox of the enjoyment of sad films. *Human Communication Research, 19*(3), 315–342.

Oliver, M. B. & Bartsch, A. (2010). Appreciation as audience response: Exploring entertainment gratifications beyond hedonism. *Human Communication Research, 36*, 53–81.

Petty, R. E. & Cacioppo, J. T. (1986). The elaboration likelihood model of persuasion. *Advances in Experimental Social Psychology, 19*, 123–205.

Raney, A. A. (2002). Moral judgment as a predictor of enjoyment of crime drama. *Media Psychology, 4*, 305–322.

Ravaja, N., Saari, T., Salminen, M., Laarni, J. & Kallinen, K. (2006). Phasic emotional reactions to video game events: A psychophysiological investigation. *Media Psychology, 8*, 343–367.

Reinecke, L., Klatt, J. & Krämer, N. C. (2011). Entertaining media use and the satisfaction of recovery needs: Recovery outcomes associated with the use of interactive and noninteractive entertaining media. *Media Psychology, 14*, 192–215.

Reinecke, L., Vorderer, P. & Knop, K. (2014). Entertainment 2.0? The role of intrinsic and extrinsic need satisfaction for the enjoyment of Facebook use. *Journal of Communication, 64*, 417–438.

Rieger, D., Reinecke, L., Frischlich, L. & Bente, G. (2014). Media entertainment and well-being – Linking hedonic and eudaimonic entertainment experience to media-induced recovery and vitality. *Journal of Communication, 64*, 456–478.

Roth, F. S., Weinmann, C., Schneider, F., Hopp, F. & Vorderer, P. (2014). Seriously entertained: Antecedents and consequences of hedonic and eudaimonic entertainment experiences with political talk shows on TV. *Mass Communication and Society, 17*, 379–399.

Ryan, R. M. & Deci, E. L. (2000). Self-determination theory and the facilitation of intrinsic motivation, social development, and well-being. *American Psychologist, 55*, 68–78.

Sherry, J. (2004). Flow and media enjoyment. *Communication Theory, 14*(4), 328–347.

Singhal, A. & Rogers, E. M. (2002). A theoretical agenda for entertainment-education. *Communication Theory, 12*, 117–135.

Skalski, P., Tamborini, R., Shelton, A., Buncher, M. & Lindmark, P. (2011). Mapping the road to fun: Natural video game controllers, presence, and game enjoyment. *New Media & Society, 13*, 224–242.

Taddicken, M. (2012). Unterhaltung im Social Web: Neue Formen des Unterhaltungserlebens durch Konsumption, Partizipation und Produktion? In L. Reinecke & S. Trepte (Eds.), *Unterhaltung in neuen Medien: Perspektiven zur Rezeption und Wirkung von Online-Medien und interaktiven Unterhaltungsformaten* (pp. 195–214). Köln: Herbert von Halem Verlag.

Tamborini, R., Grizzard, M., Bowman, N. D., Reinecke, L., Lewis, R. J. & Eden, A. (2011). Media enjoyment as need satisfaction: The contribution of hedonic and nonhedonic needs. *Journal of Communication, 61*, 1025–1042.

Trepte, S. (2006). Die Messung des Unterhaltungserlebens. In W. Wirth, H. Schramm & V. Gehrau (Eds.), *Unterhaltung durch Medien: Theorie und Messung* (pp. 142–173). Köln: Herbert von Halem Verlag.

Trepte, S. & Reinecke, L. (2010). Unterhaltung online – Motive, Erleben, Effekte. In W. Schweiger & K. Beck (Eds.), *Handbuch Onlinekommunikation* (pp. 211–233). Wiesbaden: VS Verlag.

Trepte, S. & Reinecke, L. (2012). *Medienpsychologie*. Stuttgart: Kohlhammer.

Trepte, S., Reinecke, L. & Behr, K.-M. (2009). Creating virtual alter egos or superheroines? Gamers' strategies of avatar creation in terms of gender and sex. *International Journal of Gaming and Computer-Mediated Simulations, 1*(2), 52–76.

Valkenburg, P. M., Peter, J. & Schouten, A. P. (2006). Friend networking sites and their relationship to adolescents' well-being and social self-esteem. *CyberPsychology & Behavior, 9*(5), 584–590.

Vorderer, P. (2001). It's all entertainment – sure. But what exactly is entertainment? Communication research, media psychology, and the explanation of entertainment experiences. *Poetics, 29*, 247–261.

Vorderer, P. (2003). Entertainment theory. In J. Bryant, D. R. Roskos-Ewoldsen & J. Cantor (Eds.), *Communication and emotion: Essays in honor of Dolf Zillmann* (pp. 131–153). Mahwah, NJ: Lawrence Erlbaum.

Vorderer, P. (2011). What's next? Remarks on the current vitalization of entertainment theory. *Journal of Media Psychology, 23*, 60–63.

Vorderer, P. & Hartmann, T. (2009). Entertainment and enjoyment as media effects. In J. Bryant & M. B. Oliver (Eds.), *Media effects: Advances in theory and research* (3rd ed., pp. 532–550). New York, NY: Routledge.

Vorderer, P., Klimmt, C. & Ritterfeld, U. (2004). Enjoyment: At the heart of media entertainment. *Communication Theory, 14*(4), 388–408.

Vorderer, P. & Reinecke, L. (2012). Zwei-Prozess-Modelle des Unterhaltungserlebens: Unterhaltung im Schnittbereich hedonischer und non-hedonischer Bedürfnisse. In L. Reinecke & S. Trepte (Eds.), *Unterhaltung in neuen Medien: Perspektiven zur Rezeption und Wirkung von Online-Medien und interaktiven Unterhaltungsformaten* (pp. 12–29). Köln: Herbert von Halem Verlag.

Zillmann, D. (1983). Transfer of excitation in emotional behavior. In J. T. Cacioppo & R. E. Petty (Eds.), *Social psychophysiology: A sourcebook* (pp. 215–240). New York: Guilford Press.

Zillmann, D. (1988). Mood management through communication choices. *American Behavioral Scientist, 31*(3), 327–340.

Zillmann, D. (2006). Empathy: Affective reactivity to others' emotional experiences. In J. Bryant & P. Vorderer (Eds.), *Psychology of entertainment* (pp. 151–181). Mahwah, NJ: Lawrence Erlbaum.

Teil IV Kommunikation

Einführung Kommunikation

Nicole C. Krämer

Selbstverständlich ist Kommunikation in ihren unterschiedlichen Facetten (im Sinne etwa der Massenkommunikation oder der instruktionalen Kommunikation) eine wichtige Grundlage für alle in diesem Band dargestellten Ansätze. Darüber hinaus lassen sich aber Konzepte identifizieren, die in höherem Ausmaß die reale oder vorgestellte Interaktion zwischen Menschen thematisieren. Viele dieser Konzepte rekurrieren auf sozialpsychologische Theorien und Erkenntnisse und entwickeln diese mit Blick auf die spezifischen Eigenschaften von Medien und medienvermittelter Kommunikation weiter. Sie beschreiben entweder den Einfluss, den andere Menschen auf die Auswahl oder Interpretation von Medieninhalten nehmen, die Implikationen der Interaktion mit in Medienformaten präsentierten Persona oder die Auswirkungen der medienvermittelten Kommunikation.

Der Abschnitt behandelt im ersten Teil zunächst Kommunikation mit und über traditionelle Medien. In einem zweiten Teil werden dann sogenannte Neue Medien bzw. Individualmedien behandelt. Mit Blick auf die traditionellen (Massen-)Medien werden zunächst Parasoziale Interaktion und Soziale Vergleichsprozesse aufgeführt, die beide die Implikationen der Interaktion mit in den Massenmedien dargestellten realen oder fiktionalen Persona thematisieren: *Parasoziale Interaktion* beschreibt das Phänomen, dass sich Zuschauerinnen einer zum Beispiel im Fernsehen ausgestrahlten Person gegenüber ebenso verhalten wie gegenüber einer realen Person. Das Kapitel zu *Sozialen Vergleichsprozessen* beschreibt die Implikationen der Tatsache, dass Konsumenten sich mit den in den Medien dargestellten Personen vergleichen. Auch die Ausführungen zur *Sozial-kognitiven Lerntheorie von Albert Bandura* machen deutlich, dass Rezipienten sich an medialen Modellpersonen orientieren und von diesen lernen. Der Third-Person-Effekt, die Theorie der Schweigespirale und der Two-Step-Flow beschreiben dagegen weniger die Kommunikation mit in den Medien dargestellten Menschen, sondern fokussieren den Einfluss, den Interaktionen mit realen Menschen auf die Wahl und Beurteilung von Medieninhalten nehmen. Der *Third-Person-Effekt* beschreibt dabei keine tatsächliche Interaktion, sondern die Inferenz der Wirkung von Medieninhalten auf andere Personen: Er bezeichnet die Tendenz anzunehmen, dass eine massenmedial vermittelte Nachricht auf andere Personen einen größeren Einfluss hat als auf uns selbst. Die *Theorie der Schweigespirale* erklärt, warum es vermittelt durch zwischenmenschliche Kommunikation zu einer verstärkten Auswirkung einer in den Massenmedien vertretenen Mehrheitsmeinung kommen kann. Die Ergebnisse des *Two-Step-Flow* zeigen ebenfalls, dass Menschen meist nicht direkt von Medien beeinflusst werden, sondern dass Meinungsführer im Bekanntenkreis zentraler für die Meinungsbildung sein können als die Medienbotschaft. Als *Sleeper-Effekt* schließlich wird das kontraintuitive Phänomen bezeichnet, dass die durch Massenmedien erreichte Persuasion über die Zeit noch zunehmen kann – allerdings in Abhängigkeit beispielsweise von dem spezifischen Sender.

Die im zweiten Teil fokussierten sogenannten Neuen Medien ermöglichen die medienvermittelte Kommunikation zwischen zwei oder mehr Personen und werden daher in Abgrenzung zu den Massenmedien, die mit derselben Botschaft ein Millionenpublikum ansprechen, auch als Individualmedien bezeichnet. Mit Ausnahme der Texte zur Media Equation und zum Uncanny Valley beschreiben alle Konzepte die Effekte der computervermittelten Kommunikation in Abgrenzung zur Face-to-Face-Interaktion. Der *Reduced-Social-Cues-Ansatz* geht davon aus, dass die fehlenden Sinneskanäle bei computervermittelter Kommunikation zu einem Mangel an sozialen Hintergrundinformationen führen, der die Kommunikation zwar erschwert, aber durchaus auch Vorteile mit sich bringt. Das *Social Identity Model of Deindividuation Effects (SIDE)* postuliert, dass im Rahmen netzbasierter Interaktion individuelle Identitäten in den Hintergrund und Gruppenidentitäten in den Vordergrund treten können, was je nach Situation entweder zu antisozialem oder verstärkt prosozialem Verhalten führt. Die von Joseph Walther formulierten Modelle *Hyperpersonal Communication* und *Social-Information – Processing-Theorie* betonen die potenziell positiven Folgen von netzbasierter Kommunikation, die durch die menschliche Kreativität (z. B. durch die Nutzung von Emoticons) erreicht werden. Im Anschluss werden neuere Konzepte behandelt, die vor allem mit dem Aufkommen der Nutzung sozialer Medien entwickelt wurden. Das Kapitel zu *Impression Management und Self-Disclosure in sozialen Medien* beschreibt die Motive und Nutzungsmuster im Rahmen der Selbstoffenbarung auf sozialen Netzwerkseiten. Im Rahmen des Kapitels zum *Privacy Paradox* wird dann die andere Seite beleuchtet: Die Ängste, die mit der Verfügbarkeit eigener Daten im Netz verbunden sind sowie das paradoxe Phänomen, diese dennoch nicht ausreichend zu schützen.

Traditionelle Medien

Parasoziale Interaktion (PSI)

Holger Schramm

Worum geht es?

Horton und Wohl (1956) beobachteten in den Anfangsjahren des amerikanischen Fernsehens, dass Stars der ersten Unterhaltungssendungen die Zuschauer zu ungeahnten Reaktionen vor den Bildschirmen verleiteten: Die Zuschauer verhielten sich gegenüber den TV-Personen ähnlich wie gegenüber realen sozialen Entitäten. Da diese sozialen Interaktionen auf Grund des fehlenden Rückkanals de facto eingeschränkt waren (die TV-Personen konnten mit ihren Verhaltensweisen zwar die TV-Zuschauer erreichen, aber anders herum konnten die TV-Zuschauer mit ihren Verhaltensweisen nicht die TV-Personen erreichen), wurde das Phänomen von den beiden Wissenschaftlern *para*soziale Interaktion genannt. Wie lässt es sich jedoch erklären und methodisch adäquat erheben?

Darstellung der Annahmen

Insbesondere das Fernsehen ermögliche die Illusion einer Face-to-Face-Interaktion zwischen Zuschauern und Medienfiguren und -akteuren (in der PSI-Forschung »Personae« genannt; Horton & Wohl, 1956). Bei der Medienrezeption zeigen die gleichen Schlüsselreize, die auch in realen Interaktionssituationen relevant sind, den Zuschauern eine Form der Adressierung durch die Persona an. Insbesondere die Obtrusivität bzw. die als gering wahrgenommene räumliche Distanz der Persona (Kameragroßaufnahme, Kameraschwenk auf das Gesicht der Persona), die non-verbale Bezugnahme (z. B. ein fordernder Blick in die Kamera) und die verbale Bezugnahme (z. B. »Herzlich Willkommen zu Hause an den Fernsehgeräten«) werden dabei als relevant erachtet (Klimmt et al., 2006; Cummins & Cui, 2014). Je zahlreicher und konsistenter die Schlüsselreize dargeboten werden bzw. je reichhaltiger und eindeutiger die Adressierungsleistung der Persona ist, desto ausgeprägter und tiefergehend dürfte die PSI ausfallen (vgl. Auter & Davis, 1991; Gleich, 1997). Während die *parasoziale Interaktion* auf die unmittelbare, während der Rezeption stattfindende »Begegnung« zwischen Rezipient und Persona beschränkt ist, wird die über die einzelne »Begegnung« hinausgehende Bindung des Rezipienten an eine Persona als *parasoziale Beziehung* (PSB) bezeichnet (Vorderer, 1998). Eine PSB kann ähnlich wie eine reale Freundschaft längerfristig Bestand haben und ist gleichermaßen Ergebnis vorheriger PSI als auch Determinante nachfolgender PSI (vgl. Kreisprozessmodell von Gleich, 1996).

PSI und PSB lassen sich nach verschiedenen Kriterien dimensionieren. Bezogen auf die Valenz unterscheidet man negative von positiven, bezogen auf die Intensität starke von schwachen PSI/PSB (Hartmann et al., 2004). Mit Blick auf die Art der Personae können PSI und PSB zu Figuren (z. B. Rocky), Typen (z. B. Kämpfernatur) und Darstellern/Schauspielern (z. B. Sylvester Stallone) aufgebaut werden (Vorderer, 1998). Im Zuge der *Charaktersynthese* generieren die Rezipienten in ihrer Wahrnehmung aus diesen verschiedenen Persona-Facetten in der Regel jedoch *ein* Gesamtbild, das in der Folge die PSI und die PSB bestimmt (Wulff, 1996).

Das Zwei-Ebenen-Modell parasozialer Interaktionen (Hartmann et al., 2004; Klimmt et al., 2006) unterscheidet zudem diverse *perzeptiv-kognitive*, *affektive* und *konative* PSI-Teilprozesse, deren Intensität im Rezeptionsverlauf dynamischen Schwankungen unterliegen kann. Die perzeptiv-kognitiven PSI beinhalten zum Beispiel Aspekte der Wahrnehmung, des Denkens, Bewertens, Erinnerns im Zusammenhang mit einer Persona. Die affektiven PSI beziehen sich auf (positive wie negative) Gefühle gegenüber einer Persona bzw. Emotionen, die durch die Persona ausgelöst werden, und die konativen PSI zielen auf beobachtbare Verhaltensäußerungen und Verhaltensabsichten der Rezipienten, welche auf die Persona gerichtet sind. Beliebige PSI können auf diesen drei Dimensionen vollständig beschrieben werden.

Typische Methodik

Die Messung von PSI und PSB erfolgte (und erfolgt) bislang nahezu ausschließlich über postrezeptive Befragungen. Da insbesondere PSI im Rezeptions*prozess* entstehen, sich während der Rezeption ständig verändern – sowohl in ihren Teilprozessen als auch in ihrer Intensität – und in starkem Maße vom medialen (und situativen) Kontext der Rezeption geprägt werden, müsste eine ideale Messung auch in der Lage sein, den *Prozessverlauf* der PSI hinreichend abzubilden. Dies kann ein postrezeptiver Befragungszugang sicher nur bedingt leisten. Da prozessbegleitende Methoden jedoch mit diversen Messproblemen behaftet und mit einem enormen zeitlichen und ökonomischen Mehraufwand verbunden sind sowie das Rezeptionserlebnis meist nicht unerheblich stören und damit verzerren (Nieding & Ohler, 2004), bietet sich der Befragungszugang unmittelbar nach der Rezeption weiterhin als eine gangbare und praktikable Methode an.

Als Quasi-Standard zur Erhebung von PSI und PSB hat sich durch die Verwendung in zahlreichen Studien die Parasocial-Interaction-Scale (in der Langform 20 Items, in der Kurzform 10 Items) etabliert (Rubin, Perse & Powell, 1985). Von Gleich (1995) ins Deutsche übersetzt, wurde die Skala auch in der hiesigen Forschung häufig eingesetzt, jedoch stark kritisiert (Hartmann & Schramm, 2006; Schramm, Hartmann & Klimmt, 2002): Sie ist mehrdimensional und misst eine Kombination bzw. Vermischung unterschiedlicher Rezeptionsaktivitäten – von Empathie und Involvement während der Rezeptionssituation über emotionale *Bindungen* (also PSB) als Folge der Rezeptionssituation bis hin zu präkommunikativen Aktivitäten wie Selektionsentscheidungen (Hartmann & Schramm, 2006). Sie misst zudem nur eine positive Beziehungsform; negative Beziehungsformen werden nicht erfasst. Die Skala wurde überdies ursprünglich mit dem Ziel angelegt, »to measure feelings of audience relationship with local television news personalities« (Rubin, Perse & Powell, 1985, S. 176). Die notwendigen Anpassungen der Items bei der Untersuchung anderer Personae trugen zur Heterogenität der Skala bei.

Über die PSI-Scale hinaus, die sich trotz ihrer Schwächen als »Quasi-Standard« etablieren konnte, existieren eine Reihe weiterer Befragungsvarianten für die Messung von PSI und/oder PSB (vgl. Hartmann & Schramm, 2006). Schramm und Hartmann (2008) haben auf Basis des Zwei-Ebenen-Modells einen Fragebogen (14 Skalen zu je acht Items in der Langversion) zur Messung von PSI *unmittelbar* nach der Fernsehrezeption entwickelt, der dem Prozesscharakter und der Komplexität von PSI Rechnung trägt, der positive wie auch negative PSI abbilden kann und der auf alle TV-Personae anzuwenden ist, ohne dass die Items umformuliert werden müssen. Er hat den Anspruch, die genannten Schwachpunkte der PSI-Scale zu beheben und vergleichende PSI-Forschung zu ermöglichen (Schramm & Wirth, 2010).

Zentrale empirische Befunde

Die Studien zu PSI und PSB lassen sich in zwei Klassen einteilen:

1. Gegenstandsorientierte Studien, in denen es um die Frage geht, inwiefern PSI und PSB zu verschiedenen Personae bestehen, zum Beispiel zu Politikern (Gleich, 1999; Maier, 2005), zu Nachrichtensprechern (Levy, 1979; Rubin, Perse & Powell, 1985), zu Schauspielern (Rubin & McHugh, 1987; Visscher & Vorderer, 1998), zu Talkshow-Gästen (Thallmair & Rössler, 2001), zu Sportlern (Hartmann, Daschmann & Stuke, 2006) oder gar zu Comic-Figuren (Hoffner, 1996) und zu virtuellen Figuren, Avataren und Computerspielfiguren (Bente & Otto, 1996; Hartmann, Klimmt & Vorderer, 2001)
2. Studien zur Entwicklung/Erforschung des PSI- bzw. PSB-Konzepts selbst, zum Beispiel hinsichtlich der Frage, inwiefern PSI in Abhängigkeit der Adressierung durch die Persona variiert (Auter, 1992) oder auf welche Art und Weise sich eine bestehende PSB auf PSI-Prozesse während der Rezeption auswirkt (Six & Gleich, 2000). Letzteren sind auch erste Studien zur Validierung des Zwei-Ebenen-Modells zuzurechnen (Hartmann & Klimmt, 2005; Schramm & Hartmann, 2008).

Folgende beispielhafte Tendenzen lassen sich nun verdichtet aus dem bisherigen Forschungsstand herauslesen, auch wenn auf Grund der Messproblematik bei vielen Studien umstritten ist, ob Befunde zu PSI oder PSB generiert wurden (vgl. im Überblick: Gleich, 1997; Schramm, 2006): Rezipienten wählen unabhängig vom Geschlecht tendenziell eher männliche als weibliche Personae als Interaktions-/Beziehungspartner aus, wobei dies für Männer in noch größerem Maße zutrifft als für Frauen. Dies könnte jedoch auch darin begründet liegen, dass männliche Personae wesentlich öfter und in zentraleren Rollen gezeigt werden als weibliche Personae. Innerhalb der *intensiven* PSI/PSB treten deutliche Cross-Gender-Effekte auf, d. h., dass die stärksten PSI/PSB zwischen männlichen Rezipienten und weiblichen Personae sowie zwischen weiblichen Rezipientinnen und männlichen Personae zu verorten sind. PSI/PSB sind intensiver bei älteren und formal eher gering gebildeten Vielsehern, sehr ausgeprägt aber auch bei Jugendlichen, insbesondere Mädchen, da diese am ehesten zur Idolbildung neigen. Einsame Menschen und neurotische Menschen wenden sich häufiger dem Fernsehen zu und haben daher eine größere Chance, PSI zu zeigen und PSB aufzubauen. Der Grund für das Entstehen von PSI/PSB dürfte aber primär im häufigeren Kontakt mit dem Medium und erst sekundär in den Persönlichkeitsfaktoren begründet liegen. Jedoch weisen andere Befunde auch auf den hohen Stellenwert von Persönlichkeitsfaktoren: So gestalten sich bisweilen PSI/PSB umso intensiver, je weniger kommunikativ die Rezipienten sind bzw. je weniger sie sich mit anderen Menschen kommunikativ austauschen. PSI/PSB sind häufig dann besonders intensiv, wenn Rezipienten einerseits schüchtern sind (was die Interaktion im realen Leben eher verhindert, weil die betreffenden Personen andere Personen nicht ansprechen), gleichzeitig aber sehr gesellig sind (was das *Bedürfnis* nach Kontaktaufnahme zu anderen Personen prinzipiell fördert). Intensive PSI/PSB wurden zudem bei sehr einsamen Menschen beobachtet. Generell nehmen PSI/PSB mit der Abnahme der Anzahl und der Vielfalt der Freizeitaktivitäten und realen Sozialkontakte der Rezipienten zu. Die Auswahl der Personae, zu denen eine PSI/PSB aufgebaut wird, hängt häufig mit den Eigenschaften und Fähigkeiten des Rezipienten zusammen. Die Persona hat oft Eigenschaften, die der Rezipient selbst gerne hätte und stellt somit eine Art ideales Selbstbild dar. Gleichzeitig werden jedoch auch PSI/PSB zu solchen Personae beobachtet, die einem in Bezug auf Einstellungen und sozialen Background sehr ähnlich sind. Lieblingspersonae, zu denen PSI/PSB aufgebaut werden, werden von den Rezipienten mit Blick auf charakterliche Eigenschaften, intellektuelle Anregung, Nähe und Vertrauen ungefähr ähnlich wie gute Nachbarn, aber nicht so positiv wie die beste Freundin bzw. der beste Freund gesehen.

Kritik

Das PSI- und PSB-Konzept hat in den vergangenen 50 Jahren nichts an Relevanz eingebüßt. Personenzentrierte Medienformate bestimmen nach wie vor unsere Medienlandschaft. Da man mit einer »anwesenden« Persona nicht *nicht* parasozial interagieren kann (Hartmann et al., 2004), gehören PSI-Prozesse zu den konstitutiven Elementen personenzentrierter Medienrezeption. Insbesondere für die Erklärung von audiovisueller Rezeption ist das Konzept von zentraler Bedeutung. Welche Merkmale der Personae bei welchen Rezipienten in welchen medialen Kontexten welche PSI-Prozesse evozieren und damit auch zur Attraktivität eines Medienangebotes beitragen können, ist zwar in vielen Studien bereits untersucht worden. Da die Studien jedoch meist nicht von einheitlichen PSI- und PSB-Definitionen ausgingen, PSI und PSB nicht konsequent voneinander trennten und auf keine einheitlichen Messinstrumente zurückgriffen, kann von einer gefestigten Befundlage nach wie vor nicht die Rede sein. Aufgabe zukünftiger Forschung ist es daher, dieses Desiderat zu beheben und Studien systematisch aufeinander zu beziehen. Die PSI-/PSB-Forschung der letzten Jahre hat hierfür erste Grundbausteine gelegt.

Literatur

Auter, P. J. (1992). TV that talks back: An experimental validation of a parasocial interaction scale. *Journal of Broadcasting and Electronic Media, 36*, 173–181.

Auter, P. J. & Davis, D. M. (1991). When characters speak directly to viewers: Breaking the fourth wall in television. *Journalism Quarterly, 68*, 165–171.

Bente, G. & Otto, I. (1996). Virtuelle Realität und parasoziale Interaktion. *Medienpsychologie, 8*, 217–242.

Cummins, R. G. & Cui, B. (2014). Reconceptualizing address in television programming: The effect of address and affective empathy on viewer experience of parasocial interaction. *Journal of Communication*, 64, 723–742.

Gleich, U. (1995). Die Beziehung von Fernsehzuschauern zu Medienpersonen – eine explorative Untersuchung. In R. Arbinger & R. S. Jäger (Hrsg.), *Zukunftsperspektiven empirisch-pädagogischer Forschung* (S. 363–381). Landau: Verlag Empirische Pädagogik.

Gleich, U. (1996). Sind Fernsehpersonen die »Freunde« des Zuschauers? Ein Vergleich zwischen parasozialen und realen sozialen Beziehungen. In P. Vorderer (Hrsg.), *Fernsehen als »Beziehungskiste«. Parasoziale Beziehungen und Interaktionen mit TV-Personen* (S. 113–142). Opladen: Westdeutscher Verlag.

Gleich, U. (1997). *Parasoziale Interaktionen und Beziehungen von Fernsehzuschauern mit Personen auf dem Bildschirm: ein theoretischer und empirischer Beitrag zum Konzept des aktiven Rezipienten.* Landau: Verlag Empirische Pädagogik.

Gleich, U. (1999). Parasoziale Bindungen zu Politikern? In P. Winterhoff-Spurk & M. Jäckel (Hrsg.), *Politische Eliten in der Mediengesellschaft* (S. 151–168). München: Fischer.

Hartmann, T. & Klimmt, C. (2005). Ursachen und Effekte Parasozialer Interaktionen im Rezeptionsprozess: Eine Fragebogenstudie auf der Basis des PSI-Zwei-Ebenen-Modells. *Zeitschrift für Medienpsychologie, 17*, 88–98.

Hartmann, T., Klimmt, C. & Vorderer, P. (2001). Avatare: Parasoziale Beziehungen zu virtuellen Akteuren. *Medien- & Kommunikationswissenschaft, 49*, 350–368.

Hartmann, T. & Schramm, H. (2006). Logik der Forschung zu parasozialen Interaktionen und Beziehungen. In W. Wirth, A. Fahr & E. Lauf (Hrsg.), *Forschungslogik und -design in der Kommunikationswissenschaft. Band 2: Anwendungsfelder in der Kommunikationswissenschaft* (S. 264–291). Köln: Herbert von Halem.

Hartmann, T., Schramm, H. & Klimmt, C. (2004). Personenorientierte Medienrezeption: Ein Zwei-Ebenen-Modell parasozialer Interaktionen. *Publizistik, 49(1)*, 25–47.

Hoffner, C. (1996). Children's wishful identification and parasocial interaction with favorite television characters. *Journal of Broadcasting and Electronic Media, 40*, 389–402.

Horton, D. & Wohl, R. R. (1956). Mass Communication and Para-social Interaction: Observation on Intimacy at a Distance. *Psychiatry, 19*, 215–229.

Klimmt, C., Hartmann, T. & Schramm, H. (2006). Parasocial interactions and relationships. In J. Bryant & P. Vorderer (Eds.), *Psychology of entertainment* (pp. 291–313). Mahwah, NJ: Lawrence Erlbaum.

Levy, M. R. (1979). Watching TV news as para-social interaction. *Journal of Broadcasting, 23*, 69–80.

Maier, J. H. (2005). Bestehen parasoziale Beziehungen zu Politikern? Eine empirische Exploration mit der Repertory Grid Technik. *Zeitschrift für Medienpsychologie, 17*, 99–109.

Nieding, G. & Ohler, P. (2004). Laborexperimentelle Methoden. In R. Mangold, P. Vorderer & G. Bente (Hrsg.), *Lehrbuch der Medienpsychologie* (S. 355–376). Göttingen: Hogrefe.

Rubin, R. B. & McHugh, M. P. (1987). Development of Parasocial Interaction Relationships. *Journal of Broadcasting & Electronic Media, 31(3)*, 279–292.

Rubin, A. M., Perse, E. M. & Powell, R. A. (1985). Loneliness, parasocial interaction, and local television news viewing. *Human Communication Research, 12(2)*, 155–180.

Schramm, H. (2006). Parasoziale Interaktionen und Beziehungen. Konzept – Begriffe – Modellierung – Messung – Befunde. In B. Frizzoni & I. Tomkowiak (Hrsg.), *Unterhaltung: Konzepte – Formen – Wirkungen* (S. 247–269). Zürich: Chronos.

Schramm, H. & Hartmann, T. (2008). The PSI-Process Scales: A new measure to assess the intensity and breadth of parasocial processes. *Communications: The European Journal of Communication Research*, 33, 385–401.

Schramm, H., Hartmann, T. & Klimmt, C. (2002). Desiderata und Perspektiven der Forschung über parasoziale Interaktionen und Beziehungen zu Medienfiguren. *Publizistik, 47(4)*, 436–459.

Schramm, H. & Wirth, W. (2010). Testing a universal tool for measuring parasocial interactions across different situations and media: Findings from three studies. *Journal of Media Psychology*, 22, 26–36.

Six, U. & Gleich, U. (2000). Sozio-emotionale und kognitive Reaktionen auf Ereignisszenarien mit TV-Personen. Ein Experiment zur parasozialen Beziehung. In A. Schorr (Hrsg.), *Publikums- und Wirkungsforschung* (S. 363–383). Wiesbaden: Westdeutscher Verlag.

Thallmair, A. & Rössler, P. (2001). Parasoziale Interaktion bei der Rezeption von Daily Talkshows. Eine Befragung von älteren Talk-Zuschauern. In C. Schneiderbauer (Hrsg.), *Daily Talkshows unter der Lupe. Wissenschaftliche Beiträge aus Forschung und Praxis* (S. 179–208). München: Fischer.

Visscher, A. & Vorderer, P. (1998). Freunde in guten und schlechten Zeiten. Parasoziale Beziehungen von Vielsehern zu Charakteren einer Daily Soap. In H. Willems & M. Jurga (Hrsg.), *Inszenierungsgesellschaft* (S. 453–469). Opladen: Westdeutscher Verlag.

Vorderer, P. (1998). Unterhaltung durch Fernsehen: Welche Rolle spielen parasoziale Beziehungen zwischen Zuschauern und Fernsehakteuren? In G. Roters, W. Klingler & O. Zöllner (Hrsg.), *Fernsehforschung in Deutschland. Themen, Akteure, Methoden* (S. 689–707). Baden-Baden: Nomos.

Wulff, H. J. (1996). Charaktersynthese und Paraperson: Das Rollenverhältnis der gespielten Fiktion. In P. Vorderer (Hrsg.), *Fernsehen als »Beziehungskiste«. Parasoziale Beziehungen und Interaktionen mit TV-Personen* (S. 29–48). Opladen: Westdeutscher Verlag.

Soziale Vergleichsprozesse

Nicole C. Krämer und Jessica M. Szczuka

Worum geht es?

Ein Patient mit einer schweren Stoffwechselkrankheit sieht im Fernsehen den Bericht eines Mannes, der an derselben Krankheit leidet und klagt, er könne kaum ein normales Leben führen. Da der Fernsehzuschauer bislang recht gut mit den Umständen umgehen kann, freut er sich, dass es ihm vergleichsweise gut geht. Hätte der Zuschauer den Bericht eines Erkrankten verfolgt, der sein Leben deutlich besser meistert als er selbst, hätte jedoch auch dies positive Folgen für ihn selbst haben können. Erklärt werden kann diese scheinbare Paradoxie durch die Theorie des sozialen Vergleiches (Festinger, 1954), die in ihrer Übertragung auf den sozialen Vergleich mit Medienfiguren auch als parasozialer Vergleich bezeichnet wird (Strange, 1996; vgl. auch Mares & Cantor, 1992). Dieser soziale Vergleich wurde bereits 1944 von Herzog als ein zentrales Motiv für das Hören von Radioserien herausgestellt: »burdened with their own problems, listeners claim that it made them feel better to know that other peoples have troubles, too« (S. 24). Tatsächlich ermöglichen alle heutigen Medien, vom Fernsehen bis zum Internet, ein Ausmaß an sozialem Vergleich, das noch vor hundert Jahren, als man sich höchstens mit den Nachbarn vergleichen konnte, undenkbar gewesen wäre (Wills, 1986). Gleichzeitig vermutet Wills (1986) jedoch, dass die oftmals positive Darstellung von Personen in den Medien zu einer großen Unzufriedenheit auf Seiten der Mediennutzer führt (vgl. Richins, 1995).

Darstellung der Annahmen

Die Annahmen, die dem parasozialen Vergleich zugrundeliegen, entsprechen denen des sozialen Vergleiches in der Face-to-Face-Interaktion. Danach beobachtet man andere Personen mit dem Ziel, etwas über deren Leistungen, Meinungen, Werte und Probleme zu erfahren, um auf dieser Grundlage eigene Leistungen, Meinungen, Werte und Probleme einordnen und bewerten zu können (Bierhoff & Herner, 2002). Festinger (1954) stellt drei Hypothesen zum sozialen Vergleich auf: (1) Im menschlichen Organismus besteht ein Trieb zur Bewertung der eigenen Meinungen und Fähigkeiten. (2) Insbesondere, wenn objektive Standards nicht zur Verfügung stehen, bewerten Menschen ihre Meinungen und Fähigkeiten durch Vergleich mit den Meinungen bzw. Fähigkeiten anderer. (3) Die Tendenz, sich mit anderen zu vergleichen, ist umso größer, je ähnlicher die anderen Personen einem selbst sind. Der soziale Vergleich setzt somit die Ähnlichkeit zwischen der Person, die sich vergleichen will, und ihrer Bezugsperson voraus. Diese Vergleichbarkeit wird bereits vorab durch die Übereinstimmung von relevanten Attributen wie dem Alter oder Geschlecht geprüft (Suls, Gastorf & Lawhon, 1978). Der soziale Vergleich ist ein zentrales Werkzeug, um ein dem menschlichen Verhalten zugrundeliegendes Mastermotiv zu erreichen (Wood & Wilson, 2003), nämlich das Motiv, dass der Mensch sich selbst vor allem positiv wahrnehmen und beurteilen möchte (Baumeister, 1998).

Grundsätzlich wird zwischen aufwärts und abwärts gerichteten Vergleichen unterschieden (Collins, 1996). Bei abwärts gerichteten Vergleichen (Wills, 1981) vergleicht man sich mit schwächeren oder gleich schwachen Personen. Das subjektive Wohlbefinden wird so erhöht, was dieses Vorgehen für zukünftige Vergleiche wahrscheinlicher macht. Vor allem Personen mit niedrigem Selbstwertgefühl weisen eine starke Tendenz zu abwärts gerichteten Vergleichen auf. Müsste aber – im Gegensatz zu den eingangs gemachten Bemerkungen – ein aufwärts gerichteter Vergleich nicht zu Schlussfolgerungen führen, die negativ für das Selbst sind? Tatsächlich finden sich dazu widersprüchliche Angaben: Auf der einen Seite werden aufwärts gerichtete Vergleiche generell mit Selbstwertbedrohung in Verbindung gebracht. Also sollten Vergleiche mit Personen, die über höhere Fähigkeiten verfügen, eher vermieden werden (Herkner, 2001). Andererseits wird vermutet, dass Personen sich auf Grund der kulturellen Leistungsstandards tendenziell eher mit besseren vergleichen – was im Einklang mit dem Motiv nach Selbstwerterhöhung steht und einer Stabilisierung des Selbstwertgefühls dienen kann (vgl. Bierhoff & Herner, 2002). So bieten aufwärts gerichtete Vergleiche den Anreiz, sich zu verbessern, gleichzeitig werden Ziele definiert. Positiv verläuft ein Vergleich nach oben vor allem, wenn ein Assimilationseffekt ausgelöst wird und man sich als der Vergleichsperson durchaus ähnlich wahrnimmt (d. h. man sieht sich zwar nicht als bester, aber als Teil einer herausgehobenen Gruppe, Brewer & Weber, 1994). Löst der Vergleichsstimulus dagegen Kontrasteffekte aus, ist das Ergebnis des Vergleichs negativ für die eigene Person (Collins, 1996). Insgesamt können aber sowohl aufwärts als auch abwärts gerichtete Vergleiche positive, aber auch negative Wirkungen auf Stimmung und Selbstwertgefühl haben (Bierhoff, 2006; Buunk, Collins, Taylor, VanYperen & Dakof, 1990). Wovon hängt es aber ab, ob man sich nach einem Vergleich gut oder schlecht fühlt? Der wichtigste Prädiktor ist der Selbstwert: Bei hohem Selbstwert sind sowohl abwärts als auch aufwärts gerichtete Vergleiche mit weniger negativen Gefühlen verbunden. Generell sind allerdings eher abwärts gerichtete Vergleiche mit positiven Gefühlen verbunden (Bogart & Helgeson, 2000). Letztlich wird im Allgemeinen die Richtung des sozialen Vergleiches favorisiert, die den Selbstwert aufrechterhält oder fördert (Bierhoff, 2006).

Bezogen auf Medieneffekte lässt sich vor diesem Hintergrund Folgendes ableiten: Bente und Fromm (1997) vermuten, dass beispielsweise im Rahmen von Affektfernsehsendungen, in denen unprominente Menschen aus ihrem Leben berichten, soziale Vergleichsprozesse immer mit einem Gewinn verbunden sind. Liegt etwa beim Studiogast ein Problem vor, das der Zuschauer mit diesem gemeinsam hat, so kann der soziale Vergleich drei mögliche Folgen haben: (1) Der Zuschauer sieht sich erfolgreicher als der Gast und fühlt sich bestätigt und aufgewertet, (2) die Problembewältigung ist für Zuschauer und Studiogast ähnlich unglücklich, mit dem Ergebnis, dass sich der Zuschauer nicht mehr so alleine fühlt, (3) der Studiogast zeigt eine bessere Problemlösung und dient dem Zuschauer als mögliches Verhaltensmodell und Quell der Hoffnung.

Soziale Vergleiche mit Medienfiguren werden jedoch nicht nur systematisch ausgewählt; sie können dem Rezipienten auch durch die Situation aufgedrängt werden. Zeigt eine andere Person Leistung, wird häufig ein automatischer Vergleich ausgelöst, der erst nachträglich daraufhin überprüft wird, ob er diagnostischen Wert besitzt (Gilbert, Giesler & Morris, 1995). Neuere Konzeptualisierungen von sozialen Vergleichsprozessen betonen darüber hinaus, dass automatische Prozesse eine große Rolle spielen und die Zielpersonen, mit denen man sich vergleicht, nicht bewusst wahrgenommen werden müssen (Mussweiler, Rüter & Epstude, 2004; Stapel & Blanton, 2004).

Typische Methodik

Effekte sozialer Vergleiche mit Medienfiguren werden meist mit experimentellen Settings untersucht. So werden in Studien zur Wirkung der Darstellung idealisierter Medienfiguren in Zeitschriftenanzeigen (Tiggemann & Mcgill, 2004) oder Fernsehclips (Hargreaves & Tiggemann, 2004) entweder ultraschlanke oder normalgewichtige Models präsentiert. Als abhängige Variablen werden die Zufriedenheit der Rezipienten mit sich selbst (Halliwell & Dittmar, 2005), die momentane Stimmung (Hargreaves & Tiggemann, 2004) oder implizite Maße wie Verhalten erhoben (z. B. ob bereitgestellte Nahrungsmittel konsumiert werden, Gurari, Hetts & Strube, 2006).

Zentrale empirische Befunde

Ausgangspunkt für die meisten Studien zum sozialen Vergleich mit Medienfiguren ist die Annahme, dass Medien ein Zerrbild der Wirklichkeit präsentieren. Reiche und attraktive Menschen seien überrepräsentiert, was zu Unzufriedenheit mit dem eigenem Leben und insbesondere bei Frauen mit der eigenen Figur führe (Richins, 1995). Ein Großteil der Studien fragt daher, ob junge Frauen durch die Beobachtung ultraschlanker Models mit ihrer eigenen Figur unzufrieden werden. Korrelationsstudien weisen auf einen Zusammenhang zwischen der Höhe des Medienkonsums und Unzufriedenheit bzw. Essstörungssymptomen hin (Stice, Schupak-Neuberg, Shaw & Stein, 1994; Tiggemann & Pickering, 1996). Auch experimentelle Untersuchungen zeigen, dass die Zufriedenheit mit dem eigenen Körper signifikant durch das gezeigte Stimulusmaterial (Abbildungen von ultraschlanken, normalen oder übergewichtigen Models) beeinflusst wird (Irving, 1990). Groesz, Levine und Murnen (2002) belegen in einer Metaanalyse über 25 Studien, dass das eigene Körperbild nach der Betrachtung von dünnen Models signifikant negativer ausfällt – besonders bei jungen Frauen unter 19 Jahren und bei Frauen, die anfällig für die Aktivierung des Schlankheitsschemas sind. In einer aktuelleren Metaanalyse auf der Basis von 77 sowohl korrelativen aus auch experimentellen Studien konnte ebenfalls ein Zusammenhang zwischen

Mediennutzung und einem negativen Körperselbstbild festgestellt werden (Grabe, Ward & Hyde, 2008). Es finden sich jedoch auch Studien, die positive Effekte für die Betrachter dünner Models berichten (Joshi, Herman & Polivy, 2004). Daher beleuchten vor allem aktuelle Studien die Funktionsweise: Die explizite Anregung zu sozialem Vergleich verstärkt die Wirkung (Tiggemann & Mcgill, 2004). Dies wird als Hinweis gedeutet, dass tatsächlich sozialer Vergleich die berichteten Effekte vermittelt (vgl. Besenoff, 2006). Während der Betrachtung dünner Models hat ein Fokus auf Selbstevaluation negative Folgen für das eigene Körperbild, während ein Fokus auf Selbstverbesserung sich nicht negativ auswirkt (Halliwell & Dittmar, 2005). Zahlreiche Untersuchungen identifizieren moderierende Variablen: Die negativen Folgen sozialer Vergleiche mit schlanken Models werden verstärkt durch die individuelle Internalisierung des Schlankheitsideals, durch die Tendenz, soziale Vergleiche mit Medien durchzuführen (Dittmar & Howard, 2004), sowie durch eine hohe Diskrepanz von gewünschtem und wahrgenommenem Körperbild (Besenoff, 2006). Frauen, die mit ihrem Körper unzufrieden sind, neigen eher zu sozialem Vergleich mit schlanken Models und lassen sich sogar durch die Konfrontation mit schlanken Vasen negativ in ihrem Selbstbild beeinflussen (Trampe, Stapel & Siero, 2007). Für die Variable Geschlecht zeigen sich widersprüchliche Ergebnisse: Während nach Wassermann (2006) sowohl Frauen als auch Männer gleichermaßen mehr Unzufriedenheit äußern, nachdem sie mit attraktiven Idealbildern konfrontiert wurden, zeigen Hargreaves und Tiggemann (2004), dass Mädchen und Jungen zwar übereinstimmend schlechtere Stimmung berichten, aber nur Mädchen mit dem eigenen Körper unzufriedener sind.

Aber nicht nur klassische Medien, sondern auch Social Media Anwendungen lösen soziale Vergleichsprozesse aus: Haferkamp und Krämer (2011) zeigen, dass insbesondere bei Nutzerinnen das Betrachten von attraktiven Profilfotos auf sozialen Netzwerkseiten zu einer erhöhten Unzufriedenheit mit sich selbst führt. Auch Feinstein, Hershenberg, Bhatia, Latack, Meuwly und Davila (2013) demonstrieren, dass spezifische Arten der Facebook-Nutzung, vermittelt über den negativ ausfallenden sozialen Vergleich, die Rumination negativer Gedanken und somit das Auftreten depressiver Symptome verstärken können. Auch Twitter-Daten wurden bereits betrachtet, es wurde allerdings lediglich nachgewiesen, dass sich die bekannten negativen Auswirkungen klassischen audio-visuellen Materials (hier der Betrachtung der Victoria's Secret Fashion Shows) auch in Tweets nachweisen lassen (Chrisler, Fung, Lopez und Gorman, 2013).

Ein weiterer Forschungsbereich fragt, inwieweit sozialer Vergleich für die Selektion von Medieninhalten verantwortlich ist. Beispielsweise bevorzugen Rezipienten Formate mit Personen des gleichen Geschlechts (Knobloch-Westerwick et al., 2005), und junge Menschen wählen eher Sendungen, in denen ihre Altersgruppe dargestellt wird (vgl. auch Harwood, 1999; Trepte, 2004). Befragungen zu den Motiven für die Wahl von Sendungen, die unprominente Menschen porträtieren, finden »Sozialer Vergleich/Problembewältigung« als zentrales Motiv (Bente & Fromm, 1997).

Kritik

Spezifisch an den Studien zu den Auswirkungen des sozialen Vergleiches mit ultraschlanken Medienfiguren wird kritisiert, dass die gewählten abhängigen Variablen die Effekte eher unterschätzen. Gurari, Hetts und Strube (2006) zeigen, dass zwar teilweise kein Effekt auf explizite Selbstbewertungen beobachtbar ist, aber implizite Maße der Selbstbewertung (gemessen durch den Konsum von Snacks während des Experiments und durch implizite Assoziation der eigenen Person/Gruppe mit Adjektiven, die Schönheit beschreiben) anschlagen – diese werden allerdings in einem Großteil der Studien gar nicht erhoben.

Generell erscheint es notwendig, die Forschung auf andere Bereiche auszuweiten. Bislang fokussiert die Forschung sehr stark auf Effekte des sozialen Vergleiches mit schlanken Models (verwiesen sei hier aber auch auf Forschung zu Medieneffekten auf den Umgang mit Brustkrebs, vgl. Wood, Taylor & Lichtman, 1985). Dies geht einher mit einer Betonung rein sozialpsychologischer Fragestellungen und einer Vernachlässigung genuin medienpsychologischer Forschung, die auch die Besonderheiten der medialen Darstellung berücksichtigt.

Zwar ist die Theorie sozialer Vergleichsprozesse theoretisch und empirisch gut fundiert, es bestehen aber generelle Probleme bei ihrer Anwendung. So lässt sich bislang kaum verbindlich vorhersagen, ob aus einem sozialen Vergleich positive oder negative Konsequenzen entstehen. Es sind zwar – zumindest im gut beforschten Bereich der Wirkung des Vergleiches mit attraktiven Models – zahlreiche moderierende Variablen identifiziert worden, die zum Teil widersprüchlichen Ergebnisse können aber immer noch nicht ausreichend erklärt werden.

Literatur

Baumeister, R. F. (1998). The self. In D. T. Gilbert, S. T. Fiske & G. Lindzey (Eds.), *The handbook of social psychology (Vol. 1)* (pp. 680–740). Boston, MA: McGraw-Hill.

Bente, G. & Fromm, B. (1997). *Affektfernsehen. Motive, Angebotsweisen und Wirkungen.* Leverkusen: Leske & Budrich.

Besenoff, G. R. (2006). Can the media affect us? Social comparison, self-discrepancy and the thin-ideal. *Psychology of Women Quaterly, 30*, 293–251.

Bierhoff, H. W. & Herner, M. J. (2002). *Begriffswörterbuch Sozialpsychologie.* Stuttgart: Kohlhammer.

Bierhoff, H. W. (2006). *Sozialpsychologie. Ein Lehrbuch.* Stuttgart: Kohlhammer.

Bogart, L. M. & Helgeson, V. S. (2000). Social comparisons among women with breast cancer: A longitudinal investigation. *Journal of Applied Social Psychology, 30*, 547–575.

Brewer, M. B. & Weber, J. G. (1994). Self-evaluation effects of interpersonal versus intergroup social comparison. *Journal of Personality and Social Psychology, 66*, 268–275.

Buunk, B. P., Collins, R. L., Taylor, S. E., VanYperen, N. W. & Dakof, G. A. (1990). The affective consequences of social comparison: Either direction has its ups and downs. *Journal of Personality and Social Psychology, 59*, 1238–1249.

Collins, R. L. (1996). For better or worse: The impact of upward social comparison on self-evaluations. *Psychological Bulletin, 119*, 70–94.

Chrisler, J. C., Fung, K. T., Lopez, A. M. & Gorman, J. A. (2013). Suffering by comparison: Twitter users' reactions to the »Victoria's Secret Fashion Show«. Body image, 10 (4), 648-652.

Dittmar, H. & Howard, S. (2004). Ideal-body internationalization and social comparison tendency as moderators of thin media models' impact on women's body-focused anxiety. *Journal of Social and Clinical Psychology, 23*, 768–791.

Feinstein, B. A., Hershenberg, R., Bhatia, V., Latack, J. A., Meuwly, N. & Davila, J. (2013). Negative social comparison on Facebook and depressive symptoms: Rumination as a mechanism. Psychology of Popular Media Culture, 2(3), 161.

Festinger, L. (1954). A theory of social comparison processes. Human Relations, 7, 117–140.

Gilbert, D. T., Giesler, R. B. & Morris, K. A. (1995). When comparisons arise. *Journal of Personality and Social Psychology, 69*, 227–236.

Grabe, S., Ward, L. M. & Hyde, J. S. (2008). The role of the media in body image concerns among women: a meta-analysis of experimental and correlational studies. *Psychological Bulletin, 134*(3), 460.

Groesz, L. M., Levine, M. P. & Murnen, S. K. (2002). The effect of experimental presentation of thin media images on body satisfaction: A meta-analytic review. *International Journal of Eating Disorders, 31*, 1–16.

Gurari, I., Hetts, J. J. & Strube, M. J. (2006). Beauty in the »I« of the beholder. Effects of idealized media portrayals on implicit self-image. *Basic and Applied Social Psychology, 28*, 273–283.

Haferkamp, N. & Krämer, N. C. (2011). Social comparison 2.0 – Examining the effects of online profiles on social networking sites. *Cyberpsychology, Behavior, and Social Networking, 14*(5), 309–314.

Halliwell, E. & Dittmar, H. (2005). The role of self-improvement and self-evaluation motives in social comparisons with idealised female bodies in the media. *Body Image, 2*, 249–261.

Hargreaves, D. A. & Tiggemann, M. (2004). Idealized media images and adolescent body image: »Comparing« boys and girls. *Body Image, 1*, 351–361.

Harwood, J. (1999). Age identification, social identity gratifications, and television viewing. *Journal of Broadcasting and Electronic Media, 43*, 123–136.

Herkner, W. (2001). *Sozialpsychologie Lehrbuch*. Bern: Hans Huber.

Herzog, H. (1944). What do we really know about daytime serial listeners? In P. F. Lazarsfeld & F. N. Stanton (Eds.), *Radio research 1942–1953* (pp. 3–33). New York: Duell, Sloan, Pearce.

Irving, L. M. (1990). Mirror images: Effects of the standard of beauty on the self- and body-esteem of women exhibiting varying levels of bulimic symptoms. *Journal of Social and Clinical Psychology, 9*, 230–242.

Joshi, R., Herman, C. P. & Polivy, J. (2004). Self-enhancing effects of exposure to thin body images. *International Journal of Eating Disorders, 35*, 333–341.

Knobloch-Westerwick, S. & Hastall, M. R. (2005). Social comparisons with news personae: Selective exposure to news portrayals of same-sex and same-age characters. *Communication Research, 33*, 262–284.

Mares, M.-L. & Cantor, J. (1992). Elderly viewers' responses to televised portrayals of old age. *Communication Research, 19*, 459–478.

Mussweiler, T., Rüter, K. & Epstude, K. (2004). The man who wasn't there: Subliminal social comparison standards influence self evaluation. *Journal of Experimental Social Psychology, 40*, 689–696.

Richins, M. (1995). Social comparison, advertising, and consumer discontent. *American Behavioral Scientist, 38*, 593–607.

Stapel, D. A. & Blanton, H. (2004). From seeing to being: Subliminal social comparison affects implicit and explicit self-evaluations. *Journal of Personality and Social Psychology, 87*, 468–481.

Stice, E., Schupak-Neuberg, E., Shaw, H. E. & Stein, R. I. (1994). Relation of media exposure to eating disorder symptomatology: An examination of mediating mechanisms. *Journal of Abnormal Psychology, 103*, 836–840.

Strange, J. (1996). Leben in Bildschirmwelten – Formen der narrativen Involviertheit. Stellungnahme zu dem Beitrag von Peter Vorderer. In P. Vorderer (Hrsg.), *Fernsehen als »Beziehungskiste«. Parasoziale Beziehungen und Interaktionen mit TV-Personen* (S. 173–180). Opladen: Westdeutscher Verlag.

Suls, J., Gastorf, J. & Lawhon, J. (1978). Social comparison choices for evaluating a sex- and age-related ability. *Personality and Social Psychology Bulletin, 4*, 102–105.

Tiggemann, M. & Mcgill, B. (2004). The role of social comparison in the effect of magazine advertisements in women's mood and body dissatisfaction. *Journal of Social and Clinical Psychology, 23*, 23–44.

Tiggemann, M. & Pickering, A. S. (1996). Role of television in adolescent women's body dissatisfaction and drive for thinness. *International Journal and Eating Disorders, 20*, 199–203.

Trampe, D., Stapel, D. A. & Siero, F. W. (2007). On models and vases: Body dissatisfaction and proneness to social comparison effects. *Journal of Personality and Social Psychology, 92*, 106–118.

Trepte, S. (2004). Soziale Identität und Medienwahl. *Medien- und Kommunikationswissenschaft, 52*, 230–249.

Wassermann, M. S. (2006). Individual differences in the relationship between »ideal« media exposure and body image in a mixed-gender sample. *Dissertation Abstracts International, Section B, 67*, 2249.

Wills, T. A. (1981). Downward comparison principles in social psychology. *Psychological Bulletin, 90*, 245–271.

Wills, T. A. (1986). Discussion remarks on social comparison theory. *Personality and Social Psychology Bulletin, 12*, 282–288.

Wood, J. V., Taylor, S. E. & Lichtman, R. R. (1985). Social comparison in adjustment to breast cancer. *Journal of Personality and Social Psychology, 49*, 1169–1183.

Wood, J. V. & Wilson, A. E. (2003). How important is social comparison? In M. R. Leary & J. P. Tangney (Eds.), *Handbook of self and identity* (pp. 344–366). New York: Guilford Press.

Medienpsychologische Aspekte der sozial-kognitiven Lerntheorie

Nikol Rummel

Worum geht es?

Ob man an den Amoklauf eines Schüler in Emsdetten am 20. November 2006 denkt, an die Tragödie am Gutenberg-Gymnasium am 26. April 2002 in Erfurt oder an das Massaker, das sich am 20. April 1999 an der Columbine High School im Bundesstaat Colorado in der USA zutrug – wenn Ereignisse wie diese die Gesellschaft erschüttern, stehen Medien wie das Fernsehen oder Computerspiele im Kreuzfeuer der Kritik, und es wird die Frage nach der Modellwirkung medialer Darstellungen formuliert. In Wikipedia gibt es sogar eine eigene Seite, auf der sogenannte »Copycat crimes« (übers. Nachahmungstaten) aufgelistet werden, die durch den Film *Natural Born Killers* angestoßen worden sein sollen (http://en.wikipedia.org/wiki/ List_of_alleged_Natural_Born_Killers_copycat_c-rimes). Das Massaker an der Columbine High School ist eines von ihnen.

Die Nachahmung beobachteten Verhaltens ist allgegenwärtig bei Mensch und Tier. Schon Ende des 19. Jahrhunderts ging James (1890) von einem Instinkt zum Nachahmen aus. Die bekannten Studien von Meltzoff und Moore (1977, 1983) zum Imitationsverhalten bei Säuglingen demonstrieren ebenfalls eindrücklich, dass die Neigung sowie die Fähigkeit zur Nachahmung bei Menschen angelegt sind. Neuere Erkenntnisse untermauern dies durch den Nachweis eines neuronalen Beobachtungs-Ausführungs-Spiegelsystems (z. B. Rizzolatti, Fadiga, Fogassi & Gallese, 2002). Doch ist die unmittelbare *Nachahmung* beobachteten Verhaltens nicht gleichzusetzen mit dem Lernen durch Beobachtung und mit der (zeitverzögerten) *Ausführung* beobachteten Verhaltens. Dies herauszustellen war ein wichtiger Verdienst der sozial-kognitiven Lerntheorie von Albert Bandura (1971b, 1977, deutsch 1979). Im Beitrag zu Gewalt in diesem Band wird die sozial-kognitive Theorie Banduras als einer der Ansätze diskutiert, die herangezogen werden, um die Modellwirkung aggressiver Darstellung in den Medien zu erklären. Die medienpsychologisch relevanten Aspekte seiner Theorie werden hier näher erläutert.

Darstellung der Annahmen

Bandura postulierte in seiner sozial-kognitiven Lerntheorie, dass beim Lernen am Modell nicht lediglich Reiz-Reaktions-Verbindungen erworben werden, sondern »symbolische Repräsentationen« der modellierten Verhaltensweisen. Mit symbolischen Repräsentationen bezeichnete Bandura die kognitive Speicherung des Modellverhaltens in einer Form, die das Beobachtete nicht einfach analog abbildet, sondern die relevanten Elemente abstrahiert und »symbolisch« festhält (Bandura & Jeffery, 1973). Eine kognitive Repräsentation ist Voraussetzung für die zeitverzögerte Ausführung zuvor am Modell beobachteter Verhaltensweisen und damit für das Lernen am Modell. Durch die Annahme einer kognitiven Repräsentation brach Bandura mit dem behavioristischen Gedankengut; er öffnete die *black box*, in die die behavioristischen Lerntheoretiker alle kognitiven Prozesse verbannt hatten.

Bandura, Ross und Ross (1963b) stellten die Hypothese auf, dass nachfolgende Verstärkung die *Ausführung* von beobachtetem Verhalten regulieren könne, jedoch keine unmittelbare Wirkung auf das *Lernen* durch Beobachtung habe. Dies ist ein Kerngedanke von Banduras Theorie. Im Laufe der Jahre differenzierte Bandura vier Teilkomponenten für das Lernen am Modell aus (z. B. Bandura, 1971a, 1977, 1986): (1) Aufmerksamkeitsprozesse, (2) Behaltensprozesse, (3) Nachbildungsprozesse und (4) Motivationsprozesse. Die ersten beiden Teilkomponenten sind nach Bandura hauptsächlich für den Erwerb, also das Lernen beobachteten Verhaltens verantwortlich. Die beiden Letzteren betreffen vor allem die Verhaltensausführung. Die Aufmerksamkeit des Beobachters gegenüber den relevanten Modellstimuli ist Voraussetzung für die Behaltensprozesse, die Bandura zwischen Beobachtung des Modells und eigener Verhaltensausführung ansiedelt. Der Lernende muss das Modellverhalten angemessen kodieren und es sich dabei in einer individuell bedeutsamen Form (Bandura nennt dies kognitive Organisation) einprägen. Resultat der Behaltensprozesse ist eine überdauernde kognitive Repräsentation des Beobachteten, die Ausgangspunkt für eine spätere Reproduktion ist. Die kognitive Repräsentation ist dabei oft zunächst nicht vollständig korrekt und muss durch Nachbildungsversuche angepasst werden. Ob das beobachtete Verhalten tatsächlich ausgeführt wird, hängt zudem von motivationalen Faktoren – insbesondere Verstärkungsmechanismen – ab.

Typische Methodik

Eine der bekanntesten Untersuchungen der Arbeitsgruppe um Bandura ist die in der Literatur oft als »Rocky-Experiment« (englisch »Bobo Doll Experiment«) bezeichnete Studie. Im Zentrum des Rocky-Experiments (z. B. Bandura, 1965) stand die Hypothese, dass Konsequenzen, die ein Modell als Folge seines Verhaltens erfährt, zwar die Wahrscheinlichkeit der Ausführung beobachteten aggressiven Verhaltens beim Beobachter beeinflussen, nicht jedoch das Lernen der Verhaltensweisen am Modell.

Der Versuchsablauf umfasste drei Phasen. (1) Während der *Lernphase* beobachteten Kinder im Alter von 3–6 Jahren in einem Film das aggressive Verhalten eines erwachsenen männlichen Modells (Rocky) gegenüber einer lebensgroßen aufblasbaren Stehauf-Gummipuppe mit Clowngesicht (Bobo-doll). Die vom Modell gezeigten Verhaltensweisen waren neu für die Kinder. Dies ist wichtig, um das spätere Verhalten der Kinder als Folge der Modellbeobachtung interpretieren zu können. Das Modell erfuhr im Film in drei Experimentalbedingungen unterschiedliche Konsequenzen: In einer Bedingung wurde es im Anschluss an die gezeigten Aggressionen gelobt und reichlich mit Süßigkeiten belohnt. In der zweiten Bedingung wurde das Modell ausgeschimpft und mit einem Klaps bestraft. In der dritten Bedingung endete der Film ohne Konsequenzen für das Modell. (2) Die *erste Testphase* erfasste die spontan gezeigte Nachahmung der aggressiven Verhaltensweisen des Modells. (3) Die *zweite Testphase* hatte zum Ziel, alles Verhalten, das durch die Beobachtung des Modells gelernt worden war, zum Vorschein zu bringen. Die Kinder wurden in dieser Phase für die Wiedergabe jedes beobachteten Verhaltenselements belohnt, also zum Beispiel dafür, dass sie mit einem Holzhammer auf die Stehauf-Gummipuppe einschlugen oder diese durch den Raum kickten. Auch die Nachahmung des verbalen Verhaltens des Modells (z. B. Sockeroo, bleib unten!) wurde belohnt.

Die Ergebnisse bestätigten Banduras Hypothesen. So zeigten sich in der ersten Testphase Effekte der am Modell beobachteten Verhaltenskonsequenzen: Beobachtete Belohnung führte zu einer verstärkten Nachahmung des aggressiven Modellverhaltens, beobachtete Bestrafung zu einer verringerten. Bandura bezeichnet die Auswirkung der am Modell beobachteten Verhaltenskonsequenzen auf die Verhaltensausführung der Kinder als stellvertretende Verstärkung bzw. Bestrafung. Durch das Einführen von Belohnung in der zweiten Testphase verschwanden die Effekte der stellvertretenden Belohnung und Bestrafung: Die Kinder aus allen Versuchsbedingungen konnten das beobachtete aggressive Modellverhalten gleichermaßen gut reproduzieren. Die Tatsache, dass einige Kinder das beobachtete Verhalten in der ersten Testphase nicht spontan zeigten, bedeutete also nicht, dass sie es nicht gelernt hatten.

Mit Blick auf die medienpsychologische Relevanz von Banduras sozial-kognitiver Lerntheorie kann man die Ergebnisse dahingehend interpretieren, dass mediale Gewaltdarstellungen auch dann Lerneffekte haben, wenn sie dezidiert so gestaltet sind, dass das Modellverhalten sanktioniert wird. Es reicht, wenn später eine Situation entsteht, in der der Lernende sich von der eigenen Ausführung des Verhaltens positive Folgen verspricht. Wird das Modellverhalten in der medialen Darstellung positiv verstärkt, so entsteht bereits damit eine Situation, die die Nachahmung des beobachteten Verhaltens begünstigt.

Zentrale empirische Befunde

Das oben geschilderte Versuchsszenario zur Untersuchung des Modelllernens von aggressivem Verhalten wurde von Bandura und seiner Forschungsgruppe in mehreren Experimenten mit Abwandlungen eingesetzt (Bandura, Ross & Ross, 1961, 1963a, 1963b). Dabei wurde beispielsweise gezeigt, dass Modelldarstellungen in einem Film oder Cartoon vergleichbare Lerneffekte haben wie reale Modelle (Bandura, Ross, et al., 1963a) – eine Erkenntnis, die mit Blick auf die Frage nach der Modellwirkung von Gewalt in den Medien besonders bedeutsam ist. In anderen Arbeiten der Forschungsgruppe wurde darüber hinaus deutlich, dass aggressive Bestrafung von Aggressionsverhalten bei Kindern mit fortgesetzt höherer Aggressivität der Kinder korreliert (Bandura & Walters, 1959, 1963). Eltern, die ihre Kinder hart bestrafen, fungieren immer zugleich auch als Modelle für Aggressionsverhalten.

Neben dem Erlernen neuen Verhaltens am Modell besteht eine weitere wichtige Form von Modelleinflüssen in der Hemmung oder Enthemmung von Verhaltensweisen, die bereits im Repertoire des Lernenden vorhanden sind (Bandura, 1971a). So zeigten Versuchsteilnehmer in der oben dargestellten Studie (Bandura, 1965) spontan (= Testphase 1) weniger aggressives Verhalten, nachdem sie beobachtet hatten, wie ein Modell für seine Aggressionen gegenüber einer Puppe bestraft worden war; umgekehrt führte die beobachtete Belohnung des Modells zu einem erhöhten Auftreten der beobachteten aggressiven Verhaltensweisen. Es ist offensichtlich, dass Medien wie das Fernsehen vielfach Gelegenheit bieten, zu erwartende Handlungskonsequenzen stellvertretend zu erfahren, und so bestimmte Verhaltensweisen durch Beobachtung hemmen oder begünstigen könnten. In einer Publikation zur Wirkung der Massenmedien betont Bandura (1994) jedoch die wichtige Rolle von Selbstbewertungsmechanismen für die Hemmung bzw. Enthemmung von Verhalten und hebt hervor, dass auch diese durch Modellwirkungen beeinflusst werden können (Ball & Rokeach, 1972, zitiert nach Bandura, 1994). Seine Arbeitsgruppe legte schon früh Ergebnisse dazu vor, dass moralische Urteile durch Modellbeobachtung und soziale Verstärkung geformt werden können (Bandura & McDonald, 1963).

Kritik

Dass die Frage der Modellwirkung medialer Gewaltdarstellungen schon seit vielen Jahren ein Thema von hoher gesellschaftlicher Relevanz ist, wird auch im Beitrag zu Gewalt in diesem Band deutlich. Auch Banduras Forschungsarbeiten zum Modelllernen aggressiver Verhaltensweisen stammen bereits aus den 1960er Jahren. Mit Blick auf die Allgegenwärtigkeit von Gewalt in medialen Darstellungen und die verheerenden Konsequenzen, die eine Nachahmung beobachteter Gewaltakte haben kann, ist der Wunsch nach einer Ergründung möglicher Modellwirkungen medialer Darstellungen sehr nachvollziehbar. Angesichts der Bandbreite positiver Modellwirkungen, wie sie bereits Bandura mit seinen Arbeiten zum Lernen von Belohnungsaufschub am Modell (z. B. Bandura & Mischel, 1965), zur Übernahme von Selbstverstärkungsverhalten (z. B. Bandura & Kupers, 1964) sowie zum Modellernen im Rahmen verhaltenstherapeutischer Behandlung von Phobien (z. B. Bandura, Blanchard & Ritter, 1969) aufzeigte, ist es jedoch bedauerlich, dass die gesellschaftliche Diskussion medialer Modellwirkungen weitgehend auf Gewaltdarstellungen beschränkt bleibt, während mögliche positive Auswirkungen medialer Darstellungen zumeist außen vor bleiben. In etlichen Studien konnte jedoch gezeigt werden, dass der Erwerb unterschiedlicher Fertigkeiten durch Videomodelle effektiv unterstützt werden kann (Van Gog & Rummel, 2010). Ein aktueller Forschungszweig in der Pädagogischen Psychologie beschäftigt sich mit spezifischen Fragen des Einsatzes von Videomodellen in computergestützten Lernumgebungen; beispielsweise mit der Frage, welche Rolle die Sichtbarkeit des Modells und seines Gesichts spielt (Van Gog, Verveer & Verveer, 2014). Dabei hat sich auch die Modellierung des Blickbewegungsverhaltens als vielversprechend erwiesen (Jarodzka, van Gog, Dorr, Scheiter & Gerjets, 2013).

Bereits 1994 schlussfolgerte Bandura in einem Herausgeberband über Medieneffekte, dass Menschen sowohl im guten wie auch im schlechten Sinne von in den Medien porträtierten Modellen lernen können. Dies sollte bei der Diskussion möglicher negativer Auswirkungen medialer Modelldarstellungen nicht aus dem Blick geraten.

Literatur

Bandura, A. (1965). Influence of model's reinforcement contingencies on the acquisition of imitative responses. *Journal of Personality and Social Psychology, 1(6)*, 589–595.

Bandura, A. (Ed.) (1971a). *Psychological modeling. Conflicting theories.* Chicago, IL: Aldine-Atherton.

Bandura, A. (1971b). *Social learning theory.* Morristown, NJ: General Learning Press.

Bandura, A. (1977). *Social learning theory.* Englewood Cliffs, NJ: Prentice Hall.

Bandura, A. (1979). *Sozial-kognitive Lerntheorie.* Stuttgart: Klett-Cotta.
Bandura, A. (Ed.) (1986). *Social foundations of thought and action.* Englewood Cliffs, NJ: Prentice-Hall.
Bandura, A. (1994). Social cognitive theory of mass communication. In J. Bryant & D. Zillmann (Eds.), *Media effects: Advances in theory and research* (pp. 61–90). Hillsdale, NJ: Lawrence Erlbaum.
Bandura, A., Blanchard, E. B. & Ritter, B. (1969). Relative efficacy of desensitization and modeling approaches for inducing behavioral, affective, and attitudinal changes. *Journal of Personality and Social Psychology, 13*(3), 173–199.
Bandura, A. & Jeffery, R. W. (1973). Role of symbolic coding and rehearsal processes in observational learning. *Journal of Personality and Social Psychology, 26(1)*, 122–130.
Bandura, A. & Kupers, C. J. (1964). Transmission of patterns of self-reinforcement through modeling. *Journal of Abnormal and Social Psychology, 69*(1), 1–9.
Bandura, A. & McDonald, F. J. (1963). Influence of social reinforcement and the behavior of models in shaping children's moral judgment. *Journal of Abnormal and Social Psychology, 67(3)*, 274–281.
Bandura, A. & Mischel, W. (1965). Modification of self-imposed delay of reward through exposure to live and symbolic models. *Journal of Personality and Social Psychology, 2*, 698–705.
Bandura, A., Ross, D. & Ross, S. A. (1961). Transmission of aggression through imitation of aggressive models. *Journal of Abnormal and Social Psychology, 63(3)*, 575–582.
Bandura, A., Ross, D. & Ross, S. A. (1963a). Imitation of film-mediated aggressive models. *Journal of Abnormal and Social Psychology, 66*, 3–11.
Bandura, A., Ross, D. & Ross, S. A. (1963b). Vicarious reinforcement and imitative learning. *Journal of Abnormal and Social Psychology, 67(6)*, 601–607.
Bandura, A. & Walters, R. H. (1959). *Adolescent aggression: A study of the influence of child-training practices and family interrelationships.* Oxford, England: Ronald.
Bandura, A. & Walters, R. H. (1963). *Social learning and personality development.* New York: Holt Rinehart and Winston.
Hogben, M. (1998). Factors moderating the effect of televised aggression on viewer behavior. *Communication Research, 25(2)*, 220–247.
James, W. (1890). *The principles of psychology.* New York: Holt, Rinehart & Winston.
Jarodzka, H., van Gog, T., Dorr, M., Scheiter, K. & Gerjets, P. (2013). Learning to see: Guiding students' attention via a model's eye movements fosters learning. *Learning and Instruction, 25*, 62–70.
Mazur, J. E. (2006). *Lernen und Verhalten.* 6. Aktualisierte Aufnahme. München: Pearson Studium.
Meltzoff, A. N. & Moore, M. K. (1977). Imitation of facial and manual gestures by human neonates. *Science, 198*, 75–78.
Meltzoff, A. N. & Moore, K. M. (1983). Newborn infants imitate adult facial gestures. *Child Development, 54(3)*, 702–709.
Rizzolatti, G., Fadiga, L., Fogassi, L. & Gallese, V. (2002). From mirror neurons to imitation: Facts and speculations. In A. N. Meltzoff & W. Prinz (Eds.), *Imitative mind: Development, evolution, and brain bases* (pp. 247–266). Cambridge University Press.
Van Gog, T. & Rummel, N. (2010) Example-based learning: Integrating cognitive and social-cognitive research perspectives. *Educational Psychology Review, 22*(2), 155–174.
Van Gog, T., Verveer, I. & Verveer, L. (2014). Learning from video modeling examples: Effects of seeing the human model's face. *Computers & Education, 72*, 323–327.

Third Person Effect

Astrid Carolus und Frank Schwab

Worum geht es?

Fragt man danach, inwieweit Medien Menschen beeinflussen können, neigen viele dazu, den möglichen Einfluss von Medien auf andere Personen eher als hoch einzuschätzen. Sich selbst aber halten sie für weniger beeinflussbar. Andere erscheinen uns beispielsweise durch TV-Werbung wesentlich stärker in ihrer Meinung zum beworbenen Produkt und in ihrem Kaufverhalten beeinflussbar als wir selbst. Dieses Phänomen wird mit dem Begriff des »Third-Person-Effekt« (auch »third-person perception« oder »Dritte-Person-Effekt«) gefasst und bezeichnet die Tendenz anzunehmen, eine massenmedial vermittelte Nachricht habe auf andere Personen einen größeren Einfluss als auf uns selbst, und zwar auf (a) Einstellungen und Haltungen (perceptual component) und als Konsequenz daraus auch auf (b) das Verhalten (behavioral component).

Darstellung der Annahmen

Der Begriff des »Third-Person-Effektes (TPE)« geht zurück auf den Soziologen W. Phillips Davison, der 1983 die »third-person effect hypothesis« formulierte. Danach neigen Menschen in einem ersten Schritt dazu, persuasive Einflüsse von Kommunikation so wahrzunehmen, dass diese auf andere stärkere Auswirkungen haben als auf sie selbst. Unterschieden wird zwischen »me«, »you« und »them«: Medienbotschaften beeinflussen mich (erste Person) und dich (mein persönliches Umfeld; zweite Person) weniger, die anderen (dritte Person) hingegen verstärkt (ebd., S. 3; für einen Überblick: Dohle, 2013). Laut einer Studie von Davison (1983) schätzt die Mehrheit der Befragten die Wirkung von Wahlkampfpropaganda und Fernsehwerbung auf andere größer ein als auf sich selbst. In einem zweiten Schritt gehen Menschen davon aus, dass die durch die Medieninhalte beeinflusste dritte Person in der Folge auch ein damit in Verbindung stehendes Verhalten zeigt: die sogenannte »behavioral component« oder das Third-Person-Behavior. In der Erwartung dieses Verhaltens (oder in der Annahme, die anderen hätten bereits entsprechend gehandelt), erfolgt die eigene Verhaltensweise als Reaktion auf das vermeintliche Verhalten der anderen. Es resultieren Kommunikationseffekte, die nicht auf tatsächliches Verhalten der eigentlichen Adressaten, sondern auf die (vermutete) Reaktion einer weiteren dritten Person zurückgehen. Für diese zwei Aspekte des TPE sei beispielhaft auf die psychologische Kriegsführung der Alliierten im Zweiten Weltkrieg verwiesen. In dem Wissen, dass die Nazi-Regierung den alliierten Rundfunk mitverfolgte, sendeten die Alliierten systematisch (Falsch-)Meldungen über desertierende Mitglieder der deutschen Luftwaffe. Diese Meldungen dienten weniger dem Ziel, deutsche Soldaten von der Desertion zu überzeugen. Vielmehr zielten sie darauf ab, die deutsche Regierung und Militärführung als »erste Person« anzusprechen und bei ihnen Misstrauen gegenüber ihren eigenen Soldaten als »dritte Person« zu erwecken. Denn dem TPE folgend nimmt die Nazi-Regierung die eigenen Soldaten als massenmedial beeinflussbar wahr und geht davon aus, dass Meldungen über desertierende Kameraden auf sie z. B. demoralisierend wirken könnten (perceptual component) oder sie womöglich selbst zur Desertion anstiften (behavioral component). Diese verzerrte Sichtweise bewirkte auf Seiten der Nazi-Führung dann stärkere Überwachung und unangemessene Strenge gegenüber ihren Soldaten (indirekter Effekt auf vermeintlich Beeinflusste).

Davison (1983) nahm zunächst an, dass es sich bei dem TPE um ein allgemeingültiges Phänomen und die Manifestation einer einzelnen psychologischen Tendenz handelt: Menschen gehen davon aus, dass sie über Wissen verfügen, über das die anderen nicht verfügen und dass die anderen somit eher durch die Medien beeinflussbar sind. Allerdings führten verschiedene Studien zu sich widersprechenden Ergebnissen (u. a. Cohen & Davis, 1991; Gunther & Thorson, 1992; Perloff, 1993; Tiedge, Silverblatt, Havice & Rosenfeld, 1991). So betont Perloff (1993, 1999) die Situationsabhängigkeit des Effekts, da der TPE nur bei ca. 50 % der Probanden auftritt (Lasorsas, 1992). Als moderierende Variablen erkannt wurden der Inhalt der persuasiven Botschaft, Eigenschaften des Individuums, Effekte der Stichprobenziehung, der Befragten sowie die Nachrichtenart, die Parteilichkeit der Quelle und die soziale Distanz als subjektive Entfernung zwischen dem Selbst und der »dritten Person« (vgl. Moser & Hertel, 1998; Moser & Leitl, 2006; Paul, Salwen & Dupagne, 2000, 2007; Perloff, 1993, 1999, 2002). Während der TPE insbesondere für negative Nachrichten gilt, zogen positive Nachrichten den sogenannten »First-Person-Effekt« und damit genau die umgekehrte Tendenz nach sich: Hier schätzen Menschen sich selbst als durch Medien stärker beeinflussbar ein als andere (für einen Überblick: Lasorsa, 1992; Paul et al., 2000, 2007; Perloff, 1993, 1999). Davison (1996, S. 114). revidierte daraufhin die Allgemeingültigkeit seiner ursprünglichen Annahme und sprach von einer »complex reaction«.

Unterschiedliche Erklärungen des TPE stützen sich auf verschiedene psychologische Theorien, die entweder begründen, warum die Beeinflussbarkeit der anderen überschätzt oder aber warum die eigene unterschätzt wird. Zentrale Konzepte stellen dabei Prozesse der Selbstwerterhöhung dar. Das Modell des »biased optimism« (auch »unrealistic optimism«, »wishful thinking«) bezieht sich auf die Beobachtung, dass Menschen von sich selbst ein positiveres Bild haben als von anderen (vgl. Weinstein, 1980; Weinstein & Klein, 1996). Danach halten es Menschen für weniger wahrscheinlich, dass sie selbst – im Vergleich zu anderen – spezielle negative Erfahrungen (z. B. Krankheit, Unfälle) im Leben machen werden. Dieser Glaube an die eigene Unverwundbarkeit schützt oder erhöht sogar den eigenen Selbstwert. Um den Bogen zurückzuschlagen: In diesem selbstwerterhöhenden Sinne haben massenmediale Inhalte entsprechend weniger Einfluss auf mich – im Vergleich zu anderen (Gunther & Mundy, 1993; Gunther & Thorson, 1992; Hoorens & Ruiter, 1996; Moser & Hertel, 1998; Moser & Leitl, 2006; Paul et al., 2000, 2007).

Typische Methodik

Der TPE wird typischerweise in Fragebogenstudien, seltener im Experiment untersucht. Im Fragebogen schätzen die Probanden ein, in welchem Ausmaß Medienbotschaften (oft politische Nachrichten, Debatten, Werbung für politische Kandidaten oder Programme) zu bestimmten Themen die eigene bzw. die Einstellung der anderen beeinflussen. Im Experiment rezipieren die Versuchspersonen eine Botschaft, um im Anschluss anzugeben, inwieweit diese Botschaft die eigene Einstellung bzw. die der anderen gegenüber dem Thema verändert. Die meisten Studien beschränken sich auf die Erforschung der ersten Annahme Davisons (perceptual component: Wahrnehmung der größeren Beeinflussbarkeit anderer). Die zweite Annahme (behavioral component: aus dieser Wahrnehmung resultierendes Verhalten), deren Erfassung methodisch aufwändiger ausfällt, wird hingegen vernachlässigt bzw. lediglich über Verhaltensabsichten via Fragebogen erfasst (vgl. für einen detaillierten Überblick: Dohle, 2013, S. 41–74).

Zentrale empirische Befunde

Davison (1983) verweist auf eigene »kleine Experimente« (S. 4). Diese stützen seine Hypothese, dass der Einfluss der Massenmedien auf andere höher eingeschätzt wird als auf sich selbst. Diesen ersten Hinweisen folgt eine Vielzahl an Untersuchungen, die insgesamt als robuste Bestätigung des Effekts zu werten sind. Dabei werden sowohl die Methode (Fragebogen, Experiment) und die Art der Stichprobe, als auch die Art des Mediums (TV, Radio, Zeitung) und die Erwünschtheit sowie der Medieninhalt variiert. In Bezug auf den Medieninhalt wird beispielsweise differenziert zwischen Pornografie (z. B. Gunther, 1995; Lee & Tamborini, 2005), TV-Gewalt (z. B. Hoffner & Buchanan, 2002; Rojas, Shah & Faber, 1996), Werbung (z. B. Moser & Hertel, 1998; Youn, Faber & Shah, 2000), Politik (z. B. Price & Tewksbury, 1996; Salwen, 1998) und nicht politischen Inhalten (z. B. Brosius & Engel, 1996; Driscoll & Salwen, 1997).

Allerdings gibt es immer wieder empirische Hinweise, die die Generalisierbarkeit des TPE einschränken. So zeigt sich der Effekt in einigen Untersuchungen gar nicht oder entgegen der erwarteten Richtung (First-Person-Effekt). Auf Grund solcher Inkonsistenzen führten Paul, Salwen und Dupagne (2000, 2007) eine Metaanalyse mit 32 Studien durch. Sie berichten eine mittlere Effektstärke von .50 für die Wahrnehmungskomponente des TPE, also für die vorhergesagte Diskrepanz in den Einschätzungen der Medieneffekte auf andere und auf sich selbst. Darüber hinaus lassen sich Effekte des methodischen Vorgehens beschreiben: die Art der Stichprobenziehung (zufällig vs. nicht zufällig), die Art der Stichprobe (studentisch vs. nicht studentisch) und die Art des untersuchten Medieninhaltes (Pornografie, TV-Gewalt, Werbung, politische bzw. nicht politische Nachrichten). Nicht zufällige und studentische Stichproben ergeben größere Third-Person-Effekte als zufällige und nicht studentische Stichproben. Paul et al. (2000, 2007) vermuten, dass Studierende sozial erwünscht antworten oder sich selbst als »smarter« und entsprechend als weniger beinflussbar einschätzen. Entsprechend können nicht zufällige und im Besonderen studentische Stichproben Ergebnisse verzerren und die externe Validität gefährden. Der Medieninhalt als signifikante Moderatorvariable besagt, dass der Third-Person-Effekt für Politik und TV-Gewalt am höchsten ist, gefolgt von nicht politischen Nachrichten, Werbung und Pornografie. Ob der Medieninhalt aber tatsächlich eine Moderatorvariable ist, bezweifeln Paul et al. (2000; 2007) auf Grund eines nicht signifikanten Post-hoc-Tests. Dass die Erwünschtheit der Botschaft als mögliche moderierende Variable hingegen in der durchgeführten Meta-Analyse nicht signifikant wird, steht im Widerspruch zu anderen empirischen Ergebnissen, in denen wünschenswerte Botschaften den TPE abschwächten, verschwinden ließen oder in einen First-Person-Effekt verwandelten (vgl. Brosius & Engel, 1996; Cohen & Davis, 1991; Duck & Mullin, 1995; Duck, Terry & Hogg, 1995; Gunther & Mundy, 1993; Gunther & Thorson, 1992; Hoorens & Ruiter, 1996; Innes & Zeitz, 1988; Paul et al, 2000, 2007; Weinstein, 1980; für einen Überblick: Paul et al., 2000; 2007).

Neuere Forschung fokussiert insbesondere die Online-Kommunikation, die sich durch eine veränderte Rolle der Rezipienten von der »alten« medialen Massenkommunikation abgrenzen lässt. Die User sind insofern aktiver, als dass sie (1) eigene Inhalte kreieren (user generated content), (2) Kommunikationsinhalte bzw. ihre Wahrnehmung durch Kommentare oder Bewertungen beeinflussen (Anzahl der Likes, Shares) oder (3) den Kommunikator selbst tangieren, indem sie diesem beispielsweise folgen (Follower). Auf diese Weise nehmen sie z. B. Einfluss auf die Glaubwürdigkeit der Nachricht und resultierende Kaufentscheidungen (z. B. Knobloch-Westerwick, Sharma, Hansen & Alter, 2005). Westerman, Spence und van der Heide (2012) beispielsweise untersuchten die Glaubwürdigkeit von Twitter-Usern in Abhängigkeit von der Anzahl ihrer Follower und der Anzahl der Profile, der sie selbst folgten. Dabei zeigte sich ein kurvenförmiger Zusammenhang dergestalt, dass »having too many or too few connections results in lower judgments of expertise and trustworthiness« (ebd., S. 199). In Bezug auf den TPE argumentieren Stavrositu und Kim (2014), dass die soziale Distanz zu »den anderen« (der dritten Person) unter bestimmten Umständen geringer sein müsste. »Die anderen« sind dann weniger abstrakt, wenn sie beispielsweise als Verfasser von Kommentaren mit ihren Einstellungen und ihrem Verhalten sichtbar werden. So finden die Autoren in ihrer Studie Hinweise darauf, dass der TPE dann geringer ausfällt, wenn die Online-Inhalte von anderen kommentiert oder geteilt wurden.

Kritik

Neben den zahlreichen Hinweisen auf die Tendenz, Medieneinflüsse auf andere höher einzuschätzen als auf sich selbst, müssen widersprüchliche Befunde und ein Mangel an Studien über zugrundeliegende Prozesse sowie die ungenügende Einbettung in einen theoretischen Rahmen kritisiert werden. Entsprechend fordert Perloff eine stärkere Fokussierung auf »information pertaining to the underlying process issue« (1993, S. 179). Zukünftige Studien sollten vor allem den (potenziellen) Moderatorvariablen und Einflüssen des methodischen Vorgehens nachgehen, welche die Generalisierbarkeit von Ergebnissen einschränken. Im Besonderen gelten diese Forderungen für den zweiten Aspekt des TPE (resultierendes Verhalten), der bisher empirisch nur unzureichend untersucht ist.

Literatur

Brosius, H.-B. & Engel, D. (1996). The causes of third-person effects: Unrealistic optimism, impersonal impact, or generalized negative attitudes toward media influence? *International Journal of Public Opinion Research, 8*, 142–162.

Cohen, J. & Davis, R. G. (1991). Third-person effects and the differential impact in negative political advertising. *Journalism Quarterly, 68*, 680–688.

Davison, P. W. (1983). The third-person effect in communication. *Public Opinion Quarterly, 47*(1), 1–15.

Davison, P. W. (1996). The third-person effect revisited. *International Journal of Public Opinion Research, 8*(3), 113–119.

Dohle, M. (2013). *Third-Person-Effect.* Baden-Baden: Nomos.

Driscoll, P. D. & Salwen, M. B. (1997). Self-perceived knowledge of the O. J. Simpson trial: Third-person perception and perceptions of guilt. *Journalism & Mass Communication Quarterly, 74*, 541–556.

Duck, J. M. & Mullin, B. (1995). The perceived impact of the mass media: Reconsidering the third-person effect. *European Journal of Social Psychology, 25*, 77–95.

Duck, J. M., Terry, D. J. & Hogg, M. A. (1995). The perceived influence of AIDS advertising: Third-person effects in the context of positive media content. *Basic and Applied Social Psychology, 17*, 305–325.

Gunther, A. (1995). Overrating the X-rating: The third person perception and support for censorship of pornography. *Journal of Communication, 45*(1), 27–38.

Gunther, A. C. & Mundy, P. (1993). Biased optimism and the third-person effect. *Journalism Quarterly, 70*, 2–11.

Gunther, A. C. & Thorson, E. (1992). Perceived persuasive effects of product commercials and public service announcements: Third-person effects in new domains. *Communication Research, 19*, 574–596.

Hoffner, C. & Buchanan, M. (2002). Parents' Responses to Television Violence: The Third-Person Perception, Parental Mediation, and Support for Censorship. *Media Psychology, 4*(3), 231–252.

Hoorens, V. & Ruiter, S. (1996). The optimal impact phenomenon: Beyond the third person effect. *European Journal of Social Psychology, 26*, 599–610.

Innes, J. M. & Zeitz, H. (1988). The public's view of the impact of the mass media: A test of the »third person« effect. *European Journal of Social Psychology, 18*, 457–463.

Knobloch-Westerwick, S., Sharma, N., Hansen, D. L. & Alter, S. (2005). Impact of popularity indications on readers' selective exposure to online news. *Journal of Broadcasting and Electronic Media, 49*(3), 296–313. http://dx.doi.org/10.1207/s15506878¬jobem4903_3.

Lasorsa, D. L. (1992). How media affect policy-makers: The third-person effect. In Kennamer, J. D. (Ed.), *Public opinion, the press and public policy* (pp. 163–175). New York: Praeger.

Lee, B. & Tamborini, R. (2005). Third-Person Effect and Internet Pornography: The Influence of Collectivism and Internet Self-Efficacy. *Journal of Communication, 55*(2), 292–310.

Moser, K. & Hertel, G. (1998). Der Dritte-Person-Effekt in der Werbung. *Zeitschrift für Sozialpsychologie, 29*, 147–155.

Moser, K. & Leitl, J. (2006). Der Dritte-Person-Effekt, Thema der Werbung und Distanz der »dritten Person«. *Zeitschrift für Medienpsychologie, 18*(1), 2–8.

Paul, B., Salwen, M. B. & Dupagne, M. (2000). The Third-Person Effect: A Meta-Analysis of the Perceptual Hypothesis. *Mass Communication & Society, 3*(1), 57–85.
Paul, B., Salwen, M. B. & Dupagne, M. (2007). The Third-Person Effect: A Meta-Analysis. In R. W. Preiss, B. M. Gayle, N. Burrell, M. Allen & J. Bryant (Eds.), *Mass Media Effects Research* (pp. 81–102). Mahwah, NJ: Lawrence Erlbaum.
Perloff, R. M. (1993). Third-person effect research 1983–1992: A review and synthesis. *International Journal of Public Opinion Research, 5*, 167–184.
Perloff, R. M. (1999). The third-person effect: A critical review and synthesis. *Media Psychology, 1*, 353–378.
Perloff, R. M. (2002). The third-person effect. In J. Bryant & D. Zillmann (Eds.), *LEA's communication series. Media effects: Advances in theory and research* (2nd ed., pp. 489–506). Mahwah, NJ: Erlbaum.
Price, V. & Tewksbury, D. (1996). Measuring the third-person effect of news: The impact of question order, contrast and knowledge. *International Journal of Public Opinion Research, 8*, 120–141.
Rojas, H., Shah, D. V. & Faber, R. J. (1996). For the good of others: Censorship and the third-person effect. *International Journal of Public Opinion Research, 8*, 162–185.
Salwen, M. B. (1998). Perceptions of media influence and support for censorship: The third-person effect in the 1996 presidential election. *Communication Research, 25*, 259–285.
Stavrositu, C. D. & Kim, J. (2014). Social media metrics: Third-person perceptions of health information. *Computers in Human Behavior, 35*, 61–67.
Tiedge, J. T., Silverblatt, A., Havice, M. J. & Rosenfeld, R. (1991). Discrepancy between perceived first-person and perceived third-person mass media effects. *Journalism Quarterly, 68*, 141–54.
Weinstein, N. D. (1980). Unrealistic optimism about future life events. *Journal of Personality and Social Psychology, 39*, 806–820.
Weinstein, N. D. & Klein, W. M. (1996). Unrealistic optimism: Present and future. *Journal of Social and Clinical Psychology, 15*, 1–8.
Westerman, D., Spence, P. R. & Van Der Heide, B. (2012). A social network as information: The effect of system generated reports of connectedness on credibility on Twitter. *Computers in Human Behavior, 28*, 190–206. http://dx.doi.org/10.1016/j.chb.2011.09.001.
Youn, S., Faber, R. J. & Shah, D. V. (2000). Restricting gambling advertising and the third-person effect. *Psychology and Marketing, 17*, 633–649.

Die Theorie der Schweigespirale

German Neubaum

Worum geht es?

Stellen Sie sich vor, Sie besuchen eine Feier und kommen mit einigen Menschen ins Gespräch, die Sie zuvor nicht kannten. Während dieser Unterhaltung wirft jemand die Frage auf, ob man aktive Sterbehilfe in Deutschland legalisieren sollte. Würden Sie in dieser Situation Ihre Meinung zu diesem Thema äußern? Woher wissen Sie, welcher Standpunkt zu dieser Frage »gesellschaftlich akzeptiert« ist? Wie können Sie einschätzen, was man öffentlich sagen darf oder ob

Sie sich mit Ihrer Meinungsäußerung den Mund verbrennen könnten? Die Theorie der Schweigespirale (Noelle-Neumann, 1974; 2001) postuliert, dass wir Menschen uns stets darüber bewusst sind, wie das Stimmungsbild in unserer Gesellschaft zu kontroversen und wertgeladenen Themen ist und dass insbesondere Massenmedien wie das Fernsehen uns das entsprechende Meinungsklima vermitteln. Aber inwieweit kann das durch Medien transportierte Meinungsklima unser Verhalten, beispielsweise auf einer Feier, beeinflussen? Die Theorie der Schweigespirale versucht diese Frage zu klären und liefert damit einen Erklärungsansatz, wie sich die öffentliche Meinung gesamtgesellschaftlich entwickeln kann.

Darstellung der Annahmen

Ziel der Theorie der Schweigespirale ist es zu erklären, wie sich Mehrheits- und Minderheitsverhältnisse in öffentlichen Debatten über einen gewissen Zeitraum verändern. In diesem Zusammenhang legte die deutsche Meinungsforscherin Elisabeth Noelle-Neumann (1974; Noelle-Neumann & Petersen, 2004) eine Reihe von Hypothesen vor und setzte zunächst aus sozialpsychologischer Sicht am Individuum an: Hierbei besteht die Annahme, dass Menschen eine fundamentale Isolationsfurcht verspüren, d. h., sie haben Angst, von anderen Menschen oder von relevanten Gruppen abgelehnt zu werden. Diese Angst motiviert Menschen dazu, ihre Umwelt permanent zu beobachten, um festzustellen, welche Sicht- und Verhaltensweisen von der sozialen Umgebung akzeptiert werden und welche zu Sanktionen führen.

Zur Umweltbeobachtung nutzt jede Person das »quasistatistische Organ«, das ihr ermöglicht, Meinungsverteilungen und -umschwünge in der sozialen Umwelt akkurat wahrzunehmen. Dabei berücksichtigen Menschen Signale aus zwei unterschiedlichen Quellen: Zum einen nutzen sie den persönlichen Austausch mit Bezugsgruppen (z. B. Familie und Freunde), um abzuleiten, welche Ansichten in der direkten Umwelt gebilligt werden. Zum anderen fungieren Massenmedien als indirekte Quellen der Umweltwahrnehmung. Sie können bestimmte Themen auf die öffentliche Agenda setzen und damit bestimmen, über welche Themen diskutiert wird (vgl. Kapitel zu Agenda Setting). Dazu können Massenmedien bei kontroversen Themen konkrete Meinungen vertreten und damit Medienrezipienten Argumente an die Hand geben, die sie bei nachfolgenden Diskussionen nutzen können. Laut Noelle-Neumann (1992; 2001) haben die in Massenmedien repräsentierten Meinungen eine starke Wirkung auf die Einschätzung des Meinungsklimas und die Diskussionsbereitschaft zu bestimmten Themen. Der Einfluss der Massenmedien auf die Wahrnehmung und das Verhalten der Rezipienten gilt als besonders stark, wenn die Medienberichterstattung konsonant ist, d. h., wenn ein bestimmter Standpunkt einheitlich über unterschiedliche Medien hinweg vertreten wird (Noelle-Neumann, 1973).

Mit Hilfe des wahrgenommenen Meinungsklimas können Menschen feststellen, ob ihre private Meinung dem Standpunkt der Mehrheit entspricht. Dazu wurde die zentrale Schweigehypothese aufgestellt, dass Menschen dem normativen sozialen Einfluss unterliegen und ihre Meinung nur dann öffentlich kundtun, wenn sie sich auf Seiten der Mehrheit vermuten. Kommen sie zu der Einschätzung, dass ihre Meinung nur von einer Minderheit vertreten wird, halten sie ihre Meinung zurück und verfallen in Schweigen. Noelle-Neumann (2001) begründet diese These mit Hilfe der sozialpsychologischen Arbeiten von Asch (1951) sowie Milgram (1961) und erklärt, dass Menschen sich lieber der Mehrheit beugen, als durch abweichendes Verhalten eine soziale Isolation zu riskieren.

Diese Thesen gewinnen an gesamtgesellschaftlicher Relevanz, wenn man den beschriebenen Prozess auf lange Sicht hochrechnet: Die vermutete Mehrheit wird im Verlauf der Zeit immer sichtbarer und verstärkt damit die Isolationsbedrohung auf Abweichler, so dass Vertreter der Gegenposition immer mehr verstummen und damit zur »Schweigespirale« beitragen. Das Ergebnis dieses Spiralprozesses ist eine öffentliche Meinung, die als »soziale Kontrolle« fungiert, also als normativer Orientierungsrahmen, der durch den vorherrschenden Konformitätsdruck die Gesellschaft formt und stabilisiert (Noelle-Neumann & Petersen, 2004).

Dieser Schweigespiralprozess kann laut Noelle-Neumann (2001) nur bei Themen stattfinden, die eine emotional und moralisch geladene Streitfrage beinhalten.

Typische Methodik

Die Theorie der Schweigespirale hat ihre Wurzeln in der Demoskopie, d. h. in repräsentativen Meinungsbefragungen in der Bevölkerung. Hierbei ist nicht nur von Interesse, welche Meinungsverteilung zu einem aktuellen Thema besteht, sondern welches Meinungsklima die Befragten wahrnehmen (Noelle-Neumann, 2001). Um die zentrale Schweigehypothese zu testen, werden Probanden darüber hinaus mit hypothetischen Szenarien konfrontiert. Ein klassisches Szenario ist der sogenannte Eisenbahntest, bei dem Teilnehmer gefragt werden, ob sie sich während einer fünfstündigen Eisenbahnfahrt mit einem Mitreisenden unterhalten würden, der eine zu ihnen entgegengesetzte Meinung zu einem kontrovers diskutierten Thema (z. B. Legalisierung aktiver Sterbehilfe) vertritt. Mit dieser Testfrage sollte eine öffentliche Situation konstruiert werden, die sich Probanden lebhafter vorstellen können als die abstrakte Frage »Wie redebereit sind Sie in der Öffentlichkeit?« (vgl. Roessing, 2011). Da eine Eisenbahnfahrt nicht weltweit für alle Menschen eine gewohnte Situation darstellt, wurden in nachfolgender Forschung weitere öffentliche Situationen, etwa eine Busfahrt oder eine Feier, als Szenarien genutzt (vgl. Moy, Domke & Stamm, 2001; Shamir, 1997). Darüber hinaus wurden Menschen nicht nur gefragt, ob sie ihre Meinung verbal äußern würden, sondern ob sie z. B. auch ein T-Shirt oder einen Button, die ihren Standpunkt zum Ausdruck bringen, in der Öffentlichkeit tragen würden (Perry & Gonzenbach, 2000; Salmon & Oshagan, 1990).

Neben der Erfassung individueller Wahrnehmungs- und Verhaltensvariablen sollte eine empirische Theorie-Testung laut Noelle-Neumann (1992) Medieninhaltsanalysen einbeziehen. Mit diesen könne man feststellen, welchen Meinungstenor Medien vorgeben und welches Meinungsklima auch unbewusst von Menschen verarbeitet wird. Eine Kombination von Befragungen und Medieninhaltsanalysen hat in der Schweigespiral-Forschung jedoch selten stattgefunden. Vielmehr konzentrierten sich entsprechende Forschungsprogramme auf einzelne Hypothesen der Theorie und wenden verschiedene Methoden an, um Beziehungen zwischen unabhängigen (z. B. dem wahrgenommenen Meinungsklima oder der dispositionellen Isolationsfurcht) und abhängigen Variablen (z. B. der Redebereitschaft) zu beobachten. Während hierbei nach wie vor Fragebogenstudien das Forschungsfeld dominieren (vgl. Hayes, Matthes & Eveland, 2013; Kim, Kim & Oh, 2014), werden inzwischen ebenfalls Experimentalstudien durchgeführt, in denen z. B. das Meinungsklima oder das Diskussionsumfeld manipuliert werden (z. B. Hayes, 2007; Ho & McLeod, 2008). Ausnahmen bleiben immer noch mehrwellige Fragebogenstudien, in denen sich mit Hilfe von mehreren Messzeitpunkten die Dynamik des Meinungsklimas und des Redeverhaltens im Sinne eines Spiralprozesses über einen längeren Zeitraum beobachten lässt (vgl. Matthes, 2015).

Zentrale empirische Befunde

Empirisch stützte Noelle-Neumann (1973, 1974) ihre Überlegungen zur Schweigespirale zunächst mit Hilfe von deskriptiven Umfrageergebnissen zu verschiedenen gesellschaftlichen Themen. So lässt sich anhand dieser Statistiken erkennen, dass obwohl 1971 etwa gleich viele Menschen die Todesstrafe in Deutschland befürworteten wie ablehnten, eine relative Mehrheit annahm, dass die meisten Menschen gegen die Todesstrafe seien. Laut Noelle-Neumann (1973) ist dies mit der konsonanten Berichterstattung der Massenmedien gegen die Todesstrafe, die ein entsprechendes Meinungsklima an die Bevölkerung vermittelten, zu erklären. Ferner stützten die Statistiken etwa beim Thema Erziehungsmethoden die Schweigehypothese: Anhänger des vermeintlich gewinnenden Meinungslagers (d. h. Menschen, die Schläge als Erziehungsmethode ablehnten) waren eher bereit, das entsprechende Thema in einer öffentlichen Situation zu besprechen, als Anhänger des vermeintlich verlierenden Meinungslagers (d. h. Menschen, die Schläge in der Erziehung befürworteten). Zusammenfassende Meta-Analysen zur Beziehung zwischen dem subjektiv wahrgenommenen Meinungsklima und der Redebereitschaft (Glynn, Hayes & Shanahan, 1997; Glynn & Huge, 2014) deuten auf einen kleinen, aber statistisch signifikanten positiven Zusammenhang hin: Je stärker die Befürwortung des eigenen Standpunktes in der Gesellschaft wahrgenommen wird, desto eher ist man bereit, seine Meinung kundzutun. Der schwache Zusammenhang wird mit interindividuellen Unterschieden erklärt: So zeigen Studien, dass z. B. auch Schüchternheit, Kommunikationsangst oder auch die generelle Tendenz, seine Meinung zu verschweigen, einen Einfluss darauf haben können, ob Menschen ihren Standpunkt öffentlich äußern oder nicht (Hayes, Glynn & Shanahan, 2005; Neuwirth, Frederick & Mayo, 2007). Des Weiteren legten Matthes,

Morrison und Schemer (2010) Studien vor, die zeigen, dass das subjektiv wahrgenommene Meinungsklima keinen Einfluss auf die Redebereitschaft hat, wenn Menschen sich ihrer Meinung zu einem Thema sehr sicher sind. In diesem Fall spricht Noelle-Neumann (1974) vom »harten Kern«, d. h. von Menschen, die aufgrund ihrer starken Überzeugung keine Isolation befürchten und demnach – unabhängig von der vorherrschenden Meinungsverteilung – stets ihre Meinung zu einem kontroversen Thema aussprechen.

In kulturvergleichenden Untersuchungen zeigte sich, dass in acht von neun Ländern Menschen mit einer größeren Isolationsfurcht auch dazu tendieren, ihre Meinung zu verschweigen (Matthes et al., 2012). Nur in China ließ sich dieser Zusammenhang nicht finden, was damit erklärt wird, dass in kollektivistischen Kulturen eine soziale Isolation weniger wahrscheinlich ist und die Isolationsfurcht damit kein Motiv darstellt, Meinungen zurückzuhalten. Huang (2005) argumentiert auf Basis ihres Kulturvergleichs von Taiwan und den USA, dass der Drang nach gesellschaftlicher Harmonie und weniger die Isolationsfurcht Menschen in kollektivistischen Kulturen dazu antreibt, Minderheitsmeinungen zu verschweigen.

Medien werden in der Schweigespiral-Forschung nicht nur als Vermittler von Meinungsklimata, sondern auch – unter Berücksichtigung neuer partizipatorischer Medien – als Diskussionsräume untersucht (vgl. Schulz & Rössler, 2013). Ho und McLeod (2008) stellten beispielsweise fest, dass Menschen eher bereit sind, ihre Minderheitsmeinung in einem virtuellen Chat als in einer Face-to-Face-Unterhaltung kundzutun. Vor dem Hintergrund wurde zunächst vermutet, dass Schweigespiralen im Internet »durchbrochen« werden können, da in anonymen digitalen Räumen eine verringerte Isolationsfurcht verspürt wird und Menschen sich daher eher trauen könnten, abweichende Meinungen zu äußern. Diese Annahmen konnten durch weitere Studien jedoch nicht gestützt werden (Hampton et al., 2014; McDevitt, Kiousis & Wahl-Jorgensen, 2003).

Aus empirischer Sicht lässt sich insgesamt festhalten, dass die Anzahl und die Komplexität der Hypothesen in der Schweigespiral-Theorie eine vollständige Überprüfung erschweren, so dass Matthes und Hayes (2014) zu dem Schluss kommen: »[…] the full complexity of spiral of silence theory (including all of its aspects and assumptions) has never been subjected to a comprehensive empirical test – and it probably never will be« (S. 54).

Kritik

So sehr die Theorie der Schweigespirale im internationalen Wissenschaftsbetrieb und in der breiten Öffentlichkeit beachtet wurde, so stark wurde sie auch kritisiert (für einen Überblick siehe Donsbach & Stevenson, 1986; Roessing, 2009), was gleichzeitig Impulse für neue Forschungsschritte gab (vgl. Scheufele, 2008).

Erstens wurde problematisiert, dass die Theorie die Rolle von Bezugsgruppen unterschätzt (Glynn & Park, 1997; Salmon & Kline, 1985). Demnach wäre die Meinungsverteilung unter Freunden und Familienmitgliedern eine viel wichtigere Einflussgröße auf die Redebereitschaft als die Meinungsverteilung in einer eher abstrakten Öffentlichkeit.

Das »quasistatistische Organ« steht ebenfalls in der Kritik. Berücksichtigt man menschliche Wahrnehmungsphänomene wie den Looking-Glass-Effekt (Fields & Schuman, 1976), bei dem Personen die Verbreitung des eigenen Standpunktes in einer Gruppe überschätzen, wird die angenommene Kausalität der Schweigespiral-Theorie in Frage gestellt (Price & Allen, 1990): Beeinflusst das vorherrschende Meinungsklima die Meinung und das Verhalten der Menschen oder wirkt sich die bereits vorherrschende Meinung des Einzelnen darauf aus, wie er das Meinungsklima wahrnimmt? Falls beides zutrifft: Unter welchen Umständen läuft der eine oder der andere Prozess ab? Die Klärung dieser Fragen könnte dazu beitragen, die Annahmen der Schweigespiral-Theorie zu verfeinern.

Darüber hinaus wird der Theorie vorgeworfen, individuelle Variablen wie Persönlichkeitsdeterminanten im Gesamtmodell zu vernachlässigen (Salmon & Kline, 1985). In diesem Zusammenhang wird kritisiert, dass die Isolationsfurcht fälschlicherweise als Konstante angenommen wurde, wohingegen diese von Person zu Person sowie von Kultur zu Kultur unterschiedlich ausgeprägt sein kann (Hayes et al., 2013).

Aus methodologischer Sicht wird angeführt, dass ein Großteil der Schweigespiral-Forschung mit hypothetischen Szenarien arbeitet, so dass sich Probanden »heikle« Diskussionssituationen lediglich vorstellen müssen, diese aber nicht aktiv erleben (Hayes, Shanahan & Glynn, 2001). In dem Zuge wird an zukünftige Forschung appeliert, echte soziale Situationen zu untersuchen, in denen eine tatsächliche Isolationsbedrohung und ihre Auswirkungen beobachtbar werden (vgl. Matthes & Hayes, 2014).

Literatur

Asch, S. E. (1951). Effects of group pressure upon the modification and distortion of judgment. In H. Guetzkow (Ed.) *Groups, leadership and men* (pp. 177–190). Pittsburgh, PA: Carnegie Press.

Donsbach, W. & Stevenson, R. L. (1986). Herausforderungen, Probleme und empirische Evidenzen der Theorie der Schweigespirale. *Publizistik, 31*, 7–34.

Fields, J. M. & Schuman, H. (1976). Public beliefs about the beliefs of the public. *Public Opinion Quarterly, 40*, 427–448.

Glynn, C. J., Hayes, A. F. & Shanahan, J. (1997). Perceived support for one's opinions and willingness to speak out: A meta-analysis of survey studies on the ›spiral of silence‹. *Public Opinion Quarterly, 61*, 452–463.

Glynn, C. J. & Huge, M. E. (2014). Speaking in spirals: An updated meta-analysis of the spiral of silence. In W. Donsbach, C. T. Salmon & Y. Tsfati (Eds). *The spiral of silence: New perspectives on communication and public opinion* (pp. 65–72). New York, NY: Routledge.

Glynn, C. J. & Park, E. (1997). Reference groups, opinion intensity, and public opinion expression. *International Journal of Public Opinion Research, 9*, 213–232.

Hampton, K., Rainie, L., Lu, W., Dwyer, M., Shin, I. & Purcell, K. (2014). Social media and the ›spiral of silence‹. *Pew Internet & American Life Project*. Abgerufen unter: http://www.pewinternet.org/files/2014/08/PI_Social-networks-and-debate_082614.pdf

Hayes, A. F. (2007). Exploring the forms of self-censorship: On the spiral of silence and the use of opinion avoidance strategies. *Journal of Communication, 57*, 785–802.

Hayes, A. F., Glynn, C. J. & Shanahan, J. (2005). Validating the willingness to self-censor scale: Individual differences in the effect of the climate of opinion on opinion expression. *International Journal of Public Opinion Research, 17*, 443–455.

Hayes, A. F., Matthes, J. & Eveland, W. P. Jr. (2013). Stimulating the quasi-statistical organ: Fear of social isolation motivates the quest for knowledge of the opinion climate. *Communication Research, 40*, 439–462.

Hayes, A. F., Shanahan, J. & Glynn, C. J. (2001). Willingness to express one's opinion in a realistic situation as a function of perceived support for that opinion. *International Journal of Public Opinion Research, 13*, 45–58.

Ho, S. S. & McLeod, D. M. (2008). Social-psychological influences on opinion expression in face-to-face and computer-mediated communication. *Communication Research, 35*, 190–207.

Huang, H. (2005). A cross-cultural test of the spiral of silence. *International Journal of Public Opinion Research, 17*, 324–345.

Kim, S.-H., Kim, H. & Oh, S.-H. (2014). Talking about genetically modified (GM) foods in South Korea: The role of the Internet in the spiral of silence process. *Mass Communication and Society, 17*, 713–732.

Matthes, J. (2015). Observing the »spiral« in the spiral of silence. *International Journal of Public Opinion Research, 27*, 155–176.

Matthes, J., Hayes, A. F., Rojas, H., Shen, F., Min, S. J. & Dylko, I. (2012). Exemplifying a dispositional approach to cross-cultural spiral of silence research: Fear of social isolation and the inclination of self-censor. *International Journal of Public Opinion Research, 24*, 287–305.

Matthes, J., Morrison, K. R. & Schemer, C. (2010). A spiral of silence for some: Attitude certainty and the expression of political minority opinions. *Communication Research, 37*, 774–800.

Matthes, J. & Hayes, A. F. (2014). Methodological conundrums in spiral of silence research. In W. Donsbach, C. Salmon & Y. Tsfati (Eds). *The spiral of silence: New perspectives on communication and public opinion* (pp. 54–63). New York, NY: Routledge.

McDevitt, M., Kiousis, S. & Wahl-Jorgensen, K. (2003). Spiral of moderation: Opinion expression in computer-mediated discussion. *International Journal of Public Opinion Research, 15*, 454–470.

Milgram, S. (1961). Nationality and conformity. *Scientific American, 205*, 45–51.

Moy, P., Domke, D. & Stamm, K. (2001). The spiral of silence and public opinion on affirmative action. *Journalism and Mass Communication Quarterly, 78*, 7–25.

Noelle-Neumann, E. (1973). Kumulation, Konsonanz und Öffentlichkeitseffekt. Ein neuer Ansatz zur Analyse der Wirkung der Massenmedien. *Publizistik, 18*, 26–55.

Noelle-Neumann, E. (1974). The spiral of silence: A theory of public opinion. *Journal of Communication, 24*, 43–51.

Noelle-Neumann, E. (1992). Antwort auf Dieter Fuchs, Jürgen Gerhards und Friedhelm Neidhardt: Öffentliche Kommunikationsbereitschaft. Ein Test zentraler Bestandteile der Theorie der Schweigespirale. *Zeitschrift für Soziologie, 21*, 385–388.

Noelle-Neumann, E. (2001). *Die Schweigespirale. Öffentliche Meinung – unsere soziale Haut.* München: Langen Müller.

Noelle-Neumann, E. & Petersen, T. (2004). The spiral of silence and the social nature of man. In L. L. Kaid (Ed.), *Handbook of political communication research* (pp. 339–356). Mahwah, NJ: Lawrence Erlbaum.

Neuwirth, K., Frederick, E. & Mayo, C. (2007). The spiral of silence and fear of isolation. *Journal of Communication, 57*, 450–468.

Perry, S.D. & Gonzenbach, W. J. (2000). Inhibiting speech through exemplar distribution: Can we predict a spiral of silence? *Journal of Broadcasting and Electronic Media, 44*, 268–281.

Price, V. & Allen, S. (1990). Opinion spirals, silent and otherwise: Applying small-group research to public opinion phenomena. *Communication Research, 17*, 369–392.
Roessing, T. (2009). *Öffentliche Meinung – die Erforschung der Schweigespirale*. Baden Baden: Nomos.
Roessing, T. (2011). *Schweigespirale*. Baden-Baden: Nomos.
Salmon, C. T. & Kline, F. G. (1985). The spiral of silence. Ten years later. An examination and evaluation. In K. R. Sanders, L. L. Kaid & D. Nimmo (Eds.), *Political Communication Yearbook 1984* (pp. 3–30). Carbondale: Southern Illinois Univ. Press.
Salmon, C. T. & Oshagan, H. (1990). Community size, perceptions of majority opinion, and opinion expression. *Public Relations Research Annual*, 2, 157–171.
Scheufele, D. A. (2008). Spiral of silence theory. In W. Donsbach & M. W. Traugott (Eds.), *The SAGE Handbook of Public Opinion Research* (pp. 173–183). London, UK: SAGE.
Schulz, A. & Rössler, P. (2013). *Schweigespirale Online. Die Theorie der öffentlichen Meinung und das Internet*. Baden-Baden: Nomos.
Shamir, J. (1997). Speaking up and silencing out in face of a changing climate of opinion. *Journalism and Mass Communication Quarterly, 74*, 602–614.

Two-Step Flow of Communication

Dagmar Unz

Worum geht es?

Die empirische Medienwirkungsforschung begann in den zwanziger Jahren des letzten Jahrhunderts als Wirkungs- und Kampagnenforschung. Bald zeigte sich, dass die Vorstellung zu einfach ist, man müsse, um eine bestimmte Wirkung zu erreichen, ähnlich einer Impfung, Menschen nur lange genug mit einer Botschaft konfrontieren. Diese starke Medienwirkungen implizierende Vorstellung wurde vor allem durch Befunde der Wahlpropaganda-Forschung erschüttert. In einer zum amerikanischen Präsidentschaftswahlkampf 1940 durchgeführten Untersuchung zeigten die in den Massenmedien verbreitete Wahlpropaganda nur geringe Wirkung (Lazarsfeld, Berelson & Gaudet, 1944). Einen großen Einfluss hatten dagegen Gespräche mit Freunden und Bekannten. Gleichzeitig zeigte sich, dass Rezipienten vorzugsweise die Medieninhalte nutzen, mit denen sie übereinstimmen, während sie andere Inhalte vermeiden (defensive Selektivität). Diese Untersuchung war der Startpunkt für die Entwicklung des Two-Step-Flow-Modells.

Darstellung der Annahmen

Lazarsfeld, Berelson und Gaudet veröffentlichten mit *The people's choice* eine Studie, die sich mit den Entscheidungsprozessen der Wähler im amerikanischen Präsidentschaftswahlkampf 1940 zwischen Franklin D. Roosevelt und Wendell

Willkie auseinandersetzte. Dazu hatten sie ca. 600 Einwohner von Erie County, Ohio, sechsmal vor und einmal nach der Wahl zu ihrem Medienkonsum, ihren Wahlabsichten bzw. ihrem Wahlverhalten befragt. Entgegen der ursprünglichen Erwartung fand sich kein direkter Einfluss der Medienberichterstattung auf die Wahlentscheidungen. Das soziale Umfeld spielte eine bedeutende Rolle. Die Teilnehmer der Studie nannten bei der Frage, bei welchen Gelegenheiten sie in letzter Zeit Kontakt mit den den Wahlkampf betreffenden Themen hatten, häufiger Diskussionen mit Bekannten oder Verwandten als die Rezeption von Massenmedien. Die meisten Befragten, und hier besonders diejenigen mit hoher Mediennutzung, hatten sich schon vor Beginn des Wahlkampfes entschieden und diese Meinung auch während des Wahlkampfs beibehalten. Unentschlossene nutzten die Medien nicht etwa häufiger, sondern entschieden vor allem auf Grund von Gesprächen mit Familienmitgliedern oder Bekannten. Hinzu kam, dass die Studienteilnehmer eher solche Medien nutzten, die ihre bestehenden Einstellungen unterstützten.

Auf der Basis dieser Befunde entwickelten Lazarsfeld und seine Mitarbeiter das Two-Step-Flow-Modell: Danach beeinflussen Massenmedien die Bevölkerung nicht direkt. Vielmehr nehmen Meinungsführer (opinion leaders) eine vermittelnde Rolle ein: »The traditional image of the mass persuasion process must make room for ›people‹ as intervening factors between the stimuli of the media and resultant opinions, decisions, and actions« (Katz & Lazarsfeld 1955, S. 32 f.). Medienbotschaften gelangen in einem ersten Schritt zu den sogenannten Meinungsführern und in einem zweiten Schritt von den Meinungsführern in persönlicher Kommunikation zum »man on the street« (▶ Abb. 4.1). Diese Annahmen wurden durch eine zweite Studie, in der Katz und Lazarsfeld 800 Bürger befragten, gestützt. Allerdings zeigte sich, dass die Rollen von Meinungsführern und des »man on the street« nicht fest verteilt sind, sondern je nach Thema wechseln können. Warum ist die Bedeutung der Massenmedien für die politische Meinungsbildung im Vergleich zur interpersonellen Kommunikation eher gering? Vorteile der interpersonellen Kommunikation sind die größere Flexibilität, die Möglichkeit direkter Rückmeldungen, die geringere Distanz der Kommunikationspartner und das höhere Vertrauen bei persönlichem Kontakt.

Weiterentwicklungen des Modells führen neben den Meinungsführern und -suchern außerdem die »opinion avoider« auf, die sich nicht am Informationsfluss beteiligen (Wright & Cantor, 1967). Das ursprüngliche Two-Step-Flow-Modell entwickelte sich schließlich zu einem Multi-Step-Flow-Modell: Der Kommunikationsfluss geht von den Massenmedien über mehrere Zwischenstationen von Meinungsführern, die miteinander im Austausch stehen, hin zu einem eher inaktiven Bevölkerungsteil.

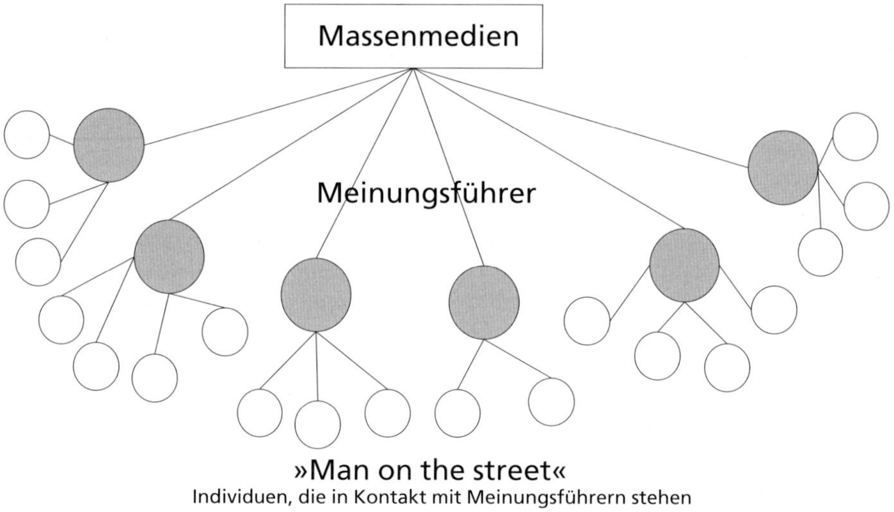

Abb. 4.1: Two-Step Flow of Communication (nach Katz und Lazarsfeld, 1955)

Typische Methodik

In der Regel basieren Studien zum Two- bzw. Multi-Step-Flow-Modell auf Befragungen repräsentativer Panels zu mehreren Zeitpunkten. Die Befragten geben Selbsteinschätzungen hinsichtlich ihrer Mediennutzung, ihres Kommunikationsverhaltens und ihrer (Wahl-)Entscheidungen ab.

Zentrale empirische Befunde

Die von Lazarsfeld und Mitarbeitern zum Two-Step-Flow-Modell durchgeführten Studien beschäftigen sich u. a. mit den Eigenschaften von Meinungsführern (z. B. Katz & Lazarsfeld, 1955; Lazarsfeld & Menzel, 1963). Danach ist Meinungsführerschaft keine generelle Eigenschaft von Personen und nicht mit einem spezifischen sozioökonomischen Status, Alter oder mit dem Geschlecht verbunden. Vielmehr sind Meinungsführer gleichmäßig über soziale, ökonomische und Bildungsschichten verteilt. Meinungsführerschaft bezieht sich auf bestimmte Themen, und Meinungsführer zeichnen sich durch bestimmte soziale Charakteristika aus. Meinungsführern wird von Bekannten eine besondere Kompetenz zu einem bestimmten Thema zugeschrieben. Sie sind umgänglich, sozial aktiv, nehmen zentrale Positionen innerhalb ihrer persönlichen Netzwerke ein und haben Zugang zu Informationsquellen außerhalb ihrer engeren Umgebung. Meinungsführerschaft beschränkt sich meist auf Einflüsse innerhalb von Peergroups (horizontal opinion leadership). Top-down-Einflüsse, also von Personen mit einem höheren sozioökonomischen Status zu solchen mit einem niedrigeren Status (vertical opinion leadership), können zwar auftreten, sind jedoch eher gering. Meinungsführer beschäftigen sich besonders stark mit solchen Themen in den Massenmedien, hinsichtlich derer sie meinungsbildend wirken, sie sind Medienexperten in einem bestimmten Themenfeld. Merton (1949) unterscheidet beispielsweise zwischen »locals« und »cosmopolitans«. Während sich »locals« für regionale Themen interessieren und lokale Medien nutzen, interessieren sich »cosmopolitans« eher für nationale und internationale Themen und zeigen die entsprechende Mediennutzung.

Zahlreiche Folgestudien adressieren die Anwendung des Modells auf ganz unterschiedliche Bereiche. Anfang der 1970er Jahre existierten bereits mehrere hundert Studien, weshalb Weimann (2001) die 1960er und 70er Jahre als das goldene Zeitalter der Meinungsführer-Forschung bezeichnet. Die Studien stützten weitgehend die frühen Befunde, ergaben allerdings auch Hinweise auf notwendige Differenzierungen. Insgesamt zeigte sich, dass Meinungsführerschaft in vielen Gebieten existiert: Marketing und Konsumentenverhalten, Mode, Politik und Wahlverhalten, Familienplanung, Wissenschaft und wissenschaftliche Innovationen, Landwirtschaft, Gesundheitsverhalten (Weimann, 2001). Meinungsführer sind vor allem deshalb einflussreich, weil sie mehr und bessere Informationen bzw. Informationsquellen zur Verfügung haben (Roch, 2005). Verschiedene Autoren diskutieren, inwieweit Meinungsführerschaft mit einem domain-unabhängigen Trait zusammenhängt (vgl. z. B. Gnambs & Batinic, 2012, 2013). Nach einer Studie von Shah und Scheufele (2006) wird Meinungsführerschaft zu einem großen Teil durch Dispositionen wie Selbstsicherheit und Innovativität erklärt. Es finden sich Korrelationen zwischen domain-spezifischer Meinungsführerschaft und verschiedenen Maßen einer domain-unabhängigen Disposition für sozialen Einfluss zwischen .20 und .50 (Gnambs und Batinic, 2012).

Das Konzept der Meinungsführerschaft wurde bislang vor allem in den USA untersucht, es ist allerdings wohl auch auf westliche, europäische Nationen übertragbar (Nisbet, 2006). Während das Mediennutzungsverhalten von Meinungsführern stark über verschiedene europäische Nationen variiert, gibt es keine Unterschiede in den individuellen sozio-psychologischen Traits. Eine Studie von Weiman et al. (2007) weist jedoch auch darauf hin, dass die Übertragung von Ergebnissen zur Meinungsführerschaft, die in modernen, westlich-orientierten Gesellschaften gewonnen wurden, auf eher traditionelle Gesellschaften problematisch sein könnte.

In den letzten Jahren rückt zunehmend die Kommunikation im Web 2.0 in den Blickpunkt der empirischen Forschung. Da die Technologien des Web 2.0 eine direkte Kommunikation zwischen Sender und Zielpublikum erlauben, nehmen Bennett und Mannheim (2006) an, dass statt eines Two-Step-Flow-Modells eher ein One-Step-Flow-Modell der Kommunikation zu finden sei. Erste Studien finden jedoch auch in der internetbasierten Kommunikation Hinweise auf die Gültigkeit des Two-Step Flow (z. B. Norris & Curtis, 2008, bei der Wahl in Großbritannien oder Choi, 2014, für öffentliche Online-Foren). Aktuelle Studien beschäftigen sich nun beispielsweise mit der Frage, wie Meinungsführern in Twitter-Communities identifiziert werden können (z. B. Dubois & Gaffney, 2014; Xu, Sang, Blasiola & Park, 2014).

Studien zur Diffusion von Nachrichten zeigen, dass das Zweistufenmodell bei der Aufnahme von Informationen über bedeutsame aktuelle Ereignisse nicht zutrifft. In Krisenzeiten ist die Bedeutung von Massenmedien außerordentlich hoch. Die Bevölkerung erhält Nachrichten gewöhnlich direkt aus den Medien (insbesondere aus dem Fernsehen) und nicht über die Meinungsführer (vgl. Perse, 2001, S. 54 ff). Wenn Menschen von erschreckenden Neuigkeiten hören, wenden sie sich oft dem Fernsehen zu, um Näheres darüber zu erfahren (z. B. Greenberg, Cohen & Li, 1993; Hirschburg, Dillman & Ball-Rokeach, 1986). Bedrohung und Unsicherheit verstärken offenbar die Wichtigkeit der Medien und das Vertrauen der Menschen in die Nachrichtenangebote der Medien.

Kritik

Die Kritik am Two-Step-Flow-Modell (z. B. Merten, 1988; Weimann, 2001) richtet sich zum einen auf die Methode der Panelerhebung. In den Befragungen kann jede Person nur Aussagen über sich selbst treffen. Die mangelnde Validität von Selbstauskünften wird kritisiert. Außerdem sind viele Einflussfaktoren zu berücksichtigen, die nur schwer kontrolliert werden können. Zum anderen richtet sich die Kritik darauf, dass das Modell die Komplexität des Kommunikationsprozesses nur ungenügend berücksichtigt und den Prozess stark vereinfacht. Kommunikationsprozesse sind komplexer, als es die Zweiteilung in (aktive) Meinungsführer und (passive) Empfänger suggeriert. Beispielsweise ist ein großer Teil der Bevölkerung inaktiv und weder den Meinungsführern noch »Meinungsfolgern« zuzuordnen (Robinson, 1976). Auch werden Netzwerke der interpersonalen Kommunikation nicht berücksichtigt. So können Medienbotschaften alle Personen gleichermaßen erreichen, aber durch persönliche Kommunikation modifiziert werden. Außerdem werden Personen, die wenig in soziale Gruppen integriert sind, von Meinungsführern unter Umständen überhaupt nicht erreicht. Daneben orientieren sich manche Personen auch an parasozialen Meinungsführern, zu denen kein persönlicher Kontakt besteht, zum Beispiel an den Aussagen prominenter Personen, die in den Medien auftreten (vgl. Beitrag zu Parasozialer Interaktion in diesem Band).

Trotz dieser Kritik gilt das Konzept des Two-Step Flow als Meilenstein der Massenmedienforschung, und insbesondere das Konzept der Meinungsführerschaft fand Eingang in die Diffusionsforschung (z. B. Rogers, 2003). Erweiterungen und Modifikationen führten zur Untersuchung von Netzwerken des medialen und interpersonalen Informationsflusses (vgl. Schenk, 1994). In Anlehnung an die Identifizierung von Meinungsführern streben Werbe- und Marketingforschung danach, Trendsetter zu identifizieren, um die Kommunikation auf diese Zielgruppe auszurichten (z. B. Poltrack, 1985). Gleichzeitig gilt Mundpropaganda als eine der bedeutsamsten Formen der Kampagnengestaltung, der Werbung und des Marketing (z. B. Gnambs & Batinic, 2013; Keller & Berry, 2003; McLeod, Scheufele & Moy, 1999; Schenk & Döbler, 2002; Somerville, Diaz, Davis, Coleman & Taveras, 2006).

Literatur

Bennett, W. L. & Manheim, J. B. (2006). The one-step flow of communication. *The Annals of the American Academy of Political and Social Science, 608*, 213–232.

Choi, S. (2014). The two-step flow of communication in twitter-based public forums. Social Science Computer Review, published online before print Nov 7, 2014, DOI: 10.1177/0894439314556599 (27.03.2015).

Dubois, E. & Gaffney, D. (2014). The multiple facets of influence: identifying political influential and opinion leaders on twitter. *American Behavioral Scientist, 58*(10), 1260–1277.

Gnambs, T. & Batinic, B. (2012). A personality-competence model of opinion leadership. *Psychology & Marketing, 29*(8), 606–621.

Gnambs, T. & Batinic, B (2013). The roots of interpersonal influence: a mediated moderation model for knowledge and traits as predictors of opinion leadership. *Applied Psychology: An International Review, 62*(4), 597–618.

Greenberg, B. S., Cohen, E. & Li, H. (1993). How the U.S. found out about the war. In B. S. Greenberg & W. Gantz (Eds.), *Desert Storm and the mass media* (pp. 145–152). Cresskill, NJ: Hampton.

Hirschburg, P. L., Dillman, D. A. & Ball-Rokeach, S. J. (1986). Media system dependency theory: Responses to the eruption of Mount St. Helens. In S. J. Ball-Rokeach & M. G. Cantor (Eds.), *Media, audience, and social structure* (pp. 117–126). Newbury Park, CA: Sage.

Katz, E. & Lazarsfeld, P. (1955). *Personal Influence.* New York: The Free Press.

Keller, E. B. & Berry, J. L. (2003). *The influentials: One American in ten tells the other nine how to vote, where to eat, and what to buy.* New York: Simon & Schuster.

Lazarsfeld, P. F., Berelson, B. & Gaudet, H. (1944). *The people's choice: How the voter makes up his mind in a presidential campaign.* New York: Columbia University Press.

Lazarsfeld, P. F. & Menzel, H. (1963). Mass Media and Personal Influence. In W. Schramm (Ed.), *The Science of Human Communication* (pp. 94–115). New York: Basic Books.

McLeod, J. M., Scheufele, D. A. & Moy, P. (1999). Community, communication and participation: The role of mass media and interpersonal discussion in local participation. *Political Communication, 16*, 315–336.

Merten, K. (1988). Aufstieg und Fall des »Two-Step-Flow of communication«. Kritik einer sozialwissenschaftlichen Hypothese. *Politische Vierteljahresschrift, 29*(4), 610–635.

Merton, R. (1949). Patterns of Influence: a study of interpersonal influence and of communications behavior in a local community. In P. Lazarsfeld & F. Stanton (Eds.), *Communication Research* (pp. 180–215). New York: Harper and Brothers.

Nisbet, E. C. (2006). The engagement model of opinion leadership: Testing validity within a European context. *International Journal of Public Opinion Research, 18*(1), 3–30.

Norris, P. & Curtis, J. (2008). Getting the message out: a two-step model of the role of the internet in campaign communication flows during the 2005 British general election. *Journal of Information Technology & Politics, 4*(4), 3–13.

Perse, E. M. (2001). *Media effects and society.* Mahwah, NJ: Lawrence Erlbaum.

Poltrack, T. (1985). Influencing the Influentials. *Marketing and Media Decisions, 20*, 56–60.

Robinson, J. P. (1976). Interpersonal Influence in Election Campaigns: Two Step-flow Hypotheses. *Public Opinion Quarterly, 40*, 304–319.

Roch, C. H. (2005). The Dual Roots of Opinion Leadership. *Journal of Politics, 67*(1), 110–131.

Rogers, E. M. (2003). *Diffusion of innovations* (5th ed.). New York: Free Press.

Shah, D. & Scheufele, D. A. (2006). Explicating opinion leadership: Non-political dispositions, information consumption, and civic participation. *Political Communication, 23*(1), 1–22.

Schenk, M. (1994). Meinungsbildung im Alltag – Zum Einfluß von Meinungsführern und Sozialen Netzwerken. In M. Jäckel & P. Winterhoff-Spurk (Hrsg.), Politik und Medien. Analysen zur Entwicklung der politischen Kommunikation (S. 143–158). Berlin: Vistas.

Schenk, M. & Döbler, Th. (2002). Towards a Theory of Campaigns: The Role of Opinion Leaders. In H.-D. Klingemann & A. Römmele (Eds.). *Public Information Campaigns and Opinion Research* (pp. 36–52). London: Sage.

Somerville, G. G., Diaz, S., Davis, S., Coleman, K. D. & Taveras S. (2006). Adapting the Popular Opinion Leader Intervention for Latino Young Migrant Men Who Have Sex With Men. *AIDS Education and Prevention, 18, Supplement A*, 137–148.

Weimann, G. (2001). The Two-Step-Flow of communication. In N. J. Smelser & P. B. Baltes (Eds.), *International Encyclopedia of the Social & Behavioral Sciences* (pp. 2316–2319). Amsterdam: Elsevier.

Weimann, G., Tustin, D. H., van Vuuren, D. & Joubert, J. P. R. (2007). Looking for opinion leaders: Traditional vs. Modern measures in traditional societies. *International Journal of Public Opinion Research, 19*(2), 173–190.

Wright, C. R. & Cantor, M. (1967). The Opinion Seeker and Avoider: Steps beyond the Opinion Leader Concept. *The Pacific Sociological* Review, *10*(1), 33–43.

Xu, W. W., Sang, Y., Blasiola, S. & Park, H. W. (2014). Predicting opinion leaders in Twitter activism networks: the case of the Wisconsin recall election. *American Behavioral Scientist, 58*(10), 1278–1293.

Der Sleeper-Effekt

Markus Appel und Tobias Richter

Worum geht es?

Der Sleeper-Effekt steht im Gegensatz zu dem oft replizierten Befund der Persuasionsforschung, dass die Wirkung einer medial vermittelten Kommunikation auf Überzeugungen und Einstellungen von Rezipienten sich mit der Zeit abschwächt (vgl. Priester, Wegener, Petty & Fabrigar, 1999). Typischerweise verblasst zum Beispiel der Eindruck eines Artikels über die Gefahren des Tabakkonsums, d. h., die Einstellung zum Rauchen nähert sich mit fortschreitender Zeit wieder der Einstellung vor dem Lesen des Artikels an. Unter bestimmten Bedingungen kann die persuasive Wirkung einer Kommunikation jedoch zu einem späteren Zeitpunkt auch stärker sein als direkt nach der Rezeption – ohne dass in der Zwischenzeit weitere Persuasionsversuche stattgefunden haben. In diesem Fall spricht man von einem Sleeper-Effekt.

Darstellung der Annahmen

Der Sleeper-Effekt wurde zuerst von Hovland, Lumsdaine und Sheffield (1949) systematisch beschrieben und erforscht. Carl Hovland und sein Team führten während des Zweiten Weltkrieges Untersuchungen zur Wirkung von Propagandafilmen auf Einstellungen von US-amerikanischen Soldaten durch. Ein zunächst überraschendes Ergebnis war, dass die Wirkung der Filme über einen Zeitraum von mehreren Wochen hinweg zunahm. Hovland und Weiss (1951) versuchten, die Randbedingungen dieses Effektes näher zu identifizieren, und variierten neben dem Intervall bis zur Erfassung der Einstellungen auch die Glaubwürdigkeit der Informationsquelle, der das Filmmaterial zugeschrieben wurde. Dabei zeigte sich, dass sich die Einstellungen in Abhängigkeit von der Quelle kurzfristig deutlich unterschieden: Nachrichten von einer glaubwürdigen Quelle hatten eine größere Einstellungsänderung zur Folge als solche von einer unglaubwürdigen Quelle. Nach vier Wochen war der Einfluss der glaubwürdigen Quelle gesunken, der Einfluss des unglaubwürdigen Senders jedoch gestiegen, so dass die unglaubwürdige Quelle langfristig sogar einen größeren Einfluss auf die Einstellungen der Rezipienten hatte.

Das Auftreten eines Sleeper-Effektes ist also daran geknüpft, dass die persuasive Kommunikation gemeinsam mit einem abwertenden Hinweisreiz auftritt. Neben der mangelnden Glaubwürdigkeit der Informationsquelle können zum Beispiel eine geringe Attraktivität der kommunizierenden Person, eine geringe Anzahl von Argumenten und andere wahrgenommene Merkmale der Rezeptionssituation als abwertende Hinweisreize fungieren (vgl. Eagly & Chaiken, 1993; Gruder, Cook, Hennigan, Flay, Alessis & Halamaj, 1978).

Vor diesem Hintergrund lassen sich zwei Ergebnismuster unterscheiden, die beide unter den Begriff des Sleeper-Effektes fallen und gemeinsam oder getrennt auftreten können:

Absoluter Sleeper-Effekt. Kommt es mit der Zeit zu einer Verstärkung der Einstellungsänderung durch die persuasive Botschaft gegenüber einer Kontrollbedingung (wie bei Hovland et al., 1949), spricht man von einem absoluten Sleeper-Effekt.

Relativer Sleeper-Effekt. Unterscheiden sich die Einstellungen zweier Gruppen kurz nach einem Persuasionsversuch stärker als zu einem späteren Zeitpunkt, dann wird dies als relativer Sleeper-Effekt bezeichnet (vgl. Weiss, 1953). Der relative Sleeper-Effekt ist typischerweise an ein experimentelles Design gebunden, in dem ein Faktor zu kurzfristig ungleichen Einstellungen führt und der Einfluss dieses Faktors mit der Zeit schwächer wird.

Im Folgenden ein Beispiel: In Untersuchungen, in denen das Vorliegen abwertender Hinweisreize variiert wird, erzielt eine Kommunikation in der Regel zunächst eine größere persuasive Wirkung, wenn sie ohne abwertenden Hinweisreiz präsentiert wird, also zum Beispiel einer glaubwürdigen Quelle zugeschrieben wird. Wenn dieser Unterschied mit der Zeit abnimmt, weil die persuasive Wirkung der Botschaft in der Versuchsbedingung mit abwertendem Hinweisreiz (unglaubwürdige Quelle) zunimmt oder in dieser Bedingung weniger stark abnimmt als in der Versuchsbedingung ohne abwertenden Hinweisreiz (glaubwürdige Quelle), spricht man von einem relativen Sleeper-Effekt.

Wie kann man den kontraintuitiven Sleeper-Effekt erklären? Die vorgeschlagenen Erklärungsansätze thematisieren das Verhältnis von Botschaft und abwertendem Hinweisreiz. Hovland und Weiss (1951) erklären den Sleeper-Effekt mit dem Vergessen des abwertenden Hinweisreizes oder seiner Dissoziation von den Inhalten der persuasiven Kommunikation. Sie gehen von der Annahme aus, dass Rezipienten kurzfristig sowohl die Kommunikationsinhalte als auch die Merkmale der Informationsquelle berücksichtigen, weshalb eine Botschaft von einer glaubwürdigen Informationsquelle initial zu einer stärkeren Einstellungsänderung führt als die Botschaft einer unglaubwürdigen Quelle. Je mehr Zeit verstreicht, desto schwieriger ist es allerdings, die Inhalte der Botschaft und ihre Quelle zueinander in Beziehung zu setzen. Dadurch verliert die Information, dass die Quelle unglaubwürdig ist, ihren Einfluss auf die Einstellung. Dies führt dazu, dass sich Botschaften aus weniger seriösen Quellen, denen zunächst nicht geglaubt wird, langfristig stärker auswirken können, weil Rezipienten die Quelle vergessen haben oder Quelle und Botschaft im Gedächtnis nicht mehr als zusammengehörig repräsentiert werden (vgl. Hovland & Weiss, 1951; Kelman & Hovland, 1953).

Ein ähnlicher Erklärungsansatz bezieht sich auf einen unterschiedlich raschen Schwund (differential decay) des Einflusses der Inhalte einer Botschaft und des abwertenden Hinweisreizes (Pratkanis, Greenwald, Leippe & Baumgardner, 1988). Diesem Ansatz zufolge haben die Inhalte einen positiven, der Hinweisreiz einen gegenläufigen, d. h. negativen Einfluss auf die Einstellungsänderung. Ein Sleeper-Effekt ist dann zu erwarten, wenn der negative Einfluss des abwertenden Hinweisreizes rascher abnimmt als der positive Einfluss der Inhalte. Es ist bislang noch nicht geklärt, was den Sleeper-Effekt besser erklären kann – die Dissoziation der Repräsentationen von Botschaft und abwertendem Hinweisreiz oder ein unterschiedlich schneller Schwund des Einflusses der beiden Faktoren, zumal beide Ansätze weitgehend parallele empirische Vorhersagen generieren (Eagly & Chaiken, 1993; Weaver-Lariscy & Tinkham, 1999).

In der Persuasionsforschung dominieren seit den 1980er Jahren sogenannte Zwei-Prozess-Modelle wie das Elaboration-Likelihood-Modell (ELM; Petty & Cacioppo, 1986) und das Heuristisch-Systematische Modell (HSM; Chaiken, Liberman & Eagly, 1989). In diesen Modellen werden ein systematischer (zentraler) und ein heuristischer (peripherer) Weg der Verarbeitung persuasiver Informationen voneinander unterschieden. Priester et al. (1999) haben die Forschungslage zum Sleeper-Effekt vor dem Hintergrund des ELM rekonstruiert und kommen dabei zu dem Schluss, dass ein Sleeper-Effekt nur auf dem Wege einer systematischen (elaborativen) Verarbeitung der persuasiven Botschaft zustandekommen kann. Demnach tritt eine stärkere Einstellungsänderung über die Zeit bei Personen auf, die (a) motiviert und fähig sind, gründlich über die Inhalte der Botschaft nachzudenken (die Personen, die zum Beispiel persönlich von der Thematik betroffen sind und über genügend Vorwissen verfügen), (b) dabei auf substanzielle und valide Argumente treffen und (c) erst im Anschluss an die Rezeption einen abwertenden Hinweisreiz erhalten, da ansonsten eine elaborative Verarbeitung der Botschaft unterbleibt. Aus Perspektive des ELM sind unter diesen Bedingungen sowohl ein starker Einfluss der persuasiven Botschaft als auch eine Dissoziation von Inhalt und Hinweisreiz über die Zeit wahrscheinlich, da der Effekt des peripher verarbeiteten abwertenden Hinweisreizes zeitlich begrenzt ist, während die zentral verarbeiteten Einstellungsinhalte zeitlich stabil sind (vgl. Petty, Haugtvedt & Smith, 1995). Die Vorhersagen von

Zwei-Prozess-Modellen der Einstellungsänderung zum Sleeper-Effekt lassen sich daher als Ergänzung der Hypothese eines unterschiedlich raschen Zerfalls des Einflusses von Inhalt und abwertendem Hinweisreiz (Pratkanis et al., 1988) auffassen.

Typische Methodik

Untersuchungen zum Sleeper-Effekt erfolgen experimentell und beinhalten immer zwei oder mehrere Messzeitpunkte. Die Einstellungen bzw. Überzeugungen (als abhängige Variable) werden unmittelbar nach der Rezeption einer persuasiven Botschaft und zu einem oder mehreren späteren Zeitpunkten erfasst (oft als Faktor ohne Messwiederholung). Die Zeit zwischen der Rezeption der persuasiven Botschaft und der Erhebung von Einstellungen und Überzeugungen fungiert somit als unabhängige Variable (z. B. Einstellungsmessung unmittelbar nach der Rezeption vs. Einstellungsmessung zwei Wochen später).

Die Teilnehmer werden zum ersten Untersuchungstermin typischerweise mit unterschiedlichen persuasiven Botschaften konfrontiert. Sie erhalten zum Beispiel einen Text mit starken oder einen Text mit schwachen Argumenten für eine bestimmte These. Zusätzlich kann das Vorhandensein eines abwertenden Hinweisreizes (z. B. ein Hinweis auf die Unglaubwürdigkeit der Informationsquelle) variiert und mit einer neutralen Bedingung (kein zusätzlicher Hinweis) oder dem Vorhandensein eines aufwertenden Hinweisreizes (z. B. ein Hinweis auf die Glaubwürdigkeit der Informationsquelle) verglichen werden.

Zentrale empirische Befunde

Kumkale und Albarracin (2004) haben die Ergebnisse von 24 Untersuchungen zum Sleeper-Effekt mit Daten aus insgesamt 72 Experimenten einer Metaanalyse unterzogen. In dieser Metaanalyse ließ sich über sämtliche Experimente hinweg ein relativer Sleeper-Effekt nachweisen: Während die persuasive Wirkung einer Botschaft, die ohne abwertenden Hinweisreiz präsentiert wurde, im Mittel über die Zeit abnahm, zeigte sich für Botschaften, die zusammen mit einem abwertendem Hinweisreiz präsentiert wurden, eine leichte Zunahme der persuasiven Wirkung über die Zeit. Allerdings variierten die Effektgrößen zwischen den einzelnen Untersuchungen stark. Vor diesem Hintergrund untersuchten Kumkale und Albarracin (2004) zusätzlich den Einfluss von Moderatorvariablen, die gemäß den vorgeschlagenen Erklärungsansätzen das Auftreten eines Sleeper-Effekts begünstigen oder verhindern. Dabei wurden zwei theoretisch relevante Befunde identifiziert. Erstens fiel der Sleeper-Effekt in den einzelnen Experimenten umso stärker aus, je geringer die initiale persuasive Wirkung der Botschaft war. Dieses Ergebnis unterstreicht die Wichtigkeit eines wirksamen abwertenden Hinweisreizes für den Sleeper-Effekt, der in der Regel nur dann auftritt, wenn sich Rezipienten von einer Botschaft zunächst nicht überzeugen lassen. Zweitens war der Sleeper-Effekt dann am stärksten, wenn der abwertende Hinweisreiz erst nach der persuasiven Botschaft präsentiert wurde und die

Untersuchungsteilnehmer motiviert und fähig waren, über die Inhalte der Botschaft nachzudenken. Wie von Zwei-Prozess-Modellen der Einstellungsänderung angenommen, scheint eine elaborative Verarbeitung das Auftreten eines Sleeper-Effekts also tatsächlich zu begünstigen.

Eine der bedeutendsten neueren Arbeiten im Kontext des Sleeper-Effekts bezieht sich auf die längerfristigen Effekte von Werbung, die mit Warnhinweisen versehen ist (Steinhart, Carmin & Trope, 2013). Mehrere Experimente deuten darauf hin, dass ein abwertender Hinweisreiz (in Form von Informationen über die Nebenwirkungen eines Produkts) mit einem zeitlichen Abstand den Absatz des beworbenen Produkts nicht schwächt, sondern unter Umständen sogar stärken kann.

Kritik

Die sozialpsychologische Forschung zum Sleeper-Effekt ist für die Medienpsychologie relevant, weil sie zu einem besseren Verständnis der Bedingungen beiträgt, unter denen langfristige Wirkungen medial vermittelter Informationen auf Einstellungen und Überzeugungen erzielt werden können. Zu bedenken ist allerdings, dass in fast allen Untersuchungen zum Sleeper-Effekt persuasive Texte verwendet wurden, in denen Argumente für oder gegen eine bestimmte (meist politische) Position angeführt werden, ähnlich wie bei einem Leitartikel, einer Kolumne oder einem politischen Kommentar. Viele Medienprodukte folgen jedoch anderen Genre-Schemata, weshalb die sozialpsychologischen Befunde zu den Auftretensbedingungen des Sleeper-Effekts nur bedingt generalisierbar sind. Fiktionale Medienprodukte wie Geschichten, Filme oder TV-Serien sowie Info- und Edutainment-Produkte, die sich in ihrer narrativen Struktur an fiktionale Medienprodukte anlehnen, können zum Beispiel eine starke Wirkung auf Überzeugungen und Einstellungen der Rezipienten haben, die sich im Sinne eines absoluten Sleeper-Effektes mit der Zeit sogar noch verstärkt (Appel & Richter, 2007; Jensen, Bernat, Wilson & Goonewardene, 2011). Die Wirkmechanismen, die einer persuasiven Wirkung fiktional-narrativer Medienprodukte zugrundeliegen, unterscheiden sich jedoch vermutlich deutlich von denjenigen, die im Rahmen von Zwei-Prozess-Modellen der Einstellungsänderung identifiziert worden sind. An die Stelle der Elaboration von Argumenten als kritischem Faktor für das Auftreten eines Sleeper-Effekts tritt bei fiktional-narrativen Medienprodukten das Aufgehen in der dargestellten Geschichte (Transportation, Gerrig, 1993; vgl. Beitrag zu Transportation in diesem Band). In der Folge wird die medial dargestellte Welt während der Rezeption zum emotionalen und kognitiven Bezugsrahmen der Rezipienten, wodurch auch dauerhafte Änderungen von Einstellungen und Überzeugungen ermöglicht werden.

Literatur

Appel, M. & Richter, T. (2007). Persuasive effects of fictional narratives increase over time. *Media Psychology*, 10, 113–134.

Chaiken, S., Liberman, A. & Eagly, A. H. (1989). Heuristic and systematic information processing within and beyond the persuasion context. In J. S. Uleman & J. A. Bargh (Eds.), *Unintended thought* (pp. 212–252). New York: Guilford.

Eagly, A. H. & Chaiken, S. (1993). *The psychology of attitudes*. Fort Worth, TX: Harcourt Brace.

Gerrig, R. (1993). *Experiencing narrative worlds*. New Haven, CT: Yale University Press.

Gruder, C. L., Cook, T. D., Hennigan, K. M., Flay, B. R., Alessis, C. & Halamaj, J. (1978). Empirical tests of the absolute sleeper effect predicted from the discounting cue hypothesis. *Journal of Personality and Social Psychology, 36*, 1061–1074.

Hovland, C. I. & Weiss, W. (1951). The influence of source credibility on communication effectiveness. *Public Opinion Quarterly, 15*, 635–650.

Hovland, C. I., Lumsdaine, A. A. & Sheffield, F. D. (1949). *Experiments on mass communication*. Princeton, NJ: Princeton University Press.

Jensen, J. D., Bernat, J. K., Wilson, K. M. & Goonewardene, J. (2011). The delay hypothesis: The manifestation of media effects over time. *Human Communication Research, 37*, 509–528.

Kelman, H. C. & Hovland C. I. (1953). Reinstatement of the communicator in delayed measurement of opinion change. *Journal of Abnormal and Social Psychology, 48*, 327–335.

Kumkale, G. T. & Albarracin, D. (2004). The sleeper effect in persuasion: A meta-analytic review. *Psychological Bulletin, 130*, 143–172.

Petty, R. E. & Cacioppo, J. T. (1986). *Communication and persuasion: Central and peripheral route to attitude change*. New York: Springer.

Petty, R. E., Haugtvedt, C. & Smith, S. M. (1995). Elaboration as a determinant of attitude strength: Creating attitudes that are persistent, resistant and predictive of behavior. In R. E. Petty & J. A. Krosnick (Eds.), *Attitude strength: Antecedents and consequences* (pp. 93–130). Mahwah, NJ: Lawrence Erlbaum.

Pratkanis, A. R., Greenwald, A. G., Leippe, M. R. & Baumgardner, M. H. (1988). In search of reliable persuasion effects: III. The sleeper effect is dead: Long live the sleeper effect. *Journal of Personality and Social Psychology, 54*, 203–218.

Priester, J., Wegener, D., Petty, R. E. & Fabrigar, L. (1999). Examining the psychological process underlying the sleeper effect: The Elaboration Likelihood Model explanation. *Media Psychology, 1*, 27–48.

Steinhart, Y., Carmon, Z. & Trope, Y. (2013). Warnings of adverse side effects can backfire over time. *Psychological Science, 24*, 1842–1847.

Weaver-Lariscy, R. A. & Tinkham, S. F. (1999). The sleeper effect and negative political advertising. *Journal of Advertising, 28*, 13–30.

Individualmedien

Reduced Social Cues/Cues Filtered Out

Nicola Döring

Worum geht es?

»Das ist mir alles viel zu unpersönlich!« – mit diesem Hinweis lehnen auch im Informationszeitalter nicht wenige Menschen die Nutzung von E-Mail-Diensten, Online-Chatrooms, Internet-Kontaktbörsen, E-Learning-Angeboten, Handy-Kurzmitteilungen oder Smartphone-Messenger-Apps ab. Im Vergleich zur direkten persönlichen Begegnung fehlen bei technisch vermittelter Individualkommunikation aus Sicht kritischer Endverbraucher zu viele Kommunikationskanäle: Man kann einander nicht sehen, hören oder berühren, was letztlich auf Kosten der Kommunikations- und Beziehungsqualität gehe. Diese »alltagspsychologische Position der Kanalreduktion« wird in öffentlichen Debatten über technische Individualmedien immer wieder artikuliert (vgl. Döring, 2003, S. 149 f.). Auch in der Kommunikationswissenschaft ist diese kritische Position anzutreffen, beispielsweise bei Vertretern der Kommunikationsökologie, aus deren Sicht die fortschreitende Computerisierung zwischenmenschlicher Kontakte zu sozialer Entfremdung und Vereinsamung führt. Dementsprechend plädiert die politisch engagierte Kommunikationsökologie für eine »Technikbegrenzung« sowie eine Förderung der Kommunikation von Angesicht zu Angesicht, die alle Sinneskanäle einschließt und als besonders umwelt- und menschengerecht eingestuft wird (Mettler-von Meibom & Donath, 1998).

Dass auch eine unpersönliche computervermittelte Kommunikation nützlich und zweckmäßig sein kann, etwa für schnellen und kostengünstigen Informationsaustausch, betonen die Modelle der rationalen Medienwahl (etwa die Theorien der sozialen Präsenz, der medialen Reichhaltigkeit oder des Backchannel-Feedback; vgl. Beiträge zur Sozialen Präsenz und zur Media Richness in diesem Band). Diese Theorien gehen davon aus, dass computervermittelte Kommunikation wegen ihrer geringen Lebendigkeit nur für bestimmte sachbezogene Kommunikationsaufgaben geeignet ist (z. B. für schnelle Terminabsprachen).

Der in den 1980er Jahren entwickelte Reduced-Social-Cues- bzw. Cues-Filtered-Out-Ansatz geht dagegen noch einen Schritt weiter. Er postuliert, dass die fehlenden Sinneskanäle bei computervermittelter Kommunikation und der daraus resultierende Mangel an bestimmten sozialen Hintergrundinformationen zwar teilweise die Kommunikation erschwert, dass er aber oft gerade auf psycho-sozialer Ebene vorteilhaft ist: So kann es in arbeits- wie freizeitbezogenen Online-Gruppen – gerade *wegen* fehlender Hintergrundinformationen – zu einem zwischenmenschlichen Austausch kommen, der offener, vorurteilsfreier und gleichberechtigter ist als in Face-to-Face-Gruppen.

Darstellung der Annahmen

Der Reduced-Social-Cues-Ansatz geht wesentlich auf die Sozialpsychologin Sara Kiesler von der Carnegie Mellon University zurück (Dubrovsky, Kiesler & Sethna, 1990, 1991; Kiesler, Siegel & McGuire, 1984; McGuire, Kiesler & Siegel, 1987; Siegel, Dubrovsky, Kiesler, McGuire, 1986; namensgebender Artikel: Sproull & Kiesler, 1986). Der *Cues-Filtered-Out-Approach* wurde als Bezeichnung durch ein Buchkapitel von Mary Culnan und M. Lynne Markus 1987 in die Literatur eingeführt. Die Etiketten »Cues Filtered Out« und »Reduced Social Cues« sind inhaltlich gleichbedeutend. Es ist jedoch zu beachten, dass Culnan und Markus den Cues-Filtered-Out-Ansatz selbst nicht vertreten, sondern ihn nur darstellen, um ihn anschließend grundlegend zu kritisieren. Ebenso wie Sara Kiesler fokussieren dabei auch Mary Culnan und Lynne Markus auf interne Unternehmenskommunikation und computervermittelte Kommunikation in Arbeitsteams. Mit der Popularisierung des Internets in den 1990er Jahren wurde der Reduced-Social-Cues-Ansatz auch auf informelle Online-Kommunikation angewendet, etwa auf Interessensgemeinschaften, Selbsthilfegruppen, Kontaktbörsen oder Spielumgebungen im Internet (Döring, 2003).

Auf der Basis der vorliegenden Beiträge lassen sich die Grundannahmen des Reduced-Social-Cues- bzw. Cues-Filtered-Out-Ansatzes folgendermaßen zusammenfassen:

1. Technische Kommunikationsmedien – insbesondere Individual- bzw. Telekommunikationsmedien – filtern soziale Hinweisreize und Hintergrundinformationen heraus, die in der Face-to-Face-Kommunikation in vollem Umfang zur Verfügung stehen.
2. Verschiedene technische Kommunikationsmedien unterscheiden sich dahingehend, welche Hintergrundinformationen sie herausfiltern (z. B. E-Mail vs. Telefon vs. Videokonferenz). Bei der textbasierten computervermittelten Kommunikation werden die meisten Hintergrundinformationen herausgefiltert.
3. Wenn anstelle von Face-to-Face-Kommunikation technisch vermittelte interpersonale Kommunikation stattfindet und somit auf verschiedenen Dimensionen (unabhängigen Variablen) Hintergrundinformationen herausgefiltert werden, so führt dies zu vorhersagbaren Effekten bei bestimmten intra- und interpersonalen abhängigen Variablen.

Die *unabhängigen Variablen* im Cues-Filtered-Out-Approach sind die jeweiligen Hinweisreize oder Hintergrundinformationen. In der Literatur finden sich leider keine vollständigen Auflistungen oder systematischen Klassifikationen für Cues, so dass hier nur Beispiele genannt werden können (▶ Tab. 4.1).

Je nach Kommunikationssituation mögen unterschiedliche Informationen, die durch die Stimme, die körperliche Erscheinung oder das nonverbale Verhalten vermittelt werden, besonders wichtig für Verlauf und Ergebnis der Kommunikation sein. Sproull und Kiesler (1986) heben zum Beispiel den aktuellen geografischen Aufenthaltsort sowie die Position innerhalb der Organisation (z. B. Abteilung, Hierarchieebene, Berufskategorie) als besonders wichtige Hintergrundinformationen bei der unternehmensinternen E-Mail-Kommunikation hervor. Bei der informellen Online-Chat-Kommunikation werden dagegen Hintergrundinformationen wie Alter, Geschlecht und Wohnort als besonders wichtig eingestuft, weil dies zentrale Randbedingungen für die weitere Kontaktanbahnung sind (Döring, 2003).

Tab. 4.1: Beispiele für Hinweisreize, die bei medialer Kommunikation herausgefiltert werden

Modalitäten	Medien	Cues
Hören	Stimme	• *Eigenschaften des Gegenübers* (z. B. Geschlecht, Alter, regionale Herkunft) • *Zustände des Gegenübers* (z. B. Gesundheitszustand, Stimmung) • *Maßnahmen der Interaktionssteuerung des Gegenübers* (z. B. Bekräftigung der Zuhörerrolle, Vorbereitung Sprecherwechsel)
Hören	Hintergrundgeräusche	• Eigenschaften der Umgebung (z. B. Aufenthaltsort)
Sehen	Körperliche Erscheinung	• *Eigenschaften des Gegenübers* (z. B. Geschlecht, Alter, Ethnizität) • *Zustände des Gegenübers* (z. B. Gesundheitszustand, Stimmung)
Sehen	Kleidung, Schmuck	• *Eigenschaften des Gegenübers* (z. B. sozialer Status, Milieu/Szene/Lebensstil)
Sehen	Nonverbales Verhalten	• *Eigenschaften des Gegenübers* (z. B. Emotionen) • *Beziehung zum Gegenüber* (z. B. Nähe oder Distanz, Vertrautheit oder Fremdheit) • *Maßnahmen der Interaktionssteuerung des Gegenübers* (z. B. Bekräftigung der Zuhörerrolle, Vorbereitung Sprecherwechsel)
Sehen	Räumlichkeiten Einrichtung	• *Eigenschaften des Gegenübers* (z. B. sozialer Status, Milieu/Szene/Lebensstil)

Auf Seiten der *abhängigen Variablen* werden laut Cues-Filtered-Out-Approach vor allem folgende acht Effekte theoretisch erwartet:

1. *Beschränkte Wahrnehmung des sozialen Kommunikationskontextes* (z. B. sollten theoriekonform in einer betrieblichen Mailingliste Hinweise auf Unternehmenskultur und aktuelle Arbeitsaufgaben stärker herausgefiltert bzw. weniger salient sein als in einem betrieblichen Sitzungssaal),
2. *Beschränkte Wahrnehmung des Kommunikationspartners* (z. B. sollten soziodemografische Merkmale, sozialer Status, aber auch der aktuelle Emotionszustand des Kommunikationspartners im E-Mail-Dialog weniger zugänglich sein als in einem Face-to-Face-Gespräch),
3. *Verstärkte Wahrnehmung der eigenen Person* (da Informationen über Kontext und Gegenüber herausgefiltert sind, sollte die eigene Person stärker im Aufmerksamkeitsfokus stehen, was egozentristische Sichtweisen begünstigt, die die Verständigung erschweren, aber auch konstruktive nonkonformistische Äußerungen fördern können),
4. *Erschwerte Regulation der Interaktion* (da nonverbale Signale fehlen, die Zustimmung, Widerspruch oder einen intendierten Sprecherwechsel anzeigen, sollte es bei der Online-Kommunikation häufiger zu Verunsicherung, Missverständnissen, unnötigen Wiederholungen und allgemein zu einem weniger effizienten Austausch kommen),
5. *Egalisierte Kommunikation* (da Statusinformationen herausgefiltert sind, sollte ein gleichberechtigter Austausch resultieren, bei dem sich die Gruppenmitglieder relativ gleichmäßig beteiligen und auch Minderheitenmeinungen geäußert werden, die sonst eher untergehen),
6. *Enthemmte Kommunikation* (medialer Enthemmungseffekt, media disinhibition effect; da normierende Merkmale von Kontext und Kommunikationspartnern herausgefiltert sind und man selbst eher anonym bleibt, sollte es verstärkt zu enthemmtem Verhalten kommen. Enthemmtes Verhalten kann dabei einerseits sozial konstruktiv erlebt werden – zum Beispiel in Form verstärkter Offenheit, Ehrlichkeit, Intimität in der Online-Kommunikation – andererseits aber auch sozial destruktiv, beispielsweise in Form von ausfallenden und beleidigenden Bemerkungen, etwa dem sogenannten »Flaming«: beleidigende Äußerungen in Online-Diskussionen, dem »Online-Hate«: hasserfüllte Aussagen, oft mit sexistischem, rassistischem oder homophobem Charakter, gegen einzelne Personen, die in der Internet-Öffentlichkeit stehen, dem »Cybermobbing«, bei dem eine schwächere Person über längere Zeit wiederholt online fertiggemacht wird, oder den berüchtigten »Shitstorms«, medialen Entrüstungsstürmen, bei denen eine Person aufgrund eines tatsächlichen oder vermeintlichen Fehlverhaltens, massenhaft internetöffentlich an den Pranger gestellt, beschimpft und bedroht wird, worüber dann auch in den Massenmedien berichtet wird),
7. *Ambivalente Effekte hinsichtlich Gruppendynamik* (Egalisierungseffekte können demokratische Gruppenprozesse fördern, Enthemmungseffekte können Polarisierung und Feindbilder begünstigen),
8. *Ambivalente Effekte hinsichtlich Kommunikationsergebnis* (Filterprozesse können zu chaotischen, anomischen Gruppenprozessen führen und konstruktive Ergebnisse verhindern, sie können aber auch zu demokratischen und kreativen Gruppenprozessen mit qualitativ besonders gutem Ergebnis führen).

Wo ambivalente Effekte vorhergesagt werden, fehlen offenbar noch theoretische Überlegungen zu intervenierenden Variablen, die sich beispielsweise auf die Art der Kommunikationsaufgabe oder die Zusammensetzung der Gruppe beziehen könnten.

Typische Methodik

Bei empirischen Studien zum Cues-Filtered-Out-Ansatz handelt es sich typischerweise um *experimentelle Kleingruppenforschung*. Exemplarisch sei das von Kiesler, Siegel und McGuire (1984) verwendete experimentelle Paradigma geschildert. Zur Operationalisierung der unabhängigen Variable wurden drei Untersuchungsbedingungen geschaffen: (1) Face-to-Face-Kommunikation zwischen einander bekannten Personen, (2) Online-Chat-Kommunikation zwischen einander bekannten Personen, (3) Online-Chat-Kommunikation zwischen anonymen Teilnehmern. Gearbeitet wurde jeweils mit Kleingruppen von drei Studierenden, die Vorerfahrungen in Chat-Kommunikation hatten.

Als Kommunikationsaufgabe wurde eine Diskussion über Entscheidungsdilemmata aus der sozialpsychologischen *Risikoschub-Forschung* vorgegeben (risky shift; vgl. Wallach, Kogan & Bem, 1962). Bei diesen Entscheidungsdilemmata geht es um Situationen, in denen die Entscheidung für eine bestimmte Option einerseits großen Nutzen bringt, andererseits mit einem Risiko behaftet ist. Beispiel: Soll ein Arbeitnehmer einen sicheren, aber gering bezahlten Job aufgeben zu Gunsten eines sehr gut bezahlten Jobs in einer neu gegründeten Firma, deren Zukunft ungewiss ist? Die Versuchspersonen sollen angeben, wie groß die Erfolgswahrscheinlichkeit sein muss (hier: die Wahrscheinlichkeit, dass die neu gegründete Firma überlebt), damit sie für die riskante Alternative (hier: Jobwechsel) plädieren. Eine risikofreudige Versuchsperson würde also beispielsweise angeben, dass ein Jobwechsel sich bei zumindest 60 %iger Erfolgswahrscheinlichkeit lohnt. Eine weniger risikofreudige Versuchsperson würde dagegen vielleicht angeben, dass mindestens 90 % Erfolgswahrscheinlichkeit des neuen Unternehmens notwendig sind, um den bisherigen sicheren Job aufzugeben.

In der Forschung zum Risikoschub werden die Versuchspersonen immer zuerst einzeln auf einem Fragebogen zu ihren Entscheidungsempfehlungen befragt. Anschließend diskutieren sie die Entscheidungen in der Gruppe und fällen eine gemeinsame Gruppenentscheidung. Dabei zeigt sich, dass die Gruppenentscheidung üblicherweise deutlich riskanter ausfällt als der Mittelwert der Einzelentscheidungen (deswegen »Risikoschub«). Da unter bestimmten Bedingungen auch besonders vorsichtige Gruppenentscheidungen entstehen, spricht man als Überbegriff von *Gruppen-Polarisierung* (vgl. Moscovici & Zavalloni, 1969).

Als abhängige Variable wurden in diesem experimentellen Paradigma erfasst:

1. *Kommunikationseffizienz* (operationalisiert über die Zeitdauer bis zur Konsensfindung in der Gruppe; eine geringe Zeitdauer spricht für hohe Effizienz),

2. *Egalisierungsgrad der Kommunikation* (operationalisiert über die Streuung der Anzahl der Beiträge pro Person; geringe Streuung spricht für starke Egalisierung, d. h., alle Gruppenmitglieder liefern etwa gleichviele Beiträge zur Diskussion, sie wird nicht von einer einzelnen Person dominiert),
3. *Ausmaß des Risikoschubs* (operationalisiert über die Differenzen zwischen den Einzelentscheidungen vor der Gruppendiskussion und der Gruppenentscheidung; eine große positive Differenz spricht für einen starken Risikoschub),
4. *Verbreitung von normverletzendem Verhalten* (operationalisiert über die Anzahl von Flames, d. h. ausfallenden und beleidigenden Bemerkungen während der Diskussion).

Zentrale empirische Befunde

Das Experiment zeigte hypothesenkonform, dass in den Online-Gruppen die Kommunikation weniger effizient, aber egalitärer ausfiel als in den Face-to-Face-Gruppen und dass gleichzeitig der Risikoschub größer und normverletztendes Verhalten verbreiteter waren. Die Autorinnen betonen, dass die geringere Effizienz in den Online-Gruppen nicht nur darauf zurückzuführen ist, dass Tippen länger dauert als Sprechen, sondern dass es auch die von der Theorie postulierten Schwierigkeiten bei der Interaktionssteuerung waren, die zur längeren Konsensfindungszeit führten (z. B. überflüssige Erklärungen, weil Gruppenmitglieder durch mangelndes nonverbales Feedback nicht mitbekommen hatten, dass die anderen längst zustimmten). Signifikante Effekte zeigten sich aber nicht nur zwischen den Online- und den Face-to-Face-Gruppen, sondern auch zwischen der nicht anonymen und der anonymen Online-Gruppe: In der anonymen Online-Gruppe beteiligten sich die Mitglieder hypothesenkonform gleichmäßiger, und sie produzierten sehr viel mehr Flames als in der nicht anonymen Online-Gruppe. Um die Generalisierbarkeit der Befunde zu erhöhen, führten Kiesler, Siegel und McGuire (1984, S. 1129) im selben Paradigma eine Reihe weiterer Experimente mit unterschiedlichen Teilnehmerkreisen (z. B. studentische versus nicht studentische Versuchspersonen; online-erfahrene versus online-unerfahrene Versuchspersonen; einander fremde versus befreundete Versuchspersonen) sowie mit verschiedenen Computermedien (z. B. zeitgleiche versus zeitversetzte computervermittelte Kommunikationsdienste) durch. Diese Experimente bekräftigten im Wesentlichen die vorherigen Befunde.

Der Cues-Filtered-Out-Approach wird zudem herangezogen, um Ergebnisse von Befragungen (Jettmar & Rapp, 1996) oder *Feldbeobachtungen* in Online-Kontexten zu interpretieren (vgl. Döring, 2003): Enthemmung auf Grund von Filtereffekten mag beispielsweise im Spiel sein, wenn Studierende ausfallende Beschwerde-E-Mails an Lehrende senden (auf Einladung aber nicht persönlich in der Sprechstunde auftauchen), wenn Menschen in Online-Selbsthilfegruppen stigmatisierte medizinische Probleme offen besprechen (die sie außerhalb des Netzes verschweigen) oder wenn sie neue Facetten ihrer Sexualität bewusst in Online-Foren und Online-Chats erkunden (weil sie sich dort weniger gehemmt fühlen, auch schambesetzte und heikle persönliche Informationen preiszugeben).

Schließlich sind aber auch die zahlreichen anekdotischen und systematischen *Negativ-Befunde* zu erwähnen, die den Grundannahmen des Cues-Filtered-Out-Ansatzes widersprechen. So tritt ein Filter-Effekt hinsichtlich persönlicher Attribute der Kommunikationspartner in vielen Online-Kontexten überhaupt nicht auf, weil die Beteiligten sich entweder bereits kennen oder aktiv dafür sorgen, dass entsprechende Hintergrundinformationen übermittelt werden – wie das auch die Theorie der sozialen Informationsverarbeitung postuliert (vgl. Beitrag zu Hyperpersonal Communication und Social Information Processing in diesem Band). So werden geschäftliche E-Mails typischerweise mit einer Signatur versehen, der man Firmenzugehörigkeit, Position, Adresse, Geschlecht usw. des Kommunikationspartners entnehmen kann. Zudem drückt sich der soziale Status auch im Inhalt der Botschaften aus, wie Inhaltsanalysen zeigen (Panteli, 2001). E-Mails scheinen in Unternehmen laut Ergebnissen von Befragungsstudien zudem nicht selten für Machtkämpfe und zur Profilierung genutzt zu werden (z. B. gezieltes Versenden von E-Mail-Kopien an Vorgesetzte) und einer Egalisierung somit entgegenzuwirken (Jäckel, Lenz & Zillien, 2002).

In der geselligen Chat-Kommunikation wählen nicht wenige Teilnehmende einen Nickname, der Geschlecht und Alter auf den ersten Blick anzeigt (z. B. »tobias24«). In Online-Foren fügen die Diskutierenden ihren Beiträgen manchmal einen Link auf die persönliche Homepage oder ihr Online-Profil auf Social-Networking-Sites bei, der dann vom Portraitfoto über den Beruf bis zu Hobbys und Familienmitgliedern oft sogar viel mehr Hintergrundinformationen zu entnehmen sind, als bei einer Face-to-Face-Begegnung zur Verfügung stehen würden (vgl. Döring, 2002). Für regelrechte Enttäuschung in der feministischen Literatur hat der Befund gesorgt, dass Geschlecht im Netz so gut wie nie herausgefiltert, sondern immer sichtbar gemacht wird, so dass die ubiquitäre Geschlechterhierarchie online keineswegs automatisch nivelliert ist (vgl. Döring, 2000).

Kritik

Der Cues-Filtered-Out-Approach gehört zu den bekanntesten Theorien der computervermittelten Kommunikation. Mit dem Herausfiltern von Hintergrundinformationen wird ein Phänomen in das Zentrum des Ansatzes gerückt, das aus dem Erleben der Online-Kommunikation gut nachvollziehbar ist. Dieses Phänomen wird mit sozialpsychologischen Konzepten und Methoden systematisch bearbeitet. Dabei ist es ein besonderes Verdienst des Ansatzes, einerseits die sozialen Nachteile fehlender Hintergrundinformationen zu präzisieren (z. B. Probleme bei der Interaktionsregulation; mediale Enthemmung im Sinne gesteigerter Aggressivität), andererseits aber auch deren Vorteile herauszuarbeiten (z. B. verstärkte Egalisierung durch Abbau von kommunikativen Hierarchien; mediale Enthemmung im Sinne gesteigerter Ehrlichkeit und Intimität). Insbesondere zur Erklärung medialer Enthemmungseffekte stellt das Social

Identity Model of Deindividuation eine Alternative dar (siehe entsprechenden Beitrag in diesem Band). Theoretisch ist der Cues-Filtered-Out-Ansatz ausbaufähig, das betrifft insbesondere die Systematisierung von relevanten Cues sowie die Einbeziehung von Cue-spezifischen Theorien der nonverbalen Kommunikation.

Zu relativieren ist außerdem die teilweise technikzentristisch anmutende Prämisse, dass einzelne Kommunikationsmedien durch ihre technischen Eigenschaften automatisch bestimmte Hinweisreize eliminieren. Hier muss stärker in Rechnung gestellt werden, dass und wie die Nutzenden bewusst dafür sorgen, Zusatzinformationen zu übermitteln (z. B. durch aussagekräftige Nicknames, durch Verbalisierung von ansonsten nonverbal übermittelten Stimmungen oder durch deren bildliche Symbolisierung mittels Emoticons oder Emojis, durch Bereitstellung von Fotos oder persönlichen Homepages und Online-Profilen). Dabei sind freilich nicht alle Anstrengungen einer kompensatorischen Mediennutzung von Erfolg gekrönt, d. h., auch diese Zusatzinformationen können übersehen oder fehlinterpretiert werden (vgl. Markus, 1994). Zudem ist zu beachten, dass Symbole für Emotionen wie die aus Textzeichen gebildeten Emoticons bzw. Smileys – etwa das lachende Gesicht :-) – sowie die im internationale Zeichensatz Unicode integrierten grafischen Emojis – etwa Herzen ❤ – nicht nur fehlende Hinweisreize ersetzen, sondern einen eigenen kommunikativen Wert haben (Jibril & Abdullah, 2013).

Für die Technikwissenschaften schließlich ist der sozialwissenschaftliche Cues-Filtered-Out-Approach von großer praktischer Bedeutung. In Abhängigkeit von der Gestaltung innovativer Kommunikationstechnologien können Anzahl und Art der integrierten Cues variiert werden. Und dies sollte möglichst zielgerichtet gemäß sozialen Prinzipien geschehen. Aus der Arbeitsgruppe um Sara Kiesler selbst stammt eine Studie, die zeigt, wie durch entsprechende Gestaltung eines Online-Konferenztools (z. B. vertikale oder horizontale Anordnung der Bildschirmfenster, in denen die Äußerungen der Chat-Partner angezeigt werden) soziale Statusunterschiede abgebildet werden können (Dubrovsky, Clapper & Ullal, 1995). Viele Online-Dating-Plattformen haben nonverbale Cues integriert, da diese gerade für Flirt und Beziehungsanbahnung sehr wichtig sind: So können potenzielle Flirtpartner einander unverbindlich Interesse signalisieren, indem sie das Profil des anderen besuchen (und dort in die Besucherliste eingetragen werden) oder eine Rose verschenken, ohne dass sie zunächst verbale Botschaften senden müssen. Bei der mobilen Kommunikation ergeben sich weitere Möglichkeiten, Hintergrundinformationen einzubeziehen, etwa den automatisch registrierten Aufenthaltsort des Kommunikationspartners, so dass Entfernungs-Cues im Sinne der Proxemik verfügbar sind (vgl. Döring & Pöschl, 2009): Dieselbe Botschaft mag anders wirken, wenn man weiß, dass sie aus einer Distanz von mehreren Hundert Kilometern oder mehreren Hundert Metern abgesendet wurde.

Wichtig ist es also im Auge zu behalten, dass technisch vermittelte Kommunikation nicht nur Cues der Face-to-Face-Kommunikation herausfiltert, sondern gleichzeitig dem sozialen Austausch auch neue, sinnvoll interpretierbare Cues hinzufügt. So ist bei der zeitversetzten Online- und Mobilkommunikation

u. a. die Antwortlatenz im Sinne der Chronemik ein bedeutsamer nonverbaler Hinweisreiz, etwa in dem Sinne, dass eine sehr zeitnahe Antwort in privaten wie beruflichen Zusammenhängen Interesse und Engagement signalisiert, längere »Schweigepausen« indessen eher geringes Engagement oder auch soziale Konflikte andeuten (vgl. Kalman & Rafaeli, 2011). Somit ist ergänzend zum Reduced-Social-Cues-Approach auch ein Added-Social-Cues-Ansatz fruchtbar.

Literatur

Culnan, M. J. & Markus, M. L. (1987). Information Technologies. In F. M. Jablin, L. L. Putnam, K. H. Roberts & L. W. Porter (Eds.), *Handbook of organizational communication: An interdisciplinary perspective* (pp. 420–443). Newbury Park, CA: Sage.

Döring, N. (2000). Geschlechterkonstruktionen und Netzkommunikation. In C. Thimm (Hrsg.), *Soziales im Netz. Sprache, Beziehungen und Kommunikationskulturen im Netz* (S. 182–207). Opladen: Westdeutscher Verlag.

Döring, N. (2002). Personal Home Pages on the Web: A Review of Research. *Journal of Computer-Mediated Communication 7(3).* http://jcmc.indiana.edu/vol7/issue3/doering.html [15.02.2008]

Döring, N. (2003). *Sozialpsychologie des Internet (2., vollst. überarb. u. erw. Aufl.).* Göttingen: Hogrefe.

Döring, N. & Pöschl, S. (2009). Nonverbal Cues in Mobile Phone Text Messages: The Effects of Chronemics and Proxemics. In R. Ling, S. Campbell & L. Fortunati (Eds.), *The Mobile Communication Research Annual (pp.109-135).* New York: Transaction.

Dubrovsky, V., Clapper, D. & Ullal, M. (1995). The effects of a »distinct window« screen design on computer-mediated group decision making. *Computer Supported Cooperative Work, 4(1)*, 33–49.

Dubrovsky, V., Kiesler, S. & Sethna, B. (1990). Expected and Unexpected Effects of Computer Media on Group Decision Making. *ACM SIGCHI Bulletin 21(3)*, 18–20.

Dubrovsky, V., Kiesler, S. & Sethna, B. (1991). The Equalization Phenomenon: Status Effects in Computer-Mediated and Face-to-Face Decision Making Groups. *Human Computer Interaction, 6*, 119–146.

Jäckel, M., Lenz, T. & Zillien, N. (2002). »Vor Outlook sind wir alle gleich« – Egalisierungs- und Hierarchisierungstendenzen im Zuge der E-Mail-Nutzung. *kommunikation@gesellschaft, 3.* http://www.soz.uni-frankfurt.de/K.G/B7_2002_Jaeckel_Lenz_Zillien.PDF [15.02.2008].

Jettmar, E. & Rapp, M. (1996). *CMC: A Relational Perspective.* Paper presented at the Western States Communication Association convention, Pasadena, CA.

Jibril, T. A. & Abdullah, M. H. (2013). Relevance of Emoticons in Computer-Mediated Communication Contexts: An Overview. *Asian Social Science, 9 (4).*

Kalman, Y.M. & Rafaeli, S. (2011). Online pauses and silence: Chronemic expectancy violations in written computer-mediated communication. *Communication Research, 38 (1)*, 54–69.

Kiesler, S., Siegel, J. & McGuire, T. (1984). Social Psychological Aspects of Computer-Mediated Communication. *American Psychologist, 39(10)*, 1123–1134.

Markus, M. L. (1994). Finding a happy medium: explaining the negative effects of electronic communication on social life at work. *ACM Transactions on Information Systems (TOIS) 12(2)*, 119–149.

McGuire, T., Kiesler, S. & Siegel, J. (1987). Group and Computer-Mediated Discussion Effects in Risk Decision Making. *Journal of Personality and Social Psychology, 52(5)*, 917–930.

Mettler-von Meibom, B. & Donath, M. (1998). *Kommunikationsökologie: Systematische und historische Aspekte.* Münster: LIT-Verlag.

Moscovici, S. & Zavalloni, M. (1969). The group as a polarizer of attitudes. *Journal of Personality and Social Psychology, 12*, 125–135.
Panteli, N. (2002). Richness, power cues and email text. *Information and Management, 40(2)*, 75–86.
Siegel, J., Dubrovsky, V., Kiesler, S. & McGuire, T. (1986). Group Processes in Computer-Mediated Communication. *Organizational Behavior and Human Decision Processes, 37*, 157–187.
Sproull, L. & Kiesler, S. (1986). Reducing Social Context Cues: Electronic Mail in Organizational Communication. *Management Science, 32(11)*, 1492–1512.
Wallach, M., Kogan, N. & Bem, D. (1962). Group influence on individual risk taking. *Journal of Abnormal and Social Psychology, 65*, 75–86.

Social Identity Model of Deindividuation Effects (SIDE)

Nicola Döring

Worum geht es?

Ralf möchte seinen Computer durch eine Firewall vor Angriffen schützen und stößt auf Probleme. Er wendet sich Hilfe suchend an die entsprechende Newsgroup im Internet (de.comp.security.firewall) und erhält folgende Antwort:

> \> Warum klappt das nicht mit dem Proxy SRC=217.160.90.84
> \> an DST=217.160.90.84?
>
> Weil Du ein himmelschreiender Vollidiot bist.
> – Fehlender Realname
> – Doppeltposting
> – Plenk
> – HTML
> – Ahnungslosen an Paketfilter gelassen.
>
> Geh bitte sterben.
>
> Grüße
> Marc

Eine derartig unsachliche und beleidigende Internet-Botschaft wird als »Flame« bezeichnet. Die Anonymität im Internet gilt als Hauptursache für Flaming: Marc bleibt als Mitglied der Newsgroup persönlich unsichtbar. Und er hat seine gleichgesinnten Newsgroup-Kollegen unterstützend im Rücken, während er den Neuling gruppenöffentlich attackiert. Sich in der Gruppe stark fühlen und persönlich nicht zur Verantwortung gezogen werden, diese Situation führt aus sozialpsychologischer Sicht zum Effekt der *Deindividuation:* Wo die individuelle Identität in den Hintergrund und das Agieren in der anonymen Masse in den

Vordergrund rückt, werden kritische Selbstbewertung und moralische Bedenken außer Kraft gesetzt, normverletzendes (anomisches) und antisoziales Verhalten sind die Folge. Soziale Enthemmung und wechselseitige Beleidigungen sind auch gemäß dem *Reduced-Social-Cues-Approach* typische Folgen der Anonymität im Internet (vgl. Beitrag zum Reduced-Social-Cues-Ansatz in diesem Band).

Der Deindividuationseffekt wurde bereits im 19. Jahrhundert von dem französischen Arzt Gustave Le Bon in seinem Buch *Psychologie der Massen* (1895) beschrieben. In der modernen Sozialpsychologie wird *Deindividuation* definiert als ein psychologischer Zustand reduzierter Selbstbewertung und verringerter Bewertungsangst, der zu enthemmtem und *antinormativem Verhalten* der Gruppenmitglieder führt (Diener, 1980; Festinger, Pepitone & Newcomb, 1952; Zimbardo, 1969).

Anonyme Massen oder Großgruppen, bei denen es zu Deindividuationseffekten kommt, können sich sowohl in Face-to-Face-Situationen bilden (z. B. randalierende Fußballfans) als auch im Internet (z. B. beleidigende Beiträge in Online-Foren: Flames/Flaming bis hin zu sog. Flame Wars; hasserfüllte und beleidigende Kommentare unter YouTube-Videos: Online-Hate). Mit der Verbreitung des Internets sind zahlreiche neue Deindividuationssituationen entstanden, da das Internet nicht nur soziale Gruppenbildung unterstützt, sondern durch mediale Distanz einen hohen Grad an *Anonymität* erzeugen kann. Mit Anonymität ist hierbei vor allem die sogenannte visuelle Anonymität (*visual anonymity*) gemeint, d. h. der Umstand, dass die Kommunikationspartner bei textbasierter Online- oder Mobilkommunikation, einander nicht sehen, sich nicht von Angesicht zu Angesicht gegenüber stehen und direkt zur Verantwortung gezogen werden können. Anonymität in dem Sinne, dass sich technisch gar nicht zurückverfolgen ließe, wer eine bestimmte Botschaft gesendet hat (*untraceable anonymity*), ist bei Online- und Mobilkommunikation aufgrund umfassender digitaler Protokollierung aller Vorgänge faktisch selten gegeben. Allerdings haben Internet-Nutzende oft das subjektive Gefühl, sich online völlig anonym zu bewegen und für ihre Handlungen nicht zur Rechenschaft gezogen werden zu können (Chui, 2014). Gemäß klassischer Deindividuationstheorie ist bei Online-Gruppen folglich mit besonders häufigen und massiven Normverletzungen zu rechnen.

In den 1990er Jahren wurde im Zuge der sozialwissenschaftlichen Auseinandersetzung mit computervermittelter Kommunikation die klassische Deindividuationstheorie von einer britisch-niederländischen Forschergruppe kritisiert und durch ein neues Modell, nämlich das *Social Identity Model of Deindividuation (SIDE)* abgelöst (Reicher, Spears & Postmes, 1995, Spears & Lea, 1992, 1994). Die SIDE-Perspektive geht davon aus, dass antagonistisches Verhalten in Deindividuationssituationen nicht einfach generell anomisch bzw. regelverletzend ist, sondern seinerseits bestimmten Normen folgt, die sich aus der Gruppenidentität oder der aktuellen Situation ergeben. SIDE ist besser in der Lage, die vorliegenden Befunde zu Deindividuationseffekten (für eine Metaanalyse siehe Postmes & Spears, 1998) zu erklären, als die klassische Deindividuationstheorie: So attackieren enthemmte Fußballhooligans nicht einfach irgendwelche Passanten, sondern gezielt die Anhänger der gegnerischen Mannschaft. Und enthemmte Teilnehmer von Online-Foren beleidigen auch nicht irgendjemanden, sondern zum Beispiel gezielt Neulinge oder ideologische Abweichler, die sie damit aus ihrer eigenen Gruppe ausgrenzen. Gemäß SIDE kann es in anonymen Gruppensituationen im Internet nicht nur zu antisozialem, sondern unter bestimmten Bedingungen sogar zu verstärkt prosozialem Verhalten kommen.

Darstellung der Annahmen

Die SIDE-Perspektive integriert eine Reihe sozialpsychologischer Theorien (Spears & Lea, 1994, S. 441), darunter vor allem die namengebende *Social Identity Theory* (Tajfel & Turner, 1979). Diese postuliert, dass Menschen in Abhängigkeit davon, welchen sozialen Gruppen sie angehören, unterschiedliche *soziale bzw. kollektive Identitäten* entwickeln (z. B. »wir, die Studierenden«; »wir, die Alleinerziehenden«; »wir, die Sportler«). Welche soziale Identität gerade bewusst und handlungsleitend in den Vordergrund rückt, hängt von der jeweiligen Situation ab. So wird die Identität als Studierender eher im Hochschulkontext salient, die Identität als Elternteil eher im familiären Umfeld.

Die Theorie der sozialen Identität sagt vorher, dass Menschen Gruppen, denen sie selbst angehören (sogenannte Eigengruppen bzw. Ingroups) positiver bewerten und damit ihr Selbstwertgefühl steigern, während sie Gruppen, denen sie nicht angehören (sogenannte Fremdgruppen oder Outgroups) abwerten. Dies beeinflusst dann auch das zwischenmenschliche Verhalten in der Weise, dass Angehörige derselben Gruppe sich untereinander positiv bewerten und unterstützen (intragruppales Verhalten), während sie sich gegenüber Outgroup-Mitgliedern tendenziell abweisend oder feindlich verhalten (intergruppales Verhalten).

In Abhängigkeit von der Größe (Inklusivität) sozialer Gruppen lassen sich soziale Identitäten auf unterschiedlichen Ebenen ansiedeln. So können sich Fußballer und Handballer als In- und Outgroup gegenüberstehen, weil sie verschiedene Sportarten ausüben, sie können sich aber auf einer übergeordneten (inklusiveren) Ebene auch gemeinsam als Mannschaftssportler identifizieren. Ein Ansatz, um Intergruppen-Konflikte zu lösen, ist die Förderung der gemeinsamen Identifikation mit einer Gruppe auf übergeordneter Ebene. Identifiziert sich eine Person gerade nicht mit einer sozialen Gruppe, sondern ist sich ihrer vielfältigen individuellen Eigenschaften bewusst, so ist ihre *personale bzw. individuelle Identität* salient (vgl. Simon & Mummendey, 1997).

Die Grundannahmen von SIDE lassen sich in eine *kognitive* und eine *strategische* Dimension unterteilen (Spears & Lea, 1994, S. 443). Dabei ist zu beachten, dass SIDE sich auf die computervermittelte Kommunikation innerhalb einer Gruppe (intragruppale Kommunikation) oder zwischen Mitgliedern unterschiedlicher Gruppen (intergruppale Kommunikation) bezieht. Die kognitiven, d. h. auf die Informationsverarbeitung bezogenen, Modellannahmen lauten folgendermaßen (Spears & Lea, 1994; Spears, Postmes, Lea & Wolbert, 2002):

1. Um kognitive Effekte der computervermittelten Kommunikation (CvK) vorherzusagen, muss zunächst bei den personalen Bedingungen angesetzt und festgestellt werden, ob bei den Akteuren eine individuelle *oder* kollektive Identität salient ist.
2. Die für kognitive Effekte zentralen medialen Bedingungen der CvK sind *visuelle Anonymität* (man sieht die Kommunikationspartner nicht) und *Isolation* (man sitzt allein und ungestört vor dem Computer).
3. Bei der kognitiven Verarbeitung der CvK-Situation wirkt sich die Anonymität auf die wahrgenommene Gruppen-Homogenität und die Isolation auf die Selbstaufmerksamkeit aus.
4. Wenn die personale/individuelle Identität salient ist, dann wird diese unter den Bedingungen der CvK in doppelter Weise verstärkt: Die Anonymität der Kommunikationspartner führt zur Wahrnehmung geringer Gruppen-Homogenität, und die Isolation vor dem Computer führt zu verstärkter Fokussierung der Aufmerksamkeit auf die eigene Person und die eigenen Gedanken und Gefühle (private Selbstaufmerksamkeit). Beides schwächt den sozialen Einfluss und verstärkt die Besinnung auf die Individualität. Dementsprechend orientiert sich eine Person mit salienter individueller Identität in CvK-Situationen verstärkt an ihren individuellen Werten und Normen.
5. Wenn dagegen eine soziale/kollektive Identität salient ist, wird diese unter CvK-Bedingungen ebenfalls in doppelter Weise verstärkt: Im Zustand sozialer Identifikation wird die Eigengruppe bevorzugt, was bei visueller Anonymität zur Wahrnehmung verstärkter Gruppen-Homogenität führt, d. h., die Individualität und Unterschiedlichkeit der Gruppenmitglieder wird unterschätzt. Die ungestörte Selbstaufmerksamkeit durch Isolation intensiviert zusätzlich die bereits aktivierte soziale Identität. In der Konsequenz resultiert eine verstärkte Orientierung an den Werten und Normen der Gruppe.

Neben kognitiven Prozessen postuliert SIDE auch strategische, d. h. auf soziales Handeln und dessen Konsequenzen bezogene Prozesse gemäß folgenden Annahmen (Spears & Lea, 1994; Spears, Postmes, Lea & Wolbert, 2002). Die Strategie besteht darin, möglichst positive Handlungskonsequenzen zu erreichen bzw. negative zu vermeiden:

1. Um strategische Effekte der computervermittelten Kommunikation vorherzusagen, muss wiederum zunächst bei den personalen Bedingungen angesetzt und festgestellt werden, ob bei den Akteuren eine individuelle *oder* kollektive Identität salient ist.
2. Die für strategische Effekte zentralen medialen Bedingungen der CvK sind die Komplemente von Anonymität und Isolation – nämlich *Identifizierbarkeit* (man selbst kann von den Kommunikationspartnern – insbesondere den Mitgliedern der Fremdgruppe – identifiziert werden) und *Kopräsenz* (die Kommunikationspartner – insbesondere die Mitglieder der Eigengruppe – sind in räumlicher Nähe oder zumindest visuell präsent).

3. Aus strategischer Perspektive wirkt sich die Identifizierbarkeit auf das Selbstpräsentationsverhalten aus und die Kopräsenz auf die Wahrnehmung sozialer Unterstützung.
4. Ist bei einer Person eine soziale Identität salient, dann wird sie sich durch Kopräsenz der Eigengruppenmitglieder gestärkt fühlen und sich gemäß den Werten der Eigengruppe in ihrem Verhalten von Fremdgruppen-Mitgliedern abgrenzen; insbesondere wenn sie für die Fremdgruppe auf Grund medialer Distanz nicht identifizierbar und somit vor Negativfolgen geschützt ist.

Typische Methodik

Die Überprüfung der Theorie findet vor allem durch experimentelle Kleingruppenforschung im Labor statt. Exemplarisch sei das von Russell Spears, Martin Lea und Stephen Lee (1990) verwendete experimentelle Paradigma geschildert. Manipuliert wurden die beiden unabhängigen Variablen »saliente Identität« (personale vs. soziale Identität) und »Deindividuation« (Anonymität vs. keine Anonymität). Die Identitäts-Manipulation wurde durch die Instruktion erzeugt, die den studentischen Versuchspersonen entweder mitteilte, ihr individuelles Verhalten würde untersucht oder ihr Verhalten als Gruppe von Psychologiestudierenden. In der Deindividuationsbedingung befanden sich die Versuchspersonen in unterschiedlichen Räumen, in der Individuationsbedingung im selben Raum. Kommuniziert wurde in beiden Fällen computervermittelt per E-Mail in Dreier-Gruppen.

Als abhängige Variable wurde ganz im Sinne der Forschung zur Gruppenpolarisierung (vgl. Beitrag zum Reduced-Social-Cues-Ansatz in diesem Band) erfasst, wie stark sich die Meinungen der Einzelnen der Gruppennorm anpassen. Diskussionsgegenstände waren vier kontroverse Themen (z. B. Privatisierung staatlicher Betriebe). Die Versuchspersonen gaben zunächst unabhängig voneinander ihre Meinungen zu den vier Themen ab (Zustimmung auf Rating-Skalen). Am Tag des eigentlichen Versuchs erhielten sie dann ein Informationsheft, dem sie nicht nur das erste Diskussionsthema, sondern auch die Meinung von Studierenden zu diesem Thema erfuhren (z. B. »67,8 % der Studierenden lehnen die Privatisierung staatlicher Betriebe ab«). Durch die Bekanntgabe eines solchen (empirischen) Meinungsbildes wurde die Gruppennorm vorgegeben. Nachdem sich die Versuchspersonen auf der Basis dieser Vorinformation ihre Argumente zurechtgelegt hatten, begann die computervermittelte Diskussion mit den jeweils anderen beiden Mitgliedern der Ad-hoc-Gruppe. Im Anschluss an die zehnminütige Diskussion hielt jede Person erneut ihre Meinung auf einer Rating-Skala fest. Dann folgte die Diskussion zum nächsten Thema. Die Meinungsveränderungen über alle vier Themen wurden zu einem Gesamtwert der normkonformen Meinungsänderung zusammengefasst.

Zentrale empirische Befunde

Theoriekonform zeigte sich, dass bei Deindividuation diejenigen Personen mit salienter personaler Identität der Gruppennorm besonders wenig (negativer Wert) und die mit salienter sozialer Identität der Gruppennorm besonders stark folgten (positiver Wert; ▶ Tab. 4.2), wobei der Effekt statistisch signifikant war.

Tab. 4.2: Meinungsänderung in Richtung Gruppennorm nach CvK-Diskussion (Daten aus Spears, Lea & Lee, 1990, S. 128)

	Deindividuation	**Individuation**
soziale Identität salient	+ 1,20 (n = 12)	– 0,29 (n = 11)
personale Identität salient	– 1,51 (n = 11)	+ 0,75 (n = 10)

In einer Reihe weiterer experimenteller Studien konnte nachgewiesen werden, dass visuelle Anonymität bei der computervermittelten Kommunikation nicht generell zu anomischem Verhalten führt (wie zum Beispiel der *Reduced-Social-Cues-Ansatz* behauptet; vgl. Beitrag in diesem Band), sondern bei salienter sozialer Identität eine besonders starke Orientierung an den Gruppennormen nach sich zieht (vgl. Lea, Spears & de Groot, 2001; Postmes, Spears, Sakhel & De Groot, 2001). SIDE-Experimente zeigten, dass es im Netz bei aktivierter Geschlechtsidentität und gleichzeitiger visueller Anonymität der Kommunikationspartner zu verstärkter Geschlechter-Stereotypisierung und -Diskriminierung kommen kann (Postmes & Spears, 2002a, 2002b).

Die strategische (d. h. handlungsbezogene) Dimension des SIDE-Modells ist bislang weniger untersucht worden. In einer experimentellen SIDE-Studie wurde beispielsweise nachgewiesen, dass Studierende ihre kritische Meinung als Gruppe offensiver gegenüber einem Lehrenden (also einem Mitglied der Outgroup) vertreten, wenn sie vorher im Zuge computervermittelter Kommunikation Unterstützung und Zustimmung von Mitgliedern der Ingroup erhalten haben (Spears, Postmes, Lea & Wolbert, 2002). In einem anderen Experiment zeigte sich, dass insbesondere Frauen ihr Online-Geschlecht (dargestellt über den gewählten Avatar) strategisch wählen: Wenn es um traditionell weibliche Gesprächsthemen geht, wählen Frauen eher einen weiblichen Avatar, während sie bei »Männer-Themen« eher unter neutralen oder männlichen Avataren agieren. Die Männer dagegen wählten unabhängig vom Diskussionsthema neutrale oder männliche Avatare. Dies lässt sich aus SIDE-Perspektive so interpretieren, dass Frauen durch die Wahl eines männlichen Nickname (Online-Spitznamen) der negativen Bewertung durch die Outgroup ausweichen, dadurch aber auch unsichtbarer werden (Spears, Postmes, Lea & Wolbert, 2002).

Befunde aus Befragungs- und Beobachtungsstudien weisen darauf hin, dass sich in natürlichen Online-Gruppen über die Zeit hinweg die Normbindung verstärkt und dass Flaming durchaus normkonform interpretiert werden kann (Postmes, Spears & Lea, 2000). Eine Studie zu deutschsprachigen Chat-Rooms zeigte, dass die Chat-Gruppen ihre jeweiligen Normen in eigenen Regelwerken (Chatiquetten) explizieren und Normverletzungen durch ein Outgroup-Mitglied kollektiv sanktionieren, etwa durch spöttische oder beleidigende Kommentare (Döring, 2001). Aus SIDE-Perspektive kann sich ein Chatter vor der Ingroup profilieren, indem er das Outgroup-Mitglied chatöffentlich sanktioniert (vgl. Douglas & McGarty, 2001). Dass Anonymität im Netz eben nicht willkürliche Normverletzungen sondern antisoziales Verhalten entsprechend etablierter Gruppennormen begünstigt, zeigt sich auch beim Cybermobbing: Die Opfer sind hier meist genau dieselben, die zuvor und gleichzeitig bereits außerhalb des Netzes (z. B. in der Schule) gemobbt wurden, weil in der Peer-Group Konsens besteht, dass das Opfer eine solche Behandlung »verdient« hat (vgl. Chui, 2014). Belästigung, Beleidigung und Bedrohung von Frauen im Netz reproduziert inhaltlich offenbar bekannte sexistische Normen, denen gemäß Frauen in der Öffentlichkeit nichts zu sagen haben und allenfalls als Sexualobjekte dienen – wie Analysen von Videokommentaren auf YouTube zeigen (Wotanis & McMillan, 2014).

Kritik

Das Social Identity Model of Deindividuation Effects ist eine sozialpsychologische Theorie, die die klassische Deindividuationstheorie weiterentwickelt und von ihren Autoren zum Zweck der Theorieprüfung oft auf Online-Kontexte angewendet wird. Als besonderes Merkmal von Online-Kontexten wird dabei die visuelle Anonymität hervorgehoben, das heißt die Tatsache, dass die Kommunikationspartner sich bei textbasierter computervermittelter Kommunikation (z. B. E-Mail, Online-Foren, Videokommentare) nicht sehen können. Bei visueller Anonymität treten gemäß der Theorie Prozesse der sozialen Kategorisierung und der sozialen Identität besonders akzentuiert auf (z. B. verstärkte Wahrnehmung der Kommunikationspartner als wohlgesonnene Ingroup-Mitglieder oder feindliche Outgroup-Mitglieder).

Aus Medienperspektive hat SIDE heute insofern begrenzte Aussagekraft, als das Modell lediglich textbasierte Kommunikation betrachtet und Einflüsse von weiteren Medienmerkmalen nicht thematisiert. Die favorisierte Methodik der experimentellen Laborforschung schränkt die Generalisierbarkeit der Befunde auf reale Internet-Kontexte deutlich ein. So können im Labor beispielsweise nur kurzfristige Effekte beobachtet und Kleingruppen untersucht werden, während sich viele Internet-Nutzende über längere Zeit in großen Online-Communitys bewegen. Insbesondere zur Erklärung antisozialen Verhaltens im Netz sind neben den von der SIDE-Perspektive betrachteten Faktoren visuelle Anonymität, saliente Identität und Gruppennormen auch Persönlichkeitseigenschaften und sozio-kulturelle Einflüsse stärker einzubeziehen (Chui, 2014).

Die vom SIDE-Modell postulierten Akzentuierungseffekte beziehen sich auf jeweils *eine* bereits saliente (personale oder soziale) Identität. Wie diese Startbedingung in realen Internet-Szenarien zustande kommt, die durch große, heterogene und binnenstrukturierte (z. B. Neuling, Stammnutzer, Moderator etc.) Teilnehmerkreise geprägt sind, wäre theoretisch und empirisch noch genauer zu klären. So lässt sich etwa vermuten, dass bei der Teilnahme an Online-Foren ohne Zugangsbeschränkungen und/oder bei Foren mit Mainstream-Themen seltener *eine* bestimmte soziale Identität salient ist als bei der Teilnahme an Netzforen mit Zugangsbeschränkungen (z. B. Frauen-Mailinglisten mit persönlicher Anmeldung) und/oder marginalisierten Themen (z. B. Depressions-Selbsthilfegruppen im Netz).

Neben den Zugangskriterien und dem Thema des Forums sowie dem eigenen Engagement im Forum (z. B. gelegentlicher Zaungast versus aktives Stammmitglied) mag auch der aktuell verhandelte *Thread* (Diskussionsstrang) ausschlaggebend dafür sein, ob man einfach als Individuum persönliche Meinungen äußert oder sich als Mitglied einer sozialen Gruppe angesprochen fühlt und aus dieser Perspektive (re-)agiert. Geben sich Personen im Zuge eines kontroversen Threads als Mitglieder unterschiedlicher sozialer Kategorien zu erkennen, so dass sich die Kommunikation als Inter-Gruppen-Prozess gestaltet, ist die Gefahr des Ingroup-Outgroup-Antagonismus insofern verstärkt, als die beiläufige Wahrnehmung individualisierender Merkmale entfällt. Andererseits besteht wegen der Pluralität der Publika in öffentlichen Foren auch die Chance, dass Diskussionen sich eben nicht in einer Pro- und Kontra-Struktur festfahren, sondern vielfältigere Perspektiven eröffnen, die es den Angehörigen unterschiedlicher Kategorien auch ermöglichen, in einem dritten oder vierten Fokus eine inklusive Kategorie zu entdecken. Aus sozialpsychologischer Perspektive wäre es wünschenswert, die Wirkmechanismen *sozialer Kategorisierung* (man nimmt einen Online-Kommunikationspartner als Angehörigen einer bestimmten sozialen Kategorie oder Gruppe wahr) und *sozialer Identität* (man fühlt sich gerade als Mitglied einer Gruppe, die einem wichtig ist) deutlicher voneinander abzugrenzen.

Sofern es gelingt, die Salienz individueller oder kollektiver Identitäten im Vorfeld der computervermittelten Kommunikation zu diagnostizieren oder gar gezielt zu beeinflussen, kann in der Anwendungspraxis selektiv von identitätsverstärkenden Effekten profitiert werden: Sei es, dass man Personen ermutigen will, ihre eigene Meinung in der Gruppe stärker zu vertreten (Salienz der personalen Identität; z. B. Selbstsicherheits-Training im Netz), oder dass man ihre Gruppenidentifikation und -konformität unterstützen möchte (Salienz der sozialen Identität; z. B. Online-Bürgerinitiativen). Ein Ansatz der praktischen Umsetzung der Theorie ist beispielsweise das SIDE-VIEW-System, das kollaboratives Lernen unterstützen soll (Lea, Rogers & Postmes, 2002).

Literatur

Chui, R. (2014). A Multi-faceted Approach to Anonymity Online: Examining the Relations between Anonymity and Antisocial Behavior. *Journal of Virtual Worlds, 7*(2). http://dx.doi.org/10.4101/jvwr.v7i2.7073

Diener, E. (1980). Deindividuation: The absence of self-awareness and self-regulation in group members. In P. B. Paulus (Ed.), *The psychology of group influence* (pp. 209–242). Hillsdale, NJ: Lawrence Erlbaum.

Döring, N. (2001). Belohnungen und Bestrafungen im Netz: Verhaltenskontrolle in Chat-Foren. *Gruppendynamik und Organisationsberatung – Zeitschrift für angewandte Sozialpsychologie, 32*(2), 109–143.

Döring, N. (2003). *Sozialpsychologie des Internet* (2., vollst. überarb. u. erw. Aufl.). Göttingen: Hogrefe.

Douglas, K. M. & McGarty, C. (2001). Identifiability and self-presentation: Computer-mediated communication and intergroup interaction. *British Journal of Social Psychology, 40*, 399–416.

Festinger, L., Pepitone, A. and Newcomb T. (1952). Some consequences of deindividuation in a group. *Journal of Abnormal and Social Psychology, 47*, 382–389.

Le Bon, G. (1895/1911). Psychologie der Massen. http://www.textlog.de/le-bon-psychologie.html [15.02.2008].

Lea, M., Rogers, P. & Postmes, T. (2002). SIDE-VIEW: Evaluation of a system to develop team players and improve productivity in Internet collaborative learning groups. *British Journal of Educational Technology, 33*, 54–64.

Lea, M., Spears, R. & de Groot, D. (2001). Knowing me, knowing you: Anonymity effects on social identity processes within groups. *Personality and Social Psychology Bulletin, 27*, 562–537.

Postmes, T. & Spears, R. (1998). Deindividuation and anti-normative behavior: A meta-analysis. *Psychological Bulletin, 123*, 238–259.

Postmes, T. & Spears, R. (2002a). Behavior Online: Does Anonymous Computer Communication Reduce Gender Inequality? *Personality and Social Psychology Bulletin, 28*, 1073–1083.

Postmes, T. & Spears, R. (2002b). Contextual moderators of gender differences and stereotyping in computer-mediated group discussions. *Personality and Social Psychology Bulletin, 28*, 1073–1083.

Postmes, T., Spears, R. & Lea, M. (2000): The formation of group norms in computer-mediated communication. *Human Communication Research, 26*(3), 341–371.

Postmes, T., Spears, R., Sakhel, K. & de Groot, D. (2001). Social influence on computer-mediated communication: The effects of anonymity on group behaviour. *Personality and Social Psychology Bulletin, 27*(10), 1243–1254.

Reicher, S., Spears, R. & Postmes, T. (1995). A social identity model of deindividuation phenomena. In W. Stroebe & M. Hewstone (Eds.), *European review ofsocialpsychology* (Vol. 6) (pp. 161–198). Chichester, England: John Wiley & Sons.

Simon, B. & Mummendey, A. (1997). Selbst, Identität und Gruppe: Eine sozialpsychologische Analyse des Verhältnisses von Individuum und Gruppe. In A. Mummendey & B. Simon (Hrsg.), *Identität und Verschiedenheit. Zur Sozialpsychologie der Identität in komplexen Gesellschaften* (S. 11–38). Bern: Hans Huber.

Spears, R. & Lea, M. (1992). Social influence and the influence of the social in computer-mediated communication. In M. Lea (Ed.), *Social contexts of computer-mediated communication* (pp. 30–65). Hemel Hempstead, GB: Harvester Wheatsheaf.

Spears, R. & Lea, M. (1994). Panacea or Panopticon? The Hidden Power in Computer-Mediated Communication. *Communication Reasearch, 21*(4), 427–459.

Spears, R., Lea, M. & Lee, S. (1990). De-individuation and group polarisation in computer-mediated communication. *British Journal of Social Psychology*, *29*, 121–134.

Spears, R., Postmes, T., Lea, M. & Wolbert, A. (2002). The power of influence and the influence of power in virtual groups: A SIDE look at CMC and the Internet. *The Journal of Social Issues. Special Issue: Social impact of the Internet, 58*, 91–108.

Tajfel, H. & Turner, J. C. (1979). An integrative theory of intergroup conflict. In W. G. Austin & S. Worchel (Eds.), *The socialpsychology of intergroup relations* (pp. 33–47). Monterey, CA: Brooks/Cole.

Wotanis, L. & McMillan, L. (2014). Performing Gender on YouTube. *Feminist Media Studies.*

Zimbardo, P. G. (1969). The human choice: Individuation, reason, and order vs. deindividuation, impulse, and chaos. In W. J. Arnold & D. Levine (Eds.), *Nebraska symposium on motivation* (pp. 237–307). Lincoln: Univ. of Nebraska Press.

Hyperpersonal Communication und Social Information Processing Theory

Oliver Fischer

Worum geht es?

Joseph B. Walther übt mit seinen Beiträgen zu sozialer Informationsverarbeitung und zu hyperpersönlichen Kommunikationseffekten Kritik an jenen Ansätzen, die vermittelte Kommunikation als grundsätzlich defizitär beurteilen (vgl. Reduced-Social-Cues-Schlüsselbegriff). Er konzentriert sich dabei vor allem auf die Entwicklung persönlicher Eindrücke und interpersonaler Beziehungen. Walther konzediert zwar, dass bei der medialen Vermittlung zwischenmenschlicher Kommunikation Information verloren geht. Aber er vertritt die Hypothese, dass dieser Verlust durch strategisches Kommunikationsverhalten kompensiert werden kann. Soziale Informationsverarbeitung hilft, medienspezifische Defizite auszugleichen oder sogar überzukompensieren, und unter bestimmten Bedingungen wird vermittelte Kommunikation sogar noch persönlicher als Face-to-Face-Kommunikation – sie wird »hyperpersönlich«.

Darstellung der Annahmen

Der von Walther vertretene Ansatz stellt heraus, dass unter bestimmten Bedingungen weder die sozioemotionale noch die Ergebnisdimension bei computervermittelter Kommunikation (CMC, hier ausschließlich im Sinne schriftlicher Kommunikation verstanden) ein Defizit aufweist, und zwar weil Individuen durch strategisches Kommunikationsverhalten Kommunikationsdefizite kompensieren können. Die »Theorie Sozialer Informationsverarbeitung« beschreibt, in welcher Weise sich Individuen an das reduzierte Code-Spektrum vermittelter Kommunikation anpassen und kreativ neue Formen der Kommunikation sozialer Kontextinformation finden. Das Konzept der hyperpersönlichen Kommunikation (»Hyperpersonal Perspective«) vertieft diesen Kerngedanken (Walther, 1996, 2007) und fokussiert wesentlich darauf, wie Information computervermittelt dargeboten und rezipiert wird und unter welchen Bedingungen es bei den Kommunikationspartnern zu einer Überattribution persönlicher Eigenschaften kommen kann.

Hyperpersönliche Kommunikation

Der Begriff »hyperpersonal« bezieht sich auf eine zunächst etwas kontraintuitiv anmutende Konsequenz vermittelter Kommunikation. Die für E-Mail typische »visuelle Anonymität« (Spears & Lea, 1995), so Walther, führt nicht zu unpersönlicher Kommunikation. Vielmehr ermöglicht sie eine Überattribution persönlicher Eigenschaften und damit eine zusätzliche Betonung sozio-emotionaler Schattierungen. Da bei CMC eine Reihe sozialer Kontexthinweise nicht verfügbar sind, besteht ein erhöhtes Maß an Ambiguität bei der Deutung der Kommunikationssituation. Aufgrund der Unvollständigkeit der dargebotenen Information besteht nun eine höhere Wahrscheinlichkeit der Extrapolation der vorhandenen Information, d. h., die eigentlich unvollständige Information wird als Grundlage für weitere Schlüsse verwendet. Die freundliche E-Mail einer Kollegin, die einem nicht persönlich bekannt ist, kann einen Empfänger zum Beispiel dazu veranlassen, die Kollegin gleich insgesamt als freundlich einzuschätzen. Es kommt also zu einer Überattribution, die – ein angemessenes Verständnis der Wirkung der eigenen Kommunikation vorausgesetzt – auch gezielt genutzt werden kann. In einer positiven Rückkoppelungsschleife stellt sich zunächst der auf vorteilhafte Selbstpräsentation bedachte Sender gezielt in besonders positiver Weise dar. Der Empfänger nimmt diese Information wahr und generalisiert den positiven Eindruck auf weitere Eigenschaften. Gleichzeitig nimmt er eine übermäßige Ähnlichkeit der eigenen Person mit dem Sender an. Aufgrund dieser Überschätzung bekräftigt der Empfänger den Sender in seiner positiven Darstellung etc. (Walther, 1996, 2007).

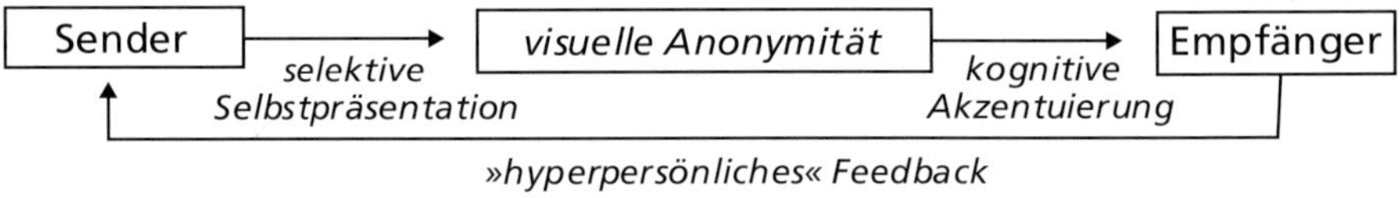

Abb. 4.2: Walthers Theorie »hyperpersönlicher« Kommunikation

Der Begriff der »hyperpersonal communication« hebt also in erster Linie darauf ab, dass durch den Wegfall visueller Information bei gleichzeitiger selektiver Selbstpräsentation eine Akzentuierung bewusst präsentierter persönlicher Eigenschaften erfolgt. Im Gegensatz hierzu beschreibt der Begriff der »sozialen Informationsverarbeitung« ein Phänomen, dass letztlich Voraussetzung für »hyper-persönliche« Kommunikation ist: Die konstruktiv-kreative Leistung des netzspezifischen Sprachgebrauchs, die mögliche Defizite kompensieren kann. Bei ausreichender Kompetenz, Motivation, entsprechenden sozialen Normen und ausreichender Zeit sind Defizite vermittelter Kommunikation problemlos kompensierbar.

Soziale Informationsverarbeitung

Kompetenz: Walther akzeptiert, dass die Nutzung eines Mediums dazu führt, dass Informationen, die in der Face-to-Face-Kommunikation mittels non- und paraverbaler Kanäle transportiert werden, fehlen. Emotionalität und sozialer Hintergrund müssen folglich über die verbleibenden Kanäle vermittelt werden. Die schriftliche Vermittlung von Emotionalität und »Social Context Cues«

(Walther & Burgoon, 1992) erfordert besondere Fertigkeiten. Im Rahmen der Textproduktion und -interpretation müssen Informationslücken antizipiert und dann durch entsprechende Beiträge gefüllt werden. Ein Teil dieser Fertigkeiten besteht deshalb im Erlernen des medienspezifischen Vokabulars.

Motivation: Walther bewertet die individuelle Motivation als zentralen Faktor einer erfolgreichen mediierten Kommunikation. Die von verschiedenen Theorien angenommene Bevorzugung der Face-to-Face-Situation gegenüber vermittelter Kommunikation sei darauf zurückzuführen, dass die Nutzer bei der Medienwahl dem Gesetz des geringsten Aufwands folgten. Gegenüber der automatisierten Face-to-Face-Kommunikation erfordert die vermittelte Kommunikation einen erhöhten kognitiven (Durchdenken der Nachricht, Abstimmung von gewünschtem Ausdruck und entsprechender Versprachlichung) und behavioralen (Konstruktion von Textnachrichten) Aufwand. Allerdings zahlt sich dieser Aufwand im Ergebnis eben auch aus (Jonas, Boos & Walther, 1999).

Soziale Normen: Soziale Normen versteht Walther vor allem als potenzielles Hindernis. Sein Verständnis der Wirkung von Normen weicht damit von dem etwa der Theorie sozialer Einflussnahme ab. Walther bezieht sich insbesondere darauf, dass Normen die Verwendung expressiver Sprachelemente behindern. Wenn also etwa im betrieblichen Kontext soziale Normen gegen die Verwendung von Emoticons sprechen, so bedeutet dies eine Verarmung des prinzipiell verfügbaren elektronischen Sprachschatzes.

Zeit: Zeit ist für die Theorie Walthers in mehrfacher Hinsicht von Bedeutung. Zunächst erfordert CvK für die *Vermittlung der* gleichen *Inhalte* mehr Zeit als die Face-to-Face-Situation. Dieser Unterschied kann durch Automatisierung und medienspezifische Fertigkeiten zwar reduziert, aber eben nicht gänzlich beseitigt werden.

Der zweite zeitliche Aspekt betrifft die *Erwartung, dass die Interaktion* mit dem Kommunikationspartner über *die aktuelle Kommunikationssituation* hinausgeht, Im wesentlichen stellt die Erwähnung dieses Aspektes eine methodische Kritik an den meisten Experimenten des Objektbereiches CvK dar: Die Versuchspersonen kannten ihren Kommunikationspartner häufig nicht und gingen auch nicht davon aus, mit ihm jemals noch einmal zu kommunizieren. Untersuchungen Walthers (1996, 1997) ergaben, dass die Erwartung zukünftiger Interaktionen zu einer deutlich positiveren Bewertung des Kommunikationspartners führte.

Der dritte zeitliche Aspekt zielt darauf ab, ob die Kommunikationspartner einander bereits länger bekannt sind. Das Angebot visueller Information (in diesem Falle allerdings lediglich ein Photo des Kommunikationspartners) führt nur dann zu einer positiveren Bewertung des Partners, wenn dieser bislang nicht bekannt war. Bereits etablierte Gruppen hingegen bevorzugen die Kommunikation ohne Präsentation des Photos (Walther, Slovacek & Tidwell, 2001).

Typische Methodik

Obwohl einige seiner zentralen Veröffentlichungen in erster Linie Übersichtscharakter haben, arbeitet Walther primär im Rahmen eines experimentellen Paradigmas.

Auf der Seite der abhängigen Variable werden die Effekte hyperpersönlicher Kommunikation zumeist mit dem Konstrukt Beziehungsintimität (»relational intimacy«) erhoben (Walther, 1995, 1997; Walther & Burgoon, 1992; Walther, Slovacek & Tidwell, 2001). Diese Größe stellt eine Art Indikator des Entwicklungsstadiums einer interpersonalen Beziehung dar.

Eine sicher paradigmatische Untersuchung zum Konzept sozialer Informationsverarbeitung veröffentlichte Walther im Jahr 1993. In einem Experiment mit mehreren Untersuchungsepisoden bearbeiteten Gruppen entweder face-to-face oder computervermittelt drei gemeinsame Aufgaben über einen Zeitraum von mehreren Wochen. Dabei wurden in regelmäßigen Abständen ihre Eindrücke der Kommunikationspartner erhoben. In einer späteren Untersuchung ließ Walther (1995) die Videoaufnahmen bzw. schriftlichen Protokolle von face-to-face bzw. computervermittelten Interaktionen durch externe Bewerter beurteilen.

Befunde

Das Modell sozialer Informationsverarbeitung und hyperpersönlicher Kommunikation ist in einer Reihe von Studien empirisch unterstützt worden. In einer frühen Untersuchung zeigten Walther und Burgoon (1992), dass CMC zwar eine langsameren Interaktionsaufbau mit sich bringt als die direkte Face-to-Face-Kommunikation, dass sich Beziehungen aber in sehr ähnlicher Weise entwickeln, wenn ausreichend Zeit zur Verfügung steht und die Ergebnisse mehrerer Interaktionen in der Gänze betrachtet werden. In der oben erwähnten Untersuchung konnte Walther (1993) zeigen, dass bei vermittelter Kommunikation die Bildung eines Eindrucks vom Kommunikationspartner zwar verzögert erfolgt, dass aber über einen längeren Zeitraum gesehen der selbe Grad an Differenziertheit erreicht wird wie im Face-to-Face-Kontakt.

Diese Ergebnisse zeigen deutlich die Bedeutung der Entwicklung von Beziehungen über die Zeit. Werden lediglich einmalige Interaktionen betrachtet oder besteht ein Zeitlimit, fallen die Ergebnisse oft zugunsten der Face-to-Face-Kommunikation aus (vgl. auch Walther, Anderson & Park,1994).

Eine weitere Untersuchung bestätigte die Bedeutung bisheriger Erfahrung: Das Angebot visueller Information (in diesem Falle allerdings lediglich ein Foto des Kommunikationspartners) führt nur dann zu einer positiveren Bewertung des Partners, wenn dieser bislang nicht bekannt war. Bereits etablierte Gruppen hingegen bevorzugen die Kommunikation ohne Präsentation des Fotos (Walther, Slovacek & Tidwell, 2001).

Was die Wirkung von ergänzenden graphischen Elementen, d. h. von Emoticons, angeht, fielen Walthers Ergebnisse eher ernüchternd aus (Walther &

D'Addario, 2001). Insgesamt war der sprachliche Inhalt für die Interpretation der emotionalen Färbung einer E-Mail deutlich wichtiger als das verwandte Emoticon. Allerdings ergab sich ein Negativitätseffekt, d. h., negative Aspekte – gleichgültig ob graphisch oder verbal – beeinträchtigten die Gesamtinterpretation der Botschaft.

Hinsichtlich der Selbstpräsentation und -eröffnung (Self-disclosure) weist Tokunaga (2009) auf die Bedeutung von Kulturunterschieden hin. Die für die Beziehungsentwicklung wichtige Self-Disclosure sei grundsätzlich in der computer-vermittelten Interaktion seltener als in der Face-to-Face-Situation, aber dieser Unterschied sei bei individualistischen Teilnehmern deutlich geringer als bei kollektivistischen.

Kritik

Walthers Theorie sozialer Informationsverarbeitung betont, dass eine vermittelte Kommunikation erfolgreicher verlaufen kann als Face-to-Face-Kommunikation. Durch strategisches Kommunikationsverhalten, selektive Selbstdarstellung und spezifische Attributionsmuster kann von unpersönlicher und beziehungsarmer Kommunikation oft keine Rede sein. Vielmehr kann es durch Überattribution sogar zu hyperpersönlichen Kommunikationseffekten kommen. Was zunächst wie eine grundsätzliche Ablehnung der Defizithypothese wirken mag, ist letztlich aber nur eine gemäßigte Kritik. Walther hält an der Kanal- und Bandbreitenmetapher fest. Er akzeptiert, dass die Computervermittlung zu einer Begrenzung des vermittelten Reizspektrums führt, und er betont, dass diese Begrenzung in der Tat unter bestimmten Bedingungen nachteilige Konsequenzen haben kann. Allerdings handelt es sich seiner Ansicht nach hierbei um einen Spezialfall. Die Merkmale der meisten Untersuchungen zu vermittelter Kommunikation (wenig Zeit, Kommunikationspartner unbekannt, keine weitere antizipierte Interaktion etc.) seien für tatsächliches Kommunikationsverhalten eher untypisch. Im Alltag sei eher von einer Kompensation der entstandenen Defizite auszugehen.

Ein wesentlicher Verdienst Walthers ist in der konstruktiven Kritik technikpessimistischer Grundannahmen und der Methodik der entsprechenden Untersuchungen zu sehen. Der Hinweis, dass Individuen einer spezifischen Mediennutzungssituation nicht einfach ausgeliefert sind, sondern durch strategisches Kommunikationsverhalten Nachteile kompensieren und spezifische Medieneffekte gezielt nutzen könnten, ist ohne Zweifel gerechtfertigt.

Allerdings ist eine Reihe von Aspekten durchaus kritisch zu bewerten, und zwar sowohl hinsichtlich des Anspruchs seiner Arbeit als Theorie, als auch bezüglich einzelner Schlüsse. Zunächst wäre zu diskutieren, ob es sich bei den von Walther vorgestellten Überlegungen tatsächlich um eine Theorie im eigentlichen Sinne handelt, oder ob es nicht eigentlich eher um die Differenzierung verschiedener intervenierender Variablen geht, die letztlich eher eine Ergänzung als eine Alternative zu Theorien wie der der medialen Reichhaltigkeit darstellen. Auch die von Walther diskutierten Schlüsse sind im Kern durchaus kritisch zu beurteilen. Insbesondere seine Aussage, die bei CvK fehlenden nonverbalen Informationen ließen sich durch netzspezifische Parasprache kompensieren, erscheint optimistisch. Insgesamt beinhaltet der Ansatz Walthers also wichtige theoretische und methodische Hinweise auf die Unzulänglichkeit bisheriger Ansätze, kann selbst aber selbst nur beschränkt als umfassende Theorie bezeichnet werden.

Literatur

Jonas, K. J., Boos, M. & Walther, J. (1999). Motivation und Medienkompetenz als zentrale Erfolgsfaktoren für virtuelle Seminare. In U.-D. Reips, B. Batinic, W. Bandilla, M. Bosnjak, L. Gräf, K. Moser & A. Werner (Eds.), *Current Internet science: Trends, techniques, results* (Aktuelle Online Forschung: Trends, Techniken, Ergebnisse). Zürich: Online Press.

Spears, R. & Lea, M. (1994). Panacea or panopticum? The hidden power in computer-mediated communication. *Communication Research, 21*, 427–459.

Tokunaga, R. (2009). High-Speed Internet Access to the Other: The Influence of Cultural Orientations on Self-Disclosures in Offline and Online Relationships. *Journal of Intercultural Communication Research, 38*(3), 133–147.

Walther, J. B. (1993). Impression development in computer-mediated interaction. *Western Journal of Communication, 57*, 381–398.

Walther, J. B. (1995). Relational aspects of computer-mediated communication: Experimental observations over time. *Organization Science, 6*, 186–203.

Walther, J. B. (1996). Computer-mediated communication: Impersonal, interpersonal, and hyperpersonal interaction. *Communication Research, 23*, 3–43.

Walther, J. B. (1997). Group and interpersonal effects in international computer-mediated collaboration. Human *Communication Research, 23*, 342–369.

Walther, J. B. (2007). Selective self-presentation in computer-mediated communication: Hyperpersonal dimensions of technology, language, and cognition. *Computers in Human Behavior, 23*, 2538–2557.

Walther, J. B., Anderson, J. F. & Park, D. (1994). Interpersonal effects in computer-mediated interaction: A meta-analysis of social and anti-social communication. *Communication Research, 21*, 460–487.

Walther, J. B. & Burgoon, J. K. (1992). Relational communication in computer-mediated interaction. Human Communication Research, *19*, 50–88.

Walther, J. B. & D'Addario, K. P. (2001). The impacts of emoticons on message interpretation in computer-mediated communication. *Social Science Computer Review, 19*, 323–345.

Walther, J. B., Slovacek, C. & Tidwell, L. C. (2001). Is a picture worth a thousand words? Photographic images in long term and short term virtual teams. *Communication Research, 28*, 105–134.

Impression Management und Self-Disclosure in sozialen Medien

Sabrina C. Eimler und Stephan Winter

Worum geht es?

Sarah sitzt am Strand, doch ihre Gedanken kreisen um ihr Facebook-Profil: Soll sie ein Selbstporträt posten, um ihren Freunden mitzuteilen, dass sie gerade nach Thailand gereist ist? Einerseits könnte sie damit interessant und unternehmungslustig wirken, andererseits aber vielleicht auch selbstverliebt. »Klausuren fertig – endlich Urlaub!« könnte sie darunter schreiben, dann würde man ihr die Reise vielleicht eher gönnen. Aber auf welchem Foto ist sie am besten getroffen? Das Bild mit Cocktail in der Hand scheidet aus, das könnte unseriös wirken, da auch die Chefin aus ihrem Nebenjob in der Kontaktliste ist. Stattdessen entscheidet sie sich für ein eher klassisches Strandfoto – und hofft auf viele »Likes«.

Ähnlich wie in diesem Beispiel stehen Internet-Nutzerinnen und -Nutzer häufig vor der Frage, welches Bild der eigenen Person sie in sozialen Medien vermitteln und wie viele private Informationen sie dabei preisgeben möchten: Beispielsweise bei Status-Updates in sozialen Netzwerken wie Facebook, aber auch bei der Darstellung des eigenen Werdegangs in Business-Netzwerk-Profilen wie XING oder der Auswahl eines passenden Fotos in Online-Dating-Portalen. All diese Plattformen stellen eine Reihe von Elementen zur Verfügung, die individuell angepasst werden können. Neben dem Profilbild, Fotoalben, Informationen über den Werdegang, Angaben zu Alter, Geschlecht und Hobbys etc. werden auch die in der Kontaktliste aufgeführten Freunde und Statusmeldungen als Elemente der Selbstdarstellung interpretiert.

Unter welchen Bedingungen selbstdarstellerische Ziele besonders wichtig sind und wie Personen entscheiden, welche Aspekte der eigenen Person sie hervorheben, wird unter dem Stichwort Impression Management (auch Selbstdarstellung oder Selbstpräsentation; Mummendey, 2006) erforscht. Der Begriff bezeichnet allgemein den Versuch, einen möglichst günstigen Eindruck der eigenen Person bei einem Interaktionspartner oder Publikum zu erwecken (Leary, 1995). Darunter werden in der Regel sowohl unbewusste Prozesse, die in jeglicher sozialer Situation zumindest im Hintergrund ablaufen (z. B. wenn man alleine an einem Tisch im Restaurant sitzt, aber sich trotzdem »vornehmer« benimmt als zu Hause auf der Couch), als auch bewusste Handlungen und Äußerungen, mit denen man sich in ein positives Licht rücken möchte (z. B. in Vorstellungsgesprächen), verstanden. Der Begriff Self-Disclosure (Selbstoffenbarung; Cozby, 1973) bezeichnet die Preisgabe von Informationen über die eigene Person, was vielfach Bestandteil selbstdarstellerischer Prozesse ist.

In Forschung zu sozialen Medien werden Ausmaß und Ablauf von Online-Selbstdarstellung und Online-Selbstoffenbarung auf Basis sozialpsychologischer

Theorien untersucht – als zentrale Einflussfaktoren werden dabei Eigenschaften der Person, der konkreten Situation und des Publikums betrachtet. Bisherige empirische Befunde beziehen sich vor allem auf Facebook und ältere Netzwerke wie MySpace, Hyves, StudiVZ oder Friendster. Darüber hinaus gibt es erste Studien zur Selbstdarstellung in Business-Netzwerken wie XING oder LinkedIn (Eimler, 2014).

Darstellung der Annahmen

Geprägt wurde das Konzept des Impression Management zunächst vom Soziologen Erving Goffman (1959), der beschrieb, wie Menschen im sozialen Miteinander ähnlich wie Schauspieler in verschiedene Rollen schlüpfen und versuchen, sich zu »inszenieren«. Anschließend wurde es in der sozialpsychologischen Forschung aufgegriffen (z. B. Baumeister, 1982; Schlenker, 1980). Leary und Kowalski (1990) definieren Impression Management als »the process by which individuals attempt to control the impressions others form of them« (S. 34). In ihrem Zwei-Komponenten-Modell unterscheiden sie zwischen *Impression Motivation* und *Impression Construction*. Unter *Impression Motivation* werden Faktoren zusammengefasst, die bestimmen, unter welchen Bedingungen wir versuchen, den Eindruck eines Gegenübers in die von uns gewünschte Richtung zu beeinflussen. Unter *Impression Construction* wird dagegen die Art und Weise, wie wir versuchen, dieses Ziel zu erreichen, verstanden.

Für die *Impression Motivation* sind drei Faktoren bestimmend: die Relevanz, die die gerade erzeugten Eindrücke für die Erreichung eines Ziels haben (z. B. höher, wenn die Zielperson ein Vorgesetzter anstelle eines Kollegen ist), der Wert der gewünschten Ergebnisse (bei einem Traumjob strengt man sich z. B. im Vorstellungsgespräch stärker an als bei einer nur mäßig interessanten Stelle) und die wahrgenommene Diskrepanz zwischen dem gewünschten und aktuellen Bild (wenn man das Gefühl hat, dass andere bereits ein positives Bild von einem haben, sinkt die Motivation). Die Art und Weise, wie wir uns präsentieren bzw. welcher Techniken wir uns bedienen (*Impression Construction*), hängt zum einen primär vom Selbstkonzept ab, also der Vorstellung der Person darüber, wer sie ist und sein möchte (Dauenheimer, Stahlberg, Frey & Petersen, 2002). In der Regel wollen Individuen ein durchaus angemessenes Bild der eigenen Person erzeugen, wenn auch unter besonderer Berücksichtigung positiver Aspekte und gewünschter Identitäten (und Vermeidung ungewünschter Identitäten). Zum anderen unterliegt die Darstellung sozialen Vorgaben und Einschränkungen wie etwa bestimmten Erwartungen und Restriktionen, die mit bestimmten Rollen, z. B. Geschlechterrollen, verknüpft sind, denen sich Individuen im Rahmen eines sogenannten »prototype-matching« unterwerfen. Daneben sind Merkmale der konkreten Interaktionssituation von Bedeutung wie etwa Werte der Zielperson bzw. des Ziels und das vermutete aktuelle Bild, das der Interaktionspartner von der eigenen Person hat.

Selbstdarstellerisches Verhalten geht vielfach mit der Preisgabe von Informationen über die eigene Person einher. In der Forschung zum Self-Disclosure-

Konzept (z. B. Altman & Taylor, 1973; Cozby, 1973) werden die mitgeteilten Informationen anhand der Kriterien Menge, Tiefe (Wie intim sind die Äußerungen?) und Breite (Wie viele Aspekte oder Facetten des Selbst werden offenbart?) betrachtet. Das Kommunizieren selbstbezogener Informationen wird als Grundvoraussetzung für die Entwicklung interpersonaler Beziehungen angesehen (Altman & Taylor, 1973) und kann demnach auch als Technik zur Erzeugung eines günstigen Eindrucks interpretiert werden. Ein zentraler Befund ist hierbei, dass Selbstoffenbarung zu erhöhter Sympathie des Interaktionspartners führen kann (Collins & Miller, 1994), sofern nicht zu schnell zu intime oder unangemessene Inhalte kommuniziert werden (Cozby, 1973). Während die Forschung zu Self-Disclosure stärker auf das Ausmaß und den Stil der vermittelten Inhalte (sowie auf Wirkungen auf Interaktionspartner) eingeht, gehen Studien zum Impression Management eher der Frage nach, was Sender motiviert, etwas über sich zu kommunizieren, und welchen Eindruck sie dadurch vermitteln möchten (Krämer & Haferkamp, 2011).

Im Vergleich zum Face-to-Face-Kontext, bei dem selbstdarstellerisches Verhalten und selbstbezogene Äußerungen situativ an den anwesenden Gesprächspartner angepasst werden können (*packaging;* Leary, 1995), überwiegend spontan und typischerweise mit eingeschränkter Öffentlichkeit verlaufen, sind einige Besonderheiten der Online-Selbstdarstellung hervorzuheben (Krämer & Haferkamp, 2011). Bei der Erstellung des eigenen Online-Profils sieht man sich zum Beispiel in der Regel nicht einer einzigen Zielperson gegenüber, sondern einer Reihe von (teilweise auch unbekannten) Personen, die nicht nur unterschiedliche Einstellungen haben, sondern auch in verschiedenen Rollen auftreten. Beispielsweise ist es durchaus möglich, dass die eigenen Eltern, der beste Freund und die Arbeitskolleginnen in der Facebook-Kontaktliste sind oder das eigene Profil über Bekannte der Kontaktliste Dritten gezeigt wird. Eine besondere Schwierigkeit beim Impression Management im Online-Kontext besteht darin, dass die Darstellung kaum auf alle Rezipientinnen und Rezipienten gleichermaßen so ausgerichtet werden kann, dass zu jeder Zeit ein positiver Eindruck erzeugt wird (Hogan, 2010). Gleichzeitig kann online mehr Zeit aufgewendet werden (Walther, 2007), um Eintragungen im Profil ausführlich zu bedenken und Inhalte bewusst auszuwählen. Die Darstellung ist daneben im Vergleich zur Face-to-Face-Darstellung meist beständiger (und daher möglicherweise stärker von stabilen Persönlichkeitseigenschaften abhängig) und bleibt über einen längeren Zeitraum bestehen, wie beispielsweise in der Facebook-Chronik.

Typische Methodik

Studien, die sich mit der Erforschung von Impression Management und Selbstoffenbarung in sozialen Medien beschäftigen, sind häufig Fragebogenstudien, in denen die Ausgestaltung der einzelnen Elemente des Online-Profils erfasst wird. Probanden und Probandinnen werden beispielsweise gebeten, Angaben zu ihrem Nutzungsverhalten zu machen, die Zahl der Kontakte in ihrer Freundesliste, Zahl und Art der Bilder in ihren Fotoalben oder die Häufigkeit ihrer Statusmeldungen anzugeben. Neben den Angaben zum Profil werden regelmäßig das Geschlecht und weitere soziodemografische Angaben wie Alter und Bildung erfasst. Um zu erforschen, wie Persönlichkeitseigenschaften sich in der Gestaltung des Profils niederschlagen, werden psychometrische Instrumente eingesetzt. Hauptsächlich werden dabei entlang des Fünf-Faktoren-Modells der Persönlichkeit mit verschiedenen Instrumenten Extraversion, Neurotizismus, Verträglichkeit, Gewissenhaftigkeit und Offenheit für Erfahrungen (z. B. TIPI, Gosling, Rentfrow & Swann, 2003; BFI-10, Rammstedt & John, 2007), aber auch beispielsweise die Eigenschaft Narzissmus (z. B. NPI, Ackerman et al., 2011) gemessen. Versuchspersonen werden dabei in der Regel gebeten, das Ausmaß ihrer Zustimmung zu Aussagen wie »Ich gehe aus mir heraus, bin gesellig« (Extraversion) auf Likert-Skalen anzugeben. Daneben werden auch weitere Personenmerkmale erfasst, wie etwa das Affiliationsbedürfnis (Need to Belong, z. B. Krämer et al., 2013), Konstrukte wie Need for Popularity (z. B. Utz, Tanis & Vermeulen, 2012) oder die individuelle Überzeugung der Wirksamkeit der Selbstdarstellung (Mielke, 1990).

Als objektive Verfahren, alternativ zu selbstberichteten Daten der Versuchspersonen, werden auch Inhaltsanalysen vorgenommen, bei denen Profile mit Hilfe von Kategorienschemata charakterisiert werden (siehe z. B. Krämer & Winter, 2008; Mehdizadeh, 2010). In diesem Rahmen werden Profilinhalte qualitativ beschrieben, etwa durch die Kategorisierung von Fotos entlang der Art der abgebildeten Inhalte (z. B. Selbstportrait, Partyfoto). Ergänzend werden die kategorisierten Inhalte anschließend häufig quantifiziert oder manifeste Profilinhalte, also solche, die keiner Interpretation bedürfen, wie beispielsweise die Zahl der Kontakte oder Worte in einer Profilkategorie, gezählt. Einige Studien kombinieren auch Fragebogen, also subjektive Daten, und Inhaltsanalysen zu objektiven Profilinformationen (z. B. Haferkamp, Eimler, Papadakis & Kruck, 2012).

Werden insbesondere Umfang, Breite, Tiefe oder die Valenz der Selbstoffenbarung untersucht, so geschieht dies meist anhand von Statusmeldungen, die entweder als Teil eines Fragebogens von Probandinnen und Probanden als Freitext erfasst werden oder im Rahmen der Inhaltsanalyse des Gesamtprofils gewonnen werden (z. B. Carr, Schrock & Dauterman, 2012; Winter et al., 2014).

Vergleichsweise selten finden sich Interviewstudien, in denen anhand eines Interviewleitfadens umfassende Einblicke in die Motive hinter der Gestaltung von Online-Profilen identifiziert werden (Ellison, Hancock & Toma, 2012).

Zentrale empirische Befunde

Impression Management wurde als zentrales Nutzungsmotiv sozialer Netzwerkseiten ermittelt (Jung, Youn & McClung, 2007), so dass angenommen werden kann, dass eine hohe Impression Motivation besteht und Individuen Profile anlegen, um sich anderen positiv zu präsentieren. Dazu nutzen sie regelmäßig die Fülle der verschiedensten Plattform-Features von Profilfotos und Fotoalben, über Statusmeldung und Gruppen bis hin zu Likes (Ganster, 2014). Dabei steht diesem Selbstpräsentationswunsch und der Notwendigkeit, dabei Informationen über sich preiszugeben, das Bedürfnis entgegen, die eigene Privatsphäre schützen zu wollen (vgl. Beitrag zum Privacy Paradox). Es kann vorab festgestellt werden, dass es auch im Netz – trotz der Möglichkeit zur Beschönigung – eine generelle Tendenz gibt, sich authentisch darzustellen (z. B. Back et al., 2010), also eine Darstellung anzustreben, die dem eigenen Selbstkonzept möglichst nahekommt (z. B. Toma, Hancock & Ellison, 2008). Als zentrale Determinanten der Selbstdarstellung in sozialen Netzwerken konnten verschiedene Persönlichkeitseigenschaften und das Geschlecht bestimmt werden, die sich im allgemeinen Nutzungsverhalten und der Profilgestaltung niederschlagen.

Studien zum Einfluss des Geschlechts auf das Impression Management in Online-Netzwerken deuten an, dass Frauen und Männer sich den Geschlechterrollen(-stereotypen) entsprechend darstellen (Carstensen, 2009; Muscanell & Guandagno, 2012). Im Rahmen einer (geringfügigen) Abweichung vom Ist-Zustand tendieren Männer (auf Dating-Plattformen) dazu, ihre Größe zu beschönigen, und Frauen dazu, ihr Gewicht zu verfälschen. Frauen legen daneben mehr Wert darauf, auf ihrem Bild attraktiv zu wirken, was sich daran veranschaulichen lässt, dass die Bilder von Frauen häufiger älter, bearbeitet und von professionellen Fotografen aufgenommen sind (z. B. deVries & Peter, 2013). Zudem nutzen sie eher Portraits, während Männer zu Ganzkörperfotos tendieren (Haferkamp et al., 2012). Frauen schreiben tendenziell mehr Statusmeldungen und kommentieren die Postings anderer häufiger als Männer (Hampton, Goulet, Rainie & Purcell, 2011). Den Erkenntnissen von Medizadeh (2010) zufolge, betreiben Männer mehr Eigenwerbung, schreiben zum Beispiel mehr selbstwerbende Inhalte in der Kategorie »Über mich«. Daneben neigen sie stärker als Frauen dazu, identitätsbezogene Informationen (Telefonnummer, Instant-Messenger-Kontakte) preiszugeben, und beschränken ihre Profile allgemein weniger vor dem Zugriff Dritter (Fogel & Nehmad, 2009).

Eine Vielzahl von Studien widmet sich der Frage, wie sich verschiedene Persönlichkeitseigenschaften und Dispositionen in der Nutzung und Gestaltung eines Online-Profils niederschlagen. Dabei zeigt sich vielfach ein Zusammenhang mit der Art der Selbstoffenbarung. Festgestellt werden konnte ein positiver Zusammenhang von Extraversion und Nutzungsintensität von sozialen Netzwerken und der Zahl der Kontakte in der Freundesliste (Ong et al., 2011; Utz et al., 2012) – allerdings auch ein positiver Zusammenhang zwischen einem geringen Selbstwert und einer hohen Zahl der Kontakte (Lee, Moore, Park & Park, 2012). Daneben zeigt eine aktuelle Studie, dass extravertierte Menschen (insbesondere die, die ihr Netzwerk erweitern möchten) eher dazu neigen, mehr persönliche und intime Informationen über sich zu präsentieren (Hollenbaugh & Ferris, 2014).

Auch die Eigenschaft Narzissmus ist mit einem stärkeren Engagement bei der Nutzung von Online-Netzwerken verbunden. Ebenso geht Narzissmus einher mit der Wahl expressiverer Bilder, die z. B. die eigene Attraktivität in den Vordergrund stellen, und der Bereitstellung von mehr selbstgenerierten Inhalten, insbesondere einer hohen Zahl von Statusmeldungen, die zudem mehr selbstbewerbenden Inhalt haben und gleichzeitig auch intimere Informationen enthalten (Buffardi & Campbell, 2008; Ong et al., 2011; Kapidzic, 2013; Winter et al., 2014).

Die Selbstwirksamkeitserwartung in Bezug auf die eigene Selbstdarstellung (d. h. die Überzeugung, einen günstigen Eindruck in sozialen Situationen hinterlassen zu können) beeinflusst unter anderem den Stil des Profilbilds und den Detailgrad der Darstellung (Krämer & Winter, 2008): Menschen mit ausgeprägter Selbstwirksamkeit haben ein ausführlicheres Profil und schreiben eher informell und humorvoll. Zudem stellen sie vermehrt experimentelle Fotos oder Partyfotos als Profilbild ein. Gleichzeitig sind Statusmeldungen von Personen mit ausgeprägter Selbstwirksamkeitserwartung weniger massenkompatibel formuliert, was möglicherweise als Hinweis darauf interpretiert werden kann, dass hier eine geringere Angst vor Fehlinterpretationen besteht (Winter et al., 2014).

Dass die Selbstoffenbarung durch die Zielgruppen mitbestimmt wird und das Ausmaß und Richtung der Selbstoffenbarung mit dem Kanal variieren, zeigten Bazarova, Taft, Choi und Cosley (2013). Ihren Erkenntnissen zufolge werden negative Emotionen deutlich seltener in Statusmeldungen ausgedrückt als in Pinnwandeinträgen oder privaten Nachrichten. Der Ausdruck positiver Emotionen hängt dabei mit den Impression-Management-Motiven der Nutzenden zusammen und kann in gleicher Häufigkeit in allen drei Kommunikationskanälen gefunden werden.

Die Selbstoffenbarung wird daneben auch beeinflusst durch die individuelle Ausprägung des Affiliationsbedürfnisses (Winter et al., 2014) und des Bedürfnisses nach Popularität (Utz et al., 2012): Personen, bei denen diese Eigenschaften stark ausgeprägt sind, neigen dazu, intimere Statusmeldungen zu verfassen bzw. verstärkt eigene Gefühle zu offenbaren.

Kritik

Die Zusammenstellung der Ergebnisse zeigt, dass Impression Management ein Thema ist, dem in den letzten Jahren viel wissenschaftliche Aufmerksamkeit zuteil wurde. Kritisch anzumerken ist, dass viele Studien sich auf die Selbstauskunft der Teilnehmenden verlassen. Dies ist vor allem deshalb problematisch, da sie ebenso einem gewissen Ausmaß an Selbstdarstellung unterliegen bzw. verfälscht sein können, weil Personen die Angaben zu ihrem Profil nur schätzen.

Daneben stellt das Modell von Leary und Kowalski (1990) zwar eine wertvolle Systematisierung und Orientierungsgrundlage dar, doch bleibt es so allgemein, dass Vorhersagen nur wenig konkret erfolgen können. Wie durch die Schilderung der Besonderheiten des Online-Kontextes klar geworden ist, ist eine Übertragung auf den Social-Media-Kontext nur eingeschränkt möglich. Bisher fehlen spezifische Selbstdarstellungs- und Selbstoffenbarungsmodelle für soziale Medien und weitere empirische Belege für die Relevanz, Manifestation und Auswirkung der einzelnen Modell-Komponenten im Online-Kontext. Beispielsweise legt zwar die Identifikation der Selbstdarstellung als zentrales Nutzungsmotiv nahe, dass die Erstellung des Profils als Ausdruck der Impression Motivation interpretiert werden kann, allerdings sind auch andere Motive der Profilerstellung denkbar, z. B. wenn Arbeitgeber das Anlegen eines XING-Profils fordern. Daneben kann die Motivation, den Eindruck anderer zu beeinflussen, auch über die Zeit variieren, und mit dem gleichen Profil können zu verschiedenen Zeiten unterschiedliche Zielpersonen in den Fokus der selbstdarstellenden Person rücken.

Durch die stetige Entwicklung neuer Features stellt sich zudem die Herausforderung einer Vorhersage der Nutzung dieser neuen Elemente in Abhängigkeit von Geschlecht, charakterlicher Ausprägung oder situativer Aspekte. So wäre beispielsweise denkbar, dass sich die Bedeutung alter Features durch die Verfügbarkeit neuer Features verändert und etwa extravertierte Personen in ihrer Nutzung dann primär auf neue Elemente ausweichen und alte in den Hintergrund rücken. Daneben ist vor dem Hintergrund der Rollenrestriktionen die Bedeutung einzelner Profilelemente bisher kaum untersucht worden. Weiterhin stellt sich die Frage, inwieweit die Ergebnisse zwischen den verschiedenen Social-Media-Angeboten übertragbar sind und ob Ergebnisse für privat genutzte soziale Netzwerke wie Facebook auch gleichermaßen für beruflich genutzte Netzwerke wie XING gelten. Unklar ist bislang auch, wie sich die Selbstdarstellung derselben Individuen über verschiedene Social-Media-Angebote hinweg verhält, auch in Abhängigkeit der persönlichen Präferenzen für bestimmte Angebote.

Während bisherige Forschung vor allem den Einfluss stabiler Persönlichkeitsmerkmale untersuchte, wurden weitere Einflussfaktoren des Modells von Leary und Kowalski (1990), etwa situative Einschätzungen zum vermuteten aktuellen Bild, das das Publikum von der eigenen Person hat, vernachlässigt. So wäre denkbar, dass die Selbstdarstellung aufgrund des Feedbacks, das andere Personen online oder offline abgeben, angepasst wird. Für zukünftige Arbeiten wäre daher eine Untersuchung der Wechselwirkung zwischen Selbstdarstellung, Feedback (aus Offline- und Online-Kontext) und Rezeption anderer Profile wünschenswert.

Literatur

Ackerman, R. A., Witt, E. A., Donnellan, M. B., Trzesniewski, K. H., Robins, R. W. & Kashy, D. A. (2011). What does the narcissistic personality inventory really measure? *Assessment, 18*, 67–87.

Altman, I. & Taylor, D. A. (1973). *Social penetration: The development of interpersonal relationships.* Oxford, UK: Holt, Rinehart & Winston.

Back, M. D., Stopfer, J. M., Vazire, S., Gaddis, S., Schmukle, S. C., Egloff, B. & Gosling, S. D. (2010). Facebook profiles reflect actual personality, not self-idealization. *Psychological Science, 21*, 372–374.

Baumeister, R. F. (1982). A self-presentational view of social phenomena. *Psychological Bulletin, 91*, 3–26.

Bazarova, N. N., Taft, J., Choi, Y. & Cosley, D. (2013). Managing impressions and relationships on Facebook: Self-presentational and relational concerns revealed through the analysis of language style. *Journal of Language and Social Psychology*, *32*, 121–141.

Buffardi, L. E. & Campbell, W. K. (2008). Narcissism and social networking web sites. *Personality and Social Psychology Bulletin, 34*, 1303–1314.

Carr, C. T., Schrock, D. B. & Dauterman, P. (2012). Speech acts within Facebook status messages. *Journal of Language & Social Psychology*, *31*, 176–196.

Carstensen, T. (2009). Gender Trouble in Web 2.0. Gender perspectives on social network sites, wikis and weblogs. *International Journal of Gender, Science and Technology*, *1*, 106–127.

Collins, N. L. & Miller, L. C. (1994). Self-disclosure and liking: A meta-analytic review. *Psychological Bulletin*, 116, 457–475.

Cozby, P. C. (1973). Self-disclosure: A literature review. *Psychological Bulletin*, *79*, 73–91.

De Vries, D. A. & Peter, J. (2013). Women on display: The effect of portraying the self online on women's self-objectification. *Computers in Human Behavior*, *29*, 1483–1489.

Dauenheimer, D., Stahlberg, D., Frey, D. & Petersen, L.-E. (2002). Die Theorie des Selbstwertschutzes und der Selbstwerterhöhung. In D. Frey & M. Irle (Hrsg.), *Motivation und Informationsverarbeitung: Motivations-, Selbst- und Informationsverarbeitungstheorien* (Vol. 3, Theorien der Sozialpsychologie, S. 159–190). Bern: Huber.

Eimler, S.C. (2014). *All the Web's a Stage and all Wo(Men) Merely Networkers – Zur Rolle von Geschlechterstereotypen bei der Produktion und Rezeption von Profilen in Online-Business-Netzwerken*. Dissertation. University of Duisburg-Essen. Verfügbar unter: http://duepublico.uni-duisburg-essen.de/servlets/DocumentServlet?id=39623.

Ellison, N. B., Hancock, J. T. & Toma, C. L. (2012). Profile as promise: A framework for conceptualizing veracity in online dating self-presentations. *New Media & Society*, *14*, 45–62.

Fogel, J. & Nehmad, E. (2009). Internet social network communities: Risk taking, trust, and privacy concerns. *Computers in Human Behavior*, *25*, 153–160.

Ganster, T. (2014). *»Like« what you see? The impact of Facebook Likes against the background of conformity goals and self-presentational concerns*. Dissertation. University of Duisburg-Essen. Verfügbar unter: http://duepublico.uni-duisburg-essen.de/servlets/DocumentServlet?id=37180.

Goffman, E. (1959). *The presentation of self in everyday life*. New York, NY: Anchor Books.

Gosling, S.D., Rentfrow, P. J. & Swann Jr, W. B. (2003). A very brief measure of the Big-Five personality domains. *Journal of Research in Personality*, *37*, 504–528.

Haferkamp, N., Eimler, S.C., Papadakis, A. M. & Kruck, J. V. (2012). Men are from Mars, women are from Venus? Examining gender differences in self-presentation on social networking sites. *Cyberpsychology, Behavior, and Social Networking, 15*, 91–98.

Hampton, K. N., Goulet, L. S., Rainie, L. & Purcell, K. (2011). *Social networking sites and our lives: How people's trust, personal relationships, and civic and political involvement are connected to their use of social networking sites and other technologies*. Pew Research: Washington, D.C. Available from: http://www.pewinternet.org/Reports/2011/Technology-and-social-networks.aspx.

Hogan, B. (2010). The presentation of self in the age of social media: Distinguishing performances and exhibitions online. *Bulletin of Science, Technology & Society, 30*, 377–386.

Hollenbaugh, E. E. & Ferris, A. L. (2014). Facebook self-disclosure: Examining the role of traits, social cohesion, and motives. *Computers in Human Behavior, 30*, 50–58.

Jung, T., Youn, H. & McClung, S. (2007). Motivations and self-presentation strategies on Korean-based« Cyworld« weblog format personal homepages. *CyberPsychology & Behavior*, *10*, 24–31.

Kapidzic, S. (2013). Narcissism as a predictor of motivations behind Facebook profile picture selection. *Cyberpsychology, Behavior, and Social Networking, 16*, 14–19.

Krämer, N. C., Hoffmann, L., Fuchslocher, A., Eimler, S. C., Szczuka, J. M., Klatt, J., Sträfling, N., Lam-chi, A. & Brand, M. (2013). *Do I need to belong? Development of a scale for measuring the need to belong and its predictive value for media usage.* Paper presented at the Conference of the International Communication Association, June 2013. London, UK.

Krämer, N. C. & Haferkamp, N. (2011). Self-presentation online. Balancing privacy concerns and impression construction on social networking sites. In S. Trepte & L. Reinecke (Eds.), *Privacy online: Theoretical approaches and research perspectives on the role of privacy in the Social Web* (pp. 127–142). Heidelberg: Springer.

Krämer, N. C. & Winter, S. (2008). Impression management 2.0. The relationship of self-esteem, extraversion, self-efficacy, and self-presentation within social networking sites. *Journal of Media Psychology, 20*, 106–116.

Leary, M. R. (1995). *Self-presentation. Impression management and interpersonal behavior.* Madison, WI: Brown & Benchmark Publishers.

Leary, M. R. & Kowalski, R. M. (1990). Impression management: A literature review and two-component model. *Psychological Bulletin, 107*, 34–47.

Lee, J.-E. R., Moore, D. C., Park, E.-A. & Park, S. G. (2012). Who wants to be »friend-rich«? Social compensatory friending on Facebook and the moderating role of public self-consciousness. *Computers in Human Behavior, 28*, 1036–1043.

Mehdizadeh, S. (2010). Self-presentation 2.0: narcissism and self-esteem on Facebook. *Cyberpsychology, Behavior, and Social Networking, 13*, 357–364.

Mielke, R. (1990). Ein Fragebogen zur Wirksamkeit der Selbstdarstellung. *Zeitschrift für Sozialpsychologie, 21*, 162–170.

Mummendey, H. D. (2006). *Psychologie des Selbst.* Göttingen: Hogrefe.

Muscanell, N. L. & Guadagno, R. E. (2012). Make new friends or keep the old: Gender and personality differences in social networking use. *Computers in Human Behavior, 28*, 107–112.

Ong, E. Y., Ang, R. P., Ho, J. C., Lim, J. C., Goh, D. H., Lee, C. S. & Chua, A. Y. (2011). Narcissism, extraversion and adolescents' self-presentation on Facebook. *Personality and Individual Differences, 50*, 180–185.

Rammstedt, B. & John, O. P. (2007). Measuring personality in one minute or less: A 10-item short version of the Big Five Inventory in English and German. *Journal of Research in Personality, 41*, 203–212.

Schlenker, B. R. (1980). *Impression management: The self-concept, social identity, and interpersonal relations.* Monterey: Brooks & Cole.

Toma, C. L., Hancock, J. T. & Ellison, N. B. (2008). Separating fact from fiction: An examination of deceptive self-presentation in online dating profiles. *Personality and Social Psychology Bulletin, 34*, 1023–1036.

Utz, S., Tanis, M. & Vermeulen, I. (2012). It's all about being popular: The effects of need for popularity on social network site use. *Cyberpsychology, Behavior, and Social Networking, 15*, 37–42.

Walther, J. B. (2007). Selective self-presentation in computer-mediated communication: Hyperpersonal dimensions of technology, language, and cognition. *Computers in Human Behavior, 23*, 2538–2557.

Winter, S., Neubaum, G., Eimler, S. C., Gordon, V., Theil, J. Herrmann, J., Meinert, J. & Krämer, N. C. (2014). Another brick in the Facebook wall – How personality traits relate to the content of status updates. *Computers in Human Behavior, 34*, 194–202.

Privacy Paradox

Sabine Trepte und Doris Teutsch

Worum geht es?

Das Privacy Paradox beschreibt die Diskrepanz zwischen den eigenen Einstellungen zum Umgang mit Privatheit im Internet und dem Privatheitsverhalten bei der Internetnutzung (Trepte, 2016). Diesbezüglich wurden überraschende Differenzen in internationalen empirischen Studien gefunden: Viele Menschen sagen, dass ihnen der Umgang mit ihrer Privatheit sehr wichtig sei und sogar, dass sie sehr besorgt über den Umgang mit ihren Daten im Internet seien (European Commission, 2011). Gleichzeitig veröffentlichen sie persönliche Informationen, wie beispielsweise ihre Telefonnummer, ihren Klarnamen oder Fotos von der Familie, nutzen selten die technischen Möglichkeiten zur Regulierung ihrer Privatheit und sind schlecht darüber informiert, welche Optionen ihnen diesbezüglich zur Verfügung stehen (Madejski, Johnson & Bellovin, 2012).

Privatheit wird aus psychologischer Perspektive als ein Optimierungsprozess verstanden, mit dem Menschen den Zugang zu ihrer Person regulieren (Altman, 1974). Dabei sind verschiedene Facetten der Privatheit angesprochen (Burgoon, 1982): Zunächst kann sich diese Regulierung auf die *physische Privatheit* beziehen, also buchstäblich darauf, wie nah wir andere Menschen an uns heranlassen, zum Beispiel indem wir unsere Zimmertür schließen, Körperkontakt suchen oder vermeiden. Zweitens bezieht sich diese Zugangskontrolle auf *psychische Privatheit*, das heißt darauf welche Gefühle und Gedanken wir mit anderen teilen. Drittens ist die *soziale Privatheit* gemeint, also mit welchen Menschen wir Kontakt aufnehmen. Schließlich ist die *informationelle Privatheit* angesprochen, welche sich mit dem Ausmaß der Daten und Informationen, die wir mit anderen willentlich teilen, befasst. Gerade die informationelle Privatheit, aber auch alle anderen Formen der Privatheit spielen in der Medienpsychologie eine wichtige Rolle.

Menschen streben danach, ein erwünschtes Ausmaß an Privatheit, also ihr »Soll« an Privatheit, zu erreichen. Dieses stimmt aber nicht immer mit dem erreichten Niveau an Privatheit, also ihrem »Ist« überein. Wenn Soll und Ist nicht übereinstimmen, empfinden Menschen dies als mangelnde Balance zwischen dem erwünschten und erreichten Niveau an Privatheit (Altman, 1974). Der Mangel an Balance motiviert zu Veränderungen. Diese Prozesse der Privatheitsregulierung wurden in der sozialpsychologischen Forschung seit den 1970er Jahren betrachtet (Margulis, 2011). Das Verhalten von Internetnutzerinnen und -nutzern stellt uns jedoch vor ein Rätsel: Warum regulieren Menschen ihre Privatheit im Internet nicht entsprechend den Bedürfnissen, die sich in ihrer Besorgnis ganz offensichtlich äußern?

Darstellung der Annahmen

Drei Hypothesen werden immer wieder mehr oder weniger explizit formuliert, um das Privacy Paradox zu erklären (vgl. Trepte et al., 2015, S. 338).

Gratifikationshypothese: Gratifikationen der Onlinenutzung werden in den meisten Studien als die gängige Erklärung für die Selbstoffenbarung im Internet herangezogen. Man geht davon aus, dass die Belohnungen in Form von sozialer Unterstützung (Krasnova, Spiekermann, Koroleva & Hildebrand, 2010), Bewältigung von Entwicklungsaufgaben (Peter & Valkenburg, 2011) oder Selbstdarstellung (Krämer & Haferkamp, 2011) dazu führen, dass Menschen freigiebig mit ihren privaten Daten umgehen. Dabei ist vorstellbar, dass Internetnutzerinnen und -nutzer aufgrund eines rationalen Abwägungsprozesses zu dem Schluss kommen, dass diese Gratifikationen überwiegen; oder dass Nutzer die Gratifikationen über- und die Risiken unterschätzen. Auch ist denkbar, dass nicht eine »rationale« Abwägung, sondern eher spontane Heuristiken dazu führen, dass trotz eigener Bedenken Daten und Inhalte online geteilt werden (Sundar, Kang, Wu, Go & Zhang, 2013). Zum Beispiel wird möglicherweise das professionelle Layout einer Website oder auch der Nutzerkreis als Heuristik dafür verwendet, dass auf die Privatheit der Nutzerinnen und -nutzer geachtet wird.

Wissenshypothese: Darüber hinaus können wir das Privacy Paradox damit erklären, dass Internetnutzerinnen und -nutzer wenig über die Geschäftspraktiken, Erlösmodelle oder auch die praktischen Möglichkeiten der informationellen Selbstbestimmung (also die Befugnis, selbst zu entscheiden, welche Informationen Menschen mit anderen teilen möchten) im Internet wissen (Park, 2013). Daher sind sie möglicherweise nicht in der Lage, adäquate Maßnahmen zu treffen, um die Privatheit im Internet ihren Bedürfnissen entsprechend zu regulieren.

Soziale-Erwünschtheit-Hypothese: Deutsche Medien betonen vor allem die Risiken sozialer Netzwerkplattformen für die informationelle Selbstbestimmung und die Sicherheit der Nutzerinnen und Nutzer (Teutsch & Niemann, 2016). Es ist anzunehmen, dass Rezipientinnen und Rezipienten durch die Medienberichterstattung die Norm einer kritischen Haltung gegenüber dem Teilen privater Informationen im Internet vermittelt wird. Dadurch empfinden sie einen gesellschaftlichen Druck, den Schutz der Privatheit im Internet als erstrebenswert zu betrachten. In Befragungen zu Privatheitseinstellungen kann sich dies in sozial erwünschtem Antwortverhalten ausdrücken: Die Befragten geben dann möglicherweise an, sich Sorgen um ihre Privatheit im Internet zu machen, da sie auf diese Weise der wahrgenommenen Norm gerecht werden wollen. Im Nutzungsalltag verspüren sie jedoch keine Bedrohung und verhalten sich daher sorglos bzw. nicht entsprechend ihrer eigenen normativen Äußerungen. Wenn dann im nächsten Schritt Verhaltensmaße angelegt werden, stimmen diese nicht mit den normativen Einstellungsmaßen überein.

Typische Methodik

Methodisch werden bei der Untersuchung des Privacy Paradox typischerweise die Einstellungen zur Privatheit im Internet auf der einen Seite und das Privatheitsverhalten im Internet auf der anderen erfasst. Dann werden Einstellungen und Verhalten verglichen, um das Paradox zu prüfen. Die Diskrepanz zwischen Einstellungen und Verhalten wurde bisher vor allem im Hinblick auf die Nutzung sozialer Netzwerkplattformen wie z. B. Facebook untersucht (z. B. Tufekci, 2008; Stutzman, Vitak, Ellison, Gray & Lampe, 2012).

Die Sorgen und Einstellungen bzgl. des Umgangs mit Privatheit wurden vorrangig in quantitativen Befragungen mit unterschiedlichen geschlossenen Fragen mit vorgegebenem Antwortformat gemessen. Acquisti und Gross (2006) erfassen beispielsweise allgemeine Bedenken und Risiken für die Privatsphäre, die jedoch in besonderem Maße aus der Nutzung sozialer Netzwerkplattformen folgen können. Ein Item lautet beispielsweise »Wie besorgt sind Sie, dass ein Fremder wissen könnte, wo Sie wohnen und wann Sie welche Kurse an der Universität besuchen?«. Tufekci (2008) verwendet je eine Frage, um allgemeine Privatheitsbedenken (»Wie besorgt sind Sie im Hinblick auf Ihre Privatheit?«) und Bedenken, die ein unerwünschtes Publikum von Onlinekommunikation betreffen (»Wie besorgt sind Sie, dass Menschen Ihr Profil sehen, von denen sie dies nicht möchten«), zu erfassen. Utz und Krämer (2009) ermitteln Privatheitsbedenken mit fünf Items, ein Beispiel-Item lautet: »Manchmal finde ich es erschreckend, wie viele Informationen über mich im Internet verfügbar sind«. Buchanan, Paine, Joinson und Reips (2007) entwickelten eine 18-Item-Skala zum Erfassen von Online-Privatheitsbedenken, die Aussagen zum Datenmissbrauch und Falschdarstellung sowie Betrug im Internet umfasst. Diese Skala wurde in mehreren Studien verwendet und adaptiert.

Das Privatheitsverhalten wird meistens in Befragungen anhand subjektiver Angaben der Befragten erfasst (Acquisti & Gross, 2006; Stutzman et al., 2012; Tufekci, 2008; Utz & Krämer, 2009). Gemessen werden die Anzahl und Art der Informationen, die Internetnutzerinnen und -nutzer auf ihren Profilen angeben (z. B. Name, Kontaktdaten, Interessen, Beziehungsstatus) und die sie in Status-Updates und Kommentaren mit anderen teilen. Darüber hinaus wird in einigen Studien erfragt, inwiefern die Nutzerinnen und Nutzer technische Einstellungen vornehmen, z. B. um die Sichtbarkeit ihrer Facebook-Profile oder einzelner Posts einzuschränken (Acquisti & Gross, 2006; Tufekci, 2008; Utz & Krämer, 2009). Acquisti und Gross (2006) glichen die Selbstberichte der Befragten zusätzlich mit einer Analyse ihrer Facebook-Profile ab. Eine direkte und objektive Beobachtung der Selbstoffenbarung erfolgte in der Studie von Joinson, Reips, Buchanan und Paine Schofield (2010), in der die Studienteilnehmerinnen und -teilnehmer im Rahmen einer Onlinebefragung aufgefordert wurden, offene Fragen zu intimen Details, wie der Anzahl ihrer bisherigen Sexualpartner zu beantworten. Brandimarte, Acquisti und Loewenstein (2013) führten ein Experiment durch, in dem sie die Probanden dazu aufforderten, sich für ein universitäres soziales Netzwerk zu registrieren, wobei 40 unterschiedlich sensible Angaben auszufüllen waren.

Zentrale empirische Befunde

Acquisti und Grossklags (2004) gehören zu den ersten Wissenschaftlern, die Einstellungen zu Privatheit im Internet im Zusammenhang mit Selbstoffenbarung auf der sozialen Netzwerkplattform Facebook adressierten. Sie wiesen dabei nicht nur auf die Paradoxie hin, sondern erarbeiteten bereits umfassende sozialpsychologische Begründungen. In einer Befragung von Studierenden einer amerikanischen Hochschule stellten Acquisti und Gross (2006) fest, dass Facebook-Nutzer trotz Privatheitsbedenken eine Vielzahl an persönlichen Informationen auf ihren Profilen preisgaben. So hatten von den Befragten, die angaben sich größte Sorgen darum zu machen, dass jemand in fünf Jahren ihre sexuelle Orientierung, den Namen ihres Partners und ihre politische Einstellung herausfinden könnten, 16 Prozent diese Informationen dennoch auf ihren Facebook-Pofilen aufgeführt. Zum Beispiel gaben 48 Prozent ihre sexuelle Orientierung preis.

Auch in nachfolgenden Studien wurde immer wieder festgestellt, dass kein direkter Zusammenhang zwischen Privatheitsbedenken und Privatheitsverhalten im Internet besteht (z. B. Taddicken, 2014). Allerdings wurden zunehmend Randbedingungen untersucht und Drittvariablen identifiziert, die den Zusammenhang zwischen Einstellungen und Verhalten beinflussen. Tufekci (2008) stellte fest, dass Personen, die sich um unerwünschte Mitleser ihrer Kommunikation auf sozialen Netzwerkplattformen sorgen, ihre Privatheit regulieren, indem sie die Sichtbarkeit ihrer Facebook- und Myspace-Profile einschränken. Die Sorge führt jedoch nicht dazu, dass sie weniger Informationen über sich teilen. Allgemeine Sorgen um die Online-Privatheit hatten dagegen weder auf die Sichtbarkeit des Profils noch auf den Grad der Selbstoffenbarung einen Einfluss. Taddei und Contena (2013) zeigten in ihrer Studie, dass Privatheitssorgen allein zwar kein Prädiktor für die Selbstoffenbarung auf sozialen Netzwerkplattformen sind, dass sie jedoch in Interaktion mit dem Vertrauen in Betreiber, Akteure und rechtliche Rahmenbedingungen einen signifikanten Einfluss auf die Selbstoffenbarung haben. Personen, die sich um ihre Privatheit sorgen und ein geringes Vertrauen haben, geben weniger von sich preis.

Es gibt jedoch auch eine Reihe von empirischen Studien, die das Privacy Paradox nicht bestätigen. In diesen Untersuchungen zeigte sich, dass Privatheit und Datenschutz betreffende Bedenken durchaus einen direkten Einfluss auf die Selbstoffenbarung der Nutzer haben (z. B. Debatin, Lovejoy, Horn & Hughes, 2009; Joinson et al., 2010; Krasnova et al., 2010; Stutzman et al., 2012; Utz & Krämer, 2009). So waren Teilnehmer einer Studie, die zunächst angaben, sich Sorgen um ihre Privatheit zu machen, sechs Wochen später weniger bereit, persönliche Informationen, wie z. B. die Zahl ihrer Sexualpartner, zu nennen, als diejenigen, die sich keine Sorgen um ihre Privatheit machten (Joinson et al., 2010).

Kritik

Es ist möglich, dass das Privacy Paradox aufgrund problematischer Operationalisierungen und nicht haltbarer theoretischer Annahmen fälschlicherweise postuliert wird. Eine Grundannahme des Privacy Paradox bezieht sich darauf, dass Einstellungen und Verhalten grundsätzlich in Zusammenhang stehen und kompatibel sind (vgl. ausführlich in Trepte, Dienlin & Reinecke, 2014, S. 231 ff.). Dass dies nicht per se der Fall ist, zeigt eine umfassende Forschungstradition der Sozialpsychologie (Fazio & Roskos-Ewoldsen, 1994). Demnach führen situationale Einschränkungen (z. B. Normen, Gruppendruck) dazu, dass Menschen falsche Einstellungen angeben. Auch die Stärke der Einstellungen determiniert, ob überhaupt ein Einfluss auf das Verhalten messbar wird (Krosnick & Petty, 1995). Nur starke Einstellungen, die auf eigenen Erfahrungen beruhen, erwiesen sich in der bisherigen Forschung als verhaltenswirksam (Tormala, Petty & Brinol, 2002). Darüber hinaus stehen Einstellungen und Verhalten nur in Zusammenhang, wenn sie im Hinblick auf die Spezifität, den Kontext und den in Frage stehenden Inhalt ähnlich sind (Fishbein & Ajzen, 2010). Wenn Menschen beispielsweise zu ihrer Einstellung zum Urteil des Europäischen Gerichtshofs zum »Recht auf Vergessen« befragt werden und äußern, dass sie es begrüßen, dann heißt das im Gegenzug aber nicht unbedingt, dass sie auf Facebook ihre Privacy Settings regelmäßig justieren. Es kann aber bedeuten – denn hier wären Einstellung und Verhalten eher kompatibel –, dass sie sich an einen Provider wenden, um ihre privaten Daten löschen zu lassen, wenn sie nicht mehr auf einer bestimmten Website recherchierbar sein möchten.

In der aktuellen Forschung zum Privacy Paradox geht man diesen Problemen und Annahmen derzeit auf den Grund. Dienlin und Trepte (2015) kritisieren beispielsweise, dass Bedenken und Einstellungen hinsichtlich der Privatheit in der bisherigen Forschung nicht valide operationalisiert wurden. Zum einen werde Privatheit zwar theoretisch als mehrdimensionales Konstrukt verstanden, die untersuchten Einstellungen und spezifischen Verhaltensweisen bildeten diese Multidimensionalität jedoch nicht ab. Zum anderen handle es sich bei Privatheitsbedenken um unipolare, negative Einstellungskomponenten, wohingegen die Einstellung zum Umgang mit Privatheit auf sozialen Netzwerken bipolar sei und sowohl positiv als auch negativ sein könne. Die Autoren erfassen Privatheitsbedenken und Privatheitseinstellungen separat und berücksichtigen dabei (ebenso wie bei der Verhaltensmessung) die Dimensionen informationelle, soziale und physische Privatheit. Bei der multidimensionalen Messung zeigt sich, dass Privatheitseinstellungen das jeweils korrespondierende Privatheitsverhalten vorhersagen. Darüber hinaus wirken Privatheitsbedenken indirekt auf das Privatheitsverhalten, indem sie die Privatheitseinstellungen beeinflussen.

Das Privacy Paradox ist inzwischen in verschiedenen Disziplinen bekannt. Aus medienpsychologischer Perspektive bleibt es ein spannendes Phänomen, weil hier die sozialpsychologische Einstellungsforschung und die psychologische und kommunikationswissenschaftliche Forschung zum Thema Privatheit in einem hochaktuellen Anwendungsbezug – der Nutzung digitaler Medien – miteinander in Beziehung gesetzt werden.

Literatur

Acquisti, A. & Gross, R. (2006). Imagined Communities: Awareness, Information Sharing, and Privacy on the Facebook. In D. Hutchison, T. Kanade, J. Kittler, J. M. Kleinberg, F. Mattern, J. C. Mitchell, ... P. Golle (Eds.), *Lecture notes in computer science. Privacy Enhancing Technologies* (pp. 36–58). Berlin, Heidelberg: Springer Berlin Heidelberg.

Acquisti, A. & Grossklags, J. (2004). Privacy Attitudes and Privacy Behavior. In L. J. Camp & S. Lewis (Eds.), *Advances in Information Security. Economics of Information Security* (pp. 165–178). Boston: Kluwer Academic Publishers.

Altman, I. (1974). Privacy: A conceptual analysis. In S. T. Margulis (Ed.), *Man-environment interactions: Evaluations and applications; The state of the art in environmental design research. Privacy* (pp. 3–28). Stroudsburg, PA: Dowden, Hutchinson & Ross.

Brandimarte, L., Acquisti, A. & Loewenstein, G. (2013). Misplaced confidences: Privacy and the control paradox. *Social psychological and personality science, 4*(3), 340–347.

Buchanan, T., Paine, C., Joinson, A. N. & Reips, U.-D. (2007). Development of measures of online privacy concern and protection for use on the internet. *Journal of the American Society for Information Science and Technology, 58*(2), 157–165.

Burgoon, J. K. (1982). Privacy and communication. In M. Burgoon (Ed.), *Communication yearbook 6* (pp. 206–249). Beverly Hills, CA: Sage.

Debatin, B., Lovejoy, J. P., Horn, A.-K. & Hughes, B. N. (2009). Facebook and online privacy: Attitudes, behaviors, and unintended consequences. *Journal of Computer-Mediated Communication, 15*(1), 83–108.

Dienlin, T. & Trepte, S. (2015). Is the privacy paradox a relic of the past? An in-depth analysis of privacy attitudes and privacy behaviors. *European Journal of Social Psychology, 45*(3), 285–297.

European Commission. (2011). *Special Eurobarometer 359: Attitudes on data protection and electronic identity in the European Union.* Brussels, Belgium: European Commission.

Fazio, R. H. & Roskos-Ewoldsen, D. R. (1994). Acting as we feel: When and how attitudes guide behavior. In S. Havitt & T. C. Brock (Eds.), *Persuasion* (pp. 71–93). Boston: Allyn and Bacon.

Fishbein, M. & Ajzen, I. (2010). *Predicting and changing behavior: The reasoned action approach.* New York, NY: Psychology Press.

Joinson, A. N., Reips, U.-D., Buchanan, T. & Paine Schofield, C. B. (2010). Privacy, trust, and self-disclosure online. *Human-Computer Interaction, 25*(1), 1–24.

Krämer, N. C. & Haferkamp, N. (2011). Online self-presentation: Balancing privacy concerns and impression construction on social networking sites. In S. Trepte & L. Reinecke (Eds.), *Privacy online. Perspectives on privacy and self-disclosure in the social web* (pp. 127–142). Berlin: Springer.

Krasnova, H., Spiekermann, S., Koroleva, K. & Hildebrand, T. (2010). Online social networks: Why we disclose. *Journal of Information Technology, 25*(2), 109–125.

Krosnick, J. A. & Petty, R. E. (1995). Attitude strength: An overview. In Petty, R. J. & J. A. Krosnick (Eds.), *Attitudes strength: Antecedents and consequences* (4th ed., pp. 1–24). Hillsdale, NJ: Erlbaum.

Madejski, M., Johnson, M. & Bellovin, S. M. (2012). A study of privacy settings errors in an online social network. In Tenth Annual IEEE International Conference on Pervasive Computing and Communications (pp. 340–345).

Margulis, S. T. (2011). Three theories of privacy: An overview. In S. Trepte & L. Reinecke (Eds.), *Privacy online. Perspectives on privacy and self-disclosure in the social web* (pp. 9–18). Berlin: Springer.

Park, Y. J. (2013). Digital literacy and privacy behavior online. *Communication Research, 40*(2), 215–236.

Peter, J. & Valkenburg, P. M. (2011). Adolescents' online privacy: Toward a developmental perspective. In S. Trepte & L. Reinecke (Eds.), *Privacy online. Perspectives on privacy and self-disclosure in the social web* (pp. 221–234). Berlin: Springer.

Stutzman, F., Vitak, J., Ellison, N. B., Gray, R. & Lampe, C. (2012). Privacy in interactions: Exploring disclosure and social capital in Facebook. In *Proceedings of the 8th International AAAI Conference on Weblogs and Social Media.* Washington, DC: Association for the Advancement of Artificial Intelligence.

Sundar, S. S., Kang, H., Wu, M., Go, E. & Zhang, B. (2013). Unlocking the privacy paradox: Do cognitive heuristics hold the key? In W. E. Mackay, S. Brewster & S. Bødker (Eds.), *CHI '13 Extended Abstracts on Human Factors in Computing Systems* (pp. 811–816).

Taddei, S. & Contena, B. (2013). Privacy, trust and control: Which relationships with online self-disclosure? *Computers in Human Behavior, 29*(3), 821–826.

Taddicken, M. (2014). The ›privacy paradox‹ in the social web: The impact of privacy concerns, individual characteristics, and the perceived social relevance on different forms of self-disclosure. *Journal of Computer-Mediated Communication, 19*(2), 248–273.

Teutsch, D. & Niemann, J. (2016). Social network sites as a threat to users' self-determination and security: A framing analysis of German newspapers. *Journal of International Communication, 22*(1), 22–41.

Tormala, Z. L., Petty, R. E. & Brinol, P. (2002). Ease of retrieval effects in persuasion: A self-validation analysis. *Personality and Social Psychology Bulletin, 28*(12), 1700–1712.

Trepte, S., Dienlin, T. & Reinecke, L. (2014). Risky behaviors: How online experiences influence privacy behaviors. In B. Stark, O. Quiring & N. Jackob (Eds.), *Von der Gutenberg-Galaxis zur Google-Galaxis* (S. 225–246). UVK: Wiesbaden.

Trepte, S., Teutsch, D., Masur, P. K., Eicher, C., Fischer, M., Hennhöfer, A. & Lind, F. (2015). Do people know about privacy and data protection strategies?: Towards the »online privacy literacy scale« (OPLIS). In S. Gutwirth, R. Leenes & P. d. Hert (Eds.), *Law, governance and technology series: volume 20. Reforming European data protection law.*

Trepte, S. (2016). The paradoxes of online privacy. In E. Vanderhoven, J. Haers & B. Segaert (Eds.), *Youth 2.0: Social Media and Adolescence. Connecting, Sharing and Empowering* (pp. 103–115). Springer: Berlin.

Tufekci, Z. (2008). Can you see me now?: Audience and disclosure regulation in online social network sites. *Bulletin of Science, Technology & Society, 28*(1), 20–36.

Utz, S. & Krämer, N. (2009). The privacy paradox on social network sites revisited: The role of individual characteristics and group norms. *Journal of Psychosocial Research on Cyberspace, 3*(2). Retrieved from http://cyberpsychology.eu/view.php?cisloclanku=2009111001&article=2

Social Capital in elektronischen Medien

Sonja Utz

Worum geht es?

Social capital bezeichnet das Kapital, das aus unserem gesamten sozialen Netzwerk (offline + online) erwächst. Familienmitglieder, Freunde, aber auch vage Bekannte geben uns emotionale Unterstützung und/oder versorgen uns mit wichtigen Informationen. Elektronische Medien helfen, soziale Beziehungen unabhängig von Raum und Zeit zu pflegen und neue Beziehungen aufzubauen.

Forscher haben sich daher schon lange die Frage gestellt, wie sich die Nutzung von elektronischen Medien auf das soziale Netzwerk und damit auch das soziale Kapital auswirkt. Dahinter steckte zunächst die zentrale Frage, ob Online-Beziehungen äquivalent zu Offline-Beziehungen sind oder ob sie Menschen vor allem die Illusion von Beziehungen und sozialem Kapital geben. Seit soziale Netzwerke wie Facebook vor allem dazu genutzt werden, bestehende Kontakte zu pflegen, hat sich der Fokus mehr auf die Rolle von engen und weniger engen Beziehungen konzentriert.

Darstellung der Annahmen

Es existieren viele Definitionen von sozialem Kapital in unterschiedlichen Disziplinen (Soziologie, Politkwissenschaft, Ökonomie). Bourdieu und Wacquant (1992) definieren soziales Kapital als »the sum of the resources, actual or virtual, that accrue to an individual or a group by a virtue of possessing a durable network of more or less institutionalized relationships of mutual acquaintance and recognition« (p. 119). Adler und Kwon (2002) kritisieren, dass solche Definitionen nicht zwischen der Quelle (dem Inhalt und der Struktur des sozialen Netzwerks) und den Folgen (die erhaltenen Ressourcen: Information, Einfluss, Solidarität) unterscheiden und tun dies in ihrem Ansatz.

Wenn es um die Struktur des Netzwerks geht, wird in der Soziologie meist zwischen sogenannten strong ties und weak ties unterschieden. Strong ties bezeichnen die engeren Bindungen mit Familienmitgliedern und guten Freunden, während weak ties die loseren Kontakte mit Bekannten, Exkollegen, ehemaligen Mitschülern usw. bezeichnen. Eine ähnliche Einteilung, die die Netzwerkstruktur noch stärker berücksichtigt, ist die in bonding und bridging ties. Die bonding ties bezeichnen wiederum die engeren Bindungen. Bridging ties bezeichnen die schwächeren Bindungen, die ihrerseits Verbindungen zu anderen Gruppen herstellen, also Brücken zwischen verschiedenen Gruppen im Netzwerk bilden. Die Basisannahme ist, dass die *strong/bonding ties* vor allem für emotionale Unterstützung sorgen, während die *weak/bridging ties* vor allem nicht redundante Informationen liefern (Granovetter, 1973). Auf der Ebene der Gesellschaft erhöhen *bonding ties* das Vertrauen in Mitmenschen und führen *bridging ties* zu höherem gesellschaftlichen und politischen Engagement (Adler & Kwon, 2002).

Als das Internet aufkam und computervermittelte Kommunikation in (überwiegend textbasierten) virtuellen Gemeinschaften populär wurde, bildeten sich zunächst zwei Lager: Auf der einen Seite standen Kulturpessimisten, die befürchteten, dass Online-Beziehungen nur oberflächliche Scheinkontakte sind, die wirkliche Gemeinschaft und soziales Kapital ersetzen (Beniger, 1987; Putnam, 2000). Auf der anderen Seite standen Technologieoptimisten, die in den neuen Kommunikationsformen Potenzial zur Vergrößerung des sozialen Kapitals sahen, gerade da das Internet damals vor allem zur Erweiterung des sozialen Netzwerkes genutzt wurde (Wellman & Gulia, 1999; Wellman, Haase, Witte & Hampton, 2001).

Mittlerweile sind vor allem soziale Netzwerke wie Facebook populär. Hier pflegen Menschen vor allem bestehende Kontakte, so dass die Grenze zwischen Online- und Offline-Kontakten zunehmend verschwimmt. Die Grundannahme hier ist, dass soziale Medien helfen, soziales Kapital zu pflegen und zu vergrößern. Zum einen ist es durch soziale Medien einfacher, mit einer Vielzahl von Kontakten (v. a. *weak ties*) in Verbindung zu bleiben oder schlafende Kontakte zu reaktivieren. Zum anderen wird angenommen, dass das regelmäßige Lesen der Status-Updates oder Tweets sogenannte *ambient awareness* kreiert – ein Gefühl dafür, wer im Netzwerk sich gerade womit beschäftigt, das zu einer kognitiven Repräsentation von »wer-weiß-was« beitragen kann (Leonardi & Meyer, 2015). Daneben wird angenommen, dass der regelmäßige, wenn auch flüchtige Kontakt über soziale Medien das Vertrauen und die Bindungsstärke erhöht und auch dadurch den Austausch von Informationen begünstigt (Fulk & Yuan, 2013).

Typische Methodik

Soziologen interessieren sich meist mehr für die Indikatoren sozialen Kapitals auf der gesellschaftlichen Ebene. Frühe Studien haben daher oft generelle Indikatoren wie politisches Engagement oder Vertrauen in andere Menschen mit der Häufigkeit der Internetnutzung korreliert; hierbei wurde höchstens relativ grob zwischen verschiedenen Arten der Internetnutzung differenziert (z. B. asynchrone vs. synchrone Kommunikation; Kraut et al., 1998; Wellman et al., 2001). 2006 hat Williams eine Skala entwickelt, die soziales *bonding* und *bridging capital* sowohl online als auch offline misst (z. B. »Wenn ich mich einsam fühle, gibt es mehrere Personen online/offline, mit denen ich reden kann« für *bonding capital* oder »Mit anderen online/offline reden führt dazu, dass ich neue Sachen ausprobieren will« für *bridging capital*). Studien, die diese Skala verwendeten, verglichen häufig die Nutzer und Nichtnutzer einer bestimmten Plattform, z. B. Facebook (Lampe, Vitak & Ellison, 2013). Wieder andere Studien verwenden die Nutzungsintensität einer Plattform als Prädiktor für soziales Kapital (Ellison, Steinfield & Lampe, 2007; Valenzuela, Park & Kee, 2009). Die Mehrheit der Studien sind Querschnittstudien; Längsschnittstudien bilden die Ausnahme (Steinfield, Ellison & Lampe, 2008).

Zentrale empirische Befunde

In frühen Studien zu virtuellen Gemeinschaften wurde soziales Kapital nicht explizit erfasst, sondern eher Freundschaften (die als Indikator für *bonding capital* gelten könnten). Schon frühe Studien zu virtuellen Gemeinschaften wie Newsgruppen oder *multi-user dungeons*, textbasierten Abenteuerrollenspielen, zeigten, dass Nutzer Freundschaften und damit *bonding capital* aufbauen können (Parks & Floyd, 1996; Utz, 2003). Andere Studien erfassten nur allgemein die Dauer, aber nicht die Art der Internetnutzung. Obwohl erste Befunde auf geringeres gesellschaftliches Engagement oder höhere Einsamkeit unter Internetnutzern hindeuteten (Kraut et al., 1998), konnten diese Befunde später nicht repliziert werden (Kraut et al., 2002). Dies deutet darauf hin, dass positive Effekte der Internetnutzung auf soziales Kapital erst dann auftreten, wenn genug Menschen aus dem Freundes- und Bekanntenkreis das Internet ebenfalls nutzen.

Differenziertere Studien fokussieren nicht auf Internetnutzung allgemein, sondern auf die Nutzung bestimmter Dienste. Für Spieler von Massively Multiplayer Online Role-Playing Games MMORPGs wurde erhöhtes online *bonding* und *bridging capital* berichtet, vor allem, wenn sie in Gruppen spielten (Trepte, Reinecke & Juechems, 2012; Zhong, 2011). Befunde für die Auswirkungen von MMORPGs auf *offline capital* sind gemischt; hier scheinen Moderatorvariablen wie harmonische vs. obsessive Leidenschaft für Gaming eine Rolle zu spielen (Utz, Jonas & Tonkens, 2012). Für Personen, die eine harmonische Leidenschaft für MMORPGs haben, d. h., bei denen sich die Begeisterung für MMORPGs noch in Einklang bringen ließ mit anderen Lebensbereichen, zeigten sich keine negativen Effekte der MMORG-Nutzung auf *offline bonding capital.* Personen mit einer obsessiven Leidenschaft für MMORPGs, d. h. Personen, die andere Lebensbereiche vernachlässigen, verfügten über weniger *offline bonding capital.*

In den letzten Jahren richtete sich die Forschung vor allem auf soziale Netzwerke wie Facebook. Ellison et al. (2007) fanden erstmals einen positiven Zusammenhang zwischen der Intensität der Facebook-Nutzung und sozialem Kapital. Die Effekte auf *bridging capital* waren dabei deutlich höher als die auf *bonding capital ;* das bedeutet, dass auf Facebook vor allem *weak ties* gepflegt bzw. intensiviert werden. Auf der Gesellschaftsebene fanden Valenzuela et al. (2009) höheres Vertrauen und mehr politisches und gesellschaftliches Engagement unter intensiven Facebook-Nutzern. Ein ähnliches Muster berichteten auch Hampton, Sessions Goulet, Rainie, und Purcell (2011) in einem Vergleich von Facebook-Nutzern mit Nichtnutzern. Neuere Studien untersuchen gezielt spezifische Effekte wie den Erhalt von Informationen und fokussieren auf spezifische Plattformen und Nutzungsmuster (z. B. Bitten um Hilfe in Facebook-Status-Updates, Ellison, Gray, Vitak, Lampe & Fiore, 2013) und zeigten, dass soziale Netzwerke eine Quelle von Informationen und sozialer Unterstützung sein können.

Während so gut wie alle Studien zur Netzwerkstruktur zeigen, dass vor allem der Kontakt zu *weak ties* durch soziale Medien intensiviert wird, ließ sich die klassische Annahme, dass die *strong ties* für die emotionale Unterstützung und die *weak ties* für den Erhalt von Information zuständig sind, nicht immer bestätigen. Manche Autoren fanden, dass es vor allem die *strong ties* sind, die alle Arten von sozialem Kapital gewähren (Burke & Kraut, 2013; Krämer, Rösner, Eimler, Winter & Neubaum, 2015), während andere Autoren berichten, dass nun auch die schwächeren Kontakte emotionale Unterstützung gewähren (Rozzell et al., 2014).

Kritik

Vor allem frühe Studien differenzierten nicht ausreichend zwischen verschiedenen Formen der Internetnutzung. Diese sollten zumindest als potenzielle moderierende Variablen erfasst werden. Viele Studien verwenden die Nutzungsintensität als Prädiktor für soziales Kapital, während Soziologen die Größe und Struktur des sozialen Netzwerks als Quelle von sozialem Kapital betrachten. Bislang liegen zudem kaum Längsschnittstudien vor; es ist also schwierig zu sagen, ob die Nutzung elektronischer Medien das soziale Kapital erhöht oder ob Personen mit einem größeren Netzwerk und sozialem Kapital auch eher elektronische Medien nutzen, um ihr soziales Kapital zu pflegen.

Die Williams-Skala (Williams, 2006) ist vor kurzem in die Kritik geraten, da sie nicht sauber zwischen *Bonding-* und *Bridging*-Kapital trennt und nur geringe Korrelationen mit traditionellen soziologischen Maßen von sozialem Kapital aufweist (Appel et al., 2014). Zudem wurde sie in vielen Facebook-Studien oft modifiziert und auf bestimmte Online-/Offline-Kontakte eingeschränkt, z. B. Studierende einer bestimmten Universität (Ellison et al., 2007), so dass sich die Frage stellt, ob in diesen Studien tatsächlich soziales Kapital gemessen wurde oder eher die Verbundenheit mit der Universität oder soziale Unterstützung als eine spezifische Facette von sozialem Kapital. Generell fokussieren die meisten Studien eher auf die emotionale Unterstützung oder auf Variablen wie Vertrauen und politisches Engagement – der Erhalt nicht redundanter Information wurde eher vernachlässigt bzw. nur in konzeptuellen Arbeiten zu sozialen Medien im Unternehmen behandelt (Fulk & Yuan, 2013; Majchrzak, Faraj, Kane & Azad, 2013). Die Mehrheit der Studien zu sozialen Medien bezieht sich auf Facebook; die Ergebnisse können daher nur eingeschränkt auf Plattformen, auf denen es gebräuchlicher ist, mit *weak ties* oder gar Fremden zu kommunizieren (z. B. Xing, LinkedIn, Twitter), übertragen werden.

Trotz dieser Kritik an einzelnen Studien bleibt festzuhalten, dass demonstriert werden konnte, dass elektronische Medien, insbesondere soziale Netzwerke, es vereinfachen, mit einer Vielzahl von Personen in Kontakt zu bleiben, und dadurch das Potenzial bieten, das soziale Kapital zu erhöhen. Da es sich bei sozialem Kapital um ein multidimensionales Konstrukt und bei sozialen Medien um ein junges Forschungsfeld handelt, sind jedoch noch differenziertere Studien nötig und in den nächsten Jahren zu erwarten.

Literatur

Adler, P. S. & Kwon, S.-W. (2002). Social capital: Prospects for a new concept. *Academy of Management Review, 27(1)*, 17–40.

Appel, L., Dadlani, P., Dwyer, M., Hampton, K., Kitzie, V., Matni, Z. A., ... Teodoro, R. (2014). Testing the validity of social capital measures in the study of information and communication technologies. *Information, Communication & Society, 17*(4), 398–416.

Beniger, J. R. (1987). Personalization of mass media and the growth of pseudo-community. *Communication Research: An International Quarterly, 14*(3), 352–371.

Bourdieu, P. & Wacquant, L. J. D. (1992). *An invitation to reflexive sociology*. Chicago: University of Chicago Press.
Burke, M. & Kraut, R. (2013). Using Facebook after losing a job: Differential benefits of strong and weak ties. In *Proceedings of the 2013 conference on Computer supported cooperative work* (pp. 1419–1430). ACM.
Ellison, N. B., Gray, R., Vitak, J., Lampe, C. & Fiore, A. (2013). Calling all Facebook friends: Exploring requests for help on Facebook. In *Association for the Advancement of Artificial Intelligence*. Retrieved from http://www-personal.umich.edu/
Ellison, N. B., Steinfield, C. & Lampe, C. (2007). The benefits of Facebook »friends«: Social capital and college students' use of online social network sites. *Journal of Computer-Mediated Communication, 12*(4), 1143–1168.
Fulk, J. & Yuan, Y. C. (2013). Location, motivation, and social capitalization via enterprise social networking. *Journal of Computer-Mediated Communication, 19*(1), 20–37.
Granovetter, M. S. (1973). The strength of weak ties. *American Journal of Sociology, 78 (6)*, 1360–1380.
Hampton, K. N., Sessions Goulet, L., Rainie, L. & Purcell, K. (2011). *Social networking sites and our lives*. Retrieved from http://www.pewinternet.org/Reports/2011/Technology-and-social-networks.aspx
Krämer, N. C., Rösner, L., Eimler, S., Winter, S. & Neubaum, G. (2015). Let the weakest link go! Empirical explorations on the relative importance of weak and strong ties on social networking sites. *Societies*.
Kraut, R., Kiesler, S., Boneva, B., Cummings, J., Helgeson, V. & Crawford, A. (2002). Internet Paradox Revisited. *Journal of Social Issues, 58*(1), 49–74.
Kraut, R., Patterson, M., Lundmark, V., Kiesler, S., Mukopadhyay, T. & Scherlis, W. (1998). Internet paradox: A social technology that reduces social involvement and psychological well-being? *American Psychologist, 53*(9), 1017–1031.
Lampe, C., Vitak, J. & Ellison, N. (2013). *Users and nonusers: Interactions between levels of Facebook adoption and social capital*. Paper presented at the CSCW 2013, San Antonio, Texas.
Leonardi, P. M. & Meyer, S. R. (2015). Social media as social lubricant: How ambient awareness eases knowledge transfer. *American Behavioral Scientist*, *59*, 10–34.
Majchrzak, A., Faraj, S., Kane, G. C. & Azad, B. (2013). The contradictory influence of social media affordances on online communal knowledge sharing. *Journal of Computer-Mediated Communication, 19*(1), 38–55.
Parks, M. R. & Floyd, K. (1996). Making friends in cyberspace. *Journal of Computer Mediated Communication, 1*(4).
Putnam, R. D. (2000). *Bowling alone: The collapse and revival of American community*. Simon and Schuster.
Rozzell, B., Piercy, C. W., Carr, C. T., King, S., Lane, B. L., Tornes, M., … Wright, K. B. (2014). Notification pending: Online social support from close and nonclose relational ties via Facebook. *Computers in Human Behavior, 38*, 272–280.
Steinfield, C., Ellison, N. B. & Lampe, C. (2008). Social capital, self-esteem, and use of online social network sites: A longitudinal analysis. *Journal of Applied Developmental Psychology, 29*(6), 434–445.
Trepte, S., Reinecke, L. & Juechems, K. (2012). The social side of gaming: How playing online computer games creates online and offline social support. *Computers in Human Behavior, 28*(3), 832–839.
Utz, S. (2003). Social identification and interpersonal attraction in MUDs. *Swiss Journal of Psychology, 62*(2), 91–101.
Utz, S., Jonas, K. J. & Tonkens, E. (2012). Effects of passion for massively multiplayer online role-playing games on interpersonal relationships. *Journal of Media Psychology, 24*(2), 77–86.
Valenzuela, S., Park, N. & Kee, K. F. (2009). Is there social capital in a social network site?: Facebook use and college students' life satisfaction, trust, and participation. *Journal of Computer Mediated Communication, 14*(4), 875–901.

Wellman, B. & Gulia, M. (1999). Net surfers don't ride alone: Virtual communities as communities. In M. A. Smith & P. Kollock (Eds.), *Communities in cyberspace* (pp. 167–194). London: Routledge.
Wellman, B., Haase, A. Q., Witte, J. & Hampton, K. (2001). Does the Internet increase, decrease, or supplement social capital? Social networks, participation, and community commitment. *American Behavioral Scientist, 45*(3), 436–455.
Williams, D. (2006). On and off the 'net: Scales for social capital in an online era. *Journal of Computer-Mediated Communication, 11*(2). Retrieved from http://jcmc.indiana.edu/vol11/issue2/williams.html
Zhong, Z.-J. (2011). The effects of collective MMORPG (Massively Multiplayer Online Role-Playing Games) play on gamers' online and offline social capital. *Computers in Human Behavior, 27*(6), 2352–2363.

Mass Interpersonal Persuasion

Tina Ganster und German Neubaum

Worum geht es?

Im Sommer 2014 ließ sich im Internet eine Spendenkampagne der besonderen Art beobachten: Tausende von Menschen luden auf sozialen Netzwerkplattformen Videos von sich hoch, auf denen sie sich einen Eimer Eiswasser über den Kopf schütteten und drei weitere Personen »nominierten«, es ihnen innerhalb von 24 Stunden gleichzutun. Darüber hinaus sollte jede/r Teilnehmende eine gewisse Geldsumme für die Erforschung der seltenen Nervenkrankheit Amyotrophe Lateralsklerose (ALS) spenden. Wer von den Nominierten die Eisdusche verweigerte, wurde dazu aufgefordert, eine größere Geldsumme für den gleichen Zweck zu spenden. Das Ergebnis dieser viralen Internetaktion namens *Ice Bucket Challenge* war nicht nur eine große Anhäufung privater Spenden für einen guten Zweck, sondern die Sensibilisierung hinsichtlich dieser seltenen Krankheit. Dabei ist die Ice Bucket Challenge 2014 nur ein Beispiel für das, was Fogg (2008) unter *Mass Interpersonal Persuasion* versteht, nämlich eine neue Form des sozialen Einflusses, wie sie erst im Zeitalter von sozialen Medien möglich geworden ist. Durch die Vernetzungsmöglichkeiten, die Internetplattformen wie Facebook bieten, haben Privatpersonen (und nicht nur professionelle Kommunikatoren wie in traditionellen Massenmedien) die Möglichkeit, eine Masse von Menschen auf Informationen, Aktionen oder mögliche Meinungen aufmerksam zu machen. Die Beeinflussung durch Bezugsgruppen wie Freunde und Bekannte, kombiniert mit der Aufmerksamkeit einer Masse, kann dabei so kraftvoll sein, dass sich Menschen auf diese Weise gegenseitig mobilisieren, z. B. für einen guten Zweck zu spenden, sich einer politischen Gruppe anzuschließen oder sich die neueste App herunterzuladen.

Darstellung der Annahmen

Das zentrale Postulat des Konzepts Mass Interpersonal Persuasion (Fogg, 2008) ist, dass sich Menschen durch technologische Bedingungen neuer Medien in vereinfachter Form und mit einer größeren Reichweite gegenseitig von neuen Ideen, Meinungen, Kampagnen und/oder Verhaltensweisen überzeugen können. Diese zwischenmenschliche Persuasion kann auf einer vernetzten Plattform wie Facebook einen Dominoeffekt auslösen und damit eine Masse an Menschen erreichen.

In seinen Beschreibungen skizziert Fogg (2008) die Rahmenbedingungen dieses besonderen Persuasionsprozesses und geht dabei auf die Spezifika von neuen Technologien ein:

1. *Persuasives Ereignis* (Persuasive Experience): Zu Beginn des Prozesses steht eine Botschaft oder ein Ereignis, das Menschen von einer Idee, einem Objekt, einer Meinung oder einer Aktion überzeugen soll. Diese Botschaft wird persuasiv »eingerahmt«, so dass der Begleittext oder dazugehörige Kommentare entsprechende Aufforderungen beinhalten wie »Together we can fight Global Warming!« (Fogg, 2008, S. 27). Hierbei werden Strategien angewandt, wie sie aus der klassischen Persuasionsforschung bekannt sind: So kommen z. B. Moralappelle, Aufrufe zur Kooperation oder Komplimente zum Einsatz. Eine Reaktion des Empfängers wird zusätzlich durch die Norm der Reziprozität, also das ungeschriebene Gesetz, dass man auf Anfragen oder Einladungen einer anderen Person reagiert, provoziert (Weiksner, Fogg & Liu, 2008).
2. *Automatisierte Struktur* (Automated Structure): Durch die strukturellen Charakteristika neuer Technologien ist es Nutzern möglich, das persuasive Ereignis dauerhaft virtuell »weiterzureichen«, etwa durch die technische Möglichkeit zu »teilen«, zu empfehlen oder Einladungen zu verschicken. Dabei erfordert die Zustellung für den Sender nur wenige Klicks und auch der Empfänger kann einer entsprechenden Einladung mit einfachen Handgriffen folgen.
3. *Soziale Verbreitung* (Social Distribution): Bei diesem Schritt trägt das Spezifikum von sozialen Technologien zum Prozess bei. Die Netzwerkstruktur von Plattformen wie Facebook ermöglicht, dass eine Person z. B. zehn ihrer Freunde von einer Aktion überzeugt, die wiederum selbst ihre Freunde dazu einladen. Hierbei ist besonders wichtig, dass die »Quelle« bzw. der »Vermittler« der persuasiven Botschaft eine Person ist, der man vertraut. Über die Postulate von Fogg (2008) hinaus ist es vorstellbar, dass nicht nur das Vertrauen, sondern auch die Beziehungsstärke und Nähe zu dieser Person zur Persuasion beiträgt (vgl. Brown & Reingen, 1987). Folgt man sozialpsychologischen Theorien, so ist im Sinne der Konformität anzunehmen, dass die soziale Verbreitung durch zwei zentrale Motive der einzelnen User angetrieben wird: Eine Person folgt einer persuasiven Botschaft, (1) weil sie den sozialen Erwartungen gerecht werden möchte (normativer sozialer Einfluss) oder (2) weil sie das Richtige tun will und an das Wissen der »Vorreiter«

glaubt (informativer sozialer Einfluss; vgl. Deutsch & Gerard, 1955). Laut Fogg (2008) schafft eine Plattform wie Facebook, in der man mit Freunden vernetzt ist, eine vertrauensvolle Umgebung, in der man sich Botschaften oder Anfragen einfacher annimmt. Glaubwürdigkeitszuschreibungen werden hier schneller vorgenommen, weil User anzunehmen scheinen, dass fragwürdige Aktionen in diesem Umfeld schnell enttarnt werden.

4. *Schneller Zyklus* (Rapid Cycle): Damit es zu einer Massenreaktion kommt, bedarf der Persuasionsprozess einer gewissen Schnelligkeit, die eine Spirale an Enthusiasmus und Engagement auslöst. Sieht man, dass 100 000 Menschen innerhalb eines Tages eine Online-Petition unterschrieben haben, wird ein Momentum geschaffen, sich an dieser Petition ebenfalls zu beteiligen.
5. *Massenvernetzung* (Huge Social Graph): Ein Persuasionsprozess kann nur dann eine Masse erreichen, wenn innerhalb der Technologie die Möglichkeit besteht, dass das persuasive Ereignis von einem Netzwerk einzelner Personen in das nächste springt. Je größer das Gesamt-Netzwerk ist, desto größer ist das Potenzial einer massenhaften Persuasion.
6. *Messbare Wirkung* (Measured Impact): Die Mass Interpersonal Persuasion setzt ebenfalls voraus, dass für jeden User die Reichweite und die letztliche Wirkung des persuasiven Ereignisses sichtbar ist. Demnach sollte der Empfänger überblicken können, wie viele Menschen in welchem Zeitraum beispielsweise einer Gruppe beigetreten sind, einem Beitrag zugestimmt oder eine App runtergeladen haben. Angesichts dieser Fakten kann auch die *Bandwagon-Heuristik* im Sinne von »wenn viele es getan haben, wird es schon gut sein« (vgl. Fu, 2012; Sundar, Xu & Oeldorf-Hirsch, 2009) zum Tragen kommen und die »Persuasionsspirale« antreiben.

Fogg (2008) postuliert, dass es diese Komponenten schon vereinzelt in älteren Technologien gab, aber alle sechs in dieser Kombination erst bei sozialen Netzwerkplattformen wie Facebook zu finden sind. In diesem Zuge grenzt er die Mass Interpersonal Persuasion vom Konzept der Viralität ab: Zwar sei virales Marketing ebenfalls an eine persuasive Nachricht und eine soziale Verbreitung gebunden, eine virale Entwicklung könne aber beispielsweise auch ohne automatisierte Struktur und ohne Massenvernetzung stattfinden (welche aber für eine Mass Interpersonal Persuasion notwendig sind).

Diese sechs Komponenten werden laut Fogg (2008) auch zukünftige Technologien beinhalten und damit Mass Interpersonal Persuasion weiterhin möglich machen.

Typische Methodik

Bisherige Studien zum Thema decken ein breites Spektrum an methodischen Ansätzen ab. Ein aktuell häufig genutzter Ansatz ist die Methode des Feldexperiments, bei dem randomisiert gebildeten Gruppen von Nutzern im Netzwerk unterschiedliche Stimuli präsentiert werden, um daraufhin die Wirkung auf deren Online- und Offline-Verhalten zu beobachten. Ein Beispiel ist eine Studie von Bond und Kollegen (2012), die Nutzerinnen mit unterschiedlichen Informationen über eine aktuelle Kongresswahl in den USA und dem entsprechenden Verhalten ihrer Freunde konfrontierten. Diese Methodik, die nicht selten die Zusammenarbeit mit den jeweiligen Plattformbetreibern voraussetzt (z. B. Muchnik, Aral & Taylor, 2013), hat unterschiedliche Vorteile: Zum einen ist eine hohe externe Validität gegeben (z. B. sind die Ergebnisse gut auf eine natürliche Situation generalisierbar), zum anderen erlaubt sie den Rückgriff auf sehr viele Teilnehmende und damit große Datenmengen (»Big Data«; Diebold, 2012), was sich positiv auf die Generalisierbarkeit der Ergebnisse auswirkt. Feldexperimente haben jedoch den Nachteil, dass störende Umgebungsvariablen nur schwer kontrolliert werden können (geringe interne Validität). Darüber hinaus kann es je nach Thema und induziertem Verhalten problematisch sein, dass es oft nicht möglich ist, das Einverständnis der Teilnehmenden einzuholen, wie es beispielsweise die ethischen Richtlinien der Deutschen Gesellschaft für Psychologie (2014) vorsehen. Weitere Vorteile des Feldexperiments zeigen sich jedoch besonders in der Verknüpfung mit der Methode der sozialen Netzwerkanalyse, bei der quantitative Eigenschaften der Beziehungen zwischen Nutzern betrachtet werden – beispielsweise die Interaktionshäufigkeit auf der Plattform. Auch hier können potenziell sehr viel größere Datenmengen gesammelt und ausgewertet werden, als es bei entsprechender Datenerhebung per Fragebogen der Fall wäre. Gleichzeitig lassen sich jedoch latente Konstrukte wie z. B. eine Einstellung oder interpersonelle Attraktion nur sehr schwer auf diese Weise operationalisieren und messen. Laborstudien hingegen erlauben in der Regel die Nutzung von Selbstauskunftsfragebögen, mit Hilfe derer die Erfassung solcher Variablen ermöglicht wird. Auch hier wurden bereits experimentelle Studien durchgeführt, bei denen Handlungen oder Bewertungen von Freunden auf sozialen Plattformen simuliert und variiert wurden (z. B. Knoll, 2013), während die Konformitätsreaktion und die Charakteristika der Beziehung entsprechend subjektiv per Fragebogen erfasst wurden (z. B. Ganster, 2014). Vor- und Nachteile verhalten sich hier orthogonal zu denen des Feldexperiments: Während das Laborexperiment eine hohe interne Validität aufweist, ist die Generalisierbarkeit begrenzt und gerade die glaubhafte Einbindung real existierender Beziehungen im Online-Netzwerk stellt die Laborforschung vor gewisse Herausforderungen.

Zentrale empirische Befunde

Während Fogg (2008) das Phänomen der Mass Interpersonal Persuasion mit anekdotischen Berichten untermalt, liegen bereits erste empirische Befunde vor, die das Potenzial sozialer Einflussprozesse durch soziale Netzwerkplattformen mit unterschiedlichen methodischen Ansätzen untersuchen. Besonders hervorzuheben ist hier eine Studie von Bond und Kollegen (2012), welche im Zuge der US-Kongresswahlen ein groß angelegtes Feldexperiment (mit 61 Millionen Teilnehmenden) auf Facebook durchführten. Sie konnten zeigen, dass die Darstellung der Wahlhandlung von Facebook-Freunden und -Freundinnen (durch einen »Ich habe gewählt«-Stempel im eigenen Profil) das Interesse am Thema der Wahl sowie die Wahlintention anderer Nutzerinnen verstärkten.

Vor dem Hintergrund, dass »Freund« auf Facebook nicht gleich »Freund« ist (z. B. sind Nutzerinnen unterschiedlicher Bindungsstärke miteinander vernetzt; Lampe, Ellison & Steinfeld, 2006), wurde in unterschiedlichen Studien weiterhin in Betracht gezogen, wie die Art der Beziehung zu den entsprechenden Freunden sich auf den sozialen Einfluss auswirkt. Egebark und Ekström (2011) führten beispielsweise, ebenfalls in einem Feldexperiment auf Facebook, einen direkten Vergleich des Einflusses von Facebook-Freundinnen mit unbekannten Facebook-Nutzerinnen durch. Ihre Ergebnisse zeigten, dass der Like eines guten Freundes oder einer guten Freundin in gleicher Weise das Like-Verhalten der Teilnehmenden beeinflusste wie drei Likes von Unbekannten. Ein einzelner Like von Unbekannten hingegen zeigte keinerlei Wirkung. In dem oben genannten Feldexperiment von Bond und Kollegen (2012) konnte man mit Hilfe der sozialen Netzwerkanalyse feststellen, dass die Stärke der Bindung zu den präsentierten Freunden den Persuasionseffekt positiv beeinflusst; Personen, mit denen man auf Facebook öfter interagiert, üben demnach einen stärkeren Einfluss auf die Bereitschaft aus, selbst einen »Ich-habe-gewählt«-Stempel ins eigene Facebook-Profil zu integrieren. Aral und Walker (2014) betrachteten noch mehr Beziehungsvariablen, die sich mittels sozialer Netzwerkanalyse feststellen lassen: So wurde eine App wahrscheinlicher genutzt, wenn sie bereits von Freundinnen genutzt wurde, die in der gleichen Stadt wohnten oder die gleiche Uni besuchten; keinen Einfluss hingegen hatten Kontakte, mit denen Nutzer häufig gemeinsam auf einem Foto markiert worden waren. Die Autoren interpretieren dies so, dass ein aktuelles, gemeinsames soziales Umfeld möglicherweise stärkere Auswirkungen auf den sozialen Einfluss hat als die tatsächliche Häufigkeit der Interaktion offline. Neben den im Netzwerk beobachtbaren Charakteristika der Beziehung zwischen zwei Nutzerinnen wurden aber auch die persönlich empfundenen Eigenschaften der Beziehung und ihr Einfluss auf Persuasionsprozesse untersucht. So konnte Ganster (2014) feststellen, dass vor allem die wahrgenommene Ähnlichkeit zu der Person, die eine Facebook-Kampagnenseite mit einem Like versehen hatte, bestimmte, ob die Beobachtenden angaben, die Seite selbst liken zu wollen oder die entsprechende Kampagne mit einer Unterschrift unterstützen zu wollen.

Kritik

Auch wenn das Konzept der Mass Interpersonal Persuasion einen Beitrag zur Beschreibung von sozialen Einflussprozessen im Internet leistet, ist es aus theoretischer Sicht bislang noch wenig entwickelt. Während Fogg (2008) stark auf die technologischen Vorbedingungen für eine Mass Interpersonal Persuasion eingeht, sind für eine theoretische Fundierung testbare Thesen zu den (sozial-) psychologischen Prozessen, die durch neue mediale Bedingungen stimuliert werden, notwendig. Die zentrale Herausforderung hierbei wird die theoretische

Verknüpfung zwischen dem individuellen Verhalten (Mikro-Ebene) und einer massenhaften Kettenreaktion (Makro-Ebene) sein.

Aus medienpsychologischer Sicht stellt sich die bislang offene Frage, welche Motive Menschen haben, sich an solchen viralen Online-Aktionen zu beteiligen und inwiefern sich die Motive im zeitlichen Verlauf einer Kettenreaktion wandeln: Ist eine Beteiligung an solchen Aktivitäten Teil der Selbstdarstellung einer Person und/oder ist es der soziale Druck, der Nutzer antreibt mitzuwirken? Die Beantwortung dieser Fragen könnte dazu beitragen, Erklärungsmuster für dieses Phänomen zu finden.

Des Weiteren gibt dieser Ansatz wenig Auskunft über die zwischenmenschlichen Faktoren, die Persuasionsspiralen begünstigen: Welche Art von Beziehung muss zum »Vermittler« einer Nachricht bestehen, damit diese persuasiv wirkt? Ist die interpersonelle Nähe zum »Vermittler« oder dessen Expertise ein entscheidender Faktor? Da erste empirische Befunde auf die Wichtigkeit von interpersonellen Variablen (z. B. die Ähnlichkeit oder soziale Nähe zum Vermittler) hindeuten, erscheint es lohnenswert, diese Faktoren auch aus theoretischer Sicht systematischer zu adressieren.

Literatur

Aral, S. & Walker, D. (2014). Tie strength, embeddedness, and social influence: A large-scale networked experiment. *Management Science, 60*, 1352–1370.

Bond, R. M., Fariss, C. J., Jones, J. J., Kramer, A. D. I., Marlow, C., Settle, J. E. & Fowler, J. H. (2012). A 61-million-person experiment in social influence and political mobilization. *Nature, 489*, 295–298.

Brown, J. J. & Reingen, P. H. (1987). Social ties and word-of-mouth referral behavior. *Journal of Consumer Research, 14*, 350–362.

Deutsch, M. & Gerard, H. B. (1955). A study of normative and informational social influences upon individual judgment. *The Journal of Abnormal and Social Psychology, 51*, 629–636.

Deutsche Gesellschaft für Psychologie (2004). *Ethische Richtlinien der DGPs und des BDP*. Verfügbar unter: http://www.dgps.de/fileadmin/documents/ethikrl2004.pdf

Diebold, F. X. (2012). On the origin(s) and development of the term 'Big Data'. *PIER Working Paper No. 12-037*. Available at SSRN: http://ssrn.com/abstract=2152421 or http://dx.doi.org/10.2139/ssrn.2152421

Egebark, J. & Ekström, M. (2011). Like what you like or like what others like? Conformity and peer effects on Facebook. *Research Institute of Industrial Economics. Working Paper, 886*, 1–26.

Fu, W. (2012). Selecting online videos from graphics, text, and view counts: The moderation of popularity bandwagons. *Journal of Computer-Mediated Communication, 18*, 46–61.

Fogg, B. J. (2008). Mass interpersonal persuasion: An early view of a new phenomenon. In H. Oinas-Kukkonen, P. Hasle, M. Harjumaa, K. Segerstrahl & P. Ohrstrom (Eds.), *Lecture notes in computer science* (pp. 23–34). Berlin and Heidelberg: Springer Berlin Heidelberg.

Ganster, T. (2014). *»Like« what you see? The impact of Facebook Likes against the background of conformity goals and self-presentational concerns*. Dissertation. University of Duisburg-Essen.

Knoll, J. (2013, May). *The context is the message. Social influence of user-generated content on online advertising effects*. Poster Presentation at the annual meeting of the International Communication Association 2013, London, UK.

Lampe, C., Ellison, N. B. & Steinfield, C.(2006). A Face(book) in the crowd: social searching vs social browsing. In *CSCW '06 proceedings of the 2006 20th anniversary conference on computer supported cooperative work* (pp.167–170).
Muchnik, L., Aral, S. & Taylor, S. J. (2013). Social influence bias: A randomized experiment. *Science, 341*, 647–651.
Sundar, S. S., Xu, Q. & Oeldorf-Hirsch, A. (2009). Authority vs. peer: How interface cues influence users. *Proceedings of the international conference extended abstracts on Human factors in computing systems, 27*, 4231–4236.
Weiksner, G. M., Fogg, B. J. & Liu, X. (2008). Six patterns for persuasion in online social networks. In H. Oinas-Kukkonen, P. Hasle, M. Harjumaa, K. Segerståhl & P. Øhrstrøm (Eds.), *Lecture notes in computer science* (pp. 151–163). Berlin and Heidelberg: Springer Berlin Heidelberg.

Common Ground und Grounding

Nikol Rummel und Anne Deiglmayr

Worum geht es?

Simone telefoniert mit Linda, um sie um Hilfe bei einer PowerPoint-Präsentation zu bitten. Simone arbeitet zum ersten Mal mit PowerPoint, während Linda sich bereits gut damit auskennt. »Ich krieg das da oben einfach nicht weg, das kann man irgendwie nicht löschen ...«, sagt Simone und fährt mit ihrer Maus über den obersten Teil der Folie. »Hä?«, macht Linda. Simone fällt ein, dass Linda ihren Bildschirm ja gar nicht sehen kann, und sie erklärt: »Ich meine, ganz oben auf jeder Folie steht derselbe Titel, und den würde ich gerne ändern«. »Ach so«, antwortet Linda, »das musst du im Folienmaster machen.« – »Im was bitte?« – »Im Folienmaster. Ich erklär's dir ...«

Wie man an diesem alltäglichen Dialog sehen kann, genügt es oft nicht, die gleiche Sprache zu sprechen, um sich auf Anhieb zu verstehen. So wie Simone und Linda müssen sich Gesprächspartner vielmehr aktiv um das gegenseitige Verstehen bemühen, insbesondere, wenn die Kommunikation medienvermittelt stattfindet. Zu diesem Bemühen gehört bereits Lindas kurze Rückmeldung eines Verständnisproblems (»Hä?«). Dazu gehört auch, dass Simone daraufhin ihre Erklärung korrigiert und dabei berücksichtigt, dass Linda nicht das Gleiche sieht wie sie selber (ein häufiges Problem bei der medienvermittelten Kommunikation). Im Verlauf des Gespräches etablieren und erweitern sie dabei eine gemeinsame Basis an geteiltem Wissen (z. B. darüber, was ein »Folienmaster« ist).

Diese Basis des gegenseitigen Verstehens wird in der Kommunikationstheorie von Herbert Clark als »common ground« bezeichnet und ist definiert als »the sum of [the partners'] mutual, common or joint knowledge, beliefs, and suppositions« (Clark, 1996, S. 93). Der Common Ground muss zu Beginn einer Kommunikation abgeschätzt und im Laufe der Kommunikation zwischen den Beteiligten immer wieder neu abgestimmt bzw. erweitert werden. Das kontinuierliche, kooperative Bemühen um gelingendes Verstehen nennt Clark auch »grounding« (Clark & Schaefer, 1989). Verschiedene Kommunikationsmedien unterscheiden sich dabei darin, welche Aspekte des Grounding-Prozesses sie unterstützen bzw. welche spezifischen Grounding-Kosten sie verursachen (Clark & Brennan, 1991).

Darstellung der Annahmen

Der Grounding-Prozess umfasst zwei ineinandergreifende Phasen: (1) In der *presentation phase* bringt der Sprecher neue Informationen ins Gespräch ein. Clark geht davon aus, dass Sprecher grundsätzlich bei der Planung einer Äußerung die Perspektive und das Vorwissen ihres Gesprächspartners berücksichtigen (»audience design«; Clark & Murphy, 1982). Diese Antizipation dient als Grundlage für die angemessene Formulierung einer Äußerung. (2) In der *acceptance phase* signalisiert der Gesprächspartner durch verbales Feedback oder nonverbale Signale wie Kopfnicken oder Lächeln seine Aufmerksamkeit und sein Verständnis bzw. weiteren Klärungsbedarf. Der Grounding-Prozess kann und muss dabei nicht bis zu einer vollständigen Übereinstimmung des Wissens der Partner vorangetrieben werden. Vielmehr gibt es immer ein »grounding criterion« (Clark & Schaefer, 1989), eine Art Abbruchkriterium für das Grounding vor dem Hintergrund einer Kosten-Nutzen-Analyse. So wird sich im eingangs beschriebenen Beispiel vermutlich Simones Wissen über den Folienmaster auch bei gelungenem Grounding von Lindas fortgeschrittenem Verständnis unterscheiden. Entscheidend ist, dass der hergestellte Common Ground ausreicht, um das Ziel des Gespräches zu erreichen, also die von Simone gewünschten Änderungen an der PowerPoint-Folie vorzunehmen. Grundsätzlich gilt das Prinzip des »least collaborative effort« (Clark & Brennan, 1991), d.h., die Gesprächspartner sind bestrebt, ihren gemeinsamen Aufwand, die Grounding-Kosten, auf ein Minimum zu beschränken.

Clark und Marshall (1981) nennen drei Heuristiken, die Personen anwenden, um das Wissen ihres Gegenüber einzuschätzen und dadurch den benötigten Aufwand für das Grounding zu minimieren: (1) Die *community membership heuristic* besagt, dass wir auf Grund der Gruppenzugehörigkeit einer Person (z.B. Beruf, Herkunft, Altersklasse) Annahmen über spezifisches geteiltes Wissen (z.B. Fachbegriffe, Orte oder Personen) machen können. (2) Die *physical copresence heuristic* besagt, dass Objekte und Ereignisse in einer geteilten Umwelt als geteiltes Wissen vorausgesetzt werden können. (3) Nach der *linguistic copresence heuristic* kann alles, was im Verlauf des Gesprächs bereits gesagt wurde, als bekannt vorausgesetzt werden.

Das verwendete Kommunikationsmedium hat einen großen Einfluss auf den Aufwand, der für ein erfolgreiches Grounding notwendig ist. Nach Clark und Brennan (1991) lassen sich die Eigenschaften verschiedener Kommunikationsmedien auf acht Dimensionen beschreiben:

- *Copresence*: Befinden sich die Kommunikationspartner im gleichen Raum?
- *Visibility*: Können sie sich sehen?
- *Audibility*: Können sie sich hören?
- *Simultaneity*: Können sie gleichzeitig agieren?
- *Cotemporality*: Erhält der Adressat einer Mitteilung diese unmittelbar, sobald sie gesendet worden ist?
- *Sequentiality*: Bleibt die ursprüngliche Reihenfolge der Mitteilungen erhalten?
- *Reviewability*: Kann auf vergangene Kommunikation zurückgegriffen werden?
- *Revisability*: Kann eine Mitteilung verändert oder korrigiert werden?

In **Tabelle 4.3** werden Face-to-Face-Kommunikation, das Schreiben einer E-Mail und das Kommunizieren in »Virtual Reality« (VR)-Umgebungen wie beispielsweise *Second Life* (http://www.secondlife.com) oder dem Massively Multiplayer Online Role-Playing Game (MMORPG) World of Warcraft (http.battle.net) anhand dieser Dimensionen verglichen.

Tab. 4.3: Vergleich der Medieneigenschaften (Clark & Brennan, 1991) von Face-to-Face-Kommunikation, E-Mail und VR-Umgebungen

Dimension	Face-to-Face	E-Mail	VR-/MMORPG-Umgebung
Copresence	Ja	Nein	»real« nein; aber in virtueller Umwelt
Visibility	Ja	Nein	»reale« Personen nein, Avatare ja
Audibility	Ja	Nein	möglich[1)]
Simultaneity	Ja	Nein	möglich[1)]
Cotemporality	Ja	Nein	möglich[1)]
Sequentiality	Ja	nicht immer	möglich[1)]
Reviewability	Nein	Ja	möglich[1)]
Revisability	Nein	Ja	möglich[1)]

[1)] abhängig von der konkreten Ausgestaltung der VR-Umgebung bzw. von der Wahl zwischen zur Verfügung stehenden Kommunikationskanälen durch den Benutzer

Face-to-Face-Kommunikation besitzt fast alle der von Clark und Brennan genannten Eigenschaften. Die Ausnahme bilden die letzten beiden Dimensionen, welche wiederum typisch für die schriftliche Kommunikation per E-Mail sind: Das E-Mail-Programm archiviert Nachrichten, so dass die Reviewability gegeben ist. Außerdem kann ein Text nach Belieben verändert werden, bevor der Sender ihn losschickt (Revisability). Am Beispiel der VR-Umgebung wird ein weiterer Differenzierungsbedarf innerhalb einzelner Beschreibungsdimensionen deutlich. So können sich Copresence und Visibility einerseits auf reale, andererseits aber auch auf virtuelle Objekte und Personen beziehen.

Der Vergleich zeigt, dass medienvermittelte Kommunikation nicht unbedingt nachteilig gegenüber der Face-to-Face-Kommunikation sein muss. Beispielsweise erweitert die Zusammenarbeit in medienvermittelten Kooperationsumgebungen die *physical copresence heuristic* auf geteilte Anwendungen (»shared applications«) oder virtuelle Objekte. Der mögliche Rückgriff auf archivierte E-Mails verleiht der *linguistic copresence heuristic* eine neue Dimension, da zusätzliche Möglichkeiten der Bezugnahme (z. B. durch wörtliches Zitieren) auf zuvor ausgetauschte Informationen bestehen. Das Fehlen einer real geteilten Umwelt und die räumliche Abwesenheit des Kommunikationspartners erschweren jedoch andererseits die Anwendung der *community membership heuristic.* Auch entfallen bei der medienvermittelten Kommunikation oft die nonverbalen Informationen, welche beim Empfänger-Feedback in der *acceptance phase* eine große Rolle spielen.

Je nachdem, welche Heuristiken und welche Arten von Feedback ein Medium unterstützt, entstehen Grounding-Kosten auf verschiedenen Ebenen: Auf Seiten des Senders entstehen Kosten bei der Produktion sowie bei der Formulierung von Äußerungen. Zum Beispiel ist Tippen aufwändiger als Sprechen, und der Formulierungsaufwand ist bei einer E-Mail höher als bei einem Anruf. Auf Seiten des Empfängers entstehen Kosten für die Aufnahme und das Verstehen einer Äußerung. Zum Beispiel ist Lesen oft aufwändiger als Hören; Handlungsanweisungen sind vielleicht mit Hilfe von deiktischen Gesten leichter zu verstehen. Weitere Kosten entstehen durch Verzögerungen in der Übermittlung, durch Fehler bzw. deren Korrektur oder beim Sprecherwechsel. Laut dem Messaging-Threshold-Ansatz von Reid, Malinek, Stott und Evans (1996) können die mit einem Medium verbundenen Kommunikationskosten die Selektion dieses Mediums bestimmen.

Typische Methodik

Die meisten Studien zur Überprüfung der Theorie von Clark basieren auf der Grundidee der *referential communication task* nach Krauss und Weinheimer (1966). Bei diesem Aufgabentyp hat eine Person (der Sender) eine Reihe von Bildern oder Objekten vor sich und muss diese einer anderen Person (dem Empfänger) möglichst eindeutig beschreiben, so dass der Empfänger die beschriebenen Bilder oder Objekte aus einer Menge anderer herausfinden und/oder in bestimmter Weise anordnen kann. Die von Hansen (2006) verwendete Aufgabe ist ein Beispiel für eine referential communication task in einem medienvermittelten Kommunikationsszenario. Sender und Empfänger sind räumlich getrennt und kommunizieren über einen Audiokanal. Dem Sender liegen neun Bilder in einer Zielanordnung vor (▸ Abb. 4.3). Der Empfänger hat dasselbe Zielraster vor sich, allerdings noch leer. Rechts davon sieht er eine Anzahl von Bildern, unter ihnen auch die neun Zielobjekte, die er entsprechend den Anweisungen des Senders im Raster anordnen soll. Eine besondere Herausforderung besteht darin, dass die Bilder sich nur in einzelnen Details (z. B. Schwanzform der Maus) unterscheiden.

Der Erfolg der Kommunikation, als Zeichen für gelungenes Grounding, kann an unterschiedlichen Prozess- und Ergebnisvariablen gemessen werden. In der Studie von Hansen wurden u. a. die Anzahl korrekt platzierter Bilder, die Anzahl der Nachfragen von Seiten des Empfängers sowie die benötigte Zeit für das Beschreiben und das Zuordnen der Bilder erhoben.

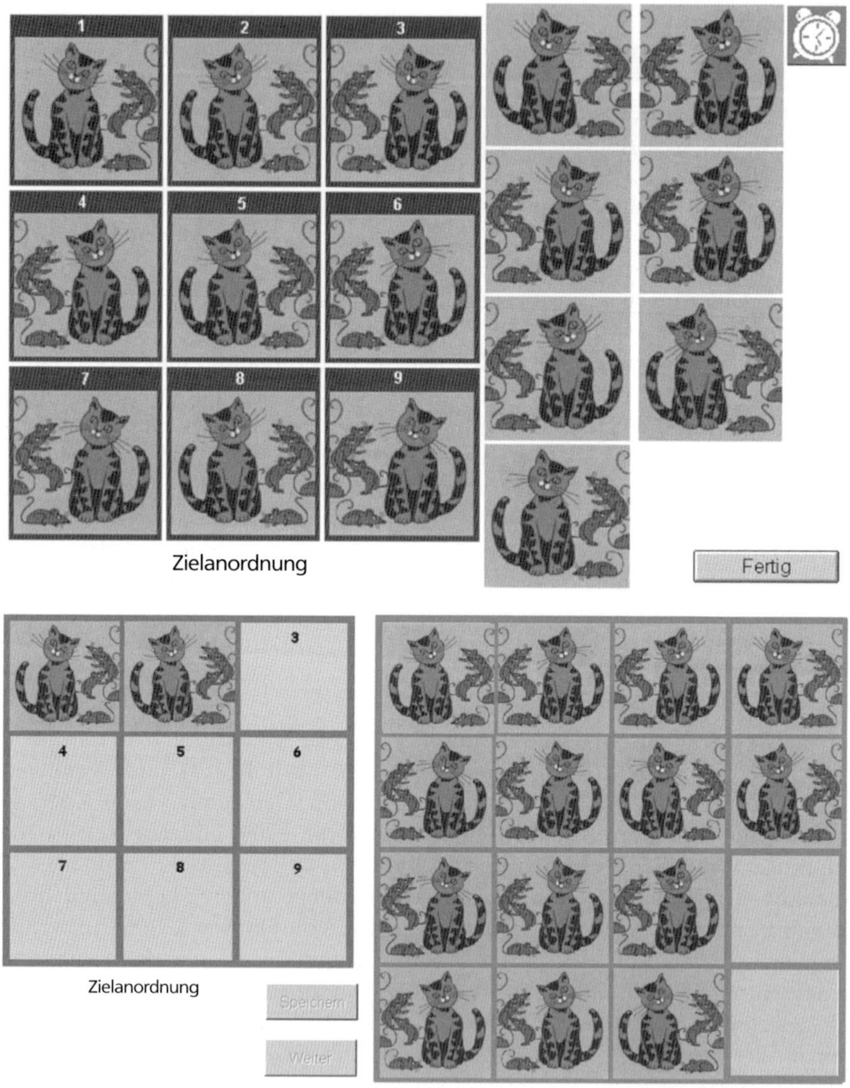

Abb. 4.3: Versuchsaufbau in der von Hansen (2006) verwendeten *referential communication task* (oben: Sender, unten: Empfänger). Die Bilder sind dem Spiel Differix des Ravensburger Spieleverlags entnommen.

Zentrale empirische Befunde

Die Annahmen von Clark und Brennan (1991) zu Unterschieden in den Grounding-Kosten je nach Eigenschaften des Kommunikationsmediums konnten experimentell bestätigt werden. Die bereits eingeführte Studie von Hansen (2006) beispielsweise verglich Bedingungen mit synchroner und asynchroner Kommunikation. Die synchrone Kommunikation ähnelte einem Telefongespräch; in der asynchronen Bedingung sprach der Sender seine Instruktionen auf ein Tonband, welches später vom Empfänger abgehört wurde. Nach Clarks Theorie sollten in der asynchronen Bedingung höhere Grounding-Kosten entstehen, da die Möglichkeit zum Feedback durch den Empfänger nicht gegeben war. Die Ergebnisse des Experiments zeigen, dass dies tatsächlich der Fall war: In der asynchronen Bedingung brauchten die Sprecher länger für die Beschreibung der Bilder, und die Empfänger machten deutlich mehr Fehler bei deren Zuordnung.

Jucks, Bromme und Runde (2003) geben ein Beispiel für eine irrtümliche Anwendung der Physical-Copresence-Heuristik in einem medienvermittelten Szenario. Sie ließen Pharmazeuten per E-Mail eine (standardisierte) Informationsanfrage zum Gebrauch von Abführmitteln beantworten, die entweder von einem Laien oder von einem Ko-Experten (Mediziner) an sie gestellt worden war. Die Ergebnisse zeigten, dass sich die Pharmazie-Experten an der *community membership heuristic* orientierten, also ihre Erklärungen an das vermutete Vorwissen eines Laien bzw. eines Mediziners anpassten. Beispielsweise verwendeten sie in der Kommunikation mit Laien weniger Fachbegriffe und mehr erklärende Beispiele als in der Kommunikation mit Medizinern. Dieser Unterschied verringerte sich allerdings, wenn die Experten beim Verfassen ihrer E-Mail eine fachliche Abbildung vorliegen hatten und wussten, dass diese auch dem Empfänger vorliegen würde. Obwohl die Abbildung viele Fachbegriffe enthielt und für Laien keineswegs selbsterklärend war, behandelten die Experten die in der Abbildung vorkommenden Begriffe fälschlicherweise als Teil des Common Ground.

Andere Forscher betonen, dass Grounding-Prozesse kognitiv aufwändig sind und daher bei hoher kognitiver Belastung zusammenbrechen können. Wu und Keysar (2007) beispielsweise platzierten ihre Probanden vor einem Regal, von dessen Rückseite her ihnen ein Sender Anweisungen erteilte (z. B. »Nimm das Auto aus dem Fach«). Der Inhalt mancher Fächer war für Sender und Empfänger sichtbar (beispielsweise eines mit einem roten Auto), während andere Fächern nur für den Empfänger einsehbar waren (beispielsweise eines mit einem blauen Auto). Durch die Messung der Zeit, die die Empfänger brauchten, um sich für das richtige Objekt zu entscheiden, und der Erfassung von Blickbewegungen in Richtung des richtigen vs. falschen Objektes konnten die Autoren zeigen, dass die Empfänger sich zunächst von den nur für sie sichtbaren Objekten ablenken ließen; teilweise griffen sie sogar nach dem falschen Objekt.

Kritik

Die von Clark und Brennan (1991) identifizierten Medieneigenschaften haben sich als nützlich erwiesen, um Medien relativ grobkörnig zu vergleichen. Sie stoßen in ihrer Differenzierungsfähigkeit allerdings an Grenzen. So wurde bereits bei dem in **Tabelle 4.3** dargestellten Medienvergleich deutlich, dass die Dimensionen Visibility und Copresence nicht zwischen realen und virtuellen Objekten und Personen unterscheiden. In Bezug auf Videokonferenzen weisen Whittaker und O'Conaill (1997) darauf hin, dass sich Visibility nicht nur auf die kommunizierenden Personen (»video-as-connection«), sondern auch auf gemeinsam manipulierte Objekte (»video-as-data«) beziehen kann, um solchermaßen eine geteilte »physische« Umwelt herzustellen. Dabei messen sie der letztgenannten Funktion eine größere Bedeutung für die Unterstützung von kooperativen Aktivitäten zu.

Die Aussagekraft der von Clark und Brennan (1991) beschriebenen Dimensionen wird zusätzlich dadurch eingeschränkt, dass sie rein deskriptiv konzipiert sind und keinerlei qualitative Beurteilung oder Gewichtung vornehmen, die präskriptiv Aufschluss darüber geben könnte, welche Medieneigenschaften besonders wichtig für einen erfolgreichen Grounding-Prozess sind. Entsprechend schwierig ist es, die Beschreibungsdimensionen für die Bewertung von Kommunikationsmedien praktisch nutzbar zu machen. Zu diesem Zweck sind zusätzliche Überlegungen zur Anwendbarkeit der Kommunikationsheuristiken und zu den zu erwartenden Grounding-Kosten notwendig.

Mit Blick auf die gegenwärtige Praxis bei der Nutzung von Kommunikationsmedien lässt sich konstatieren, dass Personen oftmals unterschiedliche Endgeräte (Smartphones, Tablets) und Anwendungen (z. B. WhatsApp, Instagram, Twitter, Skype, Facebook) miteinander verbinden und parallel nutzen. Dadurch entstehen Interaktionsmöglichkeiten, die über die klassischen Formen der Kommunikation hinausgehen. Beispielweise werden direkt übermittelte Nachrichten (Text, Audio oder Video) mit aufgezeichneten Sequenzen kombiniert, was neue Formen der Erfahrung von Copresence und Visibility zu Folge hat. Die Auswirkungen, die diese neuartigen Formen der Kommunikation auf Grounding-Prozesse haben, ist allerdings bislang kaum untersucht.

Literatur

Clark, H. H. (1996). *Using language*. Cambridge: Cambridge University Press.

Clark, H. H. & Brennan, S. E. (1991). Grounding in communication. In L. B. Resnick, J. M. Levine & S. D. Teasley (Eds.), *Perspectives on socially shared cognition* (pp. 127–148). Washington, DC: American Psychological Association.

Clark, H. H. & Marshall, C. R. (1981). Definite reference and mutual knowledge. In A. K. Joshi, B. L. Weber & I. A. Sag (Eds.), *Elements of discourse understanding* (pp. 10–63). Cambridge: Cambridge University Press.

Clark, H. H. & Murphy, G. L. (1982). Audience design in meaning and reference. In J. F. LeNy & W. Kintsch (Eds.), *Language and comprehension* (pp. 287–299).

Clark, H. H. & Schaefer, E. F. (1989). Contributing to discourse. *Cognitive Science, 13 (2)*, 259–294.

Hansen, M. (2006). *Instructional support for individual and collaborative demands on net-based problem-solving in dyads.* Dissertation. Freiburg im Breisgau: Universitätsbibliothek. Verfügbar unter: http://www.freidok.uni-freiburg.de/volltexte/2831/ [15. 02.2008].

Jucks, R., Bromme, R. & Runde, A. (2003). Audience Design von Experten in der netzgestützten Kommunikation: Die Rolle von Heuristiken über das geteilte Vorwissen. *Zeitschrift für Psychologie, 211(2)*, 60–74.

Krauss, R. M. & Weinheimer, S. (1966). Concurrent feedback, confirmation, and the encoding of referents in verbal communication. *Journal of Personality and Social Psychology, 14*, 343–346.

Reid, F. J. M., Malinek, V., Stott, C. J. T. & Evans, J. S. B. T. (1996). The messaging threshold in computer-mediated communication. *Ergonomics, 39*, 1017–1037.

Whittaker, S. & O'Conaill, B. (1997). The role of vision in face-to-face and mediated communication. In K. E. Finn, A. J. Sellen & S. B. Wilbur (Eds.), *Video-mediated communication* (pp. 23–50). Mahwah, NJ: Lawrence Erlbaum.

Wu, S. & Keysar, B. (2007). Cultural effects on perspective taking. *Psychological Science, 18*, 600–606.

Immersive virtuelle Umgebungen: Transformed Social Interaction, Proteus-Effekt und Persuasion

Sabrina Sobieraj und Nicole C. Krämer

Worum geht es?

Immersive virtuelle Umgebungen sind der Öffentlichkeit vor allem aus dem Bereich der Unterhaltungs- und Spieleindustrie bekannt. So sorgten vor allem realistische Achterbahnfahrten mit der Oculus Rift für Aufmerksamkeit auf die neuen Möglichkeiten immersiver Umgebungen. Doch können solche Anwendungen auch für andere Zwecke eingesetzt werden und welche psychologischen Mechanismen können nutzbar gemacht werden? Können solche Technologien beispielsweise zur Persuasion eingesetzt werden? Es stellt sich die Frage, ob in einer virtuellen Umgebung gemachte Erfahrungen persuasiver sein können (um beispielsweise umweltschonendes Verhalten zu fördern) als andere, etwa über Plakate, Zeitungen oder Fernsehen, medial vermittelte Botschaften. Um dem nachzugehen, setzen Ahn, Bailenson und Park (2014) ihre Versuchspersonen drei Versuchsbedingungen aus: Die einen bekamen einen Text zum Thema Umweltschutz, den anderen wurde eine entsprechende Videobotschaft präsentiert, die übrigen wurden in einer immersiven virtuelle Umgebung gebeten, einen virtuellen Baum zu fällen. Die Ergebnisse zeigen, dass die Versuchspersonen in der virtuellen Bedingung im Anschluss im Vergleich zu den anderen Bedingungen 20 % weniger Papier konsumierten.

Die Studie von Ahn und Kollegen ist ein beeindruckendes Beispiel für zwei Dinge: Zum einen demonstriert sie die persuasive Wirkung virtueller Umgebungen resp. Erfahrungen, zum anderen zeigt sie, dass sozial- und medienpsychologische Forschung in eine virtuelle Umgebung eingebettet werden kann, um auf diese Weise ein hohes Maß an experimenteller Kontrolle zu erzielen und dadurch die Bedingungen menschlichen Erlebens und Verhaltens besser zu verstehen. Insbesondere die Forschungsgruppe um Jeremy Bailenson hat in den vergangenen Jahren zahlreiche Studien vorgelegt, die diese Möglichkeit der Nutzung virtueller Umgebungen eindrucksvoll demonstriert. Dabei kann unterschieden werden zwischen der Simulation von Umwelten im Rahmen der Nutzung als persuasive Technologie, dem Proteus-Effekt sowie der Transformed Social Interaction.

Darstellung der Annahmen

Immersive virtuelle Umgebungen zeichnen sich durch ihre künstlich erzeugte sensorische Reizvielfalt aus (vor allem visuell und auditiv), die den Nutzerinnen die Illusion von Realität vermitteln soll. Je mehr Wahrnehmungskanäle angesprochen werden, desto immersiver ist eine virtuelle Umgebung (vgl. den Beitrag zu Presence in diesem Band).

Der zentrale methodische Vorteil der Verwendung von immersiven virtuellen Welten im Rahmen experimenteller Designs wird in der systematischen Kontrollierbarkeit verschiedener Aspekte (z. B. des Kontextes) gesehen. Es ist möglich, verschiedene Situationen nachzustellen, die entweder nur auf das Individuum zentriert sind oder sich auf soziale, interpersonelle Interaktionen beziehen, wodurch die ökologische Validität nicht gefährdet wird (Bailenson, Beall, Loomis, Blascovich & Turk, 2004). Blascovich et al. (2002) postulieren: »In other words, investigators can take apart the very fabric of social interaction using IVET [Immersive Virtual Environment Technology], disabling or altering the operation of its components thereby reverse engineering social interaction. With this approach, social psychologists could systematically determine the critical aspects of successful and unsuccessful social interaction, at least within specified domains and interaction tasks« (S. 47). Blascovich et al. (2002) sehen in den Möglichkeiten sogar ein neues Paradigma für die experimentelle Sozialpsychologie und führen als weitere Vorteile an, dass Replikationen erleichtert werden und durch die zukünftige Verfügbarkeit über das Internet das Stichprobenproblem laborexperimenteller Studien gelöst werden kann.

Als eine der ersten Forschergruppen haben Bailenson, Beall, Loomis, Blascovich und Turk (2005) und Bailenson, Yee, Blascovich und Guadagno (2008). immersive Umgebungen im Sinne der sogenannten Transformed Social Interaction (TSI) nutzbar gemacht. Hierbei geht es zunächst um die Möglichkeit, die Interaktion von zwei oder mehr miteinander kommunizierenden Personen durch automatisierte Verhaltensänderungen am Verhalten der die Personen repräsentierenden Avatare zu verändern (z. B. durch Verlängerung des Anblickens). In diesem Zusammenhang erarbeiten die Autoren ein Rahmenwerk zur systematischen Nutzung virtueller Umgebungen in experimentellen Studien. Es werden drei zentrale Dimensionen unterschieden, die sich in virtuellen Umgebungen gezielt manipulieren lassen: *self-representation, sensory abilities* und *situational context/social environment*. Dabei können die formulierten Dimensionen von Bailenson und Kollegen generell als drei beispielhafte, wenn auch zentrale Faktoren gesehen werden, die sich in virtuellen Umgebungen beeinflussen lassen. Bailenson und Kollegen selbst gehen davon aus, dass durch die strategische Manipulation der drei Dimensionen gezielte soziale Wirkungen ausgelöst werden können, insbesondere in Lehrsituationen oder im Rahmen interpersoneller Persuasion.

Die Dimension des *situational context/social environment* rekurriert auf die grundsätzliche Möglichkeit, Raum und Zeit einer Interaktion in einer virtuellen Umgebung voneinander zu trennen. Gegenstände und Personen können an beliebigen Orten zu beliebigen Zeiten repräsentiert werden. So kann z. B. in einem geschlossenen Laborraum ein virtueller Wald entstehen. *Sensory abilities* beschreibt zunächst die Möglichkeit, die eigenen sensorischen Fähigkeiten gezielt zu erweitern, in dem man z. B. system-generierte Verhaltensdaten seiner Interaktionspartner übermittelt bekommt (z. B. »Wie oft hat mich jemand angelächelt?«). *Self representation* rekurriert auf die Möglichkeit, die äußere Erscheinungsform einer virtuellen Repräsentation, z. B. seiner eigenen oder der des Interaktionspartner, zu variieren. So kann die virtuelle Repräsentation einer Person größer, kleiner, hübscher oder kräftiger gemacht werden, als sie in der realen Welt ist. Auch das nonverbale Verhalten kann variiert werden. Während eine Person im wahren Leben viel lächelt, kann hier systematisch die Wirkung eines Nicht-Lächelns erprobt werden.

In den vergangenen Jahren wurde vor allem der Aspekt der *self-representation* im Sinne der Wirkung der systematischen Variation des virtuellen Erscheinungsbildes fokussiert. Im Rahmen dessen formulieren Yee und Bailenson (2007) den »Proteus-Effekt«. Dieser beschreibt die Wirkung der äußeren Erscheinungsform sowohl auf den virtuellen Interaktionspartner als auch auf die repräsentierte Person selbst. Yee und Bailenson (2007) sehen die virtuelle Repräsentation durch einen Avatar als den zentralen Hinweisreiz an, der die Identität einer Person repräsentieren kann und so das virtuelle Verhalten in sozialen Interaktionen beeinflussen oder leiten kann. Die Forscher gehen weiterhin davon aus, dass die äußere Erscheinung der virtuellen Repräsentation nicht nur in sozialen Interaktionen wirksam werden kann, sondern auch in Situationen, in denen keine weiteren Interaktionspartner vorhanden sind.

Ein weiterer Fokus aktueller Forschung liegt auf der Veränderung des *situational context* und der Nutzbarmachung der virtuellen Welten im Rahmen der Simulation von Umgebungen, die persuasive Erfahrungen ermöglichen. Dabei wird vermutet, dass die persuasive Wirkung virtueller Erfahrungen deshalb funktionieren kann, weil die Versuchungspersonen einen virtuellen, aber direkten Zusammenhang hinsichtlich Ursache und Wirkung beobachten können (Ahn et al., 2014). Die unmittelbare Erfahrung des Ursache-Wirkung-Zusammenhangs soll die Effektivität einer Botschaft gegenüber einer anderen Form der Informationsvermittlung z. B. rein visuell (Text) oder auditiv (Sprachnachricht) verstärken (Ahn, Fox, Dale & Avant, 2014).

Typische Methodik

Abhängig vom konkreten Vorhaben werden zur Einbettung realer Situationen in virtuelle Umgebungen verschiedene Hard- und Software-Komponenten genutzt. Je mehr sensorische Kanäle von der virtuellen Umgebung bedient werden (visuell, auditiv, haptisch, olfaktorisch), als desto immersiver wird die virtuelle Realität wahrgenommen. So kann zum Beispiel visuell ein Wald simuliert werden, in dem verschiedene Naturgeräusche zu hören sind (auditiv) und es nach Holz riecht (olfaktorisch). Dadurch soll es den Nutzerinnen und Nutzern erleichtert werden, die virtuelle Umgebung als alternative Realität zu akzeptieren (vgl. Beitrag zu Präsenzerleben in diesem Band). Die virtuellen Realitäten lassen sich dabei sowohl auf kleinen Bildschirmen abbilden als auch auf raumfüllenden Projektionsflächen. Die oben beschriebenen Konzepte sind allerdings größtenteils auf eine tatsächlich immersive Umgebung angewiesen, wie sie durch das Aufsetzen eines Head Mounted Displays entsteht. Die Nutzer selbst werden durch sensorische Trackingsysteme oder kontaktlose Videoanalysetechnologien in Echtzeit als virtuelle Repräsentationen in die virtuelle Umgebung eingebettet und können in und mit dieser auf unterschiedliche Weise interagieren.

Die durchgeführten Untersuchungen sind ausnahmslos experimentelle Studien, in denen die virtuelle Realität genutzt wird, um systematische Variationen vorzunehmen. Wie im Rahmen der TSI oder des Proteus-Effektes beschrieben, können verschiedene Aspekte als unabhängige Variablen in der virtuellen Realität systematisch variiert werden, wie der Kontext der Simulation oder aber das Erscheinungsbild der virtuellen Repräsentation. Hinsichtlich der Untersuchung der Persuasionswirkung werden vor allem die Art der Botschaft (z. B. Text vs. Simulation) und damit auch die unmittelbare Erfahrung (z. B. nur kognitive Erfahrung beim Lesen des Textes vs. visuelles und haptisches Feedback bei virtueller Simulation) variiert.

Auf der Seite der abhängigen Variablen kann man zunächst das auf die Stimuli erfolgende Bewegungsverhalten der Versuchspersonen analysieren, das durch das Trackingsystem in Form von physikalischen, quantitativen Daten vorliegt. Teilweise werden auch weitere Verhaltensdaten erhoben (vgl. oben: Menge des genutzten Papiers). Hinzu kommen Daten aus den Befragungen der Probanden (vgl. Bailenson et al., 2005; Bailenson & Yee, 2005). Zusätzlich lässt sich im Sinne moderierender Variablen überprüfen, inwieweit sich z. B. die Zugehörigkeit zu einer bestimmten sozialen Gruppe (z. B. Frauen/Männer) oder aber interindividuelle Dispositionen wie z. B. die Fähigkeit, Presence zu empfinden, auf das Verhalten und die Eindrucksurteile der Probanden auswirken (z. B. Ahn, 2011; Bailenson et al., 2005; Bailenson & Yee, 2005) .

Zentrale empirische Befunde

Im Folgenden werden die zentralen empirischen Befunde zur TSI und zum Proteus-Effekt vorgestellt sowie die zentralen Ergebnisse zur Persuasionskraft virtueller Umgebungen.

Im Rahmen der TSI wird untersucht, wie sich Veränderungen im Aussehen und im Verhalten auf den Interaktionspartner auswirken (Bailenson et al., 2008). Hinsichtlich der Manipulation der statischen Erscheinungsform einer virtuellen Repräsentation hat sich beispielsweise gezeigt, dass der Avatar positiver bewertet wird, wenn zuvor das Gesicht der Versuchsperson in das Gesicht des virtuellen Gesprächspartners hineingemorpht wurde (Bailenson, Iyengar, Yee & Collins, 2009), weil diese vertrauter wahrgenommen wurden und die Identifikation stärker ausfiel. Die Einflussnahme auf das Verhalten der virtuellen Repräsentation des Gesprächspartners kann ebenfalls einen positiven Einfluss auf die Evaluation der Repräsentation haben. So demonstrieren Bailenson und Yee (2005), dass direktes Mimikry-Verhalten eines Gesprächspartners sowohl zu einer verstärkten Aufmerksamkeit ihm gegenüber führt als auch größere Zustimmung zur Meinung des virtuell repräsentierten Gesprächspartners hervorrufen kann. Des Weiteren haben Bailenson et al. (2005), im Rahmen sogenannter »Non-zero-sum-gaze«-Studien untersucht, welche Auswirkungen ein verlängerter Blickkontakt auf Interaktionsteilnehmer hat. In einer triadischen Gesprächssituation, in der die Personen an den Eckpunkten eines Dreiecks angeordnet waren, wurde der Blick des sprechenden Avatars so manipuliert, dass er die beiden übrigen Personen gleichzeitig und somit jede insgesamt zu 100 % der Zeit anblickte. In Bezug auf das Ausmaß der erreichten Persuasion zeigte sich, dass die Zustimmung zum Standpunkt des referierenden Avatars verglichen mit Kontrollbedingungen dann am größten war, wenn man selbst die gesamte Zeit über angeblickt wurde.

Dass die gezielte Gestaltung der virtuellen Repräsentation nicht nur einen direkten Einfluss auf die Evaluation seitens eines Interaktionspartner haben kann, sondern auch rückkoppelnde Wirkungen auf die virtuell repräsentierte Person, zeigen die Studien zum Proteus-Effekt. Yee und Bailenson (2006) variierten die Attraktivität des virtuellen Repräsentanten (unattraktiv vs. attraktiv) und stellten fest, dass die Versuchspersonen, die durch einen attraktiven Avatar repräsentiert wurden in einer anschließenden Interaktion weniger distanziert waren und mehr über sich preisgaben. Bei der Variation der Größe des Avatars zeigte sich zusätzlich, dass die Versuchspersonen sich selbstbewusster verhielten gegenüber denjenigen, die durch einen kleinen Avatar repräsentiert wurden. Bailenson (2006) demonstrierte außerdem, dass die Repräsentation der eigenen Person durch einen älteren Avatar negative Altersstereotype reduziert.

Neuere Studien widmen sich vermehrt der Persuasion, die durch virtuelle Repräsentationen erreicht werden kann, und versuchen zu eruieren, wodurch die Persuasion ausgelöst werden kann. So konnten Ahn (2011) und Ahn et al. (2014) feststellen, dass Versuchsteilnehmerinnen und -teilnehmer, die virtuell einen Baum fällen sollten, im Vergleich zu den Teilnehmerinnen und Teilnehmern, die sich den gleichen Prozess nur mental vorgestellt haben oder ihn nur als Text oder Videobotschaft präsentiert bekamen, auch stärkeres umweltunterstützendes Verhalten zeigten. Weitere Studien, in denen die passive Betrachtung einer virtuellen Baumfällung mit der eigenen Ausführung des virtuellen Fällens verglichen wurde, zeigten ebenfalls einen Vorteil des virtuellen Fällens, was zu der Schlussfolgerung führt, dass nicht nur die direkte Beobachtung eines Ursache-Wirkung-Zusammenhangs entscheidend ist, sondern die sensorische Erfahrung eine zentrale Rolle spielt (Ahn et al., 2014). Ergänzend scheint die Valenz der Botschaft auch von Relevanz zu sein. Denn im Vergleich zur Erfahrung des Fällens eines virtuellen Baums verstärken sich die oben genannten Effekte sogar noch einmal, wenn die Versuchspersonen durch das virtuelle Gießen eines Setzlings einen Baum wachsen lassen (Ahn et al., 2014).

Kritik

Anders als die Arbeiten von Bailenson und Kollegen nahelegen, implizieren die bisherigen Ansätze noch keinen theoretischen Rahmen (vgl. Bailenson, 2006; Bailenson et al., 2004). Die Darstellungen können eher als methodischer Ansatz betrachtet werden, der auf drei exemplarischen Dimensionen die Variationsmöglichkeiten virtueller Umgebungen darstellt. Eine in sich geschlossene, überprüfbare Theorie bildet der Ansatz nicht. Dennoch ist der Ansatz von Bailenson und Kollegen sehr wertvoll, da er die methodische Einsatzvielfalt aufzeigt und viele Folgestudien inspiriert hat. Ein theoretischer Rahmen müsste noch erarbeitet werden, damit künftige Studien hinsichtlich ihres Untersuchungsgegenstandes und den verwendeten Variablen vergleichbar werden.

Ähnliches kann in Bezug auf die Erforschung von virtuellen Welten als Mittel zur Persuasion ausgesagt werden. Bisher gibt es noch kein Rahmenkonzept, welches zur Systematisierung der Forschung dienen kann. Allerdings werden hier zunehmend Konzepte entwickelt (z. B. durch Won, Haans, IJsselsteijn & Bailenson, 2014, oder Cummings & Bailenson, in press), die zukünftige Forschung stärker theoriegeleitet aufbauen können.

Inwieweit virtuelle Umgebungen nicht nur als Methode, sondern auch in Anwendungskontexten relevant werden können, muss zunächst offen bleiben. Denkbar sind Anwendungen im Rahmen von medienvermittelter Kooperation von Arbeitsteams, virtuellen Klassenräumen oder virtuellen Therapiekontexten, insbesondere in Anlehnung an die neuste Forschung zur Persuasion. In Zukunft könnten die Manipulationsmöglichkeiten, die die avatarbasierte Kommunikation hinsichtlich des Erscheinungsbildes oder spezifischer Verhaltensaspekte bietet, etwa Lehrern ermöglichen, sich jedem Schüler gegenüber als nicht nur aufmerksam, sondern auch freundlich zu präsentieren. Auch ein Arbeitnehmer, der weiß, dass eine freundliche Mimik positiv aufgenommen wird, dass er selbst aber durch seine Physiognomie nur schwach lächelt, kann bei seinem Avatar Einstellungen vornehmen, die jedes Lächeln intensivieren. Ähnliches könnte auf den Therapiekontext zutreffen. Zum einen könnte in einer virtuellen Sprechstunde das äußere Erscheinungsbild des Therapeuten an den Klienten angepasst werden, um ein optimales Maß an notwendiger Vertrautheit zu erzeugen. Andererseits könnten in Anlehnung an die Forschung zur virtuellen Persuasion virtuelle Umgebungen als Instrument in der Verhaltenstherapie eingesetzt werden, um gesünderes Verhalten zu evozieren und nachhaltig zu vermitteln. Um in Zukunft optimale Ergebnisse garantieren zu können, werden weitere Studien benötigt, auf Grund derer Richtlinien über besonders positiv wirkendes Verhalten in verschiedenen Kontexten entwickelt werden können.

Zudem sollte eine Diskussion über die ethischen Implikationen der Wirkung und der strategischen Nutzung virtueller Umgebungen geführt werden, um insbesondere die Gefahren für potenziellen Missbrauch, wie er von Bailenson et al. (2004) sowie Bailenson und Yee (2007) aufgezeigt wird, zu thematisieren. Ihre Bedenken rühren daher, dass bereits heute zahlreiche Personendaten durch die Nutzung von Onlineangeboten der Unterhaltungs-, Informations- und Konsumgüterindustrie sowie durch die Tätigkeiten der staatlichen und privaten Überwachungsdienste erfasst und gespeichert werden. Die daraus gewonnenen Profile lassen sich in virtuelle Realitäten einbringen, um dort digitale Agenten anzusteuern, so dass wir bei entsprechenden Nutzungsgewohnheiten gezielt manipuliert werden können. Umgekehrt scheint die Instrumentalisierung im Sinne der guten Sache durch die Persuasion in Bezug auf gesellschaftsrelevante Themen (Umweltschutz, Energieverbrauch) weniger kritisch zu sein, auch dies sollte jedoch einer ethischen Prüfung unterzogen werden. Nicht nur die ethisch-theoretische Diskussion scheint nötig, auch die gründliche Erforschung der tatsächlichen Wirkungen, die durch virtuelle Umgebungen initiiert werden können, ist zwingend erforderlich.

Literatur

Ahn, S. J. (2011). Embodied Experiences in Immersive Virtual Environments: Effects on Pro-Environmental Attitude and Behavior. (Doctoral dissertation). Stanford University.

Ahn, S. J. G., Bailenson, J. N. & Park, D. (2014). Short-and long-term effects of embodied experiences in immersive virtual environments on environmental locus of control and behavior. Computers in Human Behavior, 39, 235–245.

Ahn, S. J. G., Fox, J., Dale, K. R. & Avant, J. A. (2014). Framing Virtual Experiences Effects on Environmental Efficacy and Behavior Over Time. Communication Research.

Bailenson, J. N., Iyengar, S., Yee, N. & Collins, N. A. (2009). Facial similarity between voters and candidates causes influence. *Public Opinion Quarterly, 72*(5), 935–961.

Bailenson, J. N., Yee, N., Blascovich, J. & Guadagno, R. E. (2008). Transformed social interaction in mediated interpersonal communication. In E. Konijn, M. Tanis, S. Utz & A. Linden (Eds.), *Mediated Interpersonal Communication* (pp. 77–99). Lawrence Erlbaum Associates.

Bailenson, J. N. & Yee, N. (2007). Virtual Interpersonal Touch and Digital Chameleons. *Journal of Nonverbal Bahavior, 31*, 225–242.

Bailenson, J. N. (2006). Transformed Social Interaction. In Collaborative Virtual Environments. In P. Messaris & L. Humphreys (Eds.), *Digital Media: Transformations in Human Communication* (pp. 255–264). New York: Peter Lang.

Bailenson, J. N. & Yee, N. (2005). Digital Chameleons. Automatic Assimilation of Nonverbal Gestures in immersive Virtual Environments. *Psychological Science, 16*, 814–819.

Bailenson, J. N., Beall, A. C., Loomis, J., Blascovich, J. & Turk, M. (2005). Transformed Social Interaction, Augmented Gaze, and Social Influence in Immersive Virtual Environments. *Human Communication Research, 31*, 511–537.

Bailenson, J. N., Beall, A. C., Loomis, J., Blascovich, J. & Turk, M. (2004). Transformed Social Interaction: Decoupling Representation from Behavior and Form in Collaborative Virtual Environments. *Presence, 13(4)*, 428–441.
Blascovich, J., Loomis, J., Beall, A., Swinth, K., Hoyt, C. & Bailenson, J. (2002). Immersive virtual environment technology: Not just another research tool for social psychology. *Psychological Inquiry, 13*, 146–149.
Cummings, J. J. & Bailenson, J. N. (in press). How immersive is enough? A meta-analysis of the effect of immersive technology on user presence. *Media Psychology.*
Won, A. S., Haans, A., IJsselsteijn, W. A. & Bailenson, J. N. (2014). A Framework for Interactivity and Presence in Novel Bodies. In G. Riva, J. Waterworth & D. Murray (Eds.), *Interacting with Presence: HCI and the Sense of Presence in Computer Mediated Environments*, De Gruyter Open, Warsaw, Poland.
Yee, N. & Bailenson, J. N. (2007). The Proteus Effect: Self Transformations in Virtual Reality. *Human Communication Research, 33*, 271–290.
Yee, N. & Bailenson, J. N. (2006). Walk A Mile in Digital Shoes: The Impact of Embodied Perspective-Taking on The Reduction of Negative Stereotyping in Immersive Virtual Environments. *Proceedings of PRESENCE 2006: The 9th Annual International Workshop on Presence.* August 24–26, Cleveland, Ohio, USA.

Media Equation

Nicole C. Krämer und Laura Hoffmann

Worum geht es?

Ein Nutzer hat an seinem Computer eine Aufgabe durchgeführt und erhält über eine synthetisierte Stimme die Rückmeldung »Herzlichen Glückwunsch! Sie waren erfolgreich und haben die Aufgabe in Rekordzeit bewältigt!«. Selbst wenn der Nutzer weiß, dass diese Meldung automatisiert ab einer bestimmten Geschwindigkeit erscheint, wird er sich geschmeichelt fühlen und den Computer im Rahmen einer anschließenden Evaluation positiver bewerten. Dieses Phänomen wird als verursacht durch die sogenannte »Media Equation« angenommen. Die These, die Byron Reeves und Clifford Nass 1996 in ihrem gleichnamigen Buch aufstellen, lautet, dass Personen Medienentitäten (im Fernsehen ausgestrahlte Personen, Computer, Roboter) unwillkürlich wie reale Personen behandeln bzw. auf diese wie auf reale Personen in alltäglichen Interaktionen reagieren, und ist somit vergleichbar mit dem Phänomen der Parasozialen Interaktion (vgl. Beitrag zu Parasozialer Interaktion in diesem Band). Tatsächlich zeigen die Autoren in empirischen Studien, dass Verhaltensregeln aus dem Alltag und sozialpsychologische Gesetzmäßigkeiten auch im Kontakt mit Medien gelten und beobachtbar sind. So zeigen Personen höfliches Verhalten gegenüber Computern: Wenn die Performanz eines Computers beurteilt wurde, waren die Antworten dann positiver, wenn der betroffene Computer selbst die Frage stellte, und weniger höflich, wenn ein anderer Computer die Evaluation anforderte. Zentral ist laut den Autoren, dass diese Phänomene nicht nur bei Kindern, psychisch Gestörten oder mit Medien Unerfahrenen beobachtbar sind. Die Verhaltensweisen treten also nicht nur bei bestimmten Personen oder zu bestimmten Zeiten auf (zum Beispiel wenn man abgelenkt ist), sondern sie treten immer auf, weil sie »fundamentally human« sind (Reeves & Nass, 1996, S. 8). Die Autoren betonen, dass das Verhalten nicht irrational, sondern im Prinzip nicht vermeidbar ist und kaum gesteuert oder ausgeschaltet werden kann: »Equating mediated and real life is neither rare nor unreasonable. It is very common, it is easy to foster, it does not depend on fancy media equipment, and thinking will not make it go away. The media equation – *media equals real life* – applies to everyone, it applies often, and it is highly consequential« (S. 5).

Darstellung der Annahmen

Die Tatsache, dass Nutzer automatisch und unbewusst soziale Regeln in der Interaktion mit Medien anwenden, auch wenn sie selbst angaben, dass solche Verhaltensweisen gänzlich unangemessen sind (Nass, Steuer & Tauber, 1994), wird von Reeves und Nass (1996) evolutionstheoretisch erklärt. Sie geben an, dass die Informationsverarbeitungsmechanismen des Menschen nicht an heutige Technologien angepasst sind. Während der Evolution des menschlichen Gehirns konnten nur Menschen umfangreiches Interaktionsverhalten zeigen und alles, was man beobachten konnte, war real. Mit der Verfügbarkeit von Medien ist der daher entstandene und in diesem Kontext sinnvolle Mechanismus, alles zu glauben, was man sieht (vgl. auch Gilbert, 1991), und automatisch sozial auf etwas zu reagieren, das interaktive Verhaltensweisen zeigt, dysfunktional geworden (vgl. Beitrag zu Evolutionären Erklärungsansätzen in diesem Band).

Die Media Equation-These hebt sich damit deutlich von der Anthropomorphismus-These ab, die besagt, dass Menschen beliebigen Gegenständen/Technologien tatsächlich bewusst menschenähnliche Eigenschaften zuschreiben. Als Terminus für das zugrundeliegende Phänomen schlagen Nass, Moon, Fogg, Reeves und Dryer (1995) den Terminus »Ethopoeia« (aus dem Altgriechischen abgeleiteter Terminus der Rhetorik, der die Beschreibung des Charakters oder genauer der idiosynkratischen Gewohnheiten meint) vor, da dieser automatische und unbewusste Reaktionen treffender kennzeichne. Ethopoeia wird von Nass und Moon (2000) als unmittelbare Reaktion auf die sozial anmutenden Charakteristika des Mediums definiert. Getriggert werden die automatischen sozialen Reaktionen laut Nass und Kollegen (Nass & Moon, 2000; Nass, Moon, Morkes, Kim & Fogg, 1997) durch Situationen, die soziale Hinweisreize enthalten. Durch die Tatsache, dass Menschen »social animals« seien, werden bei der kleinsten Ähnlichkeit mit einem menschlichen Gegenüber die tiefverwurzelten sozialen Verhaltensweisen (wie insbesondere Höflichkeit oder reziprokes Hilfeverhalten) unbewusst getriggert. Zu den menschenähnlichen Eigenschaften von Computern zählen etwa die Verwendung von natürlicher Sprache, Interaktivität sowie das Ausfüllen von Rollen, die traditionell vom Menschen übernommen wurden (vgl. Nass, Steuer, Henriksen & Dryer, 1994).

Weiterhin formulieren Sundar und Nass (2000) als Voraussetzung für die häufig und konsistent beobachtbaren sozialen Reaktionen auf Computer einerseits die Ubiquität von sozialen Regeln und Normen sowie andererseits die wahrgenommene Ähnlichkeit zwischen Mensch und Computer.

Als weitere Erklärungsgrundlage führen Nass und Moon (2000) die Theorie von Langer (1989) an. Langer (1989) zeigt, dass »mindless behavior« in zahlreichen sozialen Situationen beobachtbar ist und als Reaktion auf kontextuelle Hinweisreize auftritt. Diese Hinweisreize triggern Skripte und Erwartungen, die zu einer Vernachlässigung akuter Verarbeitung führen. Übertragen auf die Mensch-Computer-Interaktion bedeutet dies, dass dort »mindlessly« durch die sozialen Hinweisreize der Situation soziale Skripts abgerufen werden, die eigentlich unangemessen sind. Besonders betroffen seien insbesondere gut gelernte und häufig angewandte Skripte wie Höflichkeitsregeln etc.

Weiter gehen die Überlegungen von Blascovich, Loomis, Beall, Swinth, Hoyt und Bailenson (2001), die im Rahmen der Interaktion mit virtuellen Entitäten zwei Aspekte als ausschlaggebend für das Zustandekommen sozialer Reaktionen deklarieren: zum einen die Rolle der Agency (*agency*) und zum anderen der verhaltensbezogene Realismus (*behavioral realism*). In ihrem Modell, dem Threshold Model of Social Influence, stellen die Autoren beide Aspekte als orthogonale Achsen dar, die von niedrig bis hoch reichen. Niedrige Agency liegt dann vor, wenn das Gegenüber ein computergesteuerter Agent ist, hohe hingegen, wenn das Gegenüber ein vom Menschen gesteuerter Avatar ist. Agency und verhaltensbezogener Realismus müssen dem Modell nach zu einem bestimmten Ausmaß gegeben sein, damit der *threshold* überschritten wird und es zur Wahrnehmung des Gegenübers als sozialem Akteur (*social verification*) kommt. Niedrigere Ausprägungen auf einer Achse können jedoch durch höhere Werte auf der anderen kompensiert werden. Ist das Gegenüber ein Agent und daher kein Mensch (low agency) verfügt jedoch über einen ausgeprägtes fotorealistisches Aussehen und realistisches Verhalten (high behavioral realism), treten dem Modell zufolge ebenfalls soziale Reaktionen auf.

Ein detaillierterer Überblick über die verschiedenen Erklärungsansätze findet sich in Krämer, Rosenthal-von der Pütten und Hoffmann (2015).

Typische Methodik

Auf Grund der Annahme, dass die meisten Personen zwar unbewusst Sozialverhalten gegenüber Medien zeigen, dies aber explizit als unangemessen ablehnen würden, wird auf Befragungen weitgehend verzichtet. Stattdessen werden experimentelle Designs durchgeführt, in denen sozialpsychologische Gesetzmäßigkeiten und Regeln des zwischenmenschlichen Umgangs auf die Interaktion mit Computern umgesetzt werden. Dies bedeutet im Prinzip lediglich, dass Replikationen von bekannten sozialwissenschaftlichen Studien durchgeführt werden, in denen die menschlichen Akteure zum Teil durch Computer ersetzt werden. Dazu wird zunächst eine Erkenntnis ausgewählt (z. B. Regeln des interpersonalen Distanzverhaltens, Tendenzen zur Stereotypisierung, Bevorzugung von

Menschen mit ähnlichen Persönlichkeitseigenschaften), die Methode der ursprünglichen Studie wird identifiziert und genutzt, um das Experiment nun mit zum Beispiel einem Menschen und einem Computer durchzuführen (Reeves & Nass, 1996).

Zentrale empirische Befunde

Nass und Kollegen demonstrierten nicht nur, dass basale Bewertungs- und Personwahrnehmungsregeln gelten und der Computer dann als intelligenter eingeschätzt wird, wenn er andere kritisiert, anstatt sie zu loben, sondern auch, dass man Computer, die ähnliche Persönlichkeitseigenschaften aufweisen wie man selbst, besser bewertet werden (Nass, Steuer & Tauber, 1994; vgl. Fogg & Nass, 1997; Nass, Moon, Morkes, Kim & Fogg, 1997). Auch Komplimente durch Computer haben ähnliche Konsequenzen wie Komplimente durch reale Personen (Fogg & Nass, 1997; Nass, Moon, Morkes, Kim & Fogg, 1997). Sowohl gerechtfertigte als auch solche Komplimente, die offensichtlich nicht auf objektiven Gegebenheiten basieren (die Probanden wurden unterrichtet, dass die Rückmeldung durch den Computer noch nicht funktioniert und zufällig Aussagen generiert werden), wirkten sich positiv auf die Zufriedenheit mit sich selbst, mit der Interaktion und dem Computer aus (Fogg & Nass, 1997). In Anlehnung an das Vorbild von Tajfels (1982) »color war teams« kann man durch ein gemeinsames farbiges Band für Computer und Nutzer sowie eine gemeinsame Aufgabe in Kompetition zu einem anderen »Team« sogar erreichen, dass Personen eher mit dem Computer kooperieren, die Qualität der Vorschläge des Computers besser bewerten, Letzteren eher folgen sowie den Computer als freundlicher und intelligenter bewerten (Nass, Fogg & Moon, 1996). Auch Geschlechtsstereotype kommen in ähnlicher Weise zur Anwendung wie in realen Interaktionen. So wurde Lob durch einen Computer mit männlicher Stimme im Einklang mit den gängigen Stereotypen als überzeugender bewertet als Lob durch eine weibliche Stimme (Nass, Steuer & Tauber, 1994). Andererseits wurde den »Frauen« mehr Expertise in Bezug auf Liebe und Beziehungen zugeschrieben (vgl. Nass, Moon & Green, 1997; Nass, Moon, Morkes, Kim & Fogg, 1997). Besonders interessant ist in diesem Zusammenhang, dass die Probanden im Rahmen des Debriefings angaben, keine Geschlechtsstereotype zu haben und durch die Stimme nicht beeinflusst worden zu sein. Ergänzende Studien berücksichtigen moderierende Personvariablen und demonstrieren, dass entgegen gängiger Annahmen nicht Personen mit niedriger, sondern Personen mit hoher Computerexpertise stärker im Sinne der »Media Equation« reagieren (Johnson, Gardner & Wiles, 2004; Johnson & Gardner, 2007). Die Autoren erklären dies durch die Tatsache, dass erfahrene Personen im Umgang mit dem Computer entspannter seien und daher automatische Reaktionen im Sinne der »mindlessness« eher auftreten.

Für die Verursachung all dieser Phänomene ist laut Nass, Steuer, Henriksen und Dryer (1994) eine »rich human presentation« im Sinne etwa einer Repräsentation durch ein Gesicht oder eine Modellierung von Persönlichkeit nicht notwendig: Sogar primitivste Hinweisreize, vor allem die basalen menschenähnlichen Attribute Stimme, Interaktivität und Einnehmen einer sozialen Rolle, seien erfolgreich in der Erzeugung sozialer Wirkungen. Eine besondere Rolle scheint dabei der Stimme zuzukommen, was sich laut Nass und Gong (2000) evolutionstheoretisch begründen lässt. Tatsächlich scheinen sich die Effekte durch ein menschenähnliches Äußeres aber noch steigern zu lassen, da sich in zahlreichen Untersuchungen zur Wirkung virtueller Agenten noch deutlichere soziale Wirkungen haben nachweisen lassen (Dehn & van Mulken, 2000; Krämer, 2008; Rickenberg & Reeves, 1996; Sproull et al., 1996). Auch Hoffmann, Krämer, Lam-Chi und Kopp (2009) zeigen, dass sich klassische Ergebnisse von Nass, Moon und Carney (2009) zum Zeigen von Höflichkeit gegenüber Computern auch mit virtuellen Agenten replizieren lassen. Ein virtueller Agent, der selbst nach seiner Bewertung fragt, wird als kompetenter bewertet, als wenn die Befragung durch einen Fragebogen in einem anderen Raum geschieht. Voraussetzung ist allerdings, dass die Probanden bei der Evaluation nicht an den Programmierer gedacht haben.

Grenzen der Media Equation konnten auch in Bezug auf Roboter festgestellt werden (z. B. Bartneck, Rosalia, Menges & Deckers, 2005). In einer Studie ließen die Autorinnen und Autoren einen Roboter in Anlehnung an das Milgram Experiment mit Stromschlägen bestrafen. Als Resultat zeigte sich, dass die Hemmschwelle gegenüber dem Roboter deutlich geringer ausfiel: Alle Teilnehmerinnen und Teilnehmer gingen bis zur höchsten Stromstärke, was im Originalexperiment nur in seltenen Fällen zutraf.

Aber auch die weiterführenden Annahmen des Threshold Model of Social Influence konnten nicht konsistent bestätigt werden: Bei dem Versuch der empirischen Überprüfung dieses Modells durch die experimentelle Manipulation beider Aspekte (agency und behavioral realism) bestätigen Rosenthal-von der Pütten, Krämer, Gratch, und Kang (2010) die Annahmen nicht. In ihrem Experiment interagierten die Probanden und Probandinnen mit einer virtuellen Agentin, die entweder hohen oder niedrigen verhaltensbezogenen Realismus zeigte. Zur Variation der Agency wurden die Teilnehmer und Teilnehmerinnen in der Instruktion gebeten, entweder darüber mit einem Computerprogramm (niedrige Agency) oder einer anderen Person hinter dem Computer (hohe Agency) zu interagieren. Laut Threshold Model of Social Influence wären Interaktionseffekte zwischen beiden Aspekten zu erwarten gewesen. Allerdings zeigten sich lediglich Haupteffekte, verursacht durch den verhaltensbezogenen Realismus. Wenn das Verhalten der Agentin realistischer ausfiel, empfanden die Probandinnen und Probanden stärkere soziale Präsenz (mutual awareness), nutzten mehr Wörter im Gespräch und bewerteten die Agentin als naiver. Die Ergebnisse deuten darauf hin, dass die Rolle der Agency weniger Relevanz besitzt als der verhaltensbezogene Realismus. Vielmehr sprechen die Ergebnisse für das Zutreffen einer revidierten Form des Ethopoeia-Konzeptes (je mehr soziale Hinweisreize, desto mehr soziale Reaktion, siehe Nass & Moon, 2000).

Kritik

Stark kritisiert werden die Annahmen von Reeves und Nass (1996) vor allem durch Kiesler und Sproull (1997). Sie postulieren, dass es sich bei den beobachteten Reaktionen lediglich um ein oberflächliches Phänomen der dem Interface angepassten Reaktion handelt, das eher auf »demand characteristics« der spezifischen Situation als auf tiefverwurzelte Verhaltensweisen zurückgeht. Die Reaktionen gehen aus ihrer Sicht keinesfalls über ein Als-ob hinaus: »Our analysis implies a variation on an old adage. If it walks like a duck and talks like a duck, we are going to treat it like a duck – at least for now. After all we have to treat it some way, and ducklikeness seems a good clue to its future behavior and to how we should respond« (S. 196). So würden auch Versuchspersonen vor dem Hintergrund der Informationen handeln, die sie in einer Situation erhalten und sich dann so verhalten, wie es sinnvoll erscheint – einschließlich der Produktion von sozialen Reaktionen konsistent zu den menschenähnlichen Stimuli, die der Computer präsentiert. Auch empirisch finden sich Ergebnisse, die Zweifel wecken. So zeigte Shechtman (2002) anhand der Diskursanalysen von längeren Interaktionen zwischen Menschen und Computern, dass sich durchaus auch Unterschiede zwischen der Mensch-Mensch- und der Mensch-Computer-Interaktion finden lassen. Sie konnte demonstrieren, dass Personen, die mit einem anderen Menschen zu sprechen glauben, dreimal mehr Aussagen treffen, die durch interpersonale Ziele motiviert sind (z. B. freundliche oder feindselige Aussagen), als Personen, die davon ausgehen, dass sie mit einem Computer interagieren. Computer können vor diesem Hintergrund noch nicht als soziale Interaktionspartner bezeichnet werden.

Ferner muss weiter analysiert werden, unter welchen Bedingungen man auf die von Nass und Reeves (1996) postulierte automatische Art und Weise reagiert und wann kontrollierte Prozesse zum Einsatz kommen, die die Reaktionen verhindern – und ob dies im Sinne von Medienkompetenz trainierbar ist. Eine tatsächliche Klärung der offenen Fragen wird allerdings nur durch weitere Forschung und insbesondere durch noch fehlende Langzeitstudien, in denen Nutzer über mehrere Wochen mit »sozialen« Computern interagieren, erwartet werden können.

Literatur

Bartneck, C., Chioke, R., Menges, R. & Deckers, I. (2005). Robot Abuse – A Limitation of the Media Equation. *Proceedings of the Interact 2005 Workshop on Abuse*, Rome. Verfügbar unter: http://www.academia.edu/2729835/Robot_Abuse_A_Limitation_of_the_Media_Equation [29.3.2015]

Blascovich, J., Loomis, J., Beall, A. C., Swinth, K. R., Hoyt, C. L. & Bailenson, J. N. (2001). Immersive virtual environment technology as a methodological tool for social psychology. *Psychological Inquiry*, 13, 103–124.

Dehn, D. M. & van Mulken, S. (2000). The impact of animated interface agents: a review of empirical research. *International Journal of Human-Computer Studies, 52*, 1–22.

Fogg, B. J. & Nass, C. (1997). Silicon sycophants: the effects of computers that flatter. *International Journal of Human-Computer Studies, 46*, 551–561.

Gilbert, D. T. (1991). How mental systems believe. *American Psychologist, 46*, 107–119.

Hoffmann, L., Krämer, N. C., Lam-chi, A. D. & Kopp, S. (2009). Media Equation revisited. Do users show polite reactions towards an embodied agent? In Zs. Ruttkay et al. (Eds.): *Intelligent Virtual Agents 2009*, LNAI 5773 (pp. 159–165). Berlin: Springer.

Johnson, D. & Gardner, J. (2007). The media equation and team formation: Further evidence for experience as a moderator. *International Journal of Human-Computer Studies, 65*(2), 111–124.

Johnson, D., Gardner, J. & Wiles, J. (2004). Experience as a moderator of the media equation: the impact of flattery and praise. *International Journal of Human-Computer Studies, 61*, 237–258.

Kiesler, S. & Sproull, L. (1997). »Social« Human-Computer Interaction. In B. Friedman (Ed.), *Human Values and the Design of Computer Technology* (pp. 191–199). Cambridge University Press.

Krämer, N. C. (2008). *Soziale Wirkungen virtueller Helfer. Gestaltung und Evaluation von Mensch-Computer-Interaktionen.* Stuttgart: Kohlhammer.

Krämer, N. C., Rosenthal-von der Pütten, A. & Hoffmann, L. (2015). Social Effects of Virtual and Robot Companions. In S. S. Sundar (Ed.), *The Handbook of the Psychology of Communication Technology* (pp. 137–159). Hoboken, NJ: Wiley.

Langer, E. J. (1989). *Mindfulness.* Reading, MA: Addison-Wesley.

Nass, C., Fogg, B. J. & Moon, Y. (1996). Can Computers be Teammates? *International Journal of Human Computer Studies, 45*, 669–678.

Nass, C. & Gong, L. (2000). Speech interfaces from an evolutionary perspective. *Communications of the ACM, 43*(9), 36–43.

Nass, C. & Moon, Y. (2000). Machines and mindlessness: Social responses to computers. *Journal of Social Issues, 56*(1), 81–103.

Nass, C., Moon, Y. and Carney, P. (1999), Are People Polite to Computers? Responses to Computer-Based Interviewing Systems. *Journal of Applied Social Psychology, 29*, 1093–1109.

Nass, C., Moon, Y. & Green, N. (1997). Are computers gender-neutral? Gender stereotypic responses to computers. *Journal of Applied Social Psychology, 27*(10), 864–876.

Nass, C., Moon, Y., Fogg, B. J., Reeves, B. & Dryer, D. C. (1995). Can computer personalities be human personalities? *International Journal of Human Computer Studies, 43*, 223–239.

Nass, C., Moon, Y., Morkes, J., Kim, E-Y. & Fogg, B. J. (1997). Computers are social actors: A review of current research. In B. Friedman (Ed.), *Moral and ethical issues in human-computer interaction* (pp. 137–162). Stanford, CA: CSLI Press.

Nass, C., Steuer, J. & Tauber, E. R. (1994). Computers are Social Actors. In B. Adelson, S. Dumais & J. Olson (Eds.), *Human Factors in Computing Systems: CHI ›94 Conference Proceedings* (pp. 72–78). New York: ACM Press.

Nass, C., Steuer, J. S., Henriksen, L. & Dryer, D. C. (1994). Machines and social attributions: Performance assessments of computers subsequent to »self« or »other-« evaluations. *International Journal of Human-Computer Studies, 40*, 543–559.

Reeves, B. & Nass, C. I. (1996). *The media equation: How people treat computers, television, and new media like real people and places.* New York: Cambridge University Press.

Rickenberg, R. & Reeves, B. (2000). The effects of animated characters on anxiety, task performance, and evaluations of user interfaces. *Letters of CHI 2000*, April 2000, 49–56.

Shechtman, N. (2002). *Talking to people versus talking to computers: Interpersonal goals as distinguishing factor.* Dissertation at Stanford University.

Sproull, L., Subramani, M., Kiesler, S. Walker, J. H. & Waters, K. (1996). When the interface is a face. *Human Computer Interaction, 11*(2), 97–124.

Sundar, S. S. & Nass, C. (2000). Source orientation in human-computer interaction: programmer, networker, or independent social actor? *Communication Research, 27*(6), 683–703.

Tajfel, H. (1982). *Social identity and intergroup behavior.* Cambridge, UK: Cambridge University Press.
von der Pütten, A. M., Krämer, N. C., Gratch, J. & Kang, S. (2010). It doesn't matter what you are! – Explaining social effects of agents and avatars. *Computers in Human Behavior, 26*(6), 1641–1650.

Uncanny Valley

Astrid Rosenthal-von der Pütten

Worum geht es?

Das Uncanny Valley (»unheimliches Tal«) ist eine – ursprünglich aus der japanischen Robotik stammende – Hypothese zur Akzeptanz von Robotern (Mori, 1970; Mori et al., 2012), die allerdings auch hinsichtlich der Untersuchung der Akzeptanz von computergenerierten Figuren, insbesondere in Filmen und Computerspielen, Anwendung findet. Diese Akzeptanz steigt überraschenderweise nicht linear mit dem zunehmenden Anthropomorphismus der Roboter oder Figuren an, sondern erfährt innerhalb eines bestimmten Grades des Realitätsgehaltes einen starken Einbruch, was als Uncanny Valley bezeichnet wird (► Abb. 4.4). Erst bei perfekt menschähnlichen Robotern, beziehungsweise computergenerierten Figuren mit einem sehr hohen anthropomorphen Gehalt, steigt die Akzeptanz wieder an.

Insbesondere in der Robotik und Informatik gilt das Uncanny Valley fälschlicherweise als belegte Theorie. Seine Erklärungskraft wird überschätzt und es wird regelmäßig zur Erklärung von negativen Reaktionen gegenüber Robotern in Mensch-Roboter-Interaktionen und gegenüber menschlich gestalteten Charakteren in Computerspielen oder Animationsfilmen herangezogen (z. B. Hara, 2004; Walters, Dautenhahn, te Boekhorst, Koay & Woods, 2007). Im Gegensatz dazu wird das Uncanny Valley in den Kognitions- und Neurowissenschaften als Hypothese genutzt, auf deren Basis menschliche Wahrnehmungsprozesse untersucht werden können. Allgemein ist das Uncanny Valley zwar ein sehr populäres, aber schlecht empirisch untersuchtes Phänomen.

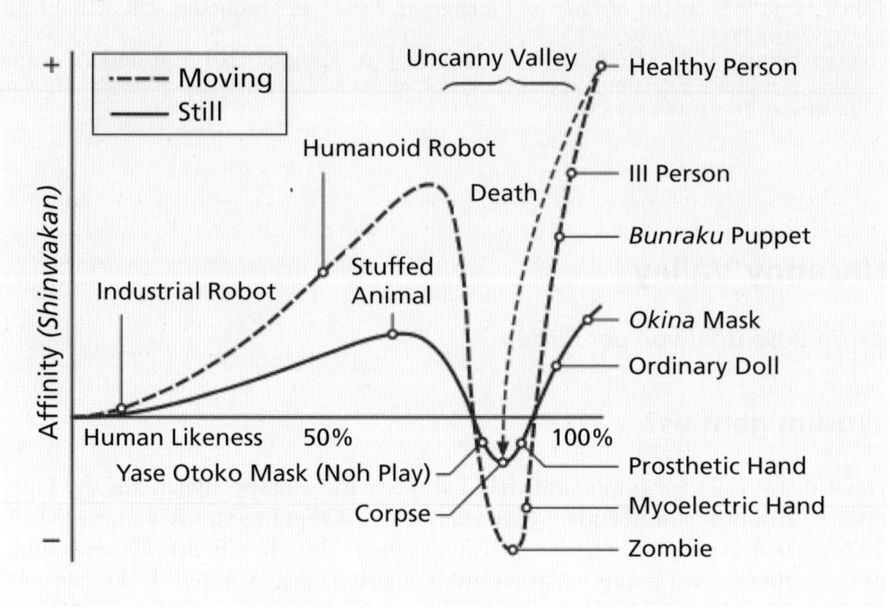

Abb. 4.4: Das Uncanny Valley – die angenommene Beziehung von Menschenähnlichkeit einer Entität und deren Akzeptanz. Das Vorhandensein von Bewegung verstärkt die Kurve des Uncanny Valley (© 2016 IEEE. Reprinted, with permission, from Mori, M., MacDorman, K. F. & Kageki, N. (2012). The uncanny valley. IEEE Robotics and Automation Magazine, 19(2), 98–100).

Darstellung der Annahmen

Die Uncanny-Valley-Hypothese gründet sich auf Masahiro Moris Beobachtungen bezüglich Prothesen in den 1960er Jahren. Er stellte fest, dass immer realistischere Handprothesen nicht unbedingt mit positiveren Bewertungen einhergingen. Im Gegenteil schienen sich Menschen vor allzu realistischen Prothesen zu gruseln. Mori führt dies zunächst auf nicht zueinander passende Sinneseindrücke zurück. So könnten Prothesen zwar eine realistische Optik (z. B. richtige Größe und Farbe, Modellierung von Fingernägeln- und abdrücken), aber unrealistische Haptik aufweisen. Der Anblick der Handprothese würde also das Schema einer menschlichen Hand aktivieren, allerdings deckte sich die haptische Erfahrung nicht mit den zuvor ausgelösten Erwartungen. Das Resultat ist eine negative Reaktion. Übertragen auf Roboter und in einer Grafik formalisiert, stellt Mori das Uncanny Valley vor als nichtlinearen, kubischen Zusammenhang zwischen der Menschenähnlichkeit von Robotern und dem sogenannten »shinwakan«, welches übersetzt werden kann mit Sympathie oder Affinität oder allgemeiner mit Akzeptanz (▶ Abb. 4.4). Mori nimmt an, dass sich das Uncanny Valley noch verstärkt, wenn es sich um bewegte anstatt um unbewegte Objekte handelt.

Das Uncanny Valley weist einige konzeptuelle Unzulänglichkeiten auf. Insbesondere wurden die relevanten Konzepte Menschenähnlichkeit und Akzeptanz weder von Mori noch von Verfassern späterer Arbeiten hinreichend definiert und operationalisiert. Meist wird unter Menschenähnlichkeit nur dem Menschen nachempfundenes Aussehen und dem Menschen nachempfundene Bewegung subsummiert. Allerdings kann die Akzeptanz eines nach diesen Kriterien perfekt menschenähnlichen Roboters, der also menschlich aussieht und sich menschlich bewegt, negativ ausfallen, wenn dieser Roboter z. B. ein der Situation unangemessenes Sozialverhalten zeigt. Entscheidend ist also festzuhalten, dass auf Basis der Uncanny-Valley-Hypothese nur eine Aussage über die Wahrnehmung und Bewertung von menschenähnlichem Aussehen und menschenähnlicher Bewegung bei Robotern beziehungsweise virtuellen Figuren getroffen werden kann. Weitere die Akzeptanz solcher Entitäten beeinflussende Faktoren werden in der Hypothese nicht berücksichtigt. Fraglich ist auch, was genau eine Uncanny-Valley-Reaktion ist, also wie sich Akzeptanz im positiven und negativen Sinne darstellt. Die bisherigen empirischen Untersuchungen nutzten hierfür unterschiedlichste Ansätze, daher sind die Reaktionen, die als Uncanny-Valley-Reaktionen verstanden werden, vielfältig. Beispiele hierfür sind eine negative Bewertung des Aussehens oder der Bewegung von Robotern und virtuellen Figuren, ein negatives emotionales Erleben der Rezipienten, aber auch anderes implizites Verhalten wie verlangsamte Reaktionszeiten und negativ ausfallende reflektierende Aussagen.

Verschiedene Forschergruppen haben eine Fülle von Erklärungsansätzen für die Existenz des Uncanny-Valley-Effekts postuliert, die in drei Kategorien zusammengefasst werden können: perzeptuelle, evolutionsbiologische und reflexionsorientierte Ansätze (vgl. Rosenthal-von der Pütten, 2014).

Die Ansätze in der ersten Kategorie basieren auf der Grundannahme der Diskrepanz zwischen erwarteter Wahrnehmung einerseits, und tatsächlicher Wahrnehmung anderseits. Es wird angenommen, dass diese Diskrepanz zusätzliche Informationsverarbeitung verursacht hinsichtlich der Frage, wie die eingehende Information interpretiert und kategorisiert werden soll. Es wird argumentiert, dass dieser Zustand der zusätzlichen Informationsverarbeitung Unsicherheit verursacht, welche folgend negativ interpretiert wird und somit als Auslöser des Uncanny-Valley-Effekts verstanden wird (vgl. Burleigh et al., 2013; Chaminade et al., 2010; Saygin et al., 2012).

Die Ansätze in der zweiten Kategorie ziehen evolutionsbiologische Theorien zur Erklärung des Phänomens heran. MacDorman und Ishiguro (2006) diskutieren, inwieweit der Uncanny-Valley-Effekt ein Ausdruck von Ekel sein kann. Da Ekel uns vor verschiedenen Gefahren für uns oder unsere Nachkommenschaft schützen soll (z. B. vor Toxinen und Infektionen oder nicht adäquaten Paarungspartnern), wird er von sehr unterschiedlichen oberflächlichen Hinweisreizen ausgelöst wie unangenehmen Gerüchen, dem Anblick von Fäkalien und Blut, aber auch durch die Verletzung von sozialen und moralischen Normen (Chapman & Anderson, 2012). Da die Funktion von Ekel das Sichern von Überleben ist, handelt es sich um einen übersensitiven Mechanismus, so dass auch auf Objekte und Personen reagiert wird, die keine direkte Gefahr darstellen (Schaller & Park, 2011), sondern nur durch ihre Abweichungen von der Norm Ekelreaktionen auslösen. MacDorman und Ishiguro (2006) diskutieren weiterhin, dass diese Abwehrmechanismen zu der These führen, dass Roboter die immanente Angst vor der eigenen Sterblichkeit hervorrufen. Die Konfrontation mit dieser Angst löst Coping-Mechanismen aus. Somit könnten die Reaktionen, die dem Uncanny Valley zugeschrieben werden, als Verteidigungsreaktionen zur Angstbewältigung angesehen werden (MacDorman & Ishiguro, 2006)

Bei den Ansätzen in der dritten Kategorie geht es vor allem um die rezipientenseitige Reflexion über die eigene Identität oder auch allgemein über die menschliche Natur. Sehr menschenähnliche Roboter bewegen sich immer mehr von der Kategorie Maschine auf die Kategorie Mensch zu, da sie oft nach unserem Ebenbild gebaut werden und unsere Fähigkeiten kopieren sollen. Zentral ist hier die Frage danach, welche körperlichen und geistigen Eigenschaften in ihrer Gesamtheit einen Menschen konstituieren oder ob der Mensch doch mehr ist als die Summe seiner Einzelteile oder einzelnen Fähigkeiten. Vor diesem Hintergrund könnten Roboter Unsicherheit auslösen, weil sie die Grenzen zwischen den Kategorien verwischen (vgl. Ramey, 2005, 2006). Weiterhin nehmen MacDorman und Ishiguro (2006) an, dass die Konfrontation mit sehr menschenähnlichen Robotern unbewusste Ängste auslöst, und zwar vor der Austauschbarkeit, vor dem »Ersetzt-Werden«.

Typische Methodik

Es ist schwer eine typische Methodik zur Untersuchung des Uncanny Valleys zu identifizieren, da a) verschiedene Forschungsziele im Fokus stehen (z. B. Nachweis der Existenz des Uncanny Valley, Untersuchung von Erklärungsansätzen), b) verschiedene Forschungsdisziplinen (z. B. Informatik, Psychologie, Neurowissenschaften) sich an diesem Forschungsfeld beteiligen und sich dabei verschiedenster Methoden bedienen und c) je nach Forschungsdisziplin entweder Roboter oder computergenerierte Figuren genutzt werden. Dabei unterscheiden sich Roboter und virtuelle Figuren entscheidend voneinander. Einerseits erlauben Roboter durch ihre Dreidimensionalität und Haptik andere Interaktionsformen als virtuelle Figuren. Andererseits sind sie aber nur schwer äußerlich oder in ihrer Funktionalität veränderlich. Der Vorteil von virtuellen Figuren ist, dass hier ohne größeren Aufwand das Aussehen und zum Beispiel ihr Bewegungsmuster angepasst werden kann. Insgesamt lassen sich somit mit virtuellen Figuren einfacher kontrollierte Studien durchführen als mit Robotern.

Die bisherige Forschung zum Uncanny Valley konzentrierte sich zum einen auf den Nachweis seiner Existenz oder widmete sich den Erklärungsansätzen. Frühe Studien widmeten sich der Reproduktion des Graphen des Uncanny Valley und waren meist methodisch sehr einfach gehalten. Typischerweise wurden gemorphte Bilder (Morphs von Personen und Robotern) oder nicht standardisierte Bilder oder Videos von verschiedenen Robotern präsentiert, die jeweils auf drei bis fünf Items bewertet wurden. Hierbei handelt es sich meist um dieselben Adjektive bzw. Adjektivpaare (unheimlich, gruselig, vertraut, unvertraut, sympathisch, unsympathisch, menschenähnlich, mechanisch). Zur Reproduktion des Graphen wurden die Bewertungen für »unheimlich« oder »vertraut/unvertraut« gegen »menschenähnlich« geplottet, graphisch dargestellt und die Ergebnisse ausschließlich deskriptiv berichtet (z. B. MacDorman, 2006; MacDorman & Ishiguro, 2006; MacDorman et al., 2009; Lay, 2006; Hanson, 2006; Hanson et al., 2005; Tinwell & Grimshaw, 2009). Aufgrund des oft nicht standardisierten Materials, welches Roboter vor verschiedenen Hintergründen und in unterschiedlichen Posen zeigte (oder im Falle der Videos in unterschiedlichen Interaktionen), und der ausschließlich deskriptiv berichteten Ergebnisse fehlt es den Studien an Aussagekraft.

Eine weitere verbreitete Methode in der Informatik sind direkte Vergleiche zwischen Menschen und androiden Robotern. In der Regel wurden die Probanden kurzen Interaktionen ausgesetzt, in denen ihr Interaktionspartner entweder ein Mensch war oder eine getreue robotische Kopie dieses Menschen (Bartneck et al., 2009; Noma et al., 2006; Minato et al., 2004; Minato et al., 2006; Shimada et al., 2006; Shimada & Ishiguro, 2008). Allerdings muss die Anwendbarkeit dieser Methode zur Untersuchung des Uncanny Valley in Frage gestellt werden, da insbesondere das Verhalten des Menschen nicht genügend experimentell kontrolliert werden kann. Zudem ermöglicht dieses Paradigma nur äußerst indirekte Rückschlüsse auf das Uncanny Valley.

Neuere Studien widmen sich vor allem den oben beschriebenen Erklärungsansätzen zum Uncanny Valley. Bezüglich des Stimulusmaterials in diesen Studien lässt sich feststellen, dass zum Teil gezielt und graduell Aspekte des Aussehens variiert wurden. Allerdings wurden überwiegend virtuelle Gesichter und kaum Bilder von tatsächlich existierenden Robotern genutzt, so dass teilweise noch unklar ist, ob die erreichten Schlussfolgerungen zu den Ursachen des Effektes auch auf Roboter übertragbar sind. Dieser Studienbereich zeichnet sich durch eine Bandbreite von verschiedenen Messmethoden aus, welche von subjektiven Bewertungen (z. B. Burleigh et al., 2013; Green et al., 2008; Rosenthal-von der Pütten, 2014) über Eye-Tracking (Cheetham, Pavlovic, Jordan, Suter & Jancke, 2013) und funktionelle Magnetresonanztomographie reichen (Chaminade et al., 2005; Chaminade et al., 2010; Rosenthal-von der Pütten, 2014; Saygin et al., 2012).

Zentrale empirische Befunde

Eine Reihe von frühen Studien widmete sich dem Beleg des Uncanny Valley, indem versucht wurde, den von Mori angenommenen Graphen nachzubilden (siehe typische Methodik). Die Resultate sind allerdings nicht eindeutig, da es sowohl Evidenz für den Uncanny-Valley-Graphen gibt (z. B. Bartneck et al., 2007; Lay, 2006; MacDorman & Ishiguro, 2006; Riek, Rabinowitch, Chakrabartiz & Robinson, 2009; Tinwell & Grimshaw, 2009) wie auch Evidenz, die dagegen spricht (Hanson, 2006; Hanson et al., 2005). Neben den zuvor genannten methodischen Mängeln lassen die Studien keine Schlüsse darauf zu, welche Merkmale der äußerlichen Erscheinung zu einer negativen Wahrnehmung beitragen. Vielmehr lässt sich nur schlussfolgern, dass Veränderungen im Aussehen zu unterschiedlicher Wahrnehmung führen. Spätere Studien versuchten weniger, Moris Graphik zu reproduzieren, sondern untersuchten den von Mori angenommenen kubischen Zusammenhang zwischen Menschenähnlichkeit und Akzeptanz. Hierzu wurden die erhobenen Daten nicht nur einer visuellen Inspektion, sondern einer Kurvendiskussion unterzogen (Burleigh et al., 2013; Rosenthal-von der Pütten & Krämer, 2014). Burleigh et al. (2013) verwendeten hierzu gemorphte Bilderserien virtueller Gesichter, in denen verschiedene Aspekte des Aussehens variiert wurden (z. B. Texturrealismus, atypische Merkmale wie ein einzelnes vergrößertes Auge, Übergänge zwischen zwei Kategorien [Mensch-Tier-Morphs]). Rosenthal-von der Pütten und Krämer (2014) nutzten hingegen ein standardisiertes Set an Bildern von real existierenden Robotern. Im Gegensatz zu Moris Annahme eines kubischen Zusammenhangs boten in beiden Untersuchungen lineare Modelle den besten Modellfit. Rosenthal-von der Pütten und Krämer (2014) identifizierten in ihrer Untersuchung zudem äußerliche Merkmale von Robotern, welche positive bzw. negative Bewertungen induzieren (z. B. Größe, Farbe, Form, Kindchenschema).

Ein weiterer Ansatz im Feld der Mensch-Roboter-Interaktion waren Studien, in denen Probanden entweder mit einem Menschen oder einem androiden Roboter (z. B. Bartneck et al., 2009; Noma et al., 2006; Minato et al., 2004; Minato et al., 2006; Shimada et al., 2006; Shimada & Ishiguro, 2008) interagierten. Das Ergebnis aller Studien, dass Probanden auf die jeweiligen Interaktionspartner unterschiedlich reagierten, ist wenig überraschend. Diese Studien lassen kaum konkrete Rückschlüsse bezüglich des Uncanny Valley zu, zeigten aber durchaus, dass das Bewegungsverhalten von androiden Robotern einen großen Einfluss auf ihre Bewertung hatte (z. B. Bartneck et al., 2009; Rosenthal-von der Pütten et al., 2014).

Spätere Studien widmeten sich vor allem den postulierten Erklärungsansätzen des Uncanny Valley. Auch hier wurde teilweise Moris Grafik herangezogen, allerdings eher als Prüfstein, um verschiedene Thesen zu testen. Cheetham et al. (2011) präsentierten gemorphte Bilderreihen von Menschen und Avataren und ließen die Probanden bei jedem Bild entscheiden, ob es sich um einen Avatar oder Menschen handelte. Die Unterscheidung fiel den Probanden zur Mitte der Morphreihen zunehmend schwerer, sie waren sich in ihren Entscheidungen unsicherer und reagierten langsamer. Cheetham et al. diskutieren, dass diese Ergebnisse für eine kategoriale Wahrnehmung der gemorphten Gesichter sprechen. Die Bilder an der Kategoriengrenze können somit nicht einfach und eindeutig zugeordnet werden und dies verursache Unsicherheit. Rosenthal-von der Pütten (2014, siehe auch Rosenthal-von der Pütten, Grabenhorst et al., 2014) testete in einer fMRT-Studie wahrnehmungsorientierte und evolutionsbiologische Erklärungsansätze für das Uncanny Valley, um zu untersuchen, ob sich Bewertungen von Robotern erklären lassen durch a) zusätzliche Verarbeitungsleistung während der Perzeption von Gesichtern, b) automatisch ablaufende Prozesse sozialer Kognition, oder c) Ekelreaktionen. Die Ergebnisse unterstützen die perzeptionsorientierten Erklärungen für negative Bewertungen während evolutionsbiologische Erklärungen nicht gestützt werden konnten.

Kritik

Das Uncanny Valley wird von einigen Forschergruppen aufgrund seiner konzeptuellen Unzulänglichkeiten und den fehlenden empirischen Belegen in Frage gestellt und kritisch diskutiert (z. B. Brenton, Gillies, Ballin & Chatting, 2005; Hanson, 2006, Pollick, 2010; Rosenthal-von der Pütten & Weiss, in press; Rosenthal-von der Pütten, 2014). Wie schon zuvor erwähnt sind gerade die konzeptuellen Unzulänglichkeiten offensichtlich. Die relevanten Konzepte Menschenähnlichkeit und Affinität wurden weder von Mori noch von Verfassern späterer Arbeiten hinreichend definiert und operationalisiert. Anhand der bisherigen Studien und des darin verwendeten Stimulusmaterials lässt sich die landläufige Meinung ablesen, dass Menschenähnlichkeit nur im Aussehen begründet liegt. In Teilen der Arbeiten kommt zusätzlich die Bewegung als definitorischer Aspekt hinzu. Dass der Aspekt der Bewegung empirisch weniger gut untersucht wurde, liegt natürlich auch daran, dass entsprechendes Stimulusmaterial schwieriger herzustellen ist. Allerdings sollte beachtet werden, dass diese beiden Aspekte (Aussehen und Bewegung) kaum hinreichend sind, um etwas menschenähnlich erscheinen zu lassen. Wie schon erwähnt, müsste der Roboter oder die virtuelle Figur auch sinnvolles Sozialverhalten zeigen. Ergebnisse aus Interviews zeigen ebenfalls, dass mit Menschenähnlichkeit mehr assoziiert wird als nur Aussehen und Bewegung (z. B. die Stimme, das Vorhandensein von nonverbalem Verhalten, die generelle Fähigkeit die Umwelt zu manipulieren und mobil zu sein, soziale Fähigkeiten, das Vorhandensein von mentalen Zuständen und Emotionen, vgl. Rosenthal-von der Pütten, 2014).

Zu diesem Schluss kommen auch Bartneck, Kanda, Ishiguro und Hagita (2009). Sie kritisieren die grob vereinfachende Natur des Uncanny Valley und betonen, dass jede Bewegung auch soziale Bedeutung mit sich bringt und dass diese Einfluss nimmt auf die Bewertung. In der Tat belegen Mensch-Roboter-Interaktionsstudien, dass das Verhalten von Robotern einen größeren Einfluss auf die Bewertung haben kann als deren Aussehen (Mirning et al., 2012; Weiss, 2010). Zudem kann die Bewertung von Robotern abhängig sein von der generellen Einstellung des jeweiligen Betrachters zu Robotern (Rosenthal-von der Pütten & Krämer, 2014), von Persönlichkeitsmerkmalen der Probanden (MacDorman & Entezari, 2015; Nomura, Kanda, Suzuki & Kato, 2008; Nomura, Shintani, Fujii & Hokabe, 2007; Rosenthal-von der Pütten & Krämer, 2014), von ihrer Vorerfahrung mit Robotern und nicht zuletzt vom Interaktionssetting (z. B. Rosenthal-von der Pütten, 2014; Rosenthal-von der Pütten et al., 2014; Mutlu, Osman, Forlizzi, Hodgins & Kiesler, 2006; Joosse, Lohse, Perez & Evers, 2013). Brenton, Gillies, Ballin und Chatting (2005) diskutieren zudem, dass Uncanny-Valley-Reaktionen sich mit der Zeit ändern könnten, das heißt, dass durch Habituation die Akzeptanz von »uncanny« Robotern und virtuellen Figuren steigt. Damit steht zumindest teilweise die praktische Relevanz des Uncanny Valley in Frage, insbesondere da Feldstudien zeigen, dass sehr menschenähnliche Roboter nicht zwangsläufig negative Reaktionen hervorrufen müssen, sondern ihnen überwiegend mit positiver Überraschung und Neugier begegnet wird (Rosenthal-von der Pütten et al., 2014).

Alle diese genannten Aspekte werden in der ursprünglichen Uncanny-Valley-Hypothese von Mori nicht berücksichtigt. Somit kann im Umkehrschluss unter zu Hilfenahme des Uncanny Valley nur eine Aussage getroffen werden über die Wahrnehmung und Bewertung von menschenähnlichem Aussehen und menschenähnlicher Bewegung bei Robotern und virtuellen Figuren unter Ausschluss situativer oder personenbedingter Variablen. Allerdings bietet das Uncanny Valley in diesem begrenzten Anwendungsfeld einen sehr interessanten Untersuchungsansatz.

Literatur

Bartneck, C., Kanda, T., Ishiguro, H. & Hagita, N. (2007). Is the Uncanny Valley an Uncanny Cliff? *Proceedings of the 16th IEEE International Conference on Robot & Human Interactive Communication* (pp. 368–373). Piscataway, N.J.: IEEE.

Bartneck, C., Kanda, T., Ishiguro, H. & Hagita, N. (2009). My robotic doppelgänger – A critical look at the uncanny valley theory. *Proceedings of the 18th IEEE International Symposium on Robot and Human Interactive Communication* (pp. 269–276). Piscataway, NJ: IEEE Press.

Brenton, M., Gillies, M., Ballin, D. & Chatting, D. (2005). The uncanny valley: Does it exist? *Proceedings of the 19th British HCI Group Annual Conference: Workshop on human-animated character interaction.* Retrieved from citeseerx.ist.psu.edu/viewdoc/download?doi=10.1.1.160.6952&rep=rep1&type=pdf

Burleigh, T. J., Schoenherr, J. R. & Lacroix, G. L. (2013). Does the uncanny valley exist? An empirical test of the relationship between eeriness and the human likeness of digitally created faces. *Computers in Human Behavior, 29*(3), 759–771.

Chaminade, T., Franklin, D. W., Oztop, E. & Cheng, G. (2005). Motor interference between humans and humanoid robots: effect of biological and artificial motion. *Proceedings of the 4th IEEE International Conference on Development and Learning* (pp. 96–101). Piscataway, NJ: IEEE Press.

Chaminade, T., Zecca, M., Blakemore, S.-J., Takanishi, A., Frith, C. D., Micera, S., … (2010). Brain response to a humanoid robot in areas implicated in the perception of human emotional gestures. *PLoS ONE, 5*(7), e11577 EP –.

Chapman, H. A. & Anderson, A. K. (2012). Understanding disgust. *Annals of the New York Academy of Sciences, 1251*(1), 62–76.

Cheetham, M., Suter, P. & Jancke, L. (2014). Perceptual discrimination difficulty and familiarity in the Uncanny Valley: more like a »Happy Valley«. *Frontiers in Psychology, 5*, 1219.

Cheetham, M., Pavlovic, I., Jordan, N., Suter, P. & Jancke, L. (2013). Category processing and the human likeness dimension of the uncanny valley hypothesis: Eye-tracking data. *Frontiers in Psychology, 4*.

Cheetham, M., Suter, P. & Jäncke, L. (2011). The human likeness dimension of the »uncanny valley hypothesis«: behavioral and functional MRI findings. *Frontiers in Human Neuroscience, 5*.

Green, R. D., MacDorman, K. F., Chin-Chang, H. & Vasudevan, S. K. (2008). Sensitivity to the proportions of faces that vary in human likeness. *Computers in Human Behavior, 24*(5), 2456–2474.

Hanson, D. (2006). Exploring the aesthetic range for humanoid robots. *Proceedings of the ICCS/CogSci-2006 long symposium: Toward social mechanisms of android science* (pp. 39–42).

Hanson, D., Olney, A., Pereira, I. A. & Zielke, M. (2005). Upending the uncanny valley. In N. Jacobstein & B. Porter (Eds.), *Proceedings of the 20th National Conference on Artificial Intelligence and the 17th Innovative Applications of Artificial Intelligence Conference* (pp. 1728–1729). Menko Park: AAAI.

Hara, F. (2004). Artificial emotion of face robot through learning in communicative interactions with human. *Proceedings of the 13th IEEE International Workshop on Robot and Human Interactive Communication* (pp. 7–15). Piscataway, N.J: IEEE.

Joosse, M., Lohse, M., Perez, J. G. & Evers, V. (2013). What you do is who you are: The role of task context in perceived social robot personality. In *2013 IEEE International Conference on Robotics and Automation (ICRA)* (pp. 2134–2139).

Lay, S. (2006). *Exploring the Uncanny Valley* (Master Thesis), Open University.

MacDorman, K. F. (2006). Subjective Ratings of Robot Video Clips for Human Likeness, Familarity, and Eeriness: An Exploration of the Uncanny Valley. *Proceedings of the Toward Social Mechanisms of Android Science ICCS/CogSci-2006 Long Symposium* (pp. 26–29).

MacDorman, K. F. & Entezari, S. (2015). Individual differences predict sensitivity to the uncanny valley. Interaction Studies, IS-D-13-00026R2.

MacDorman, K. F. & Ishiguro, H. (2006). The uncanny advantage of using androids in cognitive and social science research. *Interaction Studies*, *7*(3), 297–337.

MacDorman, K. F., Green, R. D., Ho, C.-C. & Koch, C. T. (2009). Too real for comfort: Uncanny responses to computer generated faces. *Computers in Human Behavior*, *25*, 695–710.

Minato, T., Shimada, M., Ishiguro, H. & Itakura, S. (2004). Development of an android robot for studying human-robot interaction. In B. Orchard, C. Yang & A. Moonis (Eds.), *Lecture Notes in Computer Science 3029. Innovations in Applied Artificial Intelligence* (pp. 424–434). New York: Springer.

Minato, T., Shimada, M., Itakura, S., Lee, K. & Ishiguro, H. (2006). Evaluating the human likeness of an android by comparing gaze behaviors elicited by the android and a person. *Advanced Robotics*, *20*(10), 1147–1163.

Mirnig, N., Strasser, E., Weiss, A. & Tscheligi, M. (2012). Studies in Public Places as a Means to Positively Influence People's Attitude towards Robots. In *Social Robotics* (pp. 209–218). Springer: Berlin Heidelberg.

Mori, M. (2012, June 12). *An uncanny mind. An interview by N. Kageki.* Retrieved from http://spectrum.ieee.org/automaton/robotics/humanoids/an-uncanny-mind-masahiro-¬mori-on-the-uncanny-valley

Mori, M. (1970). The uncanny valley. *Energy*, *7*(4), 33–35. Retrieved from http://www.¬androidscience.com/theuncannyvalley/proceedings2005/uncannyvalley.html

Mori, M., MacDorman, K. F. & Kageki, N. (2012). The uncanny valley. *IEEE Robotics and Automation Magazine*, *19*(2), 98–100.

Mutlu, B., Osman, S., Forlizzi, J., Hodgins, J. & Kiesler, S. (2006). Task Structure and User Attributes as Elements of Human-Robot Interaction Design. In *ROMAN 2006 – The 15th IEEE International Symposium on Robot and Human Interactive Communication* (pp. 74–79).

Nomura, T., Kanda, T., Suzuki, T. & Kato, K. (2008). Prediction of human behavior in human-robot interaction using psychological scales for anxiety and negative attitudes toward robots. *IEEE Transactions on Robotics*, *24*(2), 442–451.

Nomura, T., Shintani, T., Fujii, K. & Hokabe, K. (2007). Experimental investigations of relationships between anxiety, negative attitudes, and allowable distance of robots. In D. Cunliffe (Ed.), *Proceedings of the 2nd IASTED International Conference on Human-Computer Interaction* (pp. 13–18). Anaheim: ACTA Press.

Pollick, F. E. (2010). In search of the uncanny valley. In P. Daras & O. M. Ibarra (Eds.), *Proceedings of the 1st international conference on User Centric Media, Revised Selected Papers* (pp. 69–78). Berlin Heidelberg: Springer Verlag.

Ramey, C. H. (2005). The uncanny valley of similarities concerning abortion, baldness, heaps of sand, and humanlike robots. *Proceedings of Views of the Uncanny Valley Workshop: IEEE-RAS International Conference on Humanoid Robots* (pp. 8–13). Tsukuba, Japan.

Ramey, C. H. (2006). An inventory of reported characteristics for home computers, robots, and human beings: Applications for android science and the uncanny valley. In

K. F. MacDorman & H. Ishiguro (Eds.), *Proceedings of the ICCS/CogSci-2006 Long Symposium »Toward Social Mechanisms of Android Science«* (pp. 21–25).
Riek, L. D., Rabinowitch, T.-C., Chakrabartiz, B. & Robinson, P. (2009). Empathizing with robots: Fellow feeling along the anthropomorphic spectrum. *Proceedings of the 3rd IEEE Conference on Affective Computing and Intelligent Interaction* (pp. 43–48). Piscataway, NJ: IEEE.
Rosenthal-von der Pütten, A. M. (2014). Uncannily Human. Empirical Investigation of the Uncanny Valley Phenomenon. Dissertation Thesis. Available under: http://duepublico.uni-duisburg-essen.de/servlets/DocumentServlet?id=33254
Rosenthal-von der Pütten, A. M. & Krämer, N. C. (2014). How Design Characteristics of Robots Determine Evaluation and Uncanny Valley Related Responses. *Computers in Human Behavior, 36,* 422–439.
Rosenthal-von der Pütten, A. M., Krämer, N. C., Becker-Asano, C., Ogawa, K., Nishio, S. & Ishiguro, H. (2014). The uncanny in the wild. Analysis of unscripted human-android interaction in the field. *International Journal of Social Robotics, 6*(1), 67–83.
Rosenthal-von der Pütten, A. M., Grabenhorst, F., Maderwald, S., Brand, M. & Krämer, N. C. (2014). Uncanny Valley Related Behavioral Responses Are Driven by Neural Processes of Face Perception. *Paper presented at the HRI 2014 workshop HRI: a bridge between Robotics and Neuroscience*, 03. March, 2014, Bielefeld, Germany.
Saygin, A. P., Chaminade, T., Ishiguro, H., Driver, J. & Frith, C. D. (2012). The thing that should not be: predictive coding and the uncanny valley in perceiving human and humanoid robot actions. *Social Cognitive and Affective Neuroscience*, *7*(4), 413–422.
Schaller, M. & Park, J. H. (2011). The behavioral immune system (and why it matters). *Current Directions in Psychological Science*, *20*(2), 99–103.
Shimada, M. & Ishiguro, H. (2008). Motion behavior and its influence on human-likeness in an android robot. In B. C. Love, K. McRae & V. M. Sloutsky (Eds.), *Proceedings of the 30th Annual Meeting of the Cognitive Science Society* (pp. 2468–2473). Cognitive Science Society.
Shimada, M., Minato, T., Itakura, S. & Ishiguro, H. (2006). Evaluation of android using unconscious recognition. *Proceedings of the 6th IEEE/RAS International Conference on Humanoid Robots (Humanoids 2006)*, 157–162.
Tinwell, A. & Grimshaw, M. N. (2009). *Bridging the uncanny: MindTrek*. MindTrek. Retrieved from http://www.mindtrek.org/2009/
Walters, M. L., Dautenhahn, K., te Boekhorst, R., Koay, K. L. & Woods, S. N. (2007). Exploring the design space of robot appearance and behavior in an attention-seeking ›living room' scenario for a robot companion. *Proceedings of the IEEE Symposium onArtificial Life* (pp. 341–347). Piscataway, NJ: IEEE Press.
Weiss, A. (2010). *Validation of an Evaluation Framework for Human-Robot Interaction. The Impact of Usability, Social Acceptance, User Experience, and Societal Impact on Collaboration with Humanoid Robots*. PhD thesis, University Salzburg.

Teil V Verhalten

Einführung Verhalten

Nicole C. Krämer

Ein zentraler Aspekt medienpsychologischer Fragestellungen ist immer auch, inwieweit der Konsum von Medienangeboten Konsequenzen für das Verhalten hat. Besonders zentral erscheint hier nicht nur das Verhalten während der Rezeption, sondern vor allem jenes, das nach dem Medienkonsum in der Öffentlichkeit gezeigt wird und das von der medialen Situation zunächst unabhängig zu sein scheint. Durch diese sichtbare Auswirkung des eigentlich recht privat im Kino, vor dem heimischen Fernseher oder dem eigenen Computer ablaufenden Erlebens erhält der Fragenkomplex nach dem resultierenden Verhalten eine erhöhte Gesellschaftsrelevanz. Vor allem die potenziell gefährlichen bzw. gefährdenden Wirkungen von Medieninhalten und -formaten wie gewalthaltigen Filmen oder Computerspielen wurden in der Vergangenheit häufig thematisiert. Doch auch positive Auswirkungen auf das Verhalten sind denkbar und werden zunehmend in den Blick der Forschung genommen. Entsprechend werden in diesem das Buch abschließenden Teil beide Aspekte thematisiert. Unter dem Titel *Gewalt* wird der Stand der Forschung zu den Wirkungen gewalthaltiger Medieninhalte vorgestellt. Einerseits wird zur Klärung der Frage »Welche Wirkung haben gewalthaltige Medieninhalte auf das Verhalten?« eine Übersicht über die empirisch gefundenen Zusammenhänge gegeben, andererseits werden mit Blick auf die Frage »Wie kommen diese Wirkungen zustande?« Hypothesen und theoretische Erklärungsmodelle aufgeführt. Der Beitrag *Prosoziales Verhalten* stellt parallel dazu den Stand der Forschung in Bezug auf die Möglichkeit der Förderung gesellschaftlich positiv bewerteten Verhaltens durch Medienkonsum dar. Aufbauend auf der Behandlung von Modellen zum medienunabhängigen prosozialen Verhalten werden empirische Ergebnisse aufgeführt, die die Frage nach möglichen positiven Wirkungen auf das Hilfeverhalten zu klären versuchen.

Zusätzlich werden noch zwei weitere Phänomene behandelt, die mit der steigenden Verbreitung von Computern und dem Internet an Relevanz gewonnen haben. Es handelt sich einerseits um die *Gemeinsame Wissenskonstruktion im Internet*, in deren Rahmen die Frage behandelt wird, inwieweit und durch welche Maßnahmen unterstützt Menschen in Onlinekontexten sinnvoll miteinander arbeiten können. Das letzte Kapitel behandelt *Online-Sucht* und präsentiert neben der Darstellung der Relevanz des Phänomens verschiedene Mechanismen und Erklärungsmuster für die Verhaltensauffälligkeiten, die wenige Menschen zeigen.

Gewalt

Malte Elson

Worum geht es?

»Sie erwecken bei Kindern sadistische Fantasien, andere Menschen immer und immer wieder zu bestrafen, während man selbst unantastbar ist. (...) Es ist ein nicht enden wollender Strom von Brutalität. In meinen Augen ist die Gesundheit der Bevölkerung bedroht. (...) Ich denke es sollte möglich sein Kinder unter 15 Jahren von ihnen fernzuhalten und ihren Verkauf an Kinder zu untersagen.«

Dieses Zitat stammt nicht etwa aus einer jüngeren Talkshow zu den Gefahren von »Killerspielen«, sondern von Frederic Wertham aus einer Anhörung des US-amerikanischen Senats im Jahr 1954 zu möglichen Ursachen jugendlicher Straffälligkeit, genauer gesagt: Comic-Heften. Damals wie heute stellen sich Wissenschaftler also die Frage, ob es einen kausalen Zusammenhang zwischen dem Konsum von Mediengewalt und Aggression gibt. Wertham konnte diesen Zusammenhang für Comics weder ausreichend belegen noch verhindern, dass sie ein weitgehend akzeptiertes Kulturgut geworden sind. Auch wenn diese in der Gewalt-Debatte von anderen Medien, wie dem Fernsehen oder digitalen Spielen, abgelöst wurden, hat sich die Rhetorik unter Wissenschaftlern und in der Öffentlichkeit nur bedingt geändert. Da es mitunter immer noch eine Kluft zwischen der Belastbarkeit empirischer Belege und ihrer Interpretation und Darstellung gibt, muss man sich der wissenschaftlichen Literatur zu diesem Thema auf mindestens zwei Weisen nähern: empirisch, d. h. durch Betrachtung der Forschungsmethodik und -ergebnisse, sowie diskursanalytisch, d. h. durch Betrachtung ihrer Diskussion und Argumentation dieser Ergebnisse. Im Folgenden werden die unterschiedlichen Betrachtungsweisen zu diesem kontroversen Thema dargestellt und kritisch beleuchtet.

Darstellung der Annahmen

Etwa ein Viertel der deutschen Gesamtbevölkerung gehört zu den sogenannten »Computerspielern« (Quandt, Breuer, Festl & Scharkow, 2013), wobei 57 % der deutschen Jugendlichen täglich fernsehen (Medienpädagogischer Forschungsverbund Südwest, 2014). Wären Gewaltdarstellungen in diesen Medien also ursächlich für aggressive Verhaltensweisen, müssten in Anbetracht ihrer Popularität Aggressionsraten epidemischen Ausmaßes zu erwarten sein.

Die Vermutung einer aggressionsfördernden Wirkung der Beobachtung von medialen Gewaltdarstellungen geht von einer sozial-kognitiven Perspektive auf die Ätiologie von Aggression aus, insbesondere Banduras (1978) Theorie des Beobachtungslernens bzw. des Lernens am Modell. Die zwei im Wesentlichen zugrunde liegenden Annahmen dieser Theorie sind, dass a) Akteure (z. B. Filmfiguren, Avatare) in Medien als Modelle für das Lernen von Verhalten geeignet sind und dass b) Individuen durch die Beobachtung dieser Akteure genauso lernen wie durch die Beobachtung menschlicher Modelle in der Realität (vgl. Kapitel zur Theorie des sozialen Lernens in diesem Buch). Laut Bandura wird die eigene Aggressionsbereitschaft verstärkt bzw. reduziert, wenn man auf dem Bildschirm beobachtet, wie Medienakteure für Gewalthandlungen belohnt bzw. bestraft werden. Je größer die gezeigte Bestrafung/Belohnung, desto un-/wahrscheinlicher ist die Imitation des gezeigten Verhaltens. Die zentrale Annahme für die Wirkung von Mediengewalt ist also, dass die wiederholte Beobachtung von belohnter Gewalt nicht nur in einer erhöhten Erwartungshaltung hinsichtlich der Belohnung für eigenes aggressives Verhalten resultiert, sondern Aggression sich letztlich als soziale Norm in einer Vielzahl eigentlich gewaltfrei lösbarer Situationen etabliert.

Einen weiteren populären Erklärungsansatz stellen die kognitiv-neoassoziationistischen Aggressionstheorien dar (z. B. Collins & Loftus, 1975). Diese Modelle postulieren, dass das Gedächtnis aus einem Netzwerk semantisch mehr oder weniger stark (durch Bahnen) verbundener Konzepte (Knoten) besteht. Je ausgeprägter die Bahn zwischen zwei Knoten, desto verfügbarer sind die jeweiligen Konzepte und desto wahrscheinlicher und schneller können sie aktiviert werden. Der regelmäßige Konsum von Mediengewalt würde so aggressionsbezogene Konzepte in den Mittelpunkt des Gedächtnisnetzwerkes rücken und die Neubildung wie Ausprägung von Bahnen zu anderen Konzepten begünstigen. Aggressive Kognitionen wären demnach permanent verfügbar, und dadurch hätten aggressive Verhaltensweisen eine hohe Auftrittswahrscheinlichkeit, da andere, schwächere Verbindungen (zu nicht aggressiven Konzepten) nicht aktiviert würden.

Diese und andere (sozial-)kognitive Aggressionstheorien wurden von Anderson und Bushman (2002) im General Aggression Model (GAM) gebündelt. Es wird insbesondere von Forschern, die von einem starken Kausalzusammenhang zwischen Mediengewalt und Aggression ausgehen, zur Erklärung herangezogen (z. B. Fischer, Kastenmüller & Greitemeyer, 2010; Melzer, Derks, Heydekorn & Steffgen, 2010; Möller & Krahé, 2009), ist jedoch in anderen Forschungsfeldern, die sich mit Aggression beschäftigen (wie bspw. der Kriminologie oder Psychopathologie) wenig verbreitet.

Das GAM postuliert, dass wiederholter Konsum von Mediengewalt nachhaltig Wissensstrukturen (wie Perzeptions- oder Verhaltensschemata) beeinflusst: Absichten anderer Personen werden als feindseliger eingeschätzt, als sie eigentlich sind, und die Welt wird insgesamt als ein gefährlicher Ort wahrgenommen. Laut Anderson und Bushman determiniert Mediengewalt vor allem auf diesem Wege das Verhalten einer Person. Der wiederholte Kontakt mit einer medialen Realität, in der Gewalt nicht nur häufig nötig, sondern auch ständig zu erwarten ist (z. B. in Actionfilmen), beeinflusst die Erwartungswahrscheinlichkeit für Aggression in der physischen Realität.

Da Gewalt in fast allen Medien vorzufinden ist und sie zudem auch häufig belohnt wird (z. B. in Form des triumphierenden Helden; der befriedigenden Rache an einem Provokateur; der gewaltsamen Vereitelung eines Verbrechens), kann man davon ausgehen, dass die beschriebenen Voraussetzungen für die im GAM gebündelten Wirkmechanismen zumindest in der Theorie erfüllt sind.

Der Katharsis-Theorie (Feshbach, 1964) unterliegen gegenteilige Annahmen. Sie stammt aus der griechischen Antike und genoss zunächst große Beliebtheit in der Psychoanalyse. Die zentrale Annahme des kathartischen Effektes ist, dass das Ausleben innerer Konflikte oder angestauter Aggression negative Emotionen nachhaltig reduziert und damit triebreduzierend wirkt, beispielsweise durch das Schlagen eines Sandsacks oder eben den Konsum gewalthaltiger Medien (Feshbach & Singer, 1971). Während Katharsis anfänglich noch eine bedeutende Konkurrenz zu den sozial-kognitiven Theorien darstellte, spielt sie in der heutigen Aggressionsforschung, mit wenigen Ausnahmen (z. B. Ferguson, Olson, Kutner & Warner, 2010), praktisch keine Rolle mehr. Für eine differenzierte theoriehistorische Betrachtung dieses Paradigmenwechsels siehe Scheele (1999).

Im Gegensatz zu GAM und Katharsis nimmt die Wirkung von Mediengewalt in biopsychosozialen Aggressionsmodellen, beispielsweise dem Catalyst Model (Ferguson, 2008), einen zu vernachlässigenden Stellenwert ein (und konsequenterweise werden diese Modelle in der Medienpsychologie selten verwendet). Laut dem Catalyst Model sind aggressive Neigungen vor allem durch biologische/genetische Dispositionen determiniert. Diese eher invarianten Faktoren können von unmittelbaren Umwelteinflüssen (z. B. innerfamiliärer Gewalt, straffälligen Peers) moderiert werden. Situative Stressoren (z. B. finanzielle Schwierigkeiten, Beziehungsprobleme) erhöhen die Wahrscheinlichkeit für aggressives Verhalten von Personen mit einer entsprechenden Prädisposition. Je mehr Stressoren also vorliegen und je schwerwiegender diese sind, desto eher handelt eine zu Aggression geneigte Person gewaltsam. Für eine Person mit einer stark ausgeprägten Disposition sind nur wenige dieser Stressoren nötig, um aggressives Verhalten hervorzurufen.

Mediengewalt hat in diesem Modell keine kausale Wirkung, sondern kann als »stylistic catalyst« fungieren, d. h., die Art und Weise von aggressiven Handlungen, die eine Person ausübt, kann eine Ähnlichkeit zu der in Medien dargestellten Gewalt annehmen. Medien sind aber niemals der eigentliche Grund oder Verursacher von Aggressivität – die aggressiven Handlungen würde also in jedem Fall erfolgen, mit oder ohne vorherigen Medienkonsum. Durchaus sind Menschen mit einer aggressiven Disposition aber dazu geneigt, gewalthaltige Medien zu konsumieren.

Typische Methodik

Typischerweise werden die Effekte von Mediengewalt auf Aggression auf zwei Arten untersucht: in Befragungen (v. a. Gewalt im Fernsehen) und in Laborexperimenten (v. a. Gewalt in Videospielen).

Querschnittliche (korrelative) Befragungen stützen sich üblicherweise auf selbstberichtete Angaben der Teilnehmer. Mit ihnen können Zusammenhänge zwischen dem tatsächlichen (d. h. nicht vom Wissenschaftler induzierten) Konsum von Mediengewalt und einer Vielzahl anderer Variablen untersucht werden. Sie lassen aber keine kausalen Schlüsse darüber zu, ob Mediengewalt beispielsweise ursächlich für Problemverhalten oder Aggression ist. Längsschnittliche, d. h. wiederholte Befragungen von Teilnehmern in Wellen können hier Abhilfe schaffen, da sie durch die Untersuchung zeitlicher Zusammenhänge und Entwicklungsverläufe von Mediengewaltkonsum und Aggression (limitierte) Kausalschlüsse zulassen (für solche Studien mit deutschen Stichproben siehe z. B. Breuer, Vogelgesang, Quandt & Festl, 2015; Krahé, Busching & Möller, 2012).

In Laborexperimenten werden Probanden häufig in zwei Gruppen aufgeteilt, die entweder einen gewalthaltigen (z. B. einen First-Person Shooter) oder einen nicht gewalthaltigen Medienstimulus (z. B. ein Puzzle-Spiel am Computer) gezeigt bekommen. Im Anschluss werden Verhaltenstests durchgeführt, die Aggression erfassen sollen. Probanden treten beispielsweise in einem Geschicklichkeitsspiel an, bei dem sie ihren Gegner mit unangenehmen Tönen bestrafen können, oder sie wählen zwischen Gewürzen verschiedener Schärfegrade, um einen Teller Chili für jemand anderen zu präparieren (für einen Methodenüberblick siehe Ritter & Eslea, 2005). Dieses »Standardmodell« wurde mehrere hundertmal durchgeführt und macht einen substanziellen Teil der empirischen Literatur zur Wirkung von Mediengewalt aus.

Zentrale empirische Befunde

Laborexperimente zeigen häufig, dass die Personen, die randomisiert der Gruppe mit einem gewalthaltigen Computerspiel oder Fernsehausschnitt zugeordnet wurden, im Mittel stärkere Ausprägungen in den Verhaltenstests aufweisen als die Probanden, die einen anderen, nicht gewalthaltigen Medienstimulus gesehen haben (bspw. Anderson et al., 2004; Sestir & Bartholow, 2010). Dies spiegelt sich auch in narrativen Reviews (Elson & Ferguson, 2014; Gentile & Stone, 2005) und Meta-Analysen wieder (Ferguson, 2007; Greitemeyer & Mügge, 2014; Sherry, 2007), die zwar auch im Mittel einen messbaren Zusammenhang feststellen, allerdings mit substanziellen Schwankungen in den Effektstärken und Interpretationen (siehe unten). Jüngere Laborstudien zur Wirkung von Computerspielen weisen darauf hin, dass diese Effekte möglicherweise nicht durch die Gewaltinhalte, sondern mit letzteren häufig einhergehenden anderen Spieleeigenschaften ausgelöst werden können, wie beispielsweise dem Wettbewerbscharakter (Ewoldsen et al., 2012; Przybylski, Deci, Rigby & Ryan, 2014).

Querschnittstudien zeichnen ein eher uneinheitliches Bild. Einige Studien finden einen korrelativen Zusammenhang zwischen selbstberichteter Delinquenz und Mediengewaltkonsum (z. B. Anderson & Dill, 2000), andere jedoch nicht (Gunter & Daly, 2012). Retrospektive Studien, in denen rückblickend die Zusammenhänge der Verläufe von Kriminalitätsstatistiken und Verkaufszahlen gewalthaltiger Computerspiele oder Filme untersucht werden, berichten ebenfalls keine oder sogar schwache negative Korrelationen (Markey, French & Markey, 2015; Markey, Markey & French, 2014).

Auch einige längsschnittliche Studien finden signifikante Belege für einen *Sozialisationseffekt*, d. h. einen kausalen Einfluss von regelmäßigem Mediengewaltkonsum auf selbst- oder fremdberichtete (z. B. durch Mitschüler, Lehrer) Aggression über einen längeren Zeitraum (Huesmann, Moise-Titus, Podolski & Eron, 2003; Krahé et al., 2012). Andere Studien hingegen können diesen Zusammenhang im Verlauf nicht bestätigen (Ferguson, San Miguel, Garza & Jerabeck, 2012; Wallenius & Punamäki, 2008). Die Ergebnisse von Breuer et al. (2015), sowie von Salisch, Vogelgesang, Kristen und Oppl (2011) weisen eher auf einen längsschnittlichen *Selektionseffekt* hin, d. h. auf eine Präferenz aggressiver Kinder und Jugendlicher für die Nutzung gewalthaltiger Medien.

Das Fehlen von Forschung zu Vulnerabilitäten oder relevanten Personen- wie Umweltvariablen, die den Einfluss von Mediengewalt begünstigen/verhindern können, wird frequent bemängelt (Markey & Markey, 2010). Die wenigen vorhandenen Einzelbefunde lassen hier jedoch keinen systematischen Schluss zu.

Kritik

Kritik wird besonders an zwei Aspekten der Literatur zu Mediengewalt geübt: Zum einen an der methodischen Qualität von Studien, zum anderen an der Darstellung der Ergebnisse und ihrer Rhetorik.

Oftmals weisen Studien Probleme hinsichtlich ihrer psychometrischen Objektivität auf, d. h. vor allem eine unsaubere Manipulation der unabhängigen Variable (Gewaltdarstellung), sowie eine unzureichende Störvariablenkontrolle (Elson & Quandt, 2016). Spielen in einem Laborexperiment beispielsweise Probanden in der Treatment-Bedingung *Counter-Strike*, und in der Kontrollbedingung *Tetris*, so ist fraglich, ob gefundene Gruppenunterschiede wirklich auf die Gewaltdarstellungen und nicht auf andere Variablen zurückzuführen sind. So wäre es in diesem Beispiel möglich, dass Probanden, die *Counter-Strike* spielen, durch charakteristische Anforderungen (Dreidimensionalität, Hand-Auge-Koordination) mehr Frustration ausgesetzt sind als die *Tetris* spielenden Probanden. Aggressives Verhalten könnte hier also eher auf die Unterschiede in der Spielschwierigkeit als in den Gewaltdarstellungen zurückgeführt werden (Przybylski et al., 2014).

Ein ähnliches Problem besteht bei einigen Korrelations- und Langzeitstudien, in denen relevante Kontrollvariablen, wie etwa der sozioökonomische Status und Erfahrungen mit Gewalt in der Familie oder der Peer Group nicht berücksichtigt werden (Savage, 2004). Kontrolliert man diese Einflussgrößen statistisch, verschwinden die gefundenen Effekte häufig vollständig (Gunter & Daly, 2012).

Ebenso kritisch ist die Validität von Aggressionsmessung zu bewerten. So fehlt es bei vielen der im Labor eingesetzten Verhaltenstests an Belegen dafür, dass diese Verfahren tatsächlich Aggression erfassen (Suris et al., 2004). Zudem kann eine problematische Flexibilität in der Durchführung und Auswertung mancher Verfahren beobachtet werden. Mitunter findet man in der Literatur für den populärsten Aggressions-Verhaltenstest, den *Competitive Reaction Time Task*, mindestens 13 verschiedene Auswertungsvarianten (Elson, Mohseni, Breuer, Scharkow & Quandt, 2014). Durch diese Beliebigkeit bei der Verwendung der Rohdaten ist die Interpretation und Vergleichbarkeit über Studien hinweg gefährdet. Zusammengefasst gibt es also Probleme in der Operationalisierung der unabhängigen Variable (Gewalt) und der Messung der abhängigen Variable (Aggression), die die Verlässlichkeit des aktuellen Forschungsstandes in Frage stellen.

Insbesondere vor dem Hintergrund dieser methodischen Probleme in der Empirie wird in Bezug auf die Forschungsergebnisse in der Öffentlichkeit, aber auch in wissenschaftlichen Fachzeitschriften oft unangemessen argumentiert, bspw. vergleichen Anderson et al. (2003) den Zusammenhang zwischen Mediengewalt und Aggression mit dem von Tabakkonsum und Lungenkrebs. Skeptikern wird vorgeworfen, ihnen fehle schlichtweg die wissenschaftliche Expertise (Bushman & Pollard-Sacks, 2014) oder sie seien von der medienschaffenden Industrie beeinflusst (Huesmann, 2005). Für die Gegenseite hat die Wirkungsforschung zu Mediengewalt den Stellenwert von Hexenjagden im Mittelalter (Barker & Petley, 2001). Diese Rhetorik ist einer wissenschaftlichen Debatte natürlich völlig unwürdig.

Zusammen mit den diskutierten methodischen Problemen ist es zu diesem Zeitpunkt schwierig, die Literatur zu Mediengewalt systematisch zu betrachten und eindeutig einzuordnen. Klar ist, dass Aggression multifaktoriell bedingt ist und viele Variablen im Zusammenspiel erklären, ob ein Individuum sich aggressiv verhält. Welchen Stellenwert Mediengewalt in dieser Multideterminiertheit einnimmt, ist unklar. Derzeit ist jedoch zumindest nicht davon auszugehen, dass Mediengewalt einen entscheidenden Einfluss darauf hat, ob schwere Formen von Aggression wie kriminelle Handlungen oder sogar Amokläufe begangen werden.

Literatur

Anderson, C. A., Berkowitz, L., Donnerstein, E., Huesmann, L. R., Johnson, J. D., Linz, D., ... Wartella, E. A. (2003). The influence of media violence on youth. *Psychological Science in the Public Interest*, *4*(3), 81–110.

Anderson, C. A. & Bushman, B. J. (2002). Human aggression. *Annual Review of Psychology*, *53*(1), 27–51.

Anderson, C. A., Carnagey, N. L., Flanagan, M., Benjamin, A. J., Eubanks, J. & Valentine, J. C. (2004). Violent video games: Specific effects of violent content on aggressive thoughts and behavior. In M. Zanna (Ed.), *Advances in Experimental Social Psychology* (Vol. 36, pp. 199–249). New York, NY: Elsevier.

Anderson, C. A. & Dill, K. E. (2000). Video games and aggressive thoughts, feelings, and behavior in the laboratory and in life. *Journal of Personality and Social Psychology*, *78*(4), 772–790.

Bandura, A. (1978). Social learning theory of aggression. *Journal of Communication*, *28* (3), 12–29.

Barker, M. & Petley, J. (2001). Introduction: From bad research to good – a guide for the perplexed. In M. Barker & J. Petley (Eds.), *Ill Effects. The media/violence debate.* (2nd ed., pp. 1–26). London, UK: Routledge.

Breuer, J., Vogelgesang, J., Quandt, T. & Festl, R. (2015). Violent video games and physical aggression: Evidence for a selection effect among adolescents. *Psychology of Popular Media Culture*, *4*(4), 305–328.

Bushman, B. J. & Pollard-Sacks, D. (2014). Supreme Court decision on violent video games was based on the First Amendment, not scientific evidence. *American Psychologist, 69*(3), 306–307.

Collins, A. M. & Loftus, E. F. (1975). A spreading-activation theory of semantic processing. *Psychological Review, 82*(6), 407–428.

Elson, M. & Ferguson, C. J. (2014). Twenty-five years of research on violence in digital games and aggression: Empirical evidence, perspectives, and a debate gone astray. *European Psychologist, 19*(1), 33–46.

Elson, M., Mohseni, M. R., Breuer, J., Scharkow, M. & Quandt, T. (2014). Press CRTT to measure aggressive behavior: The unstandardized use of the Competitive Reaction Time Task in aggression research. *Psychological Assessment, 26*(2), 419–432.

Elson, M. & Quandt, T. (2016). Digital games in laboratory experiments: Controlling a complex stimulus through modding. *Psychology of Popular Media Culture, 5*(1), 52–65.

Ewoldsen, D. R., Eno, C. A., Okdie, B. M., Velez, J. A., Guadagno, R. E. & DeCoster, J. (2012). Effect of playing violent video games cooperatively or competitively on subsequent cooperative behavior. *Cyberpsychology, Behavior, and Social Networking, 15* (5), 277–280.

Ferguson, C. J. (2007). Evidence for publication bias in video game violence effects literature: A meta-analytic review. *Aggression and Violent Behavior, 12*(4), 470–482.

Ferguson, C. J. (2008). An evolutionary approach to understanding violent antisocial behavior: Diagnostic implications for a dual-process etiology. *Journal of Forensic Psychology Practice, 8*(4), 321–343.

Ferguson, C. J., Olson, C. K., Kutner, L. A. & Warner, D. E. (2010). Violent video games, catharsis seeking, bullying, and delinquency: A multivariate analysis of effects. *Crime & Delinquency, 60*(5), 764–784.

Ferguson, C. J., San Miguel, C., Garza, A. & Jerabeck, J. M. (2012). A longitudinal test of video game violence influences on dating and aggression: A 3-year longitudinal study of adolescents. *Journal of Psychiatric Research, 46*(2), 141–146.

Feshbach, S. (1964). The function of aggression and the regulation of aggressive drive. *Psychological Review, 71*(4), 257–272.

Feshbach, S. & Singer, R. D. (1971). *Television and aggression. An experimental field study.* San Francisco, CA: Jossey-Bass.

Fischer, P., Kastenmüller, A. & Greitemeyer, T. (2010). Media violence and the self: The impact of personalized gaming characters in aggressive video games on aggressive behavior. *Journal of Experimental Social Psychology, 46*(1), 192–195.

Gentile, D. A. & Stone, W. (2005). Violent video game effects on children and adolescents: A review of the literature. *Minerva Pediatrica, 57*(6), 337–358.

Greitemeyer, T. & Mügge, D. O. (2014). Video games do affect social outcomes: A meta-analytic review of the effects of violent and prosocial video game play. *Personality & Social Psychology Bulletin, 40*(5), 578–589.

Grimes, T., Anderson, J. A. & Bergen, L. A. (2008). *Media violence and aggression. Science and ideology.* Thousand Oaks, CA: Sage.

Gunter, W. D. & Daly, K. (2012). Causal or spurious: Using propensity score matching to detangle the relationship between violent video games and violent behavior. *Computers in Human Behavior, 28*(4), 1348–1355.

Huesmann, L. R. (2005). Imitation and the effects of observing media violence on behavior. In S. Hurley & N. Chater (Eds.), *Perspectives on Imitation: From Neuroscience to Social Science.* (Vol. 2, pp. 257–266). Cambridge, MA: MIT Press.

Huesmann, L. R., Moise-Titus, J., Podolski, C.-L. & Eron, L. D. (2003). Longitudinal relations between children's exposure to TV violence and their aggressive and violent behavior in young adulthood: 1977–1992. *Developmental Psychology, 39*(2), 201–221.

Krahé, B., Busching, R. & Möller, I. (2012). Media violence use and aggression among German adolescents: Associations and trajectories of change in a three-wave longitudinal study. *Psychology of Popular Media Culture, 1*(3), 152–166.

Markey, P. M., French, J. E. & Markey, C. N. (2015). Violent movies and severe acts of violence: Sensationalism versus science. *Human Communication Research, 41*(2), 155–173.

Markey, P. M. & Markey, C. N. (2010). Vulnerability to violent video games: A review and integration of personality research. *Review of General Psychology, 14*(2), 82–91.

Markey, P. M., Markey, C. N. & French, J. E. (2014). Violent video games and real-world violence: Rhetoric versus data. *Psychology of Popular Media Culture.*

Medienpädagogischer Forschungsverbund Südwest. (2014). JIM 2014. Jugend, Information, (Multi-) Media. Retrieved from http://www.mpfs.de

Melzer, A., Derks, I., Heydekorn, J. & Steffgen, G. (2010). Click or strike: Realistic versus standard game controls in violent video games and their effects on aggression. In H. S. Yang, R. Malaka, J. Hoshino & J. H. Han (Eds.), *Proceedings of the 9th International Conference on Entertainment Computing* (pp. 171–182). Berlin: Springer.

Möller, I. & Krahé, B. (2009). Exposure to violent video games and aggression in German adolescents: A longitudinal analysis. *Aggressive Behavior, 35*(1), 75–89.

Przybylski, A. K., Deci, E. L., Rigby, C. S. & Ryan, R. M. (2014). Competence-impeding electronic games and players' aggressive feelings, thoughts, and behaviors. *Journal of Personality and Social Psychology, 106*(3), 441–457.

Quandt, T., Breuer, J., Festl, R. & Scharkow, M. (2013). Digitale Spiele: Stabile Nutzung in einem dynamischen Markt. [Digital games: Stable patterns of use in a dynamic market.]. *Media Perspektiven, 10*, 483–492.

Ritter, D. & Eslea, M. (2005). Hot sauce, toy guns, and graffiti: A critical account of current laboratory aggression paradigms. *Aggressive Behavior, 31*(5), 407–419.

Savage, J. (2004). Does viewing violent media really cause criminal violence? A methodological review. *Aggression and Violent Behavior, 10*(1), 99–128.

Scheele, B. (1999). Theoriehistorische Kontinuität: Lernen von Aggression oder Möglichkeiten zur Katharsis?! In N. Groeben (Ed.), *Zur Programmatik einer sozialwissenschaftlichen Psychologie* (Vol. I/2, pp. 1–83). Münster: Aschendorff.

Sestir, M. A. & Bartholow, B. D. (2010). Violent and nonviolent video games produce opposing effects on aggressive and prosocial outcomes. *Journal of Experimental Social Psychology, 46*(6), 934–942.

Sherry, J. L. (2007). Violent video games and aggression: Why can't we find effects? In R. Preiss, B. Gayle, N. Burrell, M. Allen & J. Bryant (Eds.), *Mass Media Effects Research: Advances Through Meta-Analysis* (pp. 245–262). Mahwah, NJ: Lawrence Erlbaum Associates.

Suris, A., Lind, L., Emmett, G., Borman, P. D., Kashner, M. & Barratt, E. S. (2004). Measures of aggressive behavior: Overview of clinical and research instruments. *Aggression and Violent Behavior, 9*(2), 165–227.

Von Salisch, M., Vogelgesang, J., Kristen, A. & Oppl, C. (2011). Preference for violent electronic games and aggressive behavior among children: The beginning of the downward spiral? *Media Psychology, 14*(3), 233–258.

Wallenius, M. & Punamäki, R.-L. (2008). Digital game violence and direct aggression in adolescence: A longitudinal study of the roles of sex, age, and parent-child communication. *Journal of Applied Developmental Psychology, 29*(4), 286–294.

Wertham, F. (1954, April 21). Testimony at the senate subcommittee hearings into juvenile delinquency.

Prosoziales Verhalten

Leonie Rösner

Worum geht es?

*Pro*soziales Verhalten beschreibt – im Gegenteil zu *anti*sozialem Verhalten – Handlungen, die zum Wohlergehen einer anderen oder mehrerer anderer Person(en) beitragen. Sie werden freiwillig und gezielt mit der Absicht ausgeübt, anderen Personen zu nützen. Darunter fallen zum Beispiel Formen der Unterstützung, der Hilfe, des Teilens oder der Kooperation (Batson, 1998; Hogg & Vaughan, 2008). Prosoziales Verhalten kann egoistisch oder altruistisch motiviert sein (Batson & Shaw, 1991). Eine Person, die aus egoistischer Motivation heraus handelt, tut dies, weil sie selbst einen Nutzen von dem Verhalten hat (z. B. um Anerkennung zu erhalten oder sich selbst nicht schlecht zu fühlen, wenn sie nicht hilft). Bei einem altruistisch (d. h. uneigennützig) motivierten Hilfeverhalten hingegen steht das Wohl der anderen Person als ultimatives Ziel der Handlung im Vordergrund (Batson & Shaw, 1991). Ein Hilfeverhalten wird jedoch nur dann als prosozial angesehen, wenn es nicht beruflich bedingt ist (Bierhoff, 2007). Zum Beispiel würde man das Verhalten eines Krankenpflegers, der einem Patienten beim Waschen hilft, nicht als prosozial bezeichnen, denn er tut dies, weil es zu seinen beruflichen Aufgaben gehört.

In der medienpsychologischen Forschung stellt sich die Frage nach Zusammenhängen und Wirkungsbeziehungen zwischen der Mediennutzung und dem prosozialen Verhalten der Nutzenden. Bisher wurde in der Medienwirkungsforschung vielfach erforscht und diskutiert, welche Auswirkungen gewalthaltige Medieninhalte auf ihre Rezipienten haben können (siehe Kapitel zu Gewalt). Die Erforschung der Wirkung von Medien auf prosoziales Verhalten hat im wissenschaftlichen und öffentlichen Diskurs hingegen bisher wenig Aufmerksamkeit erhalten. Im Folgenden werden zentrale Annahmen zur Erklärung des Zustandekommens von prosozialem Handeln dargestellt und eine Auswahl empirischer Befunde berichtet, die der Frage nach der Wirkung prosozialer Medieninhalte auf prosoziales Verhalten nachgehen.

Darstellung der Annahmen

Auf die Frage, warum Menschen prosozial handeln, werden in der Literatur unterschiedliche Erklärungsansätze aufgeführt und eine Vielzahl von Faktoren genannt, die das Auftreten prosozialen Verhaltens beeinflussen. Zu diesen Einflussfaktoren zählen sowohl Persönlichkeitsvariablen, wie zum Beispiel Empathie-Vermögen, als auch Kontextvariablen, wie beispielsweise die Anzahl anwesender Personen (vgl. Bystander Effect), Zeitknappheit, die Gefährlichkeit der Situation oder die zu erwartenden Kosten und Belohnungen für die handelnde Person (Bierhoff, 2007). Zentrale theoretische Erklärungsansätze beziehen sich auf soziale Normen und persönliche Standards, Mechanismen der Erregung und des Affekts sowie auf lerntheoretische Annahmen (Dovidio & Penner, 2001).

Prosoziales Verhalten gilt als ein von der Gesellschaft positiv bewertetes Verhalten, das sich als relevante Verhaltensnorm etabliert hat. Eine Annahme ist, dass sich Menschen gegenüber einer anderen Person in Not deshalb hilfreich verhalten, weil sie gelernt haben, dass das die angemessene Reaktion ist, die durch die Norm der sozialen Verantwortung vorgeschrieben wird. Da soziale Regeln und Werte von Person zu Person unterschiedlich erlernt werden, wird angenommen, dass jede Person eigene persönliche Normen und zum Beispiel individuelle Ausprägungen von sozialem Pflichtgefühl besitzt (Bierhoff, 2007).

Auf Affekt- und Erregungstheorien basierende Annahmen für das Zustandekommen von prosozialem Verhalten werden zum Beispiel durch das *negative state relief model* und das *arousal: cost-reward model* beschrieben (Dovidio & Penner, 2001). Beide Modelle gehen von egoistisch motiviertem prosozialen Verhalten aus, welches einerseits dazu dienen kann, einen negativen Affektzustand zu regulieren, da Personen durch prosoziales Handeln positive Gefühle erfahren (negative state relief model), oder andererseits einen durch die Beobachtung einer Person in Not entstandenen aversiven Erregungszustand aufzulösen (arousal: cost-reward model) (Dovidio & Penner, 2001). Darüber hinaus wurde, im Gegensatz zu Erklärungsansätzen, die eine egoistische Motivation prosozialen Verhaltens postulieren, die *Empathie-Altruismus-Hypothese* (Batson & Shaw, 1991) aufgestellt. Diese nimmt an, dass Personen altruistisch motiviert sind, prosozial zu handeln, wenn sie Empathie und Besorgnis (empatic concern) um eine Person in Not empfinden (Batson & Shaw, 1991). Das ultimative Ziel sei in diesem Fall, der Person zu helfen, für die Empathie empfunden wird, und nicht sich selbst (z. B. einen eigenen aversiven Zustand regulieren).

Aus lerntheoretischer Sicht wird im Sinne der *Konditionierung* davon ausgegangen, dass ein zukünftiges Hilfeverhalten wahrscheinlicher wird, wenn eine Hilfeleistung in der Vergangenheit positive Konsequenzen hatte, bzw. unwahrscheinlicher wird, wenn vergangenes Hilfeverhalten mit negativen Konsequenzen verbunden war (Dovidio & Penner, 2001). Darüber hinaus wird auf Basis der *sozial-kognitiven Lerntheorie* angenommen, dass Verhaltensweisen auch durch Beobachtung anderer Personen erlernt, gehemmt bzw. verstärkt oder aktiviert werden können (Bandura, 1986). Dabei muss ein Verhalten nicht notwendigerweise in einer Face-to-Face-Situation beobachtet werden; Beobachtungslernen kann auch medienvermittelt stattfinden, indem beispielsweise eine handelnde Person im Fernsehen beobachtet wird.

Ein auf lerntheoretischen Annahmen basierendes theoretisches Rahmenmodell, welches in der Medienwirkungsforschung zur Erklärung der Beziehungen zwischen Mediennutzung und menschlichem Verhalten herangezogen wird, ist das *General Learning Model* (Barlett & Anderson, 2013; Buckley & Anderson, 2006). Es wird unter anderem genutzt, um den Einfluss von prosozialen Medieninhalten auf prosoziales Verhalten zu erklären (z. B. Gentile et al., 2009; Prot et al., 2014). Dem Modell zufolge können Personen durch Interaktionen in ihrer Umwelt, das heißt auch durch die Nutzung von Medien, Wissensstrukturen erlernen, vertiefen und verstärken. Dabei bestimmt der Medieninhalt, was gelernt wird (Prot et al., 2014). Ein solcher Lernprozess kann in Abhängigkeit von situativen (z. B. Medieninhalt) und personenbezogenen Einflussfaktoren (z. B. Persönlichkeitseigenschaften) unmittelbare Auswirkungen auf die Gefühle, Kognitionen und die physiologische Erregung einer Person haben, wodurch wiederum die Bewertung einer aktuellen Situation und letztlich das Verhalten in der Situation beeinflusst wird (Barlett & Anderson, 2013). Darüber hinaus beschreibt das Modell, wie sich die kontinuierliche und wiederholte Rezeption von Medieninhalten auf die Entwicklung kognitiver Konstrukte (z. B. Skripte und Schemata), kognitiv-emotionaler Konstrukte (z. B. Einstellungen) und emotionaler Konstrukte (z. B. affektive Eigenschaften) auswirkt (Barlett & Anderson, 2013).

Typische Methodik

Methodisch sind grundsätzlich sowohl qualitative als auch quantitative Methoden geläufig. Mit qualitativen Forschungsmethoden wie der Inhaltsanalyse wird beispielsweise untersucht, wie hoch der Anteil an prosozialen Verhaltensdarstellungen in Medien ist (z. B. wie viele prosoziale Handlungen im Fernsehprogramm gezeigt werden). Ein Großteil der Medienwirkungsforschung ist jedoch quantitativ und darauf ausgelegt, konkrete, auf theoretischen Annahmen und Modellen basierende Hypothesen zu testen (Prot & Anderson, 2013). Um der Frage nach der Wirkung prosozialer Medieninhalte auf prosoziales Verhalten nachzugehen, werden sowohl experimentelle Studien als auch Quer- und Längsschnittuntersuchungen durchgeführt, wobei schwerpunktmäßig eine experimentelle Vorgehensweise verfolgt wird. In Experimenten werden kurzfristige Medieneffekte in einer kontrollierten Umgebung erfasst, während in Querschnittstudien Erkenntnisse über die Stärke der Zusammenhänge verschiedener relevanter Einflussgrößen ermittelt werden und Längsschnittstudien Auskünfte über Auswirkungen längerfristiger Mediennutzung im realen Leben geben können (Prot & Anderson, 2013).

Ein typisches experimentelles Vorgehen zur Erforschung der Effekte prosozialer Medien sieht beispielsweise vor, den Studienteilnehmenden entweder einen prosozialen oder einen neutralen Stimulus (z. B. ein prosoziales oder neutrales Videospiel) zu präsentieren und sie anschließend mit einer Situation zu konfrontieren, in der sie sich potenziell hilfreich verhalten könnten (z. B. beim Aufsammeln heruntergefallener Stifte helfen, vgl. Greitemeyer & Osswald, 2010). Dabei wird das Verhalten in der Situation beobachtet und zwischen den Versuchsgruppen verglichen. In Quer- und Längsschnittstudien hingegen wird die Nutzung prosozialer Medieninhalte nicht manipuliert, sondern gemessen. Dazu werden in der Regel Fragebögen eingesetzt, in denen neben dem Mediennutzungsverhalten das prosoziale Verhalten der Teilnehmenden (z. B. mit dem Prosocial Orientation Questionnaire, vgl. Gentile et al., 2009; Prot et al., 2014) sowie weitere relevante Einflussvariablen wie beispielsweise Empathie erfasst werden.

Zentrale empirische Befunde

Im Vergleich zur Forschung, die die Wirkung von Medien auf aggressives Verhalten untersucht, gibt es verhältnismäßig wenige Studien und Befunde zur Wirkung von Medien auf prosoziales Verhalten. Studien, die sich mit prosozialen Medienwirkungen befasst haben, konzentrieren sich im Bereich der Fernsehforschung hauptsächlich auf die Zielgruppe Kinder. Hier konnten experimentelle Studien zeigen, dass Kinder, die einen Ausschnitt aus einer Fernsehserie sahen, in dem prosoziales Verhalten gezeigt wurde, nach der Rezeption ein stärkeres Hilfeverhalten zeigten als Kinder, die eine Szene ohne prosoziales Verhalten sahen (vgl. Sprafkin, Liebert & Poulos, 1975). Zudem konnte ein positiver Zusammenhang zwischen der Rezeption prosozialer Sitcoms (in denen Verhaltensweisen wie Helfen, Teilen oder Kooperieren positiv dargestellt werden) und der Häufigkeit prosozialen Verhaltens festgestellt werden (Rosenkoetter, 1999). Einen Überblick über Befunde zu positiven Effekten prosozialer Fernsehinhalte bei Kindern liefert eine Meta-Studie von Mares und Woodard (2005): Die Analyse von Ergebnissen aus 34 Studien zeigte, dass Kinder, die prosoziale Inhalte rezipierten, mehr positive Interaktionen und Altruismus sowie weniger Aggressionen und Stereotype aufwiesen als Kinder in Vergleichsgruppen (die keine, neutrale oder antisoziale Inhalte sahen). Diese Beziehungen zeigten sich auch in korrelativen Fragebogenuntersuchungen, waren in experimentellen Studien jedoch etwas stärker. Den stärksten Effekt hatten prosoziale Inhalte auf altruistisches Verhalten (Mares & Woodard, 2005).

Das Potenzial des Fernsehens, prosoziales Verhalten zu fördern, hängt jedoch davon ab, wie viel prosoziales Verhalten tatsächlich im Fernsehen gezeigt und von den Rezipienten und Rezipientinnen gesehen wird. Diesbezüglich zeigten die Ergebnisse einer umfangreichen Inhaltsanalyse des deutschen Fernsehprogramms, dass in 73,3 % der betrachteten Sendungen Darstellungen prosozialen Verhaltens (in Form von Helfen/Unterstützen, Zeigen von Sympathie oder Schenken/Spenden) enthalten waren (Lukesch, Bauer, Eisenhauer & Schneider 2004). In fiktionalen Unterhaltungsformaten (99,5 %) und in Sendungen für Kinder (96,8 %) war der Anteil noch größer. Zudem zeigte sich, dass häufiger positive Konsequenzen prosozialen Handelns (71,6 %) als negative (9,8 %), gemischte (8,7 %) oder keine (8,7 %) Konsequenzen abgebildet wurden (Lukesch et al., 2004). Ähnliche Befunde berichteten Smith et al. (2006) auch für das amerikanische Fernsehprogramm. Sie betrachteten in ihrer inhaltsanalytischen Auswertung explizit Darstellungen altruistischen Verhaltens, zu denen sie Formen des Helfens (z. B. jemandem den Weg weisen oder jemanden aus einem brennenden Gebäude retten) und des Teilens (z. B. Geld oder Lebensmittel spenden) zählten, die freiwillig und um anderen Personen zu nützen ausgeübt wurden (Smith et al., 2006). Im Ergebnis zeigte sich, dass 73 % der analysierten Sendungen Darstellungen von altruistischem Verhalten enthielten und dass die Frequenz dieser Darstellungen bei ca. drei Verhaltensakten pro Stunde lag. Darüber hinaus analysierten sie verschiedene Kontextvariablen der altruistischen Verhaltensdarstellungen und fanden in Bezug auf die dargestellten Konsequenzen, dass altruistische Handlungen häufiger belohnt (31,3 %) als bestraft (13,9 %) wurden (Smith et al., 2006).

Dass spezielle Medienangebote für Kinder einen hohen Anteil prosozialer Verhaltensdarstellungen aufweisen, zeigt eine Inhaltsanalyse des prosozialen Verhaltens in Disney-Filmen (Padilla-Walker, Coyne, Fraser & Stockdale, 2013). Betrachtet wurden in dieser Auswertung physische (z. B. Helfen, Teilen) und verbale (z. B. Beglückwünschen, Ermutigen) Formen prosozialen Verhaltens sowie ihre zugrundeliegenden Motivationen. Bezüglich der motivationalen Umstände des prosozialen Handelns wurden sechs Kategorien unterschieden (*public, emotional, dire, anonymous, altruistic* und *compliant*), um der Multidimensionalität prosozialen Verhaltens gerecht zu werden (vgl. Carlo & Randall, 2002). So wurde analysiert, wie häufig Filmfiguren prosoziale Handlungen aufgrund des Strebens nach öffentlicher Anerkennung (*public*) ausführten, als emotionale Reaktion auf eine leidende Person (*emotional*) oder um einer anderen Person in Not zu helfen (*dire*), wie oft sie anonym (*anonymous*), altruistisch (*altruistic*) oder als Reaktion auf eine direkte Bitte oder Anfrage (*compliant*) prosozial handelten (Padilla-Walker et al., 2013). Im Ergebnis zeigte sich, dass in Disney-Filmen im Durchschnitt jede Minute eine prosoziale Handlung gezeigt wird. Das Verhältnis zwischen physischen und verbalen Handlungen ist etwa ausgewogen, so dass ca. alle zwei Minuten eine prosoziale physische Handlung zu beobachten ist. Am häufigsten werden altruistisch motivierte Handlungen dargestellt; am zweithäufigsten ist die Motivation *dire*, gefolgt von *emotional*. Prosoziale Handlungen der Kategorien *public*, *compliant* oder *anonymous* sind selten zu sehen (Padilla-Walker et al., 2013).

In den letzten Jahren hat sich die Forschung neben Film und Fernsehen auch anderen Medien und ihren Wirkungen auf prosoziales Verhalten zugewandt. Experimentelle Studien konnten zum Beispiel zeigen, dass Videospiele mit prosozialen Spielzielen (z. B. einer anderen Spielfigur helfen) sowie Musikstücke mit prosozialen Texten prosoziales Verhalten beeinflussen (Greitemeyer, 2011a). Greitemeyer und Osswald (2010) verglichen in vier experimentellen Studien das spontane Hilfeverhalten von Personen, nachdem diese Personen entweder ein prosoziales oder ein neutrales Videospiel gespielt hatten. Als prosoziales Videospiel wurde entweder das Spiel »Lemmings« eingesetzt, bei dem kleine Kreaturen aus einem Labyrinth gerettet und zum Ausgang geführt werden müssen, oder »City Crisis«, bei dem es darum geht, Leben zu retten und die Sicherheit einer Stadt zu verbessern; als neutrales Spiel wurde »Tetris« gewählt. Die Ergebnisse der vier Experimente (vgl. Greitemeyer & Osswald, 2010) zeigen, dass mehr Personen, die ein prosoziales Videospiel spielten – im Vergleich zu Personen, die ein neutrales Spiel spielten – dem Versuchsleiter halfen, heruntergefallene Stifte aufzuheben (Studie 1 & 4), bereit waren an einer weiteren Studie ohne Vergütung teilzunehmen (Studie 2) und einer Versuchsleiterin zu Hilfe kamen, die von einem Ex-Freund vermeintlich belästigt wurde (Studie 3). Längsschnittstudien zeigen zudem, dass die Nutzung prosozialer Videospiele auch über einen längeren Zeitraum hinweg einen positiven Einfluss auf prosoziales Verhalten hat (Gentile et al, 2009; Prot et al., 2014).

In Bezug auf zugrundeliegende Mechanismen des Effekts prosozialer Videospiele auf prosoziales Verhalten wurde im Sinne der Annahmen des *General Learning Models* überprüft, ob der Effekt durch prosoziale Kognitionen und/oder Empathie-Erleben vermittelt wird. Diesbezüglich zeigte sich, dass prosoziale im Vergleich zu neutralen Videospielen sowohl stärkere prosoziale Kognitionen (Greitemeyer & Osswald, 2011) als auch ein stärkeres Gefühl von Empathie hervorrufen (Greitemeyer, Osswald & Brauer, 2010) und dass sowohl die stärkere Verfügbarkeit prosozialer Gedanken (Greitemeyer & Osswald, 2010) als auch Empathie (Prot et al., 2014) als Mediatoren für den Effekt prosozialer Videospiele auf prosoziales Verhalten fungieren. Darüber hinaus zeigte sich, dass durch prosoziale Videospiele nicht nur prosoziale Kognitionen und Gefühle verstärkt, sondern auch aggressive Kognitionen (Greitemeyer & Osswald, 2009) und feindselige Gefühle (Saleem, Anderson & Gentile 2012) verringert werden konnten.

Eine aktuelle Meta-Studie (Greitemeyer & Mügge, 2014), in der die Ergebnisse aus 98 korrelativen und experimentellen Studien sowie Längsschnittuntersuchungen zur Wirkung von prosozialen und gewalthaltigen Videospielen analysiert wurden, stützt diese Befunde. Über alle Studien hinweg zeigt sich, dass das Spielen prosozialer Videospiele prosoziale Gedanken, Gefühle und Handlungen erhöht und aggressive Gedanken, Gefühle und Handlungen mindert. Für gewalthaltige Videospiele zeigte sich ein ähnliches Muster; durch sie steigen aggressive Gedanken, Gefühle und Handlungen, wobei prosoziale Gefühle und Handlungen abnehmen.

Für den Bereich Musik konnte Greitemeyer (2009) ähnliche Ergebnisse für Songs mit prosozialen Texten zeigen: In drei experimentellen Studien überprüfte er die Effekte von Songs mit prosozialen Texten im Vergleich zu Songs mit neutralen Texten auf prosoziale Gedanken, Gefühle und Verhalten. Als Stimulusmaterial wurden in den prosozialen Versuchsbedingungen jeweils die beiden Songs »Love Generation« (Bob Sinclair) und »Kommt zusammen« (2raumwohnung) präsentiert und in den neutralen Bedingungen »Rock this party« (Bob Sinclair) und »Lachen und Weinen« (2raumwohnung). Es zeigte sich, dass Studienteilnehmende, die Songs mit prosozialen Texten hörten, prosoziale Gedanken leichter verfügbar hatten (Studie 1), mehr Empathie verspürten (Studie 2) und eine höhere Spendenbereitschaft zeigten (Studie 3), als Personen, die neutrale Songs hörten (Greitemeyer, 2009). Darüber hinaus fand Greitemeyer (2011b), dass Studienteilnehmende nach dem Hören von Songs mit prosozialen Texten weniger aggressive Kognitionen, Gefühle und Verhaltensweisen aufwiesen als nach dem Hören von Songs mit neutralen Texten. Eine Mediationsanalyse zeigte zudem, dass der Effekt auf aggressives Verhalten durch das Ausmaß aggressiver Gefühle vermittelt wurde (Greitemeyer, 2011b). Ein Feldexperiment von Jacob, Guéguen und Boulbry (2010) zum Trinkgeldverhalten in Restaurants liefert Hinweise dafür, dass die Wirkung von Songs mit prosozialen Texten auf prosoziales Verhalten auch außerhalb des Labors Bestand hat: Wenn im Gastraum des Restaurants Songs mit prosozialen Texten als Hintergrundmusik gespielt wurden, gaben die Gäste mehr Trinkgeld als wenn Songs mit neutralen

Texten oder Songs, die üblicherweise als Hintergrundmusik genutzt wurden (Baseline-Bedingung), gespielt wurden.

Weiter ausgebaut werden kann die Forschung in Bezug auf neue Medien wie das Internet und spezifische soziale Online-Medien (z. B. soziale Netzwerkseiten, Blogs). Forschung im Bereich der Online-Medien hat sich bisher eher mit prosozialem Verhalten *im* Internet (vgl. Sproull, Conley & Moon, 2013) befasst und weniger mit den Auswirkungen der Online-Mediennutzung auf prosoziales Verhalten *außerhalb*. Allerdings konnte gezeigt werden, dass es einen positiven Zusammenhang zwischen prosozialem Online-Verhalten und prosozialem Offline-Verhalten gibt (Wright & Li, 2011). Jedoch wurde ebenfalls eine positive Beziehung zwischen antisozialem On- und Offline-Verhalten festgestellt (Ma, Li & Pow, 2011).

Kritik

Insbesondere im Vergleich zur Mediengewaltforschung sind Befunde zu Medienwirkungen auf prosoziales Verhalten unterrepräsentiert. So gibt es beispielsweise keine vergleichbar umfangreichen Inhaltsanalysen zu prosozialen Medieninhalten im Fernsehen, wie sie zum Thema Gewalt existieren (siehe Kapitel zur Kultivierungstheorie) und deutlich weniger Experimente und Fragebogenstudien zu Effekten prosozialer Medien auf prosoziales Verhalten. Eine Problematik der Studien, die korrelative Zusammenhänge zwischen dem Konsum prosozialer Medien und prosozialem Verhalten berichten, ist, dass sie keine Rückschlüsse über die Kausalität dieser Beziehungen erlauben. Es könnte genauso sein, dass Personen, die sich häufig prosozial verhalten, eher prosoziale Medieninhalte aufsuchen. Diesbezüglich gibt es bereits Hinweise, dass die Beziehung zwischen der Nutzung prosozialer Medien und prosozialem Verhalten in beide Richtungen wirken kann (vgl. Gentile et al., 2009); inwieweit dadurch ein Spiralprozess ausgelöst wird, bleibt in weiteren Längsschnittstudien zu prüfen.

Darüber hinaus wurden die Effekte prosozialer Medien auf prosoziales Verhalten nicht für alle Altersgruppen gleichermaßen untersucht. Im Bereich der Fernsehforschung wurden beispielsweise hauptsächlich Studien mit Kindern durchgeführt; über die Wirkung prosozialer Fernsehinhalte auf Erwachsene ist wenig bekannt. Die Studien zur Wirkung von Videospielen wurden hingegen hauptsächlich mit jungen Erwachsenen durchgeführt. Außerdem basieren die Messungen der wenigen dazu durchgeführten Längsschnittstudien auf Selbsteinschätzungen, anstatt beispielsweise die tatsächliche Mediennutzung über die Zeit zu erfassen (vgl. Prot et al., 2014). Wenige Untersuchungen und Befunde gibt es zudem über mögliche moderierende Einflussvariablen. Hinweise gibt es jedoch darauf, dass der Effekt prosozialer Mediennutzung auf prosoziales Verhalten zwischen kulturellen Gruppen unterschiedlich stark ist (Prot et al., 2014). Zukünftige kulturvergleichende Studien sollten daher klären, inwieweit Kultur als potenzielle Moderatorvariable berücksichtigt werden muss.

Ein weiterer Kritikpunkt an der bisherigen Forschung ist, dass prosoziales Verhalten in den meisten Studien als eindimensionales Konstrukt betrachtet wurde, obwohl in der Literatur unterschiedliche Typen prosozialen Verhaltens (z. B. öffentlich, um Annerkennung zu erhalten, anonym, altruistisch, als Reaktion auf eine Bitte oder Anfrage, als emotionale Reaktion auf eine leidende Person oder um einer Person in Not zu helfen) identifiziert wurden (Carlo & Randall, 2002). Dementsprechend müssten die Operationalisierungen von prosozialem Handeln geschärft werden (vgl. Padilla-Walker et al., 2013). Zusätzlich bliebe systematisch zu untersuchen, inwiefern sich die Darstellung von einer spezifischen prosozialen Verhaltensweise in den Medien auf die entsprechende Verhaltensweise oder auch auf andere Formen prosozialen Verhaltens im realen Leben auswirkt (Coyne & Smith, 2014).

Literatur

Bandura, A. (1986). Social foundations of thought and action: A social cognitive theory. Upper Saddle River, NJ: Pearson.

Barlett, C. P. & Anderson, C. A. (2013). Examining media effects: The general aggression and general learning models. In E. Scharrer (Ed.), The International Encyclopedia of Media Studies: Vol. 5. Media effects/Media psychology (pp. 108–127). Chichester, UK: Blackwell.

Batson, C. D. (1998). Altruism and prosocial behavior. In D. T. Gilbert, S. T. Fiske & G. Lindzey (Eds.), *The handbook of social psychology, Vol. 2, 4 th Edition* (pp. 282–316). New York, NY: Oxford University Press.

Batson, C. D. & Shaw, L. L. (1991). Evidence for Altruism: Toward a Pluralism of Prosocial Motives. *Psychological Inquiry: An International Journal for the Advancement of Psychological Theory*, 2, 107–122.

Bierhoff, H.-W. (2007). Prosoziales Verhalten. In K. Jonas, W. Stroebe & M. Hewstone (Hrsg.), *Sozialpsychologie* (pp. 295–327). Heidelberg: Springer.

Buckley, K. E. & Anderson, C. A. (2006). A theoretical model of the effects and consequences of playing video games. In P. Vorderer & J. Bryant (Eds.), *Playing video games: Motives, responses, and consequences* (pp. 363–378). Mahwah, NJ: Lawrence Erlbaum.

Carlo, G. & Randall, B. A. (2002). The Development of a Measure of Prosocial Behaviors for Late Adolescents. *Journal of Youth and Adolescence, 31*, 31–44.

Coyne, S. M. & Smith, N. J. (2014). Sweetness on the screen: A multilevel view of prosocial behavior in media. In L. M. Padilla-Walker & G. Carlo (Eds.), *Prosocial Development: A Multidimensional Approach* (pp. 156–177). New York, NY: Oxford University Press.

Dovidio, J. F. & Penner, L. A. (2001). Helping and Altruism. In G. J. O. Fletcher & M. S. Clark (Eds.) *Blackwell Handbook of Social Psychology: Interpersonal Processes* (pp. 162–195). Malden, MA: Blackwell.

Gentile, D. A., Anderson, C. A., Yukawa, S., Ihori, N., Saleem, M., Ming, L., … Sakamoto, A. (2009). The effects of prosocial video games on prosocial behaviors: International evidence from correlational, longitudinal, and experimental studies. *Personality and Social Psychology Bulletin, 35*, 752–763.

Greitemeyer, T. (2009). Effects of songs with prosocial lyrics on prosocial thoughts, affect, and behavior. *Journal of Experimental Social Psychology, 45*, 186–190.

Greitemeyer, T. (2011a). Effects of prosocial media on social behavior: When and why does media exposure affect helping and aggression? *Current Directions in Psychological Science, 20*, 251–255.

Greitemeyer, T. (2011b). Exposure to music with prosocial lyrics reduces aggression: First evidence and test of the underlying mechanism. *Journal of Experimental Social Psychology, 47*, 28–36.

Greitemeyer, T. & Mügge, D. O. (2014). Video games do affect social outcomes: A meta-analytic review of the effects of violent and prosocial video game play. *Personality and Social Psychology Bulletin, 40*, 578–589.

Greitemeyer, T. & Osswald, S. (2009). Prosocial video games reduce aggressive cognitions. *Journal of Experimental Social Psychology, 45*, 896–900.

Greitemeyer, T. & Osswald, S. (2010). Effects of prosocial video games on prosocial behavior. *Journal of Personality and Social Psychology, 98*, 211–221.

Greitemeyer, T. & Osswald, S. (2011). Playing prosocial video games increases the accessibility of prosocial thoughts. *The Journal of Social Psychology, 151*, 121–128.

Greitemeyer, T., Osswald, S. & Brauer, M. (2010). Playing prosocial video games increases empathy and decreases schadenfreude. *Emotion, 10*, 796–802.

Jacob, C., Guéguen, N. & Boulbry, G. (2010). Effects of songs with prosocial lyrics on tipping behavior in a restaurant. *International Journal of Hospitality Management, 29*, 761–763.

Hogg, M. A. & Vaughan, G. M. (2008). *Social Psychology, fifth edition*. Essex, UK: Pearson.

Lukesch, H., Bauer, C., Eisenhauer, R. & Schneider, I. (2004). *Das Weltbild des Fernsehens. Eine Untersuchung der Sendungsangebote öffentlich-rechtlicher und privater Sender in Deutschland. Synopse der Weltbildstudie*. Regensburg: Roderer.

Ma, H. K., Li, S. C. & Pow, J. W. C. (2011). The relation of Internet use to prosocial and antisocial behavior in Chinese adolescents. *Cyberpsychology, Behavior, and Social Networking, 14*, 123–130.

Mares, M. L. & Woodard, E. (2005). Positive effects of television on children's social interactions: A meta-analysis. *Media Psychology, 7*(3), 301–322.

Padilla-Walker, L. M., Coyne, S. M., Fraser, A. M. & Stockdale, L. A. (2013). Is Disney the Nicest Place on Earth? A Content Analysis of Prosocial Behavior in Animated Disney Films. *Journal of Communication, 63*, 393–412.

Prot, S. & Anderson, C. A. (2013). Research methods, design, and statistics in media psychology. In K. E. Dill (Ed.), *The Oxford handbook of media psychology* (pp. 109–1136). New York, NY: Oxford University Press.

Prot, S., Gentile, D. A., Anderson, C. A., Suzuki, K., Swing, E., Lim, K. M., ... Lam, B. C. P. (2014). Long-term relations between prosocial media use, empathy, and prosocial behavior. *Psychological Science, 25*, 358–368.

Rosenkoetter, L. I. (1999). The television situation comedy and children's prosocial behavior. *Journal of Applied Social Psychology, 29*, 979–993.

Saleem, M., Anderson, C. A. & Gentile, D. A. (2012). Effects of prosocial, neutral, and violent video games on college students' affect. *Aggressive Behavior, 38*(4), 263–271.

Smith, S. W., Smith, S. L., Pieper, K. M., Yoo, J. H., Ferris, A. L., Downs, E. & Bowden, B. (2006). Altruism on american television: Examining the amout of, and context surrounding, acts of helping and sharing. *Journal of Communication, 56*, 707–727.

Sprafkin, J. N., Liebert, R. M. & Poulos, R. W. (1975). Effects of a prosocial televised example on children's helping. *Journal of Experimental Child Psychology, 20*, 119–126.

Sproull, L., Conley, C. A. & Moon, J. Y. (2013). The kindness of strangers: Prosocial behavior on the Internet. In Y. Amichai-Hamburger (Ed.), *The Social Net: Understanding our online behavior*. Oxford, UK: Oxford University Press.

Wright, M. F. & Li, Y. (2011). The associations between young adults' face-to-face prosocial behaviors and their online prosocial behaviors. *Computers in Human Behavior, 27*, 1959–1962.

Gemeinsame Wissenskonstruktion im Internet

Ulrike Cress und Joachim Kimmerle

Worum geht es?

Medien sind nicht nur Kanäle, die Informationen zugänglich machen und Informationsaustausch ermöglichen. Medien können auch Werkzeuge sein, um *neues* Wissen zu konstruieren. Besonders Web-2.0-Werkzeuge wie Blogs, Wikis oder Internetforen lassen Nutzer nicht nur Informationen rezipieren, sondern ermöglichen ihnen auch, Informationen selbst zu produzieren. Entsprechend verweist der populäre Begriff »Produser« (Bruns, 2006) auf den Sachverhalt, dass die Nutzung und Produktion von Inhalten im Web 2.0 aufs engste miteinander verbunden sind (Surowiecki, 2004).

Wissenskonstruktion beschreibt das gemeinschaftliche Produzieren von Wissen und neuen Inhalten. Bisweilen wird auch von einer *Ko-Konstruktion* von Wissen gesprochen (z. B. Westberry & Franken, 2013), was die interpersonale Natur der Wissenskonstruktion zusätzlich betont. Wissenskonstruktion erfordert, dass Personen ihre eigenen Sichtweisen und Argumente in den Diskurs einbringen und sich dabei aufeinander beziehen. Durch den gegenseitigen Austausch verweben sich die Beiträge der Personen zunehmend miteinander. Das Wissen, das dabei in der Gruppe produziert wird, muss sich weder notwendigerweise mit dem Wissen der einzelnen Gruppenmitglieder decken noch muss es von allen Personen geteilt werden. Es ist vielmehr ein *emergentes*, d. h. neues, in der Form nicht vorhersagbares Gruppenprodukt.

Darstellung der Annahmen

Ansätze zur Beschreibung und Erklärung von Prozessen der Wissenskonstruktion sind meist in einer sozio-kulturellen (Vygotsky, 1978) oder sozio-kognitiven (Piaget, 1977) Tradition verwurzelt und betrachten vor allem das Zusammenspiel von sozialen und individuellen Aspekten bei der kollaborativen Entwicklung von Wissen. Dementsprechend wird ein breiter Wissensbegriff zugrunde gelegt, der sich nicht nur auf individuelle mentale Vorgänge bezieht. Vielmehr wird angenommen, dass Wissen in sozialer Interaktion, kontextueller Aktivität und technologischen Strukturen entsteht und existiert (Linell, 2009; Valsiner & Van der Veer, 2000).

Mit ihrer *Knowledge-Building*-Theorie haben Scardamalia und Bereiter (1994) einen pädagogischen Ansatz vorgestellt, der wissensrelevante Prozesse als situierte Aktivität einer Gruppe beschreibt und bei dessen Umsetzung Schüler Konzepte (etwa naturwissenschaftliche Theorien) lernen, indem sie selbst Erklärungsideen für Phänomene und Beobachtungen entwickeln und diese kritisch prüfen (Scardamalia & Bereiter, 1999). Hierzu steht ihnen in der Regel eine computer-basierte Plattform zur Verfügung (*CSILE*; später *Knowledge Fo-*

rum, vgl. Scardamalia, 2002, 2004), die allen Lernern zugänglich ist und auf der Schüler z. B. zur Frage »Warum fliegen Flugzeuge?« Hypothesen formulieren, diese diskutieren, verwerfen und revidieren. Die gemeinsame Kommunikationsplattform ermöglicht einen evolutionären Prozess der Ideen-Entwicklung, für deren Qualität nicht einzelne Ideengeber verantwortlich sind, sondern die Lerngemeinschaft als Ganzes (Bereiter, 2002). Entsprechend ist »Knowledge Building« immer als ein kollaborativer Akt konzeptualisiert. Er findet in einer Gemeinschaft von Lernenden mit Hilfe einer Plattform statt, auf der die Beiträge aller Beteiligten permanent verfügbar sind und in der sie aufeinander Bezug nehmen können.

Das Modell der *Ko-Evolution kognitiver und sozialer Systeme* von Cress und Kimmerle (2008; Cress, Feinkohl, Jirschitzka & Kimmerle, 2016; Kimmerle, Cress & Held, 2010; Kimmerle, Moskaliuk, Oeberst & Cress, 2015) nimmt diesen Grundgedanken auf, betrachtet aber neben der kollektiven Ebene (Wissenskonstruktion) auch die individuelle Ebene (Lernen des Einzelnen). Dabei nimmt das Ko-Evolutionsmodell eine kognitiv-systemische Perspektive ein: Die Kommunikation in der Gruppe bildet ein *soziales, selbstorganisiertes System* (Luhmann, 1995), die mentalen Vorgänge der beteiligten Individuen stellen hingegen jeweils *kognitive Systeme* dar (Piaget, 1977). Beide Systeme können nur in ihrem je eigenen spezifischen Operationsmodus prozessieren, d. h., kognitive Systeme verstehen ihre Umwelt auf der Basis ihrer bestehenden kognitiven Repräsentationen, soziale Systeme auf Basis vorangegangener Kommunikation. Dabei muss Kommunikation anschlussfähig sein, damit sie zu weiterer Kommunikation führt. Was aber anschlussfähig ist, bestimmt das System selbst durch seine Regeln und Normen. Dabei sind z. B. die Kriterien für Wahrheit in einer Gemeinschaft von Wissenschaftlern andere als in einer Schulklasse oder in einer Sekte (Oeberst, Halatchliyski, Kimmerle & Cress, 2014). Das Ko-Evolutionsmodell macht diese Selbstreferenzialität von Wissen deutlich: So wie auf der Seite des Individuums *Wissen* ein subjektives Konstrukt darstellt, gilt dies analog auch auf der Seite des sozialen Systems. Auch Wissensprozesse in Sekten oder Außenseitergemeinschaften stellen »Wissenskonstruktionen« im Sinne des Ko-Evolutionsmodells dar (Kimmerle et al., 2013).

Während im Ko-Evolutionsmodell betont wird, dass Wissenskonstruktion selbstorganisiert abläuft und somit die Normen der Gruppe widerspiegelt, sind kognitionswissenschaftlich orientierte Ansätze oftmals eher normativ ausgerichtet und beschreiben z. B. die Güte eines Diskurses basierend auf Theorien der Argumentationsforschung. Diese Ansätze sind stärker an der Frage orientiert, wie die Qualität von Diskussionen verbessert werden kann (z. B. Deiglmayr & Spada, 2011; Weinberger & Fischer, 2006). Stärker als der Knowledge-Building-Ansatz und das Ko-Evolutionsmodell zielen sie auf den einzelnen Lerner ab und betrachten den Diskurs als Mittel für die Verbesserung der individuellen Lernleistung. Entsprechend groß ist das Interesse an *instruktionalen Maßnahmen*, die den Wissensaustausch verbessern. Untersucht werden hier zum einen *explizite* Maßnahmen wie der Einsatz von Kooperationsskripts (Hron, Hesse, Cress & Giovis, 2000; Spada, 2010; Weinberger & Fischer, 2006), von Regeln und die Zuweisung von Rollen. Diese aktivieren Lernende gezielt zu epistemischen Aktivitäten. Außerdem werden *implizite* Maßnahmen verwendet, wie Visualisierungen (Fischer, Bruhn, Gräsel & Mandl, 2002) oder Repräsentationen, die bestimmte Handlungen nahelegen, ohne sie ausdrücklich vorzuschreiben (z. B. *Representational Guidance*; Suthers & Hundhausen, 2003).

Typische Methodik

Der Prozess der Wissenskonstruktion wird meist anhand des Diskurses und/oder anhand der Entwicklung des gemeinsam erstellten Artefakts untersucht. Dabei wird in der Regel der *Inhalt* analysiert – qualitativ (z. B. Roschelle & Teasley, 1995) oder quantitativ (Chi, 1997). Beispielsweise wird untersucht, wie sich Konzepte im Laufe des Diskurses inhaltlich verändern (Kimmerle, Moskaliuk, Harrer & Cress, 2010), wie sich das Wissen der Gruppenmitglieder angleicht (Weinberger, Stegmann & Fischer, 2007), oder es wird schlicht gezählt, wie viele Konzepte/Argumente genannt werden und wie eng sie inhaltlich aufeinander bezogen sind. Dabei kommen zunehmend auch Methoden der automatischen Textanalyse zum Einsatz (Rosé et al., 2008).

Neben dem Inhalt wird allerdings auch die *Struktur* des Diskurses bzw. Artefakts betrachtet, etwa die Partizipation der Gruppenmitglieder am Diskurs oder die strukturelle Verbundenheit ihrer Beiträge (Halatchliyski & Cress, 2014; Halatchliyski, Moskalink, Kimmerle & Cress, 2014). Daneben werden bisweilen soziale Faktoren wie Emotionen oder das Gruppenklima untersucht; oder es wird analysiert, welche Normen die Wissenskonstruktion leiten. Neben diesen Variablen, die den kollaborativen Prozess beschreiben und damit die Gruppenebene betreffen, werden häufig auch Individualvariablen erfasst. Zumeist handelt es sich dabei um den Wissenserwerb der beteiligten Personen. Dieser wird typischerweise mit Prä- und Posttests (d. h. vor und nach der Kollaboration) untersucht. Ein Überblick über die Methoden findet sich bei Cress (2013).

Zentrale empirische Befunde

Empirische Studien zeigen, dass die gemeinschaftliche Verantwortung für das Gesamtergebnis eine entscheidende Voraussetzung dafür ist, dass in einer Gruppe eine effektive Wissenskonstruktion im Sinne des Knowledge-Building-Ansatzes stattfindet (Zhang, Scardamalia, Reeve & Messina, 2009). Unterstützt werden solche Prozesse durch die von Scardamalia (2002) identifizierten »Prinzipien« des Knowledge Building. Dazu gehören beispielsweise die Vorschläge, Schüler Ideen für authentische Probleme aus der realen Welt entwickeln zu lassen oder im Sinne einer Demokratisierung des Wissens alle Individuen gleichermaßen in den Prozess des Wissensfortschritts einzubinden.

Bei selbstorganisierten Gemeinschaften, wie sie das Ko-Evolutionsmodell beschreibt, ist es vor allem die Inkongruenz zwischen dem Wissen eines kognitiven und dem eines sozialen Systems, das die Wissenskonstruktion motiviert. Sind die Unterschiede oder Widersprüche zwischen dem Wissen eines Individuums und etwa dem eines geteilten digitalen Artefakts sehr groß, fehlen oftmals Anknüpfungspunkte für eine Weiterentwicklung von Wissen. Sind Inkongruenzen hingegen nur marginal, besteht für keines der beteiligten Systeme eine Notwendigkeit zur Wissenskonstruktion. Ein mittleres Ausmaß an Inkongruenz hat sich hingegen als effizient für Prozesse der Wissenskonstruktion erwiesen (Moskaliuk, Kimmerle & Cress, 2009, 2012). Außerdem hat sich gezeigt, dass die in einer Gruppe vorherrschenden Kollaborationsnormen (etwa in der Online-Enzyklopädie Wikipedia) in hohem Maße die Art und die Dynamik der Wissenskonstruktion bestimmen, wobei auch diese Normen wiederum in einem diskursiven Konstruktionsprozess ausgehandelt und weiterentwickelt werden können (Oeberst et al., 2014).

Im Rahmen der Forschung zur argumentativen Wissenskonstruktion haben sich sowohl explizite (z. B. Skripts oder die Zuteilung von Rollen) als auch implizite Maßnahmen wie Visualisierungen als wirksam dargestellt. Allerdings hat sich gezeigt, dass nicht nur *externe*, d. h. von der Lernumgebung vorgegebene Strukturierungen die Wissenskonstruktion beeinflussen, sondern vor allem auch die *internen* Kollaborationsskripts relevant sind. So haben Lernende eigene Vorstellungen darüber, wie Kollaboration und Argumentation strukturiert sein sollten. Externe Maßnahmen sollten diese internen Repräsentationen berücksichtigen (»person-plus framework«, Kollar, Fischer & Hesse, 2006). So kann z. B. das Kollaborationsverhalten in einer Gruppe anfänglich durch die Lernumgebung z. B. durch Rollen oder »Prompts« induziert werden. Sobald bei den Lernenden aber entsprechende interne Skripts aufgebaut wurden, kann diese externe Unterstützung reduziert werden.

Kritik

Der Begriff der *Wissenskonstruktion* wird in der Forschung nicht einheitlich verwendet. Wie dargestellt, können deskriptive von normativen Ansätzen unterschieden werden. Deskriptive Ansätze haben eher eine soziologisch-systemtheoretische Perspektive und definieren Wissenskonstruktion als kommunikativen Prozess, bei dem ein soziales System über Wahrheit kommuniziert, die Kriterien der Wahrheit aber vom System selbst festgelegt werden. Normative Ansätze machen hingegen Aussagen darüber, welche Art des Diskurses qualitativ hochwertig ist. Zugrunde liegen dabei zumeist Theorien der Argumentation. Verwendung finden normative Ansätze meist in Lehr-Lernkontexten, wo das Lernen des Individuums im Vordergrund steht. Die deskriptiven Ansätze spielen eine größere Rolle bei selbstorganisierten, informellen Gruppen, wie sie z. B. in Internet-Foren oder bei Wikipedia zu finden sind. Sie weisen darauf hin, dass die kollaborative Wissenskonstruktion nicht zwangsläufig zu den Wissensbeständen führt, die etwa von Schulen oder Bildungsträgern erwünscht sind. Stattdessen werden Inhalte erzeugt und konstruiert, die in der betreffenden Lerner-Community als relevant angesehen werden.

Literatur

Bereiter, C. (2002). *Education and mind in the knowledge age.* Mahwah, NJ: Lawrence Erlbaum Associates.

Bruns, A. (2006). Towards produsage: Futures for user-led content production. *In F. Sudweeks, H. Hrachovec & C. Ess (Eds.), Cultural attitudes towards communication and technology* (pp. 275–284). *Perth: Murdoch University.*

Chi, M. T. H. (1997). Quantifying qualitative analyses of verbal data: A practical guide. *Journal of the Learning Sciences, 6,* 271–315.

Cress, U. (2013). Mass collaboration and learning. In R. Luckin, P. Goodyear, B. Grabowski, S. Puntambekar, J. Underwood & N. Winters (Eds.), *Handbook on design in educational technology* (pp. 416–425). London: Taylor and Francis.

Cress, U. & Kimmerle, J. (2008). A systemic and cognitive view on collaborative knowledge building with wikis. *International Journal of Computer-Supported Collaborative Learning, 3,* 105–122.

Cress, U., Feinkohl, I., Jirschitzka, J. & Kimmerle, J. (2016). Mass collaboration as co-evolution of cognitive and social systems. In U. Cress., J. Moskaliuk & H. Jeong (Eds.), *Mass collaboration and education.* Cham, Switzerland: Springer International Publishing.

Deiglmayr, A. & Spada, H. (2011). Training for fostering knowledge co-construction from collaborative inference-drawing. *Learning and Instruction, 21,* 441–451.

Fischer, F., Bruhn, J., Gräsel, C. & Mandl, H. (2002). Fostering collaborative knowledge construction with visualization tools. *Learning and Instruction, 12,* 213–232.

Halatchliyski, I. & Cress, U. (2014). How structure shapes dynamics: Knowledge development in Wikipedia – A network multilevel modeling approach. *PLoS One, 9,* e111958.

Halatchliyski, I., Moskaliuk, J., Kimmerle, J. & Cress, U. (2014). Explaining authors' contribution to pivotal artifacts during mass collaboration in the Wikipedia's knowledge base. *International Journal of Computer-Supported Collaborative Learning, 9,* 97–115.

Hron, A., Hesse, F. W., Cress, U. & Giovis, C. (2000). Implicit and explicit dialogue structuring in virtual learning groups. *British Journal of Educational Psychology, 70,* 53–64.

Kimmerle, J., Cress, U. & Held, C. (2010). The interplay between individual and collective knowledge: Technologies for organisational learning and knowledge building. *Knowledge Management in Research & Practice, 8,* 33–44.

Kimmerle, J., Moskaliuk, J., Harrer, A. & Cress, U. (2010). Visualizing co-evolution of individual and collective knowledge. *Information, Communication, and Society, 13,* 1099–1121.

Kimmerle, J., Moskaliuk, J, Oeberst, A. & Cress U. (2015). Learning and collective knowledge construction with social media: A process-oriented perspective. *Educational Psychologist, 50,* 120–137.

Kimmerle, J., Thiel, A., Gerbing, K.-K., Bientzle, M., Halatchliyski, I. & Cress, U. (2013). Knowledge construction in an outsider community: Extending the communities of practice concept. *Computers in Human Behavior, 29,* 1078–1090.

Kollar, I., Fischer, F. & Hesse, H. W. (2006). Collaboration scripts: A conceptual analysis. *Educational Psychology Review, 18,* 159–185.

Linell, P. (2009). *Rethinking language, mind and world dialogically: Interactional and contextual theories of human sense-making.* Charlotte, NC: Information Age Publishing Inc.

Luhmann, N. (1995). *Social systems.* Stanford: Stanford University Press.

Moskaliuk, J., Kimmerle, J. & Cress (2009). Wiki-supported learning and knowledge building: Effects of incongruity between knowledge and information. *Journal of Computer Assisted Learning, 25,* 549–561.

Moskaliuk, J., Kimmerle, J. & Cress, U. (2012). Collaborative knowledge building with wikis: The impact of redundancy and polarity. *Computers and Education, 58,* 1049–1057.

Oeberst, A, Halatchliyski, I., Kimmerle, J. & Cress, U. (2014). Knowledge construction in Wikipedia: A systemic-constructivist analysis. *Journal of the Learning Sciences, 23*, 149–176.
Piaget, J. (1977). *The development of thought: Equilibration of cognitive structures.* New York: The Viking Press.
Roschelle, J. & Teasley, S. D. (1995). The construction of shared knowledge in collaborative problem solving. In C. O'Malley (Ed.), *Computer supported collaborative learning* (pp. 69–97). Berlin: Springer.
Rosé, C. P., Wang, Y. C., Cui, Y., Arguello, J., Stegmann, K., Weinberger, A. et al. (2008). Analyzing collaborative learning processes automatically: Exploiting the advances of computational linguistics in computer-supported collaborative learning. *International Journal of Computer Supported Collaborative Learning, 3*, 237–271.
Scardamalia, M. (2002). Collective cognitive responsibility for the advancement of knowledge. In B. Smith (Ed.), *Liberal education in a knowledge society* (pp. 67–98). Chicago: Open Court.
Scardamalia, M. (2004). CSILE/Knowledge Forum. In *Education and technology: An encyclopedia* (pp. 183–192). Santa Barbara: ABC-CLIO.
Scardamalia, M. & Bereiter, C. (1994). Computer support for knowledge-building communities. *Journal of the Learning Sciences, 3*, 265–283.
Scardamalia, M. & Bereiter, C. (1999). Schools as knowledge building organizations. In D. Keating & C. Hertzman (Eds.), *Today's children, tomorrow's society: The developmental health and wealth of nations* (pp. 274–289). New York: Guilford.
Spada, H. (2010). Of scripts, roles, positions, and models. *Computers in Human Behavior, 26*, 547–550.
Suthers, D. D. & Hundhausen, C. D. (2003). An experimental study of the effects of representational guidance on collaborative learning processes. *Journal of the Learning Sciences, 12*, 183–218.
Surowiecki, J. (2004). *The wisdom of crowds.* New York: Anchor Books.
Valsiner, J. & Van der Veer, R. (2000). *The social mind: Development of the idea.* New York: Cambridge University Press.
Vygotsky, L. S. (1978) *Mind in society: The development of higher psychological processes.* Cambridge, MA: Harvard University Press.
Weinberger, A. & Fischer, F. (2006). A framework to analyze argumentative knowledge construction in computer-supported collaborative learning. *Computers & Education, 46*, 71–95.
Weinberger, A., Stegmann, K. & Fischer, F. (2007). Knowledge convergence in collaborative learning: Concepts and assessment. *Learning and Instruction, 17*, 416–426.
Westberry, N. & Franken, M. (2013). Co-construction of knowledge in tertiary online settings: An ecology of resources perspective. *Instructional Science, 41*, 147–164.
Zhang, J., Scardamalia, M., Reeve, R. & Messina, R. (2009). Designs for collective cognitive responsibility in knowledge-building communities. *Journal of the Learning Sciences, 18*, 7–44.

Internetsucht

Matthias Brand

Worum geht es?

Die meisten Personen nutzen verschiedene Internetapplikationen als »Werkzeug«, um Bedürfnisse im Alltag zu befriedigen und persönliche Ziele zu erreichen (vgl. auch Kapitel zu Uses and Gratification in diesem Buch). In den vergangenen zwei Dekaden wurden jedoch zunehmend Studien veröffentlicht, die nahelegen, dass Personen die Kontrolle über ihren Internetkonsum verlieren können und eine exzessive oder süchtige Nutzung aufweisen. Die ersten Beschreibungen des Phänomens wurden von Kimberly Young veröffentlicht, die bereits 1996 den Terminus »Internet addiction« eingeführt hat (Young, 1996). Die klinische Relevanz des Phänomens ist unstrittig, wenngleich die Prävalenzschätzungen, d. h. die Schätzung der Auftretenshäufigkeit in der Bevölkerung bzw. verschiedenen Teilgruppen der Bevölkerung, noch vergleichsweise ungenau sind. In international erschienenen Überblicksarbeiten werden die Prävalenzraten von 1,5 bis 8,2 % angegeben (Weinstein & Lejoyeux, 2010), wobei je nach Population auch Schätzungen bis zu 26,7 % vermutet werden (Kuss, Griffiths, Karila & Billieux, 2014). Für den deutschsprachigen Raum wurde mittels repräsentativer Befragung (Rumpf, Meyer, Kreuzer & John, 2011) eine Prävalenzrate von 1 % für die Allgemeinbevölkerung eruiert. Für Jugendliche und junge Erwachsene (Altersbereich zwischen 14 und 24 Jahren) ist sogar von einer Rate von 2,5 % auszugehen. Dies sind jedoch vergleichsweise vorsichtige Schätzungen, die nicht zuletzt auch deswegen bislang schwierig sind, weil Prävalenzschätzungen von den Diagnosekriterien und den entsprechend konstruierten Erhebungsinstrumenten abhängig sind. Und sowohl für die Kriterien als auch für die diagnostischen Instrumente gibt es bislang keine international anerkannten Standards.

Erst kürzlich wurde die Internet Gaming Disorder als Forschungsdiagnose in die Sektion III des *Diagnostic and Statistical Manual of Mental Disorders* 5 (DSM-5, APA, 2013) – einem der zwei etablierten internationalen Klassifikationssysteme für psychische Störungen – aufgenommen. Sie ist somit noch keine anerkannte psychische Störung. Vielmehr wurde mit der Aufnahme in die Sektion III dem Umstand Rechnung getragen, dass sich die Hinweise auf die Existenz einer eigenen Störung im Kontext der Internetnutzung mehren. Ziel ist es nun, Forschung auf diesem Gebiet anzuregen, um zu prüfen, ob und in welcher Form eine exzessive oder süchtige Nutzung des Internets oder einzelner Internetanwendungen dem Vollbild einer eigenen klinischen Störung entsprechen kann.

Darstellung der Annahmen

Eine Grundannahme ist, dass bei einer Internetsucht die gleichen Symptomgruppen zu finden sind, wie bei stoffgebundenen Süchten und anderen Verhaltenssüchten, wie beispielsweise dem pathologischen Spielen (Meerkerk, van den Eijnden, Vermulst & Garretsen, 2009). Dazu zählen insbesondere Toleranzentwicklung, Entzugssymptome, kognitive Salienz und Überbeschäftigung (»*preoccupation*«), Kontrollverlust und (soziale, berufliche) Konflikte (Griffiths, 2005).

Eine weitere Grundannahme ist, dass sich Konzepte aus der Suchtforschung auf Internetsucht übertragen lassen, d. h. dass die Entstehungs- und Aufrechterhaltungsmechanismen der Internetsucht denen stoffgebundener Süchte ähneln.

Im aktuellen DSM-5 wurde auch erstmalig das pathologische Glücksspiel der Kategorie »Substance-Related and Addictive Disorders« zugeordnet, womit auch zum Ausdruck gebracht wird, dass bei Verhaltensexzessen von einer Suchtstörung ausgegangen wird. In diesem Kontext findet das anerkannte Phasenkonzept des »*Wanting-Liking-Learning*« (Berridge, Robinson & Aldridge, 2009) viel Beachtung, das unlängst auch auf Internetsucht übertragen wurde (Brand, Young & Laier, 2014). Darüber hinausgehend spielen positive und negative Verstärkung sowie Prozesse der Verhaltenssteuerung und -kontrolle eine wesentliche Rolle bei der Entstehung und Aufrechterhaltung süchtigen Verhaltens (z.B. Carter & Tiffany, 1999; Robinson & Berridge, 2008). Positive Verstärkung meint beispielsweise das Erleben von Freude und Spannung während des Spielens eines Onlinegames, was im Sinne der operanten Konditionierung eine Verstärkung des Verhaltens darstellt und damit die Wahrscheinlichkeit erhöht, das Verhalten (in dem Beispiel das Spielen eines Onlinegames) erneut und stärker/länger zu zeigen. Negative Verstärkung meint konkret z.B. das Ablenken von Problemen oder den Abbau von Stress durch die Nutzung des Internets, was ebenfalls im Sinne der operanten Konditionierung die Wahrscheinlichkeit des wiederholten Auftretens des Verhaltens erhöht. Auch gibt es Grund zur Annahme, dass es im Verlauf der Entwicklung einer Suchterkrankung dazu kommt, dass Reize, die häufig mit dem Konsum der Substanz oder dem entsprechenden Verhalten assoziiert waren, Verlangen (*Craving*) nach der Substanz bzw. dem Verhalten hervorrufen können. Dies geht auch mit Veränderungen auf neuropsychologischer bzw. körperlicher Ebene (*Cue-reactivity*) einher. Beispielsweise reagieren Personen mit einer Suchtstörung (z.B. Alkoholabhängigkeit) mit erhöhten Hautleitfähigkeitsreaktionen auf die Präsentation von suchtassoziierten Bildern (z.B. dem Bild eines alkoholischen Getränks). Solche konditionierten Reaktionen werden als zentral bei der Aufrechterhaltung der Sucht erachtet, und es wird angenommen, dass vergleichbare Mechanismen auch bei der Internetsucht wirken.

Zudem ist davon auszugehen, dass der Kontrollverlust über die Internetnutzung mit einer Minderung exekutiver Leistungen (kognitive Kontroll- und Steuerungsfunktionen, wie Problemlösen, zielorientiertes Verhalten, kognitive Flexibilität) einhergeht (Brand, Young et al., 2014). Insbesondere in Situationen, in denen die Betroffenen mit den *Craving* auslösenden Reizen konfrontiert sind, kann es zu einer Fokussierung der Aufmerksamkeit auf die entsprechenden Reize und das konditionierte Verhalten kommen, was mit anderen (z.B. geplanten oder geforderten) Tätigkeiten interferiert. Dies lässt sich anhand eines Beispiels veranschaulichen: Der Student Marc kommt um 16.30 Uhr von einer Vorlesung nach Hause. Er denkt »jetzt zum Entspannen eine halbe Stunde World-of-Warcraft spielen« und schaltet seinen PC an. Schon das Hochfahren des Rechners und das Öffnen des Spiels erzeugen bei ihm Aufregung (*Cue-reactivity*), die das starke Verlangen (*Craving*), das Spiel zu spielen, noch weiter steigert. Wenn das Spiel erst einmal gestartet ist, fokussiert sich die Aufmerksamkeit komplett auf das Spiel und die Gedanken an das Studium und den nachzubereitenden Lerninhalt der heutigen Vorlesung, die Verabredung am Abend und die Notwendigkeit, Lebensmittel einzukaufen, sind nicht mehr wichtig (Aufmerksamkeitsfokussierung und Reduktion exekutiver Funktionen). Erst viele Stunden später (Kontrollverlust) schläft Marc erschöpft vor dem PC ein, ohne gelernt, eingekauft und die Verabredung am Abend eingehalten zu haben (Vernachlässigung anderer Aktivitäten). Die Vorlesung am nächsten Morgen besucht er nicht, da er den Schlaf der durchgespielten Nacht nachholen muss (negative Konsequenzen der Internetnutzung). Das macht ihm ein schlechtes Gewissen und er ärgert sich, schon wieder die ganze Nacht verzockt zu haben (Leidensdruck).

Theoretische Ansätze gehen davon aus, dass zwischen verschiedenen Formen der Internetsucht unterschieden werden sollte. Davis (2001) argumentierte für eine Unterscheidung zwischen einer generalisierten und einer spezifischen Internetsucht. Dabei ging er davon aus, dass sich die generalisierte Form insbesondere auf die Nutzung kommunikativer Internetangebote beziehe und sich ohne das Medium Internet vermutlich nicht entwickelt hätte. Hingegen postulierte er für eine spezifische Internetsucht das Vorhandensein einer spezifischen Vulnerabilität (»Anfälligkeit«) für (exzessive) Verhaltensweisen, die auch außerhalb des Internets die Entwicklung einer entsprechenden Verhaltenssucht begünstigt hätten (beispielsweise eine Spielsucht oder Sexsucht). In diesem Kontext unterstütze jedoch das Internet aufgrund von diversen medienspezifischen Aspekten – wie z. B. »*Accessibility*«, »*Affordability*« und »*Anonymity*«, was auch als »*Triple-A-Engine*« für den Bereich Internetsex bekannt wurde (Cooper, McLoughlin & Campell, 2000) – die Entwicklung einer entsprechenden Internetsucht, z. B. mit Fokus auf Cybersex oder Onlinegames. Jüngere Arbeiten greifen diese Unterscheidung in eine generalisierte und spezifische Internetsucht auf, und es wurden unlängst entsprechende theoretische Modelle vorgeschlagen (Brand, Young et al., 2014). Hierbei wird jedoch darauf hingewiesen, dass auch die exzessive Onlinekommunikation die Kriterien für eine spezifische Internetsucht erfüllen könne. Eine generalisierte Internetsucht ist hierbei zu verstehen als eine unkontrollierte Nutzung verschiedener Internetangebote, ohne dass eine klare Präferenz für nur eine Form zu finden ist. Zudem wird argumentiert, dass die Mechanismen der Entstehung und Aufrechterhaltung der verschiedenen Formen einer Internetsucht, sowohl generalisiert vs. spezifisch als auch innerhalb der Gruppe spezifischer Internetsüchte, Gemeinsamkeiten und Unterschiede aufweisen. So sollten Aspekte wie depressive Symptome und Anzeichen sozialer Ängstlichkeit sowie dysfunktionale Copingstrategien (z. B. Problemen aus dem Weg zu gehen) und Internetnutzungserwartungen grundsätzlich eine wichtige Rolle bei der Entstehung einer Internetsucht spielen (wobei hier ebenfalls die oben genannten Prinzipien der positiven und negativen Verstärkung im Sinne von Konditionierungsprozessen sowie *Cue-reactivity* und *Craving* greifen). Bei der Entstehung und Aufrechterhaltung einer spezifischen Internetsucht, etwa für Onlinegames, Onlinekommunikationsseiten oder Cybersex, sollten jedoch spezifische Prädispositionen im Sinne von Empfänglichkeiten für bestimmte Reize in Interaktion mit entsprechend spezifischen Internetnutzungserwartungen hinzukommen. Wenngleich theoretisch eine solche Unterscheidung in generalisierte und spezifische Internetsucht plausibel erscheint, müssen die postulierten Annahmen in zukünftigen Studien noch systematisch empirisch geprüft werden. Die Unterscheidung zwischen einzelnen Formen einer Internetsucht wurde bereits recht früh postuliert. So argumentieren Young, Pistner, O'Mara und Buchanan (1999) für eine Unterscheidung von zumindest fünf verschiedenen Internetnutzungsformen, die exzessiv und unkontrolliert auftreten können: 1. *Cybersexual addiction*, 2. *Cyber-relationship addiction*, 3. *Net compulsions* (*obsessive online gambling, shopping, or online trading*), 4. *Information overload* (*compulsive web surfing or database searches*), 5. *Computer addiction* (*obsessive computer game playing*) (Young et al., 1999, S. 477). In aktuellen Arbeiten wird vorrangig unterschieden zwischen *Onlinegaming*, *Onlinegambling*, *Onlinesex*, *Onlineshopping* und *Onlinecommunication* (z. B. Brand, Young et al., 2014; Griffiths, 2012; Müller, Brand, Mitchell & de Zwaan, in press).

Typische Methodik

Der erste und wichtigste methodische Aspekt im Kontext der Internetsuchtforschung ist die systematische Erfassung der subjektiven Beeinträchtigungen durch eine exzessive und unkontrollierte Nutzung des Internets. Da bislang eindeutige diagnostische Kriterien fehlen, orientieren sich die meisten Diagnostikinstrumente an den Kriterien für Substanzabhängigkeit bzw. pathologisches Spielen. Das erste Instrument wurde von Young (1998) vorgelegt. In dem *Internet Addiction Diagnostic Questionnaire* werden in acht Fragen die Hauptsymptome einer Internetsucht erfragt (Antwortformat Ja/Nein) und bei fünf Ja-Antworten kann von einer süchtigen Nutzung des Internets ausgegangen werden. Um den Schweregrad der Belastungen von Betroffenen etwas genauer erfassen zu können, wurde der *Internet Addiction Test* (IAT), ebenfalls von Young (1998), entwickelt. Der IAT erfasst in insgesamt 20 Items, die auf einer fünfstufigen Skala von »nie/selten« bis »immer« beantwortet werden müssen, verschiedene Problembereiche und erlaubt eine quantitative Einschätzung der Ausprägung der einzelnen Symptome. Der IAT wurde in diverse Sprachen übersetzt, hat insgesamt gute psychometrische Kennwerte (Widyanto & McMurran, 2004) und ist der in internationalen Studien am häufigsten eingesetzte Fragebogen. Inzwischen wurde auch eine Kurzversion mit 12 Items (s-IAT) entwickelt und methodisch überprüft (Pawlikowski, Altstötter-Gleich & Brand, 2013), die bereits in vielen Studien eingesetzt und zudem für verschiedene Formen der Internetsucht (z. B. Onlinegaming, Onlinesex) spezifiziert wurde (Brand, Laier & Young, 2014; Laier & Brand, 2014; Laier, Pawlikowski, Pekal, Schulte & Brand, 2013). Weitere Beispiele für Fragebögen, die zur Erfassung der Symptomschwere einer Internetsucht eingesetzt werden, sind die Internet-Sucht-Skala (Hahn & Jerusalem, 2010), die *Internet Related Problem Scale* (Armstrong, Phillips & Saling, 2000; Widyanto, Griffiths, Brunsden & McMurran, 2008) und die *Compulsive Internet Use Scale* (Meerkerk et al., 2009). Im klinischen Kontext eignet sich zudem sehr gut die Skala zum *Assessment of Internet and Computer Game Addiction* (AICA-S), die anhand klinischer Gruppen, die Hilfsangebote aufgesucht haben, entwickelt und validiert wurde (Wölfling, Beutel & Müller, 2012; Wölfling, Müller & Beutel, 2010).

Im Kontext der Internetsuchtforschung werden häufig groß angelegte Befragungen/Interviews oder (onlinegestützte) Fragebogenstudien durchgeführt. Diese haben beispielsweise das Ziel, Prävalenzraten zu schätzen (vgl. z. B. Rumpf et al., 2011) oder Korrelate einer süchtigen Internetnutzung zu eruieren. Eine Vielzahl von Studien konzentriert sich dabei auf psychopathologische Korrelate (z. B. soziale Ängstlichkeit) oder Komorbiditäten (d. h. Begleiterkrankungen, wie z. B. Depression). Auch diverse Persönlichkeitseigenschaften, wie beispielsweise Schüchternheit und Neurotizismus, werden häufig mittels Fragebogenstudien mit Symptomen der Internetsucht oder einzelner Facetten einer Internetsucht in Beziehung gesetzt (vgl. Brand, Laier et al., 2014). Dabei werden vielfach Analogstichproben verwendet, d. h. z. B. studentische Gruppen, bei denen, was die Internetnutzung betrifft, von einer Varianz auszugehen ist, wobei einige auch eine exzessive Nutzung aufweisen können, ohne das Ausmaß der Störung zu haben, um das Hilfesystem in Anspruch zu nehmen. Anhand solcher Analogstichproben können dann mittels eines linearen Modells Zusammenhänge zwischen dem Ausmaß von Symptomen der Internetsucht und den oben genannten Eigenschaften der Person identifiziert werden.

Darüber hinausgehend werden in jüngerer Zeit vermehrt auch experimentelle Studien durchgeführt, sowohl mit Analogstichproben als auch mit klinischen Gruppen, um beispielsweise kognitionspsychologische Mechanismen der Entstehung und Aufrechterhaltung der Internetsucht zu eruieren.

Eine weitere wesentliche Methodik ist die Untersuchung struktureller und funktioneller Hirnänderungen bei Personen mit Internetsucht oder einzelner Formen einer Internetsucht mittels Verfahren der Hirnbildgebung, wobei aktuell noch zu konstatieren ist, dass sich die Mehrzahl der entsprechenden Untersuchungen auf Onlinegaming bezieht. Insbesondere werden die strukturelle und funktionelle Magnetresonanztomographie (MRT) eingesetzt. Auch werden die Positronenemissionstomographie (PET) und elektrophysiologische Messmethoden (z. B. Elektroenzephalographie, EEG) verwendet. Aktuelle Überblicksarbeiten veranschaulichen das rapide Wachstum der Anzahl an Studien, die mittels dieser Methoden beispielsweise Gemeinsamkeiten und Unterschiede auf Hirnebene zwischen Personen mit Internetsucht und Kontrollpersonen bzw. Personen mit anderen Suchterkrankungen aufzeigen (Brand, Young et al., 2014; Kuss & Griffiths, 2012).

Zentrale empirische Befunde

Die erste Gruppe zentraler empirischer Befunde beinhaltet psychologische Determinanten einer Internetsucht. In zahlreichen Arbeiten konnte gezeigt werden, dass Symptome einer Internetsucht mit Depression, sozialer Ängstlichkeit, Schüchternheit, geringem Selbstwertgefühl und geringer Selbstwirksamkeitserwartung, geringer wahrgenommener sozialer Unterstützung und Einsamkeit, Stressanfälligkeit und einem problemvermeidenden Umgang mit schwierigen Situationen (ungünstiger Copingstil) kovariieren (z. B. Ebeling-Witte, Frank & Lester, 2007; Hardie & Tee, 2007; Kim & Davis, 2009; Pawlikowski et al., 2014). Beispielhaft sei hier auf eine aktuelle Arbeit verwiesen, in der gezeigt werden konnte, dass die oben genannten Variablen auf bivariater Ebene allesamt signifikant mit Symptomen der Internetsucht (in einer großen Analogstichprobe) zusammenhängen (Brand, Laier et al., 2014). In dieser Arbeit konnte jedoch auch demonstriert werden, dass die direkten Effekte der Personenvariablen (z. B. Depression, Selbstwertgefühl, Einsamkeit etc.) durch einen ungünstigen Copingstil und Internetnutzungserwartungen (sowohl positive Erwartungen als auch Vermeidungserwartungen, d. h. z. B. die Erwartung, dass das Internet zur Flucht vor Problemen in der Realität genutzt werden kann) auf die Symptomausprägung einer Internetsucht mediiert werden.

Bezüglich neuropsychologischer Leistungen bei Personen mit Internetsucht gibt es inzwischen konvergierende Befunde, die nahelegen, dass insbesondere Exekutivleistungen gemindert sind. Diese zeigen sich beispielsweise in Standardverfahren zur Erfassung von Arbeitsgedächtnis, Interferenzanfälligkeit, Impulskontrolle und Entscheidungsverhalten (z. B. Dong, Lu, Zhou & Zhao, 2010; Pawlikowski & Brand, 2011; Sun et al., 2009; Zhou, Zhu, Li & Wang, 2014). Dabei weisen Personen mit Internetsucht beispielsweise eine Präferenz für kurzfristig Belohnung versprechende, aber riskante Entscheidungsalternativen sowie eine Tendenz, konditionierte und automatisierte Reaktionen wenig gut unterdrücken zu können, auf. In der aktuellen Studie von Zhou et al. (2014) wurde zudem die Leistung in Exekutivaufgaben von Personen mit Internetsucht (Onlinegaming) nicht nur mit der von gesunden Kontrollpersonen, sondern auch mit der von alkoholabhängigen Patienten verglichen. Beide Patientengruppen unterschieden sich signifikant von den Kontrollpersonen, nicht aber voneinander. Das bedeutet, dass das Ausmaß exekutiver Leistungsminderungen von Personen mit Internetsucht vergleichbar ist mit dem von alkoholabhängigen Patienten. Beide Gruppen machten mehr Fehler in Aufgaben zur Kategorisierung und kognitiver Flexibilität als die Kontrollprobanden und berichteten eine höhere Impulsivität.

Die Studien, die mittels (funktioneller) Hirnbildgebung neurale Korrelate der Internetsucht adressiert haben, stimmen darin überein, dass vorrangig in präfrontalen Gebieten (insbesondere im orbitofrontalen Cortex) und limbischen Regionen Unterschiede bei Personen mit Internetsucht im Vergleich zu Kontrollprobanden zu verzeichnen sind (z. B. Dong, Devito, Du & Cui, 2012; Hong et al., 2013). Hierbei ist jedoch zu beachten, dass diese funktionellen (und teilweise auch strukturellen) Auffälligkeiten nicht über Studien hinweg konsistent berichtet werden und vermutlich auch abhängig sind von Alter, Geschlecht und weiteren Variablen der untersuchten Gruppen. Auch weisen einige Arbeiten darauf hin, dass sich solche funktionellen Hirnänderungen insbesondere als Reaktion auf die suchtrelevanten Reize zeigen (z. B. Han et al., 2011; Sun et al., 2012), was gut zur Annahme der Bedeutsamkeit von *Cue-reactivity* und *Craving* als Aufrechterhaltungsfaktoren passt. Eine Diskussion dieser Befunde ist in der Überblicksarbeit von Brand, Young et al. (2014) zu finden.

Kritik

Die erste Kritik bezieht sich auf den Terminus zur Benennung des Phänomens. Wenngleich »Internetsucht« und – noch deutlicher – »*Internet addiction*« inzwischen von den meisten forschend und praktisch tätigen Personen verwendet wird, ist noch immer strittig, inwieweit dieser Begriff adäquat ist. Starcevic (2013) betont beispielsweise, dass dieser Terminus vermieden werden soll, weil die Betroffenen nicht süchtig nach dem Medium (Internet) sind, sondern nach der Nutzung einzelner Applikationen. Ebenso muss konstatiert werden, dass die Forschung bislang noch vergleichsweise heterogen ist, was auch daran liegt, dass die Klassifikation des Phänomens unklar ist und noch keine einheitlichen Diagnosekriterien und -instrumente vorliegen. Zudem wird unter dem Begriff »Internetsucht« allerhand subsummiert; der Großteil der Forschung bezieht sich jedoch auf Onlinegaming (teilweise ohne dies explizit kenntlich zu machen) oder/und auf bestimmte Gruppen (z. B. männliche Jugendliche). Auch ist kritisch anzumerken, dass – wie bei vielen psychischen Störungen – eine recht hohe Rate an komorbiden Störungen, also Begleiterkrankungen, bei Personen mit Internetsucht vorliegt. Dabei ist noch nicht eindeutig geklärt, ob beispielsweise eine Tendenz zu depressiven Symptomen auch die Wahrscheinlichkeit, eine Internetsucht auszubilden, erhöht oder umgekehrt Symptome der Internetsucht in der Folge auch zu depressiven Verstimmungen, Einsamkeit und sozialem Rückzug führen. Hinzu kommt, dass die Forschung zu diesem Thema bislang von vergleichsweise wenigen Arbeitsgruppen weltweit vorangetrieben wird. So kommt z. B. ein Großteil der bislang publizierten Originalarbeiten zu neuralen Korrelaten der Internetsucht von wenigen Gruppen aus dem asiatischen Gebiet; diese müssen in der Zukunft repliziert und kultur- und populationsvergleichend analysiert werden. Bislang wurden auch vergleichsweise wenige Disziplinen – und damit Forschungsansätze – in einzelnen Studien zusammengeführt. Gerade beim Thema Internetsucht drängt es sich jedoch auf, medienpsychologisch orientierte Ansätze mit klinisch-psychologischen und neurowissenschaftlichen Ansätzen systematisch in Verbindung zu bringen.

Literatur

APA. (2013). *Diagnostic and Statistical Manual of Mental Disorders.* 5th Edition. Washington DC: APA.

Armstrong, L., Phillips, J. G. & Saling, L. L. (2000). Potential determinants of heavier internet usage. *Human-Computer Studies, 53*, 537–550.

Berridge, K. C., Robinson, T. E. & Aldridge, J. W. (2009). Dissecting components of reward: ›liking‹, ›wanting‹, and learning. *Current Opinions in Pharmacology, 9*, 65–73.

Brand, M., Laier, C. & Young, K. S. (2014). Internet addiction: Coping styles, expectancies, and treatment implications. *Frontiers in Psychology, 5*, 1256.

Brand, M., Young, K. S & Laier, C. (2014). Prefrontal control and Internet addiction: A theoretical model and review of neuropsychological and neuroimaging findings. *Frontiers in Human Neuroscience, 8*, 375.

Carter, B. L. & Tiffany, S. T. (1999). Meta-analysis of cue-reactivity in addiction research. *Addiction, 94*, 327–340.

Cooper, A., McLoughlin, I. P. & Campell, K. M. (2000). Sexuality in cyberspace: Update for the 21st Century. *Cyberpsychology & Behavior, 3*, 521–536.
Davis, R. A. (2001). A cognitive-behavioral model of pathological Internet use. *Computers in Human Behavior, 17*, 187–195.
Dong, G., Devito, E. E., Du, X. & Cui, Z. (2012). Impaired inhibitory control in »internet addiction disorder«: A functional magnetic resonance imaging study. *Psychiatry Research, 203*, 153–158.
Dong, G., Lu, Q., Zhou, H. & Zhao, X. (2010). Impulse inhibition in people with Internet addiction disorder: Electrophysiological evidence from a Go/NoGo study. *Neuroscience Letters, 485*, 138–142.
Ebeling-Witte, S., Frank, M. L. & Lester, D. (2007). Shyness, Internet use, and personality. *Cyberpsychology & Behavior, 10*, 713–716.
Griffiths, M. D. (2005). A ›components' model of addiction within a biopsychosocial framework. *Journal of Substance Use, 10*, 191–197.
Griffiths, M. D. (2012). Internet sex addiction: A review of empirical research. *Addiction Research and Theory, 20*, 111–124.
Hahn, A. & Jerusalem, M. (2010). Die Internetsuchtskala (ISS): Psychometrische Eigenschaften und Validität. In D. Mücken, A. Teske, F. Rehbein & B. T. te Wildt (Hrsg.), *Prävention, Diagnostik und Therapie von Computerspielabhängigkeit* (Vol. 1996, S. 185–204). Lengerich: Pabst Science Publishers.
Han, D. H., Bolo, N., Daniels, M. A., Arenella, L., Lyoo, I. K. & Renshaw, P. F. (2011). Brain activity and desire for Internet video game play. *Comprehensive Psychiatry, 52*, 88–95.
Hardie, E. & Tee, M. Y. (2007). Excessive Internet use: The role of personality, loneliness, and social support networks in Internet Addiction. *Australian Journal of Emerging Technologies and Society, 5*, 34–47.
Hong, S.-B., Kim, J.-W., Choi, E.-J., Kim, H.-H., Suh, J.-E., Kim, C.-D., ... Yi, S.-H. (2013). Reduced orbitofrontal cortical thickness in male adolescents with internet addiction. *Behavioral and Brain Function, 9*, 11.
Kim, H. K. & Davis, K. E. (2009). Toward a comprehensive theory of problematic Internet use: Evaluating the role of self-esteem, anxiety, flow, and the self-rated importance of Internet activities. *Computers in Human Behavior, 25*, 490–500.
Kuss, D. J. & Griffiths, M. D. (2012). Internet and gaming addiction: A systematic literature review of neuroimaging studies. *Brain Sciences, 2*, 347–374.
Kuss, D. J., Griffiths, M. D., Karila, M. & Billieux, J. (2014). Internet addiction: A systematic review of epidemiological research for the last decade. *Current Pharmaceutical Design, 20*, 4026–4052.
Laier, C. & Brand, M. (2014). Empirical evidence and theoretical considerations on factors contributing to cybersex addiction from a cognitive-behavioral view. *Sexual Addiction & Compulsivity, 21*, 305–321.
Laier, C., Pawlikowski, M., Pekal, J., Schulte, F. P. & Brand, M. (2013). Cybersex addiction: Experienced sexual arousal when watching pornography and not real-life sexual contacts makes the difference. *Journal of Behavioral Addictions, 2*, 100–107.
Meerkerk, G. J., van den Eijnden, R. J. J. M., Vermulst, A. A. & Garretsen, H. F. L. (2009). The Compulsive Internet Use Scale (CIUS): Some psychometric properties. *Cyberpsychology & Behavior, 12*, 1–6.
Müller, A., Brand, M., Mitchell, J. E. & de Zwaan, M. (in press). Pathological Online Shopping. In M. Potenza (Ed.), *Online Addiction*. Oxford: Oxford University Press.
Pawlikowski, M., Altstötter-Gleich, C. & Brand, M. (2013). Validation and psychometric properties of a short version of Young's Internet Addiction Test. *Computers in Human Behavior, 29*, 1212–1223.
Pawlikowski, M. & Brand, M. (2011). Excessive Internet gaming and decision making: Do excessive World of Warcraft-players have problems in decision making under risky conditions? *Psychiatry Research, 188*, 428–433.

Pawlikowski, M., Nader, I.W., Burger, C., Biermann, I., Stieger, S. & Brand, M. (2014). Pathological Internet use – It is a multidimensional and not a unidimensional construct. *Addiction Research & Theory, 22*, 166–175.

Robinson, T. E. & Berridge, K. C. (2008). The incentive sensitization theory of addiction: Some current issues. *Philosophical Transactions of the Royal Society B, 363*, 3137–3146.

Rumpf, H. J., Meyer, C., Kreuzer, A. & John, U. (2011). Prävalenz der Internetabhängigkeit (PINTA). *Bericht an das Bundesministerium für Gesundheit.* Universität Lübeck: Klinik für Psychiatrie und Psychotherapie.

Starcevic, V. (2013). Is Internet addiction a useful concept? *Australian and New Zealand Journal of Psychiatry, 47*, 16–19.

Sun, D.-L., Chen, Z. J., Ma, N., Zhang, X.-C., Fu, X.-M. & Zhang, D. R. (2009). Decision-making and prepotent response inhibition functions in excessive Internet users. *CNS Spectrums, 14*, 75–81.

Sun, Y., Ying, H., Seetohul, R. M., Xuemei, W., Ya, Z., Qian, L., ... Ye, S. (2012). Brain fMRI study of crave induced by cue pictures in online game addicts (male adolescents). *Behavioural Brain Research, 233*, 563–576.

Weinstein, A. & Lejoyeux, M. (2010). Internet addiction or excessive Internet use. *American Journal of Drug and Alcohol Abuse, 36*, 277–283.

Widyanto, L., Griffiths, M. D., Brunsden, V. & McMurran, M. (2008). The psychometric properties of the Internet related problem scale: A pilot study. *International Journal of Mental Health and Addiction, 6*, 205–213.

Widyanto, L. & McMurran, M. (2004). The Psychometric Properties of the Internet Addiction Test. *Cyberpsychology & Behavior, 7*, 443–450.

Wölfling, K., Beutel, M. E. & Müller, K. W. (2012). Construction of a standardized clinical interview to assess Internet addiction: First findings regarding the usefulness of AICA-C. *Journal of Addiction Research and Therapy*, S6-003.

Wölfling, K., Müller, K. & Beutel, M. (2010). Diagnostic measures: Scale for the Assessment of Internet and Computer game Addiction (AICA-S). In D. Mücken, A. Teske, F. Rehbein & B. te Wildt (Eds.), *Prevention, diagnostics, and therapy of computer game additction* (pp. 212–215). Lengerich: Pabst Science Publishers.

Young, K. S. (1996). Addictive use of the Internet: A case that breaks the stereotype. *Psychological Reports, 79*, 899–902.

Young, K. S. (1998). *Caught in the net: How to recognize the signs of Internet addiction – and a winning strategy for recovery*. New York: John Wiley & Sons, Inc.

Young, K. S., Pistner, M., O'Mara, J. & Buchanan, J. (1999). Cyber disorders: The mental health concern for the new millennium. *Cyberpsychology & Behavior, 2*, 475–479.

Zhou, Z., Zhu, H., Li, C. & Wang, J. (2014). Internet addictive individuals share impulsivity and executive dysfunction with alcohol-dependent patients. *Frontiers in Behavioral Neuroscience, 8*, 288.

Verzeichnis der Autorinnen und Autoren

Aelker, Lisa, Dr., Dipl.-Medienwiss.
Hochschule Fresenius
Im Mediapark 4c
50670 Köln
0221/973199728
lisa.aelker@hs-fresenius.de

Appel, Markus, Prof. Dr.
Universität Koblenz-Landau
Kommunikationspsychologie und Medienpädagogik
Fortstr. 7
76829 Landau
06341/280-36714
appelm@uni-landau.de

Bilandzic, Helena, Prof. Dr.
Universität Augsburg
Institut für Medien und Bildungstechnologie
Universitätsstr. 10
86159 Augsburg
0821/598-5906
helena.bilandzic@phil.uni-augsburg.de

Bodemer, Daniel, Prof. Dr.
Universität Duisburg-Essen
Psychologische Forschungsmethoden – Medienbasierte Wissenskonstruktion
Lotharstr. 65
47057 Duisburg
0203/379-1993
bodemer@uni-due.de

Brand, Matthias, Prof. Dr.
Universität Duisburg-Essen
Informatik und Angewandte Kognitionswissenschaft
Allgemeine Psychologie: Kognition
Forsthausweg 2
47057 Duisburg
0203/379-2541
matthias.brand@uni-due.de

Brill, Michael, Dipl.-Psych.
Julius-Maximilians-Universität Würzburg
Medienpsychologie
Oswald-Külpe-Weg 82
97074 Würzburg
0931/31-83904
michael.brill@uni-wuerzburg.de

Carolus, Astrid, Dr.
Julius-Maximilians-Universität Würzburg
Medienpsychologie
Oswald-Külpe-Weg 82
97074 Würzburg
0931/31-82813
astrid.carolus@uni-wuerzburg.de

Cress, Ulrike, Prof. Dr.
IWM Leibniz-Institut für Wissensmedien
Wissenskonstruktion
Schleichstr. 6
72076 Tübingen
07071/979-209
u.cress@iwm-tuebingen.de

Deiglmayr, Anne, Dr.
ETH Zürich
Lehr- und Lernforschung
Clausiusstr. 59
CH-8092 Zürich
+49 44/632-2724
anne.deiglmayr@ifv.gess.ethz.ch

Döring, Nicola, Prof. Dr.
TU Ilmenau
Institut für Medien und Kommunikationswissenschaft
Ehrenbergstr. 29
98693 Ilmenau
03677/69-4703
nicola.doering@tu-ilmenau.de

Eimler, Sabrina, Prof. Dr.
Hochschule Ruhr West
Human Factors and Gender Studies
Lützowstr. 5
46236 Bottrop
0208/88254-813
sabrina.eimler@hs-ruhrwest.de

Eitel, Alexander, Dr.
Universität Freiburg
Pädagogische und Entwicklungspsychologie
Engelbergerstr. 41
79085 Freiburg
0761/203-9409
alexander.eitel@psychologie.uni-freiburg.de

Elson, Malte, Dr.
Ruhr-Universität Bochum
Pädagogische Psychologie
Universitätsstr. 150
44801 Bochum
0234/32-26083
malte.elson@rub.de

Fischer, Oliver, Dr.
Director Bertelsmann University
Bertelsmann AG
Carl Bertelsmann Straße 270
33311 Gütersloh
05241/80-40781
oliver.fischer@bertelsmann.de

Ganster, Tina, Dr.
Universität Duisburg-Essen
Sozialpsychologie: Medien und Kommunikation
Forsthausweg 2
47057 Duisburg
0203/379-1330
tina.ganster@uni-due.de

Glaser, Manuela, Dr.
IWM Leibniz-Institut für Wissensmedien
Realitätsnahe Darstellungen
Schleichstr. 6
72076 Tübingen
07071/979-253
m.glaser@iwm-tuebingen.de

Gleich, Uli, Dr.
Universität Koblenz-Landau
Kommunikationspsychologie und Medienpädagogik
Fortstr. 7
76829 Landau
06341/280-36718
gleich@uni-landau.de

Hennighausen, Christine, Dipl.-Psych,
Medienpsychologie
Julius-Maximilians-Universität Würzburg
Oswald-Külpe-Weg 82
97074 Würzburg
0931/31-89828
christiane.hennighausen@uni-wuerzburg.de

Heuer, Jens Martin
Beim Schlump 52
20144 Hamburg
jens.martin.heuer@gmail.com

Hoffmann, Laura
Universität Duisburg-Essen
Sozialpsychologie: Medien und Kommunikation
Forsthausweg 2
47057 Duisburg
0203/379-1330
laura.hoffmann@uni-due.de

Huff, Markus, JProf. Dr.
Universität Tübingen
Cognitive Psychology
Schleichstr. 4
72076 Tübingen
07071/29-75612
markus.huff@uni-tuebingen.de

Kammerer, Yvonne, Dr.
IWM Leibniz-Institut für Wissensmedien
Multimodale Interaktion
Schleichstr. 6
72076 Tübingen
07071/979-224
y.kammerer@iwm-tuebingen.de

Kimmerle, Joachim, PD Dr.
IWM Leibniz-Institut für Wissensmedien
Wissenskonstruktion
Schleichstr. 6
72076 Tübingen
07071/979-363
j.kimmerle@iwm-tuebingen.de

Königstein, Elisabeth, Dipl.-Psych.
Julius-Maximilians-Universität Würzburg
Medienpsychologie
Oswald-Külpe-Weg 82
97074 Würzburg
0931/31-83691
elisabeth-koenigstein@t-online.de

Krämer, Nicole, Prof. Dr.
Universität Duisburg-Essen
Sozialpsychologie: Medien und Kommunikation
Forsthausweg 2
47057 Duisburg
0203/379-2482
nicole.kraemer@uni-due.de

Lange, Benjamin P., Dr.
Julius-Maximilians-Universität Würzburg
Medienpsychologie
Oswald-Külpe-Weg 82
97074 Würzburg
0931/31-86689
benjamin.lange@uni-wuerzburg.de

Mauch, Martina, Dr.
Hochschule für Wirtschaft und Recht Berlin
Institut für Weiterbildung/Berlin Professional School
Alt-Friedrichsfelde 60
10315 Berlin
030/30877-2922
martina.mauch@hwr-berlin.de

Menne, Isabelle, M. Sc.
Julius-Maximilians-Universität Würzburg
Medienpsychologie
Oswald-Külpe-Weg 82
97074 Würzburg
0931/31-83388
isabelle.menne@uni-wuerzburg.de

Merkt, Martin, Dr.
IWM Leibniz-Institut für Wissensmedien
Realitätsnahe Darstellungen
Schleichstr. 6
72076 Tübingen
07071/979-355
m.merkt@iwm-tuebingen.de

Neubaum, German
Universität Duisburg-Essen
Sozialpsychologie: Medien und Kommunikation
Forsthausweg 2
47057 Duisburg
0203/379-2442
german.neubaum@uni-due.de

Reinecke, Leonard, Jun.-Prof. Dr.
Johannes Gutenberg-Universität Mainz
Institut für Publizistik
Jakob-Welder-Weg 12
55128 Mainz
06131/39-28319
leonard.reinecke@uni-mainz.de

Richter, Tobias, Prof. Dr.
Universität Würzburg
Lehrstuhl für Psychologie IV
Röntgenring 10
97070 Würzburg
0561/804-3586
tobias.richter@uni-wuerzburg.de

Rieger, Diana, Dr.
Universität Mannheim
Institut für Medien- und Kommunikationswissenschaft
Haus Oberrhein, Rheinvorlandstr. 5
68159 Mannheim
0621/181-3956
diana.rieger@uni-mannheim.de

Rösner, Leonie
Universität Duisburg-Essen
Sozialpsychologie: Medien und Kommunikation
Forsthausweg 2
47057 Duisburg
0203/379-2328
leonie.roesner@uni-due.de

Rosenthal-von der Pütten, Astrid, Dr.
Universität Duisburg-Essen
Sozialpsychologie: Medien und Kommunikation
Forsthausweg 2
47057 Duisburg
0203/379-1330
a.rosenthalvdpuetten@uni-due.de

Rummel, Nikol, Prof. Dr.
Ruhr-Universität Bochum
Pädagogische Psychologie
Universitätsstr. 150
44801 Bochum
0234/32-28743
nikol.rummel@rub.de

Schramm, Holger, Prof. Dr.
Julius-Maximilians-Universität Würzburg
Medien- und Wirtschaftskommunikation
Oswald-Külpe-Weg 82
97074 Würzburg
0931/31-83735
holger-schramm@uni-wuerzburg.de

Schreier, Margrit, Prof. Dr.
Jacobs University Bremen
Campus Ring 1
28759 Bremen
0421/200-3406
m.schreier@jacobs-university.de

Schröder, Sascha, Dr.
Max-Planck-Institut für Bildungsforschung
Schriftspracherwerb und Leseentwicklung
Lentzeallee 94
14195 Berlin
030/82406-622
sascha.schroeder@mpib-berlin.mpg.de

Schwab, Frank, Prof. Dr.
Julius-Maximilians-Universität Würzburg
Medienpsychologie
Oswald-Külpe-Weg 82
97074 Würzburg
0931/31-82395
frank.schwab@uni-wuerzburg.de

Schwan, Stephan, Prof. Dr.
IWM Leibniz-Institut für Wissensmedien
Schleichstr. 6
72076 Tübingen
07071/979-228
s.schwan@iwm-tuebingen.de

Sobieraj, Sabrina, Dr.
Universität Duisburg-Essen
Sozialpsychologie: Medien und Kommunikation
Forsthausweg 2
47057 Duisburg
0203/379-2328
sabrina.sobieraj@uni-due.de

Suckfüll, Monika, Prof. Dr.
Universität der Künste Berlin
Institut für Theorie und Praxis der Kommunikation
Mierendorffstr. 30
Postfach 12 05 44
10595 Berlin
030/3185-2549
suckfuell@udk-berlin.de

Sukalla, Freya
Ludwig-Maximilians-Universität München
Institut für Kommunikationswissenschaft und Medienforschung
Oettingenstr. 67
80538 München
089/2180-9402
freya.sukalla@ifkw.lmu.de

Szczuka, Jessica M.
Universität Duisburg-Essen
Sozialpsychologie: Medien und Kommunikation
Forsthausweg 2
47057 Duisburg
0203/379-1293
jessica.szczuka@uni-due.de

Teutsch, Doris
Universität Hohenheim
Institut für Kommunikationswissenschaft
Fachgebiet Medienpsychologie
Wollgrasweg 23
70599 Stuttgart (Hohenheim)
0711/459-24797
doris.teutsch@uni-hohenheim.de

Tibus, Maike, Dr.
Universität Tübingen
Hector-Institut für Empirische Bildungsforschung
Europastr. 6
72072 Tübingen
07071/29-73 922
maike.tibus@uni-tuebingen.de

Trepte, Sabine, Prof. Dr.
Universität Hohenheim
Institut für Kommunikationswissenschaft
Fachgebiet Medienpsychologie
Wollgrasweg 23
70599 Stuttgart
0711/459-22654
sabine.trepte@uni-hohenheim.de

Unz, Dagmar, Prof. Dr.
Hochschule für angewandte Wissenschaften Würzburg-Schweinfurt
Angewandte Sozialwissenschaften
Münzstr. 12
97070 Würzburg
0931/3511-8521
dagmar.unz@fhws.de

Utz, Sonja, Prof. Dr.
IWM Leibniz-Institut für Wissensmedien
Schleichstr. 6
72076 Tübingen
07071/979-308
s.utz@iwm-tuebingen.de

Vogel, Ines, Dr.
Universität Koblenz-Landau
Medienzentrum
Fortstr. 7
76829 Landau
06341/280-31302
vogel@uni-landau.de

Winter, Stephan, Dr.
Universität Duisburg-Essen
Sozialpsychologie: Medien und Kommunikation
Forsthausweg 2
47057 Duisburg
0203/379-2442
stephan.winter@uni-due.de

Zahn, Carmen, Prof. Dr.
Fachhochschule Nordwestschweiz
Hochschule für Angewandte Psychologie
Institut für Kooperationsforschung und -entwicklung (ifk)
Riggenbachstr. 16
CH-4600 Olten
+41 62/9572473
carmen.zahn@fhnw.ch

Stichwortverzeichnis

A

B

C

D

E

F

R

S

Z

Personenverzeichnis

A

B

C

T

V

W

Y

Z